U0862400

科学出版社“十三五”普通高等教育本科规划教材

环境分析与监测

王 灿 主编

科 学 出 版 社

北 京

内 容 简 介

本书是针对环境工程专业的特点，为环境工程专业本科生“环境分析”“环境监测”“仪器分析”等相关课程编写的配套教材。本书系统、深入地阐述了化学分析、仪器分析和环境监测等的基本原理、解决问题的思路和方法，为后续专业课程的学习提供理论基础。全书分为四篇，共二十章。其中，化学分析部分包括酸碱滴定、络合滴定、沉淀滴定和氧化还原滴定。环境监测部分包括环境标准体系以及水和废水、空气和废气、固体废物、土壤、生物污染、物理性污染的监测。仪器分析部分包括光学分析、电化学分析、气相色谱分析、液相色谱分析、质谱分析及其联用技术、连续自动监测技术和突发环境事件应急监测。

本书可作为高等学校环境工程、环境科学、给排水及其他相关专业的本科生教材，也可供相关专业的研究生学习参考。

图书在版编目(CIP)数据

环境分析与监测 / 王灿主编. —北京：科学出版社，2021.10
科学出版社“十三五”普通高等教育本科规划教材
ISBN 978-7-03-059526-3

Ⅰ. ①环… Ⅱ. ①王… Ⅲ. ①环境分析化学-高等学校-教材 ②环境监测-高等学校-教材 Ⅳ. ①X132 ②X8

中国版本图书馆 CIP 数据核字（2020）第 184395 号

责任编辑：赵晓霞 / 责任校对：杨 赛
责任印制：赵 博 / 封面设计：迷底书装

科学出版社 出版
北京东黄城根北街 16 号
邮政编码：100717
http://www.sciencep.com
北京市金木堂数码科技有限公司印刷
科学出版社发行 各地新华书店经销
*
2021 年 10 月第 一 版 开本：787 × 1092 1/16
2025 年 3 月第三次印刷 印张：31 1/4
字数：760 000

定价：125.00 元

(如有印装质量问题，我社负责调换)

《环境分析与监测》编写委员会

主　编　王　灿

副主编　赵　欣　翟洪艳　段二红

编　委（按姓名汉语拼音排序）

程　荣　程　颖　端　允　段二红
龚建宇　韩　静　柯鹏振　刘楠楠
龙　峰　任红威　沈成银　宋来洲
孙优善　王　灿　王琳玲　吴水平
杨永奎　杨仲禹　翟洪艳　赵　欣
赵立新　朱　华

前　言

进入 21 世纪，现代化建设空前发展，科学技术不断进步，人类生活水平逐步提升，但是人与环境的关系越来越恶劣，从而使人类对环境保护的关注和重视程度不断加强。在环境保护领域中，许多学科和研究课题都需要环境分析与监测的助力。环境分析与监测提供环境质量现状及变化趋势的数据，判断环境质量优劣，预测污染变化趋势，预警可能出现的环境问题，为环境管理服务。因此，学习环境分析与监测对环境保护工作的推进具有重要作用。

本书是针对环境工程专业的特点，为环境工程专业本科生“环境分析”“环境监测”“仪器分析”等相关课程编写的配套教材。全书分为四篇，共二十章，主要从环境分析与监测概论和基础、化学分析及其在环境监测中的应用、环境要素分析与监测、仪器分析及其在环境监测中的应用四方面进行了系统、深入的阐述，具有较强的理论性和系统性，体现了环境工程专业的特色。其中，化学分析部分包括酸碱滴定、络合滴定、沉淀滴定和氧化还原滴定。环境监测部分包括环境标准体系，以及水和废水、空气和废气、固体废物、土壤、生物污染、物理性污染的监测。仪器分析部分包括光学分析、电化学分析、气相色谱分析、液相色谱分析、质谱分析及其联用技术、连续自动监测技术和突发环境事件应急监测。本书从环境分析与监测的实际需求出发，通过实例和例题对基本原理进行了深入浅出的阐述，培养学生分析问题和解决问题的能力。

本书编写分工如下：第一、二章，翟洪艳、王琳玲；第三、四章，程颖；第五、六章，赵立新；第七章，赵欣、宋来洲；第八章，赵欣、王琳玲、吴水平；第九章，杨仲禹、韩静；第十章，孙优善、朱华；第十一章，段二红、任红威；第十二章，宋来洲、端允；第十三章，刘楠楠；第十四章，王灿、程荣、杨永奎；第十五章，王灿、龙峰；第十六至十八章，沈成银、龚建宇；第十九章，段二红；第二十章，柯鹏振；附录，王灿、柯鹏振。王灿负责全书的统稿和润色。此外，李彦超、马金标、韩梦非、王艺、刘萍、韩仪、孟令鲲、赵泽州、谢宗汉、包海艺、张剑皓、李致达、王帅帅、严子恒、付鹏等学生参与了本书文字校对和整理等工作，台湾大学席行正教授对本书的部分章节内容提出了意见和建议，在此对支持和关心本书编写的老师、学生表示衷心的感谢。

在本书编写过程中参考了大量的相关教材、专著和资料，难以一一注明，在此对这些著作的作者表示感谢。

本书获得天津大学新工科新形态教学资源建设项目资助。

由于编者知识水平有限，书中不妥之处在所难免，欢迎读者批评指正，特表谢意。

编　者

2020 年 10 月 6 日于北洋园

目　　录

第二篇 化学分析及其在环境监测中的应用

第一篇　环境分析与监测概论和基础

第一章 概　　论

第一节　环境分析与监测的定义、范畴和作用

一、环境分析与监测的定义

环境分析与监测包括环境分析化学和环境监测。环境分析化学是环境化学在环境研究和保护领域的发展和分支学科，是应用各种技术、仪器和方法研究环境中相关要素在空间和时间方面的组成与性质的科学。“监测”一词的含义可理解为监视、测定、监控等，环境监测就是通过对影响环境质量因素的代表值的测定，确定环境质量（或污染程度）及其变化趋势。从信息技术角度看，环境监测是对环境信息捕获→传递→解析→综合的过程。在对监测信息进行解析、综合的基础上，全面、客观、准确地揭示监测数据的内涵，从而对环境质量及其变化作出正确的评价。环境分析与监测既不是对环境污染物的简单监测或检测，也不是纯粹的理论分析，而是在掌握现代环境分析化学和监测技术知识的基础上，有针对性地研究环境要素在空间和时间方面的组成与性质，并通过信息解析等方法，对环境质量进行报告和评价。

二、环境分析与监测的范畴

环境分析与监测的领域十分广泛，对象相当复杂，包括大气、废气、水体、土壤、底泥、矿物、废渣，以及植物、动物、食品、人体组织等。既包括生态环境和人工环境的普通环境要素（水、气、土壤、生物），又包括人类生活和生产活动中排放的各类污染物，如工业生产中排放的“三废”（废气、废水、废渣），存放、使用过程中无意流失或散播的有毒有害物质，人们日常生活产生的污水、废气等。

环境分析与监测包括对污染物分析测试的化学监测（包括物理化学方法）；对物理（或能量）因子如热、声、光、电磁辐射、振动及放射性等强度、能量和状态测试的物理监测；对生物由于环境质量变化所产生的各种反映信息，如受害症状、生长发育、形态变化等测试的生物监测；对区域群落、种落的迁移变化进行观测的生态监测等。

三、环境分析与监测的作用

环境分析与监测是环境科学的重要组成部分。环境化学、环境物理学、环境地质学、环境工程学、环境医学、环境管理学、环境经济学及环境法学等所有环境科学的分支学科，都需要在了解、评价环境质量及其变化趋势的基础上，才能进行各项研究和制定有关管理、经济的法规。因此，环境分析与监测贯穿于环境科学和管理的各个分支，准确、及时、全面地反映环境质量现状及发展趋势，为环境学科的研究和管理提供科学的依据。

第二节　环境分析与监测的发展

一、我国的环境问题

新中国成立之初，我国的经济发展水平十分低下，为尽快建立独立的工业体系和国民经济体系，国家采取了一系列措施。在实施第一个五年计划（1953～1957年）时，由于环保意识薄弱，工矿企业不受约束地排放“三废”，尤其是火电厂沿河建设与排放，造成了一定程度和范围的污染。因此，伴随着20世纪50年代经济建设的起步，环境问题开始显现。

20世纪50年代末期，由于经济技术的局限性，设备简陋、效益低下，未采取任何污染控制措施的小企业大量涌现，布局管理混乱，工业“三废”排放放任自流，环境污染在许多地区蔓延开来。

20世纪60～70年代以来，环境问题进一步凸显。例如，在“三线”建设中，许多工厂建在深山峡谷之中，由于扩散稀释条件太差，形成了严重的水体和大气污染，导致国内许多河流中都含有大量来自工业废水的有毒有害物质，包括有机废物、各种油产品、亚氯酸、硝酸、苯酚、氰化物、砷，以及铅、铬、汞等重金属。

20世纪80年代以来，随着改革开放和经济的高速发展，我国的环境污染进一步加剧，大量乡镇企业的出现，虽然快速发展了经济，但是使环境污染迅速向农村蔓延，污染造成的破坏范围进一步扩大。农村先后出现污灌污染、矿山周边重金属污染、偷排工业废水和固体废物等事件，其中重金属污染尤为突出。

进入21世纪后，我国经济继续高速发展，生态环境也发生了巨大的变化，从污染物低排放走向高排放，从环境状态的低恶化走向环境状态的高恶化，从局部型、单一型污染走向全局型、复合型污染。环境污染和生态退化等问题日益突出，包括大气污染问题、水环境（包括地表水、地下水、海洋）污染问题、垃圾处理问题、土地荒漠化和沙灾问题、旱灾和水灾问题、生物多样性破坏问题、持久性有机物污染问题。近年来发生了很多受到广大人民群众关注的环境事故，如松花江硝基苯污染事件（2005年），太湖、巢湖蓝藻暴发威胁饮用水安全事件（2007年），大连新港原油泄漏事件（2010年），山东蓬莱油田溢油污染事件（2011年），云南铬渣污染事件（2011年），广西镉污染事件（2012年），严重的空气污染（雾霾）（2012年之后）等。污染物类型更加繁多，除了传统的水、气、固的常规污染物之外，重金属污染、持久性有机物污染、农药污染、细颗粒物（$PM_{2.5}$）污染、臭氧污染、挥发性有机物污染，以及很多新型微量有机物污染（如内分泌干扰物、致癌物）等的监测日益受到重视。

二、21世纪我国环境保护的现状和发展

进入21世纪后，随着社会经济的高速发展和人们环保意识的提高，环境问题对国民生产、经济发展的制约，对人民生活、健康的危害日益明显。环境问题成为国家和人民关注的敏感问题。我国从各个方面开始环境污染的治理工作，很多环境保护方面的政策和方法逐渐法律化、制度化。制度体系逐步完善，生态文明顶层设计和制度体系建设快速发展，生态环境损害责任追究、排污许可、河湖长制、禁止洋垃圾入境等制度出台实施，生态环境治理水平有

效提高。体制改革不断深化，中央环境保护主管机关从 20 世纪 70 年代的国务院环境保护领导小组开始，1982 年在城乡建设环境保护部设立环境保护局，1988 年成立国务院直属的国家环境保护局，1998 年升格为国家环境保护总局，2008 年成立环境保护部，成为国务院组成部门。2018 年组建生态环境部，统一行使生态和城乡各类污染排放监管与行政执法职责，并整合组建生态环境保护综合执法队伍，生态环境保护职责更加优化强化。执法督察日益严格，我国基本形成了以《环境保护法》为龙头的法律法规体系，先后制定和修订了 9 部生态环境法律和 20 余部行政法规，“史上最严”的新《环境保护法》自 2015 年开始实施。国际合作不断扩大，2012 年党的十八大以来，我国积极参与全球环境治理，率先发布了《中国落实 2030 年可持续发展议程国别方案》，引领全球气候变化谈判进程，成为全球生态文明建设的重要参与者、贡献者、引领者。

进入 21 世纪以来，空气质量下降明显，2012 年以来发生的雾霾更是引起了全社会的广泛关注。我国在大气污染的管理、控制等方面的改革快速发展，要求也空前严格。2010 年国务院发布的《关于推进大气污染联防联控工作改善区域空气质量指导意见的通知》首次将挥发性有机物（VOCs）列为大气污染联防联控的重点污染物。2011～2012 年环境保护部（简称环保部）发布了《钢铁工业污染防治技术政策》《水泥工业污染防治技术政策》《火电厂大气污染物排放标准》等相关法律法规，2012 年环保部颁布新版《环境空气质量标准》，其中新增了 $PM_{2.5}$ 和臭氧两项监测指标，至此空气监测指标增加到 6 项。2013 年国务院印发了《大气污染防治行动计划》（简称“大气十条”），宣战 $PM_{2.5}$，从产业结构调整、淘汰落后产能等十个方面详细阐述了实现防治大气污染目标的具体措施。2014 年 7 月，环保部等六部委联合发布《大气污染防治行动计划实施情况考核办法（试行）实施细则》，将空气质量改善程度作为检验大气污染防治工作成效的最终标准。2016 年年底，《环境保护税法》《关于实施工业污染源全面达标排放计划的通知》等相继出台。2018 年国务院印发了《打赢蓝天保卫战三年行动计划》，明确了大气污染防治工作的总体思路、基本目标、主要任务和保障措施，提出了打赢蓝天保卫战的时间表和路线图。

近年来水环境治理已经受到国家的高度重视。2011 年《国家环境保护“十二五”规划》提出加快县城和重点建制镇污水处理厂建设。2013 年国务院对外公布《城镇排水与污水处理条例》，明确要求县级以上地方人民政府应当根据城镇排水与污水处理规划的要求，加大对城镇排水与污水处理设施建设和维护的投入。2015 年财政部和环保部联合发布《关于推进水污染防治领域政府和社会资本合作的实施意见》，同年国务院颁布《水污染防治行动计划》（简称“水十条”）。2016 年“河长制”正式颁布，从水治理体制层面实现创新，明确了地方主体责任和河湖管理保护各项任务，随后水治理领域各细分领域细则逐步出台。2018 年出台“湖长制”，“河湖双治”有望实现国家对湖泊生态环境的监管、保护，治理力度正在逐步升级，湖泊水域的生态环境保护制度将更加明确和细化。2019 年发布了《城镇污水处理提质增效三年行动方案（2019—2021 年）》，要求重点地区提前完成污水厂排污许可证核发，有效助力长江修复、渤海综合整治与城市黑臭水体攻坚战。

自 21 世纪以来，我国已逐渐认识到了土壤污染的严重性，相关政府部门逐渐出台了一系列政策措施，如 2014 年发布了《污染场地修复技术目录（第一批）》，2015 年发布了《污染场地修复技术筛选指南》（CAEPI 1—2015），加大力度进行土壤污染治理与修复工作；2016 年 5 月，国务院出台《土壤污染防治行动计划》（简称“土十条”），开启了“以立法促使监管趋严，带动强制性市场以及专项资金支持土地市场”的局面，确保在 2018 年年底前查明农用地土壤污染的面积分布及其对农产品质量的影响、2020年年底前掌握重点行业企业用地中污染地块的分布及其环境风险情况。2019年出台的《土壤污染防治法》明确了坚持预防为主、保护优先、分类管理、风险管控、污染担责、公众参与的原则；建立农用地分类管理制度；实行建设用地土壤污染风险管控和修复名录制。

三、我国环境分析与监测的历史进程

我国环境监测的工作是随着人们对环境保护认识的深化和环保工作的需要逐步发展起来的。

20世纪70年代，属于起步阶段。当时工业化处于初期阶段，环境污染在局部地区特别是城市暴露出来，污染事件陆续出现。该时期是环境问题开始暴露，环保意识萌生、传播和普及的时期。在这期间，召开了全国第一次环境保护会议，会议通过摆出环境污染的事实，分析其危害，提高了对环境保护的认知。会后迅速成立了国务院环境保护领导小组，对环境污染状况进行调查评价，开展了以消烟除尘为中心的环境治理。同时，对污染严重的水域开展了重点治理，包括官厅水库、富春江、白洋淀、武汉鸭儿湖，对北京、天津、淄博、沈阳、太原、兰州等城市大气污染进行了治理。

这一阶段，北京等一批重点城市建立环境监测站；20世纪60年代提出的"三废"处理和综合利用的概念逐步被"环境保护"的概念代替；开展了重点区域污染调查与监测，制定了全国环境保护规划，开始实行"三同时"、污染源限期治理等管理制度。

20世纪80年代，属于调整巩固发展阶段。当时环境污染非常严重，许多江河湖泊污水横流，蓝藻暴发，沿江沿湖居民饮水困难，许多城市雾霾蔽日，城市居民呼吸道疾病急剧上升。在这种情况下，国家环保部门启动了"三河（淮河、海河、辽河）三湖（滇池、太湖、巢湖）一市（北京）一海（渤海）"治理，通过制定区域和流域污染防治规划，实施重点污染物总量控制，拉开了规模污染治理的序幕。与此同时，初步建成了国家、省、市、县四级监测站，开展例行监测；全国环境监测工作会议提出了"监测站点网络化、采样布点规范化、分析方法标准化、处理数据计算机化、质量保证系统化"的目标。

20世纪90年代，属于充实提高深化阶段。可持续发展成为社会和经济发展的基本指导思想；环境监测机构计量认证也被纳入法制轨道；国务院还作出"关于加强环境保护若干问题的决定"，确定坚持污染防治和生态保护并重的方针，实施"'九五'期间全国主要污染物排放总量控制计划"和"中国跨世纪绿色工程规划"两大举措。1997年，环境分析与监测方法现代化研究被列为全国科技规划的重点之一。

进入21世纪后，环境监测逐渐法律化、制度化。在大气污染控制方面，颁布了很多新的排放标准，2012年环保部颁布了《环境空气质量标准》，新增了VOCs、$PM_{2.5}$和臭氧等监测指标。在水环境污染控制方面，2015年财政部和环保部联合发布《关于推进水污染防治领域政府和社会资本合作的实施意见》，随后逐渐建立、落实、完善了"河长制"及"湖长制"，加大了"河湖双治"的监管、保护和治理力度。针对严重的土壤污染问题，相关政府部门出台了各种修复技术指导文件，2016年国务院出台《土壤污染防治行动计划》，2019年出台《土壤污染防治法》，明确了我国土壤污染情况调查、污染责任主体、防治措施、技术标准及选择、资金支持办法等，明确了坚持预防为主、保护优先、分类管理、风险管控、污染担责、公众参与的原则。

2015年环境保护部印发《关于推进环境监测服务社会化的指导意见》，提出全面放开服务性监测市场，有序放开公益性、监督性监测领域。同年 8 月，国务院办公厅印发《生态环境监测网络建设方案》，要求到 2020 年全国生态环境监测网络基本实现环境质量、重点污染源、生态状况监测全覆盖。2017 年“十三五”规划中明确“以提高环境质量为核心”，我国环境监测行业迎来以环境质量监测为主的发展阶段。2018 年 1 月，生态环境部发布了《2018 年重点地区环境空气挥发性有机物监测方案》。空气质量监测仍是环境监测的重中之重。2019 年 2 月，为全面落实《打赢蓝天保卫战三年行动计划》有关要求，生态环境部编制了《2019 年全国大气污染防治工作要点》，指导各地扎实做好 2019 年度大气污染防治工作，持续改善环境空气质量。如今，环境监测技术在监测远程化、智能化、大气污染源解析、跨区域传输、支撑科学决策和精准监管等方面有很大提升。

目前，我国建立了较为完备的环境质量监测体系，各级监测系统自身所具备的环境监测能力主要根据各个监测系统所能监测的项目来确定。环境监测的四级监测点环境监测质量稳步提升，综合环境监测能力得到大幅度提高。截至 2016 年，我国对空气质量、酸雨、地下水、雾霾、海洋海水的监测网络已逐步形成，形成全国性的监测系统。其间不仅建立了城市环境监测系统，还建立了以地表水作为监测对象的自动监测体系、大气空气污染源自动监测体系、近海环境质量自动监测体系，对于生态系统多个指标进行系统性监测。这种全方位、立体化的监测体系能够实现多种项目环境质量监测，为我国环境质量的提高提供坚实的保障。

四、我国环境监测技术和仪器的现状与发展

经过 50 多年的发展，我国的环境分析监测从单一的环境监测发展到物理监测、生物监测、生态监测、遥感和卫星监测，从间断性监测逐步过渡到了自动连续监测。监测范围从一个断面发展到一个城市、一个区域乃至全国。逐步形成了以环境分析为基础，物理化学监测为主导，生物、生态监测为补充的环境监测体系。

随着环境质量监测技术不断发展，我国环境质量监测技术不断得到更新，投入逐年增加，广泛引进了原子吸收光谱、气相色谱及液相色谱等先进监测技术和装备，能够为高质量的环境质量监测提供坚实保障。环境监测已经由原来单一的环境监测功能，转变为能够承担污染源监测、整体服务性质监测及科研能力监测，向综合方向发展，并且能够对气体、液体和放射性物质进行监测，广泛开展包括土壤、噪声等全方位立体化监测，特别是能够为比较复杂的环境质量监测问题提供方案设计。目前，卫星遥感技术的发展为环境监测综合实力的提升增添了动力，增强了我国环境监测的实力。随着云计算和大数据技术应用不断推广，计算机网络技术能够为环境监测带来充足的动力，可有效改变环境监测数据处理能力不足的现状。

目前，环境监测技术的发展主要集中在以下方面：以现场人工采样和实验室分析为主向多参数网络在线、多功能自动化、智能化监测方向发展；环境样品预处理技术由手工单样品处理向在线自动化和批量化处理方向发展；由较窄领域的局部监测、单纯的地面环境监测向全方位领域监测和与遥感环境监测相结合的方向发展；野外和现场环境监测仪器将向便携式、小型化方向发展；环境监测仪器向物理、化学、生物、电子、光学等技术综合应用的高技术领域发展；环境监测方法的综合性、灵敏性和多功能性日益增强，方法检出限越来越低。环境监测信息系统也日趋完善。除此之外，我国的环境监测系统也由原来的操作间断转化为自动连续的监测系统。

自 20 世纪 70 年代末期我国开展环境监测工作以来，经过几十年的发展，我国基本能够测定绝大多数污染物。在很长一段时间内所采用的监测仪器设备大多能自己生产制造，但是高精尖的分析与监测仪器仍然依靠进口。

目前，国产的各种气体采样器在性能、可靠性方面均可满足国内环境监测工作的需要，但是已建成的大气自动监测系统中的污染物自动连续监测仪器基本以进口为主。我国对大气污染源的监测，针对等速采样原理，经历了从预测流速法、静压平衡法、动态平衡法、皮托管平行法到全自动烟尘、烟气、油烟采样器的发展过程。水质监测仪器方面，已经开始使用带膜传感器的仪器，这比传统的仪器更加迅速和便捷。生化需氧量（BOD）测定仪的快速测定方法已成为标准方法。物理污染监测仪器方面，我国已有满足市场需要的噪声和振动监测仪器，由于我国例行监测项目中不包含电磁辐射的监测，因此相关仪器在市场上较少见。现有的仪器多为无线电方面的专用仪器。

第三节　环境分析与监测的任务和特点

一、环境分析与监测的任务

因为环境分析与监测是为环境学科的各个分支服务的，所以其任务也应满足各个分支的要求。环境分析与监测的任务可归纳为以下几点。

（1）根据国家规定的环境质量标准，评价现有的环境质量。

（2）根据污染特点、污染物浓度的分布情况和环境条件，追踪污染源，提供污染变化趋势，判断造成的污染影响，为实现监督管理、控制污染提供依据。

（3）收集本底数据，积累长期监测资料，为研究环境容量、实施总量控制、落实目标管理、确定扩散模式、预测预报环境质量提供数据。

（4）发展适用于环境污染分析的新型仪器，研究新型的分析方法，特别是发展准确灵敏、快速简便的环境污染分析技术和新型污染物的分析测试方法。

（5）根据环境现状，研究制定环境污染的标准分析方法，制定相应的环境法规、标准、规划，从而保护人类健康、保护环境，合理使用自然资源。

二、环境分析与监测的特点

环境要素种类繁多，在空间和时间上变异性大，环境污染是各种污染因素本身及其相互作用的结果，因此环境分析与监测需要应对环境要素和污染物时间和空间的多变性、污染组分的复杂性等，其特点可归纳为以下几点。

1. 环境监测的综合性

环境监测的综合性表现在以下几个方面。

监测手段：包括化学、物理、生物、物理化学、生物化学及生物物理等一切可以表征环境质量的方法。

监测对象：包括空气、水体（江、河、湖、海及地下水）、土壤、固体废物、生物等客体，只有对这些客体进行综合分析，才能确切地描述环境质量状况。

监测数据的处理：对监测数据进行统计处理、综合分析时，需涉及该地区的自然环境和社会环境各个方面的情况，因此必须综合考虑才能正确阐明数据的内涵。

2. 环境监测的连续性

环境污染具有时空性等特点，只有坚持长期测定，才能从大量的数据中揭示其变化规律，预测其变化趋势，数据样本越多，预测的准确度就越高。因此，监测网络、监测点位的选择一定要科学，而且一旦监测点位的代表性得到确认，必须长期坚持监测，以保证前后数据的可比性。

3. 环境监测的追踪性

环境监测包括监测目的的确定、监测计划的制订、采样、样品运送和保存、实验室测定、数据整理等过程，是一个复杂而又相互联系的系统，任何一步的差错都将影响最终数据的质量。特别是区域性的大型监测，由于参加人员众多、实验室和仪器的不同，必然会存在技术和管理水平的不同。为使监测结果具有一定的准确性，并使数据具有可比性、代表性和完整性，需要建立环境监测的质量保证体系，以对监测量值追踪体系予以监督。

第四节　环境分析与监测的分类

环境分析与监测可按照其分析监测目的或分析监测对象进行分类。

一、按照分析监测目的分类

1. 监视性分析监测（又称为例行监测或常规监测）

对指定的有关项目进行定期的、长时间的监测，以确定环境质量及污染源状况，评价控制措施的效果，衡量环境标准实施情况和环境保护工作的进展。这是监测工作中量最大、面最广的工作。

监视性监测包括对污染源（污染物浓度、排放总量、污染趋势等）的监督监测和环境质量（所在地区的空气、水质、噪声、固体废物等）监督监测。

2. 特定目的分析监测

环境分析与监测根据特定的目的可分为以下四种。

污染事件监测：在发生污染事件特别是突发性环境污染事故时进行的监测。需要在最短的时间内确定污染物的种类，对环境和人类的危害，污染因子扩散方向、速度和危及范围，为控制和消除污染提供依据，供管理者决策。这类监测常采用流动监测（车、船等）、简易监测、低空航测和遥感等手段。

仲裁监测：主要针对污染事故纠纷、环境法执行过程中所产生的矛盾进行监测。仲裁监测应由国家指定的、具有质量认证资质的部门进行，以提供具有法律责任的数据（公证数据），供执法部门、司法部门仲裁。

考核验证监测：包括对环境监测技术人员和环境保护工作人员的业务考核、上岗培训考核；环境监测方法验证和污染治理项目竣工时的验收监测等。

咨询服务监测：为政府部门、科研机构、生产单位提供的服务性监测。例如，建设新企业在进行环境影响评价时，需要按评价要求进行监测；政府或单位开发某地区时，应测定其环境质量是否符合开发要求。

3. 研究性分析监测

研究性分析监测是针对特定目的的科学研究而进行的分析监测。例如，环境本底的分析监测及研究；有毒有害物质对从业人员的影响研究；新污染因子的分析监测方法研究；痕量甚至超痕量污染物的分析监测方法研究；复杂样品、干扰严重样品的分析监测方法研究研究；为监测工作本身服务的科研工作的分析监测，如标准分析方法的研究、标准物质的研制等。

二、按照分析监测对象分类

按照环境要素可分为水质分析监测、空气分析监测、土壤分析监测、固体废物分析监测、生物监测、生态监测、噪声和振动监测、电磁辐射监测、放射性监测、热监测、光监测、卫生（病原体、病毒、寄生虫等）监测等。

此外，也可按专业部门进行分类，如气象监测、卫生监测和资源监测等。

三、优先监测

由于环境污染物种类众多，世界上已知的化学品有 700 多万种，而进入环境的化学物质已达 10 万多种。从人力、财力及污染物的危害程度和出现频率等实际情况考虑，都不可能对全部污染物进行分析监测。而且由于各国社会经济技术发展水平不同、环境问题和污染状况不同，防治污染的具体做法和监测对象并不一致，因此在实际分析监测工作中只能优先筛选出一些重要的污染物予以分析监测和控制。这些被筛选的有毒污染物称为（环境）优先污染物（priority pollutants）。对优先污染物的监测称为优先（污染）监测。

一般有毒污染物具有以下特点：①具有较高的生态毒性，具有“三致”（致癌、致畸、致突变）作用；②具有难降解性，在环境中有一定的残留水平；③具有生物积累性，对人体或环境构成潜在威胁等。

其中许多痕量的有毒污染物虽然浓度很低，但对环境的危害极大，所以优先监测极为重要。

进行优先监测选择对象时一般要考虑的原则是：①根据污染的程度，以毒性大、扩散范围广、危害严重的污染物优先；②已有可靠的分析方法，并能保证获得准确数据的污染物优先。

当同时符合上述条件但不能同时分析监测时，应按照下列顺序进行优先分析监测：①污染问题严重的优先监测；②污染范围较大的优先监测；③样品具有广泛代表性的优先监测。

我国水中“中国环境优先污染物黑名单”包括 14 种化学类别共 68 种有毒化学物质，见表 1.1.1。

表 1.1.1　水中优先控制污染物名单

化学类别	名称
挥发性卤代烃类	二氯甲烷、三氯甲烷、四氯化碳、1, 2-二氯乙烷、1, 1, 1-三氯乙烷、1, 1, 2-三氯乙烷、1, 1, 2, 2-四氯乙烷、三氯乙烯、四氯乙烯、三溴甲烷（溴仿）
苯系物	苯、甲苯、乙苯、邻二甲苯、间二甲苯、对二甲苯

续表

化学类别	名称
氯代苯类	氯苯、邻二氯苯、对二氯苯、六氯苯
多氯联苯	多氯联苯
酚类	苯酚、间甲酚、2, 4-二氯酚、2, 4, 6-三氯酚、五氯酚、对硝基酚
硝基苯类	硝基苯、对硝基甲苯、2, 4-二硝基甲苯、三硝基甲苯、对硝基氯苯、2, 4-二硝基氯苯
苯胺类	苯胺、二硝基苯胺、对硝基苯胺、2, 6-二硝基苯胺
多环芳烃类	萘、荧蒽、苯并[b]荧蒽、苯并[k]荧蒽、苯并[a]芘、茚并[1, 2, 3-c,d,]芘、苯并[ghi]芘
酞酸酯类	酞酸二甲酯、酞酸二丁酯、酞酸二辛酯
农药	六六六、滴滴涕、敌敌畏、乐果、对硫磷、甲基对硫磷、除草醚、敌百虫
丙烯腈	丙烯腈
亚硝胺类	*N*-亚硝基二乙胺、*N*-亚硝基二正丙胺
氰化物	氰化物
重金属及其化合物	砷及其化合物、铍及其化合物、镉及其化合物、铬及其化合物、铜及其化合物、铅及其化合物、汞及其化合物、镍及其化合物、铊及其化合物

第五节　环境分析与监测的常用方法

环境分析与监测常用的分析技术可以分为两大类，包括化学物理分析技术和生物分析技术。

一、化学物理分析技术

对于环境样品中污染物的成分、结构和形状的分析，经常采用化学分析方法和仪器分析方法。例如，分析水中悬浮固体、残渣、降尘等常采用重量法；分析水中酸度、碱度、溶解氧、有机物（化学需氧量）、硫化物等常采用滴定分析法。仪器分析是以物理和物理化学方法为基础的分析方法，包括光谱分析法（可见分光光度法、紫外分光光度法、红外光谱法、原子吸收光谱法、原子发射光谱法、荧光分析法、化学发光分析法等），色谱分析法（气相色谱法、高效液相色谱法、薄层色谱法、离子色谱法、色谱-质谱联用技术），电化学分析法（极谱法、溶出伏安法、电导分析法、电位分析法、离子选择电极法、库仑分析法），放射分析法（同位素稀释法、中子活化分析法）和流动注射分析法等。仪器分析方法具有检出限低、监测能力高等优点，在现代环境分析监测工作中被广泛应用于环境污染物的定性和定量测定。例如，分光光度法（可见分光光度法、紫外分光光度法）常用于大部分金属、无机非金属的测定，色谱法常用于各种有机物的测定，对于污染物状态、结构、元素等的分析可采用紫外光谱、红外光谱、拉曼光谱、质谱及核磁共振等技术。

二、生物分析技术

生物分析技术是指利用微生物、植物和动物在污染环境中所产生的各种反映信息来判断环境质量的方法。

生物监测通过测定生物体内污染物含量，观测生物在环境中受伤害症状，观测生物的生理生化反应，观测生物群落结构和种类的变化等手段来判断环境质量。例如，水生、底栖生物群落的监测，水和废水中细菌总数的测定，藻类、鱼类的急性毒性测定，利用生物危害性测定（植物微核实验、发光细菌的急性毒性实验等）等。

第二章　分析数据的处理和质量保证

第一节　标准物质和标准溶液

一、标准物质和基准物质

1. 标准物质的定义

标准物质（reference material）是国家标准中的一种形式，其目的是判别产品质量、鉴定仪器的可靠程度和评价分析检测方法等。我国对于标准物质的定义与国际标准化组织（ISO）的定义一致，即标准物质是一种已充分确定其一种或几种性质，这些性质可用于校准测量器具、评价测量方法或确定材料特性量值的物质。ISO 还定义了具有证书的标准物质（certified reference material），证书由国家权威计量单位颁发，在证书中应具备有关的特性值、使用和保存方法及有效期。美国国家标准局（NBS）定义标准物质为标准参考物质，主要用于：帮助发展标准方法；校正测量系统；保证质量控制程序的长期完善。其中具有 NBS 鉴定发行证书的物质也称为有证标准物质。

2. 标准物质的分类

按国家标准物质管理办法规定，标准物质可分为化学成分标准物质、物理特性与物理化学特性标准物质和工程技术特性标准物质。按照属性与应用领域，国家将标准物质分成 13 大类。环境分析与监测中常涉及的标准物质有两大类，分别是化工标准物质（标准号 GBW06101～GBW06999）和环境化学分析标准物质（标准号 GBW08101～GBW08999）。其中，化工标准物质又分为高纯标准物质，有机标准物质，无机标准物质，化工气体标准物质，农药、化肥标准物质，pH 标准物质，滴定分析标准物质等。标准物质按其特性的准确度水平分为一级标准物质和二级标准物质，一级标准物质的准确度最高。

3. 标准物质的特征

标准物质的特征有以下几点。

（1）材质均匀。制备好的样品首先要经过均匀性检验，合格后才能进入定值阶段，还要给出确保样品均匀的最小取样量。

（2）定值准确、可靠。经过高水平的分析工作者在权威性实验室进行的测定，数据经过统计处理，确定其量值及准确度，这个值称为“标准值”，要标注在标准物质证书上。

（3）性能稳定。在制备标准物质时，应对其进行稳定性考察。储存、运送或使用不当，都会影响其稳定性。

（4）标准物质证书。每一种标准物质必须配有标准物质证书，该证书是介绍标准物质属性和特征的技术文件。

4. 环境分析与监测对标准物质的选择

选择恰当的标准物质要综合考虑诸多因素，如标准物质的物理状态与表面状态、分析方法的基体效应与干扰情况、标准物质的准确度水平及取样量、进样方式等。

在环境分析与监测中应根据分析方法和被测样品的具体情况运用适当的标准物质。选择标准物质时应该考虑以下原则。

（1）对标准物质基体组成的选择：为了消除方法基体效应引入的系统误差，标准物质的基体组成与被测样品的组成越接近越好。

（2）标准物质准确度水平的选择：标准物质的准确度应比被测样品预期达到的准确度高3～10倍。

（3）标准物质浓度水平的选择：分析方法的精密度是被测样品浓度的函数，所以要选择浓度水平适当的标准物质。

（4）取样量的考虑：取样量不得小于标准物质证书中规定的最小取样量。

5. 基准物质

基准物质（primary material）是指分析化学中用于直接配制标准溶液或标定滴定分析中操作溶液浓度的物质，该物质的试剂也称为基准试剂。基准物质必须具备以下特征：①试剂的纯度足够高，纯度（质量分数）≥ 99.9%；②试剂的组成与化学式完全相符，如含有结晶水，其结晶水的含量均应符合化学式；③化学性质稳定，一般情况下不易失水、吸水或变质，不与空气中的氧气及二氧化碳反应；④参加反应时按反应式定量进行，没有副反应；⑤有较大的摩尔质量，以减少称量时的相对误差。

基准物质和标准物质的概念区分不是太明确。标准物质不一定都是基准物质，因为标准物质只是含量已知，纯度未必达到 99.9%，标准物质多数是由有资质的单位定值的，有些还有统一的编号。基准物质可以直接配制溶液和标定未知溶液的浓度。表 2.1.1 列出了滴定分析中常见的基准物质。

表 2.1.1　常用的基准物质及其干燥条件和应用范围

基准物质		干燥后组成	干燥条件/℃	标定对象
名称	化学式			
碳酸氢钠	$NaHCO_3$	Na_2CO_3	270～300	酸
碳酸钠	$Na_2CO_3 \cdot 10H_2O$	Na_2CO_3	270～300	酸
硼砂	$Na_2B_4O_7 \cdot 10H_2O$	$Na_2B_4O_7 \cdot 10H_2O$	放在含 NaCl 和蔗糖饱和水溶液的干燥器中	酸
碳酸氢钾	$KHCO_3$	K_2CO_3	270～300	酸
草酸	$H_2C_2O_4 \cdot 2H_2O$	$H_2C_2O_4 \cdot 2H_2O$	室温空气干燥	碱或 $KMnO_4$
邻苯二甲酸氢钾	$KHC_8H_4O_4$	$KHC_8H_4O_4$	110～120	碱
重铬酸钾	$K_2Cr_2O_7$	$K_2Cr_2O_7$	140～150	还原剂
溴酸钾	$KBrO_3$	$KBrO_3$	130	还原剂
碘酸钾	KIO_3	KIO_3	130	还原剂
铜	Cu	Cu	室温干燥器中保存	还原剂

续表

基准物质		干燥后组成	干燥条件/℃	标定对象
名称	化学式			
三氧化二砷	As_2O_3	As_2O_3	室温干燥器中保存	氧化剂
草酸钠	$Na_2C_2O_4$	$Na_2C_2O_4$	130	氧化剂
碳酸钙	$CaCO_3$	$CaCO_3$	110	EDTA
锌	Zn	Zn	室温干燥器中保存	EDTA
氧化锌	ZnO	ZnO	900～1000	EDTA
氯化钠	NaCl	NaCl	500～650	$AgNO_3$
氯化钾	KCl	KCl	500～600	$AgNO_3$
硝酸银	$AgNO_3$	$AgNO_3$	180～290	氯化物

二、化学试剂的规格

试剂规格又称试剂级别或类别。一般按实际的用途或纯度、杂质含量来划分规格标准。根据我国的国家标准，化学试剂按纯度和杂质含量分为四种等级，见表 2.1.2。

表 2.1.2　通用化学试剂的规格和标志

试剂级别	纯度分类	等级符号	英文标记	瓶签颜色
一等品	一级/优级纯	GR	GUARANTEED REAGENTS	绿色
二等品	二级/分析纯	AR	ANALYTICAL REAGENTS	红色
三等品	三级/化学纯	CP	CHEMICAL PURE	蓝色
四等品	四级/实验试剂	LR	LABORATORY REAGENTS	黄色

优级纯（一级、优级）试剂，又称保证试剂，纯度高，适用于精密分析及科学研究工作，常用 GR 表示。分析纯（二级）又称分析试剂，纯度略低于优级纯，适用于重要分析和一般性研究工作，常用 AR 表示。化学纯（三级）试剂适用于工厂、学校等一般的分析研究及教学实验工作，常用 CP 表示。实验试剂（四级），纯度比化学纯低，但是比工业品纯度高，适用于一般性的化学实验及教学工作，不能用于分析工作，常用 LR 表示。

化学试剂除上述几个等级外，还有基准试剂、光谱纯试剂、色谱纯试剂、生化试剂、高纯试剂等。基准试剂相当或高于优级纯试剂，专作滴定分析的基准物质，用以确定未知溶液的准确浓度或直接配制标准溶液，其主成分含量一般为 99.95%～100.0%，杂质总量不超过0.05%。光谱纯试剂主要用于光谱分析中作标准物质，其杂质用光谱分析法测不出或杂质低于某一限度，纯度在 99.99%以上。色谱纯试剂有液相色谱级试剂、气相色谱级试剂、农残级别试剂等。高纯试剂又称超纯试剂，是采用一些特殊设备如石英、铂器皿生产的。

各种组别的试剂和化学工业品，其价格相差甚大，最多可达数十倍。所以在使用药品时，只要满足应用要求，应充分考虑节约的原则，选用适当规格的试剂。例如，配制洗液所用的 $K_2Cr_2O_7$ 和浓 H_2SO_4 可以选用化学纯或工业纯，无需使用高纯度的试剂。

三、标准溶液

1. 标准溶液的概念

当使用化学分析法或仪器分析法进行分析测定时，往往需要配制标准溶液。标准溶液就是已知其主体成分或其他特性量值的溶液。按其不同的应用方向可分为三种，分别是滴定分析用标准溶液、杂质测定用标准溶液和 pH 测量用标准溶液（或 pH 基准缓冲溶液）。

2. 标准溶液的配制

正确配制标准溶液是进行化学分析法或仪器分析法的重要环节，三种标准溶液详细的配制方法应分别按照《化学试剂　标准滴定溶液的制备》（GB/T 601—2016）、《化学试剂　杂质测定用标准溶液的制备》（GB/T 602—2002）和《物理特性与物理化学特性测量标准物质》（GBW13101～GBW13999）进行操作。这些方法又可概括为直接法和间接法。

1）直接法

准确称取一定量的基准物质，用适量溶剂溶解后完全转移至容量瓶中，并按照容量瓶容积准确配成一定体积的溶液。根据称取基准物质的质量和容量瓶的容积，计算出该溶液的准确浓度。

2）间接法

间接法也称标定法。由于很多试剂不符合基准物质的条件，不能直接配成标准溶液，因此采用间接法。先将该物质大致按所需浓度配成溶液，然后利用该物质与基准物质（或已知准确浓度的标准溶液）的定量反应来确定（标定）准确浓度。例如，NaOH 溶液可以用草酸钠或邻苯二甲酸氢钾标定；HCl 可以用硼砂标定；$Na_2S_2O_3$ 可以用重铬酸钾标定等。

标定时，应至少平行测定三次，滴定结果的相对偏差应满足误差要求。标定时的实验条件应尽量与实际应用该溶液测定试样时的条件一致，以抵消由条件影响所造成的误差。

四、常用的物理量和计量单位

法定计量单位是指一个国家或政治实体以法令形式规定使用或强制使用的计量单位。我国国务院颁布的《中华人民共和国法定计量单位》是以国际单位制为基础，结合我国实际情况制定的。其中规定，我国法定计量单位由国际单位制单位和国家选定的非国际单位制单位（制外单位）两部分组成。表 2.1.3 列出了环境分析监测中常用的物理量和计量单位。

表 2.1.3　常用的物理量和计量单位

量的名称	量的符号	量的定义	单位名称	单位符号（或量纲）
原子量	A_r	元素的平均原子质量与核素 ^{12}C 原子质量的 1/12 之比	—	1
分子量	M_r	物质的分子或特定单元的平均质量与核素 ^{12}C 原子质量的 1/12 之比	—	1
分子或其他基本单元数	N	分子或其他基本单元在系统中的数目	—	1
物质的量	n		摩[尔]	mol
摩尔质量	M	质量除以物质的量 $M = m/n$	千克每摩[尔]	kg/mol

续表

量的名称	量的符号	量的定义	单位名称	单位符号（或量纲）
摩尔体积	V_m	体积除以物质的量 $V_m=V/n$	立方米每摩[尔] 升每摩[尔]	m^3/mol L/mol
密度、质量密度、体积质量	ρ	质量除以体积 $\rho=m/V$	千克每立方米	kg/m^3
相对密度	d	$d=\rho_1/\rho_2$	—	1
B 的浓度、B 的物质的量浓度	c_B	B 的物质的量除以混合物的体积 $c_B=n_B/V$	摩[尔]每立方米 摩[尔]每升	mol/m^3 mol/L
B 的质量浓度	ρ_B	B 的质量除以混合物的体积 $\rho_B=m_B/V$	千克每升 克每毫升	kg/L g/mL
溶质B的质量摩尔浓度	b_B, m_B	溶液中溶质 B 的物质的量除以溶剂的质量 $b_B=n_B/m_A$	摩[尔]每千克 摩[尔]每克	mol/kg mol/g
B 的质量分数	w_B	B 的质量与混合物的质量之比 $w_B=m_B/m$	—	1 % μg/g ng/g
B 的体积分数	φ_B	$\varphi_B=x_B V_{m,B}^{*}\Big/\sum_i x_{A_i}V_{m,A_i}^{*}$ 式中，V_{m,A_i}^{*} 为纯物质 A_i 在相同温度和压力下的摩尔体积	—	1 % μL/L nL/L
B 的摩尔分数	x_B(或y_B)	B 的物质的量与混合物的物质的量之比 $x_B=n_B/n$	—	1
溶质 B 的摩尔比	r_B	溶质 B 的物质的量与溶剂的物质的量之比 $r_B=n_B/n_A$	—	1

注：物质的符号表示成右下标，如 c_B、w_B、φ_B 等；但一般将具体物质的符号及其状态置于与主符号齐线的括号中，如 $c(H_2SO_4)$。

其他的浓度表示方法如下。

1）ppm

浓度单位 ppm 是非法定单位，目前正式文件里使用得越来越少，但是在以前的书籍和文献中经常使用，而且一些实际分析工作中也有使用。“ppm”的英文是“parts per million”，即百万分之一，属于量纲为一的单位。但是在不同领域的分析检测工作中，其具体含义有所区别。在土壤和污泥等固体检测中，物质的定量通过称量质量大小确定，因此 ppm 等同于 mg/kg。一般的环境水和废水中（海水除外），可以近似地认为水溶液的密度是 1 g/cm^3，因此水溶液中 1 ppm 等同于 1 mg/L。在气体检测和研究中，ppm 可以表示存在于气态物质中的微量组分，如空气中含 1 ppm 的组分 A，则表示每 100 万个空气分子中有 1 个是组分 A 分子。虽然气体浓度的表示方法是质量浓度的单位（mg/m^3），但是很多气体检测仪器测得的气体浓度都是体积浓度（ppm）。气体的质量浓度和 ppm 的换算关系是

$$C=M/22.4\times \text{ppm}\times[273/(273+t)]\times(P/101325) \quad (2.1.1)$$

式中，C 为质量浓度，mg/m^3；M 为气体分子量；ppm 为体积浓度；t 为气体温度，℃；P 为

气体压力，Pa。式（2.1.1）简化后得到：

$$C = M \times \text{ppm}/22.4 \tag{2.1.2}$$

同 ppm 相似的单位还有 ppb（parts per billion，十亿分之一）、ppt（part per trillion，万亿分之一）。

2）滴定度

滴定度表示每毫升标准溶液所能滴定的被测物质的质量，以 $T_{A/B}$ 表示：

$$T_{A/B} = \frac{m_A}{V_B} \tag{2.1.3}$$

式中，A 为被测物质；B 为标准溶液。$T_{A/B}$ 的单位为 g/mL 或 mg/mL。

3）当量和当量浓度

当量（equivalent weight）和当量浓度（normal concentration 或 normality）是一个已废除的计量单位，现在已经很少使用，为了辅助阅读历史上的化学分析和监测的相关书籍资料，这里只做简单介绍。在以前的化学化工领域中，没有建立物质的量这一概念之前，为了说明化学反应物质间的定量关系，采用了术语“当量”和“当量浓度”。当量浓度符号为 N，1 N 等于 1 克当量/升。当量和当量浓度是基于反应的一种量和浓度表示方法。例 2.1.1 展示了当量和当量浓度的关系。

[例 2.1.1] 在水溶液（稀溶液）中，硫酸（H_2SO_4）和氢氧化钠（NaOH）的酸碱中和反应中，1 个单位的 H_2SO_4 正好和 2 个单位的 NaOH 中和。则硫酸的当量质量等于硫酸的分子量除以 1 mol 硫酸的失质子数量（2 mol），即硫酸的当量质量为 49；因此硫酸的当量浓度等于硫酸的质量浓度除以硫酸的当量质量。

氢氧化钠的当量质量等于氢氧化钠的分子量除以 1 mol 氢氧化钠的质子数量（1 mol），即氢氧化钠的当量质量为 40；氢氧化钠的当量浓度等于氢氧化钠的质量浓度除以氢氧化钠的当量质量。

在氧化还原反应中，通常根据氧化物或还原物得失的电子数定义。例如，用 1 个电子的转移定义当量质量和当量浓度，1 mol/L 的重铬酸钾（$K_2Cr_2O_7$）的当量浓度就应该是 6 N（每个重铬酸钾分子中有两个铬离子，每个铬离子的价态由+6 到+3 得到 3 个电子），1 mol/L 的高锰酸钾（$KMnO_4$）的当量浓度是 5 N。在其他反应中往往根据元素的数量或盐的电荷数等定义当量。

第二节　误 差 理 论

环境监测中所得到的许多物理、化学和生物数据是描述和评价环境质量的基本依据。由于监测系统的条件限制以及操作人员的技术水平有限，测试值与真值之间常存在差异。即使采用最可靠的分析方法，使用最精密的仪器，由技术熟练的分析人员非常仔细地进行测定，也不可避免地具有误差。同一个人对同一样品在相同条件下进行多次分析，结果也不尽相同。因此，在实际的测量和分析过程中，人们并不能得到准确无误的真值，而只能对测量特性做出相对准确的估计。

研究误差的主要目的是充分利用数据信息，正确处理实验所得数据，判断其可靠性，从而得到最接近真实的最佳结果。此外，研究误差理论还可以帮助我们正确地组织实验和测量，合理地设计仪器、选用仪器及选定测量方法，从而以最经济有效的方式获得结果。

一、准确度和精密度

分析结果的准确度表示测定值与被测组分真值的接近程度，可用误差来衡量，测量值与真值之间的差距越小，即误差越小，说明分析结果的准确度越高。为了获得可靠的分析结果，在实际分析测定过程中需要在相同条件下对样品进行多次平行测定，取其平均值作为测定结果。如果平行测定所得的数据接近，说明分析的精密度高，反之，精密度低。精密度表示多次平行测定所得测量值之间相互接近的程度或者测定结果与平均值的吻合程度。

准确度和精密度的关系可以通过下面的例子形象地加以说明。图 2.2.1 表示甲、乙、丙、丁 4 人用同一种方法同时测定某一铁矿石中铁的含量（真值以质量分数表示为 50.36%）的结果。由图可见，甲所得结果的准确度和精密度都较好，结果可靠；乙的精密度虽然很高，但准确度低，可能是因为测量中存在系统误差；丙的准确度和精密度都很差；丁的平均值虽然接近真值，但 4 次平行测定的几个数值相差甚远，精密度很差，只是由于大的正负误差相互抵消才使结果接近真值，若只取 2 次或 3 次的测量值来平均，结果就会相差很大，这个测量结果具有偶然性，因此是不可靠的。

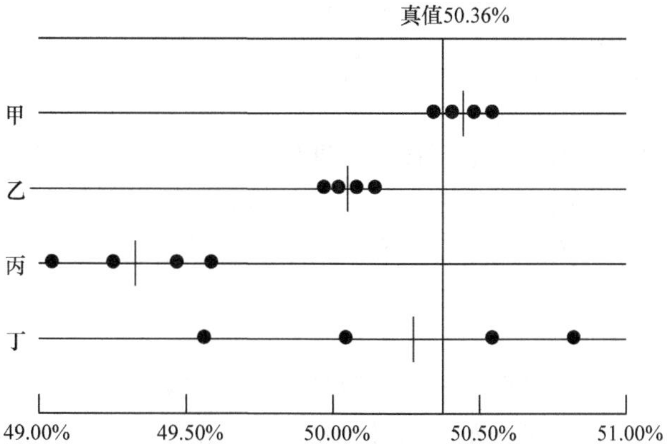

图 2.2.1　不同分析人员的分析结果

精密度是保证准确度的先决条件。精密度差，说明测定结果的重现性差，所得的结果一定不可靠，失去了衡量准确度的意义。但是，高的精密度不一定能保证高的准确度，可能有系统误差的存在。在确定消除了系统误差的情况下，可用精密度表示测定的准确度。只有精密度高、准确度也高的测定数据才是可信的。因此，应该从准确度和精密度两个方面来衡量测定结果的好坏。

二、误差和偏差

1. 真值

在某一时刻和某一位置或状态下，某物理量的效应体现出客观值或实际值称为真值。真值包括：

（1）理论真值：例如，三角形内角之和等于 180°。

（2）计量学约定真值：由国际计量大会定义的国际单位制，包括基本单位、辅助单位和导出单位。由国际单位制所定义的真值称为约定真值。

（3）相对真值：标准局或监测总站提供的标样、一批有经验的分析工作者采用可靠的方法多次测定的平均值，都可以作为环境分析监测时的相对真值。“相对真值”在实际工作中也称为“标准值”，即指采用多种可靠的分析方法、由具有丰富经验的分析人员经过反复多次测定得出的比较准确的结果。

（4）标准器（包括标准物质）的相对真值：高一级标准器的误差为低一级标准器或普通仪器误差的 1/5（或 1/20～1/3）时，则可认为前者是后者的相对真值。

2. 误差

由于认识能力的不足和科学技术水平的限制，并且被测量的数据形式通常不能以有限位数表示，测量值与真值往往是不一致的，这种矛盾在数值上的表现即为误差。任何测量结果都有误差，并且存在于一切测量的全过程中。

准确度的高低用误差来衡量，误差表示测量值（x_i）与真值（T）间的差异。实际上，通常采用各次测定值的算术平均值 $\bar{x}$ 来表示测定结果。

误差可用绝对误差（E_{a}）与相对误差（E_{r}）两种方法来表示：

$$E_{\mathrm{a}} = \bar{x} - T \quad (2.2.1)$$

$$E_{\mathrm{r}} = \frac{E_{\mathrm{a}}}{T} \times 100\% \quad (2.2.2)$$

误差越小，表示测定结果与真值越接近，准确度越高；反之，误差越大，准确度越低。若测定值大于真值，误差为正值；反之，误差为负值。相对误差能反映出误差在测定结果中所占百分数，更具有实际意义，因此常用相对误差表示测定结果的准确度。

3. 偏差

偏差是衡量精密度高低的尺度，表示一组平行测定数据相互接近的程度，偏差越小，测定的精密度越高。偏差分为绝对偏差、相对偏差、平均偏差、相对平均偏差（RAD）、标准偏差、相对标准偏差（RSD）等（详见本章第三节“二、数据的统计分析和评价”）。

（1）绝对偏差（d_i）：各次测量值与样本平均值（$\bar{x}$）的差值，即

$$d_i = x_i - \bar{x} \quad (i = 1, 2, \cdots, n) \quad (2.2.3)$$

一组数据中各单次测定的偏差有正有负，还有一些偏差可能为零，如果将各单次测定的偏差相加，其和应为零，即 $\sum_{i=1}^{n} d_i = 0$。

（2）相对偏差：绝对偏差（d_i）与样本平均值（$\bar{x}$）之比（常以百分数表示）：

$$相对偏差 = \frac{d_i}{\bar{x}} \times 100\% \quad (2.2.4)$$

（3）平均偏差（$\bar{d}$）：各个偏差绝对值的平均值，即

$$\bar{d} = \frac{1}{n}\left(|d_1| + |d_2| + \cdots + |d_n|\right) = \frac{1}{n}\sum_{i=1}^{n}|d_i| \quad (2.2.5)$$

平均偏差 $\bar{d}$ 代表一组测量值中任何一个数据的偏差，没有正负号。因此，它最能代表一

组数据的重现性。在一般分析工作中平行测定的次数不多时，常用平均偏差来表示分析结果的精密度。

（4）相对平均偏差（RAD）：平均偏差（$\bar{d}$）与样本平均值（$\bar{x}$）之比（常以百分数表示），即

$$\mathrm{RAD}=\frac{\bar{d}}{\bar{x}}\times 100\% \tag{2.2.6}$$

（5）标准偏差（s）。当测定的次数比较多时，常用标准偏差或相对标准偏差来表示一组平行测定值的精密度。

标准偏差的表达式为

$$s=\sqrt{\frac{\sum_{i=1}^{n}(x_i-\bar{x})^2}{n-1}}=\sqrt{\frac{\sum_{i=1}^{n}x_i^2-\frac{1}{n}\left(\sum_{i=1}^{n}x_i\right)^2}{n-1}} \tag{2.2.7}$$

标准偏差通过平方运算，能比平均偏差更灵敏地反映出较大偏差的存在，用自由度（$n-1$）取代实验次数（n），可突出较大偏差对测量结果的影响，而且比极差更充分地引用了全部数据的信息，在统计上更有意义。因此，标准偏差能更好地反映测量值的精密度。

（6）相对标准偏差（RSD）：又称变异系数（CV），是样本标准偏差在样本平均值（$\bar{x}$）中所占的百分数，即

$$\mathrm{RSD(或CV)}=\frac{s}{\bar{x}}\times 100\% \tag{2.2.8}$$

实际工作中常用 RSD 表示分析结果的精密度。

三、系统误差和随机误差

在定量分析过程中，根据误差产生的原因和性质的不同，可将误差分为系统误差和随机误差。

1. 系统误差

系统误差指测量值的总体均值与真值之间的差别。它是由某种固定的因素造成的，具有单向性，即正负、大小均有一定的规律性，而且在一定条件下具有重现性，不因增加平行测量次数、采用数理化统计的方法削弱或减少。它的产生可能是方法、仪器、试剂、恒定的操作人员和恒定的环境造成的。如果能找出具体原因，并设法加以测定，就可以消除，因此也称其为可测误差。系统误差产生的原因有以下几种。

（1）方法误差。这种误差是由实验设计或分析方法选择不恰当造成的。例如，重量分析中，沉淀的溶解损失、共沉淀和后沉淀，灼烧时沉淀的分解或挥发等；在滴定分析中，反应不完全、有副反应发生、干扰离子的影响、滴定终点与化学计量点不一致等，都会引起测定结果偏高或偏低。可通过方法的选择和校正消除方法误差。

（2）仪器误差。这种误差是分析仪器本身不够精确造成的误差，如天平砝码长期使用后质量改变、容量器皿的刻度和仪表刻度不准确、仪器没有调整到理想状态等。可以通过校准仪器来克服仪器误差。

（3）试剂误差。其是由试剂或蒸馏水不纯造成的误差。例如，试剂和蒸馏水中含有少量

被测组分干扰物质，会使分析结果偏高或偏低。

（4）操作误差。其是由分析人员的操作不当引起的误差。例如，称样之前对试样预处理不当；对沉淀的洗涤次数过多或不够；灼烧沉淀时温度过高或过低；滴定终点判断不当等。这类误差可通过加强训练来减少。

（5）主观误差。主观误差又称个人误差，是由分析人员的一些主观因素造成的。例如，在滴定分析中辨别滴定终点的颜色时，有深浅差异；在滴定管刻度读数时，个人习惯性地偏高或偏低等。在实际工作中，没有分析工作经验的人往往以第一次测定结果为依据，第二次测定时主观上使其向第一次测定结果靠近，这样也容易引起个人误差。

2. 随机误差

随机误差又称偶然误差或不可测误差，是实验中单次测量值对平均值产生的偏移。它是由某些难以控制、无法避免的偶然因素造成的，不具有单向性，即大小、正负均不固定。例如，天平及滴定管读数的不确定性，实验操作中温度、湿度、灰尘、电磁场等影响都会引起测量数据的波动。随机误差的大小决定分析结果的精密度。

随机误差是不可避免的，也是不能加以校正的。即使是一个很有经验的人，很仔细地多次进行操作分析，得到的分析结果也不可能完全一样。

随机误差虽不能通过校正来减小或消除，但它的出现服从统计规律（正态分布规律，图 2.2.2）。

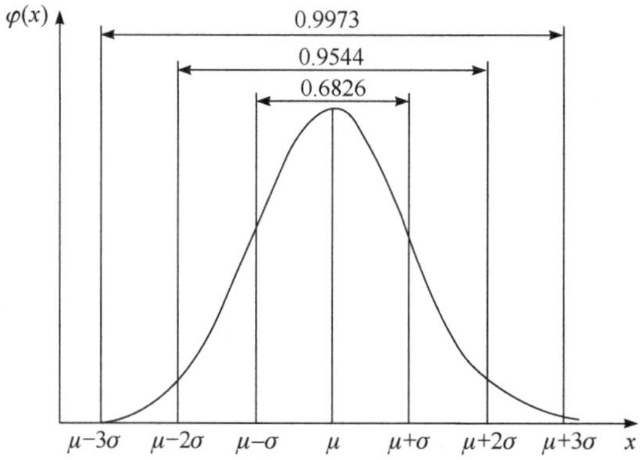

图 2.2.2 正态分布图

（1）绝对值相等的正误差和负误差出现的概率大致相同，因而大量等精度测量后各个误差的代数和有趋于零的趋势。

（2）绝对值小的误差出现的概率大，绝对值大的误差出现的概率小，绝对值很大的误差出现的概率非常小，即该误差有一定的实际极限。

系统误差和随机误差的划分并不是绝对的，有时很难判断某种误差属于哪一类。例如，判断滴定终点的颜色，有人观察到的颜色总是偏深，产生属于操作误差的系统误差，但在多次观察时，又不能保证完全一致，存在一定的偶然性。

除了系统误差和随机误差外，在分析过程中往往会遇到由于分析人员疏忽或差错引起的“过失”，其本质就是错误，不能称为误差。例如，溶液溅失、读数记错等，都会产生错误的测定值，一旦过失发生，只能重做实验。因此，在处理实验数据时，如果发现数据是由过失引起的，应将其弃去不用。同时，也可以用统计方法检查某测量值是不是由过失引起的。

四、误差的传递

分析结果（如物质化学成分的含量）一般是无法直接测量得到的，而是先测量一些可以直接测量的物理量，如质量、体积、电位、电流、吸光度等，再按照一定的公式，通过一系列计算得到想要的分析结果。各个测量值的误差对分析结果的影响称为误差的传递。

1. 系统误差的传递

1）加减运算

若分析结果为各测量值的代数和，即 $R = mA + nB - qC$，其中 m、n、q 为系数，对应的绝对误差分别为 $E_{a(R)}$、$E_{a(A)}$、$E_{a(B)}$、$E_{a(C)}$，则

$$E_{a(R)} = mE_{a(A)} + nE_{a(B)} - qE_{a(C)} \tag{2.2.9}$$

即分析结果的绝对误差为各测量值绝对误差与相应系数之积的代数和。

2）乘除运算

若分析结果为各测量值的积或商，即 $R = m\dfrac{AB}{C}$，其中 m 为系数，对应的相对误差分别为 $E_{r(R)}$、$E_{r(A)}$、$E_{r(B)}$、$E_{r(C)}$，则

$$E_{r(R)} = E_{r(A)} + E_{r(B)} - E_{r(C)} \tag{2.2.10}$$

即分析结果的相对误差为各测量值相对误差的代数和，与算式的系数无关。

3）指数运算

若分析结果计算式为 $R = k + mA^n$，其误差传递关系式为

$$E_{r(R)} = nE_{r(A)} \tag{2.2.11}$$

即分析结果的相对误差为测量值相对误差的指数倍。

4）对数运算

若分析结果计算式为 $R = k + m\lg A$，其误差传递关系式为

$$E_{a(R)} = 0.4343m\frac{E_{a(A)}}{A} = 0.4343mE_{r(A)} \tag{2.2.12}$$

即分析结果的绝对误差为测量值相对误差的 $0.4343m$ 倍。

2. 随机误差的传递

解决随机误差传递最科学的方法是标准偏差法。该方法针对具体函数关系的不同有不同的表示。

1）加减运算

若分析结果与各测量值满足 $R = mA + nB - qC$ 关系，那么分析结果标准偏差的平方（s_R^2）为各测量值方差与相应系数平方的积之和。即

$$s_R^2 = m^2 s_A^2 + n^2 s_B^2 + q^2 s_C^2 \tag{2.2.13}$$

2）乘除运算

若分析结果关系式为 $R = m\frac{AB}{C}$，则分析结果的相对标准偏差的平方是各测量值相对标准偏差的平方和，而与系数无关。

$$\left(\frac{s_R}{R}\right)^2 = \left(\frac{s_A}{A}\right)^2 + \left(\frac{s_B}{B}\right)^2 + \left(\frac{s_C}{C}\right)^2 \tag{2.2.14}$$

3）指数运算

若分析结果计算式为 $R = k + mA^n$，则分析结果的相对标准偏差为测量值相对标准偏差的指数倍，与其他系数无关。

$$\frac{s_R}{R} = n\frac{s_A}{A} \quad 或 \quad \left(\frac{s_R}{R}\right)^2 = \left(n\frac{s_A}{A}\right)^2 \tag{2.2.15}$$

4）对数运算

若分析结果计算式为 $R = k + m\lg A$，则分析结果的标准偏差为测量值相对标准偏差的 $0.4343m$ 倍。

$$s_R = 0.4343m\frac{s_A}{A} \quad 或 \quad s_R^2 = (0.4343m)^2\left(\frac{s_A}{A}\right)^2 \tag{2.2.16}$$

3. 说明

（1）对于上述两类误差的传递，因为系统误差可以尽量小，所以系统误差的校正方法是在难以避免又难以测定的情况下才使用的办法。而随机误差由于不可排除且又很难分析原因，因此研究随机误差的传递规律更有实际意义。

（2）在定量分析中，各步测定的系统误差和随机误差总是混淆在一起，而标准偏差法仅用于处理随机误差的传递，所以在应用该方法计算误差的传递时，应先将系统误差消除。

（3）如果 A 的引进误差为 1%，即便其余是 0.1%时，其结果误差仍会不低于 1%，所以每个环节的误差应尽量接近一致。

4. 极值误差

在误差分析中，如果将各个测量值的误差最大限度地叠加起来并用此估计分析结果的误差时，此误差称为极值误差（E_R）。例如，天平称量时读数误差两次分别为 ± 0.01 g，其极值误差则为 0.02 g。

对于关系式 $R = mA + nB - qC$，分析结果的极值误差可以表示为

$$E_R = m|E_A| + n|E_B| + q|E_C| \tag{2.2.17}$$

对于公式 $R = m\frac{AB}{C}$，分析结果的极值误差可以表示为

$$\frac{E_R}{R} = \left|\frac{E_A}{A}\right| + \left|\frac{E_B}{B}\right| + \left|\frac{E_C}{C}\right| \tag{2.2.18}$$

虽然从统计规律上看，该方法不尽合理，但它可以估计最不利情况下可能出现的最大误

差。所以这种方法有时用于估计随机误差的传递。

5. 误差分配

分析结果的误差确定后，就要对各测量值的误差提出要求，称为误差分配。

例如，某滴定分析包含试样称量和滴定剂体积测量两个环节，要求该滴定分析结果的相对误差不大于 0.2%，这就需要针对上述两个环节的误差进行分配。假设采用等误差法进行分配，则试样称量环节和滴定剂体积测量环节的相对误差各分配为 0.1%。

对于试样称量环节，由于采用的是差减法，所以称一份样品时需要两次读数。若采用万分之一分析天平，其单次读数的最大绝对误差为 0.1 mg，因此最大误差为 0.2 mg，对于称取的试样质量 m，有（0.2 mg/m）$\leqslant$0.1%，所以 $m\geqslant$ 200 mg，即每次试样的称量质量不应小于 200 mg。

对于滴定剂体积测量环节，在使用滴定管进行常量分析时，可以读取到 0.01 mL，为最大限度地消除操作误差，应采用两次读数的方法，所以最大误差为 0.02 mL，对于量取的滴定剂体积 V 来讲，有（0.02 mL/V）$\leqslant$0.1%，所以 $V\geqslant$ 20 mL，即每次滴定剂的体积用量不应小于 20 mL。

由此可以看出，误差分配对于合理地设计实验是一个十分重要的环节。

第三节　数据的处理和分析

一、有效数字及其运算规则

1. 有效数字

有效数字（significant figure）就是测量中实际能测到的数，也指在保证准确性的前提下，用科学计数法表示所需的最小数字。

有效数字保留的位数取决于分析方法和仪器准确度，有效数字只允许保留一位可疑数字，其他都是准确数字。如用仪器测量时，除了由仪器刻度上读取的准确数字外，还可以估计一位数字。对于 50 mL 滴定管，刻度只准确到 0.1 mL，读数时可估计到 0.01 mL。例如，滴定时观察滴定管中的液面位于 22.2 mL 及 22.3 mL 之间，若确定测量体积是 22.25 mL，则前三位是准确数字，后一位“5”是由滴定管的最小刻度间估计出来的，也可能是“4”，也可能是“6”，于是末位数有±1 个单位的误差。“5”这个数字是不准确数字，即为可疑数字。但它不是臆造的，所以记录时应保留。因此 22.25 mL 是四位有效数字，或者说 22.25 mL 的有效数字位数是四位。对于可疑数字，除特别说明外，一般理解它可能有 ± 1 或者 ± 0.5 个单位误差。

有效数字的位数直接影响测定的相对误差。在测量准确度的范围内，有效数字位数越多，测量越准确，但超过了测量准确度的范围，过多的位数是没有意义的，而且是错误的。确定有效数字的位数时应遵循以下几条原则。

（1）记录数据时，只允许保留一位可疑数字，即数据的末位数缺乏准确度，误差是末位数的 ± 1 个单位。

（2）数字 0～9 都是有效数字，0 既可以是有效数字，又可作定位小数点位置用。0 除定位用时不计作有效数字外，其余位置均计位。例如，称量数据为 0.05010 g，5 前面的两个 0 用来定位，不计作有效数字，而后面的两个 0 都是有效数字，末位的 0 说明该称量可以准确到 0.00001 g，该数据有四位有效数字。

（3）以整数结尾的 0，有效数字位数难以确定。例如，1100、23000 等，位数不明确。一般可将 1100 看作四位有效数字，若写成 1.1×10^3，则为两位有效数字，若写为 1.10×10^3，则为三位有效数字。因此，以整数结尾的 0 要按科学计数法表达，才能正确判断它的位数。对于很小的数字用 0 表示不方便，可用 10 的乘方表示，当用小数表示时，习惯在小数点前保留一位整数，如 0.00031 g 表示为 3.1×10^{-4} g。

（4）首位数字为 8 或 9 的数可以多计一位有效数字，这是由于首位数字大的数，绝对误差相同时，相对误差较小。例如，9.00、9.86 等，它们相对误差的绝对值约为 0.1%，与 10.06 和 12.08 这些四位有效数字的数值的相对误差的绝对值接近，所以通常认为它们的有效数字位数为四位。

（5）在分析化学计算中，常遇到系数（倍数、分数）和非测定的数值，这些都是自然数而非测量得到的，因此它们的有效数字位数视为没有限制，不适合有效数字的计位和运算规则。

（6）在分析化学中还常遇到 pH、pM、lg$K$ 等对数值，其有效数字的位数取决于小数部分（尾数）数字的位数，因为整数部分（首数）只代表该数的方次，起定位作用。例如，pH = 9.23，换算为 H^+浓度为$[H^+] = 5.9\times10^{-10}$ mol/L，有效数字的位数是两位，而不是三位。

（7）不能因为单位的改变而改变有效数字的位数。例如，0.0533 g 是三位有效数字，用毫克（mg）表示时应为 53.3 mg，用微克（μg）表示时则应写成 5.33×10^4 μg，但不能写成 53300 μg。

（8）大多数情况下，对于各种误差的计算，一般要求两位有效数字或一位有效数字。

（9）有关化学平衡的计算，一般保留两位或三位有效数字。

（10）凡是表中测量的数据，如各种常数、原子量和分子量等，不能查几位用几位，也不能以这些常数为标准取舍有效数字的位数，而应根据测定，需要几位取几位。

2. 有效数字修约规则

在处理数据的过程中，由于测量值有效数字位数的不同，往往需要进行修约，将多余的数字舍去，这个过程就称为数字修约。

目前采用的修约原则是既不因保留过多位数而使计算复杂，也不因舍掉任何位数而使准确度受损。按照国家标准采用“四舍六入五成双”规则，当测量值中被修约的数字小于或等于 4 时应舍去，大于或等于 6 时应进位，等于 5 时，要看 5 后面是否还有非 0 的数，若有则进位，否则就看 5 前面的数字是奇数还是偶数，若是奇数则进位，若是偶数则舍去，即修约后末位数字为偶数。

在确定原测量值修约位数后，应一次修约获得结果，不得多次连续修约。例如，修约 15.4546 为两位有效数字，正确的做法是：15.4546→15，而不应为：15.4546→15.455→15.46→15.5→16。对于负值修约时，应先将绝对值进行修约，然后在修约值前加上负号。根据这一规则，将下列数据修约到只保留两位小数，结果为

$$1.0821\rightarrow1.08$$

$$1.0883\rightarrow1.09$$

$$1.0850 \rightarrow 1.08$$

$$1.0750 \rightarrow 1.08$$

$$1.0253 \rightarrow 1.03$$

对准确度和精密度计算结果的修约最多取两位有效数字，而且修约的结果应使准确性变得更差些。例如，某计算结果的标准偏差为 0.213，取两位有效数字应修约为 0.21，取一位有效数字应修约为 0.2。

3. 有效数字的运算规则

在计算分析结果时，每个测量值的误差都会传递到分析结果中去。根据误差的传递规律，按照有效数字的运算法合理取舍，才能正确表达分析结果。加减和乘除运算的误差传递方式不同，相对应的运算规则如下。

1）加减法

加减法运算的和或差的误差是各个数值绝对误差的传递结果。因此，计算结果的误差必须与各数据中绝对误差最大的数据相当，即当几个数据相加减时，其结果的位数保留应以几个数中小数点后位数最少（即绝对误差最大）的数为依据。例如

$$0.0214 + 2.11 + 1.16421 = ?$$

每个数据中最后一位都有±1 的绝对误差，其中小数点后位数最少的 2.11 的绝对误差最大，因此加和的结果中总的绝对误差取决于该数，所有数据应以它小数点后的位数为准，先修约，后计算。

$$0.02 + 2.11 + 1.16 = 3.29$$

2）乘除法

乘除法运算的积或商的误差是各个数值相对误差的传递结果，即当几个数据相乘除时，其结果的位数保留应以几个数中有效数字位数最少（即相对误差最大）的数为依据。例如

$$0.0121 \times 25.64 + 1.05782 = ?$$

三个数的相对误差分别为

$$\frac{\pm 0.0001}{0.0121} \times 100\% = \pm 0.8\%$$

$$\frac{\pm 0.01}{25.64} \times 100\% = \pm 0.04\%$$

$$\frac{\pm 0.00001}{1.05782} \times 100\% = \pm 0.0009\%$$

其中 0.0121 的相对误差最大，有效数字位数最少，因此所有的数据应以此数的有效数字位数为标准，均修约为三位有效数字再进行计算。

$$0.0121 \times 25.6 + 1.06 = 0.328$$

在大量数据的运算中，为了使舍入误差不迅速积累，提高计算结果的可靠性，对参加运算的所有数据可以暂时多保留一位有效数字，计算结果再根据修约规则进行舍入处理，正确保留有效数字位数，从而得到与准确度相适应的数值。

在计算分析结果时，对高含量（＞10%）组分的测定，一般要求四位有效数字；对含量在 1%～10%的组分，一般要求三位有效数字；对含量低于 1%的组分，只要求两位有效数字。分析中的各类误差通常取一至两位有效数字。

二、数据的统计分析和评价

随机误差的分布符合统计规律，给数据的分析处理提供了理论基础，但这仅是对无限多次测量而言，而实际测量是有限次的，因此从无限的总体中随机抽出一部分，称为样本（sample），用其来代表无限次的总体。样本所含的个体数称为样本容量，用 n 表示。数据统计分析的任务是通过对有限次测量数据合理的分析，对总体做出科学的判断，其中包括对总体参数的估计及统计检验。

（一）数据的集中趋势和分散程度的表示

对无限次测量而言，总体平均值 μ 是数据集中趋势的表征，总体标准差 σ 是分散程度的表示，但 μ 和 σ 是未知的。在有限次的测定中，只能通过测定结果，用样本的平均值 $\bar{x}$ 和样本标准差 s 对 μ 和 σ 做出合理的估计。

1. 数据集中趋势的表示

1）样本平均值 $\bar{x}$

n 次测定数据的平均值 $\bar{x}$ 是

$$\bar{x}=\frac{x_1+x_2+\cdots+x_n}{n}=\frac{1}{n}\sum_{i=1}^{n}x_i \tag{2.3.1}$$

$\bar{x}$ 是总体平均值 μ 的最佳估计值。对有限次测定，测量值是向算术平均值 $\bar{x}$ 集中的。当 $n\to\infty$时，$\bar{x}\to\mu$。

2）中位数 x

将数据按大小顺序排列，位于正中间的数据即为中位数。当 n 为奇数时，居中者即是中位数；当 n 为偶数时，取正中间两个数的平均值即为中位数。中位数表示法不受个别偏大值或偏小值影响，适用于一组数据的少数呈“偏态”分散在某一侧，使均数受个别极数的影响较大的数据，但其用以表示集中趋势不如平均值好。

2. 数据分散程度的表示

1）极差 R（或称全距）

极差指一组平行测量值中最大者（$x_{\max}$）与最小者（$x_{\min}$）之差

$$R=x_{\max}-x_{\min} \tag{2.3.2}$$

此法简单，适用于测定次数少的情况。例如，几次平行滴定所耗滴定剂体积的精密度常以 R 表示，相对极差为 $\frac{R}{\bar{x}}\times100\%$。

2）平均偏差 $\bar{d}$

平均偏差表示各次测量值与样本平均值之差的绝对值的平均值。即

$$\overline{d}=\frac{1}{n}\left(|d_1|+|d_2|+\cdots+|d_n|\right)=\frac{1}{n}\sum_{i=1}^{n}|d_i| \quad (2.3.3)$$

d_i 值有正有负。若不取绝对值，其和必为零，就不能表示数据的精密度了。

3）样本标准差 s

$$s=\sqrt{\frac{\sum_{i=1}^{n}(x_i-\overline{x})^2}{n-1}}=\sqrt{\frac{\sum_{i=1}^{n}x_i^2-\frac{1}{n}\left(\sum_{i=1}^{n}x_i\right)^2}{n-1}} \quad (2.3.4)$$

样本标准差比平均偏差更灵敏地反映出较大偏差的存在，用自由度（$n-1$）取代实验次数（n），可突出较大偏差对测量结果的影响，而且比极差更充分地引用了全部数据的信息，在统计上更有意义。

必须区别样品标准差 s 与总体标准差 σ。s 是对有限测定次数而言，表示的是各测量值对样本平均值 $\overline{x}$ 的偏离；而 σ 表示的是无限次测定的情况。

3. 平均值的标准差

通常使用一组测定的平均值来估计总体平均值 μ。一系列测定（每次做几个平行测定）的平均值 $\overline{x}_1,\overline{x}_2,\cdots$ 的波动情况也遵从正态分布。这时应当用平均值的标准差 $\sigma_{\overline{x}}$ 来表示平均值的分散程度。显然，平均值的精密度应当比单次测定的精密度更好。统计学已证明：

$$\sigma_{\overline{x}}=\frac{\sigma}{\sqrt{n}} \quad (2.3.5)$$

对有限次测定，样本平均值的标准差为

$$s_{\overline{x}}=\frac{s}{\sqrt{n}} \quad (2.3.6)$$

平均值的标准差与测定次数的平方根成反比。增加测定次数可以提高测量的精密度，但过分增加测定次数也不尽合理。实际工作中测定 4～6 次就可以了。

（二）总体平均值的置信区间

如前所述，只有当 $n\to\infty$ 时，$\overline{x}\to\mu$，才能得到最可靠的分析结果。显然，这是做不到的。由有限次测量得到的平均值 $\overline{x}$ 总带有一定的不确定性，只能在一定置信度下，根据 $\overline{x}$ 值对 μ 可能存在的区间做出估计。

1. t 分布曲线

在有限次的测定时，σ 的真值是未知的，仅知道其估计值 s。为了补偿用 s 代替 σ 而引起的误差，提出用 t 值代替 μ 值。对于一组独立测定的样本，当 n 次测定样本平均值为 $\overline{x}$ 时，则置信系数（也称校正系数）t 定义为

$$t=\frac{\overline{x}-\mu}{s_{\overline{x}}}=\frac{\overline{x}-\mu}{s}\sqrt{n} \quad (2.3.7)$$

式中，$s_{\overline{x}}$ 为 $\overline{x}$ 的标准差，且 $s_{\overline{x}}=\frac{s}{\sqrt{n}}$。此时的随机误差不是正态分布，而是 t 分布。t 分布曲

线的纵坐标是概率密度，横坐标是 t。图 2.3.1 为 t 分布曲线。

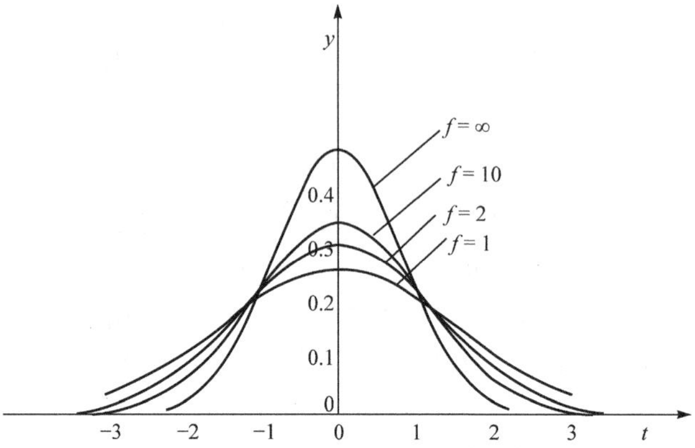

图 2.3.1　t 分布曲线

t 分布曲线随自由度 $f\left(f=n-1\right)$ 变化，只有当测试次数 $n\to\infty$时，t 分布曲线即为标准正态分布曲线。t 分布曲线下面某区间的面积也表示随机误差在某区间的概率（图 2.3.2）。

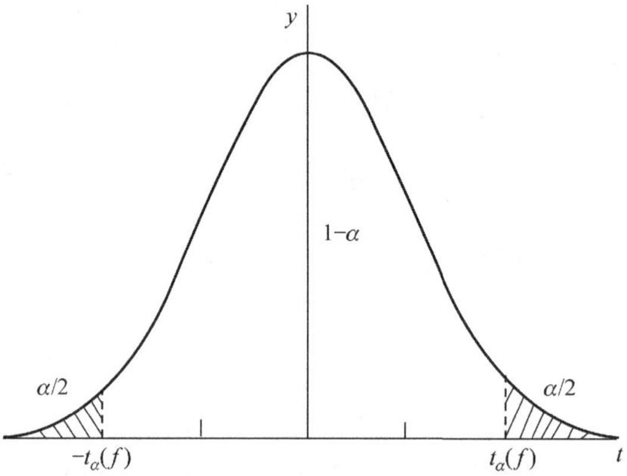

图 2.3.2　$-t_{\alpha}(f)\sim t_{\alpha}(f)$ 的区间概率

t 值不仅随概率（用显著性水平 α 描述）变化，还随 $f\left(f=n-1\right)$ 变化而变化。不同概率与 f 值相对应的 t 值已由数学家经计算得出。表 2.3.1 给出了 t 的分布值，表中的 α 为 t 出现在大于 $t_{\alpha}\left(f\right)$ 和小于 $-t_{\alpha}\left(f\right)$ 时的概率，t 出现在 $-t_{\alpha}\left(f\right)\sim t_{\alpha}\left(f\right)$ 的概率则为 $1-\alpha$（又称置信度），可用 P 表示。由表可见，当 $f\to\infty$ 时，$s\to\sigma$，t 即 μ。实际上，$f=20$ 时，t 和 μ 就已经很接近了。

表 2.3.1　t 分布值

自由度 f	$t_{\alpha}(f)$			
	$\alpha=0.50$	$\alpha=0.10$	$\alpha=0.05$	$\alpha=0.01$
1	1.00	6.31	12.71	63.66
2	0.82	2.92	4.30	9.93
3	0.76	2.35	3.18	5.84
4	0.74	2.13	2.78	4.60

续表

自由度 f	$t_{\alpha}(f)$			
	$\alpha=0.50$	$\alpha=0.10$	$\alpha=0.05$	$\alpha=0.01$
5	0.73	2.02	2.57	4.03
6	0.72	1.94	2.45	3.71
7	0.71	1.90	2.37	3.50
8	0.71	1.86	2.31	3.36
9	0.70	1.83	2.26	3.25
10	0.80	1.81	2.23	3.17
20	0.69	1.73	2.09	2.85
∞	0.67	1.65	1.96	2.58

注：$t_{\alpha}(f)$ 表示显著性水平 α 、自由度 f 的 $t_{表}$ 值。

2. 置信区间

总体标准差 σ 未知时，对置信区间的确定用 t 这个统计量：

$$t=\frac{\overline{x}-\mu}{s/\sqrt{n}} \tag{2.3.8}$$

它服从自由度为 $f(f=n-1)$ 的 t 分布。由图 2.3.2 可知，$-t_{\alpha}(f)<t<t_{\alpha}(f)$ 的概率为 $1-\alpha$，即

$$-t_{\alpha}(f)<\frac{\overline{x}-\mu}{s/\sqrt{n}}<t_{\alpha}(f) \tag{2.3.9}$$

改写为

$$\overline{x}-t_{\alpha}(f)\frac{s}{\sqrt{n}}<\mu<\overline{x}+t_{\alpha}(f)\frac{s}{\sqrt{n}} \tag{2.3.10}$$

于是，置信度为 $(1-\alpha)\times 100\%$ 的 μ 置信区间是

$$\left(\overline{x}-t_{\alpha}(f)\frac{s}{\sqrt{n}},\quad \overline{x}+t_{\alpha}(f)\frac{s}{\sqrt{n}}\right) \tag{2.3.11}$$

它是以 $\overline{x}$ 为中心的区间，这个区间有 $(1-\alpha)\times 100\%$ 的可能包含 μ。置信度需事先给出，通常是 90%、95%或 99%。

（三）显著性检验

实际测定得到的数据有一定的波动性，样本平均值 $\overline{x}$ 与总体平均值 μ 不一定一致。直观上很难判定这种差异是随机误差还是系统误差引起的，这就需要进行显著性检验。如果 $\overline{x}$ 与 μ 有显著性差异，说明分析结果存在系统误差，否则为随机误差所致。显著性检验就是为了处理这类问题而提出的。

1. 准确度的检验——t 检验法

对于测定得到的实验数据，若已知 μ，按照公式 $t=\dfrac{\overline{x}-\mu}{s/\sqrt{n}}$，可以计算出 t 值，取其绝对

值并和 t 分布值表中的 $t_\alpha(f)$ 进行比较。当 $t \geqslant t_\alpha(f)$ 时，说明分析结果除了存在随机误差外，还存在系统误差；反之则没有系统误差。这是由于 t 分布只反映随机误差规律，而 t 超值时，数据就不仅是随机误差引起的了。

t 检验法可以用于平均值与标准值的比较，也可以用于两组数据平均值的比较。

（1）平均值与标准值比较。为了检查分析方法或操作过程中是否存在较大的系统误差，可以对标准样品进行多次分析，并利用 t 检验法比较分析结果和标准值之间是否存在显著性差异，从而判定分析方法或操作过程是否存在系统误差。

（2）两组数据平均值比较。同一分析人员用不同方法，或不同分析人员用同一方法对同一样品进行分析时，所得的两组数据的平均值一般是不同的。它们是否属于同一总体，它们之间是否存在系统误差，这些都可以用 t 检验法加以判别。

将 $t=\dfrac{\overline{x}-\mu}{s/\sqrt{n}}$ 中的有关项替换后，得到 $t=\dfrac{|\overline{x}_1-\overline{x}_2|}{s_\mathrm{p}}\sqrt{\dfrac{n_1n_2}{n_1+n_2}}$，并依此进行 t 检验，检验方法同前。若 $t<t_\alpha(f)$，说明两组数据的均值间不存在显著性误差，可以认为两个均值属于同一总体，即 $\mu_1=\mu_2$；反之则存在系统误差。

$$s_\mathrm{p}=\sqrt{\frac{\sum_{i=1}^{n}(x_i-\overline{x}_1)^2+\sum_{i=1}^{n}(x_i-\overline{x}_2)^2}{n_1+n_2-2}} \tag{2.3.12}$$

式中，n_1 和 n_2 分别为两组数据的测定次数，二者可以不等，但不能相差悬殊；s_p 为合并标准偏差。

需要强调的是，在进行 t 检验时，选取的自由度应是总自由度，即 $f=n_1+n_2-2$。

2. 精密度的检验——*F* 检验法

F 检验法是对两组数据的方差进行比较，以确定它们的精密度是否有显著性差异。若要判定两组数据平均值之间是否存在系统误差，通常先进行 F 检验并确定其精密度无显著性差异后，再进行 t 检验。

在 F 检验时定义统计量 F 为两个方差的比值，并规定大的方差为分子，小的方差为分母。

$$F=\frac{s_{大}^2}{s_{小}^2} \tag{2.3.13}$$

置信度为 95%时的 F 值见表 2.3.2。若计算得出的 F 值小于表中的 F 值时，说明两种数据的精密度无显著性差异；反之，有显著性差异。

表 2.3.2　置信度为 95%时的 *F* 值（单侧）

$f_{小}$	$f_{大}$									
	2	3	4	5	6	7	8	9	10	∞
2	19.00	19.16	19.25	19.30	19.33	19.36	19.37	19.38	19.39	19.50
3	9.55	9.28	9.12	9.01	8.94	8.88	8.84	8.81	8.78	8.53
4	6.94	6.59	6.39	6.26	6.16	6.09	6.04	6.00	5.96	5.63
5	5.79	5.41	5.19	5.05	4.95	4.88	4.82	4.78	4.74	4.36
6	5.14	4.76	4.53	4.39	4.28	4.21	4.51	4.10	4.06	3.67
7	4.74	4.35	4.12	3.97	3.87	3.79	3.73	3.68	3.63	3.23

续表

$f_小$	$f_大$									
	2	3	4	5	6	7	8	9	10	∞
8	4.46	4.07	3.84	3.69	3.58	3.50	3.44	3.39	3.34	2.93
9	4.26	3.86	3.63	3.48	3.37	3.29	3.23	3.18	3.13	2.71
10	4.10	3.71	3.48	3.33	3.22	3.14	3.07	3.02	2.97	2.54
∞	3.00	3.60	2.37	3.21	2.10	2.01	1.94	1.88	1.83	1.00

注：$f_大$ 为大方差数据的自由度；$f_小$ 为小方差数据的自由度。

（四）异常值的检验

在一组平行测定后的数据中，往往会出现个别值偏离其他值的异常情况。需要判断该值是否是异常值。异常值的混入将会影响总体参数的估计和检验的质量。如果分析发现，该值是由明显的系统误差或过失误差造成的，无论它与其他数据接近程度如何，都应果断剔除。否则，需要进行异常值的检测，并决定取舍。常用的检验方法有很多，从统计学观点考虑，比较严格而使用方便的是 Dixon 检验法（也称 Q 检验法）。

Dixon 检验的主要步骤如下。

（1）将测定值按由小到大的顺序排列。

（2）根据样本容量 n 不同，按照表 2.3.3 计算最大异常值和最小异常值的舍弃商 Q。

（3）根据给定的显著水平（α）和样本容量（n），从表 2.3.4 中查得临界值（Q_α）。

（4）若 $Q \leqslant Q_{0.05}$，则异常值为正常值；若 $Q_{0.05} \leqslant Q \leqslant Q_{0.01}$，则异常值为偏离值；若 $Q \geqslant Q_{0.01}$，则异常值为离群值，应剔除。

表 2.3.3　Dixon 检验舍弃商 Q 计算公式

n 值范围	异常值为最小值 x_1 时	异常值为最大值 x_n 时	n 值范围	异常值为最小值 x_1 时	异常值为最大值 x_n 时
3～7	$Q=\frac{x_2-x_1}{x_n-x_1}$	$Q=\frac{x_n-x_{n-1}}{x_n-x_1}$	11～13	$Q=\frac{x_3-x_1}{x_{n-1}-x_1}$	$Q=\frac{x_n-x_{n-2}}{x_n-x_2}$
8～10	$Q=\frac{x_2-x_1}{x_{n-1}-x_1}$	$Q=\frac{x_n-x_{n-1}}{x_n-x_2}$	14～25	$Q=\frac{x_3-x_1}{x_{n-2}-x_1}$	$Q=\frac{x_n-x_{n-2}}{x_n-x_3}$

表 2.3.4　Dixon 检验临界值 Q_α

n	显著性水平（α）		n	显著性水平（α）	
	0.05	0.01		0.05	0.01
3	0.941	0.988	15	0.525	0.616
4	0.765	0.889	16	0.507	0.595
5	0.642	0.780	17	0.490	0.577
6	0.560	0.698	18	0.475	0.561
7	0.507	0.637	19	0.462	0.547
8	0.554	0.683	20	0.450	0.535
9	0.512	0.635	21	0.440	0.524
10	0.477	0.597	22	0.430	0.514
11	0.576	0.679	23	0.421	0.505
12	0.546	0.642	24	0.413	0.497
13	0.521	0.615	25	0.406	0.489
14	0.546	0.641			

三、实验数据的图表表示方法

实验数据的图表表示方法包括图形表示法和列表表示法。

1. 图形表示法

在图形表示法中，横轴代表自变量，纵轴代表因变量。坐标分度值可采用低于最小测定值的某一整数为起点，高于最大测定值的某一整数为终点，只要使图形能占满全幅坐标即可。

每一个图形均应标明图号与图形的名称，图形的纵、横坐标轴所代表的意义及其单位。图号与图形标示在图形的下方。

图形表示法的优点是简明、直观，便于比较和应用。

2. 列表表示法

列表表示法就是将一组实验数据中的自变量与因变量的各个数值依一定的形式和顺序一一对应地列出来。列表表示法的优点是简单易做，数据便于参考比较；同一表内可以同时表示几个变量之间的变化关系。

每一张表应标明表号和表名，表号与表名标示在表的上方。表内要分项列出每一项目的名称和单位，一般在不加说明即可明了其意义的情况下，应尽量用符号代表。当同一项目内各数据的单位相同时，应将单位统一在表头项目栏中注明，要将单位写在每一个数据的后面。列数据时，小数点位置上下要对齐，当数值过大或过小时，可用指数形式表示。

四、实验数据的回归分析

在环境分析与监测中经常要了解各种参数之间是否有联系，如生化需氧量（BOD）和总有机碳（TOC）都是代表水中有机污染物的综合指标，它们之间是否有关？又如，在水稻田施农药，水稻叶上农药残留量与施药后天数之间是否有关？不同参数之间的相关性可以由以下方法判断，下面将介绍怎样判断各参数之间的联系。

1. 相关和直线回归方程

变量之间的关系有确定性关系和相关关系两种主要类型。

1）确定性关系

例如，欧姆定律 $U=IR$，已知三个变量中任意两个就能按公式求第三个量。

2）相关关系

有些变量之间既有关系，但又无确定性关系，称为相关关系，它们之间的关系式称为回归方程式，最简单的直线回归方程为

$$\overline{y} = ax + b \qquad (2.3.14)$$

式中，a、b 为常数，当 x 为 x_1 时，实际 y 值在按计算所得 $\overline{y}$ 左右波动。

上述回归方程可根据最小二乘法来建立，即首先测定一系列 $x_1, x_2, \cdots, x_n$ 和相对应的 $y_1, y_2, \cdots, y_n$，然后按下式求常数 a 和 b。

$$a = \frac{n\sum xy - \sum x \sum y}{n\sum x^2 - \left(\sum x\right)^2} \qquad (2.3.15)$$

$$b=\frac{n\sum x^2\sum y-\sum x\sum xy}{n\sum x^2-\left(\sum x\right)^2} \tag{2.3.16}$$

2. 相关系数及显著性检验

相关系数是表示两个变量之间关系的性质和密切程度的指标，符号为 r，其值在 $-1\sim+1$，公式为

$$r=\frac{\sum(x-\bar{x})(y-\bar{y})}{\sqrt{\sum(x-\bar{x})^2\sum(y-\bar{y})^2}} \tag{2.3.17}$$

x 与 y 的相关关系有如下几种情况。

（1）若 x 增大，y 也相应增大，称 x 与 y 呈正相关。此时 $0<r<1$，若 $r=1$，称完全正相关。

（2）若 x 增大，y 相应减小，称 x 与 y 呈负相关。此时 $-1<r<0$，若 $r=-1$，称完全负相关。

（3）若 y 和 x 的变化无关，称 x 与 y 不相关。此时 $r=0$。

若总体中 x 和 y 不相关，在抽样时由于偶然误差，可能计算所得 $r\neq0$。所以应检验 r 值有无显著意义，方法如下。

（1）求出 t 值，n 为变量配对数，自由度 $n'=n-2$：

$$t=|r|\sqrt{\frac{n-2}{1-r^2}} \tag{2.3.18}$$

（2）查 t 值表（一般单侧检验）。若 $t>t_{0.01(n)}$，$P<0.01r$，表示有非常显著意义相关；若 $t<t_{0.1(n)}$，$P>0.1r$，表示关系不显著。

第四节 环境分析测试的质量保证

一、质量保证的目标

分析测试质量保证（quality assurance of analytical test）是通过一系列的质量控制、质量审核和质量评价达到经济、准确、可信的预期目标。

任何测试均会产生误差。分析测试是比较复杂的过程，误差来源很多，如样品的代表性、均匀性、稳定性，样品处理过程的有效性，校准曲线的正确性，测量仪器计量性能的可靠性，实验室环境，测量程序和操作技能等都会影响分析结果的准确度。由此可见，分析测试不是简单的过程，而是复杂的系统。质量保证的任务就是把所有的误差，包括系统误差、随机误差，减少到预期的水平。同时应从实际需要出发，而不是盲目地做出误差限的选择。既要分析结果能说明问题，得到正确的结论，又不能过分地追求分析结果的可靠性，消耗不必要的人力物力，降低工作效率。通过质量保证工作，分析测试工作不仅能保证测定结果准确可靠，而且能达到提高工作效率、降低消耗的目的。

环境监测质量保证是整个监测过程的全面质量管理，包括：制订计划；根据需要和可能确定监测指标及数据的质量要求；规定相应的分析监测系统。其内容主要包括采样、样品预

处理、储存、运输、实验室供应，仪器设备、器皿的选择和校准，试剂、溶剂和基准物质的选用，统一测量方法，质量控制程序，数据的记录和整理，各类人员的要求和技术培训，实验室的清洁度和安全，以及编写有关的文件、指南和手册等。环境监测质量控制是环境监测质量保证的一个部分，它包括实验室内部质量控制和外部质量控制。

二、实验室的质量保证

环境分析监测在很多情况下需要在具有一定资质的专业分析实验室中进行。环境分析监测对象成分复杂，时间、空间量级上分布广泛，且随机多变，不易准确测量。因此，各个实验室从采样到结果所提供的数据有规定的准确性和可比性，以便做出正确的结论。实验室内部质量控制是实验室自我控制质量的常规程序，它能反映分析质量稳定性，以便及时发现分析中的异常情况，随时采取相应的校正措施。其内容包括空白实验、校准曲线核查、仪器设备的定期标定、平行样分析、加标样分析、密码样品分析和编制质量控制图等；外部质量控制通常是由常规监测以外的中心监测站或其他有经验人员来执行，以便对数据质量进行独立评价，各实验室可以从中发现所存在的系统误差等问题，以便及时校正，提高监测质量。常用的方法有分析标准样品以进行实验室之间的评价和分析测量系统的现场评价等。

实验室环境要符合分析监测的要求。实验室空气中如含有固体、液体的气溶胶和污染气体，对痕量分析和超痕量分析会导致较大的误差，因此痕量和超痕量分析及某些高灵敏度的仪器，应在超净实验室中进行或使用。

仪器和玻璃量器是为分析结果提供原始测量数据的设备。它的选择视监测项目的要求和实验室条件而定。仪器和量器的正确使用、定期维护和校准是保证监测质量、延长使用寿命的重要工作，也是反映操作人员技术素质的重要方面。

实验室中所用试剂、试液应根据实际需要，合理选用相应规格的试剂，按规定浓度和需要量正确配制。试剂和配好的试液需按规定要求妥善保存，注意空气、温度、光、杂质等影响。另外要注意保存时间，一般浓溶液稳定性较好，稀溶液稳定性较差。因此，许多试液常配成浓的储存液，临用时稀释成所需浓度。配制溶液均需注明配制日期和配制人员，以备查核追溯。

实验室质量保证的内部核心是严格完备的实验室管理制度。严格执行科学的管理制度是评定一个实验室的重要依据。实验室管理制度包括监测分析人员的要求（监测岗位），实验室安全制度，药品使用管理制度，仪器使用管理制度，样品管理制度。

三、分析监测过程中的质量保证

分析监测过程一般包括样品的处理、测量方法和计量标准的选用、测量仪器的校准、测定、数据的统计分析和报告测量结果。其中每个环节都和测量者的操作技术、理论知识和质量意识密切相关，并受实验室环境条件、所用化学试剂及辅助设备的影响。特别是随着痕量分析技术的发展，人们日益重视分析监测过程中的质量保证，以避免过失，最大限度地减小系统误差，提高测量的精密度和准确度。

1. 样品处理

样品的消解、溶解和被测组分的分离、富集是分析测量过程的重要环节。在样品处理过程中，一方面可能发生溶解、分离、富集不完全，或被测组分挥发、分解而产生负的系统误差；另一方面还会由于器皿、化学试剂、环境和操作者沾污被测组分而产生正的系统误差。在样品处理过程中即使没有产生明显的系统误差，也会引入较大的随机误差。

2. 分析空白的控制与校正

1）分析空白及其作用

空白包括样品中被测组分的沾污（正空白）、样品中被测组分的损失（负空白）和仪器噪声产生的空白。分析空白及其变动性对痕量和超痕量分析结果的准确度、精密度及分析方法的检出限起着决定性作用。在痕量和超痕量分析工作中，必须从取样、样品传送、储存、处理到测定的全过程避免、减少和控制可能发生的沾污，并在样品测定过程中做平行或穿插空白实验，以便校正测量结果或正确表达测量结果。或作空白质量控制图，及时发现分析过程有无明显的沾污，以确定分析结果的可靠性。通常痕量或超痕量组分分析结果的报告方法如表 2.4.1 所示。

表 2.4.1　痕量或超痕量组分分析结果的报告方法

痕量组分分析结果	$<3s_B$	$3s_B$	$3s_B \sim 10s_B$	$>10s_B$
报告方法	未检出	检出限	检出但未定量	报告结果并给出不确定度

注：s_B 为空白实验的标准差。

2）分析空白的控制

分析空白高而又不稳定的分析方法不能用于痕量或超痕量化学成分的测定。所以消除和控制污染源、减小空白及其变动性是痕量分析的重要工作内容。主要有以下几点：①消除或控制实验环境对样品的沾污；②化学试剂对样品中被测组分的沾污随试剂纯度和用量而变；③储存、处理样品所用的器皿，如果材质不纯或者未洗涤干净均可沾污样品；④避免分析者对样品的沾污。

3）空白实验

空白实验（blank test）又称空白测定，是指用去离子水代替试样的测定，其所加试剂和操作步骤与试样测定完全相同。空白实验应与试样测定同时进行，试样分析时仪器的响应值（如吸光度、峰电流等）不仅是试样中待测物质的分析响应值，还包括所有其他因素，如试剂中的杂质、环境及操作过程中的沾污等的响应值。空白实验就是要了解它们对试样测定的综合影响。空白实验测得的响应值称为空白实验值，根据空白实验值及其标准差，对试样测定值进行空白校正。

3. 测量方法的适用性

1）测量方法的类别与等级

为探测物质的变化规律，解决生产、贸易、环境、卫生、社会法规等问题，人们不断研究、开发各种测量技术、绝对测量方法和高准确度的标准方法。现有标准方法数以千计，大致可分为三种类型：①检测产品技术规格的普及型标准方法。②为贯彻某些法规而开发的标准方法，称为官方方法。例如，美国分析化学家协会（AOAC）拟定了用于分析食品、药物、肥料、农药、化妆品的标准方法，以保证有关农业和公共健康法规的贯彻。③基础性标准方法，如英国分析化学学会（SAC）拟定的分析方法和美国材料测试协会（ASTM）拟定的标准方法。

根据方法的准确度或精密度水平，可将化学测量方法划分为 6 个等级，见表 2.4.2。

表 2.4.2　化学测量方法的准确度或精密度水平划分等级

等级	准确度或精密度	名称
A	<0.01%	最高准确度或精密度方法
B	0.01%～0.1%	高准确度或精密度方法
C	0.1%～1%	中等准确度或精密度方法
D	1%～10%	低准确度或精密度方法
E	10%～35%	半定量方法
F	>35%	定性方法

2）测量方法的主要技术参数和控制指标

（1）线性范围。待测物质的量浓度或含量与相应仪器的响应值或其他指示量之间的定量关系曲线称为校准曲线。分析测定中常用校准曲线的直线部分。某一方法的校准曲线的直线部分所对应的待测物质的量浓度或含量的变化范围，称为该方法的线性范围。

（2）准确度。准确度是用一个特定的分析程序所获得的分析结果（单次测定值或重复测定值的均值）与假定的或公认的真值之间符合程度的量度。它是反映分析方法或测量系统存在的系统误差和随机误差的综合指标，并决定其分析结果的可靠性。评价准确度的方法有两种：一种是用某一方法来分析标准物质，根据其结果确定准确度（详见本章第二节）；另一种是加标回收法。目前对复杂样品分析可能达到的准确度水平如表 2.4.3 所示。

表 2.4.3　复杂样品分析的准确度水平

被测组分质量分数	$>10^{-2}$	10^{-3}	10^{-5}	10^{-7}	$<10^{-7}$
准确度水平	<5	10	15	20	>25

（3）精密度。精密度是指用一特定的分析程序在受控条件下重复分析均一样品所得测定值的一致程度，它反映了分析方法或测量系统所存在随机误差的大小，其大小的表示方法详见第二节。在讨论精密度时，常遇到平行性、重复性、再现性等术语。平行性是指同一实验室中，当分析人员、分析设备和分析时间都相同时，用同一分析方法对同一样品进行双份或多份平行样测定结果之间的符合程度。重复性是指在同一实验室中，当分析人员、分析设备和分析时间三因素中至少有一项不相同时，用同一分析方法对同一样品进行的两次或两次以上独立测定结果之间的符合程度。再现性是指不同实验室（分析人员、分析设备甚至分析时间都不相同），用同一分析方法对同一样品进行多次测定结果之间的符合程度。

实验室内精密度通常是指平行性和重复性的总和，而实验室间精密度（即再现性）常用分析标准试样的方法来确定。

（4）灵敏度。分析方法的灵敏度是指该方法对单位浓度或单位量的待测物质的变化所引起的响应值变化的程度。它可以用仪器的响应值或其他指示量与对应的待测物质的浓度或量之比来描述，因此常用校准曲线的斜率 k 来度量灵敏度。k 值大，说明方法灵敏度高。灵敏度因实验条件而变。

但在实际工作中，各实验点并不都落在回归直线上，有一定的发散性。实验点的发散性也影响测量方法的灵敏度，发散性大，灵敏度下降。因此，灵敏度应定义为 k/s_f，其中 s_f 是线性拟合标准差，用下式估算：

$$s_f = \left(\frac{\sum_{i=1}^{n} d_i^2}{n-2} \right)^{1/2} \tag{2.4.1}$$

式中，d_i 为第 i 个实验点对回归直线的偏离值；n 为实验点的数目。

（5）检出限。分析方法的检出限是在一定置信概率下能检出被测组分的最小含量（或浓度）。这个最小含量所产生的信号能与分析空白、仪器噪声在一定的置信概率下区分开来。国际纯粹与应用化学联合会（IUPAC）在 1976 年对分析方法的检出限做了如下规定：在与分析实际样品完全相同的条件下，做不加入被测组分的重复测定（即空白实验），测定次数尽可能多（一般为 20 次）。算出空白值的平均值和空白值的标准差 s_B。在一定置信度下，与 $3s_B$ 相对应的被测组分的含量 q_L 或浓度 c_L 就是分析方法的检出限，即

$$q_L = \frac{3s_B}{k} \tag{2.4.2}$$

$$c_L = \frac{3s_B}{k} \tag{2.4.3}$$

式中，k 为校准曲线的斜率。

4. 测量方法的校准

测量方法校准的目的是建立测量信号与被测化学成分量值的函数关系，即物理信号与化学成分量的定量关系。制作准确而有效的校准曲线是获得准确可靠测量结果的重要前提。

1）使用准确可靠的计量标准

用于制作校准曲线的化学成分标准物质应满足准确度高、变动性小、量值呈梯度的要求，以保证相对于观测物理信号的变动性可以忽略不计，有效地确定测量范围及测量结果的准确性。

2）消除或者测定干扰与基体效应的影响

大多数分析测量方法受样品中其他组分或者主体成分的影响，而产生明显的系统误差。通过选用与被测样品组成相同或者相近的标准物质可以消除这一系统误差。在实际分析工作中会遇到各种样品，并非对任何样品都能找到与之类似的标准物质，因而不得不用纯物质配制标准溶液作校准标准。这时，应根据分析方法和样品的实际情况做干扰实验和基体影响实验，并正确估计影响程度。

3）控制实验条件，合理设计实验

应按以下原则设计实验：①为了尽可能保持测量样品的实验条件与制作校准曲线的条件一致，应在较短时间间隔内制作和使用校准曲线；②校准曲线上的实验点数最好在 5 个以上，且实验点的量值范围尽可能宽，以提高校准曲线的可靠性与稳定性；③各实验点最好做重复测量取平均值，至少应在校准曲线的端点做重复测定，以减少实验误差。

5. 标准分析方法和分析方法标准化

标准分析方法又称分析方法标准，是技术标准的一种。它是一项文件，是权威机构对某项分析所做的统一规定的技术准则和各方面共同遵守的技术依据。它是公认的成熟的方法，并通过协作实验，确定了误差范围。它由权威机构审批和发布。编制和推行标准分析方法的目的是保证分析结果的重复性、再现性和准确性。不但要求同一实验室的分析人员分析同一样品的结果要一致，而且要求不同实验室的分析人员分析同一样品的结果也要一致。标准方法的选定首先要达到所要求的检出限，能体现足够小的随机和系统误差，对各种样品能得到相近的准确度和精密度，当然也要考虑技术、仪器的现实条件和推广的可能性。

一个项目的测定往往有多种可供选择的方法，这些方法的灵敏度不同，对仪器和操作的要求不同。而且由于方法的原理不同，干扰因素也不同，甚至其结果的表示含义也不尽相同。当采用不同方法测定同一项目时就会产生结果不可比的问题，因此有必要使分析方法标准化。标准化工作是一项具有高度政策性、经济性、技术性、严密性和连续性的工作，开展这项工作必须建立严密的组织管理机构。

四、分析测试结果的质量评价

质量评价是为了让委托方或者主管部门相信测量结果是准确可靠的，能满足预期要求；或者测量实验室具有进行某一领域测量工作的能力，有提供准确、有效测量结果的组织和技术保证。从而达到在国际贸易和技术交流中双边或多边相互承认测量结果的目的。

对于分析测试结果准确度的评价有以下 3 种方法。

1. 用标准物质评价分析结果的准确度

选择浓度水平、准确度水平、化学组成与物理形态合适的标准物质，然后用与分析实际样品相同的方法和程序测定标准物质，最好是对标准物质或由权威部门制备的合成标准样进行平行分析。如果标准物质的分析结果与保证值一致，则表明分析测定过程中不存在明显的系统误差，样品的分析结果是可靠的，可近似地将精密度作为分析结果的准确度。

如果在分析方法的量限范围内选 3 种不同浓度水平的标准物质，用以核对、检验分析方法是否存在系统误差，从而评价分析结果的准确度，那么这是最佳的方案。

2. 用标准方法评价分析结果的准确度

设 A 代表所用的分析方法，B 代表标准方法，并用 Y、X 分别表示两种方法的观测值。在两种方法的量限范围内，分别用两种方法同时测定几个不同浓度水平的相同样品。测定结果应符合线性关系，即 $Y = a + bX$ 。用最小二乘法算出 a 和 b，当 a 的置信区间包含 0，b 的置信区间包含 1 时，表明两种分析方法间不存在系统误差。由于方法 B 是准确的，方法 A 及其分析结果也是准确的。若 a 的置信区间不包含 0，b 的置信区间不包含 1，则说明两种方法存在系统误差。方法 A 及其分析结果是不准确的。

3. 通过测定回收率评价分析结果的准确度

回收率是样品处理过程中的综合质量指标，也是估计分析结果准确度的主要依据之一。通常用“加标回收”法，即在样品中加入标准物质，测定其回收率，以确定准确度，多次回

收实验还可发现方法的系统误差。其计算式为

$$回收率=\frac{加标试样测定值-试样测定值}{加标量}\times 100\% \tag{2.4.4}$$

用回收率评价准确度时需注意以下三点。

（1）标准物质的加入量应与待测物质浓度水平接近。若待测物质浓度较高，则加标后的总浓度不宜超过方法线性范围上限的 90%，加标量在任何情况下都不得大于样品中待测物含量的 3 倍。

（2）若加入的标准物质是一种简单的离子或化合物，它与样品中被测组分的形态往往不一致，这时测得的回收率并不能反映样品的实际回收率。因此，最好能采用与被测样品组成相似、形态一致的标准物质来测定回收率。

（3）样品中某些干扰物质对待测物质产生的干扰，有时不能为回收率实验所发现。此时，回收率的测定不能评价分析结果的准确度。

对例行分析回收率控制指标的原则性规定如表 2.4.4 所示。

表 2.4.4　例行分析回收率控制指标的原则性规定

被测组分质量分数	$<10^{-7}$	$>10^{-7}$	$>10^{-6}$	$>10^{-4}$
加标回收率/%	60～110	80～110	90～110	95～105

第二篇　化学分析及其在环境监测中的应用

第三章　酸碱滴定法及其在环境分析监测中的应用

第一节　环境中的酸碱反应

一、环境中的酸碱反应及其对环境污染的影响

酸碱反应中无论是酸性物质还是碱性物质进入环境中，都会使环境的 pH 过高或过低，从而影响生物的生长与发展或腐蚀建筑设施。一般情况下，水体 $pH<5$ 或 $pH>9$ 时大部分水生生物不能生存。同时环境的酸碱性直接影响着细胞中酶的活性及某些毒物的毒性。在酸性条件下，氰化物、硫化物毒性加大；在碱性条件下，氨的毒性增加。废气中的氮氧化物、SO_2 与空气中的水分子结合形成酸雨降落至地面，将直接影响植被生长，降低河水 pH，影响鱼类洄游，腐蚀建筑物。

二、酸碱反应在分析监测中的应用

酸碱滴定法（acid-base titrations）是以酸碱反应为基础的滴定分析方法。酸碱滴定法的基本理论依据是酸碱平衡理论，酸碱平衡理论在四种滴定分析中起着十分重要的支撑作用。在各种酸碱平衡理论中，由于质子理论不仅能够揭示酸碱反应的本质，而且还能够对酸碱平衡进行严格的定量计算，同时又使水溶液和非水溶液的酸碱平衡统一起来，因此质子理论在环境分析监测领域得到了广泛的应用。

第二节　酸碱反应的基本概念

一、质子理论

酸碱质子理论是根据质子的转移来定义酸和碱。酸碱质子理论指出：凡是能给出质子的物质称为酸；凡是能够接受质子的物质称为碱。酸碱反应的实质是质子的转移。

酸碱质子理论明确提出酸和碱的新定义，并把酸碱与溶剂性质联系起来，强调了溶剂作用。应用质子理论能很好地解释非水溶液中所遇到的问题，同时使水溶液中的电离理论不能解决的问题得到很好的解释。例如，氨水本身呈现 $NH_3\cdot H_2O$ 形式，其水溶液本身不含 OH^-，但是水溶液却呈碱性。这用传统的电离理论无法解释，而质子理论认为 NH_3 在水溶液中的反应为

$$NH_3+H_2O \rightleftharpoons NH_4^++OH^-$$

NH_3 能接受 H_2O 中的质子故为碱，NH_4^+ 能给出质子故为酸。

另外，酸碱质子理论也能很好地解释有机物的酸碱性。例如，六次甲基四胺作为缓冲溶液时的反应为

$$(CH_2)_6N_4 + H_3O^+ \rightleftharpoons (CH_2)_6N_4H^+ + H_2O$$

$(CH_2)_6N_4$ 能接受质子故为碱，$(CH_2)_6N_4H^+$ 能给出质子故为酸。

在质子理论中没有盐的概念，无“水解”一词，使酸碱概念简单化。此理论认为盐就是碱，如 Na_2CO_3 能接受质子所以为碱。质子理论认为，水解的实质是一种质子转移，即酸碱反应。这样在酸碱处理上统一规范，扩大了酸碱范围。但有时为了更加明确地讲述一个化合物，也借用“盐”这一名称。

酸碱质子理论也有不足之处，它不能解释不含质子但有酸碱性的物质及无质子溶剂（如 SO_2）中的酸碱反应。

根据酸碱质子理论，水溶液中的 OH^- 能够接受质子（反应生成水），所以 OH^- 是一种碱，但 OH^- 已经不是碱的唯一标志。当物质 HA 能够分裂出质子时，HA 就是一种酸，而剩下的 A^- 自然对质子有一定的亲和能力（接受质子），因而 A^- 是一种碱。这样就构成了 HA-A^- 共轭酸碱体系（或称共轭酸碱对）。

$$HA \rightleftharpoons H^+ + A^-$$

$$\text{酸} \rightleftharpoons \text{质子} + \text{共轭碱}$$

HA 的电荷可以是任意的，但是 A^- 的电荷总比 HA 少 1。例如，下列例子均构成共轭酸碱体系：

$$H_2O \rightleftharpoons H^+ + OH^-$$

$$HAc \rightleftharpoons H^+ + Ac^-$$

$$NH_4^+ \rightleftharpoons NH_3 + H^+$$

$$H_2CO_3 \rightleftharpoons HCO_3^- + H^+$$

$$HCO_3^- \rightleftharpoons CO_3^{2-} + H^+$$

由此可以看出该理论具有如下特点：①质子理论的酸碱概念具有更广泛的含义，酸或碱均可以是正离子、负离子、中性分子。②酸碱概念具有相对性，同一物质在一个共轭酸碱对中为酸，而在另一共轭酸碱对中可能为碱。例如，HCO_3^- 在 HCO_3^--CO_3^{2-} 共轭酸碱对中为酸，在 HCO_3^--H_2CO_3 共轭酸碱对中为碱。这种既可作为酸，又可作为碱的物质称为两性物质。③一对共轭酸碱对之间只相差一个质子。

二、酸碱反应平衡常数和 pH 定义

1. 酸碱反应平衡常数

在溶液中酸碱的强度取决于物质接受质子的能力。给出质子的能力越强，溶液的酸性就越强，反之则越弱。同样，接受质子的能力越强，溶液的碱性就越强，反之则越弱。通常可以利用酸的离解常数（平衡常数）K_a 和碱的离解常数（平衡常数）K_b 的大小来定量衡量酸碱的强度。

实际上，游离的质子在溶液中是不独立存在的，质子总是以溶剂化形式存在于溶液中。根据质子理论，质子与溶剂（水）的反应也是酸碱反应。

$$H^+ + H_2O \rightleftharpoons H_3O^+$$

可见酸的离解与盐的离解是不同的。酸的离解实际上是与水之间发生了如下反应：

$$\underset{酸}{HA} + \underset{碱}{H_2O} \rightleftharpoons \underset{酸}{H_3O^+} + \underset{碱}{A^-}$$

$$K_a = \frac{[H_3O^+][A^-]}{[HA]} \tag{3.2.1}$$

水是一种最常用的溶剂，在水分子间会发生质子自递反应，常用质子自递常数（autoprotolysis constant）来评价这一反应，水的自递常数又称为水的离子积，以 K_w 表示。因此，水既可以看作是酸（分裂出质子），又可以看作是碱（与质子结合）。

$$\underset{酸}{H_2O} \rightleftharpoons H^+ + \underset{共轭碱}{OH^-} \qquad H^+ + \underset{碱}{H_2O} \rightleftharpoons \underset{共轭酸}{H_3O^+}$$

$$2H_2O \rightleftharpoons H_3O^+ + OH^-$$

$$K_w = [H_3O^+][OH^-] \tag{3.2.2}$$

根据上述反应，水所发生的离解作用是一种酸碱反应。像水这样既具有酸性又具有碱性的溶剂称为两性溶剂。上述两个平衡常数相除得到：

$$\frac{K_w}{K_a} = \frac{[HA][OH^-]}{[A^-]} \tag{3.2.3}$$

而对于反应 $A^- + H_2O \rightleftharpoons HA + OH^-$，其平衡常数表达式为

$$K_b = \frac{[HA][OH^-]}{[A^-]} \tag{3.2.4}$$

所以共轭酸-碱的酸式离解常数 K_a 和碱式离解常数 K_b 的关系为 $K_aK_b = K_w$ 或者 $pK_a + pK_b = pK_w = 14.0$（25℃时）。此式是在酸碱平衡体系中常用的公式，因此只要知道酸或碱的离解常数就能求出其共轭碱或者共轭酸的离解常数。

2. pH 的定义

溶液的酸碱度描述的是水溶液的酸碱性强弱程度，通常用 pH 来表示，即 H^+浓度的负对数。热力学标准状况下，pH = 7 的水溶液呈中性，pH<7 的水溶液显酸性，pH>7 的水溶液显碱性。

$$pH = -\lg c(H^+) \tag{3.2.5}$$

第三节 环境分析化学中酸碱平衡体系的pH计算

一、物料平衡式、电荷平衡式和质子平衡式

一般在讨论酸碱平衡体系的各型体（即各种存在形式）相互关系时，常用物料平衡式、电荷平衡式和质子平衡式来描述。

1. 物料平衡式

当溶液处于平衡状态时，各组分的分析浓度等于该组分各种型体平衡浓度之和。物质在化学反应中所遵守的这一规律称为物料平衡或质量平衡。其数字表达式称为物料平衡式，通常以MBE（material balance equation）表示。

以浓度为 c 的 Na_2CO_3 溶液为例，在溶液中存在的型体有 Na^+、HCO_3^-、CO_3^{2-}、H_2CO_3，Na和C两组分的MBE分别为

$$\left[Na^+\right]=2c$$

$$\left[CO_3^{2-}\right]+\left[HCO_3^-\right]+\left[H_2CO_3\right]=c$$

或写成

$$\left[Na^+\right]=2\left(\left[CO_3^{2-}\right]+\left[HCO_3^-\right]+\left[H_2CO_3\right]\right)=2c$$

再如，浓度为 c 的 Na_2HPO_4 的物料平衡式为

$$\left[Na^+\right]=2c$$

$$\left[H_3PO_4\right]+\left[H_2PO_4^-\right]+\left[HPO_4^{2-}\right]+\left[PO_4^{3-}\right]=c$$

2. 电荷平衡式

当溶液处于平衡状态时，溶液中带正电荷离子的总浓度必然等于带负电荷离子的总浓度，即整个溶液呈电中性，这一原则称为电荷平衡。其数学表达式称为电荷平衡式，以CBE（charge balance equation）表示。

以浓度为 c 的NaAc溶液为例，在溶液中有下列反应：

$$NaAc = Na^+ + Ac^-$$

$$Ac^- + H_2O \rightleftharpoons HAc + OH^-$$

$$H_2O \rightleftharpoons H^+ + OH^-$$

由反应看出，溶液中正离子有 Na^+、H^+，负离子有 Ac^-、OH^-。根据电荷平衡原则有

$$\left[Na^+\right]+\left[H^+\right]=\left[Ac^-\right]+\left[OH^-\right]$$

由此看出，在溶液中不带电荷的组分（中性分子）不计在内，如上式中的HAc。于是得出结论：溶液中所有带电荷的离子，无论是否参与质子转移，都应在CBE中表示；而不带电荷的分子，无论是否参与质子转移反应，都不计在内。

又如，浓度为 c 的 $CaCl_2$ 溶液有如下平衡：

$$CaCl_2 = Ca^{2+} + 2Cl^-$$

$$H_2O \rightleftharpoons H^+ + OH^-$$

溶液中正离子有 Ca^{2+}、H^+，负离子有 OH^-、Cl^-，其电荷平衡式为

$$[H^+] + 2[Ca^{2+}] = [OH^-] + [Cl^-]$$

因为在物料平衡中 $[Cl^-] = 2c$，$[Ca^{2+}] = c$，为满足电中性的原则，所以 $[Ca^{2+}]$ 前面乘以 2，才能保持正负离子浓度平衡关系。

写电荷平衡式时应注意以下几点：①不要忘记溶液中的正离子 H^+ 和负离子 OH^-；②平衡浓度前面的系数是离子的荷电荷数；③体系中的中性分子不计在内。

3. 质子平衡式

1）质子条件

根据质子理论，酸碱反应的实质是质子的转移，当反应达到平衡时，得失质子数必然相等，即得质子物质所得质子的总物质的量一定等于失质子物质所失质子的总物质的量，这一原则称为质子平衡原则或质子条件。表达这种得失质子关系的数学表达式称为质子条件式，也称质子平衡式，以 PBE（proton balance equation）表示。根据质子平衡式，可以得到溶液中 H^+ 浓度与其他型体平衡浓度及分析浓度间的严格关系式，所以它是处理酸碱平衡问题的重要关系式。

2）质子条件式的列式方法

列质子条件式通常有两种方法：一种是用物料平衡和电荷平衡两种关系式列出质子条件式；另一种是由溶液中得失质子的关系直接列出，称为质子参考水平法。

（1）由物料平衡和电荷平衡关系列出质子条件式。例如，列出浓度为 c 的 NaH_2PO_4 溶液的质子条件式：

根据物料平衡有

$$[Na^+] = c, \qquad [H_3PO_4] + [H_2PO_4^-] + [HPO_4^{2-}] + [PO_4^{3-}] = c \qquad (3.3.1)$$

根据电荷平衡有

$$[H^+] + [Na^+] = [H_2PO_4^-] + 2[HPO_4^{2-}] + 3[PO_4^{3-}] + [OH^-] \qquad (3.3.2)$$

将式（3.3.1）代入式（3.3.2），整理后得到质子条件式为

$$[H^+] + [H_3PO_4] = [HPO_4^{2-}] + 2[PO_4^{3-}] + [OH^-]$$

（2）质子参考水平法，又称零水准法。它是由溶液中各型体的得失质子的关系直接列出质子条件式，故也称直接法。质子参考水平法的步骤如下：

（a）确定质子参考水准。首先选择合适的物质作为质子传递的起点，即作为质子传递的基准（参考）来衡量质子的得与失，这些物质称为质子参考水平或称零水准。作为零水准的物质必须是大量存在的，并参与质子转移的物质。例如，NaAc 中 Na^+ 虽然大量存在，但不参与质子转移，所以不能作为零水准。通常零水准是原来的酸或碱组分和水。

（b）根据零水准确定得失质子产物。

（c）根据得失质子相等的原则列等式。将得质子产物的平衡浓度之和写在等式一边；将失质子产物的平衡浓度之和写在等式另一边，这样就得到质子条件式。

例如，用质子参考水平法写出 NaCN 的质子条件式，具体步骤如下：

（a）选择零水准：H_2O、CN^-。

（b）确定得失质子产物。根据溶液中质子转移反应式：

$$CN^- + H_2O \rightleftharpoons HCN + OH^-$$

$$H_2O + H_2O \rightleftharpoons H_3O^+ + OH^-$$

得质子产物为 HCN 和 H_3O^+，失质子产物为 OH^-。

（c）根据质子平衡原则列等式：

$$[HCN] + [H_3O^+] = [OH^-]$$

或

$$[HCN] + [H^+] = [OH^-]$$

又如，列出 NaH_2PO_4 的质子条件式，具体步骤如下：

（a）选择零水准，H_2O、$H_2PO_4^-$。

（b）确定得失质子产物。根据溶液中质子转移反应式：

$$H_2PO_4^- + H_2O \rightleftharpoons HPO_4^{2-} + H_3O^+$$

$$HPO_4^{2-} + H_2O \rightleftharpoons PO_4^{3-} + H_3O^+$$

$$H_2PO_4^- + H_2O \rightleftharpoons H_3PO_4 + OH^-$$

$$H_2O + H_2O \rightleftharpoons H_3O^+ + OH^-$$

得质子产物为 H_3PO_4、H_3O^+，失质子产物为 HPO_4^{2-}、PO_4^{3-}、OH^-。

（c）列等式。

$$[H_3O^+] + [H_3PO_4] = [HPO_4^{2-}] + 2[PO_4^{3-}] + [OH^-]$$

或

$$[H^+] + [H_3PO_4] = [HPO_4^{2-}] + 2[PO_4^{3-}] + [OH^-]$$

式中，PO_4^{3-} 为失去 2 个质子后的产物，故在其浓度前乘以 2，才能保持得失质子数量相等。

由此得出：质子条件式中各型体平衡浓度前的系数等于该型体与零水准物质间的质子转移数。

综上所述，用物料平衡和电荷平衡列出质子条件式是一种最基本、最可靠的方法，特别是对比较复杂的体系很准确，但比较烦琐。用参考水平法，根据溶液中得失质子的关系直接列出质子条件式，方法简便。但是一定要严格按照三步骤列出，否则会列出错误的质子平衡式。

二、强酸、强碱体系的 pH 计算

对于分析浓度为 c 的强酸 HA，由于在水溶液中是完全离解的，所以在考虑溶剂离解的条件下平衡时有如下电荷平衡式和物料平衡式。

$$\left[H^+\right]=\left[A^-\right]+\left[OH^-\right] \tag{3.3.3}$$

$$c=\left[A^-\right] \tag{3.3.4}$$

将式（3.3.3）代入式（3.3.4），并且考虑$K_w=\left[H^+\right]\left[OH^-\right]$后：

$$\left[H^+\right]=\frac{K_w}{\left[H^+\right]}+c \tag{3.3.5}$$

该式的精确解为

$$\left[H^+\right]=\frac{c+\sqrt{c^2+4K_w}}{2} \tag{3.3.6}$$

当$\left[H^+\right]\geqslant 10^{-6}$mol/L时，水的离解可忽略，$\frac{K_w}{\left[H^+\right]}+c\approx c$，所以式（3.3.4）的近似表达式为

$$\left[H^+\right]=c \qquad 或 \qquad pH=-\lg c$$

应用同样的道理可以得出，在强碱体系中，分别有如下精确式和近似式的表示。

精确式：
$$\left[OH^-\right]=\frac{K_w}{\left[OH^-\right]}+c \tag{3.3.7}$$

近似式：
$$\left[OH^-\right]=c \qquad pH=14-pOH$$

【例 3.3.1】 计算 1.0×10^{-8} mol/L HCl 溶液的 pH。

解 由于$c_{HCl}=1.0\times10^{-8}$ mol/L<10^{-6} mol/L，故采用精确式计算，即

$$\begin{aligned}\left[H^+\right]&=\frac{c+\sqrt{c^2+4K_w}}{2}\\&=\frac{1.0\times10^{-8}+\sqrt{(1.0\times10^{-8})^2+4\times1.0\times10^{-14}}}{2}\\&=1.05\times10^{-7}(\text{mol/L})\end{aligned}$$

$$pH=6.98$$

三、弱酸、弱碱体系的 pH 计算

1. 一元弱酸、弱碱体系的 pH 计算

对于弱酸、弱碱体系，虽然它们在水溶液中有一定的离解，但是大部分型体仍以分子态的形式存在。

现有浓度为 c_a 的一元弱酸 HA，在水溶液中同时满足下列平衡。

$$HA \rightleftharpoons H^+ + A^- \qquad K_a=\frac{\left[H^+\right]\left[A^-\right]}{\left[HA\right]}$$

$$H_2O \rightleftharpoons H^+ + OH^- \qquad K_w = [H^+][OH^-]$$

物料平衡式为 $$c_a = [HA] + [A^-]$$

电荷平衡式为 $$[H^+] = [A^-] + [OH^-]$$

将有关关系式代入平衡式有

$$[H^+] = \frac{K_a}{[H^+]}[HA] + \frac{K_w}{[H^+]}$$

所以

$$[H^+] = \sqrt{K_w + K_a[HA]} \tag{3.3.8}$$

将物料平衡式代入平衡常数式后有

$$K_a = \frac{[H^+](c_a - [HA])}{[HA]}$$

所以

$$[HA] = \frac{[H^+]c_a}{K_a + [H^+]} \tag{3.3.9}$$

将式（3.3.9）代入式（3.3.8）后，整理得到

$$[H^+]^3 + K_a[H^+]^2 - (K_w + c_aK_a)[H^+] - K_aK_w = 0 \text{（精确式）}$$

当$K_ac_a \geqslant 20K_w$时，此时酸的离解占优，可以忽略水的离解，式（3.3.8）中K_w项可略去（因为平衡常数一般为两位有效数字，不确定性通常以 5%计，在处理平衡关系时，小于 5%的项可以忽略），于是得到：

$$[H^+] = \sqrt{K_a[HA]} \tag{3.3.10}$$

将式（3.3.9）代入式（3.3.10）后，得到

$$[H^+]^2 + K_a[H^+] - c_aK_a = 0$$

$$[H^+] = \frac{-K_a + \sqrt{K_a^2 + 4c_aK_a}}{2} \text{（近似式）}$$

当$K_ac_a \geqslant 20K_w$，且$c_a/K_a > 500$时，酸以分子形态为主，弱酸的离解<5%，即K_a很小。酸的离解可以忽略不计，则$c_a \approx [HA]$代入式（3.3.10）后得最简式：

$$[H^+] = \sqrt{K_ac_a} \text{（最简式）} \tag{3.3.11}$$

同样，可以对一元弱碱体系分别得出精确式、近似式和最简式：

$$[OH^-]^3 + K_b[OH^-]^2 - (K_w + c_bK_b)[OH^-] - K_bK_w = 0 \text{（精确式）}$$

$$[OH^-] = \frac{-K_b + \sqrt{K_b^2 + 4c_bK_b}}{2} \text{（近似式）}$$

$$\left[OH^-\right]=\sqrt{K_b c_b}\ （最简式） \tag{3.3.12}$$

对于 HAc、$NH_3 \cdot H_2O$ 等，可以直接应用上述结论计算；而对于 NaAc、NH_4Cl 等，由于其 K_a 或 K_b 无法直接查得，所以应将共轭酸碱对的 K_a 或 K_b 按照 $K_aK_b = K_w$ 的关系计算，并代入相应计算式即可。

【例 3.3.2】 计算 0.10 mol/L 一氯乙酸（$CH_2ClCOOH$）溶液的 pH。

解　已知 $CH_2ClCOOH$ 的 K_a=1.4×10^{-3}，c_a=0.10 mol/L。

判别：$c_aK_a = 0.10\times1.4\times10^{-3} > 20K_w$，但 $\dfrac{c}{K_a}=\dfrac{0.10}{1.4\times10^{-3}}<500$，故采用近似式，即

$$\begin{aligned}\left[H^+\right]&=\frac{-K_a+\sqrt{K_a^2+4K_ac_a}}{2}\\&=\frac{-1.4\times10^{-3}+\sqrt{(1.4\times10^{-3})^2+4\times1.4\times10^{-3}\times0.10}}{2}\\&=1.1\times10^{-2}\ (mol/L)\end{aligned}$$

$$pH=1.96$$

2. 多元弱酸、弱碱体系的 pH 计算

由于多元弱酸是分步离解，而相应的共轭碱也是分步接受质子，所以应按照分步平衡来计算体系的 pH。

对于浓度为 c_a 的二元弱酸 H_2A，在水溶液中同时满足下列平衡。

$$H_2A \rightleftharpoons H^+ + HA^- \qquad K_{a1}=\frac{\left[H^+\right]\left[HA^-\right]}{\left[H_2A\right]}$$

$$HA^- \rightleftharpoons H^+ + A^{2-} \qquad K_{a2}=\frac{\left[H^+\right]\left[A^{2-}\right]}{\left[HA^-\right]}$$

$$H_2O \rightleftharpoons H^+ + OH^- \qquad K_w=\left[H^+\right]\left[OH^-\right]$$

其质子条件式应为

$$\left[H^+\right]=\left[HA^-\right]+2\left[A^{2-}\right]+\left[OH^-\right]$$

将式中各项代入有关平衡表达式，得到

$$\left[H^+\right]=\frac{K_{a1}\left[H_2A\right]}{\left[H^+\right]}+\frac{2K_{a1}K_{a2}\left[H_2A\right]}{\left[H^+\right]^2}+\frac{K_w}{\left[H^+\right]}$$

整理后得到二元弱酸 H_2A 的精确式：

$$\left[H^+\right]^4+K_{a1}\left[H^+\right]^3+(K_{a1}K_{a2}-K_{a1}c_a-K_w)\left[H^+\right]^2-(K_{a1}K_w+2K_{a1}K_{a2}c_a)\left[H^+\right]-K_{a1}K_{a2}K_w=0$$

如果 K_{a1} 超过 K_{a2} 两个数量级，则可以忽略 H_2A 的二级离解，则 $\left[H^+\right]=\sqrt{K_w+K_{a1}\left[H_2A\right]}$，这样多元弱酸就可以简化为一元弱酸处理，可以按照一元弱酸的判别式得到相应的近似式和

最简式。

当 $K_{a1}c_a \geqslant 20K_w$， $\frac{2K_{a2}}{[H^+]} \approx \frac{2K_{a2}}{\sqrt{cK_{a1}}} \ll 1$，但 $\frac{c_a}{K_{a1}} \leqslant 500$ 时，有近似式

$$[H^+] = \frac{-K_{a1} + \sqrt{K_{a1}^2 + 4c_a K_{a1}}}{2} \tag{3.3.13}$$

当 $K_{a1}c_a \geqslant 20K_w$， $\frac{2K_{a2}}{[H^+]} \approx \frac{2K_{a2}}{\sqrt{cK_{a1}}} \ll 1$，且 $\frac{c_a}{K_{a1}} > 500$ 时，有最简式

$$[H^+] = \sqrt{K_{a1}c_a} \tag{3.3.14}$$

对于浓度为 c_b（且 $K_{b1} \gg K_{b2}$ ）的二元弱碱，当 $c_b K_{b1} \geqslant 20K_w$， $\frac{2K_{b2}}{[OH^-]} \approx \frac{2K_{b2}}{\sqrt{cK_{b1}}} \ll 1$，但 $\frac{c_b}{K_{b1}} \leqslant 500$ 时，其近似式为

$$[OH^-] = \frac{-K_{b1} + \sqrt{K_{b1}^2 + 4c_b K_{b1}}}{2} \tag{3.3.15}$$

当 $c_b K_{b1} \geqslant 20K_w$， $\frac{2K_{b2}}{[OH^-]} \approx \frac{2K_{b2}}{\sqrt{cK_{b1}}} \ll 1$，但 $\frac{c_b}{K_{b1}} > 500$ 时，其最简式为

$$[OH^-] = \sqrt{c_b K_{b1}} \tag{3.3.16}$$

【例 3.3.3】　计算 0.10 mol/L $H_2C_2O_4$ 溶液的 pH。

解　已知 $K_{a1}=5.9\times10^{-2}$，$K_{a2}=6.4\times10^{-5}$，因为

$$cK_{a1}=0.10\times5.9\times10^{-2} > 20K_w$$

$$\frac{2K_{a2}}{[H^+]} = \frac{2K_{a2}}{\sqrt{cK_{a1}}} = \frac{2\times6.4\times10^{-5}}{\sqrt{0.10\times5.9\times10^{-2}}} = 1.7\times10^{-3} < 1$$

$$\frac{c_a}{K_{a1}} = \frac{0.10}{\sqrt{5.9\times10^{-2}}} = 1.7 < 500$$

故采用近似式，即

$$\begin{aligned}[H^+] &= \frac{-K_{a1} + \sqrt{K_{a1}^2 + 4c_a K_{a1}}}{2} \\ &= \frac{-5.9\times10^{-2} + \sqrt{(5.9\times10^{-2})^2 + 4\times5.9\times10^{-2}\times0.10}}{2} \\ &= 5.3\times10^{-2}\ (\text{mol/L})\end{aligned}$$

$$\text{pH}=1.28$$

3. 混合酸碱体系的 pH 计算

在环境分析监测中，经常遇到不同酸碱体系的混合溶液。例如，强酸（碱）和弱酸（碱）

混合溶液、弱酸或弱碱之间的混合溶液等。其计算方法同前一样，也是应用质子理论先推出精确式，然后进一步推出近似式和最简式。由于混合溶液的组分不同，计算方法也不同，在此仅对常用的强酸-弱酸混合溶液和弱酸-弱酸混合溶液的 pH 的计算进行推导。

1）一元强酸和一元弱酸混合溶液的 pH 计算

当浓度为 c 的强酸 HA 和浓度为 c_a 的弱酸 HA 混合时，其溶液的质子条件式应为

$$\left[H^+\right]=\left[A^-\right]+\left[OH^-\right]+c \tag{3.3.17}$$

将上式代入 HA 的平衡常数表达式后，得到精确式为

$$\left[H^+\right]=K_a\frac{\left[HA\right]}{\left[A^-\right]}=K_a\frac{c_a-\left[H^+\right]+\left[OH^-\right]+c}{\left[H^+\right]-\left[OH^-\right]+c} \tag{3.3.18}$$

因为溶液显酸性，$\left[H^+\right]\gg\left[OH^-\right]$，$\left[OH^-\right]$可以忽略，所以上式整理后得到近似式为

$$\left[H^+\right]=K_a\frac{c_a-\left[H^+\right]+c}{\left[H^+\right]-c}$$

其解为

$$\left[H^+\right]=\frac{(c-K_a)+\sqrt{(c-K_a)^2+4K_a(c+c_a)}}{2} \tag{3.3.19}$$

由于强酸的存在，进一步抑制了 HA 的离解，因此溶液中$\left[A^-\right]$一般很小，即 HA 主要以分子态型体为主，于是在 $c>20\left[A^-\right]$时，忽略 HA 的离解后得到最简式为

$$\left[H^+\right]=c \tag{3.3.20}$$

一般先用最简式计算$\left[H^+\right]$，然后再按照分布系数 δ 计算出$\left[A^-\right]$，通过 $c>20\left[A^-\right]$判定，最简式计算合理。否则，用近似式求解。

对于强碱、弱碱混合溶液的 pH 计算，可以参照上述有关公式的形式自行整理得出。

【例 3.3.4】 计算 0.010 mol/L HCl 和 0.10 mol/L HAc 混合溶液的 pH。

解 已知 c=0.010 mol/L，c_a=0.10 mol/L。为便于判定，首先用最简式计算$\left[H^+\right]$。

$$\left[H^+\right]=c=0.010\ \text{mol/L}$$

$$\left[Ac^-\right]=c_a\delta_{Ac^-}=\frac{c_aK_a}{\left[H^+\right]+K_a}=\frac{0.10\times1.8\times10^{-5}}{0.010+1.8\times10^{-5}}=1.8\times10^{-4}(\text{mol/L})$$

因为 c=0.010 mol/L$>20\left[Ac^-\right]$，故采用最简式计算满足误差要求，即

$$\left[H^+\right]=c=0.010\ \text{mol/L}$$

$$\text{pH}=2.00$$

2）两种一元弱酸混合溶液的 pH 计算

设浓度为 c_a' 的弱酸 HA′和浓度为 c_a'' 的弱酸 HA″混合，其各自的离解常数分别为 K_a' 和 K_a''。溶液的质子条件式应为

$$[H^+]=[A^{-\prime}]+[A^{-\prime\prime}]+[OH^-]$$

当代入有关平衡常数式后，溶液的精确解为

$$[H^+]=\frac{K_a'[HA']}{[H^+]}+\frac{K_a''[HA'']}{[H^+]}+\frac{K_w}{[H^+]} \quad (3.3.21)$$

显然这是一个非常复杂的四次方程。由于溶液呈弱酸性，因此可以忽略水的离解，于是上式可简化为

$$[H^+]=\frac{K_a'[HA']}{[H^+]}+\frac{K_a''[HA'']}{[H^+]} \quad (3.3.22)$$

当 K_a' 和 K_a'' 都很小，即 $\frac{c_a'}{K_a'}>500$、$\frac{c_a''}{K_a''}>500$ 时，$[HA']\approx c_a'$，$[HA'']\approx c_a''$，于是得到近似式为

$$[H^+]=\frac{K_a'c_a'}{[H^+]}+\frac{K_a''c_a''}{[H^+]} \quad (3.3.23)$$

其解为

$$[H^+]=\sqrt{c_a'K_a'+c_a''K_a''} \quad (3.3.24)$$

【例 3.3.5】 计算 0.2 mol/L HCOOH 和 0.5 mol/L HAc 混合液的 pH。

解 已知HCOOH的 $K_a=1.8\times10^{-4}$，$c_a=0.20$ mol/L，HAc的 $K_a=1.8\times10^{-5}$，$c_a=0.50$ mol/L。由于两种酸的 K_a 和 c_a 相近，两种弱酸的离解互相抑制，故常采用近似公式，即

$$[H^+]=\sqrt{c_a'K_a'+c_a''K_a''}=\sqrt{0.20\times1.8\times10^{-4}+0.50\times1.8\times10^{-5}}$$
$$=6.7\times10^{-3}(\text{mol/L})$$

$$\text{pH}=2.17$$

4. 缓冲溶液体系

在分析测定时，往往需要对溶液的酸度加以控制，这就必须使用缓冲溶液（buffer solution）。一般常用的缓冲溶液有如下 4 种。

（1）弱酸与其共轭碱（如 HAc-NaAc），这类缓冲溶液在酸性范围内起作用。

（2）弱碱与其共轭酸（如 $NH_3\cdot H_2O$-NH_4Cl），这类缓冲溶液在碱性范围内起作用。

（3）两性物质（如 Na_2HPO_4、NaH_2PO_4），它们既是质子的提供者，又是质子的接受者，一般作为标准缓冲溶液使用。

（4）强酸和强碱在强酸碱体系中也可以起缓冲溶液的作用。

1）缓冲溶液的作用原理

缓冲溶液是一种能对溶液的酸度起稳定作用的溶液。在一定酸碱范围内，它具有抵抗外来酸碱影响的能力——缓冲作用。缓冲溶液之所以能起缓冲作用是因为它既有质子的接受者，又有质子的提供者。当溶液中 H^+增加时，质子的接受者与之结合；当溶液中 H^+减少时，质子

的提供者提供 H^+，使其又获得补充，从而使溶液保持酸度基本不变。例如，对于 HAc-NaAc 缓冲体系，其溶液中离解平衡的简化式为

$$NaAc = Na^+ + Ac^-$$

$$（质子的提供者）HAc \rightleftharpoons H^+ + Ac^-（质子的接受者）$$

$$H_2O \rightleftharpoons H^+ + OH^-$$

由于 NaAc 离解的 Ac^- 具有同离子效应，抑制了 HAc 的离解。这时，溶液中 HAc（质子的提供者）和 Ac^-（质子的接受者）浓度很高，使溶液具备了缓冲作用的条件。

当在溶液中加入少量酸时，加入的 H^+ 与大量存在的 Ac^- 结合成 HAc，使平衡向左移动，从而又消耗了加入的 H^+，因此溶液中的 $[H^+]$ 几乎保持不变。当在溶液中加入少量碱时，加入的 OH^- 与溶液中的 H^+ 立刻结合成水，消耗了溶液中的 H^+，但水的生成破坏了 HAc 的离解平衡，促使 HAc 进一步离解，平衡向右移动，从而使溶液中 H^+ 又获得补充，致使溶液中的 $[H^+]$ 几乎保持不变。当加入少量水稀释时，虽然由于稀释作用导致 $[H^+]$ 降低，但 HAc-NaAc 体系中 HAc 离解增大，从而使 $[H^+]$ 又获得补充。

综上所述，具有缓冲作用的溶液，必须含有质子的供给者和质子的接受者，这是起缓冲作用的条件。同时由于同离子效应通过平衡移动，调节了溶液中的酸度，从而保持了溶液的酸度基本稳定。

2）缓冲溶液的 pH 计算

缓冲溶液的 pH 计算实质是共轭酸/碱体系 pH 的计算。一般缓冲溶液的缓冲能力都比较大，所以相应的 pH 计算要求不是十分精确，常用最简式计算。

对于 HA-NaA 缓冲溶液，如弱酸的浓度为 c_a，其共轭碱的浓度为 c_b，则缓冲溶液的质子条件式为

$$\left[A^-\right] = c_b + \left[H^+\right] - \left[OH^-\right] \quad 及 \quad \left[HA\right] = c_a - \left[H^+\right] + \left[OH^-\right] \tag{3.3.25}$$

根据 HA 的平衡常数式，得到精确式为

$$\left[H^+\right] = K_a \frac{\left[HA\right]}{\left[A^-\right]} = K_a \frac{c_a - \left[H^+\right] + \left[OH^-\right]}{c_b + \left[H^+\right] - \left[OH^-\right]} \tag{3.3.26}$$

当 pH≤6 或 pH≥8 时，上式中的 $[OH^-]$ 或 $[H^+]$ 可以忽略不计，于是就有两种近似式：

$$\left[H^+\right] = K_a \frac{c_a - \left[H^+\right]}{c_b + \left[H^+\right]} \quad（溶液呈酸性时） \tag{3.3.27}$$

$$\left[H^+\right] = K_a \frac{c_a + \left[OH^-\right]}{c_b - \left[OH^-\right]} \quad（溶液呈碱性时） \tag{3.3.28}$$

当 $c_a \geqslant 20\left[H^+\right]$、$c_b \geqslant 20\left[H^+\right]$ 或 $c_a \geqslant 20\left[OH^-\right]$、$c_b \geqslant 20\left[OH^-\right]$ 时，上述近似式即可化为最简式（Henderson 缓冲公式）：

$$\left[H^+\right]=K_a\frac{c_a}{c_b}$$

$$pH=pK_a-\lg\frac{c_a}{c_b} \tag{3.3.29}$$

同样对于弱碱和共轭酸组成的缓冲体系，在满足相应条件时，其最简式为

$$\left[OH^-\right]=K_b\frac{c_b}{c_a}$$

$$pOH=pK_b-\lg\frac{c_b}{c_a} \tag{3.3.30}$$

由此可以看出，缓冲溶液的酸碱性主要取决于弱酸或弱碱的强弱及共轭酸碱对的浓度比。

【例 3.3.6】 计算 0.20 mol/L HAc 和 4.0×10^{-3} mol/L NaAc 混合液的 pH。

解 已知 c_a=0.20 mol/L，c_b=4.0×10^{-3} mol/L。

用最简式计算$[H^+]$：

$$\left[H^+\right]=K_a\frac{c_a}{c_b}=1.8\times10^{-5}\times\frac{0.20}{4.0\times10^{-3}}=9.0\times10^{-4}\ (mol/L)$$

判别及计算：

$$\left[H^+\right]=9.0\times10^{-4}>10^{-6}$$

$$c_a=0.20>20\times9.0\times10^{-4}$$

$$c_b=4.0\times10^{-3}<20\times9.0\times10^{-4}$$

这说明 c_b 与$[H^+]$很接近，故不能忽略$[H^+]$，应采用近似公式计算。

$$\left[H^+\right]=K_a\frac{c_a-\left[H^+\right]}{c_b+\left[H^+\right]}=1.8\times10^{-5}\times\frac{0.20-\left[H^+\right]}{4.0\times10^{-3}+\left[H^+\right]}$$

$$\left[H^+\right]=7.5\times10^{-4}\ mol/L$$

$$pH=3.12$$

【例 3.3.7】 在 NH_3-NH_4Cl 缓冲溶液中，NH_3 的浓度为 0.10 mol/L，NH_4^+ 的浓度为 0.20 mol/L，求此缓冲溶液的 pH。

解 已知 NH_3 的 $K_b=1.8\times10^{-5}$，$c_a=0.20$ mol/L，$c_b=0.10$ mol/L。

用最简式计算$[H^+]$：

$$\left[H^+\right]=\frac{K_w}{K_b}\times\frac{c_a}{c_b}=\frac{1.0\times10^{-14}}{1.8\times10^{-5}}\times\frac{0.20}{0.10}=1.1\times10^{-9}\ (mol/L)$$

判别及计算：

$$\left[H^+\right]=1.1\times10^{-9}<10^{-8}$$

$$c_a=0.20>20\times1.1\times10^{-9}$$

$$c_b=0.10<20\times1.1\times10^{-9}$$

故可采用最简式计算。即

$$[H^+]=1.1\times10^{-9}\ \text{mol/L}$$

$$pH=8.96$$

【例 3.3.8】 将 0.20 mol/L NaOH 溶液 50 mL 加入 50 mL 0.40 mol/L HAc 溶液中，求溶液的 pH。

解 首先判断 NaOH 与 HAc 反应是否组成缓冲溶液。根据反应

$$NaOH+HAc=\!=\!=NaAc+H_2O$$

反应前所加 NaOH 的物质的量为

$$n(NaOH)=0.20\times0.050=0.010(\text{mol})$$

反应前 HAc 物质的量为

$$n(HAc)=0.40\times0.050=0.020(\text{mol})$$

显然，反应后有剩余的 HAc，从而与反应产物 NaAc 组成缓冲溶液，故用缓冲溶液的公式计算溶液的 pH。

由于加入了 0.010 mol 的 NaOH，则生成 0.010 mol 的 NaAc，同时消耗了 0.010 mol 的 HAc，此时溶液 n(HAc)和 n(NaAc)分别为

$$n(HAc)=n_a-n(OH^-)=0.020-0.010=0.010(\text{mol})$$

$$n(Ac^-)=n(OH^-)=0.010(\text{mol})$$

代入公式，得

$$pH=pK_a-\lg\frac{n_a-n(OH^-)}{n(OH^-)}=4.74-\lg\frac{0.010}{0.010}=4.74$$

第四节　酸碱滴定曲线、滴定误差和指示剂的选择

一、酸碱指示剂变色原理

1. 指示剂的变色原因

酸碱指示剂（acid-base indicator）是一种有机弱酸或有机弱碱或两性物质。由于在溶液中共轭酸碱对的结构不同，颜色也不同。当溶液的 pH 改变时，发生质子转移，并由于电子共振而异构化，伴随着颜色的改变。指示剂失去质子由酸式结构变为共轭碱结构时，溶液呈现碱式结构的颜色；指示剂得到质子由碱式结构变为共轭酸结构时，溶液呈现酸式结构的颜色，这就是指示剂变色的原理。

最常用的酸碱指示剂分为：双色指示剂（酸式结构和碱式结构具有两种不同的颜色）、单色指示剂（酸式结构和碱式结构中有一种显示无色）和多功能指示剂（在不同 pH 区间有多种结构的变换）。

作为指示剂的有机化合物之所以具有颜色，是因为在它们的分子或离子中具有生色基团，

如醌基（显红色）、偶氮基（显黄色）等。这种共轭体系的分子或离子可以吸收一定波长的光，而被吸收的光波长位于光谱的可见部分，因此显出了颜色。

对于弱酸类指示剂，以 HIn 代表指示剂的酸式结构，以 In^- 代表共轭碱的结构，则

$$HIn \rightleftharpoons H^+ + In^- \tag{3.4.1}$$

当 H^+增加时，平衡向左移动，呈现酸式；当 H^+减少时，平衡向右移动，呈现碱式。

2. 指示剂的变色范围

指示剂在溶液中有下列平衡：

$$HIn \rightleftharpoons H^+ + In^-$$

$$K_{HIn} = \frac{[H^+][In^-]}{[HIn]} \qquad [H^+] = K_{HIn}\frac{[HIn]}{[In^-]} \tag{3.4.2}$$

式中，K_{HIn} 为指示剂常数（indicator constant）。在一定条件下，每一种指示剂都有各自的 K_{HIn}。

当指示剂的[HIn]占优时，溶液显酸式结构的颜色；反之，显碱式结构的颜色。而当[HIn]∶$[In^-]=1$ 时，呈现混合色。指示剂从一种颜色转变为另一种颜色所对应的 pH 称为指示剂的变色范围。根据人们目力观察两种颜色的辨别能力，当[HIn]∶$[In^-]\geqslant 10:1$ 时，人的眼睛能够观察到酸式结构的颜色；反之，当[HIn]∶$[In^-] < 1:10$ 时，人的眼睛能够观察到碱式结构的颜色。所以，$pH = pK_{HIn} \pm 1$ 就是指示剂的理论变色范围，$pH = pK_{HIn}$ 为理论变色点。

值得提出的是，虽然指示剂的理论变色范围是 2 个 pH 单位，但由于人对不同颜色的敏感程度不同，实际变色范围有可能与理论变色范围不相同，或者理论变色点并不处于实际变色范围的中点。例如，甲基橙 $pK_{HIn} = 3.4$，理论变色范围是 pH=2.4～4.4（红～黄），由于在黄色背景下，人的视觉对红色较敏感，所以实际变色范围是 pH=3.1～4.4。

指示剂的变色范围可以归纳为：①指示剂的颜色转变点取决于指示剂常数，变色间隔在 pK_{HIn} 两侧分布并不一定是对称的；②指示剂的变色间隔不会大于 2 个 pH 单位；③中间色间隔越小越好；④指示剂实际变色范围最好通过实验来决定。

由于滴定时指示剂在溶液中的浓度通常为 10^{-5}～10^{-4} mol/L，所以加入过量指示剂，有可能影响整个酸碱平衡而使颜色变化效果不显著。通常在指示剂变色范围内有一点的颜色变化特别明显，如甲基橙在 pH 为 4 时呈显著橙色，这点就是实际的滴定终点，称为指示剂的滴定指数，以 pT 表示。当人眼对两种指示剂颜色同样敏感时，则 $pT=pK_{HIn}$。常用的酸碱指示剂的变色区间及其 K_{HIn} 值见表 3.4.1。

表 3.4.1 常用的酸碱指示剂的变色区间及其 K_{HIn} 值（5℃）

指示剂	pK_{HIn}	变色区间（pH）	颜色		指示剂溶液的浓度
			酸式	碱式	
甲酚红（cresol red）	1.0	0.2～1.8	红	黄	0.1%的 20%乙醇溶液
百里酚蓝（thymol blue）	1.65	1.2～2.8	红	黄	0.04%的水溶液

续表

指示剂	pK_{HIn}	变色区间（pH）	颜色		指示剂溶液的浓度
			酸式	碱式	
五甲氧基红（pentamethoxyl red）	1.7	1.2～3.2	紫红	无	0.1%的 70%乙醇溶液
金莲橙 OO（tropaeolin OO）	2.0	1.3～3.2	红	黄	0.04%的 50%乙醇溶液
α-二硝基苯酚（α-dinitrophenol）	4.10	2.4～4.0	无	黄	0.1%的 70%乙醇溶液
甲基黄（methyl yellow）	3.3	2.9～4.0	红	黄	0.1%的 80%乙醇溶液
溴酚蓝（bromophenol blue）	4.10	3.0～4.6	黄	紫	0.1%的 20%乙醇溶液
溴百里酚蓝（bromothymol blue）	7.3	6.2～7.6	黄	蓝	0.1%的 20%乙醇溶液
甲基橙（methyl orange）	3.46	3.1～4.4	红	黄	0.04%的水溶液（钠盐）
溴甲酚绿（bromocresol green）	4.90	4.0～5.6	黄	蓝	0.1%的 20%乙醇溶液
甲基红（methyl red）	5.00	4.4～6.2	红	黄	0.1%的 96%乙醇溶液或 0.02%的 60%乙醇溶液
溴甲酚紫（bromocresol purple）	6.40	5.2～6.8	黄	紫	0.1%的 20%乙醇溶液
酚红（phenol red）	8.00	6.4～8.0	黄	红	0.1%的 20%乙醇溶液
甲酚红（cresol red）	8.0	7.2～8.8	黄	红	0.1%的 20%乙醇溶液
百里酚蓝（thymol blue）	9.20	8.0～9.6	黄	蓝	0.04%的水溶液
酚酞（phenolphthalein）	9.7	8.0～10.0	无	红紫	0.1%的 90%乙醇溶液
百里酚酞（thymolphthalein）	9.9	9.4～10.6	无	蓝	0.1%的 50%乙醇溶液
茜素黄 GG（alizarin yellow GG）	11.0	10.0～12.0	亮黄	橙	0.025%的 25%乙醇溶液
茜素黄 R（alizarin yellow R）	11.05	10.2～12.0	黄	紫	0.05%的 90%乙醇溶液
金莲橙 O（tropaeolin O）	11.8	11.0～13.0	黄	橙棕	0.1%的 70%乙醇溶液
三硝基苯（trinitrobenzene）	13.0	12.0～14.0	无	橙	

为了控制较小的中间色间隔或使终点变化敏锐，有时还可以采用混合指示剂。混合指示

剂主要是利用颜色互补的原理，能大大提高敏锐程度，混合指示剂可以是双指示剂，也可以是一种指示剂加惰性染料组合而成。常用的混合酸碱指示剂见表 3.4.2。

表 3.4.2 常用的混合酸碱指示剂

指示剂溶液的组成	变色点（pH）	颜色		过渡色
		酸式	碱式	
1 份 0.2%甲基红乙醇溶液 1 份 0.1%亚甲基蓝乙醇溶液	5.4	红紫	绿	
1 份 0.1%氯酚红钠盐水溶液 1 份 0.1%苯胺蓝水溶液	5.8	绿	紫	pH=5.8 灰紫
1 份 0.1%溴甲酚绿钠盐水溶液 1 份 0.1%氯酚红钠盐水溶液	6.1	黄绿	蓝紫	pH=5.4 蓝绿 pH=5.8 蓝 pH=6.2 蓝紫
1 份 0.1%溴甲酚紫钠盐水溶液 1 份 0.1%溴百里酚蓝钠盐水溶液	6.7	黄	紫蓝	pH=6.2 黄紫 pH=6.6 紫 pH=6.8 蓝紫
1 份 0.1%中性红乙醇溶液 1 份 0.1%亚甲基蓝乙醇溶液	7.0	紫蓝	绿	pH=7.0 紫蓝
1 份 0.1%中性红乙醇溶液 1 份 0.1%溴百里酚蓝乙醇溶液	7.2	玫瑰红	绿	pH=7.0 玫瑰红 pH=7.2 灰玫瑰 pH=7.4 暗绿
2 份 0.1%喹啉蓝的 50%乙醇溶液 1 份 0.1%酚红乙醇溶液	7.3	黄	绿	pH=7.2 橙 pH=7.4 紫，放置褪色
1 份 0.1%溴百里酚蓝钠盐水溶液 1 份 0.1%酚红钠盐水溶液	7.5	黄	紫	pH=7.2 暗绿 pH=7.4 灰紫 pH=7.6 紫
1 份 0.1%甲酚红钠盐水溶液 3 份 0.1%百里酚蓝钠盐水溶液	8.3	黄	紫	pH=8.2 玫瑰红 pH=8.4 紫
1 份 0.1% α-苯酚酞乙醇溶液 3 份 0.1%酚酞乙醇溶液	8.9	灰玫瑰红	紫	pH=8.6 灰绿 pH=9.0 紫
1 份 0.1%百里酚蓝的 50%乙醇溶液 3 份 0.1%酚酞的 50%乙醇溶液	9.0	黄	紫	pH=9.0 绿
1 份 0.1%酚酞乙醇溶液 1 份 0.1%溴百里酚酞乙醇溶液	9.9	无色	紫	pH=9.6 玫瑰红 pH=10.0 紫
1 份 0.1%酚酞乙醇溶液 2 份 0.2%尼罗蓝乙醇溶液	10.0	蓝	玫瑰红	pH=10.0 紫
2 份 0.1%百里酚酞乙醇溶液 1 份 0.1%茜素黄乙醇溶液	10.2	黄	紫	
2 份 0.2%尼罗蓝水溶液 1 份 0.1%茜素黄乙醇溶液	10.8	绿	玫瑰红棕	

为了选择合适的指示剂，必须了解各类滴定过程中 pH 的变化趋势，在滴定过程中，随着

滴定剂的不断加入，溶液的 pH 有规律的变化，从而得到滴定曲线（titration curve）。并由此可以得到化学计量点前后一定的准确度范围（相对误差±0.1%）内溶液 pH 的变化情况。只有在这个范围内变色的指示剂才可以确定滴定终点。

二、一元酸碱的滴定

（一）强酸（碱）的滴定

这类滴定的基本反应为

$$H^{+} + OH^{-} \rightleftharpoons H_2O \qquad K_t = \frac{1}{K_w} = 10^{14}$$

由于反应常数 K 很大，因此反应非常完全，在忽略水的质子化时，滴定准确度仍然相当高。

现以在室温时，用 0.1000 mol/L NaOH 溶液滴定 20.00 mL 0.1000 mol/L HCl 溶液为例，讨论强酸碱体系滴定前、化学计量点前、化学计量点、化学计量点后溶液 pH 的变化情况和指示剂的选择依据。

1. 滴定曲线

1）滴定前

此时溶液中只有 HCl，所以溶液的 pH 仅取决于 HCl 的分析浓度。

$$\left[H^{+}\right] = 0.1000\ \text{mol/L}$$

$$\text{pH} = 1.00$$

2）滴定开始至化学计量点前

在这一过程中，由于溶液中加入了一部分 NaOH，溶液的 pH 应取决于剩余的 HCl 浓度。

$$\left[H^{+}\right] = c(\text{HCl})_{\text{剩余}} = c(\text{HCl}) \times \frac{V(\text{HCl}) - V(\text{NaOH})_{\text{加入}}}{V(\text{HCl}) + V(\text{NaOH})_{\text{加入}}}$$

加入 19.98 mL NaOH 时（滴定了 99.9%，误差相当于−0.1%），有

$$\left[H^{+}\right] = 0.1000 \times \frac{20.00 - 19.98}{20.00 + 19.98} = 5.00 \times 10^{-5}(\text{mol/L})$$

$$\text{pH} = 4.30$$

3）化学计量点

此时 20.00 mL 0.1000 mo1/L 的 HCl 全部被 NaOH 中和，所以溶液中$[H^{+}]$应完全由 H_2O 的离解决定，所以

$$\text{pH} = 7.00$$

4）化学计量点后

这一过程中 NaOH 是过量的，所以溶液的 pH 应取决于过量的 NaOH 的浓度。

$$\left[OH^{-}\right] = c(\text{NaOH})_{\text{过量}} = c(\text{NaOH}) \times \frac{V(\text{NaOH})_{\text{加入}} - V(\text{HCl})}{V(\text{NaOH})_{\text{加入}} + V(\text{HCl})}$$

在加入 20. 02 mL NaOH 时（滴定了 100.1%，误差相当于+0.1%），则有

$$\left[OH^-\right]=0.1000\times\frac{20.02-20.00}{20.00+20.00}=5.00\times10^{-5}(mol/L)$$

$$pOH=4.30 \qquad pH=9.70$$

这样逐一计算（并且用相同的方法计算 1.000 mol/L NaOH 滴定 20.00 mL 1.000 mol/L HCl 和 0.01000 mol/L NaOH 滴定 20.00 mL 0.01000 mol/L HCl）后，整理得到表 3.4.3。然后以 pH 为纵坐标，以 NaOH 的加入量为横坐标，得到不同浓度的强碱滴定强酸的滴定曲线（pH-V 曲线），见图 3.4.1。

表 3.4.3 用相应浓度的 NaOH 溶液滴定 20.00 mL HCl 溶液时的 pH 变化（室温）

NaOH 溶液加入量/mL	HCl 被滴定的百分数/%	1.000 mol/L		0.1000 mol/L		0.01000 mol/L	
		$[H^+]$/（mol/L）	pH	$[H^+]$/（mol/L）	pH	$[H^+]$/（mol/L）	pH
0.00	0.00	1.00	0.00	1.00×10^{-1}	1.00	1.00×10^{-2}	2.00
18.00	90.0	5.26×10^{-2}	1.28	5.26×10^{-3}	2.28	5.26×10^{-4}	3.28
19.80	99.0	5.02×10^{-3}	2.30	5.02×10^{-4}	3.30	5.02×10^{-5}	4.30
19.98	99.9	5.00×10^{-4}	3.30	5.00×10^{-5}	4.30	5.00×10^{-6}	5.30
20.00	100.0	1.00×10^{-7}	7.00	1.00×10^{-7}	7.00	1.00×10^{-7}	7.00
20.02	100.1	2.00×10^{-11}	10.70	2.00×10^{-10}	9.70	2.00×10^{-9}	8.70
20.20	101.0	2.01×10^{-12}	11.70	2.01×10^{-11}	10.70	2.01×10^{-10}	9.70
22.00	110.0	2.10×10^{-13}	12.68	2.10×10^{-12}	11.68	2.10×10^{-11}	10.68
40.00	200.0	5.00×10^{-14}	13.52	5.00×10^{-13}	12.52	5.00×10^{-12}	11.52

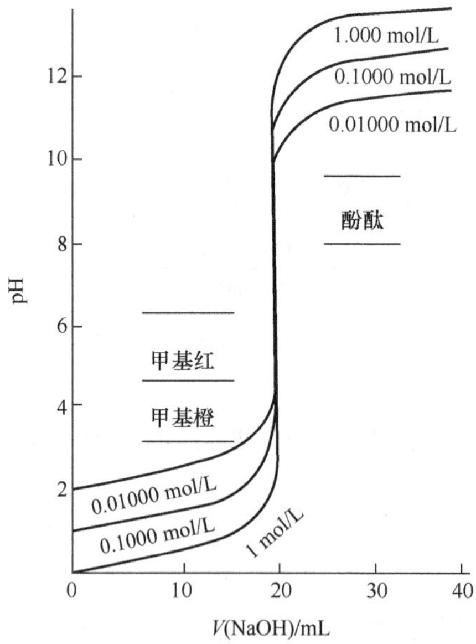

图 3.4.1 不同浓度的强碱滴定强酸的滴定曲线

2. 滴定曲线的形状和滴定突跃

图 3.4.1 表明，在滴定开始时溶液 pH 的变化是平坦的，但随着滴定的进行，曲线逐渐向

上倾斜，在化学计量点附近（前后半滴）发生较大的变化，以后曲线又比较平坦。例如，对于 $c(HCl) = 0.1000$ mol/L，在从滴定开始到 90.0%（滴加 18.00 mL NaOH）被滴定的区间，溶液总共改变了约 1.3 个 pH 单位（pH=1.00～2.28）；而到了 99.9%（滴加 19.98 mL NaOH）被滴定的区间时，溶液则改变了约 3.3 个 pH 单位（pH=1.00～4.30）。说明溶液中剩余的酸越少，加入相同的碱时引起的 pH 变化越大。这种趋势在化学计量点附近尤为明显，当溶液还剩 0.1%（化学计量点前半滴）时，加入约一滴（0.04 mL）滴定剂 NaOH 后，溶液 pH 由 4.30 突然跃迁到 9.70，这种 pH 的突然跃迁称为滴定突跃（titration jump）。以后继续加入滴定剂，溶液 pH 的变化又逐渐减小，曲线又比较平坦。另外，如果用 HCl 作为滴定剂而滴定 NaOH 时，其图形与图 3.4.1 对称。

滴定突跃有着十分重要的实际意义。由于在化学计量点前后半滴时，由体积的改变而引起的滴定误差为

$$E_t = \pm\frac{0.02}{20}\times 100\% = \pm 0.1\%$$

因此用滴定突跃可以衡量滴定分析是否满足相对误差的要求。滴定突跃所包括的 pH 范围称为滴定突跃范围。由于滴定突跃是化学计量点到达的标志，因此它是指示剂选择的依据。

3. 指示剂的选择

选择指示剂的目的是确定化学计量点，选择的指示剂恰好在化学计量点时变色以指示滴定终点——这是最理想的，但又是不可能的。因为滴定突跃是衡量滴定分析是否满足相对误差要求的依据，所以指示剂只要保证有足够的准确度，则均可使用。

指示剂选择的原则：凡是变色范围全部或一部分落在滴定突跃范围内的指示剂均可使用。当然，在实际应用时，还应考虑指示剂是否易得、配制是否方便、颜色变化是否显著、使用时是否存在干扰等因素。

对于用 0.1000 mol/L NaOH 滴定 20.00 mL 0.1000 mol/L HCl 的实例，甲基红（4.4～6.3）、酚酞（8～10）、甲基橙（3.1～4.4）等全部或部分落在滴定突跃范围内，所以均可以应用为本滴定之中。如果用 0.1000 mol/L HCl 滴定 20.00 mL 0.1000 mol/L NaOH 时，由于滴定突跃范围为 pH=9.70～4.30，因此可以选择甲基红和酚酞；而应用甲基橙时就会产生超过准确度要求的误差（约有+0.2%的滴定误差），所以此时不应选择甲基橙。

由表 3.4.3 和图 3.4.1 可以看出，同样强度的酸或碱溶液，浓度越大，滴定突跃范围越大，反之越小。为了更广泛地选择指示剂，尽量应用浓度比较大的滴定剂；当然，滴定剂的浓度越大，每滴所包含物质的量就越多，由此带来的相对误差也越大。一般选 0.05～0.2 mol/L 的滴定剂比较适合。

（二）一元弱酸（碱）的滴定

对于弱酸的滴定，一般采用强碱作滴定剂。对于弱碱的滴定，一般采用强酸为滴定剂。由于二者的滴定原理相同，只是曲线形状相反，因此在此仅讨论一元弱酸的滴定，而对于一元弱碱的滴定，可自行推出滴定曲线和选择合适的指示剂。

对于一元弱酸的滴定，其基本反应为

$$HB + OH^- \rightleftharpoons H_2O + B^- \qquad K_t = \frac{[B^-]}{[HB][OH^-]} = \frac{K_a}{K_w}$$

显然，弱酸滴定的反应常数 K_t 比强碱滴定强酸的 K_t 要小，说明反应的完全程度较强碱强酸滴定的要差。

现以在室温时，用 0.1000 mol/L NaOH 滴定 20.00 mL 0.1000 mol/L HAc 为例，讨论滴定前、化学计量点前、化学计量点、化学计量点后溶液 pH 的变化情况和指示剂的选择依据。

1. 滴定曲线和指示剂的选择

1）滴定前

滴定前溶液中只有 HAc，所以溶液的 pH 仅取决于 HAc 的分析浓度。由于 $K_a = 1.8\times10^{-5}$，因此 $K_a c_a > 20K_w$ 且 $c_a/K_a > 20K_w$，于是应用最简式计算。

$$\left[H^+\right] = \sqrt{K_a c_a} = \sqrt{1.8\times10^{-5}\times0.1000} = 1.3\times10^{-3}(\text{mol/L})$$

$$\text{pH} = 2.88$$

2）滴定开始至化学计量点前

在这一阶段，由于溶液中加入了一部分 NaOH，即生成一部分 NaAc，因此溶液的 pH 应按照剩余的 HAc 和生成的 NaAc 来计算。对于 HAc-NaAc 缓冲体系通常应用最简式计算。

$$\text{pH} = \text{p}K_a - \lg\frac{c_a}{c_b} = \text{p}K_a - \lg\frac{c_{\text{HAc,剩余}}}{c_{\text{Ac}^-\text{,生成}}}$$

加入 19.98 mL NaOH 时（滴定了 99.9%，误差相当于−0.1%），则

$$\text{pH} = 4.74 - \lg\frac{0.1000\times\dfrac{20.00-19.98}{20.00+19.98}}{0.1000\times\dfrac{19.98}{20.00+19.98}} = 7.74$$

3）化学计量点

此时 20.00 mL 0.1000 mol/L 的 HAc 全部与 NaOH 反应。

$$\text{HAc} + \text{OH}^- \rightleftharpoons\!=\!= \text{Ac}^- + \text{H}_2\text{O}$$

所以溶液的 pH 应取决于 NaAc 的 pH。对于一元弱碱 Ac^-，有如下计算。

化学计量点时体积增大一倍，所以[Ac^-] = 0.05000 mol/L。

$$K_b = \frac{K_w}{K_{\text{HAc}}} = \frac{1.00\times10^{-14}}{1.8\times10^{-5}} = 5.6\times10^{-10}$$

因为此时 $K_b c_b > 20K_w$，且 $c_b/K_b > 20K_w$，所以

$$\left[\text{OH}^-\right] = \sqrt{5.6\times10^{-10}\times0.05000} = 5.3\times10^{-6}(\text{mol/L})$$

$$\text{pOH}=5.28 \qquad \text{pH}=8.72$$

4）化学计量点后

在这一过程中过量的 NaOH 抑制了 NaAc 的离解，所以同强酸强碱一样，溶液的 pH 应取决于过量的 NaOH 在新体积下的浓度。

在加入 20.02 mL NaOH（滴定了 100.1%，误差相当于+0.1%）后，有

$$\left[OH^-\right] = 0.1000 \times \frac{20.02 - 20.00}{20.02 + 20.00} = 5.00 \times 10^{-5}(\text{mol/L})$$

$$\text{pOH}=4.30 \qquad \text{pH}=9.70$$

同样，可以整理得到表 3.4.4。并且用相同的方法逐一计算 $K_a=10^{-5}$、10^{-7} 和 10^{-9} 时一元弱酸滴定的 pH 变化情况，然后以 pH 为纵坐标，以 NaOH 加入的量为横坐标，得到不同离解常数一元弱酸的滴定曲线（pH-V 曲线），见图 3.4.2。

表 3.4.4　用相应浓度的 NaOH 溶液滴定 20.00 mL HAc 溶液时的 pH 变化（室温）

NaOH 溶液加入量/mL	HAc 被滴定的百分数/%	pH	NaOH 溶液加入量/mL	HAc 被滴定的百分数/%	pH
0.00	0.00	2.88	20.02	1.00	9.70
18.00	90.0	5.69	20.20	2.28	10.70
19.80	99.0	6.74	22.00	3.30	11.68
19.98	99.9	7.74	40.00	430	12.52
20.00	100.0	8.72	20.02	7.00	

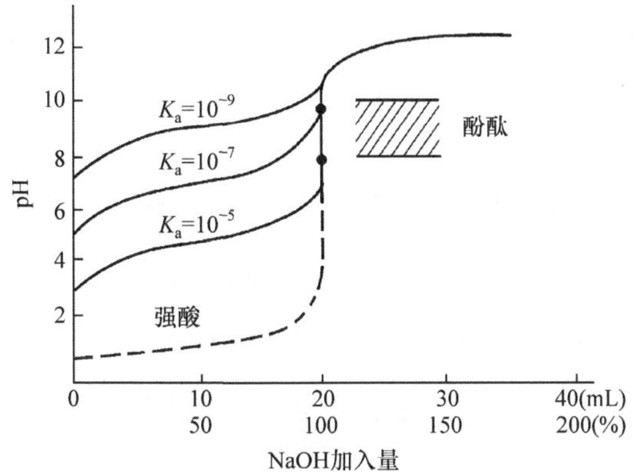

图 3.4.2　滴定不同弱酸溶液的滴定曲线

2. 滴定突跃和指示剂的选择

从图 3.4.2 和表 3.4.4 中可以看出，滴定突跃为 pH=7.74～9.70，可以选择的指示剂有酚酞（8～10）、中性红（6.8～8.0）、酚红（6.4～8.2）等。

3. 直接滴定可行性的判定

从图 3.4.2 中可以看出，弱酸的滴定突跃远远小于强酸的滴定突跃范围（起突点向碱性区域移动），并且随着酸性强度的降低（K_a 减小），其突跃更小。这主要是由于越接近化学计量点，生成的 NaAc 越抑制 HAc 的离解，溶液的碱性越强，突跃的起点越呈碱性。由此说明，影响滴定突跃的因素为 c 和 K_a，通过计算可以得出 c、K_a 和滴定突跃范围的关系（表 3.4.5）。

表 3.4.5　c、K_a 和滴定突跃范围的关系

K_a	c =1.0 mol/L		c =0.10 mol/L		c =0.010 mol/L	
	pH 突跃范围	ΔpH	pH 突跃范围	ΔpH	pH 突跃范围	ΔpH
1×10^{-5}	8.00～11.00	3.00	8.00～10.00	2.00	8.00～9.04	1.04
1×10^{-6}	9.00～11.00	2.00	9.96～10.04	1.08	8.79～9.21	0.42
1×10^{-7}	9.96～11.02	1.06	9.79～10.21	0.42	8.43～9.57	0.14
1×10^{-8}	10.79～11.21	0.42	10.43～10.57	0.14	9.83～9.87	0.04
1×10^{-9}	11.43～11.57	0.14	10.78～10.82	0.04		
1×10^{-10}	11.75～11.85	0.10				

从表 3.4.5 中可以看出：①当酸的浓度 c 一定时，滴定突跃范围与 K_a 有关，K_a 越大即酸越强，突跃范围越大，K_a 越小即酸越弱，突跃范围越小；②当酸的 K_a 一定时，突跃范围与 c 有关，c 越大突跃范围越大，c 越小则突跃范围越小。

由此可知：当 c 和 K_a 都比较大时，则突跃范围就大；当 c 和 K_a 都比较小时，则突跃范围就小。因此，突跃范围大小可用 c 和 K_a 的乘积表示。cK_a 值越大，突跃范围越大，反之则小。如果 K_a 很小，c 也很小，突跃范围就很小，甚至无突跃。如果突跃范围很小或无突跃，就没有指示剂可选，也就无法指示化学计量点的到达，也就不能准确测定。那么突跃范围小到什么程度就无法选择指示剂指示终点呢？通过计算和实验证明：人眼借助指示剂准确判断溶液 pH 的突跃必须在 0.3 个 pH 单位以上，此时其结果误差在 0.1%以内。也就是说溶液 $\Delta pH > 0.3$，即有突跃；$\Delta pH < 0.3$，则无突跃。

从表 3.4.5 中整理得出如下结果。

$c = 1.0$ mol/L，$K_a \geqslant 10^{-8}$，$cK_a \geqslant 10^{-8}$，则 $\Delta pH > 0.3$；

$c = 0.10$ mol/L，$K_a \geqslant 10^{-7}$，$cK_a \geqslant 10^{-8}$，则 $\Delta pH > 0.3$；

$c = 0.010$ mol/L，$K_a \geqslant 10^{-6}$，$cK_a \geqslant 10^{-8}$，则 $\Delta pH > 0.3$。

由此得出结论：只有 $cK_a \geqslant 10^{-8}$，则 $\Delta pH > 0.3$，才能准确滴定。当 $cK_a \geqslant 10^{-8}$ 时，平衡常数为

$$K_t = \frac{K_a}{K_w} = \frac{10^{-8}/c}{10^{-14}} = \frac{10^6}{c}$$

即 $cK_t \geqslant 10^6$ 时，反应很完全。

综上所述，滴定一元弱酸可行性判据为 $cK_a \geqslant 10^{-8}$；同样对于一元弱碱滴定可行性的判据为 $cK_b \geqslant 10^{-8}$。

三、多元酸碱的滴定

对于多元酸碱的滴定，情况比较复杂。首先应考虑多元酸碱在水溶液中的离解常数相差是否较大，即是否可以分步离解（分级离解）或分步接受质子；然后分析各级离解或分步接受质子时是否满足直接滴定可行性的判定，对于能够准确滴定的那一级，仅计算在化学计量点时的 pH，并依此选择指示剂。

1. 多元酸碱滴定的可行性判定

多元酸碱是否可以直接滴定，其判定的方法和一元弱酸碱相同。只是除了直接滴定可行性的判定外，还应增加分级滴定的判断和突跃个数的判断。

1）各级直接滴定可行性的判定

$$cK_{ai} \geqslant 10^{-8} \qquad cK_{bi} \geqslant 10^{-8} \tag{3.4.3}$$

式中，i 代表其为第 i 级离解。

例如，对 0.1000 mol/L H_3PO_4，$K_{a1} = 7.6\times10^{-3}$，$K_{a2} = 6.3\times10^{-8}$，$K_{a3} = 4.4\times10^{-13}$，则 $cK_{a1} = 7.6\times10^{-4} \geqslant 10^{-8}$，能直接滴定；

$cK_{a2} = 6.3\times10^{-9} = 0.63\times10^{-8}$，基本能直接滴定；

$cK_{a3} = 4.4\times10^{-14} < 10^{-8}$，不能直接滴定。

2）多元酸碱分级滴定的判断

要想实现多元酸的分级滴定，必须使分级化学计量点有明显的突跃，即各级离解常数应相差较大。假设对于二元弱酸 H_2A，第一级 H^+被中和了 99%，第二级 H^+被中和了 1%，因此

$$[H^+] = K_{a1}\frac{[H_2A]}{[HA^-]} = K_{a2}\frac{[HA^-]}{[A^{2-}]} = K_{a1}\frac{1}{99} = K_{a2}\frac{99}{1} \tag{3.4.4}$$

$$\frac{K_{a1}}{K_{a2}} = 99\times99 \approx 10^4 \tag{3.4.5}$$

要使误差小于 1%，则需要 $\frac{K_{a1}}{K_{a2}} \geqslant 10^4$。即两级离解常数相差 10^4 倍以上时，第一级离解的 H^+被完全滴定后，第二级离解的 H^+才开始被滴定。

由此得到多元酸碱分级滴定的判断依据。对于多元酸分级滴定的条件为

$$\frac{K_{a,n}}{K_{a,n-1}} \geqslant 10^4 \tag{3.4.6}$$

同样对于多元碱分级滴定的条件为

$$\frac{K_{b,n}}{K_{b,n-1}} \geqslant 10^4 \tag{3.4.7}$$

值得说明的是，上述判断依据是根据第一步滴定误差约小于 1%时，依照误差原理进行准确计算得出的，假如实际计算后的结果接近可行性的判定依据时，如果选择合适的指示剂，并适当放宽要求，也可以进行多元酸碱的滴定。

2. 多元酸碱的滴定和指示剂的选择

在环境分析监测中，最常用的多元酸碱为 H_3PO_4、H_2CO_3、Na_3PO_4 和 Na_2CO_3 等，下面就以 0.20 mol/L HCl 滴定 0.20 mol/L Na_2CO_3 为例，说明化学计量点时的 pH 和指示剂的选择。

首先进行相应的判定。对于 HCl 与 Na_2CO_3 的分级反应，有

$$H^+ + CO_3^{2-} \rightleftharpoons HCO_3^- \qquad K_{b1} = \frac{K_w}{K_{a2}} = \frac{1.0\times10^{-14}}{5.6\times10^{-11}} = 1.8\times10^{-4}$$

$$H^+ + HCO_3^- \rightleftharpoons H_2CO_3 \qquad K_{b2} = \frac{K_w}{K_{a1}} = \frac{1.0\times10^{-14}}{4.2\times10^{-7}} = 2.4\times10^{-8}$$

通过计算看出，$\frac{K_{b1}}{K_{b2}} \approx 10^4$（第一步与 H^+的反应还没有彻底，就有第二步与 H^+的反应），说明第一步滴定的准确度稍差，但适当放宽误差要求仍可分级滴定。

到达第一个化学计量点时，0.10 mol/L 的 HCO_3^- 为两性物质，因为 $c_{HCO_3^-}K_{a2} \geqslant 20K_w$ 且 $c_{HCO_3^-} \geqslant 20K_{a1}$，所以可以用最简式计算：

$$[H^+] = \sqrt{K_{a1}K_{a2}} = \sqrt{4.2\times10^{-7}\times5.6\times10^{-11}} = 4.8\times10^{-9}(\text{mol/L})$$

$$pH = 8.32$$

故可以选用酚酞作指示剂。为了准确判断第一滴定终点，通常采用 $NaHCO_3$ 溶液作参比液，或使用混合指示剂。例如，使用甲酚红-百里酚蓝混合指示剂（变色 pH 范围为 8.2～8.4，颜色由玫瑰红变紫色），能得到较好的结果。到达第二个化学计量点时，虽可以被滴定，但是由于 K_{b2} 较小，因此滴定也不很理想。此步生成的 H_2CO_3（$CO_2 + H_2O$）溶液是 CO_2 的饱和溶液，常温下 H_2CO_3 的饱和浓度为 0.040 mol/L，所以可以按一元弱酸的最简式计算。

$$[H^+] = \sqrt{K_{a1}c_a} = \sqrt{4.2\times10^{-7}\times0.040} = 1.3\times10^{-4}\ (\text{mol/L})$$

$$pH = 3.89$$

由此，可以选用甲基橙作为指示剂。由于 CO_2 容易形成过饱和溶液，因此为了加快 H_2CO_3 转化成 CO_2 放出，滴定时可以剧烈摇动，以加快 H_2CO_3 的分解。但最好的方法是在接近终点时煮沸除去过量的 CO_2，冷却后再滴定至终点。

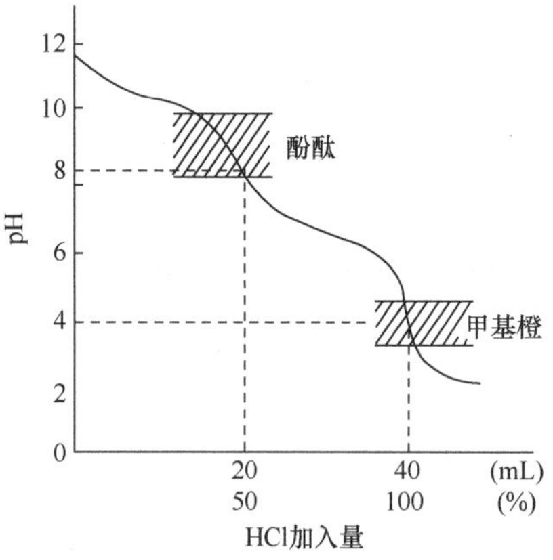

图 3.4.3　HCl 滴定 Na_2CO_3 的滴定曲线

用 HCl 滴定 Na_2CO_3 的滴定曲线如图 3.4.3 所示。针对以上三类酸碱滴定，全部采用强酸或强碱作为滴定剂。若采用弱酸或弱碱作为滴定剂，在化学计量点附近则没有滴定突跃，所以没有实际滴定意义。

第五节　酸碱滴定法在环境分析监测中的应用

酸碱滴定法在环境分析监测中有着广泛的应用，尤其是水质监测。下面以水的碱度和酸度的测定为例，说明酸碱滴定法的应用。

一、水中碱度的分析测定方法

水的碱度是指水中能够接受 H^+的物质的总量。水中碱度来源很多，天然水中碱度的主要成分是碳酸盐、碳酸氢盐和氢氧化物。磷酸盐、硅酸盐等虽也产生一定碱度，但在天然水中含量极微，常忽略不计。因此，碱度可归纳成以下三种类型。

（1）碳酸盐碱度：是水中由 CO_3^{2-} 产生的碱度。

（2）碳酸氢盐碱度：是水中由HCO_3^-产生的碱度。

（3）氢氧化物碱度：是水中由OH^-产生的碱度。

天然水碱度测定在水处理的工程设计、生产运转、科研中有着重要的意义，是一项重要的水质指标。例如，水的混凝澄清处理、软化处理等，碱度是很重要的影响因素。

各种废水及其他复杂体系的水体中，产生碱度的物质比较复杂。例如，各种工业废水中往往含有强碱、弱碱、各种有机碱等，用普通方法不易分辨它们的成分。

碱度的测定采用酸碱滴定法。在水样中加入适当的指示剂，用强酸标准溶液滴定。当pH达到一定值时，指示剂变色时表示到达某一化学计量点。以此分别测出水样中的各种碱度或总碱度。

由于在同一水体中有

$$OH^- + HCO_3^- \rightleftharpoons CO_3^{2-} + H_2O$$

因此水样中最多有五种组合的可能：①单独的氢氧化物碱度（OH^-）；②氢氧化物碱度与碳酸盐碱度（$OH^- + CO_3^{2-}$）；③单独的碳酸盐碱度（CO_3^{2-}）；④碳酸盐碱度与碳酸氢盐碱度（$CO_3^{2-} + HCO_3^-$）；⑤单独的碳酸氢盐碱度（HCO_3^-）。

为了更好地讨论每一组合的测定及表示，约定采用盐酸作为标准溶液来滴定碱度，当酚酞指示剂变色时盐酸的消耗量（毫升数）以P表示；当甲基橙指示剂变色时盐酸的消耗量（毫升数）以M表示。

1. 单独的氢氧化物碱度

用HCl滴定时发生以下反应：

$$H^+ + OH^- \rightleftharpoons H_2O$$

此为强酸与强碱的中和反应，到达化学计量点时pH=7.0，所以可用酚酞或甲基橙作指示剂（假设用酚酞作指示剂）。指示剂变色时HCl的用量记为P mL。氢氧化物碱度相当于P mL H^+。

2. 氢氧化物碱度与碳酸盐碱度

用HCl滴定时进行下列反应：

$H^+ + OH^- \rightleftharpoons H_2O$；化学计量点时，pH = 7.0；使用酚酞作指示剂。

HCl与CO_3^{2-}的中和反应分两步进行。

第一步：$H^+ + CO_3^{2-} \rightleftharpoons HCO_3^-$；化学计量点时，pH = 8.32；使用酚酞作指示剂。

第二步：$H^+ + HCO_3^- \rightleftharpoons H_2CO_3$；化学计量点时，pH = 3.89；使用甲基橙作指示剂。

对于上述三个反应，由于前两个反应均用酚酞作指示剂，因此在加入酚酞后用HCl滴定，溶液由红色变成无色时，说明上述两个反应进行完毕，用去P mL HCl。此时水中的氢氧化物碱度完全被中和，而碳酸盐碱度只中和了一半。为了指示第三个反应的化学计量点（pH = 3.89），加入甲基橙后，继续用HCl滴定，至溶液由黄色变为橙红色时，说明碳酸盐碱度的第二步反应进行完毕，用去M mL HCl。在这里，M相当于碳酸盐的另一半。

由于P代表全部氢氧化物及碳酸盐的一半，M代表碳酸盐的另一半（$P>M$），因此水中

碳酸盐碱度相当于 $2M$ mL H^+，氢氧化物碱度为（ $P-M$ ）mL H^+。

3. 单独的碳酸盐碱度

用 HCl 滴定时进行以下两步反应。

第一步：$H^+ + CO_2^{2-} \rightleftharpoons HCO_3^-$；化学计量点时，pH = 8.32；使用酚酞作指示剂。

第二步：$H^+ + HCO_3^- \rightleftharpoons H_2CO_3$；化学计量点时，pH = 3.89；使用甲基橙作指示剂。

从这两步反应看，由于每步均接受一个质子，因此 $P = M$，碳酸盐碱度相当于 $2P$（或者 $2M$）mL H^+。

4. 碳酸盐碱度与碳酸氢盐碱度

HCl 与 CO_3^{2-} 的中和反应分以下两步进行。

第一步：$H^+ + CO_3^{2-} \rightleftharpoons HCO_3^-$；化学计量点时，pH = 8.32；使用酚酞为指示剂。

第二步：$H^+ + HCO_3^- \rightleftharpoons H_2CO_3$；化学计量点时，pH = 3.89；使用甲基橙为指示剂。

水中原有的碳酸氢盐碱度，进行下列反应。

$H^+ + HCO_3^- \rightleftharpoons H_2CO_3$；化学计量点时，pH = 3.89；使用甲基橙作指示剂。

所以，第一个反应（即 CO_3^{2-} 中和的第一步）HCl 用量为 P mL。在这里，P 表示碳酸盐碱度的一半。加入甲基橙后完成后两个反应，此时 HCl 用量为 M mL。显然 $M > P$。因此，水中碳酸盐碱度相当于 $2P$ mL H^+，碳酸氢盐碱度相当于（ $M-P$ ）mL H^+。

5. 单独的碳酸氢盐碱度

用 HCl 滴定时仅有以下反应：

$$H^+ + HCO_3^{2-} \rightleftharpoons H_2CO_3$$

化学计量点时，pH = 3.89；使用甲基橙作指示剂。

这时 HCl 用量为 M mL。水中碳酸氢盐碱度相当于 M mL H^+。将上述五种情况整理后有表 3.5.1。

表 3.5.1　碱度的组成

类型	测定结果	接受质子的组分			总碱度	类型	测定结果	接受质子的组分			总碱度
		OH^-	CO_3^{2-}	HCO_3^-				OH^-	CO_3^{2-}	HCO_3^-	
1	$P, M = 0$	P	0	0	P	4	$P < M$	0	$2P$	$M-P$	$P+M$
2	$P > M$	$P-M$	$2M$	0	$P+M$	5	$M, P = 0$	0	0	M	M
3	$P = M$	0	$2P/2M$	0	$P+M$						

碱度除了有碳酸盐碱度、碳酸氢盐碱度和氢氧化物碱度外，还可以根据指示剂分为酚酞碱度和甲基橙碱度。当然在许多情况下只要求计算总碱度。仅使用甲基橙为指示剂时，由于当甲基橙变色时，各种碱性离子都已经完成接受质子的中和反应，因此单独使用甲基橙为指

示剂时测得的碱度也是总碱度。

碱度通常用三种单位表示：mol/L、mg/L（以 CaO 计）和 mg/L（以 $CaCO_3$ 计）。

$$碱度（mol/L）=\frac{c(HCl)\times V(HCl)}{V(水样)}$$

$$碱度[mg/L（以 CaO 计）]=\frac{c(HCl)\times V(HCl)\times M(1/2CaO)\times 1000}{V(水样)}$$

$$碱度[mg/L（以 CaCO_3 计）]=\frac{c(HCl)\times V(HCl)\times M(1/2CaCO_3)\times 1000}{V(水样)}$$

式中，c(HCl)为标准溶液 HCl 的浓度；V(HCl)为标准溶液 HCl 的体积；V(水样)为水样的体积，单位与 V(HCl)相同；M 为相应的摩尔质量（g/mol）。

二、水中酸度的分析测定方法

酸度是指水中能与强碱进行中和反应的物质的总量，是重要的水质指标之一。酸度主要来自两类物质：①强酸，如 HCl、H_2SO_4 等；②弱酸，如 CO_2 及 H_2CO_3、$Al_2(SO_4)_3$、$FeCl_3$ 及各种有机酸等。强酸主要来自各种工业废水，一般水中有微量强酸，pH 就可降低至小于 4。天然水、生活污水和污染不严重的工业废水主要含有弱酸。

酸度大说明水有腐蚀性，对混凝土或金属管道、设备有侵蚀作用。酸度的高低还影响水处理工艺。受酸性废水污染的水源，水生物生命活动受到影响。因此，酸性废水在排放前，必须进行中和处理。

由于产生酸度的物质比较复杂，不易分别测定，因此一般酸度的测定结果只表示水中能与强碱作用的所有物质的总量。测定酸度采用酸碱滴定法，常用 NaOH 作标准溶液，甲基橙和酚酞作指示剂。

若水中的酸度是由强酸造成的，用 NaOH 进行滴定时，可用甲基橙作指示剂，由于甲基橙在酸性范围内变色，因此当甲基橙变色时，说明水中强酸都已被中和，所以也称为强酸酸度或甲基橙酸度。

若水中的酸度是由弱酸造成的，因其与 NaOH 进行中和反应后溶液呈弱碱性，所以滴定时以酚酞为指示剂。因此，用酚酞作指示剂滴定的酸度是全部酸度，称为酚酞酸度，又称为总酸度。

对于有颜色的工业废水，在滴定到化学计量点时，往往不易辨别指示剂颜色的变化，这时可以用电位滴定法测定。酸度的计算及表示方法与碱度相同，也可以用 mol/L、mg/L（以 $CaCO_3$ 计）和 mg/L（以 CaO 计）分别表示。

第四章　络合滴定法及其在环境分析监测中的应用

第一节　环境中的络合反应

一、环境中的络合反应及其对环境污染的影响

汞是非常重要的重金属元素，并且在环境污染中有重大的影响。在水环境中汞常与无机配体相结合，以 $HgCl_4^{2-}$ 、$HgCl_2$ 等络合物的形式存在。同时，汞在水环境中一个非常重要的转化过程是生物甲基化，这一过程实际上也是一系列复杂的络合反应。了解水体中和汞有络合作用的配位体，环境因素对络合反应的影响，不同络合态的稳定性、组成和它们可能发生的表面反应，被悬浮物吸附、絮凝的性质等对环境治理具有重大的意义。

二、络合反应在分析监测中的应用

利用络合反应进行滴定分析的方法就是络合滴定法（complexometry）。从理论上讲，无机或有机络合剂都可以应用于络合反应中，但实际上并非都能准确用于络合滴定。根据滴定分析中应同时满足快速、准确、能够找到化学计量点（或滴定终点）的要求，具体到络合反应，必须同时具备以下条件：①形成的络合物要相当稳定（络合物稳定常数要足够大），否则无法找到滴定终点；②在一定条件下，配位比必须固定，否则无法计算；③反应速率快，并且有适当的方法确定滴定终点。

鉴于以上原因，无机络合剂很少应用于络合滴定法。20 世纪 40 年代以来，有机络合剂开始用于滴定分析。一般有机络合剂能够提供两个或两个以上的配位原子，它与金属原子（离子）一起构成一个环状络合物——螯合物，其稳定性可以保证。目前应用最广泛的有机络合剂是一类同时含有氨基和羧基的有机物——氨羧络合物，它是一种含有氨基二乙酸[—$N(CH_2COOH)_2$]基团的有机化合物。

其中氨氮配位原子和羧氧配位原子均能与金属离子络合，前者易与 Cu^{2+}、Co^{2+}、Ni^{2+}、Zn^{2+}、Mg^{2+}等金属离子络合，后者则几乎能与所有高价金属离子络合。目前，已研究过的氨羧络合剂有几十种，其中应用最广泛的是乙二胺四乙酸（简称 EDTA）。它能滴定 50 种以上的金属离子，而其他络合剂在络合滴定中主要用作显色剂、掩蔽剂、萃取剂等。所以，目前所谓的络合滴定法主要是指 EDTA 滴定法。

第二节　EDTA 与金属离子的络合反应

一、EDTA 的结构和特点

EDTA 是一种白色晶体粉末，微溶于水（溶解度为 0.02%），表示为 H_4Y，通常使用的是其二钠盐（Na_2H_2Y），其溶解度为 11.1%，水溶液 pH = 4.5，也简称为 EDTA（或 EDTA 二钠

盐，EDTA-Na_2）。由于H^+会与 N 发生质子自递，因此溶液态的 EDTA 以双偶极离子的形式存在，它的结构式为

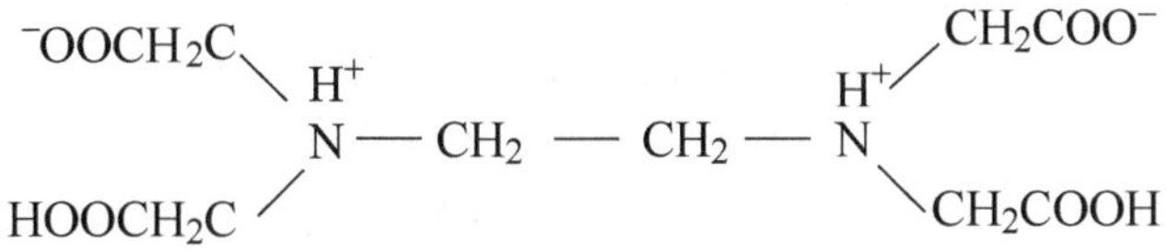

EDTA 在水中的离解平衡：由于 EDTA 双偶极离子上的羧基还有接受质子的能力，因此在强酸溶液中，它接受两个质子，形成 H_6Y^{2+}，实际上相当于六元酸，在水中应有六级离解平衡。

$$H_6Y^{2+} \rightleftharpoons H^+ + H_5Y^+ \qquad K_{a1} = \frac{[H^+][H_5Y^+]}{[H_6Y^{2+}]} \qquad pK_{a1} = 0.90$$

$$H_5Y^+ \rightleftharpoons H^+ + H_4Y \qquad K_{a2} = \frac{[H^+][H_4Y]}{[H_5Y^+]} \qquad pK_{a2} = 1.60$$

$$H_4Y \rightleftharpoons H^+ + H_3Y^- \qquad K_{a3} = \frac{[H^+][H_3Y^-]}{[H_4Y]} \qquad pK_{a3} = 2.07$$

$$H_3Y^- \rightleftharpoons H^+ + H_2Y^{2-} \qquad K_{a4} = \frac{[H^+][H_2Y^{2-}]}{[H_3Y^-]} \qquad pK_{a4} = 2.75$$

$$H_2Y^{2-} \rightleftharpoons H^+ + HY^{3-} \qquad K_{a5} = \frac{[H^+][HY^{3-}]}{[H_2Y^{2-}]} \qquad pK_{a5} = 6.24$$

$$HY^{3-} \rightleftharpoons H^+ + Y^{4-} \qquad K_{a6} = \frac{[H^+][Y^{4-}]}{[HY^{3-}]} \qquad pK_{a6} = 10.34$$

于是质子化的 EDTA 总是以上述七种型体存在，各自型体都有其分布分数 δ。

$$\delta_A = \frac{[A]}{c_A}$$

式中，[A]为该型体的平衡浓度；c_A为各型体的浓度之和。

依据上述六个平衡关系式，再考虑各型体的分布分数之和为 1 的归一化原理，可以计算得到主要存在型体与 pH 的关系（表 4.2.1）。

表 4.2.1　各种型体与 pH 的关系

pH 范围	主要存在型体	pH 范围	主要存在型体
<0.90	H_6Y^{2+}	2.75～6.16	H_2Y^{2-}
0.90～1.60	H_5Y^+	6.16～10.25	HY^{3-}
1.60～2.07	H_4Y	>10.25	Y^{4-}
2.07～2.75	H_3Y^-		

由于 Y^{4-}型体与金属离子形成的络合物最稳定（为了书写方便，通常不将价态标出，所以将 Y^{4-}记为 Y，下同），因此 pH 也是判定络合物稳定性的重要因素。对于 Na_2H_2Y 的水溶液，其 pH = 4.5，故 Na_2H_2Y 离解后应写成 H_2Y^{2-}。

二、EDTA 与金属离子的络合物

由于 EDTA 具有相当强的络合能力，因此能与大多数金属离子形成络合物。一般而言，金属离子作为中心原子可以提供 4 个或 6 个空轨道，而 EDTA 最多有 6 个配位体，所以可形成具有 3 个或 5 个五元环的螯合物。对于 3 个五元环的螯合物，以平面正方形或正四面体结构为主；对于 5 个五元环的螯合物，其络合物的结构以正八面体较多。EDTA 的络合物大多以正八面体结构为主（图 4.2.1）。

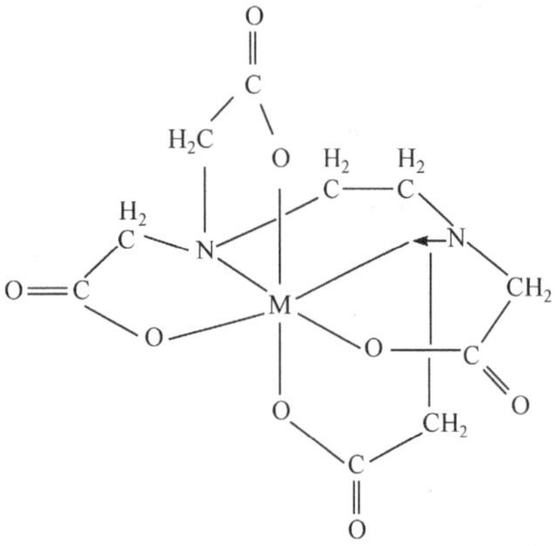

图 4.2.1　EDTA 络合物结构示意图

EDTA 络合物的特点有：①由于 EDTA 结构的特点，因此它能够与许多离子以 1∶1 形式络合；②EDTA 与金属离子相结合形成的络合物结构稳定；③EDTA 与金属离子结合形成的络合物大多数易溶于水，所以很适合于滴定分析。

三、络合反应的平衡常数

对于金属离子与 EDTA 的络合反应，可简写成

$$M + Y \rightleftharpoons MY$$

其稳定常数可以表示为 $K_{MY} = \dfrac{[MY]}{[M][Y]}$，于是可以得到一系列的 K_{MY} 或 $\lg K_{MY}$（表 4.2.2）。统计 $\lg K_{MY}$ 数值，可以分组为表 4.2.3。

表 4.2.2　EDTA 络合物的稳定常数（$\lg K_{MY}$）

离子	$\lg K_{MY}$	离子	$\lg K_{MY}$	离子	$\lg K_{MY}$
Na^+	1.66	Ce^{3+}	15.98	Cu^{2+}	18.80
Li^+	2.79	Al^{3+}	16.30	Ti^{3+}	21.30
Ag^+	7.32	Co^{2+}	16.31	Hg^{2+}	21.80
Ba^{2+}	7.86	Pt^{3+}	16.40	Sn^{2+}	22.10
Sr^{2+}	8.73	Cd^{2+}	16.46	Th^{4+}	23.20
Mg^{2+}	8.69	Zn^{2+}	16.50	Cr^{3+}	23.40
Be^{2+}	9.20	Pb^{2+}	18.04	Fe^{3+}	25.10
Ca^{2+}	10.69	Y^{3+}	18.09	U^{4+}	25.80
Mn^{2+}	13.87	VO_2^+	18.10	Bi^{3+}	27.94
Fe^{2+}	14.33	Ni^{2+}	18.60	Co^{3+}	36.00
La^{2+}	15.50	Vo^{2+}	18.80		

表 4.2.3　不同络合物稳定性的分组统计

组别	$\lg K_{MY}$	金属离子
Ⅰ	≥20	除 Al^{3+}、Ge^{3+}、稀土离子外的所有三价、四价离子及 Hg^{2+}、Sn^{2+}
Ⅱ	12～19	除碱土金属离子及 Hg^{2+}、Sn^{2+}外的所有二价离子和 Al^{3+}、Ge^{3+}、稀土离子
Ⅱ	7～11	碱土金属离子和 Ag^+
Ⅳ	<7	碱金属离子

从表 4.2.3 中可以看出，相当多的元素和 EDTA 结合形成的络合物是很稳定的。

四、络合反应副反应系数和络合物的条件常数

由于在络合体系中所涉及的化学平衡有很多，简单地用 $\lg K_{MY}$ 来评价 EDTA 络合物的稳定性不切实际。相对于主反应 $M+Y \rightleftharpoons MY$ 而言，还应同时考虑一系列的副反应，并常常用“效应”一词描述这些副反应影响主反应的现象（图 4.2.2）。

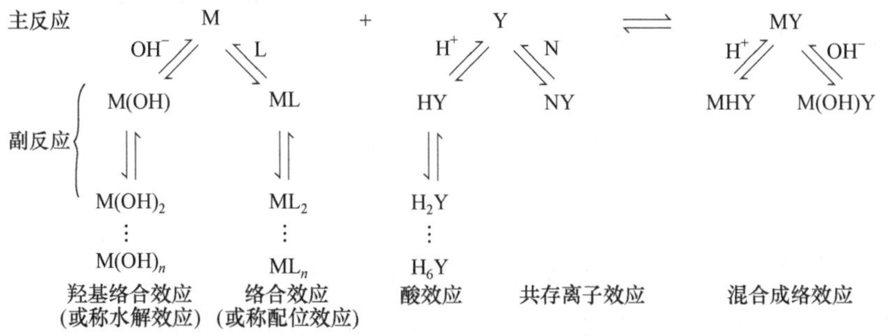

图 4.2.2　EDTA 与金属离子络合反应结构示意图

由于副反应的存在，在计算总浓度时应考虑所有未与 EDTA 络合的金属离子各型体浓度之和[M′]、未与金属离子 M 反应的 EDTA 各型体总浓度[Y′]和形成的络合物总浓度[MY]。对于有副反应的 EDTA-金属离子平衡体系，应当用条件稳定常数 $K'_{MY}=\dfrac{[MY']}{[M'][Y']}$ 来表示主反应进行的程度。

为了定量表示副反应进行的程度，采用副反应系数（α）的概念。其中滴定剂的副反应系数 α_Y 应表示为（仅 N 与滴定剂有共存离子效应时）

$$\alpha_Y=\frac{[Y']}{[Y]}=\frac{[Y]+[HY]+[H_2Y]+\cdots+[H_6Y]+[NY]}{[Y]} \qquad (4.2.1)$$

α_Y 为[Y′]和游离滴定剂浓度[Y]的比值。α_Y 越大，说明滴定剂发生的副反应越严重。当 $\alpha_Y=1$ 时，$[Y']=[Y]$，表示滴定剂未发生副反应。滴定剂的副反应应包含酸效应和共存离子效应两部分。对于酸效应和共存离子效应，可以分别用酸效应系数 $\alpha_{Y(H)}$ 和共存离子效应系数 $\alpha_{Y(N)}$ 来表示。

金属离子的副反应系数 α_M 应表示为

$$\alpha_M=\frac{[M']}{[M]}=\frac{[M]+[ML]+\cdots+[ML_n]+[M(OH)]+\cdots+[M(OH)_n]}{[M]} \qquad (4.2.2)$$

同样，对于金属离子的副反应也包含水解效应和络合效应两部分。而水解效应和络合效应也可以分别用水解效应系数 $\alpha_{M(OH)}$ 和络合效应系数 $\alpha_{M(L)}$ 表示。络合物的副反应系数用 α_{MY} 表示，但由于生成的络合物都比较稳定，计算时一般忽略其副反应，将 α_{MY} 作为 1，$[MY]\approx[(MY)']$。

第三节　影响络合滴定的因素

一、副反应对络合反应的影响

1. EDTA 的酸效应和酸效应系数

滴定剂的酸效应是指因 H^+与 Y 络合而 Y 参加主反应的能力降低的现象，其影响程度用酸效应系数 $\alpha_{Y(H)}$ 来衡量，$\alpha_{Y(H)}$ 表示为

$$\alpha_{Y(H)}=\frac{[Y']}{[Y]}=\frac{[H_6Y]+[H_5Y]+\cdots+[HY]+[Y]}{[Y]} \tag{4.3.1}$$

根据 EDTA 的六级离解平衡得到：

$$\alpha_{Y(H)}=\frac{[H^+]^6}{K_{a1}K_{a2}K_{a3}K_{a4}K_{a5}K_{a6}}+\frac{[H^+]^5}{K_{a2}K_{a3}K_{a4}K_{a5}K_{a6}}+\cdots+\frac{[H^+]}{K_{a6}}+1 \tag{4.3.2}$$

络合滴定中 $\alpha_{Y(H)}$ 是常用的重要数值。为了应用方便，可以将不同 pH 时的 $\alpha_{Y(H)}$ 值或计算 $[\lg\alpha_{Y(H)}]$ 并绘制成图 4.3.1 或表 4.3.1，由该图表可看出酸度对 $\alpha_{Y(H)}$ 值的影响很大。在 pH = 1，$\alpha_{Y(H)}=10^{18}$ 时，酸效应很严重，溶液中游离的 EDTA（[Y]）仅为未络合的 EDTA 总浓度（[Y′]）的 10^{-18}；随着酸度的降低，酸效应逐渐减小，当 pH≥12 时，$\alpha_{Y(H)}=1$，此时没有酸效应发生。对于大多数金属离子的反应，不可能全在 pH≥12 的条件下进行，从而说明酸效应是必然存在的。但是只要通过计算说明能够满足准确滴定（在滴定误差范围之内）的要求，就可以应用 EDTA 在不同 pH 下测定各种金属离子。

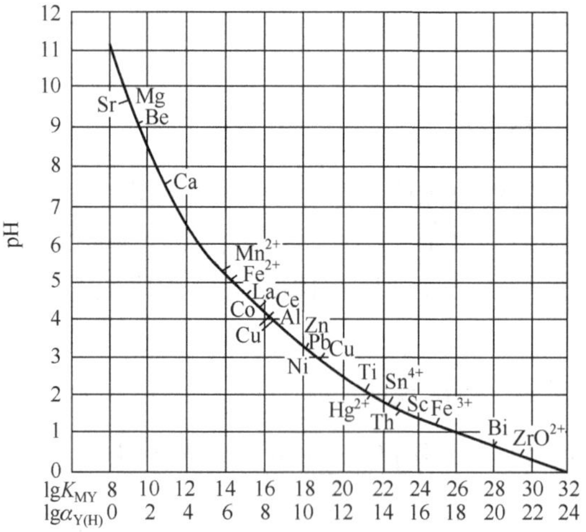

图 4.3.1　EDTA 的酸效应曲线

表 4.3.1　不同 pH 时 EDTA 的 $\lg\alpha_{Y(H)}$

pH	$\lg\alpha_{Y(H)}$	pH	$\lg\alpha_{Y(H)}$	pH	$\lg\alpha_{Y(H)}$	pH	$\lg\alpha_{Y(H)}$
0.0	23.64	1.0	18.01	2.0	13.51	3.0	10.60
0.4	21.32	1.4	16.02	2.4	12.19	3.4	9.70
0.8	19.08	1.8	14.27	2.8	11.09	3.8	8.85

续表

pH	$\lg\alpha_{Y(H)}$	pH	$\lg\alpha_{Y(H)}$	pH	$\lg\alpha_{Y(H)}$	pH	$\lg\alpha_{Y(H)}$
4.0	8.44	5.8	4.98	7.5	2.78	10.0	0.45
4.4	7.64	6.0	4.65	8.0	2.27	11.0	0.07
4.8	6.84	6.4	4.06	8.5	1.77	12.0	0.01
5.0	6.45	6.8	3.55	9.0	1.28	13.0	0.00
5.4	5.69	7.0	3.32	9.5	0.83		

2. 酸效应对络合物稳定性的影响

对于主反应 $M+Y \rightleftharpoons MY$，如果仅考虑酸效应时有

$$\alpha_{Y(H)}=\frac{[Y']}{[Y]}$$

即

$$[Y]=\frac{[Y']}{\alpha_{Y(H)}}$$

将其代入平衡表达式，得到

$$K_{MY}=\frac{[MY]}{[M][Y]}=\frac{[MY]\cdot\alpha_{Y(H)}}{[M][Y']} \tag{4.3.3}$$

则条件稳定常数

$$K'_{MY}=\frac{K_{MY}}{\alpha_{Y(H)}}=\frac{[MY]}{[M][Y']} \tag{4.3.4}$$

或

$$\lg K'_{MY}=\lg K_{MY}-\lg\alpha_{Y(H)} \tag{4.3.5}$$

这就是仅考虑酸效应时条件稳定常数的求法，如果考虑其他副反应，则应增加相应的副反应系数项。若所有副反应全部考虑时，上式应写成

$$\lg K'_{MY}=\lg K_{MY}-\lg\alpha_M-\lg\alpha_Y-\lg\alpha_{MY}$$

【例 4.3.1】　已知在 pH = 2.0 时，$\lg\alpha_{Y(H)}=13.5$，假设水样中有 Fe^{3+}和 Mn^{2+}两种离子，判断是否可以准确滴定。

解　由于 $\lg K_{Fe(III)Y}=25.1$，$\lg K_{MnY}=13.9$，因此在 pH = 2.0 时，相对应的条件稳定常数分别为 11.6 和 0.4，显然 Fe^{3+}能够实现准确滴定，但 Mn^{2+}却无法实现。

假如调整 pH = 6.0 时，由于此时 $\lg\alpha_{Y(H)}=4.6$，则 MnY 的条件稳定常数达到 9.3，此时就可以实现准确滴定了。从而说明，对于不同的金属离子，要想实现准确滴定，应有最低的 pH 要求。

3. 由酸效应推算最高酸度的判定

对于反应 $M+Y \rightleftharpoons MY$，如果副反应仅为酸效应时，有

$$K'_{MY}=\frac{[MY]}{[M][Y']}$$

在化学计量点（sp 点）时，要想实现准确滴定，应满足终点误差≤±0.1% = 0.001 的要求；

由于在化学计量点时 $c_{M}^{sp}=[MY]+[M]$，故 $[MY]=0.999c_{sp}$, $[M]=0.001c_{sp}$，即 $[M]=[Y']$，则

$$K'_{MY}=\frac{0.999c_{M}^{sp}}{(0.001c_{M}^{sp})^{2}}=\frac{10^{6}}{c_{M}^{sp}} \tag{4.3.6}$$

于是将 $\lg(c_{sp}K'_{MY})\geqslant 6$ 定为仅考虑酸效应影响时是否准确滴定最高酸度的判定依据。由于通常 EDTA 与金属离子是 1∶1 络合，因此 $c_{M}^{sp}\approx c_{M}/2$，一般对于 K'_{MY} 比较大的络合物，其稳定性较好，所以 $c_{M}^{sp}\approx[MY]$。

4. 最高 pH 的控制（最低酸度的制定）

依前所述，要想实现准确滴定，应有最低 pH 的控制，但是 pH 太高，也会引起水解效应和混合成络效应。如果仅考虑水解效应，就应防止滴定开始时 $M(OH)_n$ 沉淀，即

$$M^{n+}+nOH^{-}\longrightarrow M(OH)_{n}\downarrow$$

依照溶度积规则：

$$K_{sp}=[M^{n+}][OH^{-}]^{n} \tag{4.3.7}$$

于是

$$[OH^{-}]=\sqrt[n]{K_{sp}/[M^{n+}]} \tag{4.3.8}$$

而水解效应的出现应在滴定前（没有加入滴定剂）时就会发生，所以 $[M^{n+}]=c_{M}$，即

$$[OH^{-}]\leqslant\sqrt[n]{K_{sp}/[M^{n+}]} \tag{4.3.9}$$

综合酸效应和水解效应，经计算后得出表 4.2.3 中各组适合滴定的 pH 范围约为：Ⅰ组，pH＝1～3；Ⅱ组，pH＝4～6；Ⅲ组，pH＝8～10；Ⅳ组，不能滴定。应用此结论，可以通过调整 pH 的方法，对不同组别的金属离子实现分别测定（分步测定）。

二、共存离子对络合反应的影响

1. α_{Y} 与 $\alpha_{Y(N)}$ 的关系

假设在对 M 离子进行滴定时，有两种共存离子 N_1、N_2 也同 EDTA 以 1∶1 络合，于是溶液中应有 10 种 EDTA 的型体：H_6Y、H_5Y、H_4Y、H_3Y、H_2Y、HY、Y、MY、N_1Y、N_2Y。按照副反应系数的概念有

$$\alpha_{Y}=\frac{[Y']}{[Y]}=\frac{[Y]+[HY]+\cdots+[H_{6}Y]+[N_{1}Y]+[Y]+[N_{2}Y]+[Y]-2[Y]}{[Y]} \tag{4.3.10}$$

$$\alpha_{Y}=\alpha_{Y(H)}+\alpha_{Y(N_1)}+\alpha_{Y(N_2)}-2 \text{（一般最多考虑两种共存离子）}$$

如果溶液中仅有一种共存离子时，则

$$\alpha_{Y}=\alpha_{Y(H)}+\alpha_{Y(N)}-1 \tag{4.3.11}$$

2. $\alpha_{Y(N)}$ 的求法

对于只有一种共存离子 N 的溶液，由于

$$N+Y\rightleftharpoons NY \qquad K_{NY}=\frac{[NY]}{[N][Y]}$$

代入共存离子效应系数表达式后，得到

$$\alpha_{Y(N)}=\frac{[NY]+[Y]}{[Y]}=1+\frac{[NY]}{[Y]}=1+[N]K_{NY} \tag{4.3.12}$$

由于
$$K_{NY}\gg 1$$
因此
$$\alpha_{Y(N)}=[N]K_{NY}$$

在该溶液中，M 与 N 应互不结合，并且除 EDTA 以外没有其他配位体和 N 络合。另外，对于滴定 M 的溶液，应 $K_{MY}>K_{NY}$，所以在 MY 的化学计量点时，[NY]很小。依照物料平衡的概念，在 MY 的化学计量点时，应有

$$c_M^{sp}=[N]+[NY]\approx[N] \tag{4.3.13}$$

所以
$$\alpha_{Y(N)}=c_M^{sp}K_{NY} \tag{4.3.14}$$

3. 共存离子干扰原因及排除

由于 $\alpha_{Y(H)}>1$，$\alpha_{Y(N)}>1$，因此 α_Y 可以表示为

$$\alpha_Y=\alpha_{Y(H)}+\alpha_{Y(N)} \tag{4.3.15}$$

（1）$\alpha_{Y(H)}\gg\alpha_{Y(N)}$，酸效应占优，此时

$$\alpha_Y\approx\alpha_{Y(H)}$$

$$\lg K'_{MY}=\lg K_{MY}-\lg\alpha_{Y(H)} \tag{4.3.16}$$

所以仅按照酸效应来计算滴定剂的副反应状况，并通过调整溶液的酸度来控制。

（2）$\alpha_{Y(N)}\gg\alpha_{Y(H)}$，共存离子效应占优，有

$$\alpha_Y\approx\alpha_{Y(N)}$$

$$\lg K'_{MY}=\lg K_{MY}-\lg\alpha_{Y(N)} \tag{4.3.17}$$

所以仅按照共存离子效应来计算滴定剂的副反应状况，并分析原因加以抑制干扰。

将 $\alpha_{Y(N)}=c_N^{sp}K_{NY}$ 代入上式，并且两边同加 $\lg c_M^{sp}$ 后得

$$\lg(c_M^{sp}K'_{MY})=\lg K_{MY}-\lg K_{NY}+\lg(c_M^{sp}/c_N^{sp}) \tag{4.3.18}$$

令
$$\Delta\lg K=\lg K_{MY}-\lg K_{NY}$$
有

$$\Delta\lg K=\lg(c_M^{sp}K'_{MY})-\lg(c_M^{sp}/c_N^{sp}) \tag{4.3.19}$$

将准确滴定的判定 $\lg(c_M^{sp}K'_{MY})\geqslant 6$ 代入上式后，分析共存离子的干扰时，就有 $\Delta\lg K\geqslant 6-c_M^{sp}/c_N^{sp}$ 和 $\Delta\lg K<6-c_M^{sp}/c_N^{sp}$ 两种表达形式。

（1）$\Delta\lg K\geqslant 6-c_M^{sp}/c_N^{sp}$ 时，造成这种现象的原因有两种可能：一种为 MY 与 NY 的稳定性有明显的差异；另一种为溶液中 c_N 比较小。

如果是前者，说明 N 的存在并不影响 M 的准确测定，所以直接滴定 M。如果是后者，可以通过调整 pH 的方法，达到在适宜的滴定范围内，使 $\lg K'_{MY}$ 最大化，从而完成 M 的直接

滴定。

（2）$\Delta \lg K < 6 - c_M^{sp}/c_N^{sp}$ 时，造成这种现象的原因也有两种可能：一种是两种离子形成的络合物稳定性相差不大；另一种是溶液中 c_N 比较大。

此时可以采用掩蔽法。加入化学试剂，使其与 N 反应，以降低 c_N。根据反应的类型不同，掩蔽的方法可以分为络合掩蔽法、沉淀掩蔽法、氧化还原掩蔽法等。有时可以采用调整 pH 和掩蔽、解蔽等方法实现分步滴定。

在实际工作中，也可以根据表 4.2.3 中 K_{MY} 的分组粗略估计共存离子的干扰情况。通常情况下，滴定第Ⅰ组离子时，第Ⅲ组离子不干扰，第Ⅱ组离子在浓度不是很高时也不干扰；滴定第Ⅱ组离子时，第Ⅲ组离子不干扰，第Ⅰ组离子干扰；滴定第Ⅲ组离子时，第Ⅰ、Ⅱ组离子都干扰；同一组离子在滴定时互相干扰。

第四节　EDTA 络合滴定曲线和终点误差

一、络合滴定曲线

1. 滴定曲线

在酸碱滴定中，随着滴定剂的加入，溶液的 pH 不断发生变化，当到达化学计量点附近时，溶液的 pH 发生突跃，根据滴定突跃范围选择合适的指示剂，指示滴定终点。络合滴定的情况与此相似，在络合滴定中，随着络合剂的加入，被滴定的金属离子 M^{n+} 不断被络合，其浓度不断减小，当到达化学计量点附近时，溶液的 pM 也发生突变，据此选择合适的指示剂，可以指示终点。

但是络合滴定比酸碱滴定复杂得多，金属离子 M 和络合剂 Y 都会发生副反应。在酸碱滴定中 K_a 或 K_b 是不变的，而在络合滴定中，K 值受体系中副反应的影响而改变。所以计算滴定过程中 pM 变化值也根据情况不同而不同。为此，要想绘制的滴定曲线很多，且很难像酸碱滴定那样按照类型绘制出。

2. 滴定曲线的计算

研究滴定曲线的一个重要原因是选择合适的指示剂，而化学计量点的计算是确定指示剂的重要依据。下面重点讨论 pM_{sp} 的计算。

条件稳定常数表示为

$$K'_{MY} = \frac{[MY']}{[M'][Y']}$$

在化学计量点时，$[M']_{sp} = [Y']_{sp}$（而不是 $[M] = [Y]$），$[(MY)']_{sp} = c_M^{sp} - [M'] \approx c_M^{sp}$。将其代入上述条件稳定常数表达式，整理得到

$$[(MY)']_{sp} = \sqrt{\frac{c_M^{sp}}{K'_{MY}}} \quad 或 \quad pM'_{sp} = \frac{1}{2}(\lg K'_{MY} + pc_M^{sp})$$

若滴定剂和金属离子浓度相等时，此时的分析浓度是金属离子初始浓度的一半。

其余各加入量对应的 pM′ 计算方法如下。

该待测金属离子 M 的初始浓度为 c_M 、用浓度为 c_Y 的 EDTA 溶液滴定，在滴定过程中加入 EDTA 溶液的体积为 V_Y。依滴定不同阶段时 $[M']$ 和 $[Y']K'_{MY}$ 等可以得到下列方程组：

$$\begin{cases} [M']+[(MY)']=\dfrac{V_M}{V_M+V_Y}\times c_M \\ [Y']+[(MY)']=\dfrac{V_M}{V_M+V_Y}\times c_Y \\ K'_{MY}=\dfrac{[(MY)']}{[M'][Y']} \end{cases}$$

该方程组的解为

$$K'_{MY}[M']^2+\left(\frac{c_YV_Y-c_MV_M}{V_M+V_Y}\times K'_{MY}+1\right)[M']-\frac{V_M}{V_M+V_L}\times c_M=0$$

在滴定的任何时段 c_M、c_Y、V_M、V_Y、V'_{MY} 都是已知或可计算的，所以由此可以计算 pM′，并绘出图 4.4.1 的滴定曲线。

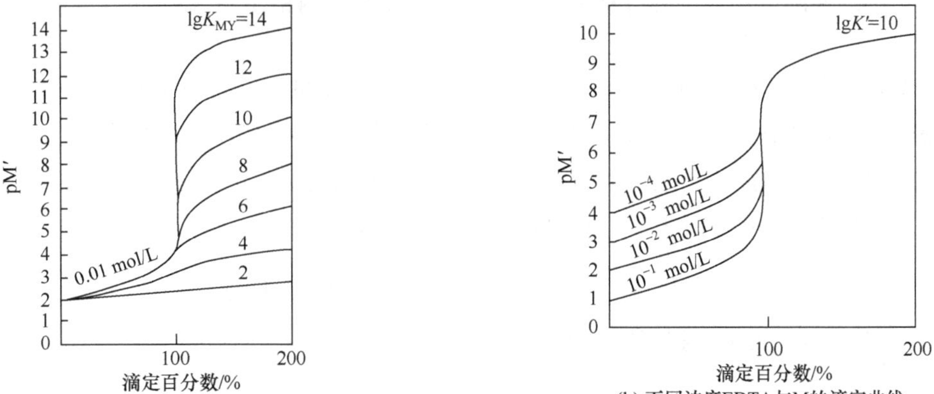

(a) 不同lgK'_{MY}时的滴定曲线　　(b) 不同浓度EDTA与M的滴定曲线

图 4.4.1　影响络合滴定突跃范围的因素

3. 影响滴定突跃范围的因素

由图 4.4.1 可知，影响滴定突跃范围的主要因素如下：①络合物的条件稳定常数 K'_{MY}。当浓度一定时，K'_{MY} 越大，突跃范围越大。②金属离子浓度 c_M。当 K'_{MY} 一定时，c_M 越大，突跃范围越大。

二、金属指示剂

络合滴定指示终点的方法有很多，其中最重要的是使用金属指示剂。这种指示剂能够与金属离子形成稳定的络合物。金属指示剂根据颜色的变化情况分为无色指示剂和有色指示剂。

无色的金属指示剂本身是无色的（或呈浅色的），当它与金属离子结合后就会生成有色的金属络合物。例如，磺基水杨酸或硫氰酸胺等，它们本身是无色的，而与金属 Fe^{3+}结合后变成红色。

有色的金属指示剂本身有色，而与金属离子结合后变成与之截然不同的另一种颜色。例如，钙指示剂在 pH = 12～13 时，溶液本身呈蓝色，与 Ca^{2+}结合后呈红色。环境分析监测中以有色的金属指示剂为多。

酸碱指示剂是以指示溶液中[H^+]的变化确定终点，而金属指示剂则是以指示溶液中金属离子浓度的变化确定滴定终点。

1. 金属指示剂作用原理

金属指示剂是一种有机染料，能和某些金属离子形成与染料本身颜色不同的有色络合物。以铬黑 T（eriochrome black T，EBT）和镁结合为例，说明指示剂的作用原理。

铬黑 T 的化学名称为 1-（1-羟基-2-萘偶氮）-6-硝基-2-萘酚-4-磺酸，常用的是钠盐。由于铬黑 T 是三元酸，在水中应有三级离解，一般涉及后两级离解。

$$H_2In^- \xrightleftharpoons{pK_{a2}} HIn^{2-} \xrightleftharpoons{pK_{a3}} In^{3-}$$

式中，$pK_{a2}=6.3$，$pK_{a3}=11.6$，所以在 pH<6.3 时，以紫红色的 H_2In^- 为主；在 pH>11.6 时，以橙色的 In^{3-} 为主；在此期间，以蓝色的 HIn^{2-} 为主。由于其他 pH 区间的变色不明显，因此一般铬黑 T 的实际应用范围是 pH = 7.3～10.6（在此范围内铬黑 T 显蓝色）。它与 Mg^{2+}在 pH = 10 时络合后，呈现酒红色。

以 EDTA 滴定 Mg^{2+}为例。滴定开始时溶液中有大量的 Mg^{2+}，部分 Mg^{2+}与指示剂络合，呈现 $MgIn^-$ 的酒红色；随着 EDTA 的加入，它逐渐与游离的 Mg^{2+}络合，生成无色的 MgY^{2-}。在化学计量点附近，游离的 Mg^{2+}浓度降至很低，继续加入 EDTA 时，滴定剂将夺取 $MgIn^-$ 中的 Mg^{2+}，形成更稳定的 MgY^{2-}，从而使指示剂游离出来，即

$$MgIn^-(红) + HY^{3-} \longrightarrow MgY^{2-} + HIn^{2-}(蓝)$$

此时溶液呈现蓝色，表示达到滴定终点。

2. 金属指示剂必须具备的条件

（1）指示剂与金属离子能形成不同于本身颜色的水溶性络合物，并且两种颜色应有明显区别。

（2）指示剂与金属离子的反应应灵敏、快速、可逆，并且有一定的稳定性。

（3）滴定剂与金属离子形成的络合物应比指示剂与金属离子形成的络合物稳定，否则无法使滴定剂将指示剂与金属离子形成的络合物中的金属离子夺取出来，进而无法确定滴定终点。一般希望 $\lg K'_{MY} - \lg K'_{MIn} \geqslant 2$。

金属指示剂的选择和酸碱指示剂的选择相同，也遵循 $pM = \lg K'_{MIn} \pm 1$ 的关系，只是在实际终点为+1，而没有−1。

3. 使用指示剂时存在的不良现象和解决办法

1）指示剂的封闭现象

一些共存离子与指示剂能形成更为稳定的络合物，并且它的稳定性大于该离子与滴定剂形成的络合物，使得指示剂不能游离出来，称为指示剂的封闭现象。

例如，在 pH = 10 时，以铬黑 T 为指示剂滴定 Ca^{2+}、Mg^{2+}总量时，Al^{3+}、Fe^{3+}、Cu^{2+}、Ni^{2+}

等会封闭铬黑 T，致使终点无法确定。解决的办法是应先加入掩蔽剂，使共存离子生成更稳定的络合物后，再滴定。若干扰离子的量太大或无法实现掩蔽，则需预先分离除去。

2）指示剂的僵化现象

有些指示剂或金属-指示剂络合物在水中的溶解度太小，使得滴定剂与金属-指示剂络合物交换缓慢，终点拖长，这种现象称为指示剂的僵化现象。

解决的办法是加入有机溶剂或加热，以增大其溶解度。例如，以 PAN 作指示剂时，经常加入乙醇或在加热下滴定。

3）指示剂的氧化变质现象

金属指示剂大多为含双键的有色化合物，易被日光、氧化剂、空气所分解，在水溶液中多不稳定，日久会变质。若配成固体混合物则较稳定，保存时间较长。例如，铬黑 T 和钙指示剂，常用固体 NaCl 或 KCl 作稀释剂配制。如果是液体指示剂，则可以加入一些抗氧化剂。

第五节　络合滴定法在环境分析监测中的应用

硬度是指水本身消耗肥皂泡沫的一种特性。水中含有的钙、镁、铝、锰、铁等离子，均可以消耗肥皂泡沫。但由于钙、镁离子较多，因此常以钙、镁离子之和记为总硬度。

1. 测定硬度的意义

硬度是非常重要的水质指标，硬度的测定对于水的合理应用具有重要意义。例如，高硬度水作锅炉用水时，加热后在炉内壁会产生水垢，降低其传热性能，浪费大量燃料。并且由于炉壁上水垢厚薄不均，受热不匀，局部温度过高易损坏锅炉，甚至造成严重事故。因此，如发电厂、热电站等对用水的硬度控制极为严格。再如，纺织工业、印染工业用水，水中不溶性的钙盐、镁盐具有黏着性，附着在织物纤维上造成斑点，严重影响产品质量。其他许多工业用水对硬度都有不同的要求，有相应的用水标准。生活饮用水硬度过高时会影响肠胃的消化功能，我国《生活饮用水卫生标准》（GB 5749—2006）将总硬度限定为≤450 mg/L（以 $CaCO_3$ 计）。

2. 硬度的分类

按照形成的金属离子分为钙硬度和镁硬度。按照与阴离子的结合形式分为碳酸盐硬度和非碳酸盐硬度。

碳酸盐硬度即阴离子是碳酸氢根时形成的硬度。由于这种硬度可以通过加热的方法部分去除，因此也称暂时硬度。

$$Ca(HCO_3)_2 \xrightleftharpoons{\triangle} CaCO_3\downarrow + CO_2\uparrow + H_2O$$

$$Mg(HCO_3)_2 \xrightleftharpoons{\triangle} MgCO_3\downarrow + CO_2\uparrow + H_2O$$

非碳酸盐硬度即阴离子是硫酸根或氯离子时形成的硬度。由于这部分硬度不能通过加热的简单方法去除，因此也称永久硬度。

3. 硬度测定的原理

在 pH = 10 的条件下（氨缓冲溶液），假设干扰离子或共存离子已经掩蔽，则选择铬黑 T 为指示剂。

$$\lg K'_{CaY} = 10.69 - 0.45 = 10.24 \qquad \lg K'_{CaIn} = 3.84$$
$$\lg K'_{MgY} = 8.69 - 0.45 = 8.24 \qquad \lg K'_{MgIn} = 5.44$$

由于满足 $\lg K'_{MY} - \lg K'_{MIn} > 2$，因此可以准确滴定。

在含大量的 Ca^{2+}、Mg^{2+}溶液中，加入铬黑 T 后（pH = 10 时），指示剂与少量的 Ca^{2+}、Mg^{2+}发生反应。

$$Ca^{2+} + HIn^{2-} \rightleftharpoons [CaIn]^- + H^+ \qquad Mg^{2+} + HIn^{2-} \rightleftharpoons [MgIn]^- + H^+ \text{（酒红色）}$$

加入 EDTA 后，大量的 Ca^{2+}、Mg^{2+}与滴加的 EDTA 发生反应。

$$Ca^{2+} + HY^{3-} \rightleftharpoons [CaY]^{2-} + H^+ \qquad Mg^{2+} + HY^{3-} \rightleftharpoons [MgY]^{2-} + H^+ \text{（无色）}$$

接近终点再加入 EDTA 后，有

$$HY^{3-} + [CaIn]^- \rightleftharpoons [CaY]^{2-} + HIn^{2-} \qquad HY^{3-} + [MgIn]^- \rightleftharpoons [MgY]^{2-} + HIn^{2-} \text{（蓝色）}$$

硬度的单位通常用 mol/L 或 mg/L（以 $CaCO_3$ 计）表示（有时也用国外的硬度单位表示）。常用的表示方法分别为

$$\text{硬度(mmol/L)} = \frac{cV}{V(\text{水样})} \times 1000$$

$$\text{硬度(以}CaCO_3\text{计, mg/L)} = \frac{cV \times 100.1}{V(\text{水样})} \times 1000$$

式中，c、V 分别为滴定剂 EDTA 的浓度（mol/L）和体积；V(水样)为水样的体积，单位与 V 相同。

注：1 mmol/L 的钙镁总量相当于 100.1 mg/L 以 $CaCO_3$ 表示的硬度。

第五章　沉淀滴定法及其在环境分析监测中的应用

第一节　环境中的溶解和沉淀反应

一、环境中的溶解和沉淀反应及其对环境污染的影响

固体分子（或离子）离开固相表面进入溶液的过程称为溶解（dissolution），与之相反的过程称为沉淀（precipitation）。在一定条件下，当溶解与沉淀的速率相等时，便建立了固体和溶液中离子之间的动态平衡，这称为多相离子平衡，又称为溶解平衡。溶解是沉淀的逆过程，固体物质的溶解速率与固体物质性质、接触界面、溶剂性质和温度等条件有关。

在人类生活的自然环境中，沉淀与溶解过程普遍存在。例如，重金属对水体的污染程度取决于其溶解度。溶解度大者，迁移能力大，对水源的污染程度大。在溶解和沉淀现象的研究中，平衡关系和反应速率都很重要。知道平衡关系就可预测污染物溶解或沉淀作用的方向，并可以计算平衡时溶解或沉淀的量。而知道反应速率，则可预测污染物溶解或沉淀作用达到平衡的时间。

二、沉淀反应在分析监测中的应用

沉淀反应是无机化学及分析化学中一类重要的化学反应，在离子的分离与鉴定、质量分析、材料制备及环境化学等方面都有着重要的应用。在常用的环境监测技术中，部分方法是以沉淀反应为基础建立起来的，如质量分析和沉淀滴定法。这两种方法在环境监测中具有非常重要的作用。

质量分析常用作残渣、降尘、油类、硫酸盐等的测定。沉淀滴定法被广泛用于水中氰化物、氯化物、银离子等的测定。除此之外，将沉淀反应应用于其他的环境监测技术中，还可以起到消除干扰、扩大检测方法应用范围等作用。

第二节　沉淀滴定法的基本理论

一、溶解度、溶度积和分步沉淀

1. 溶解度

溶解度是指在一定温度下饱和溶液的浓度。沉淀的溶解度直接影响沉淀滴定法的准确度和灵敏度。按照溶解度的定义，对于 $AgX \rightleftharpoons Ag^+ + X^-$ 沉淀溶解平衡，其溶解度（S）为

$$S = [Ag^+] = [X^-] = \sqrt{K_{sp}} \qquad (5.2.1)$$

在沉淀溶解平衡体系中，有许多因素影响沉淀的溶解度，如温度、溶剂、晶体结构、颗粒大小、同离子效应、盐效应、酸效应和络合效应等。

2. 溶度积

在一定条件下，将难溶电解质加入水中时，就会发生溶解和沉淀两个过程。当溶解和沉淀速率相等时，便建立了一种动态平衡即沉淀溶解平衡。例如，AgCl 在 H_2O 中有如下平衡：

$$AgCl(s) \rightleftharpoons Ag^+(aq) + Cl^-(aq) \qquad K = [Ag^+][Cl^-] \tag{5.2.2}$$

式中，K 为平衡常数。由于左侧是固体物质，不写入平衡常数的表达式。沉淀溶解平衡的平衡常数 K 称为溶度积常数，简称溶度积，记作 K_{sp}。

一般沉淀反应：

$$A_nB_m(s) \rightleftharpoons nA^{m+}(aq) + mB^{n-}(aq) \qquad K_{sp} = [A^{m+}]^n[B^{n-}]^m \tag{5.2.3}$$

溶度积常数的意义：一定温度下，难溶强电解质饱和溶液中各离子浓度的系数次方之积为一常数。K_{sp} 越大，则难溶电解质在溶液中溶解的趋势越大，反之越小。

K_{sp} 只与温度有关。温度一定，溶度积为一常数，在相关数据表中可查得。溶度积应该是饱和溶液中离子活度的乘积。一般手册中所提供的有关数据是实验测得的活度积常数，但大多难溶电解质溶解度很小，溶液中的离子浓度极小，若离子强度不大，此时活度系数接近 1，则活度积与溶度积相差不大。若溶液中有其他离子存在，离子强度较大时，K_{sp} 不再表现为近似常数，这也说明溶度积常数表示式仅对纯水中溶解情况是正确的。

3. 分步沉淀

在饱和溶液中，Ag^+ 和 Cl^- 有下列平衡：

$$AgCl \rightleftharpoons Ag^+ + Cl^- \tag{5.2.4}$$

在离子强度不大时，溶液应满足（在 25℃时）$K_{sp} = [Ag^+][Cl^-] = 1.8 \times 10^{-10}$。按照溶度积规则，当溶液中 Ag^+ 或 Cl^- 浓度改变时，上述平衡就会向左或向右移动。

而溶液中往往还有与 Ag^+ 生成沉淀的其他阴离子（团），如 CrO_4^{2-}。对于同时含有 CrO_4^{2-} 和 Cl^- 的溶液，当加入 Ag^+ 时同时有

$$Ag^+ + Cl^- \rightleftharpoons AgCl\downarrow \qquad K_{sp,AgCl} = 1.8 \times 10^{-10} \tag{5.2.5}$$

$$2Ag^+ + CrO_4^{2-} \rightleftharpoons Ag_2CrO_4 \qquad K_{sp,Ag_2CrO_4} = 1.1 \times 10^{-12} \tag{5.2.6}$$

假设 CrO_4^{2-} 和 Cl^- 在它们各自可以出现沉淀时，在溶液中的浓度均为 0.10 mol/L，则两个沉淀各自需要 Ag^+ 的量分别为

$$[Ag^+]_{AgCl} = \frac{1.8 \times 10^{-10}}{0.10} = 1.8 \times 10^{-9}(mol/L) \tag{5.2.7}$$

$$[Ag^+]_{Ag_2CrO_4} = \sqrt{\frac{1.1 \times 10^{-12}}{0.10}} = 3.3 \times 10^{-6}(mol/L) \tag{5.2.8}$$

向上述含有 CrO_4^{2-} 和 Cl^- 的溶液中滴加 Ag^+。当 $[Ag^+]$ 到达 1.8×10^{-9} mol/L 后，继续滴加 Ag^+，就会有乳白色的 AgCl 沉淀出现，再继续滴加 Ag^+，溶液中 $[Cl^-]$ 降低，而 $[Ag^+]$ 升高，并且 AgCl 沉淀增加。在 $[Ag^+]$ 达到 3.3×10^{-6} mol/L 后，再滴加 Ag^+ 则出现砖红色的 Ag_2CrO_4 沉

淀，这种现象称为分步沉淀。

二、沉淀滴定法原理和滴定曲线

1. 沉淀滴定法原理

沉淀滴定法（precipitation titration）是以沉淀反应为基础的滴定分析方法。该方法不仅需要满足“快速、准确、能够找到化学计量点或滴定终点”的要求，同时还应具备以下特点。①沉淀反应速率快，并且没有过饱和现象；②生成的沉淀要有一定的组成，沉淀的溶解度要小；③可以找到合适的指示剂确定终点；④沉淀对溶液中杂质的吸附不妨碍终点的观察。

能够同时满足上述 4 个条件的沉淀反应（生成难溶银盐的）以银量法为典型代表。

$$Ag^+ + X^- \rightleftharpoons AgX\downarrow \tag{5.2.9}$$

2. 滴定曲线

沉淀滴定法滴定过程溶液中构晶离子浓度（或其负对数）的变化情况可以用滴定曲线表示。

以 0.1000 mol/L $AgNO_3$ 溶液滴定 20.00 mL 的 0.1000 mol/L NaCl 溶液为例，计算滴定过程中构晶离子浓度或其负对数的变化，绘制滴定曲线。

（1）滴定开始前：溶液中的氯离子浓度等于 NaCl 的分析浓度。

$$[Cl^-] = 0.1000\ \text{mol/L},\quad pCl = -\lg 0.1000 = 1.00 \tag{5.2.10}$$

（2）滴定开始至化学计量点前：溶液中的氯离子浓度取决于剩余的 NaCl 的浓度。例如，当滴定到 90.0%，即加入 18.00 mL $AgNO_3$ 溶液：

$$[Cl^-] = \frac{0.1000\times 2.00}{20.00+18.00} = 5.26\times 10^{-3}(\text{mol/L}),\quad pCl = 2.28 \tag{5.2.11}$$

因为 $[Ag^+][Cl^-] = K_{sp} = 1.8\times 10^{-10}$，则 Ag^+ 浓度为

$$pAg + pCl = -\lg K_{sp} = 9.74 \tag{5.2.12}$$

故 pAg = 9.74 – 2.28 = 7.46。

同理，当滴定到 99.9%，即加入 19.98 mL $AgNO_3$ 溶液时，溶液中剩余的 Cl^- 浓度为

$$[Cl^-] = 5.0\times 10^{-5}\ \text{mol/L},\quad pCl = 4.30,\quad pAg = 5.44 \tag{5.2.13}$$

（3）化学计量点：达到化学计量点时，AgCl 溶液呈饱和状态。

$$[Ag^+] = [Cl^-] = \sqrt{K_{sp}} = \sqrt{1.8\times 10^{-10}} = 1.34\times 10^{-5}\ (\text{mol/L}) \tag{5.2.14}$$

$$pAg = pCl = \frac{1}{2}pK_{sp} = 4.87 \tag{5.2.15}$$

（4）化学计量点后：溶液的 Ag^+ 浓度由过量的 $AgNO_3$ 浓度决定，当滴定剂过量 0.10%，即加入 20.02 mL $AgNO_3$ 溶液时，$[Ag^+] = 5.0\times 10^{-5}$ mol/L，则

$$pAg = 4.30,\quad pCl = 9.74 - 4.30 = 5.44 \tag{5.2.16}$$

在接近化学计量点前后，如考虑因 AgCl 沉淀溶解而进入溶液的离子浓度，则计算如下：

例如，Ag^+过量 2.0×10^{-5} mol/L 时，设溶解部分$[Ag^+]_{溶解}=[Cl^-]=X$，则

$$[Ag^+]=[Ag^+]_{溶解}+[Ag^+]_{过量}=X+2.0\times10^{-5} \quad (5.2.17)$$

$$K_{sp}=X(X+2.0\times10^{-5})=1.8\times10^{-10} \quad (5.2.18)$$

$$X=6.7\times10^{-6}\ \text{mol/L},\quad \text{pCl}=5.17 \quad (5.2.19)$$

$$[Ag^+]=2.7\times10^{-5}\ \text{mol/L},\quad \text{pAg}=4.57 \quad (5.2.20)$$

计算结果略有不同，但变化趋势相同。

不同滴定时刻的 pCl、pBr、pI 及 pAg 计算数据见表 5.2.1。由表 5.2.1 数据描绘的滴定曲线见图 5.2.1。

表 5.2.1　以 0.1000 mol/L $AgNO_3$ 溶液滴定 20.00 mL 0.1000 mol/L Cl^-、Br^-、I^-溶液时化学计量点前后 pAg 与 pX 的变化

$AgNO_3$加入量		滴定 Cl^-		滴定 Br^-		滴定 I^-	
V_{AgNO_3}/mL	$AgNO_3$滴定百分数/%	pCl	pAg	pBr	pAg	pI	pAg
0.00	0.00	1.00		0.00	0.00	1.00	
18.00	90.00	2.28	7.46	18.00	90.00	2.28	7.46
19.80	99.00	3.30	6.44	19.80	99.00	3.30	6.44
19.80	99.90	4.30	5.44	19.98	99.90	4.30	5.44
20.00	100.00	4.87	4.87	20.00	100.00	4.87	4.87
20.20	100.10	5.44	4.30	20.02	100.10	5.44	4.30
20.20	101.00	6.44	3.30	20.20	101.00	6.44	3.30
22.00	110.00	7.42	2.32	22.00	110.00	7.42	2.32
40.00	200.00	8.26	1.48	40.00	200.00	8.26	1.48

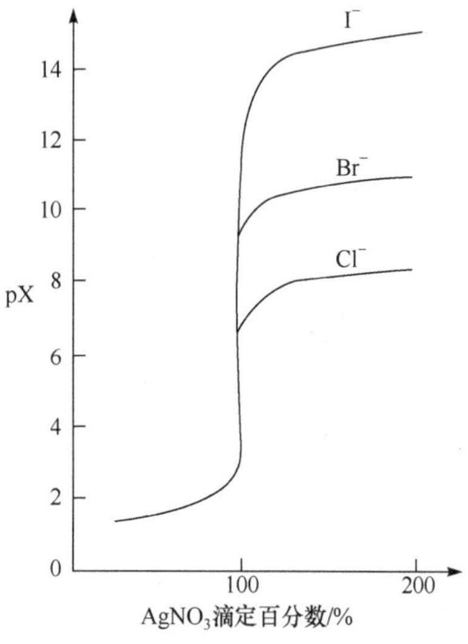

图 5.2.1　$AgNO_3$溶液滴定 Cl^-、Br^-和 I^-的滴定曲线

沉淀滴定的滴定曲线有以下特点。

（1）当忽略滴定过程中体积改变时，滴定曲线以化学计量点为中心前后对称。这表示随着滴定的进行，溶液中 Ag^+浓度增加时，X^-浓度以相同的比例减小，到化学计量点时，两种离子浓度相等，即以 pX、pAg 表示的两条曲线在化学计量点相交。

（2）滴定开始时溶液中 X^-浓度较大，滴入 Ag^+所引起的 X^-浓度变化不大，曲线比较平坦；近化学计量点时，溶液中 X^-浓度已很小，滴入少量 Ag^+，即会引起 X^-浓度发生很大变化，而形成滴定突跃。

（3）突跃范围的大小取决于被滴定离子的浓度和形成沉淀的溶度积常数 K_{sp}。①当溶液的浓度一定时，K_{sp}越小，突跃范围就越大。即在银量法中，相同浓度的 Cl^-、Br^-和 I^-与 Ag^+的滴定曲线突跃范围的顺序为：$\Delta pI>\Delta pBr>\Delta pCl$。②当沉淀的 K_{sp}一定时，溶液的浓度越大，突跃范围越大。

三、影响沉淀滴定的因素

沉淀滴定是以沉淀反应为基础的滴定分析法。符合沉淀滴定法的沉淀反应必须具备以下条件。①沉淀反应按一定化学反应式进行；②沉淀反应迅速；③生成沉淀的溶解度很小；④有适当的指示终点的方法；⑤沉淀的吸附现象不引起显著的误差。

四、常见的沉淀滴定法

1. 莫尔法

莫尔法是用 K_2CrO_4 作为指示剂，在中性或弱碱性溶液中，用 $AgNO_3$ 标准溶液直接滴定 Cl^-（或 Br^-）。

溶液中 CrO_4^{2-} 和 Cl^- 能分别与 Ag^+ 形成砖红色的 Ag_2CrO_4 沉淀及白色的 AgCl 沉淀。根据分步沉淀的原理，在用 $AgNO_3$ 溶液滴定过程中，溶液中首先析出 AgCl 沉淀，在 AgCl 定量沉淀后，过量滴加 $AgNO_3$ 溶液，将与 K_2CrO_4 形成砖红色 Ag_2CrO_4 沉淀，从而确定滴定终点。

滴定反应和指示剂的反应式分别为

$$Ag^+ + Cl^- = AgCl\downarrow(白色) \tag{5.2.21}$$

$$2Ag^+ + CrO_4^{2-} = Ag_2CrO_4\downarrow(砖红色) \tag{5.2.22}$$

2. 福尔哈德法

福尔哈德法是以铁铵矾 $[NH_4Fe(SO_4)_2\cdot 12H_2O]$ 为指示剂，在酸性介质中，用 KSCN 或 NH_4SCN 作为标准溶液来滴定的银量法。由于测定的对象不同，福尔哈德法可分为直接滴定法和间接滴定法。

1）直接滴定法

在含有 Ag^+ 的酸性溶液中，加入铁铵矾指示剂，用 NH_4SCN 或 KSCN 标准溶液滴定，析出白色的 AgSCN 沉淀。当 Ag^+ 沉淀完全（达到化学计量点）后，过量的 SCN^- 就与指示剂中的 Fe^{3+} 生成红色的 $Fe(SCN)^{2+}$ 配合物，从而指示终点到达。

其反应式为

$$Ag^+ + SCN^- = AgSCN\downarrow（白色） \tag{5.2.23}$$

$$Fe^{3+} + SCN^- = Fe(SCN)^{2+}（红色） \tag{5.2.24}$$

2）间接滴定法

在含有卤素离子的硝酸溶液中，加入略过量的 $AgNO_3$ 标准溶液，将卤素离子转化为卤化银沉淀后，过量的 $AgNO_3$ 用 NH_4SCN 或 KSCN 标准溶液回滴。通过加入的 $AgNO_3$ 的量和滴定消耗掉的 NH_4SCN 或 KSCN 的量，便可计算出溶液中的卤素离子的浓度。

3. 法扬斯法

法扬斯法是以吸附指示剂确定滴定终点的银量法。吸附指示剂是一类有色的有机化合物，当它被吸附在胶体微粒表面之后，由于形成某种表面化合物，分子结构发生改变，从而引起颜色的变化。

例如，用 $AgNO_3$ 滴定卤素离子，在滴定终点前，溶液中形成卤化银沉淀，首先吸附的是其构晶离子卤离子，因而使沉淀的表面带负电，吸附指示剂的阴离子不被沉淀吸附，指示剂的颜色不发生改变，但滴定到计量点之后，溶液中卤素离子被完全沉淀。沉淀首先吸附的是 Ag^+，此时，沉淀带正电，指示剂的阴离子便被吸附在沉淀的表面上而发生颜色的变化，从而确定了滴定的终点。

第三节　莫尔法在环境分析监测中的应用

一、莫尔法分析测定水中的氯离子

1. 原理

莫尔法是采用 K_2CrO_4 作指示剂，用 $AgNO_3$ 标准溶液滴定氯化物和溴化物的滴定方法，通常在中性或弱碱性溶液中进行。

滴定反应（以测定 Cl^-为例）：

$$Cl^- + Ag^+ \xlongequal{\quad} AgCl(s)\downarrow(\text{白色}) \qquad K_{sp}(AgCl) = 1.8\times10^{-10} \tag{5.3.1}$$

$$CrO_4^{2-} + 2Ag^+ \xlongequal{\quad} Ag_2CrO_4(s)\downarrow(\text{砖红色}) \qquad K_{sp}(Ag_2CrO_4) = 2\times10^{-12} \tag{5.3.2}$$

由于 AgCl 的溶解度小于 Ag_2CrO_4 的溶解度，根据分步沉淀原理，AgCl 将首先生成沉淀，随着滴定的进行，Cl^-浓度不断降低，Ag^+浓度不断增加，当 $[Ag^+]^2[CrO_4^{2-}] > K_{sp}(Ag_2CrO_4)$ 时，开始出现砖红色沉淀，即为滴定终点。

2. 滴定条件

（1）指示剂浓度。为准确测定，必须控制 K_2CrO_4 的浓度。当浓度过高时，终点会提前且溶液颜色过深，影响终点的观察；若浓度过低，则终点滞后，也影响滴定的准确度。实验证明，K_2CrO_4 的浓度以 0.005 mol/L 为宜，即在 50～100 mL 溶液中加入 5% K_2CrO_4 溶液 1～2 mL。

下面通过计算终点误差来说明方法的准确度。

以 0.1000 mol/L $AgNO_3$ 标准溶液滴定 0.1000 mol/L NaCl 溶液为例，化学计量点时，Ag^+ 与 Cl^-的量恰好相等，在 AgCl 饱和溶液中：

$$[Ag^+] = \sqrt{K_{sp}(AgCl)} = \sqrt{1.8\times10^{-10}} = 1.3\times10^{-5}(\text{mol/L}) \tag{5.3.3}$$

当 Ag_2CrO_4 沉淀出现时，所需 $[Ag^+]$ 为

$$[Ag^+]^2[CrO_4^{2-}] = K_{sp}(Ag_2CrO_4) \tag{5.3.4}$$

$$[Ag^+] = \sqrt{\frac{K_{sp}(Ag_2CrO_4)}{[CrO_4^{2-}]}} = \sqrt{\frac{2\times10^{-12}}{5\times10^{-3}}} = 2\times10^{-5}(\text{mol/L}) \tag{5.3.5}$$

可见，终点时 Ag^+是过量的。真正过量的 $[Ag^+]$ 应是从总的 $[Ag^+]$ 中减去 AgCl 沉淀所离解的部分，后者在数值上等于 $[Cl^-]$，即

$$[Ag^+]_{\text{过}} = [Ag^+] - [Cl^-] = 2\times10^{-5} - \frac{1.8\times10^{-10}}{2\times10^{-5}} = 1\times10^{-5}(\text{mol/L}) \tag{5.3.6}$$

实际上，为能观察到明显的终点，必须有一定量的 Ag_2CrO_4 生成，则需要滴定体系至少

多加入 2×10^{-5} mol/L 的 Ag^+。同时加上与$[Cl^-]$平衡的$[Ag^+]$浓度 1×10^{-5} mol/L，所以实际过量的 Ag^+浓度为 3×10^{-5} mol/L，故终点误差为

$$E_t = +\frac{3\times10^{-5}\times2}{0.1000} = +0.06\% \tag{5.3.7}$$

可见准确度较高。但当浓度较小时，如用 0.01000 mol/L $AgNO_3$ 滴定相同浓度的 NaCl 时，同样浓度的指示剂将引起+0.6%的误差。若要求准确度较高，就必须进行指示剂的“空白校正”。

（2）溶液酸度。莫尔法必须在中性或弱碱性溶液中进行。如果在酸性溶液中进行，CrO_4^{2-}将因下列反应而使其浓度降低，Ag_2CrO_4 沉淀出现过迟，甚至不会沉淀：

$$2H^+ + 2CrO_4^{2-} \xlongequal{\quad} CrO_7^{2-} + H_2O \tag{5.3.8}$$

如果在强碱性中进行，$AgNO_3$ 标准溶液将因下列反应而有额外消耗：

$$2Ag^+ + 2OH^- \xlongequal{\quad} Ag_2O(s) + H_2O \tag{5.3.9}$$

所以莫尔法通常要求的 pH 范围为 6.5～10.5。若溶液碱性过强，可用稀 HNO_3 中和；酸性过强，可用 $NaHCO_3$ 或 $Na_2B_4O_7\cdot10H_2O$ 中和。

此外，滴定不能在氨性溶液中进行，因为 NH_3 与 Ag^+能生成稳定的配离子，导致 AgCl 和 Ag_2CrO_4 沉淀溶解。当溶液中有铵盐存在时，应控制溶液的 pH 为 6.5～7.2。

（3）若溶液中含有能与 Ag^+生成沉淀的阴离子，如 PO_4^{3-}、AsO_4^{3-}、S^{2-}、CO_3^{2-}等；或含有能与 CrO_4^{2-} 生成沉淀的阳离子，如 Ba^{2+}和 Pb^{2+}等；或含有大量有色离子，如 Cu^{2+}、Co^{2+}、Ni^{2+}等；以及在中性或弱碱性溶液中易发生水解的离子，如 Fe^{3+}、Al^{3+}、Sn^{4+}等，都将干扰测定，应预先分离。

（4）为避免由先产生的 AgCl 沉淀对溶液中 Cl^- 的吸附作用的影响，滴定时必须剧烈摇动，以防终点提前。测定 Br^-时，AgBr 沉淀对 Br^-吸附作用更为严重，所以滴定时应剧烈摇动，否则会引入较大的误差。

3. 适用范围

莫尔法主要适于测定氯化物和溴化物，不适合测定 I^-及 SCN^-。因为 AgI 和 AgSCN 沉淀强烈吸附溶液中的 I^-及 SCN^-，滴定终点提前，且变色不明显，将造成较大的负误差，从而影响测定结果的准确性。

不能用 Cl^-直接滴定 Ag^+。若用莫尔法测 Ag^+，只能采用返滴定方式，即先向试液中加入过量的 NaCl 标准溶液，然后用 $AgNO_3$ 标准溶液返滴过量的 Cl^-。因为直接滴定 Ag^+时，加入指示剂后首先生成 Ag_2CrO_4 沉淀，当滴入 Cl^-标准溶液时，虽然 Ag_2CrO_4 沉淀的溶解度较 AgCl 大，在滴定终点时 Ag_2CrO_4 沉淀可以转化为 AgCl，但这个转化过程很慢，终点难以观察，不适于滴定，因而不能直接滴定 Ag^+。

莫尔法应用范围较窄，但此法操作简便，准确度较高。

二、莫尔法化学计量点和滴定终点的误差分析

以 0.1000 mol/L 的 Ag^+滴定 20.00 mL 0.1000 mol/L 的 Cl^-为例，计算化学计量点和突跃终止点的 pCl。

1. 突跃起始点（加入滴定剂 19.98 mL 时）

由于$[Ag^-][Cl^-] \geqslant K_{sp(AgCl)}$，此时已有 AgCl 沉淀出现，溶液中的$Cl^-$应为

$$[Cl^-] = [Cl^-]_{剩余} + [Cl^-]_{溶解} \tag{5.3.10}$$

由于

$$[Ag^+] = [Ag^+]_{溶解} = [Cl^-]_{溶解} \tag{5.3.11}$$

并且

$$[Ag^+][Cl^-] = K_{sp}(AgCl) = 1.8\times10^{-10} \tag{5.3.12}$$

因此

$$[Cl^-]_{溶解} = 1.8\times10^{-10}/[Cl^-] \tag{5.3.13}$$

则

$$[Cl^-]_{剩余} = \frac{20.02-20.00}{20.02+20.00}\times0.1000 = 5.0\times10^{-5}(mol/L),\quad pCl = 4.30 \tag{5.3.14}$$

2. 化学计量点（加入滴定剂 20.00 mL 时）

此时仅满足

$$[Ag^+] = [Cl^-] \tag{5.3.15}$$

并且

$$[Ag^+][Cl^-] = K_{sp}(AgCl) = 1.8\times10^{-10} \tag{5.3.16}$$

所以

$$[Cl^-] = \sqrt{1.8\times10^{-10}} = 1.3\times10^{-5}\ (mol/L),\quad pCl = 4.89 \tag{5.3.17}$$

3. 突跃终止点（加入滴定剂 20.02 mL 时）

由于溶液中有

$$[Cl^-] = [Cl^-]_{剩余} + [Cl^-]_{溶解} \approx [Cl^-]_{溶解} \tag{5.3.18}$$

$$[Ag^+]_{溶解} = [Cl^-]_{溶解} = [Cl^-] \tag{5.3.19}$$

$$[Ag^+]_{过量} = \frac{20.02-20.00}{20.02+20.00}\times0.1000 = 5.0\times10^{-5}(mol/L) \tag{5.3.20}$$

而溶液中仍然维持着

$$[Ag^+][Cl^-] = K_{sp}(AgCl) = 1.8\times10^{-10} \tag{5.3.21}$$

$$[Ag^+] = 1.8\times10^{-10}/[Cl^-] \tag{5.3.22}$$

将上述结果代入

$$[Ag^+] = [Ag^+]_{过量} + [Ag^+]_{溶解} \tag{5.3.23}$$

将

$$\frac{1.8\times10^{-10}}{[Cl^-]}=\frac{20.02-20.00}{20.02+20.00}\times0.1000+[Cl^-] \tag{5.3.24}$$

整理计算后得到

$$[Cl^-]=3.5\times10^{-6}\ mol/L,\quad pCl=5.46 \tag{5.3.25}$$

于是，$\Delta pCl = 1.18 > 0.3pCl$ 单位；并且经计算，以此突跃作为滴定终点时，满足不大于 $\pm0.1\%$ 的误差要求。所以，确定合适的 K_2CrO_4 指示剂用量后就可以实现滴定。

第六章　氧化还原滴定法及其在环境分析监测中的应用

第一节　环境中的氧化还原反应

一、环境中氧化还原反应及其对环境污染的影响

天然水体中有不同的氧化还原区域，有些区域氧化作用起主导作用，如天然水的表层水；有些区域还原作用占主导地位，如底部富集有机质的水体。处于水体不同氧化还原区域的物质将以不同的形态存在。为了研究物质在不同区域的存在形态，在环境化学中常用物质不同存在形态的氧化还原电位（ε）与环境条件关系来表示，如 pε-pH 图和 lg$c$-pε 图。

（一）体系的 pε-pH 图

1. 简单体系的 pε-pH 图

pε-pH 图是指在指定体系中，体系的 pε 随 pH 变化的情况，它表明在水中物质各种形态的稳定区域和边界条件。在大多数天然水中都含有 S^{2-}、CO_3^{2-} 和 SO_4^{2-}，各种金属元素的上述盐类在水体中的不同区域都普遍存在，为说明 pε-pH 作图的基本原理和 pε-pH 图的应用，以一个简化的例子加以说明。

水溶液中 Fe(Ⅲ)/Fe(Ⅱ)体系的 pε-pH 图。

假定体系中溶解态铁的最大浓度为 1.0×10^{-5} mol/L，在溶液中可考虑下列平衡：

$$Fe^{3+} + e^- \rightleftharpoons Fe^{2+}, \quad p\varepsilon^0 = 13.2 \tag{6.1.1}$$

$$Fe(OH)_2(s) + 2H^+ \rightleftharpoons Fe^{2+} + 2H_2O \tag{6.1.2}$$

$$K_1 = \frac{[Fe^{2+}]}{[H^+]^2} = 8.0\times10^{12} \tag{6.1.3}$$

$$Fe(OH)_3(s) + 3H^+ \rightleftharpoons Fe^{3+} + 3H_2O \tag{6.1.4}$$

$$K_2 = \frac{[Fe^{3+}]}{[H^+]^3} = 9.1\times10^{3} \tag{6.1.5}$$

$$Fe(OH)_3(s) + 3H^+ + e^- \rightleftharpoons Fe^{2+} + 3H_2O \tag{6.1.6}$$

注意，在天然水中铁还可能有其他形态存在，如 $Fe(OH)^{2+}$、$Fe(OH)_2^+$、$FeCO_3$ 等，为便于理解，在此简化不作考虑。在作体系的 pε-pH 图时，通常只考虑一些形态之间的边界条件。

1）Fe^{3+}/Fe^{2+}的边界线（平衡线）

在高 pε、低 pH 的范围，Fe^{3+}与 Fe^{2+}可以达到平衡，pε 由式（6.1.1）决定，则有

$$p\varepsilon = 13.2 + \lg\frac{[Fe^{3+}]}{[Fe^{2+}]} \tag{6.1.7}$$

当$[Fe^{3+}] = [Fe^{2+}]$时（由边界条件决定），所以

$$p\varepsilon = 13.2 \tag{6.1.8}$$

式（6.1.8）决定了在高 pε 与低 pH 区 Fe^{3+}/Fe^{2+}的边界线，它与 pH 无关，是一条过 13.2 与 pH 轴平行的直线（图 6.1.1）。

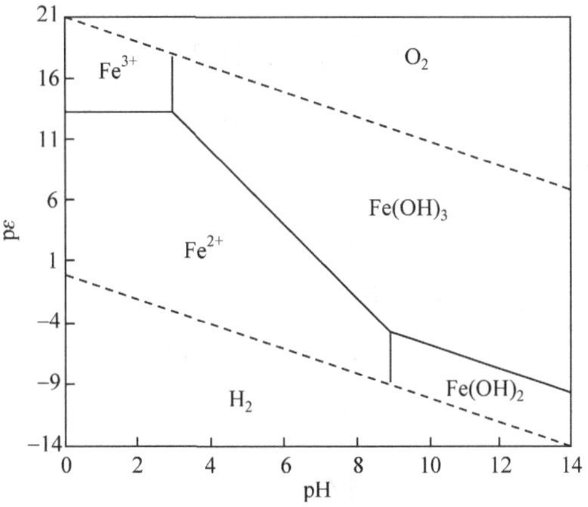

图 6.1.1　水中不同形态铁的 pε-pH 简图

2）$Fe^{3+}/Fe(OH)_3$的边界线

边界平衡由式（6.1.4）决定。

由此可知，当 pε大于 13.2 时，$Fe(OH)_3$ 的析出与$[Fe^{3+}]$和 pH 有关。还未沉淀时，$[Fe^{3+}] = 1.00\times10^{-5}$ mol/L，沉淀析出的边界条件由式（6.1.5）决定，计算得 pH = 2.99。此边界说明，$[Fe^{3+}]$只与 pH 有关，应是一条过 pH = 2.99 垂直于 pH 轴的直线，与 pε = 13.2 的直线相交（图 6.1.1）。

3）$Fe^{2+}/Fe(OH)_2$的边界线

用类似的方法可以确定此平衡的边界线，平衡边界条件由式（6.1.2）决定，此时，$[Fe^{2+}] = 1.00\times10^{-5}$ mol/L，代入式（6.1.3），计算得 pH = 8.95。此边界线应为过 pH = 8.95 的直线。

4）$Fe^{2+}/Fe(OH)_3(s)$的边界线

对于所考虑的平衡

$$Fe(OH)_3(s) + 3H^+ + e^- \rightleftharpoons Fe^{2+} + 3H_2O$$

表明 Fe^{2+}和 $Fe(OH)_3(s)$之间的平衡与 pε和 pH 有关，此平衡可看作是式（6.1.1）和式（6.1.4）两平衡之和，可以分别用此两平衡来决定这个平衡的边界线。

由式（6.1.5）可得

$$[Fe^{3+}] = K_2[H^+]^3 \tag{6.1.9}$$

代入式（6.1.7）得

$$p\varepsilon = 13.2 + \lg\frac{[Fe^{3+}]}{[Fe^{2+}]} = 13.2 + \lg\frac{K_2[H^+]^3}{[Fe^{2+}]} \tag{6.1.10}$$

当$[Fe^{2+}] = 1.00\times10^{-5}$ mol/L（边界条件）时：

$$p\varepsilon = 22.2 - 3pH \quad (6.1.11)$$

式（6.1.11）决定了 $Fe^{2+}/Fe(OH)_3(s)$的边界线。

5）$Fe(OH)_3(s)/Fe(OH)_2(s)$的边界线

其边界线同时取决于 $p\varepsilon$ 与 pH，其平衡方程式可看作是式（6.1.1）与式（6.1.4）的加和再与式（6.1.2）之差，即式（6.1.6）与式（6.1.2）之差。所以边界线也可由几个分平衡来计算：

$$[Fe^{2+}] = K_1[H^+]^2 \quad (6.1.12)$$

$$[Fe^{3+}] = K_2[H^+]^3$$

代入式（6.1.7），计算可得

$$p\varepsilon = 4.3 - pH \quad (6.1.13)$$

水中铁体系的全部边界线等式可总结如下：

O_2/H_2O	$p\varepsilon = 20.75 - pH$	（6.1.14）
H_2/H_2O	$p\varepsilon = -pH$	（6.1.15）
Fe^{3+}/Fe^{2+}	$p\varepsilon = 13.2$	（6.1.16）
$Fe^{3+}/Fe(OH)_3(s)$	$p\varepsilon = 2.99$	（6.1.17）
$Fe^{2+}/Fe(OH)_2(s)$	$p\varepsilon = 8.95$	（6.1.18）
$Fe^{2+}/Fe(OH)_3(s)$	$p\varepsilon = 22.2 - 3pH$	（6.1.19）
$Fe(OH)_2(s)/Fe(OH)_3(s)$	$p\varepsilon = 4.3 - pH$	（6.1.20）

此体系的 pε-pH 关系见图 6.1.1。由图可知：①在相对低的$[H^+]$和 $p\varepsilon$ 值的区域（酸性还原介质）内，Fe^{2+}是占优势的形态（因受 FeS、$FeCO_3$ 浓度的影响，在天然水体系中，Fe^{2+}浓度较低），在地下水中，Fe^{2+}含量有一定水平；②在很高的$[H^+]$和pε的区域内（酸性氧化介质），Fe^{3+}是占优势的形态；③在低酸性的氧化介质中，$Fe(OH)_3$ 是占优势的形态；④在碱性还原介质中（高 pH，低 $p\varepsilon$），$Fe(OH)_2$ 是占优势的形态；⑤在一般天然水中（pH = 5～9），水合氧化铁 $Fe(OH)_3$ 或 Fe^{2+}是占优势的形态。

2. 复杂体系的 $p\varepsilon$-pH 图

对于水溶液中复杂体系的 pε-pH 作图，所要考虑的平衡较多，如 $Fe\text{-}CO_2\text{-}H_2O$ 体系，其在天然水体中是一种常见的体系，需考虑的平衡有 13 个，边界线等式有 13 个。表 6.1.1 给出了所需要的方程式，所得结果示于图 6.1.2 中。

表 6.1.1　绘制 $Fe\text{-}CO_2\text{-}H_2O$ 体系的 $p\varepsilon$-pH 图所需方程式

反应	$p\varepsilon$ 函数
$Fe^{3+} + e^- = Fe^{2+}$	$p\varepsilon=13 + \lg([Fe^{3+}]/[Fe^{2+}])$
$Fe^{2+} + 2e^- = Fe(s)$	$p\varepsilon= -6.9 + 0.5\lg[Fe^{2+}]$
$Fe(OH)_3(am,s) + 3H^+ + e^- = Fe^{2+} + 3H_2O$	$p\varepsilon=16 - \lg[Fe^{2+}] - 3pH$

续表

反应	pε 函数
$Fe(OH)_3(am,s)+2H^++HCO_3^-+e^- = FeCO_3(s)+3H_2O$	$p\varepsilon=16-2pH+\lg[HCO_3^-]$
$FeCO_3(s)+H^++2e^- = Fe(s)+HCO_3^-$	$p\varepsilon=-7.0-0.5pH-0.5\lg[HCO_3^-]$
$Fe(OH)_2(s)+2H^++2e^- = Fe(s)+2H_2O$	$p\varepsilon=-1.1-pH$
$Fe(OH)_3(s)+H^++e^- = Fe(OH)_2(s)+H_2O$	$p\varepsilon=4.3-pH$
$Fe(OH)^{2+}+H^++e^- = Fe^{2+}+H_2O$	$p\varepsilon=15.2-pH-\lg([Fe^{2+}]/[Fe(OH)^{2+}])$
反应	pH 函数
$FeCO_3(s)+2H_2O = Fe(OH)_2(s)+H^++HCO_3^-$	$pH=11.9+\lg[HCO_3^-]$
$FeCO_3(s)+H^+ = Fe^{2+}+HCO_3^-$	$pH=0.2-\lg[Fe^{2+}]-\lg[HCO_3^-]$
$Fe(OH)^{2+}+2H_2O = Fe(OH)_3(s)+2H^+$	$pH=0.4-0.5\lg[Fe(OH)^{2+}]$
$Fe^{3+}+H_2O = Fe(OH)^{2+}+H^+$	$pH=2.2-\lg([Fe^{3+}]/[Fe(OH)^{2+}])$
$Fe(OH)_3(s)+H_2O = Fe(OH)_4^-+H^+$	$pH=19.2+\lg[Fe(OH)_4^-]$

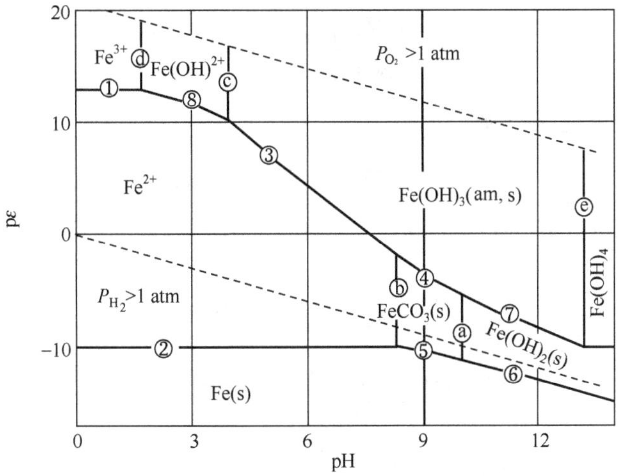

图 6.1.2　$Fe-CO_2-H_2O$ 体系的 pε-pH 图（25℃）

（二）体系的 $\lg c$-pε 图

在环境化学中，还常用水中物质各种形态浓度对数对 pε 作图，称为 $\lg c$- pε 图，一般情况下，pH 是指定的。因此，$\lg c$-pε 图可以表征水中形态浓度随体系 pε 值变化的情况。

$\lg c$-pε 图可用天然水中 pε 对各种形态无机氮的浓度影响来说明。在天然水中无机氮有 NH_4^+、NO_2^-、NO_3^- 三种主要形态，它们有以下的氧化还原平衡：

$$\frac{1}{6}NO_2^-+\frac{4}{3}H^++e^- \rightleftharpoons \frac{1}{6}NH_4^++\frac{1}{3}H_2O,\quad p\varepsilon_1^0=15.14 \tag{6.1.21}$$

$$\frac{1}{2}NO_3^-+H^++e^- \rightleftharpoons \frac{1}{2}NO_2^-+\frac{1}{2}H_2,\quad p\varepsilon_2^0=14.15 \tag{6.1.22}$$

$$\frac{1}{8}NO_3^-+\frac{5}{4}H^++e^- \rightleftharpoons \frac{1}{8}NH_4^++\frac{3}{8}H_2O,\quad p\varepsilon_3^0=14.15 \tag{6.1.23}$$

对于式（6.1.21），pε 由下式决定：

$$p\varepsilon = p\varepsilon_1^0 + \lg\frac{[NO_2^-]^{1/6}}{[NH_4^+]^{1/6}} - \frac{4}{3}pH \tag{6.1.24}$$

根据此式可得

$$\frac{[NO_2^-]}{[NH_4^+]} = 10^{6(p\varepsilon - p\varepsilon_1^0 + 4/3pH)} \tag{6.1.25}$$

同理，对于式（6.1.22）可得

$$\frac{[NO_3^-]}{[NO_2^-]} = 10^{2(p\varepsilon - p\varepsilon_2^0 + pH)} \tag{6.1.26}$$

令

$$A = p\varepsilon_1^0 - \frac{4}{3}pH, \quad B = p\varepsilon_2^0 - pH$$

$$\frac{[NO_3^-]}{[NO_2^-]} = 10^{2(p\varepsilon - B)} \tag{6.1.27}$$

则有

$$\frac{[NO_2^-]}{[NH_4^+]} = 10^{6(p\varepsilon - A)} \tag{6.1.28}$$

设体系的总氮浓度为 T_N，则

$$T_N = [NO_3^-] + [NO_2^-] + [NH_4^+] \tag{6.1.29}$$

由式（6.1.25）、式（6.1.26）、式（6.1.29）解联立方程可得

$$[NH_4^+] = \frac{T_N}{1 + 10^{6(p\varepsilon - A)} + 10^{8(p\varepsilon - 6A - 2B)}} \tag{6.1.30}$$

$$[NO_2^-] = \frac{T_N \cdot 10^{6(p\varepsilon - A)}}{1 + 10^{6(p\varepsilon - A)} + 10^{8(p\varepsilon - 6A - 2B)}} \tag{6.1.31}$$

$$[NO_3^-] = \frac{T_N \cdot 10^{8(p\varepsilon - 6A - 2B)}}{1 + 10^{6(p\varepsilon - A)} + 10^{8(p\varepsilon - 6A - 2B)}} \tag{6.1.32}$$

根据上述三式可求出在一定 pH 条件下，pε变化时，氮的各种形态的浓度，再以 lg$c$-pε作图，则可得 lg$c$-pε图。当$[H^+] = 10^{-7}$ mol/L，$T_N = 10^{-4}$ mol/L（接近于受氮污染的水），图 6.1.3 为各种形态氮的 lg$c$-pε图。

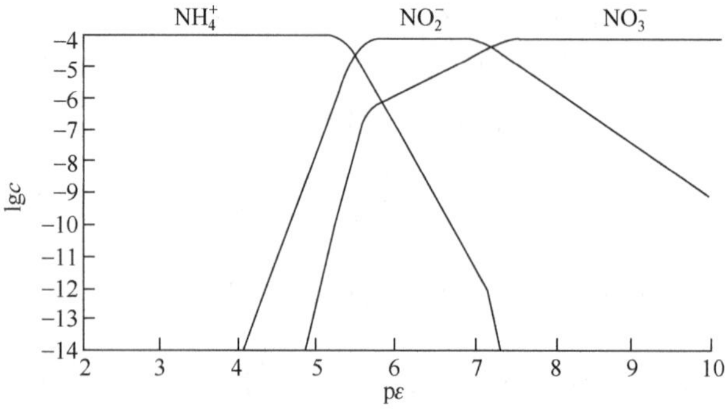

图 6.1.3　水中 NH_4^+、NO_3^-、NO_2^- 系统浓度对数-pε曲线

pH = 7.00，总氮浓度 = 1.00×10^{-4} mol/L

二、氧化还原反应在分析监测中的应用

氧化还原滴定法（redox titration）是以氧化还原反应为基础的滴定分析方法。它是参与反应的氧化剂和还原剂之间的电子传递的过程。氧化还原反应有以下特点。

（1）反应速率相对较慢。由于氧化还原反应通常会涉及氧化剂或还原剂电子层结构或离子存在状态的变化，特别是当电子传递的数目大于 1 时，其电子往往是分步转移的，反应历程比较复杂，所以反应速率相对比较慢。

（2）虽然反应比较完全，但常常伴有副反应。有时由于副反应的发生，反应物之间没有确定的计量关系。

（3）当反应条件改变时，主反应的方向会迥然不同。

因此，在进行氧化还原滴定时，掌握适宜的反应条件、加快反应速率、防止副反应发生，是保证主反应按照既定方向定量完成的重要环节。

氧化还原滴定法在环境分析监测中有着广泛的应用。它不仅可以以直接滴定的方式测定环境样品中具有氧化或还原性质的组分，也可以以间接滴定的方式测定环境样品中某些不具有氧化或还原性质的组分。根据滴定剂的不同，在环境分析监测中，氧化还原滴定可以分为高锰酸钾法、重铬酸钾法和碘量法等。

第二节　氧化还原反应概述

一、条件电位

氧化剂和还原剂氧化还原能力的强弱，可用有关电对电极电位的高低来衡量。电对的电位越高，其氧化态的氧化能力越强；电对的电位越低，其还原态的还原能力越强。氧化还原反应进行的方向，总是高电位电对中的氧化态物质氧化低电位电对中的还原态物质，生成相应的还原态和氧化态物质。一个氧化还原反应进行的完全程度由相关物质电对的电位差决定。因此，电对的电极电位是讨论物质的氧化还原性质的重要参数。

任意一个电对的电极电位均可用能斯特方程式表示，如下式表示的半电池反应：

$$a\mathrm{Ox} + ne^- \rightleftharpoons b\mathrm{Red} \tag{6.2.1}$$

它的能斯特方程式为

$$\begin{aligned}\varphi_{\mathrm{Ox/Red}} &= \varphi^{\ominus} + \frac{2.303RT}{nF}\lg\frac{a_{\mathrm{Ox}}^{a}}{a_{\mathrm{Red}}^{b}} \\ &= \varphi^{\ominus} + \frac{0.059}{n}\lg\frac{a_{\mathrm{Ox}}^{a}}{a_{\mathrm{Red}}^{b}}(25℃)\end{aligned} \tag{6.2.2}$$

式中，$\varphi^{\ominus}$ 为标准电极电位；a_{Red} 为还原态活度；a_{Ox} 为氧化态活度。

实际上，氧化还原反应中通常已知的是各种物质的浓度而不是活度，只有在极稀的溶液中两者才近似相等。此外，溶液酸度变化、形成沉淀及络合物等，都将引起氧化态和还原态浓度的变化，从而使电对的电位发生改变。若用浓度（c）代替活度（a），必须引入相应的活度系数（γ）和副反应系数（α），它们之间的关系如下：

$$a_{Ox}=\gamma_{Ox}[Ox]=\frac{\gamma_{Ox}c_{Ox}}{\alpha_{Ox}} \tag{6.2.3}$$

$$a_{Red}=\gamma_{Red}[Red]=\frac{\gamma_{Red}c_{Red}}{\alpha_{Red}} \tag{6.2.4}$$

为讨论方便，将上述半电池反应式中各物质的系数视为 1。将式（6.2.3）及式（6.2.4）代入式（6.2.2），得

$$\begin{aligned}\varphi_{Ox/Red}&=\varphi^{\ominus}+\frac{0.059}{n}\lg\frac{\gamma_{Ox}c_{Ox}}{\alpha_{Ox}}\cdot\frac{\alpha_{Red}}{\gamma_{Red}c_{Red}}\\&=\left(\varphi^{\ominus}+\frac{0.059}{n}\lg\frac{\gamma_{Ox}\alpha_{Red}}{\gamma_{Red}\alpha_{Ox}}\right)+\frac{0.059}{n}\lg\frac{c_{Ox}}{c_{Red}}\\&=\varphi^{\ominus'}+\frac{0.059}{n}\lg\frac{c_{Ox}}{c_{Red}}\end{aligned} \tag{6.2.5}$$

$$\varphi^{\ominus'}=\varphi^{\ominus}+\frac{0.059}{n}\lg\frac{\gamma_{Ox}\alpha_{Red}}{\gamma_{Red}\alpha_{Ox}} \tag{6.2.6}$$

式中，$\varphi^{\ominus'}$ 为条件电位（conditional potential），它是在一定条件下，氧化态与还原态的分析浓度均为 1 mol/L 或它们的浓度比为 1 时的实际电位。其电位值只有在一定条件下才是常数，故称为条件电位。条件电位是校正了各种外界因素影响后得到的实际电极电位，反映了离子强度及各种副反应影响的总结果。显然，引入条件电位后，在氧化还原反应中处理问题时既简便又符合实际情况。例如，Ce^{4+}/Ce^{3+}电对的 $\varphi^{\ominus}$ =1.45 V，而其条件电位 $\varphi^{\ominus'}$ 在不同无机酸介质中则有不同的数值，如表 6.2.1 所示。

表 6.2.1　Ce^{4+}/Ce^{3+} 电对的条件电位

介质（浓度）	HCl（1 mol/L）	H_2SO_4（0.5 mol/L）	HNO_3（1 mol/L）	$HClO_4$（1 mol/L）
$\varphi^{\ominus'}$/V	1.28	1.44	1.61	1.70

二、平衡常数的计算和应用

氧化与还原反应是自然环境中普遍存在的现象，是大气圈、水圈、岩石圈和生物圈中发生的诸多化学过程之一，它对化学物质在环境中迁移、转化、归宿及其存在形态都有重要的影响。

1. 氧化还原平衡

自然环境中大部分的无机物质如风化壳、土壤和沉积物中的矿物质主要为氧化态，即物质中的元素存在形式大多为氧化态。当然，地表的无机物质中也有某些元素以还原态存在，但种类较少。

自然界的有机物质（动、植物残体及其分解产物）为还原态。自然环境中的有机物质主要来自绿色植物，其生成借助于光合作用。光合作用释放出氧，加入了氢，所以为还原过程，它决定了有机物质以还原态存在。

1）氧化剂与还原剂及其在环境中的作用

在自然环境中，最重要的氧化剂是在三个无机圈中的游离氧，其次是 Fe(Ⅲ)、Mn(Ⅳ)、S(Ⅵ)、Cr(Ⅵ)、Mo(Ⅵ)、N(Ⅴ)、V(Ⅴ)和 As(Ⅴ)。

自然环境中最主要的还原剂是 Fe(Ⅱ)、S(Ⅱ)、Mn(Ⅱ)、Cr(Ⅲ)、V(Ⅲ)和有机化合物。

氧是组成地壳的最主要的成分，占地壳总质量的 47%。它以化合态存在于岩石圈的氧化物、含氧酸盐和水中，以游离态存在于大气圈和地表水中。氧参与了地表绝大部分物质的氧化还原反应。在环境化学中，通常根据是否存在游离氧，把环境分为氧化环境与还原环境。

氧化环境：大气圈、土壤和水体中含游离氧的部分。

还原环境：不含游离氧或含氧极少的部分（如富含有机质的沼泽水、地下水、海洋深处）。

有机质是主要的还原剂之一，而其分解过程是一个氧化过程。在氧化环境下（好氧环境），有机质的最终分解产物是 CO_2、H_2O 等氧化态产物。在还原环境下（如厌氧环境），有机质的最终产物为 H_2、H_2S、CH_4 等还原态产物。

铁和锰是环境中最重要的氧化剂和还原剂，它们除自身积极参与各种氧化还原反应外，对其他物质的氧化还原作用的进行也起到较大的作用。如土壤中的有机质，只有大气中的氧能扩散到这些物质中，并且同时伴随着 Fe、Mn 的存在，才能被微生物很快氧化为最终产物。另外，Fe 与 Mn 在植物中的比例对维持其氧化还原平衡有很大的影响，比例不当，对植物的生长不利。研究结果表明，Fe 与 Mn 的比例应保持在 1.5～2.5，Mn 的含量不足，则亚铁部分含量过高；而 Mn 含量过多，则 Fe 就会永远处于氧化状态，这样破坏了植物正常生长所需的氧化还原平衡。

2）氧化还原电位

元素的氧化还原能力通常以氧化还原电位表示。在一个氧化还原反应中，常用氧化还原电位来表示氧化剂的氧化能力，氧化还原电位可由能斯特公式计算：

$$\text{氧化态} + ne^- \rightleftharpoons \text{还原态}$$

$$E_h = E_0 + \frac{RT}{nF}\ln\frac{[\text{氧化态}]}{[\text{还原态}]} \qquad (6.2.7)$$

式中，E_h 为某一体系的氧化还原电位；[氧化态]为物质氧化态的浓度；[还原态]为物质还原态的浓度；R 为摩尔气体常量，8.314 J/（mol · K）；T 为热力学温度，K；F 为法拉第常量，96500 C；n 为得电子数或失电子数；E_0 为标准电位。

如果温度为 25℃时，换为常用对数，则有

$$E_h = E_0 + \frac{0.059}{n}\lg\frac{[\text{氧化态}]}{[\text{还原态}]} \qquad (6.2.8)$$

3）决定电位体系

以上所述是对于一个体系而言，如果溶液中不只存在一个氧化还原反应，则混合体系的氧化还原电位在各个体系电位的数值之间，而且接近电位高的体系的氧化还原电位。在混合体系中，电位较高的体系称为决定电位体系。

自然环境是一个由许多无机和有机的单一系统组成的复杂的氧化还原系统。在一般环境中，系统的氧化还原电位取决于天然水、土壤和底泥中游离氧的含量，因此氧系统决定电位系统。在有机质积累的缺氧环境中，有机质系统是决定电位系统的主要因素。

4）$p\varepsilon$

氧化还原作用可用体系的氧化还原电位来表示，在环境化学中还常用 $p\varepsilon$（pE）来表征。氧化还原平衡可表示为

$$\text{氧化态} + ne^- \rightleftharpoons \text{还原态}$$

自由电子存在的时间极短，在微秒以下。从理论上讲，可将反应平衡常数的表达式写成：

$$K = \frac{[\text{还原态}]}{[\text{氧化态}][e^-]^n} \tag{6.2.9}$$

$$\lg K = \lg\frac{[\text{还原态}]}{[\text{氧化态}]} + \lg\frac{1}{[e^-]^n} \tag{6.2.10}$$

$$-\lg[e^-] = \frac{1}{n}\lg K - \frac{1}{n}\lg\frac{[\text{还原态}]}{[\text{氧化态}]} \tag{6.2.11}$$

令 $p\varepsilon = -\lg[e^-]$，$p\varepsilon^0 = \frac{1}{n}\lg K$，则

$$p\varepsilon = p\varepsilon^0 + \frac{1}{n}\lg\frac{[\text{氧化态}]}{[\text{还原态}]} \tag{6.2.12}$$

由此可知，$p\varepsilon$ 是氧化还原平衡体系中电子浓度的负对数，当[氧化态]=[还原态]，$p\varepsilon^0 = p\varepsilon$。当然，用电子活度代替电子浓度更准确。$p\varepsilon$ 比较直观地反映出体系的氧化还原能力。若体系的 $p\varepsilon$ 高，$[e^-]$ 低，则其处于氧化态；若体系的 $p\varepsilon$ 低，$[e^-]$ 高，则其处于还原态。$p\varepsilon$ 增大时，体系的氧化态浓度相对升高；$p\varepsilon$ 减少时，体系的还原态浓度相对升高。

$p\varepsilon$ 与 E_h 的换算：

$$E_h^0 = 2.303\frac{RT}{F}p\varepsilon^0 \tag{6.2.13}$$

$$E_h = 2.303\frac{RT}{F}p\varepsilon \tag{6.2.14}$$

当 $T = 298$ K 时，$p\varepsilon^0 = 16.83E_h^0$，$p\varepsilon = 16.92E_h$。

2. 天然水的 $p\varepsilon$

在天然水体中，表层水富氧，底部水处于还原状态，那么 $p\varepsilon$ 的极限值可以从水的氧化与还原反应来考虑。水能被氧化，如下式：

$$2H_2O \rightleftharpoons O_2 + 4H^+ + 4e^- \tag{6.2.15}$$

在一定条件下水也可被还原：

$$2H_2O + 2e^- \rightleftharpoons H_2 + 2OH^- \tag{6.2.16}$$

这两个反应决定了水中的 $p\varepsilon$ 值，反应式（6.2.15）决定水氧化态的 $p\varepsilon$ 上限，水的还原反应[式（6.2.16），即 H_2 的释放反应]限制了还原态时 $p\varepsilon$ 值的下限。因为这些反应有 H^+、OH^- 的参与，所以 $p\varepsilon$与 pH 有关。

式（6.2.15）可以写成：

$$\frac{1}{4}O_2+H^++e^-\rightleftharpoons\frac{1}{2}H_2O \tag{6.2.17}$$

水的氧化极限边界条件可选择氧的分压为 101325 Pa，所以

$$p\varepsilon=p\varepsilon^0+\lg[H^+] \tag{6.2.18}$$

$$p\varepsilon=20.75-pH \tag{6.2.19}$$

对于式（6.2.16），水的还原反应可写成：

$$H^++e^-\rightleftharpoons\frac{1}{2}H_2 \tag{6.2.20}$$

水的还原反应极限情况可选择氢的分压为 101325 Pa，所以

$$p\varepsilon=p\varepsilon^0+\lg[H^+] \tag{6.2.21}$$

$$p\varepsilon=-pH \tag{6.2.22}$$

当天然水的 pH = 7.00 时，代入式（6.2.18）和式（6.2.21），则得到中性水的 pε 上限为 13.75，下限为 7.00。相对应的 E_h 为+0. 81 V 和−0.41 V，这是中性纯水存在的两种极端边界条件，实际水的 pε（或 E_h）介于两者之间。

3. 天然水中重要的氧化还原反应

许多物质在天然水中能发生氧化还原反应，一些重要的氧化还原反应列于表 6.2.2。

表 6.2.2　天然水中重要的氧化还原反应的 pε⁰ 值（25℃）

反应	$p\varepsilon^0$	$p\varepsilon^0(W)$ [①]
（1）$1/4O_2(g)+H^+(W)+e^-\rightleftharpoons 1/2H_2O$	+20.75	+13.75
（2）$1/6NO_3^-+H^+(W)+5/6e^-\rightleftharpoons 1/12N_2(g)+1/2H_2O$	+21.05	+12.65
（3）$1/3MnO_2(s)+1/3HCO_3^-(10^{-3})+H^+(W)+2/3e^-\rightleftharpoons 1/3MnCO_3(s)+2/3H_2O$	—	+8.5[②]
（4）$1/2NO_3^-+H^+(W)+e^-\rightleftharpoons 1/2NO_2^-+1/2H_2O$	+14.15	+7.15
（5）$1/8NO_3^-+5/4H^+(W)+e^-\rightleftharpoons 1/8NH_4^++3/8H_2O$	+14.90	+6.15
（6）$1/6NO_2^-+4/3H^+(W)+e^-\rightleftharpoons 1/6NH_4^++1/3H_2O$	+15.14	+5.82
（7）$1/2CH_3OH+H^+(W)+e^-\rightleftharpoons 1/2CH_4(g)+1/2H_2O$	+9.88	+2.88
（8）$1/4CH_2O+H^+(W)+e^-\rightleftharpoons 1/4CH_4(g)+1/4H_2O$	+6.94	−0.06
（9）$FeOOH(s)+HCO_3^-(10^{-3})+2H^+(W)+e^-\rightleftharpoons FeCO_3(s)+2H_2O$	—	−1.67[②]
（10）$1/2CH_2O+H^+(W)+e^-\rightleftharpoons 1/2CH_3OH$	+3.99	−3.01
（11）$1/6SO_4^{2-}+4/3H^+(W)+e^-\rightleftharpoons 1/6S(s)+2/3H_2O$	+6.03	−3.30
（12）$1/8SO_4^{2-}+5/4H^+(W)+e^-\rightleftharpoons 1/8H_2S(g)+1/2H_2O$	+5.75	−3.50

续表

反应	$p\varepsilon^0$	$p\varepsilon^0(W)$
(13) $1/8SO_4^{2-}+9/8H^++e^- \rightleftharpoons 1/8HS^-+1/2H_2O$	+4.13	−3.75
(14) $1/2S(s)+H^+(W)+e^- \rightleftharpoons 1/2H_2S(g)$	+2.89	−4.11
(15) $1/8CO_2+H^++e^- \rightleftharpoons 1/8CH_4+1/4H_2O$	+2.87	−4.13
(16) $1/6N_2(g)+4/3H^+(W)+e^- \rightleftharpoons 1/3NH_4^+$	+4.68	−4.65
(17) $H^+(W)+e^- \rightleftharpoons 1/2H_2(g)$	0.0	−7.00
(18) $1/4CO_2(g)+H^+(W)+e^- \rightleftharpoons 1/4CH_2O+1/4H_2O$	−1.20	−8.20

①W 表示 $a_H^+=1.00\times10^{-7}$ mol/L， $p\varepsilon^0(W)$ 为 $a_H^+=1.00\times10^{-7}$ mol/L 时的 $p\varepsilon^0$；

②与 $a_{HCO_3^-}=1.00\times10^{-7}$ mol/L 相对应，而不等于 1 mol/L，所以不是确切的 $p\varepsilon^0(W)$；与 $p\varepsilon$ 相比，它们更接近于典型水条件。

三、反应速率及影响因素

氧化还原反应的机制比较复杂，反应的条件平衡常数可以判断反应的方向和完全程度，但不能说明反应的速率。有的反应条件平衡常数足够大，但由于反应速率慢，仍然不能满足滴定分析的要求。氧化还原反应速率除与参与反应的物质的性质有关外，还受下列外界因素影响。

（1）浓度对反应速率的影响。不能用总的氧化还原反应方程式来判断浓度对反应速率的影响程度，常通过增加反应物的浓度加快反应速率。例如，$K_2Cr_2O_7$ 在酸性介质中与 KI 的反应为

$$Cr_2O_7^{2-}+6I^-+14H^+ \rightleftharpoons 2Cr^{3+}+3I_2+7H_2O \qquad (6.2.23)$$

此反应速率较慢，若增大 I^-与 H^+的浓度，都可加快反应速率。

（2）温度对反应速率的影响。升高温度不仅增加了反应物之间的碰撞概率，而且增加了活化分子或离子的数目，从而提高了反应速率。通常温度每升高 10℃，反应速率可提高 2～4 倍。例如，在酸性溶液中 $KMnO_4$ 与 $Na_2C_2O_4$ 的反应：

$$2MnO_4^-+5C_2O_4^{2-}+16H^+ \rightleftharpoons 2Mn^{2+}+10CO_2\uparrow+8H_2O \qquad (6.2.24)$$

室温下此反应速率缓慢，若将溶液加热并控制在 75～85℃，则反应速率显著提高。

（3）催化剂对反应速率的影响。催化剂对反应速率的影响很大，加入催化剂是改变反应速率的有效方法。氧化还原反应中由于催化剂的存在，可能产生了一些中间价态离子、游离基或活泼的中间配合物，使反应速率发生变化。能加快反应速率的催化剂称为正催化剂，能减慢反应速率的催化剂称为负催化剂。例如，Ce^{4+}氧化 AsO_2^- 的反应速率很慢，但如果加入少量催化剂 I^-，则反应便可迅速进行。又如，MnO_4^- 与 $C_2O_4^{2-}$ 的反应速率较慢，若加入 Mn^{2+}催化剂，则能加速反应进行。通常在滴定开始时加几滴 MnO_4^-，待其褪色后，即生成的 Mn^{2+}起催化剂的作用，使反应速率变快。这种由生成物本身起催化作用的反应，称为自催化（autocatalysis）反应。

四、反应的方向和进行的程度

1. 反应的方向

一般来说，氧化还原反应自发进行的方向应是由电对中氧化性较强的氧化剂和还原性较强的还原剂相互作用，转化成相应较弱的还原型和氧化型的过程。

[例 6.2.1] 判断下列反应自发进行的方向：

$$Sn^{4+} + 2Fe^{2+} \rightleftharpoons Sn^{2+} + 2Fe^{3+} \tag{6.2.25}$$

解 查表得 $E^{\ominus}(Fe^{3+}/Fe^{2+}) = 0.771\ V$，$E^{\ominus}(Sn^{4+}/Sn^{2+}) = 0.154\ V$，则 Fe^{3+}为较强的氧化剂，Sn^{2+}为较强的还原剂，所以标准状态下反应自发向逆反应方向进行。即

$$Sn^{2+} + 2Fe^{3+} \rightleftharpoons Sn^{4+} + 2Fe^{2+} \tag{6.2.26}$$

2. 反应进行的程度

氧化还原反应进行的程度可用条件平衡常数 K' 衡量，K' 值越大，反应进行得越完全。对于下式代表的氧化还原反应

$$n_2Ox_1 + n_1Red_2 \rightleftharpoons n_2Red_1 + n_1Ox_2 \tag{6.2.27}$$

电对的电极反应及其电位分别为

$$Ox_1 + n_1e^- \rightleftharpoons Red_1 \qquad \varphi_1 = \varphi_1^{\ominus'} + \frac{0.059}{n_1}\lg\frac{c_{Ox_1}}{c_{Red_1}} \tag{6.2.28}$$

$$Ox_2 + n_2e^- \rightleftharpoons Red_2 \qquad \varphi_2 = \varphi_2^{\ominus'} + \frac{0.059}{n_2}\lg\frac{c_{Ox_2}}{c_{Red_2}} \tag{6.2.29}$$

反应到达平衡时，$\varphi_1 = \varphi_2$，即

$$\varphi_1^{\ominus'} + \frac{0.059}{n_1}\lg\frac{c_{Ox_1}}{c_{Red_1}} = \varphi_2^{\ominus'} + \frac{0.059}{n_2}\lg\frac{c_{Ox_2}}{c_{Red_2}} \tag{6.2.30}$$

两边同乘以 n_1n_2，经整理后得

$$\lg\frac{c_{Ox_2}^{n_1}c_{Red_1}^{n_2}}{c_{Ox_1}^{n_2}c_{Red_2}^{n_1}} = \frac{n_1n_2(\varphi_1^{\ominus'} - \varphi_2^{\ominus'})}{0.059} = \frac{n_1n_2\Delta\varphi^{\ominus'}}{0.059} \tag{6.2.31}$$

即

$$\lg K' = \lg\frac{c_{Ox_2}^{n_1}c_{Red_1}^{n_2}}{c_{Ox_1}^{n_2}c_{Red_2}^{n_1}} = \frac{n_1n_2\Delta\varphi^{\ominus'}}{0.059} \tag{6.2.32}$$

式中，K' 为条件平衡常数，它是以反应物分析浓度表示的平衡常数。显然，两电对的条件电位差 $\Delta\varphi^{\ominus'}$ 越大，反应过程中得失的电子数越多，K'（或 $\lg K'$）值就越大，反应向右进行得就越完全。$\Delta\varphi^{\ominus'}$ 多大，反应才能满足滴定分析的要求呢？根据滴定分析误差要求，一般要求反应完全程度达 99.9%以上，未反应物应少于 0.1%，代入式（6.2.32）中，得

$$\lg K' = \lg \frac{c_{Ox_2}^{n_1} c_{Red_1}^{n_2}}{c_{Ox_1}^{n_2} c_{Red_2}^{n_1}} = \lg \frac{(99.9\%)^{n_1}(99.9\%)^{n_2}}{(0.1\%)^{n_2}(0.1\%)^{n_1}} \approx \lg(10^{3n_1}10^{3n_2}) = 3(n_1+n_2) \tag{6.2.33}$$

$$\Delta\varphi^{\ominus'} = \frac{0.059}{n_1 n_2}\lg K' = \frac{0.059\times 3(n_1+n_2)}{n_1 n_2} \tag{6.2.34}$$

于是，用于氧化还原滴定分析的氧化还原反应必须满足的条件是：

$$\lg K' \geqslant 3(n_1+n_2) \quad 或 \quad \Delta\varphi^{\ominus'} \geqslant 0.059\times 3(n_1+n_2)/n_1 n_2$$

对于 1∶1（$n_1=n_2=1$）型氧化还原反应，必须有 $\lg K'\geqslant 6$ 或 $\Delta\varphi^{\ominus'}\geqslant 0.35$ V。

对于 1∶2（$n_1=2$，$n_2=1$）型氧化还原反应，必须有 $\lg K'\geqslant 9$ 或 $\Delta\varphi^{\ominus'}\geqslant 0.27$ V。

在氧化还原滴定中，一般而言，无论什么类型的反应，只需 $\Delta\varphi^{\ominus'}$ 大于 0.3 V，均能满足定量分析的要求。

[例 6.2.2]　在 1 mol/L H_2SO_4 溶液中，用 Ce^{4+} 溶液滴定 Fe^{2+} 溶液，判断反应能否进行完全。（已知：$\varphi^{\ominus'}_{Ce^{4+}/Ce^{3+}}=1.44$ V；$\varphi^{\ominus'}_{Fe^{3+}/Fe^{2+}}=0.6$ V）。

解　滴定反应 $Ce^{4+}+Fe^{2+} \rightleftharpoons Ce^{3+}+Fe^{3+}$ 属 1∶1（$n_1=n_2=1$）型氧化还原反应。

$$\Delta\varphi^{\ominus'} = 1.44-0.68 = 0.76(\text{V}) > 0.35(\text{V})$$

$$\lg K' = \frac{n_1 n_2 \Delta\varphi^{\ominus'}}{0.059} = \frac{1\times 0.76}{0.059} = 12.88$$

$$K' = 7.6\times 10^{12}$$

上述反应仅从条件平衡常数考虑，能进行完全，能够用于氧化还原滴定分析。

第三节　氧化还原滴定法的基本原理

一、氧化还原滴定曲线

氧化还原滴定过程中，随着滴定剂的加入和反应的进行，溶液中氧化剂和还原剂的浓度逐渐改变，有关电对的电位也随之改变。以滴定剂加入的体积或百分数（以恰好完全反应所需的理论滴定体积为 100%）为横坐标，以电对电位为纵坐标作图，所得曲线称为氧化还原滴定曲线，一般可用实验方法测得。对于可以得到条件电位的简单滴定体系，其也可用能斯特方程从理论上算出的数据绘制。

以 0.1000 mol/L $Ce(SO_4)_2$ 溶液，在 1 mol/L H_2SO_4 溶液中滴定 20.00 mL 的 0.1000 mol/L $FeSO_4$ 溶液为例，说明滴定曲线的理论计算方法。滴定反应为

$$Ce^{4+}+Fe^{2+} \rightleftharpoons Ce^{3+}+Fe^{3+} \tag{6.3.1}$$

反应电对为

$$Ce^{4+}+e^- \rightleftharpoons Ce^{3+},\quad \varphi^{\ominus'}=1.44\text{ V} \tag{6.3.2}$$

$$Fe^{3+}+e^- \rightleftharpoons Fe^{2+},\quad \varphi^{\ominus'}=0.68\text{ V} \tag{6.3.3}$$

该反应的条件平衡常数很大（$K'=7.6\times10^{12}$），滴定反应能进行得很完全，滴定开始后，溶液中存在两个电对，它们的电极电位分别为

$$\varphi=\varphi^{\ominus'}_{Fe^{3+}/Fe^{2+}}+0.059\lg\frac{c_{Fe^{3+}}}{c_{Fe^{2+}}} \tag{6.3.4}$$

$$\varphi=\varphi^{\ominus'}_{Ce^{4+}/Ce^{3+}}+0.059\lg\frac{c_{Ce^{4+}}}{c_{Ce^{3+}}} \tag{6.3.5}$$

反应达到平衡时，两电对的电极电位相等，溶液的电位可根据任一电对的电位公式来计算。其滴定过程中电位变化的四个阶段可计算如下。

（1）滴定开始前。$FeSO_4$ 溶液中可能有痕量的 Fe^{2+}被空气和介质氧化生成 Fe^{3+}，组成 Fe^{3+}/Fe^{2+}电对，但 $c_{Fe^{3+}}$ 未知，故起始点的电位无法计算。

（2）滴定开始至计量点前。因加入的 Ce^{4+}几乎全部被还原为 Ce^{3+}，到达平衡时，未反应的 Ce^{4+}的浓度极小且不易直接求得。相反，若知道了加入 Ce^{4+}滴定剂的滴定分数，能求出 $c_{Fe^{3+}}/c_{Fe^{2+}}$ 的值，便可利用 Fe^{3+}/Fe^{2+}电对计算电位值。例如，当滴入 Ce^{4+}标准溶液 19.98 mL，即有 99.9%的 Fe^{2+}被氧化成 Fe^{3+}时，其电位值为

$$\varphi=\varphi^{\ominus'}_{Fe^{3+}/Fe^{2+}}+0.059\lg\frac{99.9}{0.1}=0.68+0.059\times3=0.86(\mathrm{V}) \tag{6.3.6}$$

（3）化学计量点。Ce^{4+}和 Fe^{2+}分别定量地转变为 Fe^{3+}和 Ce^{3+}，未反应的 Ce^{4+}和 Fe^{2+}浓度很小，不易直接求得，但此时 $c_{Ce^{4+}}=c_{Fe^{2+}}$，$c_{Ce^{3+}}=c_{Fe^{3+}}$，化学计量点的电位 φ_{sp} 为

$$\varphi_{sp}=\varphi^{\ominus'}_{Ce^{4+}/Ce^{3+}}+0.059\lg\frac{c_{Ce^{4+}}}{c_{Ce^{3+}}} \tag{6.3.7}$$

$$\varphi_{sp}=\varphi^{\ominus'}_{Fe^{3+}/Fe^{2+}}+0.059\lg\frac{c_{Fe^{3+}}}{c_{Fe^{2+}}} \tag{6.3.8}$$

两式相加：

$$2\varphi_{sp}=\varphi^{\ominus'}_{Ce^{4+}/Ce^{3+}}+\varphi^{\ominus'}_{Fe^{3+}/Fe^{2+}}+0.059\lg\frac{c_{Ce^{4+}}c_{Fe^{3+}}}{c_{Ce^{3+}}c_{Fe^{2+}}} \tag{6.3.9}$$

故

$$\varphi_{sp}=\frac{\varphi^{\ominus'}_{Ce^{4+}/Ce^{3+}}+\varphi^{\ominus'}_{Fe^{3+}/Fe^{2+}}}{2}=\frac{1.44+0.68}{2}=1.06\,(\mathrm{V}) \tag{6.3.10}$$

（4）化学计量点后。溶液中的 Fe^{2+}几乎全部被氧化为 Fe^{3+}，$c_{Fe^{2+}}$ 的浓度很难直接求得，但只要知道加入过量 Ce^{4+}的滴定分数，便可用 $c_{Ce^{4+}}/c_{Ce^{3+}}$ 计算电位值。例如，当滴入 Ce^{4+}标准溶液 20.02 mL，即加入过量 0.1%滴定剂时，其电位值为

$$\varphi=\varphi^{\ominus'}_{Ce^{4+}/Ce^{3+}}+0.059\lg\frac{0.1}{100}=1.44-0.059\times3=1.26\,(\mathrm{V}) \tag{6.3.11}$$

用同样的方法可计算滴定过程任意一点的电位值。部分计算结果列于表 6.3.1，并绘制滴定曲线，如图 6.3.1 所示。

表 6.3.1　在 1 mol/L H_2SO_4 液中用 Ce^{4+} 标准溶液滴定 Fe^{2+} 溶液的电位变化

滴入 Ce^{4+} 溶液的体积/mL	滴定分数/%	电位 φ / V
1.00	5.0	0.60
2.00	10.0	0.62
10.00	50.0	0.68
19.80	99.0	0.80
19.98	99.9	0.86
20.00	100.0	1.06
20.02	100.1	1.26
22.00	110.0	1.38
40.00	200.0	1.44

注：滴定分数指滴定剂与被滴试液物质的量百分比。

二、滴定突跃的计算

通过以上讨论及表 6.3.1 或图 6.3.1 可知：①化学计量点附近（前后 0.1%），溶液的电位值由 0.86 V 变到 1.26 V（$\Delta\varphi = 0.40$ V），体系的电位有明显的突变，称为滴定突跃。②Ce^{4+} 滴定 Fe^{2+}（$n_1 = n_2 = 1$），φ_{sp} 值恰好在滴定突跃的中间，而不是偏向得失电子数多的电对一方。对于下式代表的氧化还原反应：

$$n_2Ox_1 + n_1Red_2 \rightleftharpoons n_2Red_1 + n_1Ox_2 \tag{6.3.12}$$

化学计量点的电位值（φ_{sp}）计算通式为

$$\varphi_{sp} = \frac{n_1\varphi_1^{\ominus'} + n_2\varphi_2^{\ominus'}}{n_1 + n_2} \tag{6.3.13}$$

滴定突跃范围：

$$\left[\varphi_2^{\ominus'} + \frac{0.059\times 3}{n_2}(V)\right] \sim \left[\varphi_1^{\ominus'} - \frac{0.059\times 3}{n_1}(V)\right] \tag{6.3.14}$$

③滴定突跃范围与两个电对条件电位差有关，$\Delta\varphi^{\ominus'}$ 越大，滴定突跃范围越大，越便于选择指示剂，滴定结果就越准确。

图 6.3.2 是在相同条件下，用 Ce^{4+} 滴定条件电位 $\varphi^{\ominus'}$ 不同（$n = 1$）的 4 种还原性物质的滴

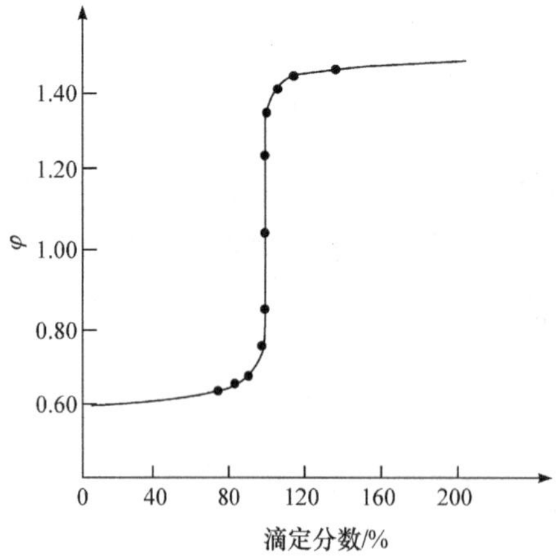

图 6.3.1　Ce^{4+} 溶液滴定 Fe^{2+} 溶液的滴定曲线

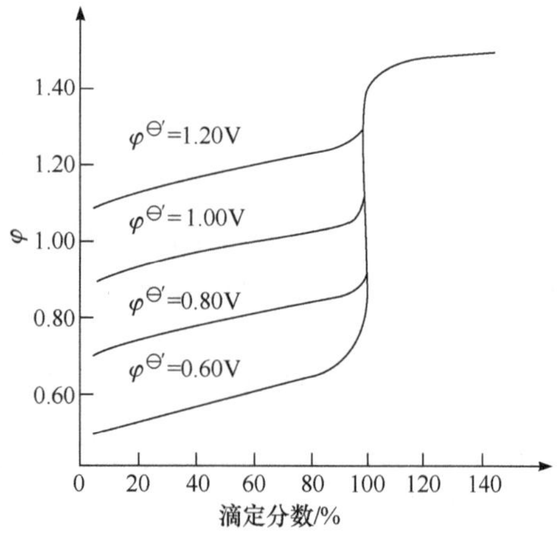

图 6.3.2　Ce^{4+} 溶液滴定 4 种还原剂的滴定曲线

定曲线。当$\varphi^{\ominus'}=1.20$ V时，突跃不明显，这是由于$\Delta\varphi^{\ominus'}=\varphi^{\ominus'}_{Ce^{4+}/Ce^{3+}}-\varphi^{\ominus'}=1.44-1.20=0.24$ (V)，小于0.3 V。一般当$\Delta\varphi^{\ominus'}>0.3\sim0.4$ V时，可用氧化还原指示剂确定终点；若$\Delta\varphi^{\ominus'}$在0.2～0.3 V时，可用电位法确定终点；若$\Delta\varphi^{\ominus'}<0.2$ V，不宜进行滴定分析。

三、指示剂和滴定误差

氧化还原滴定中常用的指示剂有以下几种类型。

1. 自身指示剂

有些标准溶液或被滴定物质本身具有很深的颜色，而滴定产物无色或颜色很浅，滴定时无需另加指示剂，它们本身颜色的变化就起着指示剂的作用。这种物质称为自身指示剂（self indicator）。例如，在酸性溶液中用紫红色的$KMnO_4$溶液滴定无色或浅色的还原剂（如H_2O_2、$H_2C_2O_4$等）溶液时，在计量点后稍过量的MnO_4^-就可使溶液呈粉红色，指示终点的到达。

2. 特殊指示剂

有些物质本身无氧化还原性质，但能与氧化剂或还原剂作用产生特殊的颜色变化以指示滴定终点，将这类物质称为特殊指示剂（specific indicator），也称专用指示剂。例如，可溶性淀粉溶液与$I_2(I_3^-)$作用生成深蓝色吸附化合物，反应具有可逆性，当I_2全部还原为I^-时，深蓝色立即消失，因此可根据蓝色的出现或消失指示终点。碘量法中常用淀粉这种特殊指示剂指示滴定终点。

3. 外指示剂

有的物质本身具有氧化还原性，能与标准溶液或被测溶液发生氧化还原反应，故不能加入被测溶液中，只能在化学计量点附近，用玻璃棒蘸取被滴定的溶液在外面与其作用，根据颜色变化来判断滴定终点，这类物质称外指示剂（outside indicator）。例如，重氮化滴定法就可以用碘化钾-淀粉糊（或试纸）这种外指示剂来指示滴定终点。

4. 氧化还原指示剂

氧化还原指示剂（oxidation-reduction indicator）本身是弱氧化剂或弱还原剂，其氧化态（In_{Ox}）和还原态（In_{Red}）具有不同的颜色，在滴定过程中被氧化或还原后发生结构改变，引起颜色变化来指示终点。氧化还原指示剂的氧化还原半反应和能斯特方程式如下：

$$In_{Ox}+ne^- \rightleftharpoons In_{Red} \tag{6.3.15}$$

$$\varphi_{In_{Ox}/In_{Red}}=\varphi^{\ominus'}_{In_{Ox}/In_{Red}}+\frac{0.059}{n}\lg\frac{c_{In_{Ox}}}{c_{In_{Red}}} \tag{6.3.16}$$

式中，$\varphi^{\ominus'}_{In_{ox}/In_{Red}}$为氧化还原指示剂的条件电位。与酸碱指示剂变色情况相似，若指示剂氧化态颜色（Ox色）和还原态颜色（Red色）强度相差不大，当 $c_{In_{Ox}}/c_{In_{Red}}$从10/1变到1/10时，指示剂将从Ox色变到Red色，因此指示剂变色的电位范围为

$$\varphi^{\ominus'}_{In_{Ox}/In_{Red}}\pm\frac{0.059}{n} \tag{6.3.17}$$

当 $c_{In_{Ox}} / c_{In_{Red}} = 1$ 时，$\varphi_{In_{Ox}/In_{Red}} = \varphi^{\ominus'}_{In_{Ox}/In_{Red}}$ 这一点称为氧化还原指示剂的变色点，此时指示剂显 In_{Ox} 和 In_{Red} 中间色。若两种颜色强度相差较大，变色点的电位将偏离条件电位值。指示剂不同，$\varphi^{\ominus'}_{In_{Ox}/In_{Red}}$ 值不同，表 6.3.2 列出了几种常用的氧化还原指示剂。

表 6.3.2　常用氧化还原指示剂的 $\varphi^{\ominus'}$ 值及颜色变化

指示剂	颜色变化		$\varphi^{\ominus'}$/V（pH 0，条件电位）
	Red 色	Ox 色	
靛蓝-磺酸盐（indigo monosulfonate）	无色	蓝色	0.25
亚甲蓝（methylene blue）	无色	绿蓝	0.36
二苯胺（diphenylamine）	无色	紫色	0.76
二苯胺磺酸钠（sodium diphenylamine sulfonate）	无色	红紫	0.84
羊毛罂红（erioglaucine）	绿色	红色	1.00
邻二氮菲亚铁（ferroin）	红色	淡蓝	1.06

氧化还原指示剂是氧化还原滴定的通用指示剂。选择指示剂时应注意以下两点：①选择原则是指示剂变色的电位范围应在滴定的电位突跃范围之内，尽量使 $\varphi^{\ominus'}_{In_{Ox}/In_{Red}}$ 与滴定反应的 φ_{sp} 一致。由于指示剂变色的电位范围很小，简单地说，可选择 $\varphi^{\ominus'}_{In_{Ox}/In_{Red}}$ 处于滴定突跃范围之内的指示剂。例如，Ce^{4+}滴定 Fe^{2+}，φ_{sp} 为 1.06 V，电位突跃范围为 0.86～1.26 V，选用邻二氮菲亚铁或羊毛罂红，滴定误差小于 0.1%，都是合适的指示剂。②氧化还原滴定中，滴定剂和被滴定的物质常是有色的，反应前后观察到的颜色变化是离子的颜色和指示剂所显示颜色的混合色，故选择指示剂时应注意终点前后颜色变化是否明显。例如，用 $K_2Cr_2O_7$ 滴定 Fe^{2+} 时，常选用二苯胺磺酸钠作指示剂，滴定至终点时，溶液由亮绿色（Cr^{2+}溶液）变为红紫色，颜色变化十分明显。

5. 不可逆指示剂

有的物质在微过量标准溶液存在下，可发生不可逆的颜色变化，从而指示滴定终点，这类物质称为不可逆指示剂（irreversible indicator）。例如，溴酸钾法使用的甲基红或甲基橙指示剂，就是由于过量的溴酸钾溶液在酸性条件中析出溴，而溴能破坏这些指示剂的呈色结构，产生颜色变化来指示滴定终点。

第四节　环境分析监测中典型氧化还原滴定法

一、高锰酸钾法及化学需氧量的测定

1. 高锰酸钾法的基本原理

高锰酸钾法（potassium permanganate method）是以高锰酸钾为标准溶液的氧化还原滴定

法。高锰酸钾是强氧化剂，在强酸性溶液中MnO_4^-被还原为Mn^{2+}：

$$MnO_4^- + 8H^+ + 5e^- \rightleftharpoons Mn^{2+} + 4H_2O, \quad \varphi^{\ominus}_{MnO_4^-/Mn^{2+}} = 1.51\,V \tag{6.4.1}$$

常用H_2SO_4调节溶液的酸度。因为 HCl 具有还原性，可被$KMnO_4$氧化，不宜使用（特别是有铁存在时）；HNO_3有氧化性，也不宜使用；酸度应控制在 1～2 mol/L 为宜。酸度过高，会使$KMnO_4$分解；酸度过低，反应速率慢，而且会产生MnO_2沉淀。

$KMnO_4$溶液本身呈紫红色，而生成的Mn^{2+}是无色的，通常用$KMnO_4$作自身指示剂，浓度较低（小于 0.002 mol/L）时，也可选用二苯胺等氧化还原指示剂指示终点。

高锰酸钾法应用广泛，用直接滴定法可测定还原性物质，如Fe^{2+}、H_2O_2、$C_2O_4^{2-}$、NO_2^-、As(Ⅲ)、Sb(Ⅲ)等。还可与$Na_2C_2O_4$或$FeSO_4$标准溶液配位，用剩余滴定方式测定一些强氧化性物质，如$S_2O_8^{2-}$、MnO_4^-、MnO_2、ClO_3^-、PbO_2、CrO_4^{2-}、BrO_3^-、IO_3^-等。用间接滴定法可测定某些非氧化还原性物质，如测定Ca^{2+}时，先将Ca^{2+}沉淀为$Ca_2C_2O_4$，再用稀H_2SO_4将$Ca_2C_2O_4$溶解，然后用$KMnO_4$溶液滴定$C_2O_4^{2-}$，间接获得Ca^{2+}的含量。

[例 6.4.1] 过氧化氢的测定：过氧化氢（H_2O_2）在酸性溶液中被MnO_4^-氧化，反应式如下：

$$2MnO_4^- + 5H_2O_2 + 6H^+ \rightleftharpoons 2Mn^{2+} + 5O_2\uparrow + 8H_2O \tag{6.4.2}$$

市售过氧化氢为 30%水溶液，经适当稀释后在常温下进行滴定。滴定开始时反应较慢，待少量Mn^{2+}生成后，反应速率加快，滴定速度可适当加快。

操作步骤：吸取 30% H_2O_2试样 1 mL，精密称量，移至 100 mL 容量瓶中，加水稀释至刻度，摇匀。精密量取 10 mL，加稀硫酸 20 mL，用高锰酸钾滴定液（0.02 mol/L）滴定至溶液显微红色。

[例 6.4.2] 硫酸亚铁的测定：亚铁离子具有还原性，为防止样品在空气中被氧化，溶解后应立即在硫酸性条件下用$KMnO_4$标准溶液滴定。反应为

$$5Fe^{2+} + MnO_4^- + 8H^+ \rightleftharpoons 5Fe^{3+} + Mn^{2+} + 4H_2O \tag{6.4.3}$$

高锰酸钾法可用自身指示剂指示终点，也可用邻二氮菲亚铁指示终点。

高锰酸钾法只适于测定硫酸亚铁原料，不适于其糖浆剂、片剂的测定。因为$KMnO_4$的氧化能力强，对制剂中糖、淀粉等辅料也有氧化作用，应改用铈量法。

操作步骤：取硫酸亚铁样品约 0.5 g，精密称定，加稀硫酸与新煮沸过的冷水各 15 mL 溶解后，立即用高锰酸钾滴定液（0.02 mol/L）滴定至溶液显持续的粉红色。

2. 高锰酸钾法的标准溶液

高锰酸钾在制备和储存过程中，常混入少量的MnO_2和其他杂质；蒸馏水中也常含有少量的还原性杂质，可与MnO_4^-反应生成MnO_2或$MnO(OH)_2$，而MnO_2又可促使$KMnO_4$进一步分解，因此高锰酸钾标准溶液不能用直接法配制。为制得较稳定的$KMnO_4$溶液，配制时需将溶液煮沸，以加速还原性杂质与其反应完全，避免储存过程中溶液浓度改变；配好的溶液储于棕色瓶中，密闭放置 7～10 d，用垂熔玻璃滤器滤过，除去MnO_2等杂质，待浓度稳定后方可进行标定。

标定$KMnO_4$溶液的基准物质有：$Na_2C_2O_4$、$H_2C_2O_4\cdot 2H_2O$、As_2O_3、$Fe(NH_4)_2(SO_4)_2\cdot 6H_2O$、

纯铁丝等。其中 $Na_2C_2O_4$ 因其易于提纯，性质稳定，不含结晶水而最为常用。标定反应式如下：

$$2MnO_4^- + 5C_2O_4^{2-} + 16H^+ \rightleftharpoons 2Mn^{2+} + 10CO_2\uparrow + 8H_2O \tag{6.4.4}$$

标定时应注意下列条件：

（1）温度，此反应在室温下速度缓慢，常将 $Na_2C_2O_4$ 溶液加热至 75～85℃，并在滴定过程中保持溶液的温度不低于 60℃，若高于 90℃，会使部分 $H_2C_2O_4$ 分解：

$$H_2C_2O_4 \longrightarrow CO_2\uparrow + CO\uparrow + H_2O \tag{6.4.5}$$

（2）酸度，一般用 H_2SO_4 调酸度，滴定开始时的酸度应为 0.5～1 mol/L，滴定结束时为 0.2～0.5 mol/L，酸度过低，$KMnO_4$ 易分解为 MnO_2，酸度过高又会促使 $H_2C_2O_4$ 分解。

（3）滴定速度，开始滴定时，应缓慢滴，随着反应生成的 Mn^{2+} 增多，滴定速度可加快，因为 Mn^{2+} 的自催化作用使反应加速。滴定前加入少量 Mn^{2+} 作催化剂，可加快最初阶段的滴定速度。

二、重铬酸钾法及化学需氧量的测定

1. 重铬酸钾法

重铬酸钾法（potassium dichromate method）是以重铬酸钾为标准溶液的氧化还原滴定法，在酸性溶液中测定能与重铬酸钾反应的还原性物质。半电池反应如下：

$$Cr_2O_7^{2-} + 14H^+ + 6e^- \rightleftharpoons 2Cr^{3+} + 7H_2O,\quad \varphi^{\ominus} = 1.33\ V \tag{6.4.6}$$

滴定必须在酸性溶液中进行（Cr^{3+} 在中性、碱性条件下易水解），$Cr_2O_7^{2-}/Cr^{3+}$ 电对的条件电位随介质不同而不同，如表 6.4.1 所示。

表 6.4.1　不同介质中 $Cr_2O_7^{2-}/Cr^{3+}$ 电对的条件电位

介质	H_2SO_4	HCl	$HClO_4$
浓度/（mol/L）	0.5	1.0	1.0
$\varphi^{\ominus}$/V	0.92	1.00	1.025

重铬酸钾法的特点：①$K_2Cr_2O_7$ 易提纯，可用基准 $K_2Cr_2O_7$ 直接配制标准溶液；②$K_2Cr_2O_7$ 溶液非常稳定，久置浓度不变；③选择性高，用 $K_2Cr_2O_7$ 溶液在室温下滴定还原剂不受 Cl^- 的干扰，这是因为 $Cr_2O_7^{2-}/Cr^{3+}$ 电对的条件电位为 1.00 V（1 mol/L HCl 介质中），室温下不与 Cl^- 作用（$\varphi^{\ominus}_{Cl_2/Cl^-} = 1.33\ V$）。因此，可在 HCl 溶液中用重铬酸钾法测定试样中的铁含量。重铬酸钾法可选用二苯胺磺酸钠等氧化还原指示剂来指示滴定终点，也可用于测定盐酸小檗碱等药物。

2. 化学需氧量的测定

1）应用范围

《水质　化学需氧量的测定　重铬酸盐法》（HJ 828—2017）规定了水中化学需氧量

（COD）的测定方法。

COD 指在一定条件下，经重铬酸钾氧化处理时，水样中的溶解性物质和悬浮物所消耗的重铬酸盐相对应的氧的质量浓度。重铬酸钾法适用于各种类型的 COD 值大于 16 mg/L 的水样，对未经稀释的水样的测定上限为 700 mg/L。不适用于含氯化物浓度大于 1000 mg/L（稀释后）的含盐水。

2）测试原理

在水样中加入已知量的重铬酸钾溶液，并在强酸介质中以银盐作催化剂，经沸腾回流后，以试亚铁灵为指示剂，用硫酸亚铁铵滴定水样中未被还原的重铬酸钾，由消耗的硫酸亚铁铵的量换算成消耗氧的质量浓度。

在酸性重铬酸钾条件下，芳烃及吡啶难以被氧化，其氧化率较低。在硫酸银催化作用下，直链脂肪族化合物可有效地被氧化。

3）计算方法

以 mg/L 计的水样化学需氧量，计算公式如下：

$$\mathrm{COD(mg/L)}=\frac{c(V_1-V_2)\times 8000}{V_0} \tag{6.4.7}$$

式中，c 为硫酸亚铁铵标准滴定溶液的浓度，mol/L；V_1 为空白实验所消耗的硫酸亚铁铵标准滴定溶液的体积，mL；V_2 为试料测定所消耗的硫酸亚铁铵标准滴定溶液的体积，mL；V_0 为试料的体积，mL；8000 为 $\frac{1}{4}O_2$ 的摩尔质量以 mg/L 为单位的换算值。

4）方法校核

COD 测试方法的准确性，一般采用邻苯二甲酸氢钾标准溶液来校核。浓度为 2.0824 mmol/L 的邻苯二甲酸氢钾溶液，其理论 COD 值为 500 mg/L，如果校核实验的结果大于该值的 96%，即可认为实验步骤基本上是适宜的，否则，必须寻找失败的原因，重复实验，使之达到要求。

5）样品采集与预处理

水样要采集于玻璃瓶中，应尽快分析。如不能立即分析，应加入硫酸至 pH<2，置 4℃下保存。但保存时间不多于 5 d。采集水样的体积不得少于 100 mL。

对于污染严重的水样，可选取所需体积 1/10 的水样和 1/10 的消解试剂（重铬酸钾与硫酸-硫酸银），放入 10 mm×150 mm 硬质玻璃管中，摇匀后，用酒精灯加热至沸数分钟，观察溶液是否变成蓝绿色。如呈蓝绿色，应再适当少取试料，重复以上实验，直至溶液不变蓝绿色为止，从而确定待测水样适当的稀释倍数。

6）干扰因素及排除

无机还原性物质如亚硝酸盐、硫化物及二价铁盐将使结果增加，将其需氧量作为水样 COD 值的一部分是可以接受的。

该实验的主要干扰物为氯化物，可加入硫酸汞部分地除去，经回流后，氯离子可与硫酸汞结合成可溶性的氯汞络合物。

当氯离子含量超过 1000 mg/L 时，COD 的最低允许值为 250 mg/L，低于此值结果的准确度就不可靠了。

三、碘量法及溶解氧、生化需氧量的测定

1. 碘量法的基本原理

碘量法（iodimetry）是利用 I_2 的氧化性或 I^-的还原性进行氧化还原滴定的方法。它的半电池反应为

$$I_2(s)+2e^- \rightleftharpoons 2I^-,\quad \varphi^{\ominus}_{I_2/I^-}=0.5345\ V \qquad (6.4.8)$$

固体碘在水中很难溶解，为增大其溶解度，通常将 I_2 溶解在 KI 溶液中，使 I_2 以 I_3^- 形式存在。

$$I_2+I^- \rightleftharpoons I_3^- \qquad (6.4.9)$$

$$I_3^-+2e^- \rightleftharpoons 3I^-,\quad \varphi^{\ominus}_{I_3^-/I^-}=0.5355\ V \qquad (6.4.10)$$

碘的氧化还原特性用式（6.4.10）表示更为确切，但由于式（6.4.8）和式（6.4.10）的标准电极电位相差很小，为了简便并突出计算关系，通常仍使用式（6.4.8）。

由于 $\varphi^{\ominus}_{I_2/I^-}$ 值适中，I_2 是较弱的氧化剂，能与较强的还原剂作用；而 I^- 是中等强度的还原剂，能与许多氧化剂作用。因此，碘量法可用直接或间接两种滴定方式进行，既可测定还原剂，也可测定氧化剂。

1）直接碘量法

凡电位比 $\varphi^{\ominus}_{I_2/I^-}$ 低的还原性物质可直接用 I_2 标准溶液滴定，这种滴定方式称为直接碘量法或碘滴定法。直接碘量法只能在酸性、中性或弱碱性溶液中进行，如果溶液的 pH>9，则会发生下面的副反应：

$$3I_2+6OH^- \rightleftharpoons 5I^-+IO_3^-+3H_2O \qquad (6.4.11)$$

凡能被碘直接快速氧化的强还原性物质，均可采用直接碘量法进行测定，如硫化物、亚硫酸盐、亚砷酸盐、亚锑酸盐、亚锡酸盐、维生素 C 等。根据被测物还原能力的不同，直接碘量法可在弱碱性或弱酸性溶液中进行。例如，在 $NaHCO_3$ 弱碱性溶液中测定三氧化二砷；而在 HAc 酸性溶液中测定维生素 C。

[例 6.4.3] 维生素 C 的含量测定：维生素 C（$C_6H_8O_6$）分子中的烯二醇基具有较强的还原性，能被 I_2 定量地氧化成二酮基：

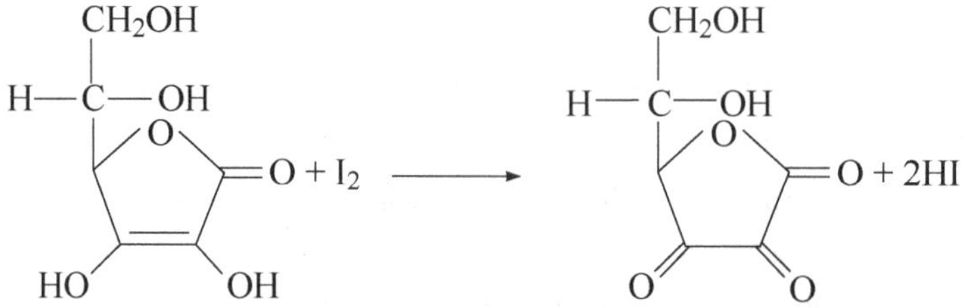

（6.4.12）

从上式看，在碱性条件下有利于反应向右进行。但由于维生素 C 的还原性很强，在空气中特别是在碱性溶液中，极易被氧化，因此滴定常在乙酸溶液中进行，以减少维生素 C 与 I_2 以外的其他氧化剂作用的影响。

操作步骤：取本品约 0.2 g，精密称定，加新煮沸过的冷水 100 mL 与稀乙酸 10 mL 溶解，

加淀粉指示液 1 mL，立即用碘滴定液（0.05 mol/L）滴定，至溶液显蓝色并在 30 s 内不褪色。

2）间接碘量法

电位比 $\varphi^{\ominus}_{I_2/I^-}$ 高的氧化性物质，可用 I^- 还原，定量置换出 I_2，然后用 $Na_2S_2O_3$ 标准溶液滴定置换出的 I_2，这种滴定方式称置换碘量法。电位比 $\varphi^{\ominus}_{I_2/I^-}$ 低的某些还原性物质，可与定量过量的 I_2 液反应，待反应完全后，再用 $Na_2S_2O_3$ 标准溶液滴定剩余的 I_2，这种滴定方式称剩余碘量法或回滴碘量法。这两种滴定方式习惯上统称为间接碘量法或滴定碘法。滴定反应式为

$$I_2 + 2S_2O_3^{2-} \rightleftharpoons 2I^- + S_4O_6^{2-} \tag{6.4.13}$$

间接碘量法的滴定应在中性或弱酸性溶液中进行。如果是在强酸溶液中，$S_2O_3^{2-}$ 易分解，I^- 也易被空气中的 O_2 缓慢氧化：

$$S_2O_3^{2-} + 2H^+ \rightleftharpoons S\downarrow + SO_2\uparrow + H_2O \tag{6.4.14}$$

$$4I^- + O_2 + 4H^+ \rightleftharpoons 2I_2 + 2H_2O \tag{6.4.15}$$

如果在碱性溶液中，可发生如下副反应：

$$S_2O_3^{2-} + 4I_2 + 10OH^- \rightleftharpoons 2SO_4^{2-} + 8I^- + 5H_2O \tag{6.4.16}$$

$$3I_2 + 6OH^- \rightleftharpoons IO_3^- + 5I^- + 3H_2O \tag{6.4.17}$$

间接碘量法误差主要来源是 I_2 的挥发和 I^- 被空气中的 O_2 氧化。为减小误差，可采取适当的措施予以减免。

防止 I_2 挥发的方法：①加入过量的 KI（理论值的 2～3 倍），使 I_2 生成 I_3^-，增大 I_2 的溶解度，减少 I_2 的挥发；②在室温下进行，温度升高会使 I_2 的挥发加快；③使用碘瓶，快滴慢摇。

防止 I_2 被 O_2 氧化的方法：①溶液的酸度不宜过高，酸度增大会增加 O_2 氧化 I^- 的速度；②除去 Cu^{2+}、NO_2^- 等催化剂，Cu^{2+}、NO_2^- 对 I^- 的氧化起催化作用，故应除去；③密塞避光放置，析出 I_2 的反应完全后立即滴定，快滴慢摇。

有些还原性物质，如蛋氨酸、焦亚硫酸钠、甲醛、葡萄糖等，与 I_2 的反应速率较慢或可溶性差，不能满足直接碘量法的要求，可采用剩余碘量法进行测定；还有些物质可与 I_2 定量地生成难溶沉淀（如咖啡因），或发生取代反应（如安替比林、酚酞），也可用剩余碘量法进行测定。

[例 6.4.4]　葡萄糖的含量测定：利用葡萄糖分子中醛基的还原性，在碱性条件下定量过量的 I_2 溶液可使葡萄糖的醛基氧化为羧基，剩余的 I_2 溶液再用 $Na_2S_2O_3$ 标准溶液回滴。反应过程如下：

$$I_2 + 2NaOH \rightleftharpoons NaIO + NaI + H_2O \tag{6.4.18}$$

$$CH_2OH(CHOH)_4CHO + NaIO + NaOH \rightleftharpoons CH_2OH(CHOH)_4COONa + NaI + H_2O \tag{6.4.19}$$

剩余的 NaIO 在碱性条件下转变成 $NaIO_3$ 和 NaI：

$$3NaIO \rightleftharpoons NaIO_3 + 2NaI \tag{6.4.20}$$

溶液酸化后又析出 I_2：

$$NaIO_3 + 5NaI + 3H_2SO_4 \rightleftharpoons 3I_2 + 3Na_2SO_4 + 3H_2O \tag{6.4.21}$$

最后用 $Na_2S_2O_3$ 标准溶液滴定析出的 I_2：

$$I_2 + 2S_2O_3^{2-} \rightleftharpoons 2I^- + S_4O_6^{2-} \tag{6.4.22}$$

许多氧化剂，如 $K_2Cr_2O_7$、$KMnO_4$、$KBrO_3$、KBrO、KIO_3、KIO、KIO_4、$K_3[Fe(CN)_6]$、H_2O_2、Cl_2、Br_2、PbO_2、MnO_2、O_2、O_3、枸橼酸铁铵、漂白粉、铜盐、氯胺 T 等，能定量地将 I^- 氧化成 I_2，可采用置换碘量法进行测定。其中含氧氧化剂要求在酸性条件下进行置换反应。

[例 6.4.5]　漂白粉中有效氯的测定：漂白粉的主要成分是 CaCl(OCl)，它遇酸产生 Cl_2，而 Cl_2 可以起漂白和消毒杀菌的作用，有效氯就是指漂白粉在酸化时放出的氯。有效氯[Cl 的质量分数(g/g)]的测定步骤是：在漂白粉的溶液中加入过量的 KI，然后酸化溶液，反应生成的 I_2 用 $Na_2S_2O_3$ 标准溶液滴定。有关反应式如下：

$$CaCl(OCl) + 2H^+ \rightleftharpoons Ca^{2+} + Cl_2 + H_2O \tag{6.4.23}$$

$$Cl_2 + 2I^- \rightleftharpoons I_2 + 2Cl^- \tag{6.4.24}$$

$$I_2 + 2S_2O_3^{2-} \rightleftharpoons 2I^- + S_4O_6^{2-} \tag{6.4.25}$$

$$\text{有效氯} = \frac{(cV)_{Na_2S_2O_3} \times \dfrac{M_{Cl}}{1000}}{m} \times 100\% \tag{6.4.26}$$

[例 6.4.6]　Karl Fischer 法测定微量水：微量水的测定是碘量法在非水滴定中的应用。Karl Fischer 法的滴定剂称为卡氏试剂，是由碘、二氧化硫和吡啶按一定比例溶于无水甲醇的混合溶液。本法是根据碘和二氧化硫在吡啶和甲醇溶液中能与水发生定量反应的原理来测定。反应可表示为

$$I_2 + SO_2 + 3C_5H_5N + CH_3OH + H_2O \rightleftharpoons 2C_5H_5N{\begin{smallmatrix} \diagup H \\ \diagdown I \end{smallmatrix}} + C_5H_5N{\begin{smallmatrix} \diagup H \\ \diagdown SO_4CH_3 \end{smallmatrix}} \tag{6.4.27}$$

卡氏试剂具有 I_2 的棕色，与水反应时棕色立即褪去。微过量的卡氏试剂可使溶液呈红棕色以指示终点，因此有资料建议最好用永停滴定法指示终点。Karl Fischer 法广泛用于抗生素等药物（如青霉素钠等）水分测定；也可测定无机或有机试剂，如醇类、酸类、酯类中的水分。凡是能与卡氏试剂各组分发生反应的物质如氧化剂、还原剂、碱性氧化物、氢氧化钠等都干扰测定。

2. 碘量法的指示剂

碘液可作为自身指示剂，用于指示直接碘量法的滴定终点。实验证明，在 100 mL 水中加 1 滴碘液（0.05 mol/L），溶液即显示出能被观察到的黄色。

碘量法中应用最多的还是淀粉指示剂。有 I^- 存在时，淀粉遇碘显深蓝色，反应可逆且灵敏，即使碘的浓度为 $10^{-6} \sim 10^{-5}$ mol/L，也能观察到溶液中的蓝色。淀粉指示剂使用时应注意：①淀粉指示液久置易腐败、失效，应取可溶性直链淀粉临用新制。支链淀粉只能较松地吸附

I_2 形成一种红紫色的产物，不能用来指示碘量法的终点。②淀粉指示剂加入的时间：直接碘量法在滴定前加入，滴定至溶液蓝色出现为终点；间接碘量法需在近终点时加入，滴定至溶液蓝色消失为终点。若指示剂过早加入，则溶液中大量的 I_2 被淀粉表面牢固地吸附，使蓝色褪去迟钝而产生误差。③应在常温下使用，因高温可使指示剂灵敏度下降。④应在弱酸性溶液中使用，碘与淀粉的反应在此条件下最灵敏。若溶液 pH＜2，则淀粉易水解成糊精，再遇 I_2 显红色；若 pH＞9，则 I_2 生成 IO_3^-；遇淀粉不显蓝色。

3. 碘量法的标准溶液

1）碘液的配制及标定

纯碘虽可用升华法制得，但因其具有挥发性和腐蚀性，不宜用分析天平准确称量，通常仍采用间接法配制碘标准溶液。配制碘液时须注意：①加入适量的 KI，使 I_2 生成 I_3^-，这样既能助溶，又能降低其挥发性。②加入少量盐酸：一是消除碘中微量碘酸盐杂质的影响，二是中和配制 $Na_2S_2O_3$ 标准溶液时加入的少量稳定剂 Na_2CO_3 的影响。③需用垂熔玻璃滤器将碘液滤过后再标定，以防止少量未溶解的碘影响浓度。④溶液储于棕色瓶中，密塞，凉暗处保存，以避免碘溶液见光、受热改变浓度。

碘溶液的准确浓度常用基准物质 As_2O_3 标定，也可用已知浓度的 $Na_2S_2O_3$ 标准溶液与之比较而求得。As_2O_3 难溶于水，但可加 NaOH 溶液使其生成亚砷酸钠而溶解，标定时先酸化溶液，再加入 $NaHCO_3$ 使溶液呈弱碱性（pH＝8～9），用碘溶液滴定 AsO_2^-，反应迅速、定量。标定反应为

$$HAsO_2 + I_2 + 2H_2O \rightleftharpoons H_3AsO_4 + 2I^- + 2H^+ \tag{6.4.28}$$

2）硫代硫酸钠溶液的配制及标定

市售硫代硫酸钠结晶（$Na_2S_2O_3 \cdot 5H_2O$）常含有少量 S、S^{2-}、SO_3^{2-}、Cl^-、CO_3^{2-} 等杂质，易风化或潮解。此外，$Na_2S_2O_3$ 溶液不稳定易分解，其原因如下：

（1）水中溶解的 CO_2 的作用。

$$S_2O_3^{2-} + CO_2 + H_2O \rightleftharpoons HSO_3^- + HCO_3^- + S\downarrow \tag{6.4.29}$$

（2）水中存在的嗜硫细菌等微生物的作用。

$$S_2O_3^{2-} \rightleftharpoons SO_3^{2-} + S\downarrow \tag{6.4.30}$$

（3）水中溶解 O_2 的作用。

$$2S_2O_3^{2-} + O_2 \rightleftharpoons 2SO_4^{2-} + 2S\downarrow \tag{6.4.31}$$

由此可见，$Na_2S_2O_3$ 标准溶液只能用间接法来配制：先配成近似浓度的溶液，然后再标定。

配制 $Na_2S_2O_3$ 标准溶液须注意：①使用新煮沸放冷的蒸馏水，以除去水中的 CO_2 和 O_2，杀死嗜硫细菌等微生物；②加入少许 Na_2CO_3 使溶液呈弱碱性（pH＝9～10），起到抑制嗜硫细菌生长和防止硫代硫酸钠分解的作用；③溶液储于棕色瓶中，暗处放置一段时间（7～10 d），待浓度稳定后，再进行标定。若发现 $Na_2S_2O_3$ 溶液变浑浊，即有 S 析出，应滤除 S 后再标定或重新配制。

标定硫代硫酸钠溶液的基准物质有许多，如 $K_2Cr_2O_7$、KIO_3、$KBrO_3$、$K_3[Fe(CN)_6]$等，其

中 $K_2Cr_2O_7$ 最常用，先准确称取一定量的 $K_2Cr_2O_7$，使其在酸性溶液中与过量的 KI 作用，置换出来的 I_2 用 $Na_2S_2O_3$ 溶液滴定，有关反应为

$$Cr_2O_7^{2-} + 6I^- + 14H^+ \rightleftharpoons 2Cr^{3+} + 3I_2 + 7H_2O(\text{置换反应}) \tag{6.4.32}$$

$$I_2 + 2S_2O_3^{2-} \rightleftharpoons 2I^- + S_4O_6^{2-}(\text{滴定反应}) \tag{6.4.33}$$

标定时应注意：①控制溶液酸度（一般为 0.8～1 mol/L），若酸度太高，I^-易被空气氧化；若酸度太低，反应速率太慢。②于碘瓶中加过量 KI 并避光放置 10 min，使置换反应完全。③滴定前将溶液稀释，既可降低酸度，减慢 I^-被空气氧化的速度，又可降低 Cr^{3+}的浓度，使其亮绿色变浅，便于终点观察。④淀粉指示剂应在近终点时加入。⑤正确判断滴定终点，滴定至终点后，若溶液迅速回蓝，说明 $Cr_2O_7^{2-}$ 与 I^-反应不完全，应重新标定。为防止 I_2 的挥发，滴定应快滴轻摇。

4. 生化需氧量的测定

水体受有机物污染的程度，除可以用化学需氧量或高锰酸盐指数表示外，也可以用生物氧化的方法，通过测定生化需氧量来描述。

1）测定原理

自然界中存在着大量依靠有机物生活的微生物，细菌就是其中主要的一类。这些微生物不断从其周围的环境中摄取有机物作为营养加以吸收，它们在有氧的条件下，将一部分有机物进行合成代谢，得到新的细胞物质（原生质），以供微生物本身的生长和繁殖；而另一部分有机物，通过自身的生命活动过程，进行分解代谢，将有机物生物氧化分解成简单的无机物，最终形成 CO_2 和 H_2O 等稳定物质。在此生物氧化过程中又有能量释放，以提供给合成代谢新的细胞物质使用。微生物的分解代谢和合成代谢及其产物的简单模式见图 6.4.1。

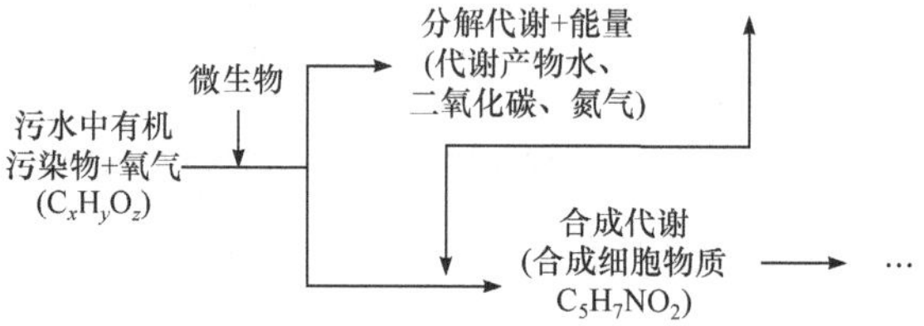

图 6.4.1　微生物的分解代谢和合成代谢及其产物的简单模式

依照微生物从有机物的生物氧化反应中获得能量时对氧的需要程度，微生物又可以分为好氧微生物和厌氧微生物。生化需氧量是指在有溶解氧的条件下，好氧微生物在分解水中有机物的生物氧化反应中所消耗的溶解氧量。同时也包括如硫化物、亚铁等还原性无机物质氧化所消耗的氧量，由于这部分通常所占比例很小，所以忽略不计。

有机物在微生物作用下好氧分解大体分两个阶段。第一阶段称为碳化阶段，主要是含碳有机物氧化为 H_2O、CO_2，以及部分含氮有机物转化为 NH_3；第二阶段称为硝化阶段，主要是含氮有机化合物与第一阶段生成的 NH_3 在硝化菌的作用下分解为亚硝酸盐和硝酸盐。然而这两个阶段并非截然分开，而是各有主次。

微生物的活动与温度有关。对于生活污水及性质与其接近的工业废水，当温度为 20℃时，

有机物需要 20 d 左右就能完成第一阶段的氧化分解。而第二阶段在 5～7 d 甚至 10 d 以后才会显著发生，并且要想全部完成硝化阶段，在 20℃时大约需要 100 d。而 NH_3 已经是无机物，它的进一步氧化对卫生的影响较小，所以目前国内外广泛采用的 20℃五日培养法（BOD_5 法）测定生化需氧量时一般不包括硝化阶段。它对于生活污水和一般工业废水来说，为全部生化需氧量的 70%～80%，因此有一定的代表性。

BOD_5 是污水测定的主要项目之一，它是反映水体被有机物污染程度的综合指标，也是研究废水的可生化降解性和生化处理效果，以及生化处理废水工艺设计和动力学研究中的重要参数。

2）测定方法

BOD_5 的测定分为 20℃五日培养法和仪器分析方法。在此仅谈 20℃五日培养法，该方法也称标准稀释法。经过稀释后的水样，在（20±1）℃的条件下培养 5 d，通过测定培养前后水样中溶解氧的含量，二者的差值即为 BOD_5。

如果水中有机物很多，溶解氧不足以满足培养 5 d 的需要时，应在测定前将污水水样用含有一定养分和饱和溶解氧的稀释水进行适当稀释，保证微生物有良好的生活条件，并保证溶解氧可以满足 5 d 生物氧化的需要。如果水样 BOD_5 未超过 7 mg/L，则不必进行稀释，可直接测定。很多较清洁的河水就属于这一类情况。

对于不含或少含微生物的工业废水，在测定 BOD_5 时应进行接种，以引入能降解废水中有机物的微生物。接种液常选择生活污水、表层土壤浸出液或含城市污水的河水、湖水及污水处理厂的污水等。当废水中存在着难被一般生活污水中的微生物以正常速度降解的有机物或含有剧毒物质时，应将驯化后的微生物引入水样中进行接种。

（1）稀释水和接种液。对于污染的地面水和大多数工业废水，因含较多的有机物，需要稀释后再培养测定，以保证在培养过程中有充足的溶解氧。其稀释程度应使培养中所消耗的溶解氧大于 2 mg/L，而剩余溶解氧在 1 mg/L 以上。

稀释水一般作蒸馏水配制，先通入经活性炭吸附及水洗处理的空气，曝气 2～8 h，使水中溶解氧接近饱和，然后再在 20℃下放置数小时。临用前加入少量氯化钙、氯化铁、硫酸镁等营养盐溶液及磷酸盐缓冲溶液，混匀备用。稀释水的 pH 应为 7.2，BOD_5 应小于 0.2 mg/L。

如需要接种微生物，根据选择的接种液不同，可在每升稀释水中加入接种液 1～100 mL，为检查稀释水和接种液的质量及化验人员的操作水平，将每升含葡萄糖和谷氨酸各 150 mg 的标准溶液以 1∶50 稀释比稀释后，与水样同步测定 BOD_5，测得值应为 180～230 mg/L，否则应检查原因，予以纠正。

（2）水样的稀释倍数应根据实践经验进行估算。表 6.4.2 列出了由高锰酸盐指数估算稀释倍数乘以的系数。工业废水的稀释倍数由 COD_{Cr} 值分别乘以系数 0.075、0.15、0.25 获得。通常同时做三个稀释比的水样。

表 6.4.2 由高锰酸盐指数估算稀释倍数乘以的系数

高锰酸盐指数/（mg/L）	系数	高锰酸盐指数/（mg/L）	系数
<5	—	10～20	0.4、0.6
5～10	0.2、0.3	>20	0.5、0.7、1.0

（3）测定结果计算。对不经稀释直接培养的水样：

$$BOD_5 = c_1 - c_2 \tag{6.4.34}$$

式中，c_1为水样在培养前溶解氧的浓度，mg/L；c_2为水样经 5 d 培养后剩余溶解氧浓度，mg/L。

对稀释后培养的水样：

$$BOD_5 = \frac{(c_1 - c_2) - (B_1 - B_2)f_1}{f_2} \tag{6.4.35}$$

式中，B_1为稀释水（或接种稀释水）在培养前的溶解氧的浓度，mg/L；B_2为稀释水（或接种稀释水）在培养后的溶解氧的浓度，mg/L；f_1为稀释水（或接种稀释水）在培养液中所占比例；f_2为水样在培养液中所占比例。

当水样含有铜、铅、锌、镉、铬、砷、氰等有毒物质时，对微生物活性有抑制作用，可使用经驯化微生物接种的稀释水，或提高稀释倍数，以减小毒物的影响。如含少量氯，一般放置 1～2 h 可自行消失；对于游离氯短时间不能消散的水样，可加入亚硫酸钠除去。

本方法适用于测定 BOD_5为 2～6000 mg/L 的水样；BOD_5大于 6000 mg/L 时，会因稀释而带来更大的误差。

四、溴酸钾法及苯酚的测定

溴酸钾法（potassium bromate method）是以溴酸钾为标准溶液的氧化还原滴定法。半电池反应如下：

$$BrO_3^- + 6H^+ + 6e^- \rightleftharpoons Br^- + 3H_2O, \quad \varphi^{\ominus}_{BrO_3^-/Br^-} = 1.44\ V \tag{6.4.36}$$

滴定在酸性溶液中进行，可测定能与溴酸钾反应的还原性物质。

常选用甲基橙或甲基红等含氮酸碱指示剂并在近终点时加入。因化学计量点前指示剂呈酸色（红色），计量点后，稍过量的BrO_3^-便与反应生成的Br^-作用，产生Br_2。生成的Br_2氧化并破坏指示剂的呈色结构，发生不可逆的褪色反应（红色褪去），从而指示滴定终点。若指示剂加入过早，在滴定中其结构可因$KBrO_3$局部过浓而过早被破坏，因此应在近终点时再加入。

溴酸钾法可用于亚铁盐、亚砷酸盐、亚铜盐、碘化物、异烟肼等药物的测定。

第三篇　环境要素分析与监测

第七章　环境标准与标准体系

第一节　环 境 标 准

一、环境标准的概念

标准化和标准的实施是现代社会的重要标志。所谓标准化，按国际标准化组织（ISO）的定义是："为了所有有关方面的利益，特别是为了促进最佳的全面经济效果，并适当考虑产品使用条件与安全要求，在所有有关方面的协作下，进行有秩序的特定活动，制定并实施各项规则的过程。"而标准则是"经公认的权威机构批准的一项特定标准化工作成果"，它通常以一项文件，并规定一整套必须满足的条件或基本单位来表示。

环境标准是控制污染、保护环境的各种标准的总称。制定环境标准是为了保护人类健康、防止环境污染、促进生态良性循环，同时又能合理利用资源、促进经济发展。环境标准是政策、法规的具体体现，也是执行各项环境法规的基本依据。环境标准是随着环境问题的产生而出现的，随着科技进步和环境科学的发展，环境标准也不断发展，其种类和数量也越来越多。

二、环境标准的作用

环境标准的作用主要体现在以下几个方面。

（1）环境标准是制定环境规划和环境计划的主要依据。

（2）环境标准是环境保护工作的目标。

（3）环境标准是判断环境质量和衡量环保工作优劣的准绳。

（4）环境标准是环境管理的技术基础和执法依据。

（5）环境标准是提高环境质量的重要手段。

（6）环境标准是组织现代化生产的重要条件。

（7）环境标准具有投资导向作用。

由此可见，环境标准的作用不仅体现在环境效益方面，也体现在经济效益和社会效益方面。

三、我国的环境标准体系

各种不同的环境标准，依赖其性质功能及其之间客观的内在联系，相互依存、相互衔接、相互补充、相互制约地构成一个有机整体——环境标准体系。

我国环境标准可分为国家环境标准、地方环境标准及国家环境保护行业标准，环境标准体系结构见图 7.1.1。

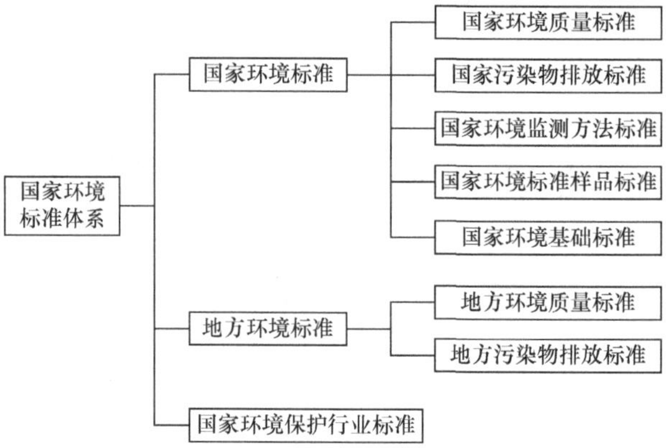

图 7.1.1　环境标准体系结构框图

1. 国家环境标准

国家环境标准包括国家环境质量标准、国家污染物排放标准（或国家污染物控制标准）、国家环境监测方法标准、国家环境标准样品标准、国家环境基础标准等。其中，环境质量标准和污染物排放标准是环境保护标准的核心内容，其他标准是为满足实施环境质量标准和污染物排放标准的需要、满足环保执法和环境管理工作的需要而制定的。

国家环境标准的编号由标准代号、标准序号、标准发布的年份等组成。例如，《地表水环境质量标准》（GB 3838—2002），其中，GB 表示标准代号；3838 表示标准序号；2002 表示标准发布的年份。

常见的标准代号有：GB，表示中华人民共和国强制性国家标准；GB/T，表示中华人民共和国推荐性国家标准；HJ，表示环境保护行业标准；HJ/T，表示环境保护行业推荐标准。

1）国家环境质量标准

国家环境质量标准制定的目的是保障人体健康、保护生态环境、保障社会物质财富，其对环境中有害物质或因素作出限制性规定。国家环境质量标准是衡量环境质量和进行环境管理的依据，也是制定污染物排放标准的基础。

2）国家污染物排放标准

国家污染物排放标准是根据国家环境质量标准，考虑当前工程中采用的污染控制技术及经济成本，对排入环境介质的有害物质和产生污染的各种因素所作的限制性规定，也称为污染物控制标准。

3）国家环境监测方法标准

国家环境监测方法标准是为了监测环境质量和污染物排放，而规范采样、样品处理、分析测试、数据处理等内容所作的规定，主要包括分析方法、测定方法、采样方法、实验方法、检验方法等。

4）国家环境标准样品标准

为保证环境监测数据准确可靠，对用于量值传递或质量控制的材料、样品研制标准物质，从而形成标准样品。标准样品可用来评价分析仪器，鉴别其灵敏度；验证分析测试方法；评价分析人员的操作技术。

5）国家环境基础标准

国家环境基础标准是对环境标准工作中，需要统一的技术性术语、符号、代号、图式、量纲、单位、导则等所作的统一规定，是制定其他环境标准的基础。

除上述环境标准外，在环境保护工作中，对还需要统一的技术要求也制定了一些标准，包括：执行各项环境管理制度、检测技术、环境区划、规划的技术要求、规范、导则等。例如，环保仪器、设备标准等，它们是为了保证污染治理设备的效率和环境监测数据的可靠性与可比性，对环保仪器、设备的技术要求所作的规定。

2. 地方环境标准

由于我国地域辽阔，不同地区的自然环境基本状况、环境污染现状、社会经济发展状况、产业分布等方面均存在较大差异，国家统一的环境标准很难完全适应全国各个地区。因此，地方环境标准的制定是对国家环境标准的补充和完善。拥有地方环境标准制定权限的单位为省、自治区、直辖市人民政府。

地方环境标准包括地方环境质量标准和地方污染物排放标准。而环境监测方法标准、环境标准样品标准、环境基础标准等不制定相应的地方标准。在地方标准中，往往会增加国家标准中未作规定的污染物项目，或者制定的污染物浓度限值比国家污染物排放标准的规定更加严格。为了控制环境质量的恶化趋势，一些地方已将总量控制指标纳入地方环境标准。

国家环境标准是在全国范围内统一使用的标准，而地方环境标准则仅限于规定地区内使用。国家环境标准对战略性、普遍性事物作出规定，而地方环境标准是对战术性、特殊性事物进行限制。地方环境标准不得与国家环境标准相抵触，并且应严于国家环境标准。所以在执行上，地方环境标准优先于国家环境标准。

地方环境标准的编号由标准代号、省级行政区划代码前两位、标准序号、标准发布的年份等组成。例如，北京市《锅炉大气污染物排放标准》（DB 11/139—2015），其中，DB 表示标准代号；11 表示省级行政区划代码前两位，“11”指北京；139 表示标准序号；2015 表示标准发布的年份。

3. 国家环境保护行业标准

环境保护行业标准是环保标准的一种发布形式，根据其制定主体、发布方式、适用范围等方面的特征，应属于国家环境标准。

污染物排放标准可分为综合排放标准和行业排放标准。各行业在生产过程中，其生产原材料、生产工艺、产生的污染物种类和浓度等方面存在较大的差异。行业排放标准是针对某一特定行业的污染物排放特点、污染控制技术和成本，同时参考其他国家污染物排放法规和污染源达标案例等情况后，制定的污染物排放标准。综合排放标准则适用于尚没有行业排放标准的领域。

可以看出，行业排放标准是根据行业的污染特点所制定的，其更具有针对性和可操作性。综合排放标准与行业排放标准不交叉执行，有行业排放标准的部门执行行业排放标准，没有行业排放标准的部门执行综合排放标准。

四、制定环境标准应遵循的原则

一般环境标准是通过调查研究、专门性实验、国际上同类标准三个主要途径进行制定的。环境标准体现了国家技术经济政策。它的制定要充分体现科学性和现实性相统一，既保护环境质量的良好状况，又促进国家经济技术的发展。环境标准的制定一般应遵循以下原则。

（1）要有充分的科学依据。标准中指标值的确定，要以科学研究的结果为依据，如环境质量标准，要以环境质量基准为基础。所谓环境质量基准，是指经科学实验所确定的污染物（或因素）对人或生物不产生不良或有害影响的最大剂量或浓度。

（2）既要技术先进，又要经济合理。基准和标准是两个不同的概念。环境质量基准不考虑社会、经济、技术等人为因素，也不随时间而变化。而环境质量标准以环境质量基准为依据，考虑社会、经济、技术等因素，并具有法律强制性，它可以根据情况不断修改、补充。

（3）与有关标准、规范、制度协调配套。质量标准与排放标准、排放标准与收费标准、国内标准与国际标准之间应该相互协调才能贯彻执行。特别是应与当时的实际处理水平相结合，否则，盲目提高环境标准，只能适得其反。

（4）积极采用或等效采用国际标准。一个国家的标准反映了该国的技术、经济和管理水平。积极采用或等效采用国际标准，是国家重要的技术经济政策，也是技术引进的重要部分，它在一定程度上能够反映当前国际先进技术水平和发展趋势。

（5）充分利用资源、能源，把污染消除在生产工艺过程中。环境标准的制定应引导人们以积极的态度去防止资源和能源的浪费，绝不能仅仅用于污染的治理上。

第二节　环境基准与环境标准

一、环境基准的概念

环境基准（环境质量基准）是指环境中污染物对特定保护对象（人或其他生物等）不产生不良或有害影响的最大剂量（无作用剂量）或浓度，是一个基于不同保护对象的多目标函数或一个范围值。

环境基准按环境要素可分为水质量基准、大气质量基准、土壤质量基准等；按保护对象可分为环境卫生基准、水生生物基准、植物基准等。

二、环境基准与环境标准的关系

根据上一节内容，环境标准是国家为保护人群健康和生存环境，对污染物（或有害因素）容许浓度（或要求）所作的规定。环境质量标准体现了国家的环境保护政策和要求，是衡量环境是否受到污染的尺度，是环境规划、环境管理和制定污染物排放标准的依据。

同一污染物在不同的环境要素中或对不同的保护对象有不同的基准值。环境基准和环境标准是两个不同的概念。环境基准是由污染物同特定对象之间的剂量-反应关系确定的，是一个科学实验的客观记录和科学推论，不考虑社会、经济、技术等人为因素，不具有法律效力。但是，环境基准经常会作为制定环境标准的科学依据。而环境标准是以环境基准为依据，在考虑自然条件和国家或地区的社会、经济、技术等因素的基础上，经过综合分析后制定的，由国家有关管理部门或机关颁布，一般具有法律强制性。

环境基准和环境标准之间具有密切的关系，环境基准是制定环境质量标准的科学依据，而环境标准规定的污染物容许剂量或浓度原则上应小于或等于相应的基准值。

第三节　水 质 标 准

为贯彻执行《中华人民共和国环境保护法》和《中华人民共和国水污染防治法》，防治水环境污染，保护水资源，保障人体健康和生态安全，我国已经颁布了多项水环境质量标准和水污染物排放标准。

水环境质量标准主要包括《地表水环境质量标准》（GB 3838—2002）、《地下水质量标准》（GB/T 14848—2017）、《海水水质标准》（GB 3097—1997）、《生活饮用水卫生标准》（GB 5749—2006）、《农田灌溉水质标准》（GB 5084—2021）、《渔业水质标准》（GB 11607—1989）等。

水污染物排放标准主要包括《污水综合排放标准》（GB 8978—1996）、《城镇污水处理厂污染物排放标准》（GB 18918—2002）、《污水海洋处置工程污染控制标准》（GB 18486—2001）、《医疗机构水污染物排放标准》（GB 18466—2005），以及皂素、煤炭、啤酒、柠檬酸、味精、兵器、合成氨、造纸、畜禽养殖、磷肥、烧碱、聚氯乙烯、航天推进剂、钢铁、肉类加工、纺织染整、海洋石油开发、船舶等各行业的污水排放标准。

根据技术、经济与社会的发展需要，标准通常会在若干年后进行修订。修订时一般标准序号不变，仅改变发布年份，用新标准代替旧标准。水环境质量标准和水污染物排放标准一般都有配套的环境监测方法标准和环境标准样品标准，以便于其执行。

一、《地表水环境质量标准》

《地表水环境质量标准》（GB 3838—2002）适用于我国领域内江河、湖泊、运河、渠道、水库等具有使用功能的地表水水域。具有特定功能的水域执行相应的专业用水水质标准。

《地表水环境质量标准》中监测项目共计 109 项，包括地表水环境质量标准基本项目 24 项，集中式生活饮用水地表水源地补充项目 5 项，集中式生活饮用水地表水源地特定项目 80 项。在首次增加的 80 项集中式生活饮用水地表水源地特定项目中，有 68 项为有机污染物，其余多为重金属污染物。

该标准依据地表水水域环境功能和保护目标，按功能高低依次划分为以下五类。

Ⅰ类主要适用于源头水、国家自然保护区。

Ⅱ类主要适用于集中式生活饮用水地表水源地一级保护区、珍稀水生生物栖息地、鱼虾类产卵场、仔稚幼鱼的索饵场等。

Ⅲ类主要适用于集中式生活饮用水地表水源地二级保护区、鱼虾类越冬场、洄游通道、水产养殖区等渔业水域及游泳区。

Ⅳ类主要适用于一般工业用水区及人体非直接接触的娱乐用水区。

Ⅴ类主要适用于农业用水区及一般景观要求水域。

对应地表水上述五类水域功能，将地表水环境质量标准基本项目标准值也分为五类，不同功能类别分别执行相应类别的标准值。水域功能类别高的标准值严于水域功能类别低的标准值。同一水域兼有多类使用功能的，执行最高功能类别对应的标准值。执行时采用“一票否决”的评价方法，例如，只要有一项水质指标为劣Ⅴ类，则不论其他指标怎样，整个水体即为劣Ⅴ类水体。

该标准不仅规定了水环境质量应控制的项目及限值，还对水质评价、水质项目的分析方法和标准的实施与监督进行了明确规定。

二、《生活饮用水卫生标准》

《生活饮用水卫生标准》（GB 5749—2006）是从保护人群身体健康和保证人类生活质量出发，对饮用水中与人群健康的各种因素（物理、化学和生物），以法律形式作的量值规定，以及为实现量值所作的有关行为规范的规定。

该标准主要包括两部分的内容：一是法定的量的限值，指为保证生活饮用水中各种有害因素不影响人群健康和生活质量的法定的量的限值；二是法定的行为规范，指为保证生活饮用水各项指标达到法定量的限值，对集中式供水单位生产的各个环节的法定行为规范。

该标准规定了生活饮用水水质卫生要求、生活饮用水水源水质卫生要求、集中式供水单位卫生要求、二次供水卫生要求、涉及生活饮用水卫生安全产品卫生要求、水质监测和水质检验方法。该标准适用于城乡各类集中式供水的生活饮用水，也适用于分散式供水的生活饮用水。

为保证用户饮用安全，生活饮用水水质应符合以下基本要求：生活饮用水中不得含有病原微生物；生活饮用水中化学物质不得危害人体健康；生活饮用水中放射性物质不得危害人体健康；生活饮用水的感官性状良好；生活饮用水应经消毒处理。

该标准中的水质指标增加至 106 项，包括 42 项常规指标和 64 项非常规指标，类别涉及微生物指标、饮用水消毒剂指标、毒理指标、感官性状和一般化学指标、放射性指标。其中常规指标是指能反映生活饮用水水质基本状况的指标，非常规指标是根据地区、时间或特殊情况需要实施的生活饮用水水质指标。

三、《污水综合排放标准》

《污水综合排放标准》（GB 8978—1996）按照污水排放去向，分年限规定了 69 种水污染物最高允许排放浓度及部分行业最高允许排水量。该标准适用于现有单位水污染物的排放管理，以及建设项目的环境影响评价、建设项目环境保护设施设计、竣工验收及其投产后的排放管理。

按照国家综合排放标准与国家行业排放标准不交叉执行的原则，造纸工业、船舶工业、海洋石油开发工业、纺织染整工业、肉类加工工业、合成氨工业、钢铁工业、航天推进剂、兵器工业、磷肥工业、烧碱和聚氯乙烯工业等行业执行相应的行业标准，其他水污染物排放均执行该标准。

该标准将排放的污染物按其性质及控制方式分为以下两类。

第一类污染物是指能在环境或动植物体内蓄积，对人体健康产生长远不良影响的污染物。含有第一类污染物的污水或废水，不分行业和污水排放方式，也不分收纳水体的功能类别，一律在车间或车间处理设施排放口采样，其最高允许排放浓度必须符合规定要求。

第二类污染物是指长远影响小于第一类的污染物，在排污单位排放口采样，其最高允许排放浓度以 1997 年 12 月 31 日为建设时限，在该时间前、后建设的企业分别执行不同的标准值。同时最高允许排放浓度又分为三级，根据地表水域使用功能要求和污水排放去向分别执行一、二、三级标准。

该标准中除了规定各类企业废水的采样位置、采样频率及相应的达标限值外，还要求对各企业的用水总量进行测量，以保证对排水中各监测指标的浓度和排污总量进行双达标控制，同时对获取监测数据的分析方法也进行了明确规定。

除污水综合排放标准以外，值得说明的是我国的污水处理排放标准正处于改革发展中，经历了《污水综合排放标准》（GB 8978—1988）、《城市污水处理厂污水污泥排放标准》（CJ 3025—1993）、《污水综合排放标准》（GB 8978—1996）及《城镇污水处理厂污染物排放标准》（GB 18918—2002）的发展历程，每个标准都在不同的历史阶段发挥了积极的作用，有力地推动了我国污水处理事业的发展。《城镇污水处理厂污染物排放标准》（GB 18918—2002）是目前最新的标准，较《污水综合排放标准》，其系统性、完整性、可操作性均有较大程度的提高。

第四节　大 气 标 准

为了给人民生活和生产创造清洁适宜的环境，防治大气环境污染，保障人体健康和生态安全，我国已经颁布了多项大气环境质量标准和大气污染物排放标准。

（1）大气环境质量标准：大气环境质量标准是以保障人体健康和正常生活条件为主要目标，规定出大气环境中某些主要污染物的最高允许浓度。它是进行大气污染评价，制定大气污染防治规划和大气污染物排放标准的依据，是进行大气环境管理的依据。

（2）大气污染物排放标准：这是以实现大气环境质量标准为目标，对污染源排入大气的污染物容许含量作出限制，是控制大气污染物的排放量和进行净化装置设计的依据，同时也是环境管理部门的执法依据。大气污染物排放标准可分为国家标准、地方标准和行业标准。

（3）大气污染控制技术标准：这是大气污染物排放标准的辅助规定。它根据大气污染物排放标准的要求，结合生产工艺特点、燃料、原料使用标准、净化装置选用标准、烟囱高度标准及卫生防护带标准等，都是为保证达到污染物排放标准而从某一方面作出的具体技术规定，目的是使生产、设计和管理人员易掌握和执行。

（4）警报标准：这是大气环境污染不致恶化或根据大气污染发展趋势，预防发生污染事故而规定的污染物含量的极限值。超过这一极限值时就发生警报，以便采取必要的措施。警报标准的制定主要建立在对人体健康的影响和生物承受限度的综合研究基础之上。

大气环境质量标准主要包括《环境空气质量标准》（GB 3095—2012）、《室内空气质量标准》（GB/T 18883—2002）、《乘用车内空气质量评价指南》（GB/T 27630—2011）等。

大气污染物排放标准主要包括《大气污染物综合排放标准》（GB 16297—1996）、《锅炉大气污染物排放标准》（GB 13271—2014）、《工业炉窑大气污染物排放标准》（GB 9078—1996）、《炼焦化学工业污染物排放标准》（GB 16171—2012）、《恶臭污染物排放标准》（GB 14554—1993），以及煤炭工业、水泥工业、火电厂、饮食业、轻型汽车、摩托车等行业的大气污染物排放标准。

一、大气环境质量标准

1.《环境空气质量标准》

《环境空气质量标准》（GB 3095—2012）的制定是为了贯彻《中华人民共和国环境保

护法》和《中华人民共和国大气污染防治法》，保护和改善生活环境、生态环境，保障人体健康。

该标准中规定了环境空气功能区分类、标准分级、污染物项目、平均时间及浓度限值、监测方法、数据统计的有效性规定及实施与监督等内容。标准适用于环境空气质量评价与管理。标准中的污染物浓度均为质量浓度。

该标准根据地区的地理、气候、生态、政治、经济和大气污染程度，将环境空气质量功能区划分为两类。一类区是指国家规定的自然保护区、风景名胜区和其他需特殊保护的地区。二类区是指居住区、商业交通居民混合区、文化区、工业区和农村地区。

该标准将环境空气质量标准分为二级，一类区执行一级标准，二类区执行二级标准。

污染物项目包括二氧化硫（SO_2）、二氧化氮（NO_2）、一氧化碳（CO）、臭氧（O_3）、可吸入颗粒物（PM_{10}）、细颗粒物（$PM_{2.5}$）、总悬浮颗粒物（TSP）、氮氧化物（NO_x）、铅（Pb）、苯并[a]芘（BaP）等。

对于环境空气污染物监测点位的布设，应按照《环境空气质量监测点位布设技术规范（试行）》（HJ 664—2013）中的要求执行。对于采样环境、采样高度及采样频率，规定按照《环境空气气态污染物（SO_2、NO_2、O_3、CO）连续自动监测系统运行和质控技术规范》（HJ 818—2018）、《环境空气气态污染物（SO_2、NO_2、O_3、CO）连续自动监测系统安装验收技术规范》（HJ 193—2013）、《环境空气颗粒物（PM_{10}和$PM_{2.5}$）连续自动监测系统运行和质控技术规范》（HJ 817—2018）、《环境空气颗粒物（PM_{10}和$PM_{2.5}$）连续自动监测系统安装和验收技术规范》（HJ 655—2013）或《环境空气质量手工监测技术规范》（HJ/T 194—2017）的具体要求执行。

2.《室内空气质量标准》

随着生活水平的日益提高，人们对室内空气质量的要求也日益提高。《室内空气质量标准》（GB/T 18883—2002）制定的目的是保护人体健康，预防和控制室内空气污染。

该标准中规定了室内空气质量参数及检验方法，以及各项污染物的达标浓度限值，适用于住宅和办公建筑物，其他室内环境可参照本标准执行。

该标准规定的控制项目不仅有化学性污染，还有物理性、生物性和放射性污染。对影响室内空气质量的物理因素（温度、湿度和空气流速）视季节性规定了达标限值；化学性污染物质中不仅有人们熟悉的甲醛、苯、氨等污染物质，还有可吸入颗粒物、二氧化碳、二氧化硫等共 13 项化学性污染物质；对 2 种生物性和放射性指标也分别规定了达标限值，充分考虑了室内空气的特殊性。

3.《乘用车内空气质量评价指南》

《乘用车内空气质量评价指南》（GB/T 27630—2011）于 2012 年 3 月 1 日正式实施，其规定了车内空气中苯、甲苯、二甲苯、乙苯、苯乙烯、甲醛、乙醛、丙烯醛的浓度要求。

《乘用车内空气质量评价指南》填补了我国车内空气质量标准的空白，使得车内空气质量是否达标有了明确的参考标准依据，车内空气检测有据可依；同时对检测技术、仪器、环境等作出了严格的要求，可以更加客观公正地评判各品牌汽车的车内空气质量。该指南在评价乘用车内空气质量时主要适用于所销售的新生产汽车，使用中的车辆也可参照使用，但对于行驶过程中车内空气质量的评价，该标准仅具有参考作用。

二、大气污染物排放标准

我国大气污染物排放标准主要由大气固定源污染物排放标准和大气移动源污染物排放标准两部分组成。

1. 大气固定源污染物排放标准

大气固定源污染物排放标准由综合性排放标准和行业性排放标准组成，两类标准遵循不交叉执行的原则，并实施行业标准优先执行原则，其他大气污染物排放则执行综合标准。根据国务院批复实施的《重点区域大气污染防治“十二五”规划》的相关规定，在重点控制区的火电、钢铁、石化、水泥、有色、化工六大行业，以及燃煤锅炉项目则需执行大气污染物特别排放限值。

《大气污染物综合排放标准》（GB 16297—1996）规定了33种大气污染物的排放限值，适用于现有污染源大气污染物排放管理，建设项目的环境影响评价与设计、环境保护设施竣工验收及其投产后的大气污染物排放管理。该标准的指标体系包括：①通过排气筒排放的污染物最高允许排放浓度；②通过排气筒排放的污染物，按排气筒高度规定的最高允许排放速率；③以无组织方式排放的污染物，规定无组织排放的监控点及相应的监控浓度限值。任何一个排气筒必须同时遵守①和②两项指标，超过其中一项即为超标排放。

工业企业排放的大气污染物具有其行业特点和特殊性，需要制定更有针对性的行业性排放标准，实施更有针对性的科学监管，一系列相应的行业标准先后发布，如《水泥工业大气污染物排放标准》（GB 4915—2013）、《砖瓦工业大气污染物排放标准》（GB 29620—2013）、《电子玻璃工业大气污染物排放标准》（GB 29495—2013）、《轧钢工业大气污染物排放标准》（GB 28665—2012）等。

2. 大气移动源污染物排放标准

大气移动源污染物排放标准为防治机动车污染物排放对环境的污染，改善空气环境质量，我国的大气移动源污染物排放标准主要限制机动车辆尾气排放，现有的标准有《城市车辆用柴油发动机排气污染物排放限值及测量方法（WHTC 工况法）》（HJ 689—2014）、《轻型汽车污染物排放限值及测量方法（中国第六阶段）》（GB 18352.6—2016）、《重型车用汽油发动机与汽车排气污染物排放限值及测量方法（中国Ⅲ、Ⅳ阶段）》（GB 14762—2008）等20余项。

三、大气监测规范和方法标准

我国的大气环境保护标准还包括大气环境监测规范和一系列方法标准。例如，《环境空气质量监测点位布设技术规范（试行）》（HJ 664—2013）规定了环境空气质量监测点位布设原则和要求、环境空气质量监测点位布设数量、在环境空气质量监测点位开展的监测项目等内容。《环境空气颗粒物（$PM_{2.5}$）手工监测方法（重量法）技术规范》（HJ 656—2013）等方法标准规定了污染物的监测方法。《环境空气颗粒物（PM_{10} 和 $PM_{2.5}$）连续自动监测系统技术要求及检测方法》（HJ 653—2013）、《环境空气气态污染物（SO_2、NO_2、O_3、CO）连续自动监测系统技术要求及检测方法》（HJ 654—2013）、《环境空气颗粒物（PM_{10}和 $PM_{2.5}$）采样器技术要求及检测方法》（HJ 93—2013）、《环境空气颗粒物（PM_{10}和 $PM_{2.5}$）连续自动监测系统安装和验收技术规范》（HJ 655—2013）、《环境空气气态污染物（SO_2、NO_2、O_3、CO）连续自动监测系统安装验收技术规范》（HJ 193—2013）等标准则明确了我国空气污染物自动连续监测技术要求和检测方法。《环境空气质量评价技术规范（试行）》规定了环境空气质量评价的范围、评价时段、评价项目、评价方法及数据统计方法等内容。

第五节　其他环境标准

一、固体废物控制标准

为防止生活垃圾、工业固体废物、危险废物在处理处置过程中对土壤、地表水、地下水和空气造成污染，进而危害人体健康和农业生产，我国制定了有关固体废物的控制标准。

固体废物控制标准包括固体废物污染控制标准、危险废物鉴别标准、固体废物鉴别方法标准和其他相关标准等。例如，《危险废物焚烧污染控制标准》（GB 18484—2020）、《生活垃圾焚烧污染控制标准》（GB 18485—2014）、《危险废物贮存污染控制标准》（GB 18597—2001）、《危险废物填埋污染控制标准》（GB 18598—2019）、《一般工业固体废物贮存、处置场污染控制标准》（GB 18599—2001）、《生活垃圾填埋场污染控制标准》（GB 16889—2008）、《机械安全　防护装置　固定式和活动式防护装置的设计与制造一般要求》（GB/T 8196—2018）、《危险废物鉴别标准　腐蚀性鉴别》（GB 5085.1—2007）、《危险废物鉴别标准　急性毒性初筛》（GB 5085.2—2007）、《危险废物鉴别标准　浸出毒性鉴别》（GB 5085.3—2007）等。

二、土壤环境质量标准

土壤环境质量标准规定了土壤中污染物的最高允许浓度或范围，是判断土壤质量的依据。

我国目前颁布的土壤环境质量标准有《土壤环境质量　农用地土壤污染风险管控标准（试行）》（GB 15618—2018）、《土壤环境质量　建设用地土壤污染风险管控标准（试行）》（GB 36600—2018）、《食用农产品产地环境质量评价标准》（HJ 332—2006）、《温室蔬菜产地环境质量评价标准》（HJ 333—2006）等。

《土壤环境质量标准》自 1995 年发布实施后，在我国土壤环境保护工作中发挥了积极作用，但随着形势的发展变化，该标准已不能满足当前土壤环境管理的需要。2018 年，两项标准《土壤环境质量　农用地土壤污染风险管控标准（试行）》（GB 15618—2018）和《土壤环境质量　建设用地土壤污染风险管控标准（试行）》（GB 36600—2018）发布，原《土壤环境质量标准》（GB 15618—1995）废止。

《土壤环境质量　农用地土壤污染风险管控标准（试行）》是为保护农用地土壤环境，管控农用地土壤污染风险，保障农产品质量安全、农作物正常生长和土壤生态环境而制定的。该标准规定了农用地土壤污染风险筛选值和管制值，以及监测、实施与监督要求。农用地土壤污染风险筛选值是指农用地土壤中污染物含量等于或低于该值的，对农产品质量安全、农作物生长或土壤生态环境的风险低，一般情况下可以忽略；超过该值的，对农产品质量安全、农作物生长或土壤生态环境可能存在的风险，应当加强土壤环境监测和农产品协同监测，原则上应当采取安全利用措施。而农用地土壤污染风险管制值是指农用地土壤中污染物含量超过该值的，食用农产品不符合质量安全标准等农用地土壤污染风险高，原则上应当采取严格管控措施。

《土壤环境质量　建设用地土壤污染风险管控标准（试行）》是为加强建设用地土壤环境监管，管控污染地块对人体健康的风险，保障人居环境安全而制定的。该标准规定了保护人体健康的建设用地土壤污染风险筛选值和管制值，以及监测、实施与监督要求。建设用地土壤污染风险筛选值是指在特定土地利用方式下，建设用地土壤中污染物含量等于或低于该值的，对人体健康的风险可以忽略；超过该值的，对人体健康可能存在风险，应当开展进一步的详细调查和风险评估，确定具体污染范围和风险水平。建设用地土壤污染风险管制值是指在特定土地利用方式下，建设用地土壤中污染物含量超过该值的，对人体健康通常存在不可接受风险，应当采取风险管控或修复措施。标准中将建设用地分为两类。第一类用地儿童和成人均存在长期暴露风险，主要是居住用地；第二类用地主要是成人存在长期暴露风险，主要是工业用地、物流仓储用地等。标准中针对两类用地分别规定了相应的筛选值和管制值。

三、噪声与振动标准

噪声与振动标准包括声环境质量标准、环境噪声排放标准和监测方法规范三类。我国已颁布的噪声与振动标准主要有《声环境质量标准》（GB 3096—2008）、《城市区域环境振动标准》（GB 10070—1988）、《建筑施工场界环境噪声排放标准》（GB 12523—2011）、《工业企业厂界环境噪声排放标准》（GB 12348—2008）、《机场周围飞机噪声环境标准》（GB 9660—1988）、《铁路边界噪声限值及其测量方法》（GB 12525—1990）、《声屏障声学设计和测量规范》（HJ/T 90—2004）等。

第六节　环境监测技术规范

一、水环境监测技术规范

1.《污水监测技术规范》（HJ 91.1—2019）

本规范适用于江河、湖泊、水库和渠道的水质监测，包括向国家直接报送监测数据的国控网站、省级（自治区、直辖市）、市（地）级、县级控制断面（或垂线）的水质监测，以及污染源排放污水的监测。该规范规定了地表水和污水监测的布点与采样的要求和方法、监测项目、水样的保存及运输、水质采样的质量保证等技术内容，以及污水监测建设项目污水处理设施竣工环境保护验收监测和应急监测等技术内容。

采样点位的确定：在一个监测断面上设置的采样垂线数与各垂线上的采样点数应符合表 7.6.1 和表 7.6.2，湖（库）监测垂线上的采样点的布设应符合表 7.6.3。

表 7.6.1　采样垂线数的设置

水面宽	垂线数	说明
≤50 m	一条（中泓）	1. 垂线布设应避开污染带，要测污染带应另加垂线
50～100 m	两条（近左，右岸有明显水流处）	2. 确定能证明该断面水质均匀时，可仅设中泓垂线
>100 m	三条（左，中，右）	3. 凡在该断面要计算污染物通量时，必须按本表设置垂线

表 7.6.2　采样垂线上的采样点数的设置

水深	采样点数	说明
≤5 m	上层一点	1. 上层指水面下 0.5 m 处，水深不到 0.5 m 时，在水深 1/2 处
5～10 m	上、下层两点	2. 下层指河底以上 0.5 m 处 3. 中层指 1/2 水深处
>10 m	上、中、下三层三点	4. 封冻时在冰下 0.5 m 处采样，水深不到 0.5 m 处时，在水深 1/2 处采样 5. 凡在该断面要计算污染物通量时，必须按本表设置采样点

表 7.6.3　湖（库）监测垂线采样点的设置

水深	分层情况	采样点数	说明
≤5 m		一点（水面下 0.5 m 处）	1. 分层是指湖水温度分层状况
5～10 m	不分层	二点（水面下 0.5 m，水底上 0.5 m）	2. 水深不足 1 m，在 1/2 水深处设置测点
5～10 m	分层	三点（水面下 0.5 m，1/2 斜温层，水底上 0.5 m 处）	3. 有充分数据证实垂线水质均匀时，可酌情减少测点
>10 m	除水面下 0.5 m，水底上 0.5 m 处外，按每一斜温分层 1/2 处设置		

地表水的监测项目和工业废水监测项目参见《污水监测技术规范》（HJ 91.1—2019）。

2.《地下水环境监测技术规范》（HJ/T 164—2004）

本规范适用于地下水的环境监测，包括向国家直接报送监测数据的国控监测井，省（自治区、直辖市）级、市（地）级、县级控制监测井的背景值监测和污染控制监测。本规范不适用于地下热水、矿水、盐水和卤水。

本规范规定了地下水监测点网设计、地下水样品的采集和现场监测、样品管理、监测项目和分析方法、实验室分析及质量控制、资料整编等技术内容。

监测项目可分为常规监测项目和特殊项目。

（1）地下水常规监测项目见表 7.6.4。

表 7.6.4　地下水常规监测项目表

必测项目	选测项目
pH、总硬度、溶解性总固体、氨氮、硝酸盐氮、亚硝酸盐氮、挥发性酚、总氰化物、高锰酸盐指数、氟化物、砷、汞、镉、六价铬、铁、锰、大肠菌群	色、臭和味、浑浊度、氯化物、硫酸盐、碳酸氢盐、石油类、细菌总数、硒、铍、钡、镍、六六六、滴滴涕、总 α 放射性、总 β 放射性、铅、铜、锌、阴离子表面活性剂

（2）特殊项目包括：①生活饮用水：可根据《生活饮用水卫生标准》（GB 5749—2006）和《生活饮用水水质卫生规范》（2001 年）中规定的项目选取。②工业用水：工业上用作冷却、冲洗和锅炉用水的地下水，可增测侵蚀性二氧化碳、磷酸盐、硅酸盐等项目。③城郊、农村地下水：考虑施用化肥和农药的影响，可增加有机磷、有机氯农药及凯氏氮等项目。当地下水用作农田灌溉时，可按《农田灌溉水质标准》（GB 5084—2005）中规定，选取全盐量等项目。④北方盐碱区和沿海受潮汐影响的地区可增加电导率、溴化物和碘化物等监测项目。⑤矿泉水：应增加水量、硒、锶、偏硅酸等反映矿泉水质量和特征的特种监测项目。⑥水源

性地方病流行地区应增加地方病成因物质监测项目。⑦地下水受污染地区根据污染物的种类和浓度，适当增加或减少有关监测项目。⑧在区域水位下降漏斗中心地区、重要水源地、缺水地区的易疏干开采地段，应增测水位。

分析方法选择原则：优先选用国家或行业标准分析方法；尚无国家或行业标准分析方法的监测项目，可选用行业统一分析方法或行业规范；采用经过验证的 ISO、美国 EPA 和日本 JIS 方法体系等其他等效分析方法，其检出限、准确度和精密度应能达到质控要求；采用经过验证的新方法，其检出限、准确度和精密度不得低于常规分析方法。地下水分析监测方法参见《地下水环境监测技术规范》（HJ 164—2020）。

二、大气环境监测技术规范

1. 环境空气实验室监测规范

实验室空气中如含有固体、液体的气溶胶和污染气体，会对痕量分析和超痕量分析造成较大的误差。例如，在一般通风柜中蒸发 200 g 溶剂，可得 6 mg 残留物，若在清洁空气中蒸发可降至 0.08 mg。因此，痕量和超痕量分析及某些高灵敏度的仪器，应在超净实验室中进行或使用。超净实验室中空气清洁度常采用 100 号。这种清洁度是根据悬浮固体颗粒物的大小和数量多少分类的。具体见表 7.6.5。

表 7.6.5　空气清洁度的分类

清洁度分类	工作面上最大污染颗粒物数/(个/m²)	颗粒物直径/μm
100	100 0	≥0.5 ≥5.0
10000	10000 65	≥0.5 ≥5.0
100000	100000 700	≥0.5 ≥5.0

要达到清洁度为 100 号，空气进口必须用高效过滤器过滤。高效过滤器效率为 85%～95%，对空气动力学当量直径为 0.5～5.0 μm 颗粒物的过滤效率为 85%，对空气动力学当量直径大于 5.0 μm 颗粒物的过滤效率为 95%。超净实验室一般较小，面积约 12 m²，并有缓冲室，四壁涂环氧树脂油漆，桌面用聚四氟乙烯或聚乙烯膜，地板用整块塑料制成，门窗密闭，使用空调，室内略带正压、通风采用层流。

没有超净实验室条件的可采用相应措施。例如，样品的预处理、蒸干、消化等操作最好在专门的毒气柜内进行，并与一般实验室、仪器室分开。几种分析同时进行时应注意防止相互交叉污染。

2.《环境空气质量手工监测技术规范》（HJ 194—2017）

该标准规定了环境空气质量手工监测的点位布设、采样时间和频率、样品采集、样品运输和保存、数据处理、质量保证和质量控制等技术要求，适用于采用手工方法对环境空气质量进行监测的活动。

采样点位应根据监测任务的目的、要求布设，必要时进行现场踏勘后确定。所选点位应具有较好的代表性，监测数据能客观反映一定空间范围内空气质量水平或空气中所测污染物浓度水平。监测点位的布设和数量应满足监测目的及任务要求，具体按照《环境空气质量监测点位布设技术规范（试行）》（GB 664—2013）相关要求执行。

环境空气中的二氧化硫（SO_2）、二氧化氮（NO_2）、氮氧化物（NO_x）、一氧化碳（CO）、臭氧（O_3）、总悬浮颗粒物（TSP）、可吸入颗粒物（PM_{10}）、细颗粒物（$PM_{2.5}$）、铅（Pb）、苯并[a]芘（BaP）等污染物的采样时间及采样频率，根据《环境空气质量标准》（GB 3095—2012）中污染物浓度数据有效性规定的要求确定。其他污染物可参照执行，或者根据监测目的、污染物浓度水平及监测分析方法的检出限等因素确定。

样品的采集方法有：溶液吸收采样法、吸附管采样法、滤膜采样法、滤膜-吸附剂联用采样法、直接采样法、被动采样法，具体操作方法参见《环境空气质量手工监测技术规范》内容。

3.《环境空气气态污染物（SO_2、NO_2、O_3、CO）连续自动监测系统安装验收技术规范》（HJ 193—2013）

该标准规定了环境空气气态污染物（SO_2、NO_2、O_3、CO）连续自动监测系统的安装、调试、试运行和验收的技术要求，适用于环境空气气态污染物（SO_2、NO_2、O_3、CO）连续自动监测系统的安装和验收活动。

监测系统分为点式连续监测系统和开放光程连续监测系统。监测系统分析方法见表 7.6.6。

表 7.6.6　分析仪器推荐选择的分析方法

监测项目	点式分析仪器	开放光程分析仪器
NO_2	化学发光法	差分吸收光谱法
SO_2	紫外荧光法	差分吸收光谱法
O_3	紫外吸收法	差分吸收光谱法
CO	非分散红外吸收法、气体滤波相关红外吸收法	—

关于环境空气气态污染物（SO_2、NO_2、O_3、CO）连续自动监测系统的安装、调试、试运行和验收的详细技术要求参见《环境空气气态污染物（SO_2、NO_2、O_3、CO）连续自动监测系统安装验收技术规范》。

三、土壤环境监测技术规范

《土壤环境监测技术规范》（HJ/T 166—2004）规定了土壤环境监测的布点采样、样品制备、分析方法、结果表征、资料统计和质量评价等技术内容。本规范适用于全国区域土壤背景、农田土壤环境、建设项目土壤环境评价、土壤污染事故等类型的监测。

监测项目分常规项目、特定项目和选测项目；监测频次与其相应。

常规项目：原则上为《土壤环境质量　农用地土壤污染风险管控标准（试行）》（GB 15618—2018）中所要求控制的污染物。

特定项目：《土壤环境质量　农用地土壤污染风险管控标准（试行）》（GB 15618—2018）中未要求控制的污染物，但根据当地环境污染状况，确定在土壤中积累较多、对环境危害较大、影响范围广、毒性较强的污染物，或者污染事故对土壤环境造成严重不良影响的物质，具体项目由各地自行确定。

选测项目：一般包括新纳入的在土壤中积累较少的污染物、由于环境污染导致土壤性状发生改变的土壤性状指标及生态环境指标等，由各地自行选择测定。

土壤监测项目与监测频次见表 7.6.7。监测频次原则上按表 7.6.7 执行，常规项目可按当地实际适当降低监测频次，但不可低于 5 年一次，选测项目可按当地实际适当提高监测频次。

表 7.6.7 土壤监测项目与监测频次

项目类别		监测项目	监测频次
常规项目	基本项目	pH、阳离子交换量	每 3 年一次 农田在夏收或秋收后采样
	重点项目	镉、铬、汞、砷、铅、铜、锌、镍、六六六、滴滴涕	
特定项目（污染事故）		特征项目	及时采样，根据污染物变化趋势决定监测频次
选测项目	影响产量项目	全盐量、硼、氟、氮、磷、钾等	每 3 年监测一次 农田在夏收或秋收后采样
	污水灌溉项目	氰化物、六价铬、挥发酚、烷基汞、苯并[a]芘、有机质、硫化物、石油类等	
	POPs（持久性有机污染物）与高毒类农药	苯、挥发性卤代烃、有机磷农药、多氯联苯（PCB）、多环芳烃（PAH）等	
	其他项目	结合态铝（酸雨区）、硒、钒、稀土总量、钼、铁、锰、镁、钙、钠、铝、硅、放射性比活度等	

分析方法分第一方法、第二方法和第三方法。

第一方法：标准方法（仲裁方法），按土壤环境质量标准中选配的分析方法（表 7.6.8）。

表 7.6.8 土壤常规监测项目及分析方法

监测项目	监测仪器	监测方法	方法来源
镉	原子吸收光谱仪	石墨炉原子吸收分光光度法	GB/T 17141—1997
	原子吸收光谱仪	KI-MIBK 萃取火焰原子吸收分光光度法	GB/T 17140—1997
汞	测汞仪	冷原子吸收分光光度法	GB/T 17136—1997
砷	分光光度计	二乙基二硫代氨基甲酸银分光光度法	GB/T 17134—1997
	分光光度计	硼氢化钾-硝酸银分光光度法	GB/T 17135—1997
铜	原子吸收光谱仪	火焰原子吸收分光光度法	GB/T 17138—1997
铅	原子吸收光谱仪	石墨炉原子吸收分光光度法	GB/T 17141—1997
	原子吸收光谱仪	KI-MIBK 萃取原子吸收分光光度法	GB/T 17140—1997
铬	原子吸收光谱仪	火焰原子吸收分光光度法	HJ 491—2019
锌	原子吸收光谱仪	火焰原子吸收分光光度法	GB/T 17138—1997
镍	原子吸收光谱仪	火焰原子吸收分光光度法	GB/T 17139—1997
六六六和滴滴涕	气相色谱仪	电子捕获气相色谱法	GB/T 14550—2003

续表

监测项目	监测仪器	监测方法	方法来源
六种多环芳烃	液相色谱仪	高效液相色谱法	HJ 478—2009
稀土总量	分光光度计	对马尿酸偶氮氯膦分光光度法	GB 6262—1998
pH	pH 计	森林土壤 pH 测定	LY/T 1239—1999
阳离子交换量	火焰光度计	乙酸钠-火焰光度快速测定法	DB14/T 1606—2018

第二方法：由权威部门规定或推荐的方法。

第三方法：根据各地实情，自选等效方法，但应作标准样品验证或比对实验，其检出限、准确度、精密度不低于相应的通用方法要求水平或待测物准确定量的要求。

四、突发环境事件应急监测技术规范

为贯彻《中华人民共和国环境保护法》、《中华人民共和国大气污染防治法》、《中华人民共和国水污染防治法》和《中华人民共和国固体废物污染环境防治法》，防止环境污染，改善环境质量，规范突发环境事件应急监测，制定了《突发环境事件应急监测技术规范》（HJ 589—2010）。本标准规定了突发环境事件应急监测的布点与采样、监测项目与相应的现场监测和实验室监测分析方法、监测数据的处理与上报、监测的质量保证等的技术要求。本标准适用于因生产、经营、储存、运输、使用和处置危险化学品或危险废物及意外因素或不可抗拒的自然灾害等原因而引发的突发环境事件的应急监测，包括地表水、地下水、大气和土壤环境等的应急监测。本标准不适用于核污染事件、海洋污染事件、涉及军事设施污染事件、生物、微生物污染事件等的应急监测。

五、企业自行监测技术规范

为落实《中华人民共和国环境保护法》《中华人民共和国大气污染防治法》《中华人民共和国水污染防治法》，指导和规范排污单位自行监测工作，制定了《排污单位自行监测技术指南　总则》（HJ 819—2017）。本标准提出了排污单位自行监测的一般要求、监测方案制定、监测质量保证和质量控制、信息记录和报告的基本内容与要求。排污单位可参照此标准在生产运行阶段对其排放的水、气污染物，噪声及对其周边环境质量影响开展监测。此标准适用于无行业自行监测技术指南的排污单位；行业自行监测技术指南中未规定的内容按本标准执行。

六、企业排污许可证申请与核发技术指南

为贯彻落实《中华人民共和国环境保护法》、《中华人民共和国大气污染防治法》、《中华人民共和国水污染防治法》等法律法规以及《控制污染物排放许可制实施方案》和《排污许可管理办法（试行）》，加强大气、水、土壤污染防治，落实相关治理措施和企业主体责任，完善排污许可技术支撑体系，指导排污单位排污许可证申请与核发工作，制定了《排污许可证申请与核发技术规范　总则》（HJ 942—2018）。本标准规定了排污单位基本情况填报要求、许可排放限值确定、实际排放量核算和合规判定的一般方法，以及自行监测、环境

管理台账及排污许可证执行报告等环境管理要求，提出了排污单位污染防治可行技术的原则要求。

本标准适用于指导排污单位填报“排污许可证申请表”及网上填报相关申请信息，适用于指导核发环保部门审核确定排污单位排污许可证许可要求。有行业排污许可证申请与核发技术规范（以下简称行业技术规范）的，执行行业技术规范；无行业技术规范的，执行此标准；行业涉及通用工序的，执行通用工序排污许可证申请与核发技术规范。行业或通用工序排污许可证申请与核发技术规范的编制可参考本标准。

排污许可证申请与核发技术规范有：《排污许可证申请与核发技术规范　水处理（试行）》（HJ 978—2018）、《排污许可证申请与核发技术规范　家具制造工业》（HJ 1027—2019）、《排污许可证申请与核发技术规范　食品制造工业—乳制品制造工业》（HJ 1030.1—2019）、《排污许可证申请与核发技术规范　食品制造工业—调味品、发酵制品制造工业》（HJ 1030.2—2019）等。

第八章　水和废水监测

第一节　概　　述

一、水资源与水污染

水是地球上分布最广的物质之一。地球上的总水量约为 1.36×10^{18} m^3，其中海水约占 97.2%，淡水仅占约 2.8%，且大部分存在于地球南、北极的冰川、冰盖及深层地下，人类可利用的淡水资源总计不到淡水总量的 1%。

我国水资源总量约 2.8 万亿 m^3，但由于人口众多，人均水资源占有量仅 2100 m^3 左右，为世界人均水平的 28%。我国 600 多座城市中，已有 400 多个城市存在供水不足的问题，其中比较严重的缺水城市达 110 个。

水是人类赖以生存的重要物质。随着工农业发展和人口增长，全球的用水量不断增加。20 世纪初，人类的生活和生产活动将大量的生活污水、工业废水直接排入天然水体，使水资源受到污染，引起水质恶化。20 世纪中后期，水资源污染问题受到各国政府的重视，各国相继立法，针对生活污水、工业废水等提出了处理要求，规范排放标准，初步遏制了水资源污染继续恶化的趋势。

水污染一般可分为化学型污染、物理型污染和生物型污染。化学型污染是指排入水体的无机和有机污染物造成的水体污染。物理型污染是指排入水体的有色物质、悬浮物、放射性物质及高于常温的物质造成的污染。生物型污染是指生活污水、医院污水等排入水体的病原微生物造成的污染。

污染物进入水体后，经稀释作用和一系列复杂的物理、化学和生物作用，污染物浓度降低，该过程称为水体自净。污染物排入量超过水体自净能力会造成污染物积累，水质急剧恶化。水体是否被污染，污染程度如何，需要通过相关水质指标的监测结果来判断。

二、水质监测的目的

水质监测可分为环境水体监测和水污染源监测。环境水体监测的对象为地表水（江、河、湖、库、海洋）和地下水。水污染源监测的对象为生活污水、医院污水、工业废水等。

进行水质监测的目的可概括为以下几点。

（1）对地表水和地下水中的污染物质进行经常性的监测，以掌握水质现状及其变化趋势。

（2）对生活设施、生产过程及其他排放源排放的各类废水进行监视性监测，为污染源管理和排污收费提供依据。

（3）对水环境污染事故进行应急监测，为分析判断事故原因、危害及制定对策提供依据。

（4）对环境污染纠纷进行仲裁性监测，为准确判断纠纷原因和公正执法提供依据。

（5）为国家政府部门制定环境保护法规、标准和规划，全面开展环境保护管理工作提供有关数据和资料。

（6）为开展水环境质量评价、预测预报及进行环境科学研究提供基础数据和技术手段。

三、水质监测项目

水质监测项目，即水质指标，依据水体功能和污染源类型的不同具有较大差异。随着检测手段和分析方法的发展，国内外水质标准的不断更新与补充，水质监测项目也不断增加。

选择水和废水的监测项目应首先确定环境优先污染物为优先监测项目。主要的污染指标分为物理性质指标、化学性质指标和生物性质指标三种。

根据水体功能、污染源类型和污染物排放的方式等，在《环境监测技术规范》中对地表水、生活污水和一般工业废水等规定了主要的监测项目。不同监测对象的监测项目可参见第七章相关内容。对于特殊行业，如医院污水、放射性废水等，应根据具体行业的特点，有针对性地重点测定。

四、水质监测分析方法

正确选择监测分析方法是获得准确测试结果的关键因素之一。选择水质监测分析方法的基本原则包括：①方法灵敏度能满足定量要求；②方法成熟、准确；③操作简便，易于普及；④抗干扰能力强；⑤试剂无毒或毒性较小。

为使监测数据具有可比性，国际标准化组织（ISO）和各国在大量实践的基础上，对水中不同污染物质都编制了规范化的监测分析方法。我国的水质监测分析方法分为三个层次：①国家水质标准分析方法，其成熟性和准确度好，是评价其他监测分析方法的基准方法，也是环境污染纠纷法定的仲裁方法；②统一分析方法，是已经过多个单位实验验证，但尚欠成熟的方法，在使用中不断完善，为上升为国家标准方法创造条件；③等效方法，其灵敏度、精密度、准确度与前两个层次的方法具有可比性，或者是一些先进的新方法，但必须经过方法验证和对比实验。

水质常规分析测试方法包括化学分析法和仪器分析法，各类方法适用的测定项目如表 8.1.1 所示。随着科学技术的发展，水质监测技术和方法逐渐向仪器化、自动化、在线连续监测的方向发展。

表 8.1.1 各类监测分析方法测定项目

分析方法	测定项目
重量法	悬浮物、溶解固体物、矿化度、石油类等
滴定法	酸度、碱度、溶解氧、CO_2、总硬度、Ca^{2+}、Mg^{2+}、氨氮、Cl^-、CN^-、S^{2-}、COD、BOD、高锰酸盐指数、游离氯和总氯、挥发酚等
分光光度法	Ag、As、Be、Ba、Co、Cr、Cu、Hg、Mn、Ni、Pb、Fe、Sb、Zn、氨氮、凯氏氮、总氮、F^-、CN^-、SO_4^{2-}、S^{2-}、游离氯和总氯、挥发酚、浊度、甲醛、三氯乙醛、苯胺类、硝基苯类、阴离子表面活性剂、石油类等
原子吸收光谱法	K、Na、Ag、Ca、Mg、Be、Ba、Cd、Cu、Zn、Ni、Pb、Sb、Fe、Mn、Al、Cr、Se、Ti、V、SO_4^{2-}、S^{2-}、Hg、As 等
电感耦合等离子体原子发射光谱法	K、Na、Ca、Mg、Be、Ba、Pb、Zn、Ni、Cd、Co、Fe、Cr、Mn、V、Al、As 等
气相分子吸收光谱法	NO_2^-、NO_3^-、氨氮、凯氏氮、总氮、S^{2-}等
离子色谱法	F^-、Cl^-、NO_2^-、SO_4^{2-}、HPO_4^{2-}、PO_4^{3-}等

续表

分析方法	测定项目
电化学法	电导率、E_h、pH、溶解氧、酸度、碱度、F^-、Cl^-、Pb、Ni、Cu、Cd、Zn、Mo、Zn、V、COD、BOD、可吸附有机卤化物、总有机卤化物等
气相色谱法	苯系物、挥发性卤代烃、挥发性有机物、三氯乙醛、氯苯类、硝基苯类、有机磷农药等
高效液相色谱	多环芳烃、酚类、苯胺类、邻苯二甲酸酯类等
气相色谱-质谱法	挥发性有机物、半挥发性有机物、苯系物、二氯酚和五氯酚、邻苯二甲酸酯和己二酸酯、有机氯农药、多环芳烃、二噁英类、多氯联苯、有机锡化合物等
非色散红外吸收法	总有机碳、石油类等
荧光光谱法	苯并[a]芘等
比色法和比浊法	I^-、F^-、色度、浊度等
生物监测法	浮游生物、着生生物、底栖动物、鱼类生物调查、初级生产力、细菌总数、总大肠菌群、粪大肠菌群、沙门氏菌属、粪链球菌、生物毒性实验等

第二节　水质监测方案制订

监测方案是完成一项监测任务的程序和技术方法的总体设计，制订时首先要明确监测目的，然后在调查研究的基础上确定监测项目，设置监测点，合理安排采样频率和采样时间，选择采样方法和分析测定方法，提出监测报告要求，制订质量控制和保证措施等。

一、地表水监测方案

1. 基础资料收集与实地调查

制订监测方案前，应尽可能完备地收集监测水体的相关资料，主要包括：①水体的水文、气候、地质和地貌资料；②水体沿岸城市分布、人口分布、工业布局、污染源及排污情况等；③水体沿岸的资源现状和水资源的用途等；④历年水质监测资料等。

在收集基础资料的基础上，对监测水体进行实地调查，以熟悉监测水体的环境，了解环境信息的变化情况和变化趋势。

2. 监测断面的设置

地表水采集布点目前普遍采用断面布设法。采样断面是指河流、湖泊、水库中假设的几何横断面。根据其作用，采样断面分为背景断面、对照断面、控制断面及削减断面等多种类型。根据不同的水系现状、监测要求、排污状况，设置不同的监测断面。图 8.2.1 是考虑了对照断面、控制断面和削减断面后，设置的河流监测断面示意情况。图 8.2.2 为典型的湖、库监测断面设置示意图。

一般应在下列位置设置监测断面。

（1）有大量废水排入河流的主要居民区、工业区的上游和下游处。

（2）湖泊、水库、河口的主要入口和出口处。

（3）饮用水源区、水资源集中的水域、主要风景游览区、水上娱乐区及重大水力设施所在地等功能区。

（4）较大支流汇合口上游和汇合后与干流充分混合处；入海河流的河口处；受潮汐影响的河段和严重水土流失区。

（5）国际河流出入国境线的出入口处。

（6）应尽可能与水文测量断面重合，并要求交通方便，有明显岸边标志。

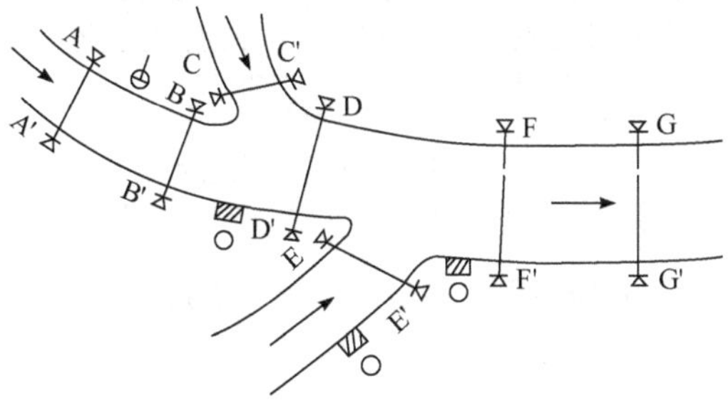

图 8.2.1 河流监测断面设置示意图

→. 水流方向；⏀. 自来水厂取水点；○. 污染源；▨. 排污口；A-A′. 对照断面；
B-B′、C-C′、D-D′、E-E′、F-F′. 控制断面；G-G′. 削减断面

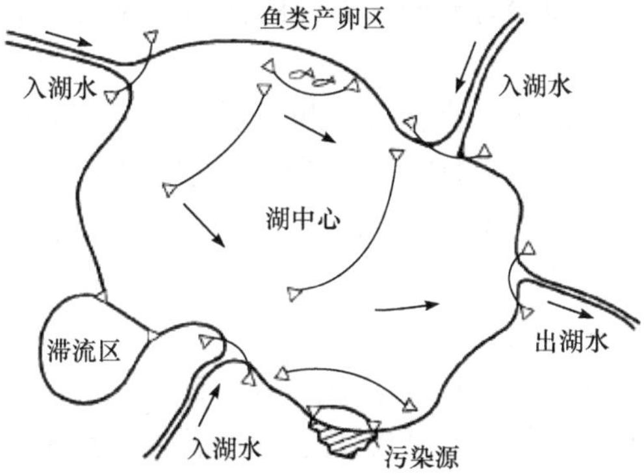

图 8.2.2 湖、库监测断面设置示意图

▽—▽：监测断面

3. 采样点的确定

设置监测断面后，应根据水面的宽度确定断面上的采样垂线，再根据采样垂线的深度确定采样点位置和数目。

对于江、河水系，河宽在 50 m 以下时，只设中泓一条垂线；河宽 50～100 m 时，设左右两条垂线（在近左、右岸有明显水流处各设一条）；河宽 100～1000 m 时，设左、中、右三条垂线（中泓及近左、右岸有明显水流处）；河宽大于 1500 m 时，至少设五条等距离垂线。较宽的河口处还应酌情增加垂线数目。

在一条垂线上，水深不足 0.5 m 时，在 1/2 水深处设采样点；水深 0.5～5 m 时，只在水面下 0.5 m 处设一个采样点；水深 5～10 m 时，设两个采样点，即水面下 0.5 m 处和距河底 0.5 m 处各设一点；水深 10～50 m 时，设三个采样点，即水面下 0.5 m 处一点，距河底 0.5 m 处一点及 1/2 水深处一点；水深超过 50 m 时，则应酌情增加采样点数。

湖泊和水库采样断面上采样点的确定方法与河流相同。但如果湖泊、水库存在温度分层现象，则按图 8.2.3 所示考虑分层设置采样点。

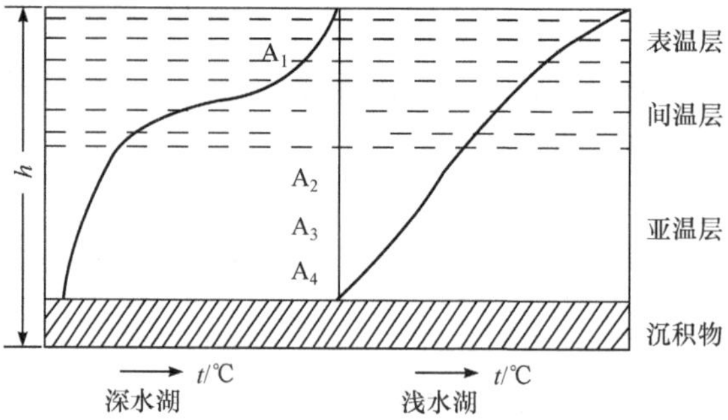

图 8.2.3　间温层采样点设置示意

A_1. 表温层中；A_2. 间温层下；A_3. 亚温层中；A_4. 沉积物与水介质交界面上约 0.5 m 处；*h*. 水深

海域的采样点也根据水深分层设置，如水深 50～100 m，在表层、10 m 层、50 m 层和底层设采样点。

4. 采样时间和采样频率的确定

为使采集的水样能反映水体水质在时间上的变化规律，需要合理安排采样时间和采样频率，力求以最低的采样频率取得最有时间代表性的样品。我国水质监测规范要求包括以下几个方面。

（1）饮用水源地、省（自治区、直辖市）和特别行政区交接断面中需要重点控制的监测断面，每月至少采样监测 1 次，采样时间根据具体情况确定。

（2）较大的水系、河流、湖、库的监测断面，每逢单月采样监测 1 次，全年 6 次。采样时间为丰水期、枯水期和平水期，每期采样 2 次。水体污染比较严重时，酌情增加采样监测次数。底质每年在枯水期采样监测 1 次。

（3）受潮汐影响的监测断面分别在大潮期、小潮期进行采样监测。每次采集涨潮、退潮水样。涨潮水样应在断面处水面涨平时采集，退潮水样应在水面退平时采集。

（4）属于国家监控的断面（或垂线），每月采样监测 1 次，在每月 5～10 日进行。

（5）如某必测项目连续 3 年均未检出，且在断面附近确无新增污染源，而现有污染源排污量未增加，在此情况下，可每年采样监测 1 次。一旦检出，或在断面附近有新增污染源，或现有污染源新增排污量时，即恢复正常采样。

（6）水系背景断面每年采样监测 1 次，在污染可能较重的季节进行。

（7）海水水质常规监测，每年按丰水期、平水期、枯水期或季度采样监测 2～4 次。

二、地下水监测方案

地下水狭义上指埋藏于地面以下岩土孔隙、裂隙、溶隙饱和层中的重力水，广义上指地表以下各种形式的水。地下水可分为上层滞水、潜水和承压水。上层滞水的水质与地表水水质基本相同。潜水含水层通过包气带直接与大气圈、水圈相通，因此具有季节性变化的特点。承压水地质条件不同于潜水，受水文、气象因素直接影响小，含水层的厚度不受季节变化影响，水质不易受人为活动污染。目前地下水监测的对象主要是潜水，根据需要也可监测承压水。

地下水水质监测是为了掌握地下水环境质量状态和地下水体中污染物的动态变化。监控地下水重点污染区和可能产生污染的地区，监视污染源对地下水的污染程度和动态变化，以反映所在区域地下水的污染特征。

1. 资料收集与调查

收集监测区域的水文、地质、气象等方面的资料和以往的监测资料，如地质图、测绘图、现有水井的水质、含水层分布、地下水补给水源的特征和利用情况、地下水径流和流向、温度、湿度、降水量等。

调查监测区域内城市发展、工业分布、资源开发、土地利用情况，尤其是地下工程规模、应用等。了解化肥、农药的施用面积和施用量。调查污废水灌溉、排污、纳污和地表水污染现状。

在资料收集与调查的基础上，确定主要污染源和污染物，根据地区特点与地下水的主要类型将地下水分为若干个水文地质单元。

2. 采样点的布设

地下水一般呈分层流动，进入地下水的污染物可沿垂直方向运动，也可沿水平方向运动，各层地下水之间也会发生串流现象。布设采样点不仅要掌握污染源分布、类型和污染物扩散条件，还要弄清地下水的分层和流向等情况。通常布设两类采样点，即背景值监测井和污染控制监测井。监测井可以是新打的，也可以利用已有的水井。

背景值监测井布设在监测区域未受污染的地段、地下水水流的上方，垂直于水流方向。背景值监测井应尽量远离城市居民区、工业区、农药化肥施放区、农灌区和交通要道等。

污染控制监测井布设在污染源周围不同位置，特别是地下水流向的下游方向。渗坑、渗井和固体废弃物堆放区的污染物，在含水层渗透性较大的地方易造成条带状污染，此时可沿地下水流方向及垂直方向分别设监测井；在含水层渗透性较小的地方易造成点状污染，监测井宜设在近污染源处。污灌区和缺乏卫生设施的居民区，生活污水易对周围环境造成大面积垂直块状污染，监测井应以平行和垂直于地下水流方向的方式布设。地下水下降的漏斗区，应在漏斗中心布设监测井，必要时穿过漏斗中心按“十”字形或放射状向外围布设监测井。在代表性泉、自流井、地下长河的出口布设监测井。

3. 采样时间和采样频率的确定

背景值监测井和区域性控制的孔隙承压水井每年枯水期采样监测 1 次。污染控制监测井每逢单月采样监测 1 次，全年 6 次。当某一监测项目连续 2 年均低于控制标准值的 1/5，且在监测井附近无新增污染源，现有污染源排污量未增加的情况下，每年可在枯水期采样监测 1 次；一旦监测结果大于控制标准值的 1/5，或在监测井附近增加新的污染源，或现有污染源增加排污量时，即恢复原采样频率。作为生活饮用水集中供水的地下水监测井，每月监测 1 次。同一水文地质单元的监测井采样时间尽量集中，日期跨度不宜过大。遇特殊情况或发生污染事故，可能影响地下水水质时，应随时增加采样监测次数。

三、水污染源水质监测方案

水污染源包括工业废水、生活污水等。工业废水包括生产工艺过程用水、机械设备用水、设备与场地洗涤水、工艺冷却水等。生活污水是指人类生活过程中产生的污水，包括住宅、商业、机关、学校、医院等场所排放的生活和卫生清洁等污水。

1. 资料收集与调查

制订监测方案时，同样首先要进行资料收集和调查研究，了解各污染源排放部门或企业的用水量、产生的污废水的类型、主要污染物及其排污去向和排放量，调查相应的排污口位置和数量、污废水处理情况等。

对于工业企业，应事先了解工厂性质、产品、原材料、工艺流程、物料衡算、排水管道布局、排水规律及废水中污染物的时间、空间、数量的变化等。

对于生活污水，应调查该区域范围内的人口数量及其分布情况、排污单位的性质、用水来源、排污水量及其排污去向等。

2. 采样点的布设

污废水一般经管道或渠、沟排放，断面面积比较小，不需要设置监测断面，可直接确定采样点。

对于工业废水，按下列原则布设采样点。

（1）在车间废水出口处布点监测一类污染物，如 Hg、Cd、Cr(Ⅵ)、As、Pb 及其无机化合物、有机氯和强致癌物质等。

（2）在工厂的废水总排放口布点监测二类污染物，如悬浮物、硫化物、挥发酚类、氰化物及石油烃类等；也可以将采样点移至车间排放口，测量后按排放量比例折算成总排放口中的浓度。

（3）有废水处理设施的工厂，在处理设施的入、出口布点，掌握排水水质及废水处理效果。

对于城市管网生活污水，采样点设在污水排放干管的不同位置和污水进入受纳水体的排放口。对于城市污水处理厂，在污水进口和处理后的总排放口及各单元处理设施进、出水口布设采样点。

3. 采样时间和采样频率

对于工业废水，企业自控监测频率应根据生产周期和生产特点确定。确切的频率由监测部门进行加密监测，获得污染物排放曲线（浓度-时间曲线、流量-时间曲线、总量-时间曲线）后确定，一般每个生产周期不得少于 3 次。监测部门监督性监测每年不少于 1 次。如被国家或地方环境保护行政主管部门列为年度监测的重点排污单位，应增加到每年 2～4 次。

对于城市管网污水，可在一年的丰水期、平水期、枯水期，从总排放口分别采集 1 次，等比例混合水样后测定，每次进行一昼夜，每 4 h 采样监测 1 次。

对于城市污水处理厂，为指导调控处理工艺参数和监督外排水水质，每天都要从部分单元处理设施出水口和总排放口采集污水样，对一些项目进行例行监测。

第三节　水样的采集和保存

水样的采集和保存是水质分析中重要的环节之一。要得到准确可靠的水质分析结果，水样的采集和保存方法必须规范、统一。

一、水样类型

1. 瞬时水样

瞬时水样是指在某一时间和地点从水体中随机采集的分散单一水样。当水体水质稳定，或其组分在相当长的时间或相当大的空间范围内变化不大时，瞬时水样就具有很好的代表性。当水体组分及含量随时间和空间变化时，则应按照不同的时间和空间采集瞬时水样，分别进行分析，以了解水质的变化规律。

2. 混合水样

混合水样分为等时混合水样和等比例混合水样。

等时混合水样是指在某一段时间内，在同一采样点按照等时间间隔所采集的等体积瞬时水样混合后的水样，适用于观察某一时段内的平均浓度，但不适用于被测组分在储存过程中发生明显变化的水样。

等比例混合水样是指在某一段时间内，在同一采样点所采水样量随时间或流量成比例变化的混合水样，即在不同时间依照流量大小按比例采集的混合水样，适用于流量和污染物浓度不稳定的水样。

3. 综合水样

将在不同采样点同时采集的各个瞬时水样混合后所得到的水样称为综合水样，适用于在河流主流、多个支流、多个排污点处同时采样，或在工业企业内各个车间排放口同时采样，以综合水样得到的水质参数作为水处理工艺设计的依据更有价值。

二、水样的采集

1. 地表水采集

1）采样前的准备

采样前，要根据监测项目的性质和采样方法的要求，选择适宜材质的容器和采样器，并清洗干净。采样器材质的要求一般为：化学性能稳定，大小形状适宜，不吸附待测组分，容易清洗并可反复使用。此外，还需准备好交通工具（如船只等），确定采样量。

2）采样方法和采样器

在河流、湖泊、水库、海洋中采样，常乘坐采样船等交通工具到采样点进行采集，也可涉水或在桥上采集。

采集浅表层水样时，可用桶、瓶等容器作采水器直接采取，但注意不可采水面上的一层水为水样。将采水器轻轻放入水面下 20～50 cm 或距水底 30 cm 以上各处直接采集水样。

采集深层水样时，可用带重锤的简易采水器（图 8.3.1）直接沉入深水中采取。如果采样河段水流急、水层深时应选用急流采水器。测定溶解气体所取水样时，需用特殊的双瓶采水器。

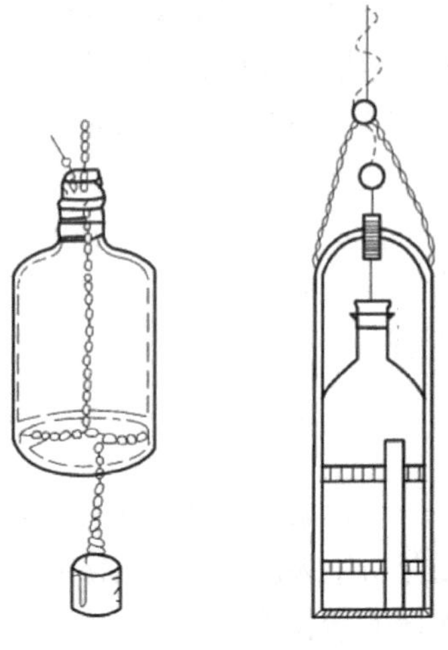

图 8.3.1　简易采水器

采集水样时，应记录环境条件，如温度、气压、天气状况等。此外，某些水质监测指标必须在现场测得。因此，采样时要准备好现场记录卡。

2. 地下水采集

1）井水

从监测井中采集水样常利用抽水机设备。启动后，先放水数分钟，以排出管道中的陈旧水，然后用采样容器接取水样。对于无抽水机设备的水井，可采用简易采水器、自动采水器等。采用深度应在地下水水位 0.5 m 以下，一般采集瞬时水样。

2）泉水和自来水

对于自喷泉水，在涌水口处水流的中心采样。对于不自喷泉水，用采集井水水样的方法采集。

对于自来水，将水龙头完全打开，排出管道中的陈旧水后再进行采样。

3. 污废水的采集

工业废水和生活污水的采样取决于生产工艺、排污规律和监测目的。由于工业废水的流量和浓度大多随时间变化，可根据能反映其变化并具有代表性的采样要求，采集合适的水样。采集方法包括瞬时采样和混合采样，而混合采样又可以按照平均混合和比例混合进行水样的分析监测。

对于生产工艺连续稳定的企业，所排放废水中的污染物浓度及排放流量变化不大，采集瞬时水样就具有较好的代表性。对于废水中污染物浓度及排放流量随时间变化无规律的情况，可采集等时混合水样、等比例混合水样，以保证所采集水样的代表性。

实际的采样位置应在采样断面的中心。当水深大于 1 m 时，应在表层下 1/4 深度处采样；当水深小于或等于 1 m 时，在水深的 1/2 处采样。

三、水样的运输与保存

1. 水样的运输

采集的水样除供部分项目在现场监测使用外，大部分需要尽快运回实验室进行测定。在水样运输过程中，为使水样不受污染、损坏，保证水样的完整性、代表性，应注意以下几点。

（1）用塞子塞紧样品瓶，塑料容器塞紧内、外塞子，必要时用封口胶、石蜡等封口。

（2）为避免水样在运输过程中震动、碰撞导致损坏，应将样品瓶装箱，用泡沫塑料或纸条作衬里和隔板，在箱顶贴上标记。同一采样点的样品瓶应尽量装在同一箱中。

（3）需冷藏的样品，应采取制冷保存措施。冬季应采取保温措施，以免冻裂样品瓶。避免阳光直接照射。

2. 水样的保存

水样采集后放置过久，会发生物理、化学和生物性质的变化，改变水样的组成，影响监测分析结果。因此，从样品采集到分析测定的时间越短越好。表 8.3.1 给出了不同污染状况时水样的最长储存时间。

表 8.3.1　水样最长储存时间

污染状况	最长储存时间/h
清洁水样	72
轻度污染水样	48
严重污染水样	12

若水样不能立即进行分析测定或需运输，必须采取适当的措施对水样进行妥善保存。一般采取的措施有冷藏、冷冻和加入化学试剂保存法。应根据不同的水质污染状况，采用相应的方法。水样的储存期限与多种因素有关，如组分的稳定性、浓度、水样的污染程度等。

3. 水样的过滤或离心分离

如果要测定水样中某组分的全量，应充分摇匀后取样测定。如果要测定溶解性组分含量，应将水样用 0.45 μm 的滤膜过滤，除去藻类、细菌和颗粒态物质，提高水样的稳定性。如果要测定不可滤态的金属，应保留过滤水样的滤膜备用。对于泥沙型水样，可用离心方法处理。对于含有机物质较多的水样，可用滤纸或砂芯漏斗过滤。

四、水样预处理

被污染的环境水样和污废水水样组分复杂，且多数组分的含量较低。水样预处理的目的是去除组分复杂的共存干扰成分，将含量低、形态各异的组分处理成适合于测定分析的含量及形态。

1. 水样的消解

当测定含有机物的水样中的无机元素时，需要进行消解处理。消解处理的目的是破坏有机物，溶解悬浮物，将各种价态的待测元素转变成单一高价态或易于分离的无机物。消解后的水样应清澈、透明、无沉淀。

常用的水样消解方法有：①硝酸消解法，适用于较清洁的水样；②硝酸-高氯酸消解法，适用于含有机物、悬浮物较多的水样；③硝酸-硫酸消解法，不适用于含易生成难溶硫酸盐组分（如铅、钡、锶）的水样；④硫酸-高锰酸钾消解法，常用于消解测定汞的水样；⑤硫酸-磷酸消解法，硫酸和磷酸的沸点都比较高，硫酸氧化性较强，磷酸能与一些金属离子如 Fe^{3+} 等结合，适用于消除 Fe^{3+}等离子干扰的水样。

2. 水样的富集与分离

当水样中的待测组分含量低于分析测定方法的检出限时，需要进行富集或浓缩；当有共存组分干扰测定时，需要采取分离或掩蔽措施。富集与分离过程往往同时进行。常用的方法有过滤、气提、蒸馏、溶剂萃取、吸附、离子交换、共沉淀等。

1）气提

该方法利用某些组分易挥发的特点，用惰性气体将其带出而达到分离的目的。例如，用冷原子荧光光谱法测定水样中的汞，先将汞离子用氯化亚锡还原为原子态汞，再利用汞易挥发的性质，通入惰性气体将其吹出并送入仪器测定；用分光光度法测定水中的硫化物，先使其在磷酸介质中生成硫化氢，再用惰性气体载入乙酸锌-乙酸钠溶液吸收，达到与母液分离的目的。

2）蒸馏

该方法是利用水样中各组分具有不同的沸点而使其彼此分离。测定水样中的挥发酚、氰化物、氟化物、氨氮时，需要在酸性或碱性介质中进行蒸馏分离。蒸馏具有消解、分离和富集三种作用。

3）溶剂萃取

该方法是利用不同物质在互不相溶的两种溶剂中的分配系数不同，从而达到组分的分离与富集的目的，常用于水中有机物的预处理。根据相似相溶原理，用一种与水不相溶的有机溶剂与水样一起混合振荡，然后静置分层，此时有一种或几种组分进入有机溶剂中，其他组分仍留在水相中，达到分离、富集的目的。

4）离子交换

该方法是利用离子交换剂与溶液中的离子发生交换反应而使离子分离。离子交换剂分为无机离子交换剂和有机离子交换剂。用途较广的是有机离子交换剂（离子交换树脂），根据阴、阳离子交换树脂对不同离子的亲和力不同，使不同离子分离、富集。

第四节　感官物理性状指标

一、水温

温度（temperature），即温标上的标度，是表示物体冷热程度的物理量。物体温度的升高或降低，标志着物体内部分子热运动平均动能的增加或减少。

水温与水的许多物理化学性质，如密度、黏度、气体的溶解度、pH 等，都有密切的关系，同时对水生生物和微生物活动也有很大的影响。水温的测定对水体自净、热污染判断、水处理过程的运转控制等具有重要的意义。

不同水源的水温存在很大差异。地下水温度比较稳定，多为 8～12℃；地表水温度随气候和季节变化，一般为 0～30℃；生活污水的水温通常为 10～15℃；工业废水的水温因工业类型、生产工艺的差异而差别很大。

水温的测定应在现场进行。常用的测量仪器包括水银温度计、深水温度计、颠倒温度计、热敏电阻温度计等。各种温度计应定期校核。

水银温度计的测量范围通常为−6～41℃，最小分度为 0.2℃。测量时将其插入一定深度的水中，放置 5 min 后，迅速提出水面并读数。适用于测量表层水的温度。

深水温度计的测量范围为−2～40℃，最小分度为 0.2℃。适用于水深小于 40 m 的水温测量。

颠倒温度计由主温计和辅温计组装在厚壁玻璃套管内构成。主温计的测量范围为−2～32℃，最小分度为 0.10℃；辅温计的测量范围为−20～50℃，最小分度为 0.5℃。适用于水深超过 40 m 的各层水温测量，一般装在采水器上使用。

热敏电阻温度计是一种应用极为广泛的温度测量方法，适用于表层和深层水温的测定。测量时，将仪器探头放入预定深度的水中，感温 1 min 后直接从数字显示屏上读取数值。

二、臭和味

臭（odor）和味（taste）是重要的水质感官指标。“臭”是由人体嗅觉系统通过鼻子对挥发性物质的响应而产生的感觉；“味”是由人体味觉系统通过舌头上的味蕾对溶解物质的响应而产生的感觉。

纯净的水是无臭无味的。清洁的地表水、地下水和生活饮用水都要求不得有异臭、异味。天然水体中产生臭和味的物质，主要来源于水中动植物和微生物的繁殖、死亡和腐败，以及生活污水和工业废水的污染等。饮用水加氯消毒也会产生令人不愉快的臭和味。

无臭无味的水虽然不能保证不含污染物，但有助于提高使用者对水质的信任程度。臭和味的测定方法主要包括定性描述法和臭阈值法等。

1. 定性描述法

取 100 mL 水样于 250 mL 锥形瓶中，分别在 20℃和煮沸稍冷后，检验人员依靠自己的嗅觉从瓶口闻水样的气味，用适当词语对臭特征进行描述，如芳香味、氯气味、硫化氢味、霉烂味等，并按 6 个等级报告臭强度（表 8.4.1）。

表 8.4.1　臭强度等级

等级	强度	嗅觉反应
0	无	无任何气味
1	微弱	一般人难以察觉，嗅觉敏感体质刚能察觉
2	弱	一般人刚能察觉
3	明显	明显察觉，不加处理，不能饮用
4	强	有明显的臭味
5	很强	有强烈的恶臭

对于味的测定，一般来说，只有清洁的水样或已确认经口接触对人体健康无害的水样才能进行味的检验。测定时，分别取少量 20℃和煮沸冷却后的水样，品尝其味道，用适当词语进行描述，如酸、甜、咸、苦、涩等，并参照臭强度等级记录味强度。

2. 臭阈值法

对于臭的测定，常常还可以采用臭阈值法。用无臭水（活性炭滤过的自来水）稀释水样，当稀释到刚能闻出臭味时的稀释倍数称为臭阈值。

测定时，用水样和无臭水在具塞锥形瓶中配制系列稀释水样，在水浴上加热至（60 ± 1）℃。取下锥形瓶，振荡 2～3 次，去塞，闻其气味，并与无臭水比较，确定刚能闻出臭味的稀释水样，用式（8.4.1）计算其臭阈值。若水样含有余氯，应在脱氯前后各检验一次。

$$\text{臭阈值(TON)} = \frac{\text{水样体积} + \text{无臭水体积}}{\text{水样体积}} \tag{8.4.1}$$

由于不同检验人员的个体差异，检测结果具有较强的主观性。因此，水样臭阈值检测的人数至少为 5 人，最好 10 人或更多，取几何平均值作为最终的检测结果。

三、色度

色度（chromaticity）是颜色深浅的度量，也间接地表征了显色物质的浓度。纯水是无色的。水中某些可溶性有机物、无机离子和悬浮颗粒可对光造成折射、散射、反射、吸收等，从而改变水溶液的颜色。例如，天然水的颜色主要来源于腐殖质、金属离子、矿物质、浮游生物等；生活污水和工业废水因含有多种有机、无机组分而呈现不同的颜色。

水的颜色分为“真色”与“表色”。除去水中悬浮物质后的颜色为真色，没有除去悬浮物质时的水样所产生的颜色为表色。对于清洁水样，真色和表色差别不大；但对于工业废水或污染比较严重的水样，两者有着明显的差别。

在水质分析中，测定的色度是指真色。如水样中所含的悬浮物质不易沉淀，可采用离心分离或用孔径为 0.45 μm 的滤膜过滤，以去除悬浮物。但不能用滤纸过滤，因滤纸可能会吸附部分真色。

一般现场可以进行色度的定性描述。定性描述时应在白色背景下，与同体积蒸馏水进行比较。可以用无色、淡黄色、浅绿色、微蓝色、深红色等表示颜色的词语描述。

定量测定时常用的方法有铂钴标准比色法、稀释倍数法和分光光度法。

1. 铂钴标准比色法

用氯铂酸钾（K_2PtCl_6）与氯化钴（$CoCl_2 \cdot 6H_2O$）的混合液配成标准色列。规定每升水中含有 1 mg 铂和 0.5 mg 钴时所具有的颜色为 1 度。在白色背景下，将待测水样与标准色列进行目视比色，以确定其色度。该标准色列性质稳定，可长期存放。

由于氯铂酸钾价格较贵，可用重铬酸钾代替氯铂酸钾，用硫酸钴代替氯化钴，配制标准色列。但该标准色列的保存时间较短。

该方法标准色列为黄色，适用于较清洁的、具有黄色色调的饮用水和天然水的测定。若水样为其他颜色，可用文字描述其颜色和色度，如淡蓝色、深褐色等。

2. 稀释倍数法

该方法主要用于生活污水、工业废水及受污废水污染的地表水色度的测定。首先用文字描述水样颜色的种类和深浅程度，如棕黄色、深绿色、浅蓝色等。然后将经预处理去除悬浮物后的水样用无色水逐级稀释，当稀释到接近无色时，记录其稀释倍数，以此作为水样的色度，单位是“倍”。

3. 分光光度法

该方法适用于测定某些无法比较的、不正常颜色的工业废水的色度。根据测定精度，分组测定三个不同波长时的透光度，依照三激励值和三色系数，通过查色度图和色调表后，用色调（以主波长表示）、亮度（以明度表示）、饱和度（以纯度表示）来表示有色水样的颜色特性。应注明分光光度计的类型、确定的组数和测定时的波长等条件。

四、浊度

浊度（turbidity）是指水中悬浮物对光线透过时所发生的阻碍程度，反映了水样对光线散射和吸收的能力。水的浊度是由水中的泥沙、黏土、有机物、浮游生物、微生物、胶体等造成的。浊度的大小不仅与悬浮物含量有关，而且还与悬浮杂质的成分、粒度大小、形状和表面反射性能有关。

浑浊的水会影响水的感官，是水受到污染的标志之一。浑浊的水能促进微生物生长，影响饮用水消毒效果，增加氯和氧的用量。对于天然水体，浊度高的水可明显阻碍光线的透射，影响水生生物的生存。

浊度的测定多用于天然水和饮用水，污废水由于不溶性物质含量较高，一般要求测定悬浮固体。在实际污水处理过程中，因为浊度测定简便快捷，易于实现在线监测，所以经常通过测定浊度来调控药剂投加量。

浊度的测定方法主要有目视比浊法、分光光度法、浊度仪法等。

1. 目视比浊法

将水样与用硅藻土（或白陶土）配制成的浊度标准溶液进行比较，以确定水样的浊度。规定 1 mg 一定粒度的硅藻土（白陶土）在 1 L 水中所产生的浊度为 1 个浊度单位（度）。

首先用通过 0.1 mm（150 目）孔径筛并烘干的硅藻土配制系列浊度标准溶液，然后取与标准溶液等体积的水样，置于同规格比色管中，选出与水样视觉效果最接近的标准溶液，即为水样的浊度。

该方法适用于饮用水和水源水等低浊度水的测定，最低检测浊度为 1 度。

2. 分光光度法

以硫酸肼$[(NH_2)_2 \cdot H_2SO_4]$与六亚甲基四胺$[(CH_2)_6N_4]$生成的白色高分子聚合物作为浊度标准溶液，于 680 nm 波长下，用分光光度计测定其吸光度，并与同样条件下测得的水样吸光度比较。

该方法适用于天然水、饮用水浊度的测定，单位为散射浊度单位（NTU）。规定 1 L 水中含 1.25 mg 硫酸肼和 12.5 mg 六亚甲基四胺的反应产物为 1 NTU。

3. 浊度仪法

浊度仪是通过测定水样对一定波长光的透射或散射强度而实现浊度测定的，主要由光源、透镜、样品池、探测器等部件组成。散射光浊度仪的测定原理是，当光射入水样时，产生浊度的颗粒物对光发生散射，散射光强度与水样的浊度成正比。

浊度仪使用硫酸肼与六亚甲基四胺生成的白色高分子聚合物作为浊度标准溶液，测得结果的单位为 NTU。

该方法可以实现浊度的连续自动监测。在测量过程中，应避免漂浮物、沉淀物、气泡等干扰，有划痕或沾污的比色皿也会影响测定结果。

五、透明度

透明度（transparency）是指水样的澄清程度。洁净的水是透明的。与浊度相反，水中悬浮物、胶体物质、有色物质和藻类越多，其透明度就越低。透明度的测定方法主要有铅字法、塞氏盘法和十字法。

1. 铅字法

该法采用透明度计测定，也称透明度计法。透明度计是一种长 33 cm、内径 2.5 cm、具有刻度的无色玻璃圆筒，筒底有一磨光玻璃片和放水侧管。测定时，将摇匀的水样倒入筒内，检验人员从筒口垂直向下观察，由放水侧管缓慢放水，直至刚好能看清底部的标准铅字印刷符号，此时筒中水柱的高度即为水样的透明度，以 cm 为单位表示。超过 30 cm 时为透明水样。

该方法适用于天然水和处理后的水的测定。

2. 塞氏盘法

该方法是一种现场测定透明度的方法。塞氏盘是直径为 200 mm 的圆盘，从中心平均分为四个部分，黑白相间，中心穿一带配重的铅丝，上面系一标有刻度的绳子。

测定时，将塞氏盘沉入水中，以刚好看不到盘面白色时的水深（以 cm 为单位）表示透明度。

用于测定海水的塞氏盘采用直径为 300 mm 的全白圆盘。

3. 十字法

在内径为 30 mm、长为 0.5 m 或 1.0 m 的刻度玻璃筒的底部放一白瓷片，瓷片中部有一宽度为 1 mm 的黑色十字和四个直径为 1 mm 的黑点。将混匀的水样倒入筒内，从下部逐渐放水，从筒顶观察，直至能明显看到十字而看不到四个黑点时，以此时的水柱高度表示透明度，单位为 cm。

第五节　无机物综合指标

一、pH

pH 也称氢离子浓度指数、酸碱值，是溶液中氢离子活度的一种标度，是通常意义上溶液酸碱程度的衡量标准。pH 是水溶液最重要的理化参数之一。凡涉及水溶液的自然现象、化学变化及生产过程都与 pH 有关。

pH 的定义及不同酸碱平衡体系中 pH 的计算在第三章中已述。天然水的 pH 在 6～9；饮用水的 pH 要求在 6.5～8.5；某些工业用水的 pH 应保证在 7.0～8.5，以避免对金属设备和管道造成腐蚀；城市污水 pH 一般在 6.5～7.5。

pH 是最常用的水质指标之一，是对水质变化、水生生物生长繁殖、金属腐蚀性、水处理效果、水中溶解物能否生成沉淀物及农作物生长等产生影响的重要因素。pH 是表示水质污染状况的一项重要指标，可以反映特定的污染。

pH 的测定方法主要有比色法和电位法等。

1. 比色法

比色法基于各种酸碱指示剂在不同 pH 的水溶液中显示不同的颜色，而每种指示剂都有一定的变色范围。向一系列已知 pH 的缓冲溶液中加入适当的指示剂制成标准色液，并将其封装在小安瓿瓶内。测定时取与缓冲溶液同样体积的水样，加入与标准色液相同的指示剂，然后进行比较，以确定水样的 pH。

该方法适用于色度和浊度都很低的天然水、饮用水的测定，pH 可准确到 0.1。不适用于带有颜色、浑浊或含有较高浓度游离氯、氧化剂、还原剂的水样。若要粗略测定水样 pH，可使用 pH 试纸。

2. 电位法

电位法（玻璃电极法）是以 pH 玻璃电极为指示电极（正极），饱和甘汞电极为参比电极（负极），将两电极放入被测溶液中组成原电池。通过测定原电池的电动势，可以求出被测溶液的 pH。实际工作中，以已知 pH 的溶液作为标准进行校准，用 pH 计直接测出被测溶液的 pH。

为校正温度对 pH 测定的影响，pH 计上设有温度补偿装置。为简化操作，已广泛使用复合 pH 电极，如多种袖珍式或笔式 pH 计。复合电极是将指示电极和参比电极及电解液组装在一起，因为只有一个电极，所示使用更便捷。

该方法测定准确、快速，pH 可准确到 0.01，受水样色度、浊度、游离氯、氧化剂、还原剂及含盐量等因素的影响小，可用于工业废水、生活污水等复杂水样的测定。

二、酸度和碱度

1. 酸度

酸度（acidity）是指水中所有能与强碱相互作用的物质的总量，包括强酸（如盐酸、硫酸和硝酸等）、弱酸（如碳酸、氢硫酸及各种有机酸等）、强酸弱碱盐（如三氯化铁、硫酸铝等）等。

多数天然水、生活污水和污染不严重的工业废水中只含弱酸，主要是碳酸，即 CO_2 是酸度的基本成分。地表水中碳酸来源于空气中 CO_2 在水中的平衡，而强酸主要来自机械、冶金、化工、电镀、印染等行业排放的含酸废水。含酸废水排入水体导致水的 pH 降低，可造成鱼类等水生生物死亡、农作物受害。另外，水的酸度过高，对水处理过程中微生物的生长不利，还会消耗软化药剂和降低离子交换剂的交换能力。

酸度的测定方法有酸碱指示剂滴定法和电位滴定法，前者是用酸碱指示剂的颜色变化指示滴定终点，后者是用滴定过程中 pH 的变化指示滴定终点，具体内容参见第三章。

2. 碱度

碱度（alkalinity）是指水中能够接受 H^+ 与强酸进行中和反应的物质的总量，包括强碱、弱碱、强碱弱酸盐等。常用于评价水体的缓冲能力及金属在其中的溶解性和毒性，是水处理过程控制和管道腐蚀控制的判断性指标。

水中碱度的来源多种多样。地表水等天然水体中的碱度主要是由水中的碳酸盐、碳酸氢盐和氢氧化物组成的，也可能含有磷酸盐、硼酸盐、硅酸盐等，但含量往往较少。废水中碱度的来源差异很大。造纸、印染、化工、电镀等行业排放的废水中含有强碱、有机碱、金属水解性盐类等会造成一定碱度。此外，洗涤剂、农药和化肥的使用也会造成碱度。

某些情况下，饮用水中可能含有一定浓度的碳酸盐和氢氧化物，尤其是在藻类繁盛的地表水中。藻类吸收水中游离的和化合的 CO_2，使碱度增大。

和酸度一样，水中碱度的测定方法有酸碱指示剂滴定法和电位滴定法，具体内容参见第三章。

三、硬度

水的硬度（hardness）是指水中离子沉淀肥皂水化液的能力。水的硬度取决于水中钙、镁盐的总浓度，因此水的硬度大小通常反映水中钙离子和镁离子盐类的浓度。

水的硬度可分为碳酸盐硬度和非碳酸盐硬度。

碳酸盐硬度主要是由钙、镁的碳酸氢盐[$Ca(HCO_3)_2$、$Mg(HCO_3)_2$]所形成的硬度，还有少量碳酸盐所形成的硬度。碳酸氢盐经加热之后分解成沉淀物可从水中除去，所以也称为暂时硬度。

非碳酸盐硬度主要是由钙、镁的硫酸盐、氯化物和硝酸盐等盐类所形成的硬度。这类硬度不能用加热分解的方法除去，所以也称为永久硬度，如 $CaSO_4$、$MgSO_4$、$CaCl_2$、$MgCl_2$、$Ca(NO_3)_2$、$Mg(NO_3)_2$ 等。

水的总硬度是碳酸盐硬度和非碳酸盐硬度之和。此外，水中 Ca^{2+}的浓度称为钙硬度，水中 Mg^{2+}的浓度称为镁硬度。

水硬度的表示方法很多，各国有不同的规定，目前较统一的是以 $CaCO_3$ 计，以 mg/L 为单位。

水的硬度与人体健康密切相关。硬度高，特别是永久硬度高，有苦涩味，可引起肠胃功能紊乱、腹泻等。我国《生活饮用水卫生标准》规定总硬度不超过 450 mg/L（以 $CaCO_3$ 计）。工业用水对硬度的要求往往更加严格，硬度高的水易在锅炉内形成水垢，影响热传导，浪费燃料，同时会堵塞管道，严重时会引起锅炉爆炸。此外，水的硬度还会影响纺织、印染、造纸、食品加工等行业的产品质量。

硬度主要采用 EDTA 滴定法进行测定，测定原理和测定方法具体参考第四章。此外，还可以采用原子吸收光谱等方法分别测定水中 Ca 和 Mg 的浓度，再通过计算得到总硬度。

四、电导率

电导率（electrical conductivity，EC）表示的是水溶液传导电流的能力，是电阻率的倒数。国际单位制中电导率的单位为西门子/米（S/m），实际中常使用的单位为微西门子/厘米（μS/cm）。

水中电导率的大小与其所含离子的种类和浓度、溶液的温度和黏度等有关。温度每升高1℃，电导率增加约 2%，通常规定 25℃为测定电导率的标准温度。由于水中大部分无机化合物都有良好的导电性，而有机化合物难以离解，基本不具备导电性，因此电导率常用于间接推测水中离子成分的总浓度或含盐量。

纯水电导率很小，当水中含无机酸、碱或盐且浓度较低时，电导率随浓度的增大而增加。新鲜蒸馏水的电导率为 0.5～2 μS/cm，放置吸收 CO_2 后则增加到 2～4 μS/cm；超纯水的电导率小于 0.10 μS/cm；天然水的电导率在 50～500 μS/cm，矿化水可达 500～1000 μS/cm；含酸、碱、盐的工业废水的电导率往往超过 10000 μS/cm；海水的电导率约为 30000 μS/cm。

电导仪是测定溶液电导或电导率的专用仪器。电导仪有实验室用和现场测试用仪器，现场测试仪器还可同时测 pH、溶解氧、浊度、总盐度等。水样中若含有粗大悬浮物质、油和脂等干扰物质，可先测水样，再测校准溶液，以了解干扰情况，若有干扰，应经过滤或萃取除去。

五、固体物质

水体中除溶解的气体外，其他一切杂质都统称为总固体（total solids，TS，也称总残渣）。总固体可分为溶解性总固体（total dissolved solids，TDS，也称溶解性残渣或总可滤残渣）和悬浮固体（suspended solids，SS，也称悬浮物或总不可滤残渣）。

1. 总固体

总固体的主要测定方法是烘干称量，烘干温度的选择非常重要。一般在（104±1）℃条件下烘干，此时自由水全部蒸发，结晶水保留，有机物挥发损失少，但不易去除吸附水，恒量时间较长。也可以在（180±2）℃下烘干，此时吸附水全部蒸发，有机物挥发逸失，某些结晶水可能存留，碳酸氢盐转为碳酸盐，部分碳酸盐可能分解为氧化物或碱式盐，某些氯化物和硝酸盐可能会损失。

总固体的测定应在保证去除水分子的前提下，尽量减少易分解有机物和无机盐的热损失。烘干后迅速放入干燥器中冷却，至常温后快速称量。

2. 溶解性总固体

溶解性总固体可粗略反映水中溶解性物质的含量，也可能包括胶态物质。溶解性“固体”溶解在水中，不表现为凝聚固态。之所以称之为溶解性“固体”，是因为它在水蒸发烘干之后以固体的形态残留下来。

测定时，水样经 0.45 μm 滤膜过滤后，在一定温度下干燥至恒量。烘干的温度与总固体一样，可以选择（104±1）℃或（180±2）℃。

溶解性总固体是溶解在水中的无机盐和有机物的总称。一般情况下，电导率越高，盐分越高，溶解性总固体含量越高，所以常常也把含盐量称为溶解性总固体量。

溶解性总固体的量与饮用水的味觉直接相关。饮用水中溶解性总固体含量小于 1000 mg/L 时容易让人接受。溶解性总固体含量过高会造成口感不佳，并影响水管、热水器、热水壶等的使用寿命。溶解性总固体中的组分，如氯化物、硫酸盐、镁、钙和碳酸盐等，会腐蚀输水管道或在管道中结垢。

3. 悬浮固体

悬浮固体是悬浮于水中不能通过过滤器的固体物质，包括淤泥、黏土、有机高分子物质、微生物等细微物质。

地表水中存在悬浮固体，可使水体浑浊，透明度降低，影响水生生物呼吸和代谢。生活污水和工业废水中的大量无机、有机悬浮物，可堵塞管道，污染环境。悬浮固体是环境分析监测中最常检测的指标之一。

悬浮固体的测定包括过滤、烘干、称量三个步骤。水样经过滤后留在过滤器上的固体物质，在（104±1）℃下烘干至恒量。

过滤器的材质决定过滤类别和过滤特征，应依据后续处理要求与实验目的选择合适的过滤器。常用的过滤器有滤纸、滤膜、石棉坩埚等。其中石棉坩埚通常用于过滤酸或碱浓度高的水样。滤纸的特征过滤孔径一般为 0.8 μm 或 1.0 μm，滤膜的特征过滤孔径一般为 0.22 μm 或 0.45 μm。报告结果时要注明滤孔大小。

六、溶解氧

溶解于水中的分子态氧称为溶解氧（dissolved oxygen，DO）。水中溶解氧的浓度与大气压、水温、含盐量等因素有关。大气压降低、水温升高、含盐量增加，都会导致溶解氧浓度降低。

清洁地表水的溶解氧浓度接近饱和；大量藻类繁殖时，溶解氧可能过饱和；当受到有机物质、无机还原物质污染时，溶解氧含量降低，甚至趋于零，此时厌氧细菌活跃，水质恶化。水中溶解氧浓度低于 4 mg/L 时，许多鱼类呼吸困难；如继续减少，会窒息死亡。一般规定水体中溶解氧至少在 4 mg/L 以上。地下水因不接触大气，其溶解氧浓度一般较低，深层为零。海水的表水层溶解氧接近饱和，由于其盐类浓度更高，故溶解氧浓度比淡水低。此外，溶解氧也是污水生化处理过程中的重要参数，是有机污染测定的基础。

溶解氧最好现场测定，避免生物活动引起溶解氧变化。在河、湖、水池取水时，需使用专用取样器，避免和空气接触，避免震动。采集的水样置于磨口塞溶解氧瓶，装满，不得留有气泡。

水中溶解氧的测定方式主要有碘量法、修正的碘量法、氧电极法等。

1. 碘量法

碘量法是基于溶解氧的氧化性质采用氧化还原滴定法进行定量测定的，具体原理及测定方法见第六章。该方法适用于清洁水的测定。当水中含有氧化性物质、还原性物质及有机物时，会干扰测定，应预先消除并根据不同的干扰物质采用修正的碘量法。

2. 修正的碘量法

1）叠氮化钠修正法

当水样中含有亚硝酸根离子时，它能与 KI 反应生成 I_2，从而导致测定结果的正误差。可加入叠氮化钠将亚硝酸根离子分解后再用碘量法测定。

2）高锰酸钾修正法

该方法借助高锰酸钾在酸性介质中的强氧化性，可以将水中的亚铁盐、亚硝酸盐及有机物氧化，消除干扰。氧化反应中过量的高锰酸钾可用草酸钠或草酸钾除去，生成的高价铁离子用氟化钾掩蔽，生成的硝酸银不干扰测定。除去干扰物质后，水样继续采用碘量法测定。

3. 氧电极法

尽管修正的碘量法在一定程度上可排除溶解氧测定时的干扰，但由于水中污染物组成的多样性和复杂性，在测定生活污水或工业废水中的溶解氧时，该方法还是受到很多限制。

氧电极法是基于分子态氧通过膜的扩散速率所产生的电流来进行定量的。将两个金属电极浸没在电解质溶液中，电极和电解质溶液装在一个用氧半透膜（仅氧等气体可以通过）包围的容器内。当外加电压时，发生电极反应，产生一个扩散电流，电流在一定温度下与水中溶解氧浓度成正比。

氧电极法适用于天然水、污水和盐水等的测定，干扰因素少，可用于现场测定和自动在线连续监测。

七、氧化还原电位

复杂水体中可存在多种氧化还原电对，氧化还原电位（oxidation-reduction potential，ORP）反映了水体氧化还原反应的综合结果。氧化还原电位的测定对于了解水体的电化学特征和分析水体的环境条件等起着重要的作用。

氧化还原电位的测定应在现场进行，测定装置见图 8.5.1。测定原理是以铂电极作指示电极，饱和甘汞电极作参比电极，与水样一起组成原电池。用晶体管毫伏计或通用 pH 计测定水样的氧化还原电位，并换算成相对于标准氢电极的氧化还原电位作为结果。

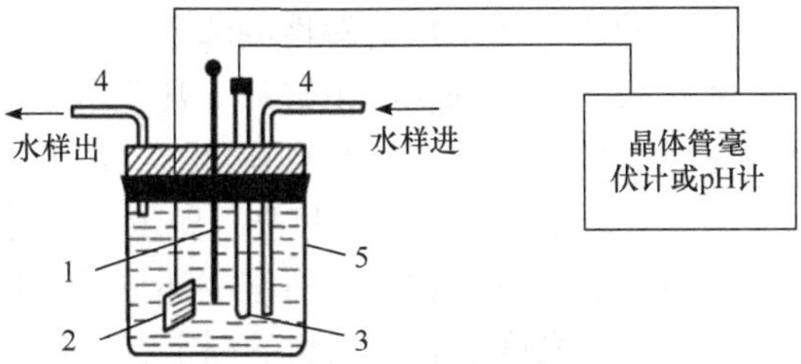

图 8.5.1　氧化还原电位的测定装置

1. 温度计；2. 铂电极；3. 饱和甘汞电极；4. 玻璃管；5. 广口瓶

第六节　非金属无机化合物

一、氯化物

氯化物在水中普遍存在，是水质分析中常见的测定项目，水中氯化物的含量以氯离子计。

天然淡水中氯离子的含量较低，约为几毫克每升；在海水、盐湖及某些地下水中，氯离子可高达数十克每升。通常，氯离子的含量随水中矿物质的增加而增加。饮用水中氯离子含量较低时，对人体无害；含量较高时，会因相应阳离子的存在而影响口感。工业用水中氯离子含量过高时，会对金属管道、锅炉和构筑物有腐蚀作用。氯离子含量过高也会影响植物生长，不适合灌溉。

水中氯离子的测定主要有莫尔法、硝酸汞滴定法、电位滴定法和离子色谱法等。

1. 莫尔法

在中性或弱碱性溶液中，以铬酸钾为指示剂，用硝酸银标准溶液对氯离子进行滴定。该方法的测定原理与操作步骤详见第五章。

2. 硝酸汞滴定法

将水样 pH 调至 3.0～3.5，以二苯卡巴腙为指示剂，用硝酸汞标准溶液滴定。滴定时，先生成氯化汞沉淀，滴至终点时，过量的汞离子与二苯卡巴腙生成蓝紫色络合物。

该方法适用于地表水、地下水和经预处理后可消除干扰的其他废水，适用于测定氯离子的浓度范围为 2.5～500 mg/L。

3. 电位滴定法

以银-氯化银电极作为指示电极，玻璃电极作为参比电极，用硝酸银标准溶液滴定，用电压计测定两电极间的电位变化。在加入硝酸银的过程中，电位变化最大时即为滴定终点。

该方法适用于颜色较深或浑浊度较大的水样测定，需要作空白测定。

二、硫化物

地下水（特别是温泉水）及生活污水中常含有硫化物，其中一部分是在厌氧条件下由于微生物的作用，使硫酸盐还原或含硫有机物分解而产生的。焦化、造气、选矿、造纸、印染、制革等工业废水中也含有硫化物。

水体中的硫化物包括溶解性的 H_2S、HS^-和 S^{2-}，酸溶性的金属硫化物，以及不溶性的硫化物和有机硫化物。通常所测定的硫化物是指溶解性的和酸溶性的硫化物。其中，硫化氢的毒性很大，可危害细胞色素氧化酶，造成细胞组织缺氧，甚至危及生命；硫化氢还会腐蚀金属设备和管道，被微生物氧化成硫酸后，进一步加剧腐蚀性，是水体污染的重要指标。

水中硫化物的测定方法主要有亚甲基蓝分光光度法、碘量法、间接火焰原子吸收光谱法、气相分子吸收光谱法等。水样有色、含悬浮物、含有某些还原性物质（如亚硫酸盐、硫代硫酸盐等）及溶解性的有机物均对分光光度法和碘量法的测定有干扰，需要进行预处理。

1. 亚甲基蓝分光光度法

该方法的原理是，在含高铁离子的酸性溶液中，硫离子与对氨基二甲基苯胺反应，生成蓝色的亚甲基蓝染料，颜色深度与水样中硫离子的浓度成正比，于 665 nm 波长下测定其吸光度，与标准溶液的吸光度比较进行定量。

该方法的测定范围为 0.02～0.8 mg/L（以 S^{2-}计）。

2. 碘量法

水样中的硫化物与乙酸锌生成白色硫化锌沉淀，将其用酸溶解后，加入过量碘溶液，则碘与硫化物反应析出硫，用硫代硫酸钠标准溶液滴定剩余的碘，可以计算出硫化物的含量。

该方法适用于测定硫化物含量大于 1 mg/L 的水样。

3. 间接火焰原子吸收光谱法

在水样中加入磷酸，将硫化物转化成硫化氢，用氮气将其带出，通入含有一定量铜离子的吸收液中，生成硫化铜沉淀。分离沉淀后，用火焰原子吸收光谱法测定上清液中剩余的铜离子，从而对硫化物进行间接测定。

该方法适用于各种类型水样的测定。当水样组分简单时，如地下水、饮用水等，可不经预处理直接测定。

4. 气相分子吸收光谱法

在水样中加入磷酸，将硫化物转化为硫化氢气体，用净化空气载入气相分子吸收光谱仪，测定其对 202.6 nm 或 228.8 nm 波长光的吸光度，与标准溶液的吸光度比较，从而确定水样中硫化物的浓度。

对于组分复杂、干扰物质多的水样，可采用沉淀过滤与酸化吹气的双重处理方法消除干扰。

三、硫酸盐

硫酸盐在自然界中分布广泛，天然水中硫酸盐的浓度可从几毫克每升至数千毫克每升。

地表水和地下水中的硫酸盐主要来源于岩石、土壤中矿物组分的风化和淋溶。金属硫化物的氧化也会使硫酸盐含量增加。

饮用水中的硫酸盐会影响口感。硫酸根离子是一种毒性较低的阴离子，水中若含少量硫酸盐对人体健康无影响，大量摄入硫酸盐后的主要症状是腹泻、脱水和胃肠道紊乱。硫酸盐同样也会造成输水系统的腐蚀。

硫酸盐的测定方法主要有硫酸钡重量法、铬酸钡光度法、铬酸钡间接原子吸收法等。硫酸钡重量法是经典测定方法，准确度高，但操作烦琐。铬酸钡光度法和铬酸钡间接原子吸收法适用于清洁水样的测定，精密度和准确度较好。离子色谱法可同时测定包括硫酸根离子在内的多种阴离子。

四、氟化物

氟是一种人体必需的微量元素，广泛存在于天然水体中，饮用水中氟的适宜浓度为 0.5～1.0 mg/L。缺氟易患龋齿病，但长期摄入过量氟，会导致骨质疏松、骨骼变形。

氟化物的污染源主要有钢铁、有色冶金、铝加工、焦炭、玻璃、陶瓷、电子、电镀、化肥、农药等行业排放的废水和含氟矿物废水。

水中氟化物的测定方法主要有离子色谱法、离子选择电极法、氟试剂分光光度法、茜素磺酸锆目视比色法、硝酸钍滴定法等。其中，离子色谱法在国内外普遍应用，简便快捷，干扰较小；离子选择电极法的选择性好，适用浓度范围宽，可测定浑浊、有颜色的水样；茜素磺酸锆目视比色法测定误差较大；硝酸钍滴定法适用于测定氟化物含量大于 5 mg/L 的水样。

五、氰化物

氰化物包括简单氰化物、络合氰化物和有机氰化物（腈）。简单氰化物易溶于水，毒性大；络合氰化物在水体中受 pH、水温、光照等影响可离解为毒性强的简单氰化物。氰化物进入人体后，与高铁细胞色素氧化酶结合，生成氰化高铁细胞色素氧化酶，使其失去传递氧的作用，引起组织缺氧窒息。

地表水中一般不含氰化物，氰化物的污染主要来自电镀、选矿、焦化、造气、洗印、石油化工、有机玻璃制造等行业排放的废水。

水中氰化物的测定方法主要有硝酸银滴定法、异烟酸-吡唑啉酮分光光度法、异烟酸-巴比妥酸分光光度法、催化快速比色法、离子选择电极法等。其中，硝酸银滴定法适用于高浓度水样的测定；离子选择电极法不稳定；催化快速比色法是一种适用于环境污染事故应急监测的快速定性和半定量方法；异烟酸-吡唑啉酮分光光度法和异烟酸-巴比妥酸分光光度法灵敏度高，是广泛应用的方法。

六、含砷化合物

单质砷的毒性极低，而砷的化合物均有剧毒，其中三价砷化合物的毒性最强。内服 0.1 g 三氧化二砷（俗称砒霜）即可致死。含砷化合物容易在人体内积累，可通过呼吸道、消化道和皮肤接触进入人体，造成急性或慢性中毒。生活饮用水卫生标准中砷的限值为 0.01 mg/L。

砷的污染主要来自采矿、冶金、化工、化学制药、农药、玻璃、制革行业排放的废水。

砷的测定方法主要有硼氢化钾-硝酸银分光光度法、二乙基二硫代氨基甲酸银分光光度法、氢化物发生-原子吸收光谱法、原子荧光光谱法等。

1. 硼氢化钾-硝酸银分光光度法

硼氢化钾在酸性溶液中产生新生态的氢，将水样中的无机砷还原成砷化氢（AsH_3）气体，用硝酸-硝酸银-聚乙烯醇-乙醇溶液吸收。砷化氢将吸收液中的银离子还原成单质胶体银，使溶液呈黄色，其颜色强度与生成胶态银的量成正比。在 400 nm 波长处测定吸光度，可求出水样中砷的含量。

对于清洁的地下水和地表水，可直接取样测定。对于被污染的水，要用盐酸-硝酸-高氯酸消解。

该方法适用于地表水和地下水中痕量砷的测定，测定的浓度范围为 0.0004～0.012 mg/L。

2. 二乙基二硫代氨基甲酸银分光光度法

在碘化钾、酸性氯化亚锡作用下，五价砷被还原为三价砷，并与新生态的氢反应，生成气态砷化氢。用二乙基二硫代氨基甲酸银-三乙醇胺的三氯甲烷溶液吸收砷化氢，生成红色的胶体银，于 510 nm 波长处测定吸光度，求出水样中砷的含量。

该方法适用于地表水、地下水、饮用水和工业废水中砷的测定，测定的浓度范围为 0.007～0.50 mg/L。

3. 氢化物发生-原子吸收光谱法

硼氢化钾或硼氢化钠在酸性溶液中产生新生态的氢，将水样中的无机砷还原成砷化氢，用氮气载入升温至 900～1000℃的电热石英管中，则砷化氢被分解，生成砷原子蒸气，对来自砷光源（常用无极放电灯）发射的特征光（波长为 193.7 nm）产生吸收。将测得水样中砷的吸光度值与标准溶液的吸光度值进行比较，可确定水样中砷的含量。

该方法适用于样品中痕量砷的测定，测定的浓度范围为 1.0～12 μg/L，一般装置的检出限为 0.25 μg/L。

第七节　金属化合物

水体中的金属元素有些是人体健康所必需的常量元素或微量元素，有些则是对人体健康有害的元素，如汞、镉、铅、铬等。有害金属进入人体后，会产生不同程度的中毒症状，其毒性大小与金属的种类、理化性质、浓度及存在的价态和形态等因素有关。即使是人体所必需的金属元素，当其含量超过一定范围时，也会对人体产生危害。本节将对水质分析监测中常关注的一些金属化合物的测定方法进行介绍。

一、汞

汞（Hg）及其化合物属于剧毒物质，可在体内蓄积，进入水体的无机汞离子可转变为毒性更强的有机汞，由食物链进入人体，引起全身中毒，如发生在日本的水俣病就是由甲基汞中毒引起的。

天然水中汞含量一般不超过 0.1 μg/L，而我国生活饮用水标准限值为 0.001 mg/L，工业污水中汞的最高允许排放浓度为 0.05 mg/L。

地表水中汞的污染主要来自贵金属冶炼、食盐电解制钠、仪表制造、农药、军工、造纸、氯碱工业、电池生产等行业排放的污水。

单质汞不稳定，易转化为无机和有机的汞化合物。无机汞有一价和二价两种价态，有机汞有烷基汞、芳基汞和烷氧基汞等。有机汞的毒性比无机汞和单质汞强，有机汞又以烷基汞的毒性最强，尤其是短链的烷基汞，如甲基汞。

汞的测定方法主要有双硫腙分光光度法、冷原子吸收光谱法、冷原子荧光光谱法等。其中，双硫腙分光光度法是测定多种金属元素的标准方法，对测定条件要求严格，操作较烦琐，适用于生活污水、工业废水和受汞污染的地表水的测定。冷原子吸收光谱法和冷原子荧光光谱法是测定水中微量、痕量汞的特效方法，测定简便，干扰因素少，灵敏度较高。

二、镉

镉（Cd）是剧毒金属，可在人体的肝、肾等组织中积累，造成脏器组织损伤，尤其是对肾的损害最为明显，还会导致骨质疏松、癌症等。

我国生活饮用水水质标准中镉的限值为 0.005 mg/L。农灌水含镉 0.007 mg/L 时即可造成污染。日本所发生的骨痛病就是含镉废水污染了土壤，又转移到稻米中，通过食物链在人体内富集而造成的。绝大多数淡水中的镉含量低于 1 μg/L，海水中镉的平均浓度为 0.15 μg/L。

镉污染主要来自电镀、采矿、冶炼、染料、电池等工业排放的废水。

镉的测定方法主要有原子吸收光谱法、双硫腙分光光度法、阳极溶出伏安法等。

三、铅

铅（Pb）是可在人体和动植物体内积累的有毒金属，其主要毒性效应是导致贫血、神经机能失调和肾损伤等。

铅对水生生物的安全质量浓度为 0.16 mg/L。一般淡水中含铅 0.06～120 μg/L，海水中为 0.03～13 μg/L。

铅的污染主要来自蓄电池、冶炼、五金、机械、涂料和电镀等工业废水的排放。

铅的测定方法与镉相同，广泛采用原子吸收光谱法和双硫腙分光光度法，也可以采用阳极溶出伏安法、示波极谱分析法、电感耦合等离子体原子发射光谱（ICP-AES）法。

四、铜

铜（Cu）是人体不可缺少的微量元素，成人每天的需要量约为 20 mg。缺铜会引起贫血、腹泻等症状，但过量摄入也会产生危害。

铜对水生生物的危害较大，其毒性大小与形态有关，游离铜离子的毒性比络合态铜的毒性大。当水中铜的含量达到 0.01 mg/L 时，对水体自净有明显的抑制作用。通常淡水中的铜浓度约为 3 μg/L，海水中的铜浓度约为 0.25 μg/L。

铜的污染主要来自电镀、五金加工、矿山开采、石油化工、化学工业等排放的废水。

铜的测定方法主要有原子吸收光谱法、二乙氨基二硫代甲酸钠分光光度法、2,9-二甲基-1,10-菲咯啉分光光度法，也可以采用阳极溶出伏安法、示波极谱分析法、ICP-AES 法等。

五、锌

锌（Zn）也是人体不可缺少的有益元素，每升水中含数毫克锌时对人体无害，但对鱼类等水生生物的影响较大。锌对鱼类的安全浓度约为 0.1 mg/L，水中含锌达 1 mg/L 时，对水体的生物氧化过程有轻微抑制作用。

锌的污染主要来自电镀、冶金、颜料及化学化工等工业部门排放的废水。

锌的测定方法主要有原子吸收光谱法、双硫腙分光光度法、阳极溶出伏安法、示波极谱分析法、ICP-AES 法等。原子吸收光谱法的灵敏度较高，干扰少，适用于各种水体。对于锌含量较高的污废水，为了避免稀释引入的误差，可采用双硫腙分光光度法。对于高含盐量的废水和海水中微量锌的测定，可采用阳极溶出伏安法或示波极谱分析法。

六、铬

铬（Cr）是生物体必需的微量元素之一。铬的毒性与其存在价态有关，铬的常见价态有三价和六价，受水体 pH、温度、氧化还原性物质、有机物等因素影响，三价铬和六价铬化合物可以相互转化。

对于人体来说，六价铬具有强毒性，为致癌物质，容易被人体吸收而在体内积累。通常认为六价铬的毒性比三价铬大 100 倍。对于鱼类来说，三价铬的毒性比六价铬大。天然水中不含铬，海水中铬的平均浓度为 0.05 μg/L，饮用水中更低。

铬的污染主要来自铬矿石加工、金属表面处理、皮革鞣制、印染等行业排放的废水。

铬的测定方法主要有二苯碳酰二肼分光光度法、原子吸收光谱法、硫酸亚铁铵滴定法等。其中二苯碳酰二肼分光光度法是我国与其他国家普遍采用的标准方法，而硫酸亚铁铵滴定法适用于含铬量较高的水样的测定。

七、其他金属

除了上述几种常见的金属元素以外，水中其他金属元素的测定方法如表 8.7.1 所示。

表 8.7.1　部分金属的测定方法

金属元素	测定方法
钙（Ca）、镁（Mg）	EDTA 滴定法；原子吸收光谱法；离子色谱法
钾（K）、钠（Na）	火焰原子吸收光谱法；离子色谱法
钡（Ba）	火焰原子吸收光谱法；石墨炉原子吸收光谱法；电位滴定法
铍（Be）	石墨炉原子吸收光谱法；活性炭吸附-铬天菁分光光度法
镍（Ni）	火焰原子吸收光谱法；丁二酮肟分光光度法
铁（Fe）	火焰原子吸收光谱法；邻菲啰啉分光光度法
锰（Mn）	火焰原子吸收光谱法；高碘酸钾氧化分光光度法；甲醛肟分光光度法
银（Ag）	镉试剂 2B 分光光度法；3,5-Br_2-PADAP 分光光度法；火焰原子吸收光谱法
钒（V）	石墨炉原子吸收光谱法；钽试剂萃取分光光度法
钼（Mo）	石墨炉原子吸收光谱法
钛（Ti）	石墨炉原子吸收光谱法
钴（Co）	5-氯-2-（吡啶偶氮）-1,3-二氨基苯分光光度法
锑（Sb）	原子荧光法

注：PADAP：2-(3,5)-二溴-2-吡啶偶氮丁-5-二乙氨基苯酚。

第八节　营养性物质

一、含氮化合物

1. 水中氮的形态及其测定意义

作为地球大气中的主要成分，氮在所有生命活动中均起到重要的作用。氮元素是生命活动所需的基本营养元素，也是引发水体富营养化的关键因素之一。

水中氮元素的化合形态可分为有机氮和无机氮，其中无机氮包括氨氮（NH_3、NH_4^+）、亚硝酸盐氮（NO_2^-）和硝酸盐氮（NO_3^-），有机氮主要是指蛋白质、氨基酸、核酸、尿素、胺类、腈类、硝基化合物等。

水中的含氮化合物是一项重要的水质指标，可以反映水体受污染的程度与进程。最初进入水体的往往是有机氮和氨氮，其中有机氮首先被分解转变为氨氮，然后在有氧条件下，氨氮在微生物的作用下逐步被氧化为亚硝酸盐和硝酸盐。当水中含有大量有机氮和氨氮时，说明水体近期受到污染；当水中的含氮化合物主要是硝酸盐时，说明水体受到污染已经有较长的时间。

2. 总氮

总氮（total nitrogen，TN）是水中所含有机氮和无机氮化合物的总和，包括可溶性及悬浮颗粒物中的含氮化合物。自然水体中的总氮含量会随污水排入而升高，使水草、微藻等大量繁殖，当其衰亡分解时会迅速消耗水中的溶解氧，导致水体质量恶化。

总氮的测定常采用过硫酸钾消解法，用过硫酸钾在120～124℃下将水中的含氮化合物氧化为硝酸盐，然后用紫外分光光度法、气相分子吸收光谱法等测定消解后溶液中的硝酸盐含量，即得到总氮含量。

3. 氨氮

氨氮（ammonia nitrogen）以游离氨（NH_3）或离子态氨（NH_4^+）的形式存在于水中，二者的组成比例取决于水的pH和温度。当pH偏高时，游离氨的比例较高，反之离子态氨的比例较高。

水中氨氮的来源主要为生活污水中含氮有机物的微生物分解产物，某些工业污水（如焦化污水、合成氨化肥厂污水等）和农田污水中含有高浓度氨氮，也是水中氨氮的重要来源。

氨氮的测定方法有纳氏试剂分光光度法、水杨酸-次氯酸盐分光光度法、气相分子吸收光谱法、离子选择电极法、滴定法等。

1）纳氏试剂分光光度法

将纳氏试剂（碘化汞和碘化钾的强碱溶液）加入水样中，与氨反应生成黄棕色胶体化合物，在波长420 nm处测定吸光度。该方法的检出限为0.025 mg/L，测定范围为0.1～2 mg/L，适用于各种水样中氨氮的测定。

2）水杨酸-次氯酸盐分光光度法

在亚硝基铁氰化钠存在的情况下，氨与次氯酸反应生成氯胺，氯胺与水杨酸反应生成氨基水杨酸，氨基水杨酸经氧化、缩合生成靛酚蓝，在波长 697 nm 处用分光光度法测定。该方法的检出限为 0.01 mg/L，测定范围为 0.04～1 mg/L，适用于各种水样中氨氮的测定。

以上两种分光光度法具有灵敏、稳定等特点，但水样有色、浑浊或含钙、镁、铁等金属离子及硫化物、醛、酮等物质均会干扰测定，需要做相应的预处理。

3）气相分子吸收光谱法

取预处理后的水样于质量分数为 2%～3%的酸性介质中，加入无水乙醇煮沸以去除亚硝酸盐等干扰，用次溴酸钠将氨及铵盐氧化成亚硝酸盐，以亚硝酸盐的形式采用气相分子吸收光谱法测定氨氮的含量。该方法的测定范围为 0.080～100 mg/L，适用于各种水样中氨氮的测定。

4）离子选择电极法

该方法是一种以氨气敏复合电极为传感器的电位分析法。该方法不受水样颜色和浊度的干扰，水样不必进行预处理，但再现性和电极寿命尚存在一些问题。测定范围为 0.03～1400 mg/L，适用于水中氨氮的实时在线监测。

5）滴定法

将水样 pH 调至 6.0～7.4，加入氧化镁使其呈微碱性。加热蒸馏，释放出的氨用硼酸溶液吸收。取全部吸收液，以甲基红-亚甲基蓝为指示剂，用硫酸标准溶液滴定至绿色转变为淡紫色，根据硫酸标准溶液消耗量和水样体积计算氨氮的含量。该方法的检出限为 0.05 mg/L，适用于测定氨氮含量较高的水样。

4. 凯氏氮

凯氏氮（Kjeldahl nitrogen）是指以凯氏法测得的含氮量，包括氨氮和在测定条件下能转化为铵盐而被测定的有机氮化合物。有机氮化合物主要是指蛋白质、氨基酸、核酸、尿素及合成的、氮为负三价态的有机氮化合物，但不包括叠氮化合物、联氮、偶氮、腙、腈、硝基、亚硝基和半卡巴腙类的含氮化合物。由于一般水中的有机氮化合物主要为前者，故可用凯氏氮与氨氮的差值表示有机氮含量。

凯氏氮的测定方法包括传统的凯氏法和气相分子吸收光谱法。

1）凯氏法

凯氏法的测定分为两步。第一步是水样消解，通过加入硫酸加热消解使游离氨和铵盐及有机物中的胺转变为硫酸氢铵。消解时可加入适量的硫酸钾以提高消解速度。第二步是蒸馏滴定，消解液在碱性条件下蒸馏出氨，用硼酸溶液吸收，以分光光度法或滴定法测定氨氮含量，即为水样中凯氏氮的含量。

若将水样先进行蒸馏除去氨氮，再用凯氏法测定，可直接测得有机氮的含量。

2）气相分子吸收光谱法

该方法的原理是将水样中的游离氨、铵盐及有机物中的胺转变为铵盐，用次溴酸盐将其氧化成亚硝酸盐，以亚硝酸盐氮的形式采用气相分子吸收光谱法测定水样中的凯氏氮。

5. 亚硝酸盐氮

亚硝酸盐氮（nitrite nitrogen）是氮循环的中间产物，性质不稳定。不同水环境条件下，亚硝酸盐可经氧化而生成硝酸盐，也可还原为氨。由于在硝化过程中，由 NH_3 转化为 NO_2^- 的过程比较缓慢，而由 NO_2^- 转化为 NO_3^- 的过程比较快速，因此天然水体中亚硝酸盐的含量不高，一般不超过 0.1 mg/L。

水中亚硝酸盐氮的测定方法通常采用重氮-偶联反应，使其生成红紫色染料，最常用的包括对氨基苯磺酰胺、对氨基苯磺酸等重氮试剂和 *N*-（1-萘基）乙二胺、*α*-萘胺等偶联试剂。这类方法灵敏度较高，选择性较好。

此外，亚硝酸盐氮的测定还可以采用离子色谱法和气相分子吸收光谱法，这两种方法简便、快速、干扰较少。

6. 硝酸盐氮

硝酸盐氮（nitrate nitrogen）是在有氧环境中最稳定的含氮化合物，也是含氮化合物经无机化作用最终阶段的分解产物。水中硝酸盐氮含量相差悬殊，从数十微克每升至数十毫克每升，其在清洁的地表水中含量较低，而在受污染的水体和一些深层地下水中含量较高。制革、酸洗废水、生化处理设施出水和农田排水中常含有大量的硝酸盐。人体摄入硝酸盐后，经肠道中微生物作用转变成亚硝酸盐而呈现毒性作用。

水中硝酸盐氮的测定方法有酚二磺酸分光光度法、镉柱还原法、戴氏合金还原法、离子选择电极法、气相分子吸收色谱法、离子色谱法和紫外分光光度法等。其中，酚二磺酸分光光度法显色稳定，测定范围较宽；紫外分光光度法和离子选择电极法可进行在线快速测定；镉柱还原法和戴氏合金还原法操作较复杂，应用较少。

二、含磷化合物

磷是各种生物生长所必需的重要元素之一，主要用于合成核酸、磷脂、腺苷三磷酸（ATP）等生命活动所必需的物质。

在天然水体和各类污水中，磷元素的存在形态多种多样。按物理形态，含磷化合物可以分为颗粒态磷和溶解性磷；按化学形态，又可以分为正磷酸盐、缩聚磷酸盐和有机磷。

根据预处理手段不同，可分别测定水中的总磷（total phosphorus，TP）、溶解性正磷酸盐和溶解性总磷（total dissolved phosphorus，TDP）（图 8.8.1）。在对湖泊富营养化的研究中，常用的相关指标还包括可溶性活性磷酸盐（soluble reactive phosphate，SRP）、生物可利用磷（bioavailable phosphorus，BAP）、微生物可利用磷（microbially available phosphorus，MAP）等，这些指标表征了总磷中最易被细菌、藻类和其他水生植物消耗的部分。

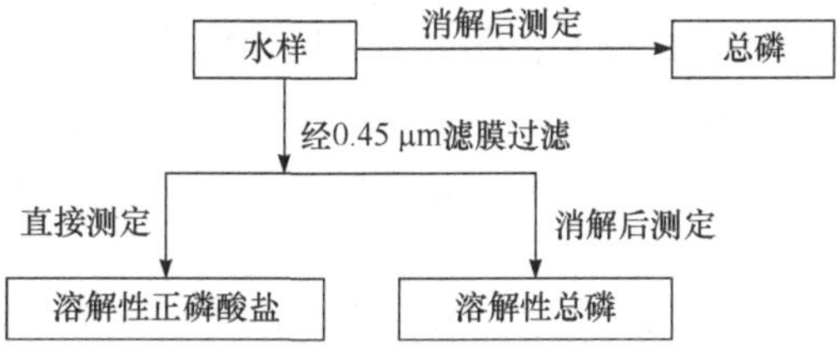

图 8.8.1　测定水样中各种形态磷的预处理流程

测定总磷时，需要先对水样进行消解，目的是将水样中各种形态的磷转化为正磷酸盐。通常采用的消解方法包括过硫酸钾消解法、硝酸-硫酸消解法和硝酸-高氯酸消解法等。

水中溶解性正磷酸盐的测定方法有钼酸铵分光光度法、钼锑抗分光光度法、孔雀绿-磷钼杂多酸分光光度法、离子色谱法、气相色谱法等。

1. 钼酸铵分光光度法

在酸性条件下，水样中的正磷酸盐与钼酸铵反应，生成淡黄色的磷钼杂多酸，再与钒反应生成黄色的钒磷钼酸，在波长 400～496 nm 处测定吸光度，用标准曲线法定量。该方法的测定范围为 0.01～0.6 mg/L，适用于地表水、生活污水、工业废水等水样的测定。

2. 钼锑抗分光光度法

在酸性条件下，水样中的正磷酸盐与钼酸铵、酒石酸锑氧钾反应，生成磷钼杂多酸，再被抗坏血酸还原，生成蓝色络合物（磷钼蓝），在波长 700 nm 处测定吸光度，用标准曲线法定量。该方法的测定范围为 0.01～0.6 mg/L，适用于地表水、生活污水、工业废水等水样的测定。

3. 孔雀绿-磷钼杂多酸分光光度法

在酸性条件下，水样中的正磷酸盐与钼酸铵-孔雀绿显色剂反应生成绿色离子缔合物，并以聚乙烯醇为稳定显色液，在波长 620 nm 处测定吸光度，用标准曲线法定量。该方法的测定范围为 0.001～0.3 mg/L，适用于江河、湖泊等地表水和地下水中痕量磷的测定。

第九节　有机物综合指标

水中的有机物种类繁多，性质和浓度水平相差很大，往往很难定量分析水中的每一种有机物。在科学研究和工程实践中，常采用有机物综合指标来表征水中有机物的浓度水平。

常见的有机物综合指标有化学需氧量（chemical oxygen demand，COD）、生化需氧量（biochemical oxygen demand，BOD）、总有机碳（total organic carbon，TOC）等。这些综合指标用于表征水中具有相似化学性质的一类有机物的含量，而不同指标表征的物质范围略有不同。

一、化学需氧量

COD 是指在一定条件下，氧化 1 L 水中还原性物质所消耗的氧化剂的量，以氧的质量浓度（以 mg/L 为单位）表示。COD 用于表征水中受还原性物质污染的程度，常用作有机物含量的指标。COD 是表征水质污染度的重要指标。

COD 是一个条件性指标，会受加入的氧化剂的种类、浓度、反应液的酸度、温度、反应时间及催化剂等条件的影响。

COD 的标准测定方法是重铬酸钾法，其他方法还包括氯气校正法、快速消解分光光度法、恒电流库仑法等。

1. 重铬酸钾法

该方法的测定原理与步骤详见第六章。

重铬酸钾的氧化性很强，可以将水中大部分有机物氧化，但吡啶不被氧化，芳香族有机物不易被氧化，挥发性直链脂肪族化合物、苯等存在于蒸气相，与氧化剂接触不充分，氧化率较低。此外，氯离子可被重铬酸钾氧化，并与硫酸银作用生成沉淀，可加入适量硫酸汞予以消除。若水中含有较多的亚硝酸盐，预先在重铬酸钾溶液中加入氨基磺酸便可消除其干扰。

2. 氯气校正法

当水样中的氯离子含量较高时，会导致 COD 测定结果偏大，此时可采用氯气校正法。

在水样中加入已知量的重铬酸钾标准溶液、硫酸汞溶液、硫酸银-硫酸溶液，于回流吸收装置的插管式锥形瓶中加热至沸腾并回流 2 h，同时从锥形瓶插管通入 N_2，将水样中未结合而被氧化的氯离子所生成的氯气从回流冷凝管上口导出，用氢氧化钠溶液吸收。消解后的水样按重铬酸钾法测定，结果为表观 COD；在吸收液中加入碘化钾，调节 pH 为 2～3，以淀粉为指示剂，用硫代硫酸钠标准溶液滴定，将其消耗量换算成消耗氧的质量浓度，即为氯离子影响校正值。表观 COD 与氯离子影响校正值之差，即为被测水样的实际 COD。

该方法适用于氯离子浓度大于 1000 mg/L、小于 20000 mg/L 的高氯废水的测定，检出限为 30 mg/L。

3. 快速消解分光光度法

该方法与重铬酸钾法消解水样的方法相同。将水样和消解液置于密封的消解管中，在（165 ± 2）℃的恒温加热器内快速消解，消解后的水样用分光光度法测定。若水样的 COD 在 100～1000 mg/L，则在（600 ± 20）nm 波长处测定还原产生的 Cr^{3+}的吸光度，水样的 COD 与 Cr^{3+}的吸光度成正比；若水样的 COD 在 25～250 mg/L，则在（440 ± 20）nm 波长处测定未被还原的 Cr(Ⅵ)和已被还原的 Cr^{3+}的吸光度，水样的 COD 与 Cr(Ⅵ)吸光度的减少值和 Cr^{3+}吸光度的增加值成正比，与总吸光度的减少值成正比，可根据水样的吸光度按照系列标准溶液绘制的标准曲线计算出 COD。

该方法的水样和试剂用量均较少，消解时间缩短至 15 min，适合大批量样品的测定。目前市场上已有多种快速 COD 测定仪。

4. 恒电流库仑法

该方法是建立在电解基础上的分析方法。在溶液中加入适当物质，以一定强度的恒定电流进行电解，使之在工作电极（阳极或阴极）上电解产生一种试剂（称滴定剂），该试剂与被测物质进行定量反应，反应终点可通过电化学等方法指示。依据电解消耗的电荷量和法拉第电解定律可计算被测物质的含量。

用库仑滴定式 COD 测定仪测定水样 COD 时，在空白溶液（蒸馏水加硫酸）和样品溶液（水样加硫酸）中加入等量的重铬酸钾溶液，分别进行回流消解 15 min，冷却后各加入等量的硫酸铁溶液，于搅拌状态下进行库仑电解滴定，即 Fe^{3+}在工作阴极上被还原为 Fe^{2+}（滴定剂），去滴定还原 $Cr_2O_7^{2-}$。库仑滴定空白溶液中的结果为加入重铬酸钾的总氧化量（以 O_2 计），库仑滴定样品溶液中的结果为剩余重铬酸钾的氧化量（以 O_2 计）。进而可通过计算得到水样 COD 含量。

该方法简便、快速、试剂用量少，不需标定滴定剂，适用于工业废水的控制分析。但需要注意严格控制消解条件一致，经常清洗电极，才能获得较好的重现性。

二、高锰酸盐指数

高锰酸盐指数是指在一定条件下，以高锰酸钾为氧化剂氧化水样中的还原性物质所消耗的高锰酸钾的量，以氧的质量浓度（以 mg/L 为单位）来表示。

高锰酸盐指数也是一种化学需氧量，常采用符号 COD_{Mn} 或 I_{Mn} 表示。采用重铬酸钾法测定的化学需氧量用 COD_{Cr} 表示。不特殊说明时，COD 一般为 COD_{Cr}，但在日本和韩国等国家化学需氧量的标准方法为 COD_{Mn}。

水中的亚硝酸盐、亚铁盐、硫化物等还原性无机物和在此条件下可被氧化的有机物，均消耗高锰酸钾。COD_{Mn} 和 COD_{Cr} 是采用不同的氧化剂在各自的氧化条件下测定的，很难找出明确的相关关系。一般来说，重铬酸钾法的氧化率可达 90%，而高锰酸钾法的氧化率为 50% 左右。

高锰酸盐指数采用高锰酸钾法测定，根据测定溶液的介质不同，该方法又分为酸性高锰酸钾法和碱性高锰酸钾法。由于碱性条件下高锰酸钾的氧化能力比酸性条件下稍弱，此时不能氧化水中的氯离子，因此碱性高锰酸钾法适用于测定氯离子浓度高于 300 mg/L 的水样。酸性高锰酸钾法适用于氯离子浓度不超过 300 mg/L 的水样。

高锰酸钾法的测定原理与步骤详见第六章。

三、生化需氧量

BOD 是指在有溶解氧的条件下，水中有机物由于好氧微生物的生化作用进行氧化分解时所消耗溶解氧的量。BOD 中也包括水中硫化物、亚铁盐等还原性无机物氧化所消耗的溶解氧量，但通常这部分所占比例很小。

有机物在微生物作用下的好氧分解可分为碳化阶段和硝化阶段。碳化阶段中含碳有机物氧化为二氧化碳和水，这一过程产生的生化需氧量称为碳质 BOD；硝化阶段中含氮有机物在硝化细菌作用下生成亚硝酸盐和硝酸盐，硝化过程需氧量称为氮质 BOD。这两个阶段并非截然分开，而是各有主次。对于生活污水和性质相近的工业废水，硝化阶段一般在 5～7 d，甚至 10 d 后才显著进行。因此，BOD 测定常采用的五日培养法（BOD_5 法）主要为碳质 BOD。

BOD 是反映水体被有机物污染程度的综合指标，也是研究污废水可生化性和生化处理效果，以及污废水生化处理工艺设计和动力学研究中的重要参数。

BOD 的测定方法主要包括五日培养法、微生物电极法、测压法等。

1. 五日培养法

五日培养法也称稀释与接种法或标准稀释法，该方法的测定原理与步骤详见第六章。

2. 微生物电极法

微生物电极是一种将微生物技术与电化学检测技术结合的传感器，主要由氧电极和微生物膜组成。当一定流量的水样及空气进入流通测量池中与微生物传感器接触时，有机物受微生物菌膜中微生物的作用而消耗一定量的氧，使扩散到氧电极表面上的氧的质量减少。当有机物向微生物膜扩散速度达到恒定时，此时扩散到氧电极表面的氧质量也达到恒定，从而产生一个恒定电流。由于恒定电流差值与氧的减少量存在定量关系，据此可得到水样的 BOD 值。

3. 测压法

在密闭的培养瓶中，水样中的溶解氧被微生物消耗，微生物因呼吸作用产生与耗氧量相当的 CO_2，当 CO_2 被吸收剂吸收后使密闭系统的压力降低时，根据压力计测得的压降可求出水样的 BOD 值。

在实际测定中，先以标准葡萄糖-谷氨酸溶液的 BOD 和相应压差作关系曲线，然后根据曲线校准仪器刻度，便可直接读出水样的 BOD 值。

四、总需氧量

总需氧量（total oxygen demand，TOD）指水中有机物质在燃烧中变成稳定的氧化物时的总需氧量，以氧的质量浓度（mg/L）表示。

TOD 能反映几乎全部有机物质经燃烧后变成 CO_2、H_2O、NO、SO_2 等所需要氧的量。它比 BOD、COD 和高锰酸盐指数更接近于理论需氧量值。但它们之间没有固定的相关关系。有研究指出，BOD/TOD 为 0.1～0.6，COD/TOD 为 0.5～0.9。

利用 TOD 和 TOC 的比例关系可以判断水样中有机物的种类。对于含碳化合物来说，因 $O_2/C = 2.67$，故 TOD = 2.67TOC。若某水样的 TOD/TOC＞4.0，可认为水样中有较大量含硫、磷的有机物存在；若 TOD/TOC＜2.6，可认为水样中硝酸盐和亚硝酸盐的含量较高，因在高温和催化条件下硝酸盐和亚硝酸盐会分解放出氧，使得 TOD 测定呈现负误差。

总需氧量常采用 TOD 测定仪来测定。测定时将一定量水样注入装有铂催化剂的石英燃烧管中，通入含已知氧浓度的载气（氮气）作为原料气，水样中的还原性物质在 900℃下燃烧氧化而消耗氧。测定燃烧前后原料气中氧浓度的减少量，即可求出水样的 TOD 值。

五、总有机碳

TOC 指溶解和悬浮在水中所有有机物的含碳量，是以碳的含量来表示水中有机物质总量的综合指标。

TOC 的测定采用仪器法，按工作原理可分为燃烧氧化-非分散红外吸收法、电导法、湿法氧化-非分散红外吸收法等。其中燃烧氧化-非分散红外吸收法流程简单、重现性好、灵敏度高，在国内外被广泛采用。

燃烧氧化-非分散红外吸收法测定 TOC 又可分为差减法和直接法两种。当水中苯、甲苯、环已烷和三氯甲烷等挥发性有机物含量较高时，宜采用差减法测定；当水中挥发性有机物含量较少而无机碳含量相对较高时，宜采用直接法测定。

1. 差减法

将同一等体积的水样分别注入高温炉（900℃）和低温炉（150℃）中，经高温燃烧管的水样被催化氧化，水样中的有机碳和无机碳均转化为二氧化碳；经低温石英管的水样受酸化而使无机碳酸盐分解为二氧化碳，而有机物不能被氧化分解。将高、低温炉中生成的二氧化碳分别导入非分散红外检测器，分别测得总碳（TC）和无机碳（IC），二者之差即为总有机碳（TOC）（图 8.9.1）。

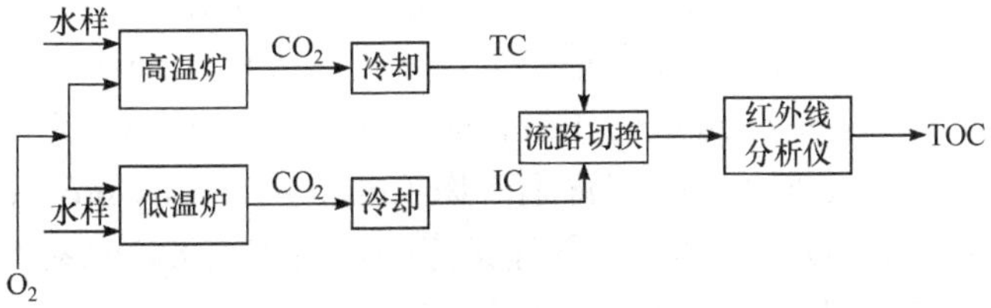

图 8.9.1　差减法测定 TOC

2. 直接法

将水样预先酸化至 pH<2，通入氮气曝气，去除各种碳酸盐分解生成的二氧化碳后，再将水样注入高温燃烧管测定。曝气过程中由于挥发性有机物的损失会造成误差，故测定结果为不可吹脱有机碳（NPOC）。

六、其他有机物综合指标

除上述几种常用的指标外，有机物综合指标还包括总有机卤化物（total organic halides，TOX）、可吸附有机卤化物（adsorbable organic halides，AOX）、总有机硫（total organic sulphur，TOS）、总有机氮（total organic nitrogen，TON）等。

TOX 是指水中存在的溶解性和悬浮性有机卤化物含量，包括有机氯、有机氟、有机溴和有机碘等。有机卤化物广泛用于纺织行业，如一些阻燃剂、杀虫剂、防毒剂、干洗剂、漂白剂、羊毛脱脂剂等。这些有机卤化物具有优异的使用性能，也是对环境危害较大的物质。而饮用水中的有机卤化物主要来源于消毒工艺。

AOX 是指在测定过程中，样品先通过活性炭柱吸附后进行测定得到的有机卤化物，包括氯化物、溴化物和碘化物等。AOX 目前已经成为一项国际性水质指标，是我国造纸工业污染物排放标准中的重要指标之一。其测定方法采用国家标准分析方法——微库仑法。

TOS 是指水中存在的各种形态的溶解性和悬浮性有机硫的硫含量。在有机硫中，硫醇、硫醚类物质具有很强的嗅味，如大量存在于饮用水中，将影响其使用感官。TOS 与水样的嗅味物质产生潜能有一定关系。水样的 TOS 高，则说明在储存或使用过程中，在厌氧条件下产生嗅味的可能性大。

TON 是指水中存在的各种形态的溶解性和悬浮性有机氮的氮含量。在生活饮用水有机物指标中包含硝基苯、丙烯酰胺等。全世界河流中的总氮有 14%～90%由有机氮组成。而作为有机氮的主要成分，溶解性有机氮（dissolved organic nitrogen，DON）是多数天然水体中溶解氮的主要组成部分，所占比例达 60%～69%。

第十节　微量有机污染物的测定

一、典型微量有机污染物

上一节介绍了常见的有机物综合指标，这些综合指标反映的是水样中某类有机物的总量。水中不同种类的有机物不仅在浓度水平上差异很大，其对人体健康和生态安全产生的危害作用也存在很大差别。有些有机物质虽然在水中的浓度很低，在有机物总量中所占的比例也很小，但是其所具有的毒害效应却不容忽视。水中微量有机物的毒害效应包括急性毒性、内分泌干扰活性、三致效应等。因此，这些微量有机污染物在水质分析监测中越来越受到重视。

目前，常见的微量有机污染物主要包括持久性有机污染物（persistent organic pollutants，POPs）、内分泌干扰物（endocrine disrupting chemicals，EDCs）、药物与个人护理品（pharmaceutical and personal care products，PPCPs）、消毒副产物（disinfection by-products，DBPs）等（图 8.10.1）。这些微量有机污染物的分类依据往往是污染物的环境影响和来源、环境领域约定俗成的习惯等，因此，各类物质之间可能存在交集。

- 微量有毒有害有机污染物
  - 持久性有机污染物
    - 有机氯农药
    - 多氯联苯、多溴联苯、多溴联苯醚
    - 二噁英、苯并呋喃
    - 全氟辛烷磺酸盐
  - 内分泌干扰物
    - 农药
    - 邻苯二甲酸酯
    - 类固醇激素
    - 双酚A、壬基酚、辛基酚等
  - 药物与个人护理品
    - 抗生素
    - 消炎止痛药
    - 消毒剂
    - 麝香等
  - 消毒副产物
    - 三卤甲烷、卤代醛、卤乙酸
    - 卤代呋喃酮、卤代酚
    - 卤乙腈、卤代乙酰胺、亚硝胺
    - 醛、酮、羧酸
  - 多环芳烃等其他微量有毒有害有机物

图 8.10.1 典型微量有毒有害有机污染物

微量有机物的测试方法虽然比较多，但一般都包括样品前处理和污染物检测两个过程。下面将分别对这两个过程进行介绍。

二、微量有机污染物的样品前处理方法

由于水中微量有机污染物的浓度很低（μg/L、ng/L 甚至 pg/L 的水平）、种类较多，前处理时需要对水样中要测定的微量有机污染物进行分离和富集。同时，水样中的杂质成分复杂、浓度较高，容易干扰目标微量有机污染物的检测，因此前处理时需要去除杂质，以提高检测的准确度和灵敏度。

样品前处理方法包括分离、富集、衍生化等（图 8.10.2）。

- 样品前处理
  - 易/半挥发物质富集
    - 静态顶空法
    - 吹扫捕集法
    - 液液萃取法
    - 固相微萃取法
  - 难挥发物质富集
    - 液液萃取法
    - 固相萃取法
  - 衍生化
    - 易挥发化: 硅烷化、酯化、酰化、烷基化
    - 检测器响应提高: 紫外/荧光衍生化

图 8.10.2 样品前处理方法

1. 分离和富集

对于挥发性、半挥发性的有机污染物，分离和富集的方法多采用静态顶空法、吹扫捕集法、液液萃取法、固相微萃取法等。对于难挥发的有机污染物分离和富集的方法多采用液液萃取法、固相萃取法等。各方法之间的比较如表 8.10.1 所示。

表 8.10.1　水中微量有机污染物的分离和富集方法

前处理方法	样品基质	灵敏度	分析物范围	是否自动化	样品萃取时间/min
静态顶空法	液/固	μg/L～mg/L	气态-挥发性	是	5～10
吹扫捕集法	气/液/固	μg/L	挥发-半挥发性	是	10～30
固相微萃取法	气/液	ng/L	挥发-半挥发性	是	5～15
液液萃取法	液/固	μg/L	挥发-不挥发性	半自动	>30
固相萃取法	气/液	ng/L	不挥发性	是	5～30

静态顶空法利用待测挥发性物质在密闭容器中的气液或气固相平衡以实现待测物质与液体或固体基质的分离。实验时常向水样中添加无机盐，以降低待测物质在水中的溶解度，增加气相中待测物质的量，从而提高分析灵敏度。

吹扫捕集法利用惰性气体将液体或固体样品中的挥发性或半挥发性物质吹扫出来，并利用吸附剂进行富集。吹扫捕集过程中需注意水蒸气的控制和去除。

液液萃取法利用物质在两种不能互溶液体中的溶解度不同而实现分离。该方法常用于三卤甲烷、卤乙酸、多环芳烃等污染物的分离和富集。使用该方法时需注意控制样品的 pH、离子强度。

固相萃取法利用固体吸附剂使物质从液体中分离出来。该方法的原理是水样中的特定物质与固体吸附剂上的键合官能团可以产生相互作用，从而将其保留在固体吸附剂上，然后被少量的特定溶剂选择性地洗脱下来。

2. 衍生化

衍生化是利用化学反应将待测物质转化成具有类似结构的产物以满足检测要求的一种方法，通常被应用于气相色谱、液相色谱分析的样品前处理中。

用于高效液相色谱分析的衍生化目的是改善色谱分离或检测器检测，包括紫外衍生化、荧光衍生化等。荧光衍生化常用于不含有特征发色或荧光基团的氨基酸。

用于气相色谱分析的衍生化目的是增加样品的挥发性或提高检测灵敏度，包括硅烷化、酯化、酰化、烷基化等。

三、微量有机污染物的测定方法

微量有机污染物的测定大多是依靠气相色谱或液相色谱进行分离，然后利用质谱等检测器进行定量分析。

气相色谱分析法和液相色谱分析法的相关内容详见第十六章与第十七章。

第十一节　综合生物毒性

一、生物毒性及其检测方法

随着社会的发展，水中的有毒有害污染物越来越受到人们的关注。如上一节所述，很多有毒有害污染物在水中的浓度较低，这给水质监测分析带来了很大困难。虽然水质分析技术不断发展，但我们能够测定的污染物种类仍然有限，很难对水中的所有物质进行一一测定。另外，不同污染物的毒性效应差异很大，只从浓度水平无法判断其毒性大小。虽然可以根据毒理学的研究结果分析污染物产生的毒性效应，但对于物质组成复杂的水样，不同污染物之间存在协同、拮抗等效应，依据物质浓度也难以准确判断多种污染物在水中产生的综合毒性效应。因此，水质综合生物毒性的检测分析越来越受到重视。

生物毒性是指水中的化学物质所能引起生物机体损害的性质和能力。生物毒性按照毒性作用时间长短可分为急性毒性、慢性毒性和亚慢性毒性等；按照毒性效应可分为致死、致畸、致癌、致突变效应等；按照毒性作用的靶器官可分为内分泌干扰性、肝毒性、神经毒性等。

生物毒性检测方法是一类通过评价化学物质对生物的影响以综合表征其毒性的方法。生物毒性检测是基于生态毒理学发展起来的检测方法，主要研究有毒有害污染物对生态系统中各类生物（动物、植物、微生物）所引发的分子、细胞、器官、个体、群落等不同水平的损害。生物毒性检测在水质安全评价和水生生态保护中都起到重要的作用。目前在水质生物毒性检测中常用到的一些毒性检测方法如图 8.11.1 所示。

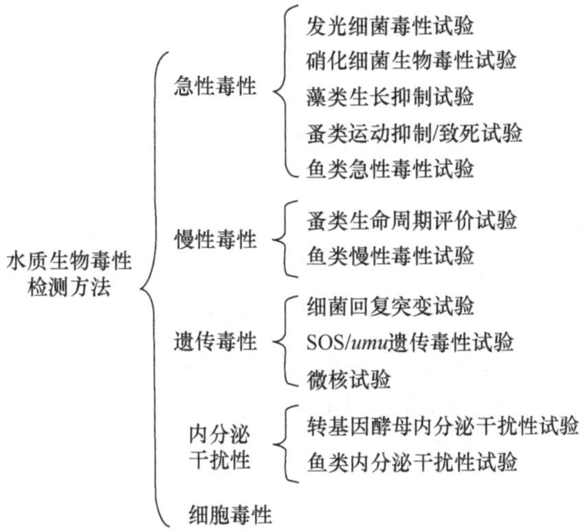

图 8.11.1　水质生物毒性检测方法

二、急性毒性

急性毒性是指生物在短时期（一般为 1 次或 24 h）内接触外源化学物质后所产生的毒性效应。常见的急性毒性检测方法有发光细菌毒性试验、硝化细菌生物毒性试验、藻类生长抑制试验、蚤类运动抑制/致死试验等。

1. 微生物毒性试验

在微生物毒性试验中，研究和应用最多的是发光细菌毒性试验。发光细菌在正常条件下能发出一定波长的光。该方法是通过测定样品在短时间内对发光细菌发光的抑制程度来评价样品的急性毒性。

许多微生物的呼吸活性也会受到有毒有害污染物的抑制，从而表现出活性下降、生理发生变化等。基于这一原理，硝化细菌毒性试验通过测定硝化细菌的呼吸速率的变化来检测水样的毒性。该方法适用于生活污水、工业废水及河道底泥的毒性检测。

2. 藻类毒性试验

在水生生态系统中，藻类是初级生产者，对生态系统的平衡和稳定起到非常重要的作用。水中的重金属和有机污染物可抑制藻类的光合作用、呼吸作用、酶的活性和生长等，在急性毒性试验中，常用藻类的生长抑制作为测试指标。

确定藻类生长的指标较多，在设计藻类毒性试验时，需考虑所有相关的环境因素，根据试验目的和试验条件选择测试指标。常用的测试指标有光密度、细胞数、叶绿素浓度、细胞干重等。

3. 蚤类毒性试验

水蚤是淡水水体中广泛存在的小型无脊椎动物，为鱼类与浮游动物的重要食物来源，是淡水生态系统的重要组成部分。大型蚤（*Daphnia magna*）对有毒物质非常敏感，世代周期短，方便易得，繁殖能力强，易培养，常作为毒性测试标准生物。目前，常采用大型蚤的死亡率或运动抑制作用作为毒性测试指标。

4. 鱼类毒性试验

鱼类对水环境的变化十分敏感，当水体中有毒有害物质达到一定浓度时，会引起一系列中毒反应。

传统鱼类毒性试验采用 24 h、48 h、96 h 有毒物质的半数致死的质量浓度来表征急性毒性的程度。该试验周期较长，且需要大量试验材料和多次重复试验。应用生物标志物评价毒性可弥补以上不足。某些特定的外源有毒物质能诱导或抑制生物体内的酶活力，使酶活性异常增高或降低，利用酶活性的变化作为生物标志物可检测有毒物质的生物毒性。

目前，国际通用的急性毒性试验标准用鱼为斑马鱼，但不同国家和地区也会根据各自水生态系统的特点选择不同的试验用鱼。

三、慢性毒性

慢性毒性是指生物在长时间内接触相对较低浓度的有毒有害物质后所产生的毒性效应。通过慢性毒性试验，可以寻找某种有毒有害物质对生物的安全浓度，从而为制定水质标准和污染物排放标准提供科学依据。

水生生物慢性毒性试验动物可用无脊椎动物（如大型蚤等），也可用脊椎动物（如鲤鱼、鲫鱼等）。

慢性毒性试验一般应包括生物种群的全部繁殖生命周期，试验周期长，费用高。因此，人们已开展了许多研究来缩短试验周期，用亚慢性毒性试验的结果去估算有毒有害物质的安全浓度。

此外，实验室慢性毒性试验的结果外推到实际水体环境存在一定的差异。在判断化学物质对生态环境的危害剂量时，应考虑其生物利用率、分布及在自然环境中的迁移转化等因素。

四、遗传毒性

遗传毒性作用是指外源化学物质对生物所产生的 DNA 直接损伤或基因和染色体改变的

效应，包括基因突变、染色体畸变、染色体分离异常等。

常见的遗传毒性检测方法有鼠伤寒沙门氏菌回复突变试验（Ames 试验）、SOS/*umu* 试验、微核试验、彗星试验等。

Ames 试验是通过检测样品导致鼠伤寒沙门氏菌组氨酸缺陷型菌株发生回复突变的程度来表征样品致突变性的方法。该试验的原理是，将具有致突变性的样品与无法合成组氨酸的缺陷型菌株接触，导致无法在低含量组氨酸培养基上生长的缺陷型菌株发生回复突变，使其在低含量组氨酸培养基上能够生长。Ames 试验是短期筛选环境致突变物和致癌物的重要方法。经过多年的研究和改进，该方法已发展出多种菌株用于检测不同类型的突变。

在遗传毒物处理后，受损 DNA 诱导产生一系列物质，启动 DNA 修复所需酶并提高酶活力，使受损 DNA 修复，从而重新恢复细胞分裂，这一系列反应统称为 SOS 反应。SOS/*umu* 试验就是一种通过检测细菌 DNA 经样品损伤后的修复程度来表征样品遗传毒性的方法。

微核试验是一种用于分析染色体畸变的技术。外源性物理或化学因素诱导细胞内染色体发生畸变时，可影响纺锤丝和中粒而产生微核。物理或化学因素诱发微核的剂量与效应关系，以及微核率与染色体畸变之间的相关关系非常显著，因此微核技术可代替染色体畸变分析用于监测。

五、内分泌干扰性

内分泌干扰性是指外源化学物质对生物内分泌系统功能的影响。上一节所述的内分泌干扰物（EDCs）是指能对人体或其他动物产生内分泌干扰性的一类物质。由于人类活动对环境产生的污染，自然水体中出现了雄鱼雌化等现象，内分泌干扰性逐渐引起人们的关注和重视。

内分泌干扰性主要包括雌激素活性、抗雌激素活性、雄性激素活性、甲状腺激素活性、糖皮质激素活性、胰岛素活性、肾上腺皮质激素活性等。其中，雌激素活性目前最受关注。

内分泌干扰性检测方法中，根据受试对象的不同可分为体内法（*in vivo*）和体外法（*in vitro*）两大类。

体内测试也称为整体动物试验，在雌激素活性的体内测试中常采用鱼类、小鼠等作为受试对象，将其产生的卵黄蛋白原（VTG）作为生物标记物来检测样品所具有的雌激素活性。体内法准确性较高，能真实反映样品干扰生物内分泌系统的效应，对人体健康风险评估有很大的借鉴意义，但是测试通量小、周期长、对操作要求高。

在体外测试中，细胞法是最常见的方法，如人体乳腺癌细胞和酵母等。转基因酵母内分泌干扰性试验是一种通过检测样品诱导酵母体内的类固醇激素受体能力以表征样品内分泌干扰性的方法。该方法将人类雌激素受体（hER）的 DNA 序列和用于编码β-半乳糖苷酶的报告基因导入酵母的质粒中，当具有雌激素活性的物质存在时，其与受体结合，最终诱导产生能与邻-硝基酚-*D*-半乳糖吡喃糖苷（ONPG）发生颜色反应的β-半乳糖苷酶。这种方法具有操作简便快捷、价格便宜、重现性好等优点。

六、细胞毒性

细胞毒性是由细胞或者化学物质引起的单纯的细胞损伤事件，不依赖于凋亡或坏死等细胞死亡机理。一些常见的细胞毒性检测方法及其特点如表 8.11.1 所示。

表 8.11.1　常见细胞毒性检测方法

检测方法		主要试剂	检测终点	产物	特点
染色法	化学染色法	台盼蓝	受损细胞或死细胞的解体 DNA	—	价格低廉、操作简单；染色时间不易把握，计数不精确
	荧光染色法	吖啶橙	活细胞的细胞核 DNA	明亮绿色荧光	灵敏度高、结果易分辨；要求特殊仪器，如流式细胞仪
		溴化乙锭	受损细胞的细胞核 DNA	橘红色荧光	
比色法	MTT 法	MTT：3-(4,5-二甲基噻唑-2)-2,5-二苯基四氮唑溴盐	活细胞线粒体中的琥珀酸脱氢酶	不溶性蓝紫色结晶甲瓒	简单快捷；甲瓒产物不溶于水，溶解过程易流失
	XTT 法	XTT：3,3′-[1-(苯氨酰基)-3,4-四氮唑]-二(4-甲氧基-6-硝基)苯磺酸钠	活细胞线粒体中的琥珀酸脱氢酶	水溶性橙黄色甲瓒	灵敏度高，可测定低细胞密度，重复性优于 MTT；XTT 水溶液不稳定
	CCK-8 法	WST-8：2-(2-甲氧基-4-硝基苯基)-3-(4-硝基苯基)-5-(2,4-二磺酸苯)-2*H*-四唑单钠盐	活细胞线粒体中的琥珀酸脱氢酶	高度水溶性的黄色甲瓒产物	无需洗涤细胞，检测快速，可测定低细胞密度，重复性优于 MTT；CCK-8 试剂价格昂贵
	阿尔玛蓝法（Alamar Blue 法）	阿尔玛蓝（Alamar Blue）	活细胞线粒体	阿尔玛蓝的红色产物	不影响细胞正常代谢及基因表达，有利于对细胞连续监测
	乳酸脱氢酶法（LDH 法）	碘硝基四唑盐类（INT）	受损细胞或死亡细胞所释放的乳酸脱氢酶	（紫）红色甲瓒化合物	操作简便，LDH 自然释放率低；影响因素多，如培养基、pH、温度及加底物显色时间和终止剂等
	磺基罗丹明 B 法（SRB 法）	SRB，三氯乙酸（TCA）	活细胞内组成蛋白质的碱性氨基酸		产物不易变色，细胞固定后可以放置较长时间

第十二节　底 质 监 测

底质是指江、河、湖、库、海等水体底部表层的沉积物质，是矿物、岩石、土壤的自然侵蚀产物，生物活动及降解有机质等过程的产物，以及污水排出河（沟）道和河、湖床等随水流迁移的沉积物。水体、底质和水生生物共同组成完整的水环境体系。

通过底质监测，可以了解水体污染现状，追溯污染历史，了解难降解物的积累情况和污染的潜在危险。底质对水质、水生生物有明显影响，是天然水污染的重要标志。因此，底质监测是水质监测重要的组成部分。

一、底质样品的采集

底质监测断面设置原则与水质监测断面设置原则相同，设置位置重合，采样点在水质监测垂线的正下方，以便于将沉积物的组成及其物理化学性质与水质的监测数据进行比较。

由于底质受水文、气象条件影响较小，比较稳定，采样频率为每年枯水期 1 次，必要时可在丰水期增采 1 次。

底质采样量根据监测项目和目的而定，通常为 1～2 kg。一次采样量不够时，可在采样点周围采集，并将样品混匀。样品中的砾石、贝壳及动植物残体等杂质应予以剔除。

在较深水域采集表层底质，采样量较大时，一般采用掘式采泥器；采样量较少时，宜用锥式或钻式采泥器。若采集供测定污染物垂直分布情况的样品时，应使用管式泥芯采样器采集柱状样品。在浅水或干涸河段，用长柄塑料勺或金属铲采集即可。样品尽量滤去水分，装入玻璃瓶或塑料袋内，贴好标签，填写好采样记录表。

底质采样一般与水质采样同时进行，或在水质采样后立即进行，样品保存和运输方法与水样相同。

二、底质样品的处理

底质样品采集送交实验室后，于−40～−20℃冷冻保存，并在样品保存期内测试完毕。

1. 脱水

底质样品的脱水干燥通常采用自然风干（适用于待测组分较稳定的样品）、离心分离（适用于待测组分易挥发或易发生变化的样品）、真空冷冻干燥（适用于各种样品，特别是对光、热、空气不稳定的组分）和无水硫酸钠脱水（适用于测定油类等有机污染物的样品）等。

2. 筛分

将脱水干燥后的底质样品平铺在硬质白纸板上，用玻璃棒压散，剔除砾石及动植物残体等杂物。样品先过 20 目筛，然后用玛瑙研钵研磨至全部通过 80～200 目筛。将样品装入棕色广口瓶中，贴上标签备用。

3. 分解或浸取

底质样品分解或浸取的方法因监测目的和监测项目不同而异，常用的分解或浸取方法有硝酸-氢氟酸-高氯酸（或王水-氢氟酸-高氯酸）分解法（也称全量分解法）、硝酸分解法、水浸取法、有机溶剂提取法等。

若要调查底质中元素含量水平及其随时间和空间的变化情况，一般宜用全量分解法；若要了解底质受污染的状况，可用硝酸分解法；若要了解底质中重金属向水体释放的情况，则采用水浸取法；若要分析样品中的有机污染物，则采用有机溶剂提取法。

三、底质样品的分析

底质样品的监测项目与分析方法见表 8.12.1。水库、湖泊的底质还应加测总氮、总磷。

表 8.12.1 底质监测项目与分析方法

监测项目	样品消解与测定方法
总镉	盐酸-硝酸-高氯酸或盐酸-硝酸-氢氟酸-高氯酸消解。①萃取-火焰原子吸收分光光度法测定；②石墨炉原子吸收法测定
总汞	硝酸-硫酸-五氧化二钒或硝酸-高锰酸钾消解，冷原子吸收法测定
总砷	①硫酸-硝酸-高氯酸消解，二乙基二硫代氨基甲酸银分光光度法；②盐酸-硝酸-高氯酸消解，硼氢化钾-硝酸银分光光度法
总铜	盐酸-硝酸-高氯酸或盐酸-硝酸-氢氟酸-高氯酸消解，火焰原子吸收法测定
总铅	盐酸-硝酸-氢氟酸-高氯酸消解。①萃取-火焰原子吸收法测定；②石墨炉原子吸收法测定
总铬	盐酸-硝酸-氢氟酸消解。①高锰酸钾氧化，二苯碳酰二肼光度法；②加氯化铵溶液，火焰原子吸收法
总锌	盐酸-硝酸-高氯酸（或盐酸-硝酸-氢氟酸-高氯酸）消解，火焰原子吸收法
总镍	盐酸-硝酸-高氯酸（或盐酸-硝酸-氢氟酸-高氯酸）消解，火焰原子吸收法
六六六、滴滴涕	丙酮-石油醚提取，浓硫酸净化，气相色谱法测定
pH	玻璃电极法（土：水=1.0：2.5）
阳离子交换量	乙酸铵法等

底质中有机质含量用重铬酸钾容量法测定。在加热的条件下，以过量 $K_2Cr_2O_7$-H_2SO_4 溶液氧化底质中的有机碳，过量的 $K_2Cr_2O_7$ 用 $FeSO_4$ 标准溶液滴定。如果有机碳的氧化效率达不到 100%，需乘校正系数。有机质含量计算式如下：

$$有机质含量=\frac{(V_0-V)\times c\times 0.003\times 1.724\times 1.08}{W}\times 100\% \quad (8.12.1)$$

式中，V、V_0 分别为滴定底质样品溶液、空白实验（灼烧过的底质样品）代替消耗 $FeSO_4$ 标准溶液的体积，mL；c 为 $FeSO_4$ 标准溶液浓度，mol/L；0.003 为碳在反应中的摩尔质量（1/4C），g/mol；1.724 为将有机碳换算为有机质的经验系数；1.08 为有机碳氧化率（90%）校正系数；W 为风干底质样品质量，g。

第九章　空气和废气监测

第一节　空气污染物基本特点

一、空气污染

大气是指在地球周围聚集的一层很厚的大气分子，其厚度为 1000～1400 km，是近地面约 10 km 内的空气层，其质量约占大气质量的 95%。空气的清洁是人类及其他生物健康发展的保障。我国工业具有高能耗高排放的特征。随着我国社会经济的迅速发展和工业化进程的进一步加快，能源消耗量大幅度上升，大量有害物质如氮氧化物、二氧化硫、卤代烃、苯系物、一氧化碳、二氧化碳等排放到空气中，环境影响日益严重。例如，我国每年的 CO_2 排放量超过 100 亿 t，总量世界第一，化石燃料燃烧、冶炼等工业是主要的 CO_2 排放源；我国 SO_2 的工业排放量在 2000 万 t 左右，SO_2 大量排放对生态环境的危害已造成巨大的经济损失，尤其是 SO_2 经空气氧化与粉尘、降水混合形成的雾霾、酸雨给人们带来了严重影响。总之，大量废气的排放改变了空气的组成，破坏了生态平衡，成为影响居民健康的“毒瘤”，是制约国民经济发展的环保“瓶颈”。

二、空气污染源

由人类的生产和生活造成的污染是空气污染的主要来源，包括工业生产排放、交通运输排放及室内空气污染等。废气排放量最大的是以化石燃料为主的工业生产，其燃烧过程中排放氮氧化物、二氧化硫、二氧化碳、粉尘、一氧化碳等。同时，依据工业生产原料与产物的不同，还会排放出芳香烃类、卤代烃类、醛类、酯类、酮类、烯烃类及烷烃类等挥发性有机化合物。交通运输排放主要是交通车辆、飞机和轮船等排出的尾气。其中，由于车辆基数大，并且大规模聚集在城市，对城市空气质量具有较大的影响，排放的主要污染物有黑烟、氮氧化物、烃类和一氧化碳等。室内空气污染来源于室内活动（烹饪、吸烟等）和室内用品（装饰品和化学建材等），主要分为气体污染物（挥发性有机化合物、一氧化碳和氮氧化物等），微生物污染物（病毒、过敏反应物、真菌等）及可吸入颗粒。表 9.1.1 给出了各行业生产排放的污染物种类。

表 9.1.1　各类工业企业向空气中排放的主要污染物

行业类别	排放主要污染物
火力发电厂	烟尘、SO_2、NO_x、汞及其化合物等
聚氯乙烯企业	颗粒物、SO_2、NO_x、氯化氢、氯乙烯、二氯乙烯、二噁英类等
无机化学工业	颗粒物、SO_2、NO_x、砷及其化合物、汞及其化合物等
石油化学工业	颗粒物、SO_2、NO_x、氯化氢、非甲烷烃等
水泥工业	颗粒物、SO_2、NO_x、氟化物、汞及其化合物等

续表

行业类别	排放主要污染物
炼铁工业	颗粒物、SO_2、NO_x等
炼钢工业	颗粒物、氟化物、二噁英类
硫酸工业	颗粒物、SO_2、硫酸雾等
橡胶制品工业	颗粒物、氨、甲苯及二甲苯、非甲烷烃等
合成树脂工业	非甲烷烃、颗粒物、丙烯腈、酚类等
炼焦化学工业	颗粒物、SO_2、NO_x、苯并[a]芘、氰化氢、苯等
电池工业	硫酸雾、汞及其化合物、铅及其化合物、镉及其化合物等
电子玻璃工业	颗粒物、SO_2、NO_x、氯化氢、氟化物等

三、空气污染监测

空气监测主要是监视和测定空气中污染物的种类及含量。空气污染物的物化性质和形成过程决定其存在状态。一般将其分为分子态污染物和颗粒态污染物。

1. 分子态污染物

分子态污染物监测类别主要有氮氧化物、二氧化硫、碳氢化合物、一氧化碳、卤化氢、总氧化剂及臭氧等沸点较低的物质，它们在常温、常压条件下以气体分子形式在空气中扩散。对于甲苯、丙酮等物质，尽管在室温条件下处于液态或固态，但因其具有较强的挥发性，能以蒸气态形式进入空气。无论是气体形式还是蒸气态形式，它们都具有运动速度快、扩散快、在大气中分布比较均匀的特点。它们的扩散情况与自身的密度有关，密度大者向下沉降，密度小者向上飘浮，并易受气象条件影响，可随气流扩散到很远的地方引起跨界污染。

2. 颗粒态污染物

颗粒态污染物是分散在大气中的微小液体和固体颗粒，是一个复杂的非均匀体系。一些颗粒态污染物具有胶体性质，又称为气溶胶，其对人体的危害程度主要取决于粒子直径的大小与化学成分，它们容易随呼吸进入人体肺脏，在肺泡内积累，并可进入血液输往全身。依据空气动力学当量直径的不同，颗粒态污染物有着不同的称谓。通常所说的烟（smoke）、雾（fog）、粉尘（dust）、煤烟（soot）等，都是用来描述颗粒态污染物的存在形式，见图 9.1.1。空气颗粒物的基本特征及其对环境的影响见图 9.1.2。同时，由于空气污染物的浓度与气象条件有密切的关系，还应根据具体情况增添若干特有监测项目，如气温、气压、风速、风向及相对湿度等参数。

2013 年，“雾霾”成为我国年度关键词，不少地区将雾并入霾一起作为灾害性天气现象进行预警预报，统称为“雾霾天气”。雾霾是雾和霾的组合词，但是雾和霾的区别很大。雾作为一种天气现象，在水汽充足、微风及大气稳定、相对湿度达到 100%时，空气中的水汽便会凝结成细微的水滴悬浮于空中，使地面水平的能见度下降。霾，也称阴霾、灰霾，是指原因不明的大量烟、尘等微粒悬浮而形成的浑浊现象。两者的主要区别如下。

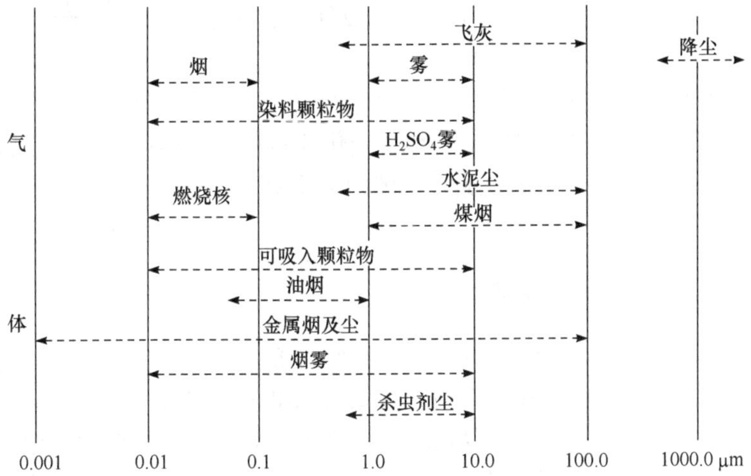

图 9.1.1　空气中各种颗粒态污染物的粒径范围

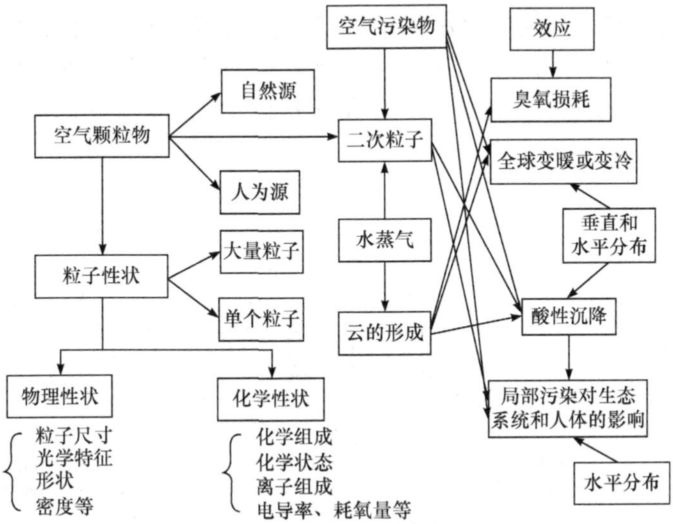

图 9.1.2　空气颗粒物的特征及其对空气环境的影响

（1）形态区别：雾是悬浮于空气中的水滴小颗粒。霾是悬浮于空气中的固体小颗粒，由灰尘、硫酸、硝酸等各种化合物组成。

（2）颜色区别：雾呈乳白色、青白色或纯白色。霾呈黄色、橙灰色。

（3）厚度区别：雾厚度一般为几十米到 200 m。霾厚度一般有 1～3 km。

（4）湿度区别：雾为相对湿度达到 90%以上的空气悬浮物，空气潮湿时易出现雾。霾为相对湿度低于 80%的空气悬浮物，空气相对干燥时易出现霾（80%～90%为雾和霾的混合物，但主要成分是霾）。

（5）能见度区别：雾的水平能见度在 1 km 以内，霾的水平能见度小于 10 km。

（6）对人体影响区别：雾对人们生活、健康影响不大。霾对人体健康危害很大，人体长期吸入霾进入呼吸道后，会导致呼吸系统疾病和心血管疾病的发生。

第二节　空气监测与污染物时空分布关系

由于污染源类别、环境条件的差异，各种污染物的扩散性、化学活性、分散性的不同，被监测的污染物会随着时间和空间发生迁移、变化或转化，从而产生富集或稀释及形态变化（化学化合态、价态、物理相态）等现象。了解相关现象，有利于获取能真实反映空气污染物实际情况的监测结果。

一、空气污染物的时间分布特点

污染的影响有短期的、长期的、急性的、慢性的等，多种污染物可能同时分布于一个地区，多个地区也可能同时存在一种污染物。变化的气象条件如大气流、风速、风向等，致使污染物的稀释和扩散也随之变化。所以在环境检测中，同一污染源对同一地点在不同时间段内排出污染物浓度可能相差数倍甚至数十倍。这是因为大气对污染物的稀释、扩散和迁移输送能力随着气象条件的变化而发生变化，污染源排放规律随生产过程的变化而发生变化。图 9.2.1 是我国北方某城市空气中 SO_2 浓度的时间变化曲线。空气污染物浓度变化趋势与时间有着密切的关系。监测周期为一年时，11 月至次年 2 月为采暖期，SO_2 平均浓度明显高于其他月份；监测周期为 24 h 时，上午 6～10 点和下午 17～22 点为供热高峰时期，SO_2 最高浓度是最低浓度的近 2 倍。

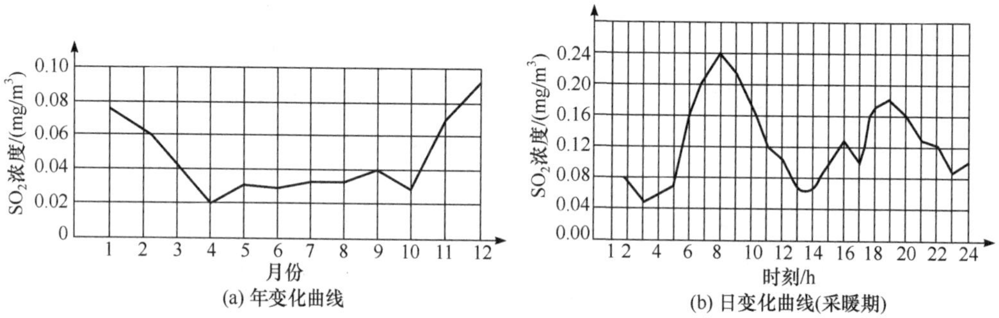

图 9.2.1　我国北方某城市大气中 SO_2 浓度的时间变化曲线

为反映时间变化对污染物浓度的影响，在空气污染监测中提出时间分辨率的概念，依据监测目的的差异，要求在规定的时间范围内反映出污染物浓度变化的实际情况。按时间尺度可将污染物浓度的变化程度做以下分类。

1. 以分钟为计量单位

污染物浓度的变化主要归因于风向变化和一些快速反应。例如，分析某些大气污染物对人体的急性危害时，分辨率设定为 3 min；分析光化学烟雾对人体呼吸道刺激反应时，分辨率设定为 10 min。当某些恶臭气体被污染源排放时，要求设定更高的分辨率。这是由于风向扰动致使污染物浓度在空气环境中发生大幅度变化。

2. 以小时为计量单位

经过数据观测发现，当以每小时平均浓度统计污染物在 24 h 内的变化时，相关数据会呈现出较为明显的周期性变化。这可能主要归结于自然的变化规律和人类的生产活动。如海岸附近的城市，受海陆风的影响使得同一地点、不同时间段内观测的污染物浓度有较大的差异。城市工业区排放的污染物在白天陆风的影响下从陆地迁移至海域，傍晚又由海域吹回陆地等。

3. 以周为计量单位

很多空气污染物浓度变化呈现出以周（星期）为周期的规律性变化，这是因为人们的生产和生活多数以周为周期。例如，周一～周五工业污染物排放量明显增多。

4. 以季度为计量单位

污染物排放量表现出季节性变化。例如，冬季 SO_2 排放量显著上升，夏季则明显降低。同时，一些气象条件也存在季节性变化的特点，如我国华东地区夏季盛行东南风，冬季则盛行西北风。

此外，为了更精准地分析空气污染物的浓度变化规律，在浓度监测中还要测定一次最大浓度、日平均、月平均及年平均浓度。为了体现数据的代表性和可比性，应合理安排采样时间和采样频率，这是监测工作中必须注意的重要问题之一。

二、空气污染物的空间分布特点

在空气中的污染物总是随空气的运动而迁移和扩散。各种污染物的迁移和扩散速度又与污染物自身性质、周边环境和气象条件有关。同时在迁移扩散的过程中，又会因为化学和物理因素的影响，使污染物浓度发生变化。此外，如水蒸气在高空大气中凝结成小水滴等，也会除去一部分空气污染物，这就使得同一污染源在不同地点监测得到不同浓度的空气污染物数据。所以，监测空气污染首先要了解污染源的状态、污染物的排放强度、有效烟囱高度等实际情况。

空气污染的空间分布常用大尺度、中尺度（区域污染）和小尺度（局部污染）来阐述。详尽的空间分布尺度可以分为以下几类：巨大尺度（large scale），洲际以至全球规模；区域尺度（regional scale），100～1000 km；中间尺度（meso scale），几十至几百千米；城市尺度（urban scale），5～50 km；街坊尺度（neighborhood scale），100～2000 m；微小尺度（micro scale），0～100 m。

一般在污染源附近由于污染物从污染源排放出来的时间很短，污染物质的化学和物理变化都可忽略不计。除了排放的 NO 可以在短时间内转化为 NO_2 外，其他污染物只考虑扩散过程的稀释即可。所以，除一些特殊点源（排放高度较低等）应考虑微小尺度外，一般的点源则只需考虑街坊尺度或城市尺度的污染。而对于大规模的面源，应考虑区域尺度的影响。

三、空气污染物浓度的表示方法

对于大气环境中污染物浓度的表示方法有两种：一是质量浓度表示法，即每立方米空气中所含污染物的质量数，mg/m^3；另一种表示方法是体积浓度表示法，即 100 万体积的空气中所含污染物的体积数，ppm。

1. 质量浓度

单位体积气体中所含污染物的质量，常用 mg/m^3 或 $\mu g/m^3$ 表示。任何状态下的污染物都可以使用这个表示方式。按我国规定，特别是环保部门和国家的标准规范，要求气体浓度以质量浓度的单位表示。使用质量浓度单位作为空气污染物浓度的表示方法，可以方便地计算出污染物的真正量。但质量浓度与检测气体的温度、压力环境条件有关，其数值会随着温度、气压等环境条件的变化而不同。

2. 体积浓度

污染物体积与气样总体积比值的单位为 ppm 或 ppb。ppm 是指在 100 万体积空气中所含有害气体或蒸气的体积数；ppb 是 ppm 的 1/1000。显然，这种表示方法仅适用于气态或蒸气态物质，但其不受压力和温度变化的影响。浓度单位 ppm 与 mg/m^3 的换算按下式计算：

$$mg/m^3=\frac{M}{22.4}\times ppm\times\frac{273}{273+T}\times\frac{P}{101325} \tag{9.2.1}$$

式中，M 为气体的分子量；T 为气体温度，K；P 为压力，Pa。

3. 气体体积换算

由于压力和温度变化影响着质量浓度，我国空气质量标准中使用标准状态（0℃，101.325 kPa）时的体积，从而使计算的质量浓度具有可对比性。可使用理想气体状态方程将非标准状态下的气体体积换算成标准状态下的体积：

$$V_0=V_t\times\frac{273}{273+t}\times\frac{P}{101325} \tag{9.2.2}$$

式中，V_0 为标准状态下的体积，L 或 m^3；V_t 为采样气体的体积，L 或 m^3；t 为采样时的气体温度，℃；P 为采样时的气体压力，kPa。

第三节　空气监测方法的确定

空气监测方法的确定，要依据监测目的进行实地调查研究，收集相关资料，通过综合分析，确定监测项目，选择合理的分析方法，设计适宜的监测点，选取采样频率、采样方法和监测手段，建立质量保证体制和措施，提出进度计划和监测结果，且要符合经济实用、特定污染物优先监测、全面规划及合理布局等原则。

一、监测项目确定的基本原则

空气环境监测涉及的项目种类众多。在实际工作中，由于受客观因素的限制，如人力、物力、技术水平等，需要依据污染物的性质和危害程度，对监测项目进行适当的筛选，以解决当前面临的最关键和最迫切的问题。

（1）要全面分析污染物的基本性质，如化学活性、持久性、扩散性、毒性等，从中选择持续时间长、影响范围广、不易被分解的物质作为日常例行的监测项目。

（2）进行的监测项目必须依托可靠的技术监测手段，以保证获取有意义的监测结果。

（3）获得的监测结果的数据要有可比较的标准或能做出正确的解释和判断，以避免监测结果陷入盲目性。

二、分析方法选择的基本原则

空气污染指标的监测是一个十分复杂的过程，如污染物组分复杂和浓度范围复杂等。在分析方法的选择上，要充分考虑各类因素的综合影响。

（1）应尽可能采取标准统一的方法以获取可对比的分析结果。在标准分析方法的选择上要依据行业标准服从于国家标准、旧标准服从于新标准、企业标准服从于行业标准及各种标准尽量与国际标准接轨的原则。

（2）单项组分测定仪具有专属性，可避免组分的分离。在条件许可的情况下，尽可能采用单项组分测定仪，以提高工作效率和测量准确性。

（3）应尽量选择兼有分离和测定的分析方法，用于多组分的测定，以求在一次分析操作中能同时得到各个待测组分的分析结果，并避免较多的操作过程引起不必要的操作误差。

（4）若需频繁测定，应尽量采用连续性自动技术及相关仪器，且在使用过程中要及时对仪器的测量范围进行校正，以确保满足要求的准确度和灵敏度。

三、空气监测采样分析

1. 监测站布置原则

（1）位置的选择应具有代表性，在一定的区域范围内，监测点的测量值应能代表空气环境污染水平和变化规律。

（2）位置的选择应考虑周边地理环境、交通运输及工作配套条件，监测点的位置应囊括整个区域不同的地点，如低浓度区、中浓度区和高浓度区。

（3）监测站周边应开阔，采样口水平线与建筑物高度的夹角应不大于30°；同时，周边不应有局地污染源，还应规避具有较强吸附能力的建筑和植物。

（4）在主导风向较为显著的地方，应以污染源下风方向为主要监测位置，布设较多的采样点，而上风方向作为对照可布设少量采样点。

（5）工业密集、人口密度大、频繁超标的地区应多布设监测点，郊区、农村等人口密度较小的地区可少布设监测点。

2. 监测站数量的确定

监测站数量是由人口分布、污染物空间分布、检测范围、气象、经济条件等因素共同决定的。城市监测站数目与人口的关系如表 9.3.1 所示。世界气象组织（WMO）和世界卫生组织（WHO）建议按污染物种类和人口数量来布设监测站数目，见表 9.3.2。

表 9.3.1　城市监测站数目与城市人口的关系

城市人口/万人	面积/km^2	监测点数量
<25	<20	1
25～50	20～50	2
50～100	50～100	4
100～200	100～200	6
200～300	200～400	8
>300	>400	每 50～60 km^2 设置 1 个，且不少于 10 个

表 9.3.2　WHO 和 WMO 推荐的城市空气自动监测站（点）的数目

市区人口/万人	飘尘	SO_2	NO_x	氧化剂	CO
≤100	2	2	1	1	1
100～400	5	5	2	2	2
400～800	8	8	4	3	4
＞800	10	10	5	4	5

3. 监测站位置的布设方法

1）网格布点法

该法适用于污染源较多，且污染源均匀分布的区域。该方法随机性强，可以较好地呈现污染物的空间分布，如图 9.3.1 所示。此外，若网格划分的足够小，获取的数据可用来绘制污染物浓度空间分布图谱，这有利于城市环境规划和管理。

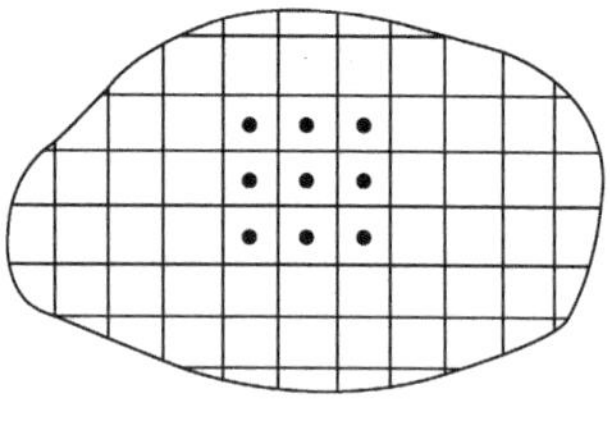

图 9.3.1　网格布点法示意图

2）同心圆布点法

该方法适用于多个污染源构成的污染群，且重大污染源相对集中的区域。首先确定污染群的排放中心，以其为圆心，在不同半径的同心圆和放射线的交点上布设监测点，见图 9.3.2。同时，在主导风的下风向、高浓度区域、高浓度与低浓度的交界区域等布点要密集。

3）扇形布点法

该方法适用于主导风向明显的、孤立的高架点源。以点源所在位置为顶点，主导风向为轴线，在下风方向的区域上划出一个扇形区作为布点范围，见图 9.3.3。扇形顶角角度一般为 45°（视风向情况而定，但不超过 90°）。

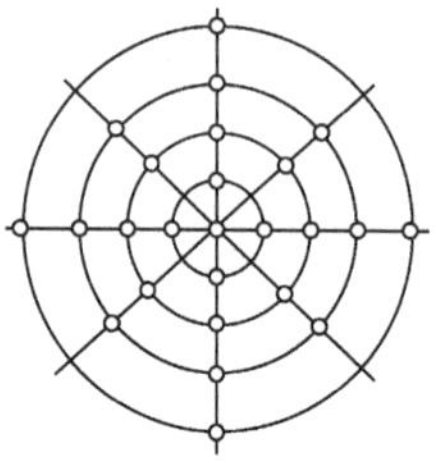

图 9.3.2　同心圆布点法示意图

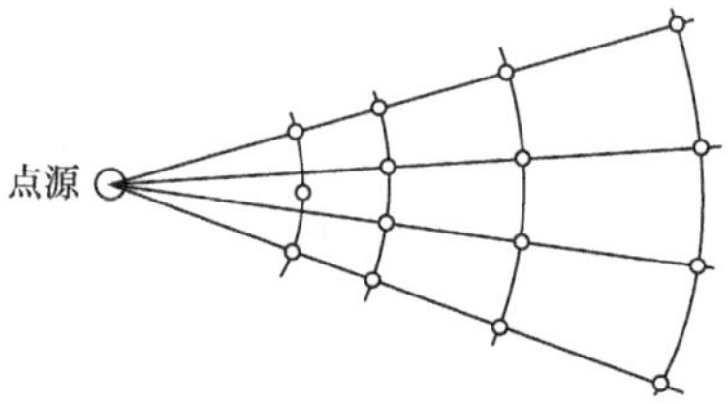

图 9.3.3　扇形布点法示意图

在采用同心圆布点和扇形布点时，应注意高架污染源的扩散特点。污染源正下方污染物浓度较低，随着距离的增加，很快出现浓度最大值，随后以指数规律降低。所以，不宜等距离划分同心圆或扇形弧线，以免漏测最大浓度的位置。

4）功能区布点法

该方法多用于区域性常规监测，以了解污染物对不同功能区的影响。先将各区域按商业区、工业区、居民区、交通稠密区等不同类型进行划分，再依据具体人力、物力条件及污染情况在各个功能区布设一定数量的采样点。各功能区采样点的数量不要求平均，在污染源集中的工业区和人口密集居住区可多设采样点。

5）配对布点法

该方法适用于线性污染源。比如依据道路布局和车流分布，选择典型路段，采用配对法布设监测点。

4. 监测项目和频次

监测项目和频次的确定取决于监测目的及污染源种类和特征。城市的环境空气监测例行项目如表 9.3.3 所示。自动监测系统满足实时监控的数据采集要求；连续采样实验室监测分析方法需满足《环境空气质量手工监测技术规范》（HJ 194—2017）和最新修订的《环境空气质量标准》（GB 3095—2012）对长期、短期浓度统计的数据有效性的规定。被动式吸收监测方式可根据被监测区域的实际情况，以周、月或季度为周期进行采样监测。

表 9.3.3　城市的环境空气例行监测项目

监测项目	重点城市	一般城市（连续采样，实验室分析）	一般城市（自动监测）	空气背景站	典型区域农村空气检测站
SO_2	★	★	★	★	★
NO_2	★	★	★	★	★
PM_{10}	★	★	★	★	★
TSP	▲	▲	▲	▲	▲
CO	★	▲	▲	★	▲
O_3	★	▲	▲	★	▲
有毒有机物	★	▲	▲	★	▲
CO_2				▲	
NMHC&CH_4	★	▲	▲	▲	▲

注：★为规定的监测项目；▲为根据情况和区域特性选择的监测项目。
NMHC 表示非甲烷总烃。

5. 空气样品的采集

空气样品采集的方式多种多样，筛选时要考虑污染物的浓度、污染物在空气中的存在状态及相关分析方法等因素。

1）直接采样法

当空气中被测组分浓度较高，或监测分析方法灵敏度较高时，直接采集少量样品就可满足分析监测需要。例如，用氢火焰离子化检测器分析空气中的甲苯；用紫外荧光光谱监测空气中的二氧化硫等。这种监测方法测得的结果是瞬时或者短时间内的平均浓度，而且可快速获取分析结果。常用的取样仪器有采样袋、注射器、真空瓶、采样罐等，如图 9.3.4～图 9.3.6 所示。使用的方式一般有真空法、置换法、充气法等。

图 9.3.4　采样袋

图 9.3.5　采样罐

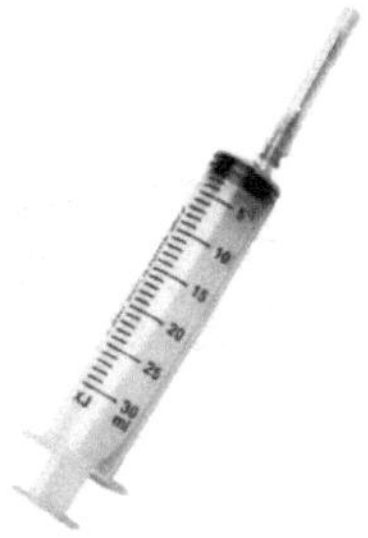

图 9.3.6　注射器

2）富集采样法

富集采样法是利用吸附剂或吸收液等，使待测污染物被吸附或吸收，从而达到浓缩的目的。空气中某些污染物的浓度级数较低（10^{-9}～10^{-6}），直接采样不能满足分析检出限的要求，所以需要利用富集采样法对空气样品进行浓缩。同时，富集采样法一般需要较长的取样时间，获取的数据代表该采样时段的平均浓度，更能体现空气污染的真实情况。此类采样方法有溶液吸收法、固体阻留法、低温冷凝法、滤膜采集法等。

a. 溶液吸收法

该方法主要用于气态、蒸气态污染物的采集。采样时利用抽气装置，使待测气体以一定的流量通过吸收液（图 9.3.7），随后通过吸收时间、气体流量及吸收液体积计算空气中污染物的浓度。选择吸收液的基本原则：可以快速与被富集的污染物发生化学反应或对其溶解度大；污染物被吸收后，需要足够的稳定时间用于分析测试；污染物被吸收后，不应对下一阶段测试产生负面影响；吸收液需成本低、毒性小、便于回收利用。其中，多孔筛板吸收管（图 9.3.8）可以增大富集气体与吸收液的接触面积，吸收效率高。

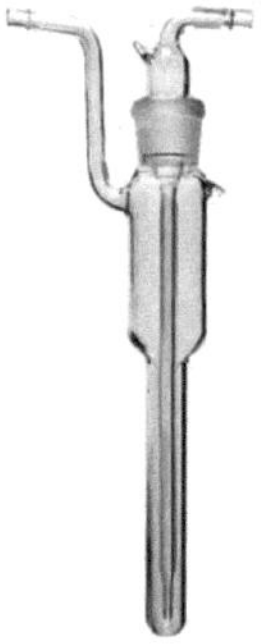

图 9.3.7　气泡式吸收管

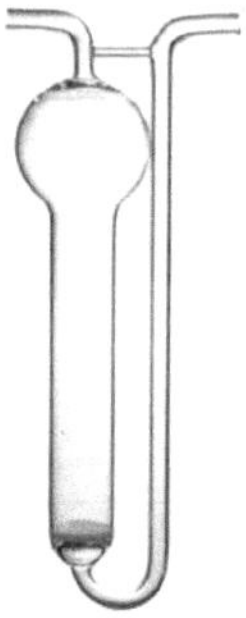

图 9.3.8　U 形多孔板

b. 固体阻留法

该方法利用一根玻璃管或塑料管，内装纤维状或颗粒状填充剂进行采样（图 9.3.9）。当待测气体以一定流速通过此管时，相关组分因吸附、溶解或化学反应等方式被阻留在填充剂上，从而达到浓缩采样的目的。被浓缩的待测组分再通过解吸或洗脱等方式进行测定。依据填充剂阻留作用原理的差异，吸附管可分为吸附型、分配型及反应型等 3 种类型。Tenax 吸附管作为典型的吸附管因具有较高的使用温度、良好的疏水性及老化性，广泛应用于气体、液体和固体中的挥发性物质或半挥发性物质的吸附性采集，可以检测到 ppb 或者 ppt 级的挥发性有机物（图 9.3.10）。

图 9.3.9　填充柱采样管

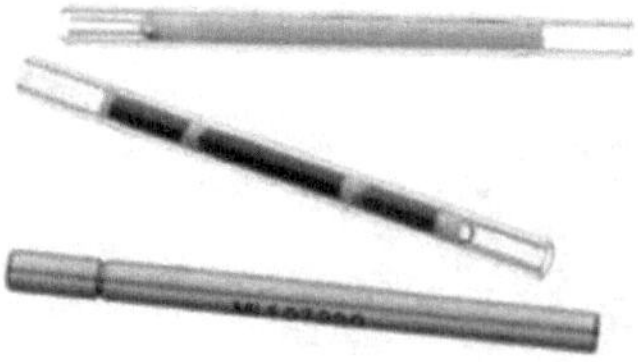

图 9.3.10　Tenax 吸附管

c. 低温冷凝法

该方法用于空气中某些低沸点气态物质，如苯乙烯、三氯乙醛等的采样。通过 U 形或蛇形采样管插入冷阱中进行低温采样。当待测气体流经采样管时，待测组分被冷凝浓缩在采样管底部，再经室温或加热气化后进行测定，见图 9.3.11。常用的制冷体系有冰-水（10℃）、冰-盐水（−10℃）、干冰-乙醇（−72℃）、液氮（−196℃）、液氧（−183℃）等。

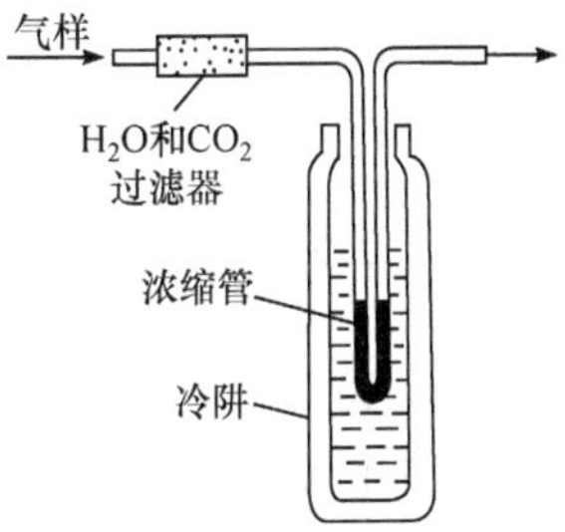

图 9.3.11　低温冷凝采样法

d. 滤膜采集法

该方法主要用于气溶胶态污染物的采集，如飘尘、雾、烟等。通过滤料抽入空气，空气中的颗粒物质就被阻留在滤膜上。用滤膜采集空气中的颗粒物质，是利用直接阻挡、惯性沉降、扩散沉降和静电吸引等作用，且这些作用所产生的影响与采样流速、滤料性质和气溶胶的性质有密切联系。

6. 采样效率

采样效率是指在规定的气体流量、污染物浓度、采样时间等条件下污染物采集量占其总量的百分数。在拟定采样方法的过程中，应核实采样效率能否满足要求，通常要求效率在 90%以上。采样效率的评价方法有绝对比较法和相对比较法。

1）绝对比较法

精确配制一定浓度（c_0）的标准气，用选择的采样方法采集气体，测定被采集的污染物浓度（c_1），计算采样效率（K）：

$$K = c_1/c_0 \times 100\% \tag{9.3.1}$$

使用该方法评价采样效率的准确度虽然较高，但精确配制一定浓度的标准气体较为困难，导致在实际应用中受到一定的限制。

2）相对比较法

配制恒定浓度的待测气体（不要求知道其准确浓度），串联 2 个或 3 个采样管，采集配制的气体样品，分别测定各管中污染物的浓度，计算采样效率：

$$K = c_1/\sum c_i \times 100\% \tag{9.3.2}$$

式中，c_1为第一个采样管中待测污染物实测浓度；c_i为第 i 个采样管中待测污染物实测浓度。

7. 采样记录

与实验室分析测定记录相比，采样记录具有同等的重要性。大批量无法统计利用的监测数据是由于不重视采样记录。采样记录的主要内容涉及待测污染物的编号和名称，采样时间和地点，采样温度和流量，相对湿度和气压，采样使用仪器和编号等。

第四节　标准气的配制

在空气与废气监测中，标准气体是绘制标准曲线、校准检测仪器、检验监测方法、评价采样效率等的依据。一般分为静态配气法和动态配气法。

一、静态配气

该方法是将一定量气态或蒸气态的原料气通到定容的容器中，并加入气体进行稀释和混合。依据容器的体积、原料气和稀释气的体积计算配制气体的浓度。所配制成的气体的浓度需用适宜的分析方法测定。注意气体与容器壁接触面可能有反应发生，并尽量避免因长期放置造成浓度发生变化。

1. 配气瓶配气

取 20 L 玻璃瓶或聚乙烯瓶，经洗净、烘干，精确标定容积，将瓶内抽成负压。用干净空气冲洗几次，再抽成负压。随后通入一定量的原料气，并通入干净空气至大气压，充分摇动使气体混合均匀，如图 9.4.1 所示。

2. 注射器配气

只需要少量标准气体时，可选用 100 mL 注射器配制标准气体；经过多次稀释即可制得所需要的低浓度标准气体。通过原料气浓度和稀释倍数计算配制气体的浓度。若需配制浓度更低的气体，可从注射器中打出一定体积的所配气体，再用干净空气稀释到 100 mL。如此反复进行，可配制不同浓度的混合气。也可使用两个注射器，通过注射针连接，来回推动，以制取所需浓度的气体，见图 9.4.2。

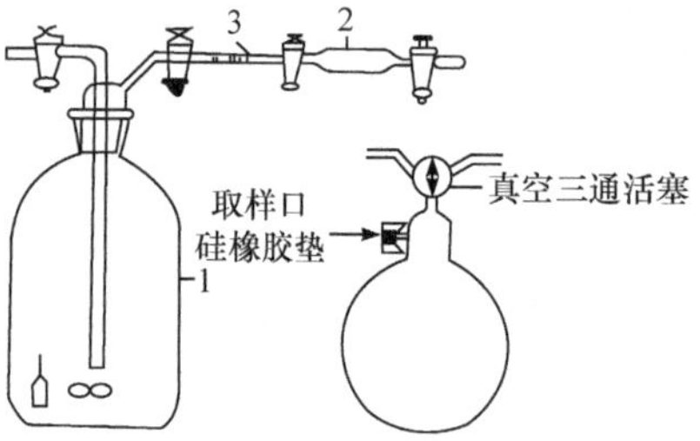

图 9.4.1　配气瓶配气

1. 配气瓶；2. 气体定量管；3. 连接管

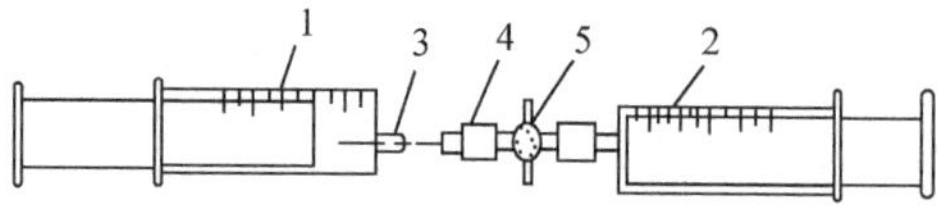

图 9.4.2　注射器配气

1，2. 注射器；3. 小橡胶帽；4. 注射针头；5. 金属小三通

3. 塑料袋配气

将一定量的原料气和干净空气通入塑料袋内，经挤压使其混合均匀。根据通入原料气和干净空气的量计算塑料袋内配制的气体的浓度。注意塑料袋不应与所配气体发生吸附和化学反应。该方法的配气量大小不受容器体积的限制；取气时，塑料袋可通过内外压力的变化而收缩，不会发生再次进气的现象，配制的气体浓度可保持稳定不变。

二、动态配气

该方法能连续不断地配制、供给恒定浓度的标准气体，因此需要一个可以持续不断供给原料气的气源，通常使用钢瓶或渗透管。

1. 钢瓶动态配气

大浓度标准气体由钢瓶提供原料气，压缩空气钢瓶提供干净空气。利用质量流量计精确调节不同气体的流量比，气体混合均匀后可直接通入用气系统。由钢瓶标准气体浓度、流量及压缩空气流量计算所配标准气体的浓度。

2. 渗透管动态配气

该方法的装置主要由盛装原料液的小容器和渗透膜组成。小容器由耐腐蚀和耐一定压力的惰性材料（如硬质玻璃、不锈钢、硬质塑料等）制成。渗透膜用惰性塑料或聚四氟乙烯制成塑料帽，套在小容器颈部。图9.4.3为SO_2和H_2S渗透管的结构示意图。瓶内气体分子在自身蒸气压的作用下通过塑料膜向外渗透。单位时间的渗透量称为渗透率。渗透率与液体的饱和蒸气压正比于渗透面积，反比于渗透膜壁厚度。在一定温度下液体饱和蒸气压为常数，因此渗透率可由温度或渗透面积的改变而发生变化，进而获取不同初始浓度的标准气体。

配气时，对干净空气要求纯度较高，必须经严格的净化和干燥。同时，对配气用的管路材料也有一定要求，尤其是对配制一些活泼性气体，如SO_2、NO_2、H_2S等，只能用聚四氟乙烯管或玻璃管。渗透管法配气装置如图9.4.4所示。

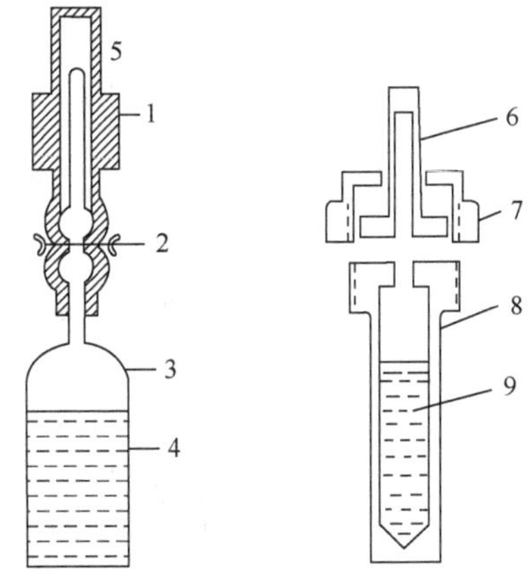

图9.4.3　渗透管结构示意图

1. 聚四氟乙烯塑料帽；2. 加固环（不锈钢丝）；3. 玻璃小安瓿瓶；4. SO_2液体；5. 薄壁部分；6. 渗透膜；7. 压盖；8. 小容器（用钛钢车制成）；9. H_2S液体

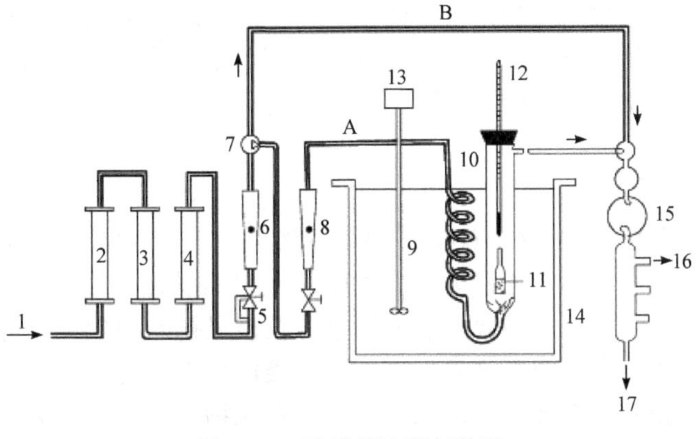

图9.4.4　渗透管法配气装置

1. 稀释气入口；2. 硅胶过滤管；3. 活性炭过滤管；4. 分子筛过滤管；5. 流量调节阀；6，8. 流量计；7. 分流阀；9. 气体预热管；10. 气体发生瓶；11. 渗透管；12. 精密温度计；13. 搅拌器；14. 恒温水浴；15. 气体混合室；16. 标准气体出口；17. 放空口

第五节　空气样品的测定

一、颗粒物的测定

1. 自然沉降量

在空气环境下，单位时间依靠重力自然沉降在单位面积上的颗粒物的质量称为自然沉降量。其主要取决于颗粒物的密度和粒径，在一定程度上也受风力、降水、地形等自然因素的影响。沉降量用重量法测定，其成分分析如图9.5.1所示。

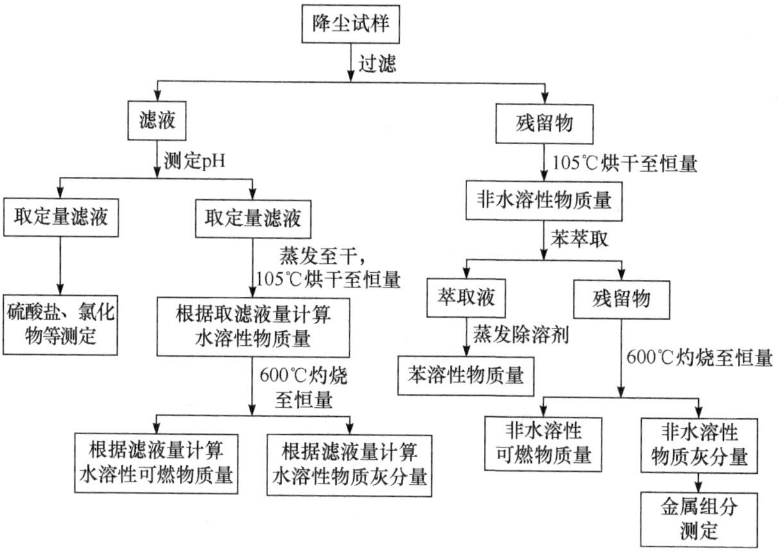

图 9.5.1　自然沉降物中成分的分析

可燃物质总量=水溶性可燃物质量+非水溶性可燃物质量；灰分总量=水溶性物质灰分量+非水溶性物质灰分量

2. 总悬浮颗粒物

悬浮在空气中的空气动力学当量直径不大于 100 μm 的颗粒物统称为总悬浮颗粒物。其测定的一般方法为：通过具有一定切割特性的采样器，以恒速抽取定量体积的空气，空气中粒径小于 100 μm 的悬浮颗粒物被截留在已恒量的滤膜上。通过采样前后滤膜质量的变化及采样体积，计算总悬浮颗粒物（TSP）的浓度。

3. 可吸入颗粒物

可吸入颗粒物通常是指粒径在 10 μm 以下的颗粒物，又称 PM_{10}。可吸入颗粒物在环境空气中持续的时间很长，对人体健康和大气能见度的影响都很大。通常来自在未铺沥青和水泥的路面上行驶的机动车、材料的破碎碾磨处理过程及被风扬起的尘土。可吸入颗粒物被人吸入后，会积累在呼吸系统中，引发许多疾病，对人类危害大。对于空气中可吸入颗粒物的检测，主要采用可吸入颗粒物采样器。国内外可吸入颗粒物采样器的种类较多，就以工作原理来划分主要有以下 4 类：重量法、微量振荡天平法、β射线吸收法和光散射法。

1）重量法

根据采样流量不同，分为大流量采样重量法和小流量采样重量法。对于空气可吸入颗粒物的检测，主要使用大流量采样重量法。例如，安德森采样器（Anderson sampler），一种采集大气中不同粒度颗粒物样品的串级撞击式采样装置。各层上都放置滤纸，采样时大气中的颗粒物随气流进入采样器，通过不同孔径的孔板，惯性作用使不同粒径的颗粒被分离，而分别截留在滤纸上。在采样之前及采样之后将各层滤纸称量，计算两者质量的差值，可得到各级粒度颗粒物的质量浓度，分析各层滤纸上的颗粒物的化学成分，就可得到不同粒度颗粒物中化学组分的含量。

2）微量振荡天平法

微量振荡天平法是基于锥形元件振荡微量天平原理而研发出的一种检测方式。元件会在自然频率的影响下发生振荡，振荡频率主要由滤膜质量、物理特性、颗粒物质量来决定。由于设备中的滤膜质量、物理特定都是固定的，因此振荡器振荡频率主要由滤膜颗粒物质量来决定。被检测空气进入空锥形管后，利用内滤膜质量随时间的变化精确计算颗粒质量浓度。

3）β射线吸收法

该种方法通过测量β粒子穿透物质时强度随吸收层厚度的变化来检测。在原子核出现β衰变问题之后，就会释放出β粒子。由于β粒子属于快速带电粒子，有良好的穿透能力，在穿过吸收物质之后，强度也会发生变化。借助β射线吸收原理，可以得出滤纸采样前后的具体质量差，然后根据采样体积计算出颗粒物浓度。

4）光散射法

该种方式是基于光照射空气悬浮颗粒物中产生散射光原理的检测方式。在一定条件下，颗粒物质量与散射光强度成正比，根据散射光强度的变化，可以得出具体的颗粒物质量浓度数据。光散射法测定公共场所空气中可吸入颗粒物浓度具有体积小、质量轻、无噪声、灵敏、快速、稳定性好、操作简便、安全可靠等优点，常用的仪器有 LD-1 型激光粉尘仪与 P-5L 型光散射测尘仪。

4. 细颗粒物

2013 年 2 月，全国科学技术名词审定委员会将 $PM_{2.5}$ 的中文名称定为细颗粒物。细颗粒物又称细粒、细颗粒、$PM_{2.5}$。细颗粒物指环境空气中空气动力学当量直径小于或等于 2.5 μm 的颗粒物。细颗粒物的化学成分主要包括有机碳（organic carbon，OC）、元素碳（elemental carbon，EC）、硝酸盐、硫酸盐、铵盐、钠盐（Na^+）等。与较粗的大气颗粒物相比，$PM_{2.5}$ 粒径小、面积大、活性强、易附带有毒有害物质（如重金属、微生物等），且在大气中的停留时间长、输送距离远，因而对人体健康和大气环境质量的影响更大。

5. 生物气溶胶

生物气溶胶通常指空气动力学当量直径在 100 μm 以内的含有微生物或来源于生物性物质的气溶胶，一般包括 $PM_{2.5}$、PM_{10} 等大气颗粒物中悬浮着的大量的细菌、病毒、真菌、致敏花粉、过敏原、霉菌孢子、蕨类孢子和寄生虫卵等各类菌类毒素，以及它们的碎片和分泌物。生物气溶胶主要来源于土壤、植被、水体等排放，以及包括人类在内的动物、医院、养殖场、垃圾填埋场、污水处理厂等排放。生物气溶胶的呼吸暴露有可能导致各种呼吸系统疾病，如传染性非典型肺炎（SARS）、甲型流感（H1N1）、哮喘、过敏等。另外，因为生物气溶胶含有部分存活的微生物，一旦被吸入人体，不但进入得更深，在一定条件下还可以自我繁殖，所以特定生物气溶胶的危害是没有阈值的。

传统的生物气溶胶检测一般采用离线分析的方法，即先采样后分析。常用的采样方法包括重力沉降法、液体或固体撞击法、静电采样法和膜采样法等。常用的离线分析方法主要包括培养、染色与显微镜观察、基因扩增、酶联免疫等。目前，生物气溶胶采集技术更多关注大流量快速捕获技术，如每分钟采集 1000 L 空气的便携式 HighBioTrap 采样器。而在生物气溶胶分析方面，环介导等温扩增（LAMP）的方法也开始应用于空气微生物的检测，尤其是病原微生物的检测，其具有反应灵敏、检出限低等特点。生物气溶胶的实时在线检测是一个长期存在的挑战，越来越多的研究开始关注实时在线监测技术，包括生物气溶胶质谱法（BAMS）、表面增强拉曼光谱术（SERS）、用荧光染料的流式细胞术（FCM）等方式，从而实现快速、实时的分析。此外，基于 DNA、电学和纳米生物传感技术的生物气溶胶实时检测技术十分具有发展前景，即通过将生物识别分子和传感元件相结合，将生物信号转化为其他可检测的信号。

二、分子态污染物的测定

1. 二氧化硫

二氧化硫（SO_2）是最简单、最常见的硫氧化物，是大气主要污染物之一，为例行监测的必要项目。SO_2 主要来源于化工、炼油、硫酸厂含硫矿石的冶炼，煤和石油等燃料的燃烧。SO_2 易溶于水形成亚硫酸，在 $PM_{2.5}$ 存在的条件下，亚硫酸进一步发生氧化，生成硫酸，从而形成酸雨破坏生态环境（图 9.5.2）。大气中的 SO_2 通过呼吸进入气管，对身体局部组织产生刺激和腐蚀作用，导致呼吸道炎症、支气管炎、肺气肿等。

图 9.5.2　酸雨对生态环境的破坏

依据最新修订的《环境空气　二氧化硫的测定　甲醛吸收-副玫瑰苯胺分光光度法》（HJ 482—2009）对空气中 SO_2 浓度进行分析。基本原理为甲醛缓冲溶液吸收 SO_2 后，生成稳定的羟甲基磺酸加成化合物。在样品溶液中加入氢氧化钠使加成化合物分解，释放出的 SO_2 与副玫瑰苯胺（PRA）、甲醛作用，生成紫红色的化合物。使用的主要仪器包括空气采样器、分光光度计、具塞比色管、恒温水浴器等。其中，试剂空白吸光度在显色规定条件下波动范围不超过±15%。正确掌握其显色时间和温度，特别是在 25～30℃条件下，严格控制反应条件是实验成败的关键。

2. 氮氧化物

氮氧化物（NO_x）包括氧化亚氮（N_2O）、一氧化氮（NO）、二氧化氮（NO_2）、三氧化二氮（N_2O_3）、四氧化二氮（N_2O_4）和五氧化二氮（N_2O_5）等。大气中的氮氧化物主要为 NO 和 NO_2。NO 的密度接近空气的密度，NO_2 的密度略大于空气的密度。各种氮氧化物对人体都有极大的危害。NO 可在人体体内与氧气迅速反应，降低血液中血红蛋白输送氧气的能力；NO_2 可深入肺泡，对呼吸系统造成强烈的刺激。另外，N_2O 单分子的温室效应约为 CO_2 的 300 倍；NO 是形成光化学烟雾的活跃组分；在温度较大或有云雾存在时，NO_2 进一步与水分子作用形成硝酸（HNO_3），导致酸雨的形成；氮氧化物均能助燃，如 N_2O、NO_2 和 N_2O_5 遇高温或可燃性物质能引起爆炸。

1）NO_2 的测定

依据最新修订的《环境空气 氮氧化物（一氧化氮和二氧化氮）的测定 盐酸萘乙二胺分光光度法》（HJ 479—2009）检测 NO_2 浓度。NO_2 与吸收液[*N*-(1-萘基)乙二胺盐酸盐和对氨基苯磺酸]中的对氨基苯磺酸进行重氮化反应，再与 *N*-(1-萘基)乙二胺盐酸盐作用，生成粉红色的偶氮染料。在波长 540～545 nm 处测定。

2）氮氧化物的测定

可分别利用高锰酸钾溶液或二氧化铬石英砂（双球氧化管见图 9.5.3）将 NO 氧化成 NO_2。如图 9.5.4 所示，采样时将一只氧化瓶串联于两只吸收瓶中间，空气中的 NO_2 被第一只吸收瓶中的吸收液吸收并生成偶氮染料。空气中的 NO 不与吸收液反应，其通过氧化瓶被氧化为 NO_2 后，再被第二只吸收瓶中的吸收液吸收，可分别测定其吸光度。

图 9.5.3　双球氧化管

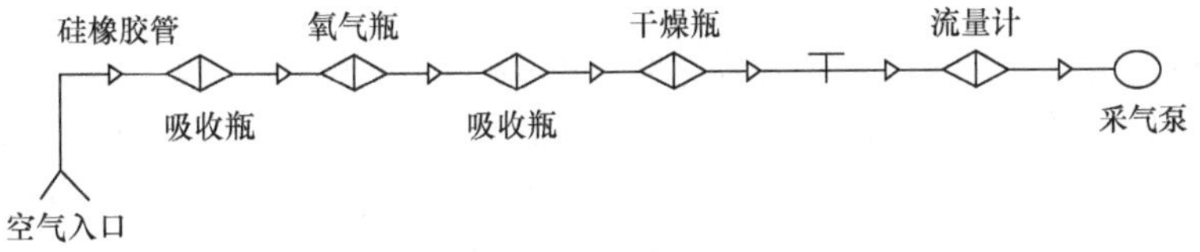

图 9.5.4　NO 和 NO_2 采样流程示意图

3. 光化学氧化剂

光化学氧化剂又称“总氧化剂”，指大气中除氧以外的有氧化性的全部污染物，主要是大气光化学反应的产物。光化学氧化剂的测定采用硼酸碘化钾分光光度法。一般情况下，臭氧占光化学氧化剂总量的 90%以上，故常以臭氧浓度记作总氧化剂的含量。世界卫生组织和美国、日本及中国等许多国家都把光化学氧化剂或臭氧浓度作为判断大气环境质量的标准之一。臭氧的测定采用紫外分光光度法，测定步骤如下：以恒定的流速将空气样品通入气路系统，样品与空气进入吸收池（或经过臭氧涤去器再进入吸收池），臭氧在 254 nm 波长的紫外光处显示特征吸收峰。根据空气样品和臭氧样品分别通过吸收池时被检测的光强度，利用朗伯-比尔定律计算出臭氧的浓度，工作原理如图 9.5.5 所示。

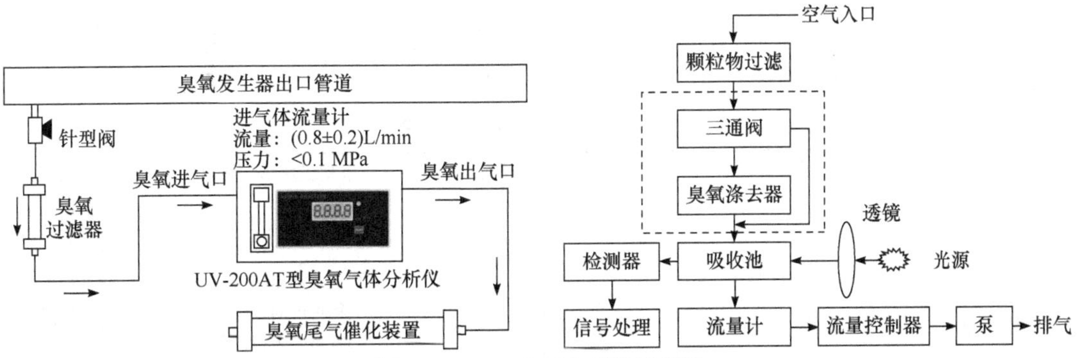

图 9.5.5　UV 臭氧分析仪示意图

4. 总烃及非甲烷总烃

总烃（THC）指所有的碳氢化合物。作为空气污染物的烃类常指具有挥发性的碳氢化合物（C_1～C_8）。空气中的烃类主要源于化工、焦化过程，天然气的逸散，以及汽车尾气的排放等。空气中高浓度烃类对人的中枢神经系统有麻醉和抑制作用，且烃类易与氮氧化物经一系列光化学反应形成光化学烟雾，对人体产生危害。除甲烷以外的碳氢化合物称为非甲烷总烃（NMHC）。2017 年修订的 NMHC 的测定方法对总烃进行了重新定义，将其明确为在气相色谱仪的氢火焰离子化检测器（FID）上有响应的气态有机化合物的总和。当空气污染严重时，甲烷以外的烃类浓度大量增加，而甲烷不参与光化学反应。有数据表明，大气中 NMHC 的浓度超过一定范围时，导致光化学烟雾，会直接影响人体健康。所以，NMHC 的测定对空气污染水平的判断与评价具有重要的现实意义。目前，国内现行有效的测定固定污染源排气中 NMHC 的标准方法为《固定污染源废气　总烃、甲烷和非甲烷总烃的测定　气相色谱法》（HJ 38—2017）。基本操作为：注射 1.0 mL 样品，利用十通阀使定量环中的样品进入汽化室的总烃柱和甲烷柱，利用总烃和甲烷在 FID 上响应时间的差异，可得出总烃和甲烷的浓度。总烃的浓度扣除甲烷的浓度后，即可得到 NMHC 的浓度。

5. 挥发性有机化合物

挥发性有机化合物（VOCs）是指熔点低于室温，沸点为 50～260℃，以气体形式存在于空气中的有机化合物的总称。VOCs 按化学结构的不同可分为：芳香烃类、卤代烃类、醛类、酯类、酮类、烯烃类及烷烃类等。VOCs 来源广泛，主要来自工业生产与社会生活，如印刷业、油漆生产、金属涂装、化学涂料、交通运输、石油化工、轮胎制造、废水处理厂等。VOCs 对人类的影响主要涉及：具有毒性、致癌性和恶臭；与空气中的 NO_x 等物质反应形成光化学烟雾；有些 VOCs 可导致温室效应；某些卤代烃会破坏臭氧层等。

VOCs 测定的一般方法是：先用富集法采样，经过溶剂洗脱或热解吸出待测组分，最后用气相色谱法测定。常用填装固体吸附剂的采样管采样，如活性炭、分子筛等。以二硫化碳为溶剂配制 VOCs 标准溶液。在适当条件下将配制的标准溶液通入气相色谱绘制标准曲线图谱。随后在相同条件下将待测气体通入色谱，根据获得的峰高或面积、对应标准曲线、采气体积计算空气中 VOCs 的浓度。

三、空气质量指数

1. 空气质量指数定义与分级

空气质量指数（air quality index，AQI）是将空气质量标准中的六项监测项目 SO_2、NO_2、PM_{10}、$PM_{2.5}$、CO 及 O_3 依据分级浓度限值进行等标化，得到量纲为一的指数，简明、直观、定量地描述环境污染程度。具体级别划分见表 9.5.1。

表 9.5.1　AQI 等级关系划分

空气质量指数	空气质量指数级别	空气质量指数类别和表示颜色		对健康影响情况	建议采取的措施
0～50	一级	优	绿色	令人满意，基本无空气污染	各类人群可正常活动
51～100	二级	良	黄色	可接受，但某些污染物可能对极少数异常敏感人群的健康有较弱影响	极少数异常敏感人群应减少户外活动

续表

空气质量指数	空气质量指数级别	空气质量指数类别和表示颜色		对健康影响情况	建议采取的措施
101～150	三级	轻度污染	橙色	易感人群症状有轻度加剧，健康人群出现刺激症状	儿童、老年人及心脏病、呼吸系统疾病患者应减少长时间、高强度户外锻炼
151～200	四级	中度污染	红色	易感染人群症状进一步加剧，可能对健康人群心脏、呼吸系统有影响	儿童、老年人及心脏病、呼吸系统疾病患者避免长时间、高强度户外锻炼，一般人群适量减少户外活动
201～300	五级	重度污染	紫色	心脏病和肺病患者症状加剧，运行耐受力降低，健康人群普遍出现症状	儿童、老年人和心脏病、肺病患者留在室内，停止户外活动，一般人群减少户外活动
>300	六级	严重污染	橙红色	健康人群耐受力降低，有明显强烈症状，提前出现某些疾病	儿童、老年人和疾病患者应留在室内，避免体力消耗，一般人群应避免户外活动

2. 空气质量分指数分级依据

将单项污染物空气质量指数称为某污染物的空气质量分指数（IAQI）。

《环境空气质量标准》（GB 3095—2012）规定了 SO_2、NO_2 和 CO 的浓度值的 24 h 和 1 h 平均，PM_{10} 和 $PM_{2.5}$ 的 24 h 平均及 O_3 浓度值的 1 h 平均和 8 h 滑动平均。IAQI 及对应污染物浓度限值见表 9.5.2。

表 9.5.2　IAQI 及对应污染物浓度限值　（单位：$\mu g/m^3$）

空气质量分指数（IAQI）		0	50	100	150	200	300	400	500
污染物项目浓度值	SO_2 24 h 平均	0	50	150	475	800	1600	2100	2620
	SO_2 1 h 平均①	0	150	500	650	800	②	②	②
	NO_2 24 h 平均	0	40	80	180	280	565	750	940
	NO_2 1 h 平均①	0	100	200	700	1200	2340	3090	3840
	PM_{10} 24 h 平均	0	50	150	250	350	420	500	600
	CO 24 h 平均	0	2	4	14	24	36	48	60
	CO 1 h 平均①	0	5	10	35	60	90	120	150
	O_3 1 h 平均	0	160	200	300	400	800	1000	1200

续表

空气质量分指数（IAQI）		0	50	100	150	200	300	400	500
污染物项目浓度值	O_3 8 h 滑动平均	0	100	160	215	265	800	③	③
	$PM_{2.5}$ 24 h 平均	0	35	75	115	150	250	350	500

①SO_2、NO_2 和 CO 的 1 h 平均浓度限值仅用于实时报，在日报中需使用相应污染物的 24 h 平均浓度限值；

②SO_2 的 1 h 平均浓度值高于 800 μg/m³ 的，不再进行其空气质量分指数计算，SO_2 的空气质量分指数按 24 h 平均浓度计算的分指数报告；

③O_3 的 8 h 平均浓度值高于 800 μg/m³ 的，不再进行其空气质量分指数计算，O_3 的空气质量分指数按 1 h 平均浓度值计算的分指数报告。

3. AQI 的计算方法

首先根据各种污染物实测浓度及分指数分级浓度限值（表 9.5.2）计算各项 IAQI。当某种污染物实测质量浓度（C_p）处于两个浓度限值之间时，其 IAQI 按下式计算。

$$IAQI_p = (IAQI_{Hi} - IAQI_{Lo}) \times (C_p - BP_{Lo}) / (BP_{Hi} - BP_{Lo}) + IAQI_{Lo} \tag{9.5.1}$$

式中，$IAQI_p$ 为污染物 p 的空气质量分指数；C_p 为污染物 p 的实测质量浓度值；BP_{Hi}、BP_{Lo} 分别为表 9.5.2 中与 C_p 相近的污染物 p 的浓度限值的高位值与低位值；$IAQI_{Hi}$、$IAQI_{Lo}$ 分别为表 9.5.2 中与 BP_{Hi}、BP_{Lo} 对应的空气质量分指数。

计算得到各项污染物 IAQI 后，AQI 为各项 IAQI 中的最大值，即

$$AQI = \max\{IAQI_1, IAQI_2, IAQI_3, \cdots, IAQI_n\} \tag{9.5.2}$$

当 AQI 大于 50 时，IAQI 最大的污染物为首要污染物。根据表 9.5.2 限值，IAQI 大于 100，即超过空气质量标准的二类标准浓度限值时，属于超标污染物。

【例 9.5.1】 下列是某市某年 6 月某周末的空气监测结果[单位：μg/m³（CO 为 mg/m³）]，请用 AQI 指数完整表示周末两天空气质量总体情况。

日期	$PM_{2.5}$	PM_{10}	SO_2	NO_2	O_3	CO
星期六	31	53	7	13	112	0.6
星期日	31	67	9	22	207	0.7

附：空气质量分指数及对应的污染物项目浓度限值[单位：μg/m³（CO 为 mg/m³）]：

IAQI	$PM_{2.5}$ 24 h 平均	PM_{10} 24 h 平均	SO_2 24 h 平均	NO_2 24 h 平均	O_3 8 h 滑动平均	CO 24 h 平均
0	0	0	0	0	0	0
50	35	50	150	40	100	2
100	75	150	500	80	160	4
150	115	250	650	180	215	14
200	150	350	800	280	265	24
300	250	420	—	565	800	36
400	350	500	—	750	—	48
500	500	600	—	940	—	60

解

（1）计算星期六 $PM_{2.5}$ 分指数：

$PM_{2.5}$ 实测浓度 31 μg/m³ 在 0～35 μg/m³ 范围内，即按照空气质量指数的分段线性关系的第二段进行计算，此处 BP_{Hi} = 35 μg/m³，BP_{Lo} = 0 μg/m³，$IAQI_{Hi}$ = 50，$IAQI_{Lo}$ = 0。相应的分指数数值 $IAQI_p$ =（50 − 0）/（35 − 0）×（31 − 0）+ 0 = 44，即 $PM_{2.5}$ 的分指数为 44。

（2）计算 PM_{10} 的分指数为 52。

（3）计算 SO_2 的分指数为 7。

（4）计算 NO_2 的分指数为 16。

（5）计算 O_3 的分指数为 60。

（6）计算 CO 的分指数为 15。

（7）比较各分指数的大小，AQI = max（44, 52, 7, 16, 60, 15）= 60。

（8）指出空气污染指数和空气污染程度：空气污染指数为二级，良。

（9）指出首要污染物：首要污染物为 O_3。

（10）以同样的方法计算星期日空气质量指数 AQI 为 143，空气污染指数为三级，轻度污染，首要污染物为 O_3。

【例 9.5.2】　下列是某市某年 6 月工作日连续 5 天的空气监测结果[单位：μg/m³（CO 为 mg/m³）]，请用 AQI 指数完整表示星期一和星期四空气质量总体情况。

日期	$PM_{2.5}$	PM_{10}	SO_2	NO_2	O_3	CO
星期一	57	112	12	34	249	1
星期二	28	64	13	24	203	0.7
星期三	32	83	15	49	197	0.8
星期四	29	75	17	43	215	0.8
星期五	39	92	19	33	232	0.9

附：空气质量分指数及对应的污染物项目浓度限值[单位：μg/m³（CO 为 mg/m³）]：

IAQI	$PM_{2.5}$ 24 h 平均	PM_{10} 24 h 平均	SO_2 24 h 平均	NO_2 24 h 平均	O_3 8 h 滑动平均	CO 24 h 平均
0	0	0	0	0	0	0
50	35	50	150	40	100	2
100	75	150	500	80	160	4
150	115	250	650	180	215	14
200	150	350	800	280	265	24
300	250	420	—	565	800	36
400	350	500	—	750	—	48
500	500	600	—	940	—	60

解 （1）计算星期一 $PM_{2.5}$ 分指数：按照表中 $PM_{2.5}$ 实测浓度 57 μg/m^3 介于 50～100 μg/m^3 之间，即按照空气质量指数的分段线性关系的第二段进行计算，此处 BP_{Hi} = 75 μg/m^3，BP_{Lo} = 35 μg/m^3，$IAQI_{Hi}$ = 100，$IAQI_{Lo}$ = 50。对应分指数数值 $IAQI_p$ = （100−50）/（75−35）×（57−35）+ 50 = 78，即 $PM_{2.5}$ 的分指数为 78。

（2）计算 PM_{10} 分指数为 81。

（3）计算 SO_2 的分指数为 4。

（4）计算 NO_2 的分指数为 43。

（5）计算 O_3 的分指数为 184。

（6）计算 CO 的分指数为 25。

（7）比较各分指数大小，AQI = max(78，81，4，43，184，25) = 184。

（8）空气污染指数为四级，中度污染，首要污染物为 O_3。

（9）以同样方法计算星期四空气质量指数 AQI 为 150，空气污染指数为三级，轻度污染，首要污染物为 O_3。

第十章　固体废物监测

第一节　概　　述

一、固体废物的定义与分类

固体废物是指在生产、生活和其他活动中产生的丧失原有利用价值或者虽未丧失利用价值但被抛弃或者放弃的固态、半固态和置于容器中的气态的物品、物质，以及法律、行政法规规定纳入固体废物管理的物品、物质。不能排入水体的液态废物和不能排入大气的置于容器中的气态物质，由于多具有较大的危害性，一般归入固体废物管理体系。

固体废物主要来源于人类的生产和消费活动。它的分类方法有很多，如按化学性质可分为有机废物和无机废物，按形状可分为固体废物和泥状废物，按危害状况可分为危险废物、一般废物和放射性固体废物，按来源可分为工业固体废物、矿业固体废物、生活垃圾、电子废物、农业固体废弃物等。

工业固体废物是指在工业、交通等生产活动中产生的固体废物，以及法律、行政法规规定视为生活垃圾的固体废物。或被丢弃的非水液体，如废变压器油等无法纳入废水或废气类，习惯上归在固体废物类。

二、危险废物的定义及鉴别

危险废物通常指对人类、动植物及环境的现在和将来构成危害，具有一定毒性（含有急性毒性、浸出毒性）、爆炸性（如硝酸铵、氯化铵等易爆化学品）、易燃性（含易燃有机溶剂或油类）、腐蚀性（如含有废酸或废碱）、传染性（医院所弃的含病菌废物）、化学反应特性的一种或几种危害性固体废物。

各国根据危险废物的危害特性制定了自己的鉴别标准和危险废物名录。例如，美国已列表确定 96 种加工工业废物和近 400 种化学品，德国确定 570 种，丹麦确定 51 种。凡《国际危险废物名录》中规定的废物直接属于危险废物，其他废物可按危险废物鉴别标准予以鉴别。我国的《国家危险废物名录》（2021 版）将危险废物调整为 50 大类别共 467 种。

我国对危险废物的危险特性的定义如下。

1. 急性毒性

能引起小鼠（或大鼠）在 48 h 内死亡半数以上的固体废物，参考制定的有害物质卫生标准实验方法，进行半数致死量（LD_{50}）试验，评定毒性大小。

2. 易燃性

经摩擦或吸湿和自发的变化具有着火倾向的固体废物（含闪点低于 60℃的液体），着火时燃烧剧烈而持续，在管理期间具有危险性。

3. 腐蚀性

含水固体废物，或其本身不含水但加入一定量水后其浸出液 pH≤2 或 pH≥12.5 的固体废物，或在 55℃以下时对钢制品每年的腐蚀深度大于 0.64 cm 的固体废物。

4. 反应性

当固体废物具有下列性质之一时为具有反应性：①在无爆震时就很容易发生剧烈变化；②与水剧烈反应；③能与水形成爆炸性混合物；④与水混合会产生毒性气体、蒸汽或烟雾；⑤在引发源或加热时能爆震或爆炸；⑥在常温、常压下易发生爆炸性反应；⑦其他法规所定义的爆炸品。

5. 放射性

含有天然放射性元素，放射性比活度大于 3700 Bq/kg 的固体废物；含有人工放射性元素的固体废物或者放射性比活度（Bq/kg 为单位）大于露天水源限值 10～100 倍（半衰期＞60 d）的固体废物。

6. 浸出毒性

按规定的浸出方法进行浸取，所得浸出液中有一种或者一种以上有害成分的质量浓度超过《危险废物鉴别标准 浸出毒性鉴别》（GB 5085.3—2007）的固体废物。

第二节 固体废物样品的采集和制备

为了使采集的样品具有代表性，固体废物采样前应了解基本情况，制订采样方案。主要内容包括：采样目的和要求、调查研究生产工艺流程、废物类型、排放数量、堆积历史、危害程度、综合利用情况、现场勘察、采样程序、安全措施、质量控制、采样记录和报告要求等。若采集危险废物，应根据危险特性采取相应的安全措施。

一、样品的采集

1. 采样工具

固体废物的采样工具包括尖头钢锹、钢尖镐（腰斧）、采样铲（采样器）、采样探子、采样钻、具盖采样桶或内衬塑料的采样袋。

2. 采样方案的制订

采样前应当先进行采样方案的设计，内容包括：采样目的、背景调查和现场踏勘、采样程序、安全措施、质量控制、采样记录和报告等。

1）采样目的

采样的具体目的根据固体废物监测的目的来确定，固体废物的监测目的主要有：鉴别固体废物的特性并对其进行分类，进行固体废物环境污染监测，为综合利用或处置固体废物提供依据；污染环境事故调查分析和应急监测；科学研究或环境影响评价等。

2）背景调查和现场踏勘

进行现场踏勘时，应着重了解工业固体废物的以下几个方面。

（1）生产单位或处置单位。

（2）种类、形态、数量和特性（物理特性和化学特性）。

（3）实验及分析的误差和要求。

（4）环境污染、监测分析的历史资料。

（5）产生、堆存、综合利用及现场和周围情况，了解现场和周围环境。

3）采样程序

（1）批量是构成一批固体废物的质量，而份样是指采样器一次操作由一批固体废物中的一个点或部位按规定质量取出的样品，应根据固体废物批量确定应采的份样数。

（2）根据固体废物的最大粒度（95%以上能通过的最小筛孔尺寸）确定份样量。

（3）根据采样方法，随机采集份样，组成总样（图 10.2.1），并认真填写采样记录表（表 10.2.1）。

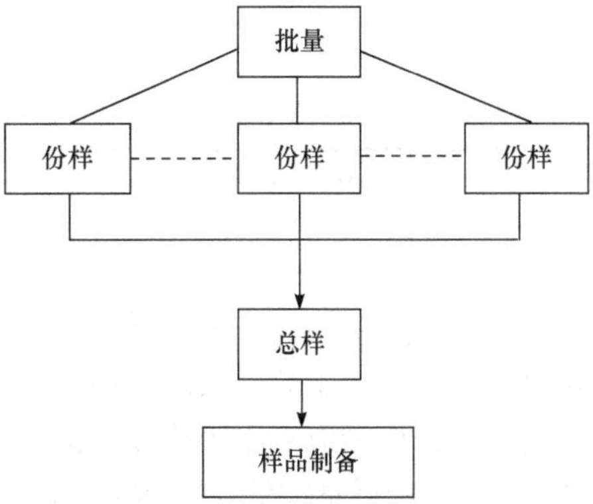

图 10.2.1　采样程序示意图

表 10.2.1　采样记录表

样品登记号	最小份样数	样品名称	最少份样数
采样地点		采样数量	
采样时间		废物所属单位名称	
采样现场简述			
废物产生过程简述			
样品可能含有的主要有害成分			
样品保存方式及注意事项			
样品采集人及接收人			
备注		负责人签字	

3. 份样数

当已知份样间的标准偏差和允许误差时，可按下式计算份样数。

$$n \geqslant \left(\frac{ts}{\delta}\right)^2 \qquad (10.2.1)$$

式中，n 为试样份数；s 为采样间的标准偏差；δ 为采样允许误差；t 为选定置信度下的 t 值（表 2.3.1）。

由于 n 和 t 是相关的，计算时，先取 n 为$+\infty$，在指定的置信度下从 t 值表中查出相应的 t 值，代入公式计算出 n 的初值。再用 n 的初值在指定置信度下查出相应的 t 值，将 t 值再代入公式计算下一个 n 值，如此不断迭代，直至算得的 n 值不变为止，此 n 值即为必要的份样数。

当份样间的标准偏差或允许误差未知时，可根据批量按表 10.2.2 确定应采份样数。

表 10.2.2 批量与最少份样数

批量大小	最少份样数	批量大小	最少份样数
＜1	5	≥100	30
＞1	10	≥500	40
≥5	15	≥1000	50
≥30	20	≥5000	60
≥50	25	≥10000	80

注：固体单位为 t；液体单位为 m^3。

4. 份样量

份样量是指构成一个份样的固体废物的质量。一般情况下，样品多一些才有代表性，因此份样量不能少于某一限度。份样量达到一定限度之后，再增加质量也不能显著提高采样的准确度。份样量取决于固体废物的粒度，固体废物的粒度越大，均匀性就越差，份样量就应越多。最小份样量大致与固体废物的最大粒径的α次方成正比，与固体废物的不均匀程度成正比。可按切乔特公式计算最小份样量。

$$m \geqslant K \cdot d_{\max}^{\alpha} \tag{10.2.2}$$

式中，m 为最小份样量，kg；$d_{\max}$ 为固体废物的最大粒径，mm；K 为缩分系数；α 为经验常数。

K 和 α 根据固体废物的均匀程度和易碎程度而定，固体废物越不均匀，K 值越大，一般情况下，推荐 $K = 0.06$，$\alpha = 1$。

液态固体废物的份样量以不小于 100 mL 的采样瓶（或采样器）容量为准。也可以按表 10.2.3 确定最小份样量。每个份样量应大致相等，其相对误差不大于 20%。表中要求的采样铲容量为保证一次在一个地点或部位能取到足够的份样量。

表 10.2.3 最小份样量和采样铲容量

粒度 d/mm	最小份样量 m/kg	采样铲容量 V/mL
＞150	30	—
100～150	15	16000
50～100	5	7000
40～50	3	1700
20～40	2	800
10～20	1	300
＜10	0.5	125

5. 采样点

应按以下原则确定采样点。

（1）对于堆存、运输中的固态工业固体废物和大池（坑、塘）中的液态工业固体废物，可按对角线、梅花形、棋盘式、蛇形等布点法确定采样点，参见图 11.2.1。

（2）对于粉末状、小颗粒状的工业固体废物，可按垂直方向、一定深度的部位等布点法确定采样点。

（3）对于运输车及容器内的固体废物，按表 10.2.4 选取所需最少采样车数（容器数），可按上部（表面以下相当于总体积的 1/6 深处）、中部（表面以下相当于总体积的 1/2 深处）、下部（表面以下相当于总体积的 5/6 深处）确定采样点。

表 10.2.4　所需最少采样车数(容器数)

运输车数（容器数）	所需最少采样车数（容器数）
＜10	5
10～25	10
25～50	20
50～100	30
＞100	50

（4）在运输一批固体废物时，当运输车数不多于该批废物的规定份样数时，每车应采份样数按下式计算。

$$每车应采份样数=\frac{规定份样数}{运输车数}$$

当运输车数多于规定份样数时，按表 10.2.4 确定所需最少采样车数，从所选车中随机采集一个份样。

在运输车厢中布设采样点时，采样点应均匀分布在车厢的对角线上（图 10.2.2），端点距车厢角应大于 0.5 m，表层去掉 30 cm。

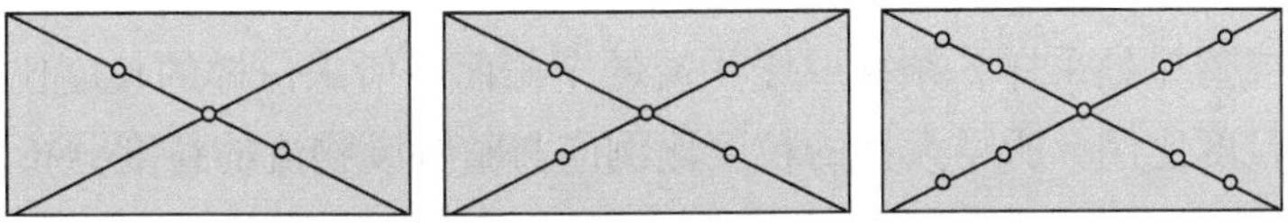

图 10.2.2　运输车厢中的采样点布设

（5）在废物堆布设采样点时，在废物堆两侧距堆底边缘 0.5 m 处画第一条横线，然后每隔 0.5 m 画一条横线；每隔 2 m 画一条垂线，其交点作为采样点。按表 10.2.2 确定的份样数确定采样点数，在每点上 0.5～1.0 m 深度处各随机采样一份（图 10.2.3）。

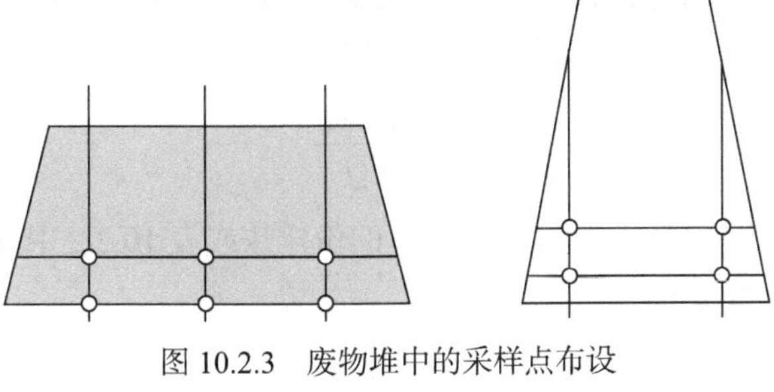

图 10.2.3　废物堆中的采样点布设

6. 采样方法

1）简单随机采样法

对一批固体废物了解很少，且采集的份样较分散也不影响分析结果时，可对其不作任何处理，也不进行分类和排队，而是按照其原来的状况从中随机采集份样。

（1）抽签法：先对所有采集份样的部位进行编号，同时将代表采集份样部位的号码写在纸片上，掺和均匀后，从中随机抽取纸片，抽中号码代表的部位就是采集份样的部位。此法只适宜在采样点不多时采用。

（2）随机数字表示法：先对所采份样的部位进行编号，有多少部位就编多少号，最大编号是几位数字就使用随机数表的几栏（或几行），并把这几栏（或行）合在一起使用，从随机数表的任意一栏或任意一行数字开始数，遇到小于或等于最大编号的数字就记下来，遇到已经抽过的数字就舍弃，直至抽够份样数为止，抽到的号码就是采集份样的部位。

2）系统采样法

在生产现场按一定顺序排列或以运送带、管道等形式连续排出的固体废物，应先按一定的质量或时间间隔采集一个份样，份样间的间隔可根据表 10.2.2 规定的份样数或按公式计算出的份样数及实际批量按下式计算。

$$T \leqslant \frac{Q}{n} \text{ 或 } T' \leqslant \frac{60Q}{G \cdot n} \tag{10.2.3}$$

式中，T 为采样质量间隔，t；Q 为批量，t；n 为份样数，按公式计算或根据表 10.2.2 确定；T' 为采样时间间隔，min；G 为废物每小时排出量，t/h。

采集第一个份样时，不可在第一个间隔的起点开始，而是在第一个间隔内随机确定。在生产现场采样，可按下式计算采样间隔：

$$\text{采样间隔} \leqslant \frac{\text{批量}(Q)}{\text{规定份样数}}$$

在运送带上或落口处采样，须截取废物流的全截面。所采份样的粒度比例应符合采样间隔或采样部位的粒度比例，所得大样的粒度比例应与整批废物流的粒度分布大致相符。

3）分层采样法

根据对一批废物已有的认识，将其按照有关标志分若干层，然后在每层中随机采取份样。当已知各层间物理化学特性存在差异，且层内的均匀性比总体要好时，通过分层采样，可降低层内的变异，使得在样品数和样品量相同的条件下，误差小于简单随机采样法。

一批废物分次排出或某生产工艺过程的废物间歇排出过程中，可分 n 层采样，根据每层的质量按比例采取份样。同时，必须注意粒度比例，应使每层所采份样的粒度比例与该层废物粒度分布大致相符。第 i 层应采份样数 n 按式（10.2.4）计算。

$$n_i = \frac{n \times m_i}{Q} \tag{10.2.4}$$

式中，n_i 为第 i 层所采份样数；n 为按公式计算的份样数或表 10.2.2 中规定的份样数；m_i 为第 i 层废物的质量，t；Q 为批量，t。

4）两段采样法

简单随机采样、系统采样、分层采样都是直接从一批废物中采取一次份样，称为单阶段采样。当一批废物由许多车、桶、箱、袋等容器盛装时，由于各容器件比较分散，因此要分阶段采样。首先从一批废物总容器件数 N_0 中随机抽取 N_1 件容器，然后再从 N_1 件的每一件容器中采 n 个份样。

推荐当 $N_0 \leqslant 6$ 时，取 $N_1 = N_0$；当 $N_0 > 6$ 时，N_1 按式（10.2.5）计算（小数进为整数）。

$$N_1 \geqslant 3 \times \sqrt[3]{N_0} \tag{10.2.5}$$

式中，N_0 为总体的个数；N_1 为抽取的容器个数。

推荐第二阶段的采样数 $n \geqslant 3$，即 N_1 件容器中的每个容器均随机采上、中、下部最少 3 个份样。

5）权威采样法

这是一种依赖采样者对检测对象的认识（如特性结构、抽样结构）和判断，以及积累的工作经验来确定采样位置的方法。该方法所采取的样品为非随机样品。例如，根据某一容器的形状、大小，按照对角线、梅花形、棋盘式、蛇形等确定采样位置采取样品。权威采样法的有效性完全取决于采样者的知识，尽管有时也能获得有效的数据，但对大多数采样情况，建议不要采用该采样法。

二、样品的制备

1. 制样工具

制样工具包括粉碎机（破碎机）、药碾、钢锤、标准套筛、十字分样板、机械缩分器。

2. 制样要求

在制样全过程中，应防止样品产生任何化学变化和污染。若制样过程可能对样品的性质产生明显影响，则应尽量保持样品原来的状态。湿样品应在室温下自然干燥，使其达到适于破碎、筛分、缩分的程度。制备的样品过筛后（筛孔为 5 mm）应装瓶备用。

3. 制样程序

样品的制备包括干燥、粉碎、筛分、混合、缩分五个步骤。其中，粉碎、筛分、混合、缩分四个步骤反复进行，直至达到实验室分析试样量要求为止。样品的制备过程如图 10.2.4 所示。

1）干燥

将所采集的样品均匀平铺在洁净、干燥、通风的房间自然干燥，使样品较容易制备。

2）粉碎

经破碎和研磨以减小样品的粒度，粉碎可用机械或人工方法完成。将干燥后的样品根据其硬度和粒径大小，采用适宜的粉碎机械，分段破碎至所要求的粒度。粉碎过程中，不可随意丢弃难以破碎的粗粒。

3）筛分

使样品保证 95%以上处于某一粒度范围。根据样品的最大粒径选择相应的筛号，分段筛出全部粉碎样品，其余部分应全部返回粉碎工序重新粉碎，不得随意丢弃。

4）混合

用机械搅拌法或人工堆锥法、环锥法、掀角法等，使过筛的一定粒度范围的样品充分混合，以达到均匀分布。

5）缩分

在不改变样品平均组成的前提下，减少样品的质量。根据制样粒度，使用缩分公式求出在保证样品具有代表性前提下的最小质量。缩分时，先将样品于清洁、平整、不吸水的板面

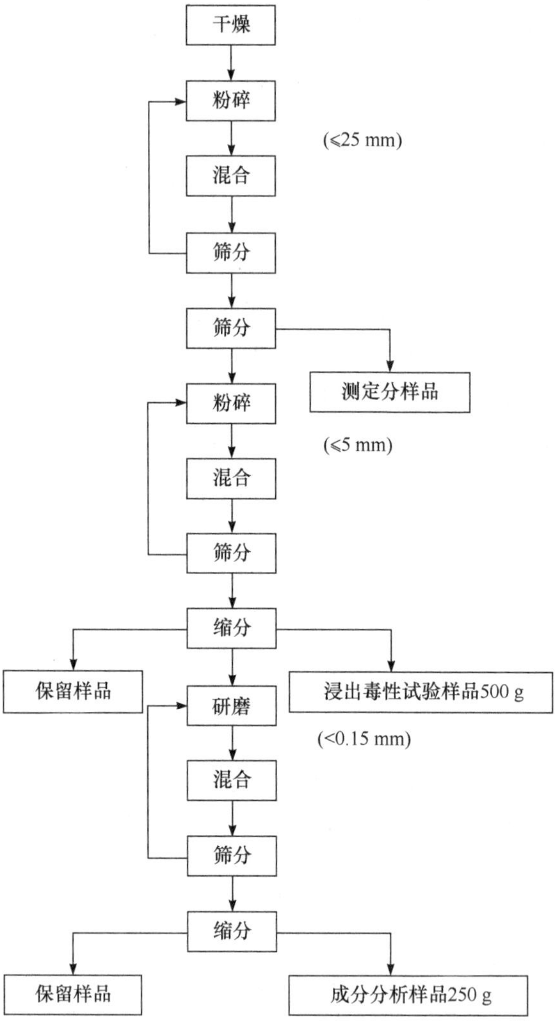

图 10.2.4　工业固体废物样品的制备流程

上用小铲堆成圆锥形，每铲物料自圆锥顶端落下，使其均匀沿堆尖散落，不可使圆锥中心错位。反复转推，至少三周，使其充分混合。然后将圆锥顶端轻轻压平，摊开物料后，用十字板自上压下，分成四等份，取两个对角的等份，重复操作数次，直至取到所需样品质量为止。在进行各项危险特性鉴别试验前，可根据要求的样品量进一步缩分。

三、样品的保存

将制备好的样品密封于容器中保存（容器对样品不产生吸附，不使样品变质），贴上标签备用。固体废物样品保存的注意事项如下：①将制备好的样品装入容器后，立即在容器壁贴上标签；②每份样品保存量至少应为试验和分析需用量的 3 倍；③对易挥发废物，采取无顶空存样，并采取冷冻方式保存；④对光敏废物，样品应装入深色容器中，并置于避光处；⑤对温度敏感的废物，样品应保存在规定的温度下；⑥样品保存应防止受潮或受灰尘等污染；⑦与水、酸、碱等易发生反应的废物，应在隔绝水、酸、碱等条件下储存；⑧一般样品保存期为 1 个月，特殊样品应使用冷藏或充惰性气体等方法保存；⑨样品应在特定场所由专人保管；⑩撤销的样品不许随意丢弃，应送回取样处或处置场所。

四、样品含水率的测定

（1）测定样品中的无机物：称取样品约 20 g 于 105℃下干燥，恒量至±0.1 g，测定出水分含量。

（2）测定样品中的有机物：样品于 60℃下干燥 24 h，测定水分含量。

（3）测定固体废物：结果以干样品计算，当污染物质量分数小于 0.1%时，以 mg/kg 为单位表示，质量分数大于 0.1%时，则以百分数表示，并说明是水溶性或总量。

五、固体废物样品 pH 的测定

仪器采用 pH 计或酸度计，最小分度值在 0.1 以下。

该方法是用与待测样品 pH 相近的标准溶液校正 pH 计，并加以温度补偿。对含水量高、呈流体状的稀泥或浆状物料，可将电极直接插入进行 pH 的测量；对黏稠状物料可离心或过滤后，测其液体的 pH，对粉、粒、块状物料，称取制备好的样品 50 g（干基），置于 1 L 塑料瓶中，加入新鲜蒸馏水 250 mL，使固液质量比为 1∶5，加盖密封后，放在振荡器上[振荡频率为（110±10）次/min，振幅 40 mm]，于室温下，连续振荡 30 min，静置 30 min 后，测上清液的 pH，每种废物取两个平行样品测定其 pH，差值不得超过 0.15，否则应再取 1～2 个样品重复实验，取中位数报告结果。对于高 pH（10 以上）或低 pH（2 以下）的样品，两个平行样品 pH 测定结果允许误差值不超过 0.2，还应报告环境温度、样品来源、粒度级配，以及实验过程中出现的异常现象，特殊情况下实验条件的改变及原因等。

由于固体废物的不均匀性，测定时应将各点样品分别测定，测定结果以实际测定的 pH 范围表示，而不是通过计算混合样品的平均 pH 表示。由于样品中的二氧化碳含量会影响 pH，且二氧化碳达到平衡的过程极为迅速，因此采样后必须立即测定。

第三节　固体废物有害特性的监测

一、急性毒性的初筛试验

危险废物中会有多种有害成分，组分分析难度较大。急性毒性的初筛试验可以简便地鉴别并表达其综合急性毒性，鉴别方法如下：

（1）作为毒性试验的动物应该是规定的品种。以 10 只体重 18.24 g 的小白鼠（或 200～300 g 的大白鼠）作为试验动物，若是外购鼠，必须在本单位饲养条件下饲养 7～10 d，仍活泼健康方可使用。试验前 8～12 h 和观察期间禁食。

（2）称取制备好的样品 100 g，置于 500 mL 具塞的锥形瓶中，加入 100 mL 蒸馏水（固液质量比为 1∶1），振摇 3 min，于室温下静止浸泡 24 h，用中速定量滤纸过滤，滤液留待灌胃实验用。

（3）灌胃采用 1 mL（或 5 mL）注射器，注射针采用 9 号（或 12 号），去针头，磨光，弯曲或呈新月形，经口对 10 只小白鼠（或大白鼠）进行一次性灌胃，每只小白鼠灌喂量不超过 0.4 mL/20 g 体重，大白鼠不超过 1.0 mL/100 g 体重，对灌胃后的小白鼠（或大白鼠）进行中毒症状观察，记录 48 h 内的死亡数。

二、易燃性的实验方法

鉴别易燃性的方法是测定闪点，闪点较低的液态固体废物和燃烧剧烈而持续的废物，由于摩擦、吸湿、点燃等自发的变化会发热、着火，或可能由于其他的燃烧引起对人体或环境的危害。

采用闭口闪点测定仪测定闪点，常用的配套仪器有温度计和防护屏。温度计采用 1 号温度计（–30～170℃）或 2 号温度计（100～300℃）；防护屏采用镀锌铁皮制成，高度 550～650 mm，宽度应适于使用，屏身内壁漆成黑色。

测定步骤为：按标准要求加热样品至一定温度，停止搅拌，每升高 1℃点火一次，至样品上方刚出现蓝色火焰时，立即读取温度计上的读数，该值即为测定结果。

液态易燃性危险废物闪点测定的操作过程细节可参阅《闪点的测定 宾斯基-马丁闭口杯法》（GB/T 261—2008），固态易燃性危险废物闪点测定的操作过程可参阅《易燃固体危险货物危险特性检验安全规范》（GB 19521.1—2004）。

三、腐蚀性的实验方法

腐蚀性指通过接触能损伤生物细胞组织，或使接触物质发生质变，使容器泄漏而引起危害的特性。测定方法有两种：一种是测定 pH（见本章第二节“五、固体废物样品 pH 的测定”），另一种是测定在 55.7℃以下其对钢制品的腐蚀率。

四、反应性的实验方法

1. 反应性实验

反应性的测定方法包括撞击感度测定、摩擦感度测定、差热分析测定、爆炸点测定、火焰感度测定等，具体测定方法如下：

1）撞击感度测定

确定样品对机械撞击作用的敏感程度，用立式落锤仪进行测定。一定量的样品受一定质量的落锤自一定高度自由落下的一次冲击作用，观察是否发生爆炸、燃烧或分解，测定其爆炸百分数，即为撞击感度值。

2）摩擦感度测定

测定样品对摩擦作用的敏感程度，用摆式摩擦仪进行测定。观察样品受摩擦后是否发生爆炸、燃烧或分解。在一定实验条件下的发火率即作为样品摩擦感度的标志。

3）差热分析测定

确定样品的热不稳定性，用差热分析仪测定。当样品与参比物质以同一升温速度加热时，记录表示吸热或放热过程的温度-时间曲线。样品受热后分解的情况可以从温度-时间曲线得到，通过温度峰与峰型可判断样品的热不稳定性质。

4）爆炸点测定

确定样品对热作用的敏感度，用爆发点测定仪测定。样品开始受热到爆炸的这段时间称为延滞期。采用 5 s 延滞期的爆炸点温度来比较样品的热感度。求出 5 s 延滞期爆炸点温度。

5）火焰感度测定

确定样品对火焰的敏感程度，用火焰感度仪测定。被测样品与黑火药柱保持一段距离，用灼热的镍铬丝点燃标准黑火药柱，观察黑火药柱燃烧产生的热量能否点燃样品。

2. 遇水反应性实验

遇水反应性包括：①固体废物与水发生剧烈反应而放出热量，使体系温度升高，可用温升实验测定；②与水反应释放出有害气体，如乙炔、硫化氢、砷化氢、氰化氢等。现介绍释放有害气体的反应装置和实验步骤。

1）反应装置

用 250 mL 高压聚乙烯塑料瓶，另配橡胶塞（将橡胶塞打一个 6 mm 的孔），插入玻璃管。实验过程中使用振荡器（采用调速往返式水平振荡器），100 mL 注射器，并配有 6 号针头。

2）实验步骤

称取固体废物 50 g（干基），置于 250 mL 的反应容器（塑料瓶）内，加入 25 mL 水（用 1 mol/L HCl 溶液调节 pH 为 4），加盖密封后，固定在振荡器上，振荡频率为（110±10）次/min，振荡 30 min，静置 10 min。用注射器抽气 50 mL，注入不同的 5 mL 吸收液中，测定其乙炔、硫化氢、砷化氢、氰化氢的含量。第 n 次抽 50 mL 气体的校正值：

$$校正值(mg/L) = 测得值 \times (275/225)^n \quad (10.3.1)$$

式中，225 为塑料瓶空间体积，mL；275 为塑料瓶空间体积和注射器体积之和，mL。

有害气体浓度的测定方法参见相关标准方法。

五、浸出毒性试验

固体废物受到水的冲淋、浸泡，其中的有害成分将会转移到水相而污染地表水、地下水，导致二次污染。浸出毒性是指在固体废物按规定浸出方法的浸出液中，有害物质浓度超过规定的限值，从而会对环境造成污染的特性。

1. 浸出液的制备

称取 100 g（干基）样品（无法称取干基质量的样品先测定水分含量再加以换算），置于容积为 2 L 的具盖广口聚乙烯瓶中，加水 1 L（先用氢氧化钠溶液或盐酸溶液调 pH 至 5.8～6.3）。

将广口聚乙烯瓶垂直固定在往返式水平振荡器上，调节振荡器频率为（110±10）次/min，振幅 40 mm，于室温下，连续振荡 8 h，静置 16 h。浸出液通过 0.45 μm 滤膜过滤。滤液按各分析项目要求进行保护，并在合适的条件下储存备用。

2. 有害物质的测定

浸出液中有害物质的测定按具体测定项目的相关标准的规定及相应的分析方法进行。如果不能马上对浸出液进行分析，则应按照《危险废物鉴别标准　浸出毒性鉴别》（GB 5085.3—2007）中规定的保存方法对其进行保存，并在保存期内按照 GB 5085.3—2007 中规定的分析方法测定浸出液中各污染物的浓度。我国规定的分析项目有：汞、镉、砷、铬、铅、铜、锌、镍、锑、铍、氟化物、氰化物、硫化物、硝基苯类化合物。

每种样品做两个平行浸出毒性试验，每瓶滤液对欲测项目平行测定两次，取算术平均值报告结果；对于含水污泥样品，其滤液也必须同时加以分析并报告结果；试验报告中还应包括：被测样品的名称、来源、采集时间、样品粒度级配情况，试验过程中出现的异常情况，浸出液的 pH、颜色、乳化和组分分层情况，试验过程中的环境温度及其波动范围、条件改变及其原因。

考虑到样品与浸出容器的相容性，在某些情况下，可用类似形状与容积的玻璃瓶代替聚乙烯瓶。例如，测定有机成分宜用硬质玻璃容器。对于某些特殊类型的固体废物，由于安全及样品采集等方面的原因，无法严格按照上述条件进行试验时，可根据实际情况适当改变。浸出液分析项目按有关标准的规定及相应的分析方法进行。

第四节　生活垃圾的监测

一、生活垃圾及其分类

生活垃圾是指城镇居民在日常生活中抛弃的固体垃圾，主要包括：生活垃圾（日常）、医院垃圾、市场垃圾、建筑垃圾和街道清扫物等，其中医院垃圾（特别是带病原菌的垃圾）和建筑垃圾应予以单独处理，其他的垃圾通常由环卫部门集中处理，一般统称为生活垃圾。

生活垃圾是由多种物质组成的异质混合体，包括：①废品类：废金属、废玻璃、废塑料、废橡胶、废纤维类、废纸类和废砖瓦类等；②厨房类（厨余垃圾）：饮食废物、蔬菜废物、肉类和肉骨，以及我国部分城市厨房所产生的燃料用煤、煤制品、木炭的燃余物等；③灰土类：修建、清理时的土、煤、灰渣等。世界各国的城市规模、人口、经济水平、消费方式、自然条件等差异很大，导致生活垃圾的产量和质量存在明显的差别，并且还在不断变化。生活垃圾是一种极不均匀、种类各异的异质类混合物，若居民能自觉将其分类投放，则会更有利于生活垃圾作为资源进行回收利用。

生活垃圾的处置方法主要有焚烧、卫生填埋和堆肥。不同的处置方法需要监测的项目不同。例如，对于焚烧的垃圾，需要测定其热值；对于堆肥的垃圾，需要测定其生物降解度、堆肥的腐熟度等；对于填埋的垃圾，需要进行渗滤液分析和测定填埋场周围的苍蝇密度等项目。

二、生活垃圾特性分析

1. 垃圾采集和样品处理

从不同的垃圾产生地、储存场或堆放场采集有整体代表性的样品，是垃圾特性分析的第一步，也是保证数据准确的重要前提。为此，应充分研究垃圾产生地的基本情况，如居民情况、生活水平、垃圾堆放时间；还要考虑在收集运输、储存过程中可能发生的变化，然后制订周密的采样计划，采样过程必须详细记录地点、时间、种类、表观特性等。在记录卡传递过程中，必须由专人签署，便于核查。我国颁布的《生活垃圾采样和分析方法》（CJ/T 313—2009）及《生活垃圾卫生填埋场环境监测技术要求》（GB/T 18772—2017），分别适用于城市生活垃圾的常规监测及垃圾填埋场环境监测。

2. 垃圾的粒度分级

粒度分级采用筛分法，将一系列不同网目的筛子按规格序列由小到大排列，依次连续摇动 15 min，依次转到下一号筛子，然后计算各级粒度颗粒物所占的比例。如果需要在试样干燥后再称量，则需在 70℃下烘干 24 h，然后再在干燥器中冷却后筛分。

3. 淀粉的测定

垃圾在堆肥过程中，需借助淀粉量分析来鉴定堆肥的腐熟程度。方法的原理是基于垃圾在堆肥过程中形成的淀粉碘化络合物，其颜色的变化与堆肥的降解度（即堆肥的腐熟度）相关，当堆肥降解尚未结束时，淀粉碘化络合物呈蓝色，降解结束时呈黄色。堆肥颜色的变化过程是深蓝色—浅蓝色—灰色—绿色—黄色。

样品分析实验的步骤如下。

（1）将 1 g 堆肥置于 100 mL 烧杯中，滴入几滴乙醇使其湿润，再加 20 mL 质量分数为 36%的高氯酸。

（2）用纹网滤纸（90 号）过滤。

（3）在滤液中加入 20 mL 碘反应剂并搅动。碘反应剂是将 2 g 碘化钾溶解于 500 mL 水中，再加入 0.08 g 碘制成的。

（4）将几滴滤液滴到白色板上，观察其颜色变化。

4. 生物降解度的测定

垃圾中含有大量天然的和人工合成的有机物质，有的容易被生物降解，有的难以被生物降解。目前，通过实验已经寻找出一种可以在室温下对垃圾生物降解做出适当估计的实验方法。

（1）称取 0.5000 g 已烘干磨碎的样品于 250 mL 容量瓶中。

（2）用移液管准确量取 15 mL 2 mol/L 的重铬酸钾溶液加入容量瓶中并充分混合。

（3）向容量瓶中加入 20 mL 98%硫酸，摇匀。

（4）在室温下将容量瓶置于振荡器中，振荡 1 h（振荡频率为 100 次/min）。

（5）取出容量瓶，加蒸馏水至标线，摇匀。

（6）从容量瓶中分取 25 mL 溶液，置于锥形瓶中，加试亚铁灵指示液 3 滴，用 0.25 mol/L 的硫酸亚铁铵标准溶液滴定，溶液的颜色由棕绿色经蓝绿色至刚出现红褐色不褪即为滴定终点，记录所消耗硫酸亚铁铵的体积。

（7）用同样的方法在不加样品的情况下做空白实验。

（8）如果加入指示剂时已出现绿色，则需加 20 mL 重铬酸钾溶液重做。

（9）按式（10.4.1）计算生物可降解度 BDM（%）。

$$\mathrm{BDM}=\frac{6.383(V_0-V_1)\cdot c\times10^{-3}\times10}{W}\times100\% \tag{10.4.1}$$

式中，BDM 为生物可降解度；V_1 为样品滴定消耗硫酸亚铁铵标准溶液的体积，mL；V_0 为空白实验滴定消耗硫酸亚铁铵标准溶液的体积，mL；c 为硫酸亚铁铵标准溶液的浓度，mol/L；W 为样品质量，g；6.383 为换算系数，碳 $\left[\left(\frac{1}{6}\times\frac{3}{2}\right)\mathrm{C}\right]$ 的摩尔质量除以生物可降解物质平均碳含量 47%，g/mol。

5. 苍蝇密度监测

通过苍蝇密度测定监测处理场附近有害物质和病菌的滋生。依据填埋作业区面积及特征确定监测点数量和位置，宜每隔 30～50 m 设一点，每个监测点上放置诱蝇笼诱取苍蝇。苍蝇密度监测应在晴天时进行。采样方法是日出时将装好诱饵的诱蝇笼放在采样点上诱蝇，日落时收笼，用杀虫剂杀灭活蝇，一并计数。将采集的苍蝇以每笼计数，单位：只/（笼 · d）。根据气候特征，在苍蝇活跃季节每月应监测 2 次。

6. 垃圾热值的测定

热值是垃圾焚烧处理的重要指标。热值分高热值（H_0）和低热值（H_n），垃圾中可燃物质的热值为高热值。但实际上垃圾中总含有一定量不可燃的惰性物质和水。当燃烧升温时，这些惰性物质和水要消耗热量，同时燃烧过程中产生的水也以水蒸气的形式挥发而消耗热量。因此实际的热值要低很多，这一热值称为低热值。显然低热值的实际意义更大。两者的换算公式为

$$H_n = H_0\left[\frac{100-(I+W)}{100-W_L}\right]\times 5.85W \qquad (10.4.2)$$

式中，H_n 为低热值，kJ/kg；H_0 为高热值，kJ/kg；I 为惰性物质含量，%；W 为垃圾的表面湿度，%；W_L 为垃圾焚烧剩余的和吸湿后的湿度，%。

通常 W_L 对测定结果影响不大，一般可忽略不计。热值的测定方法有量热计法或热耗法。量热计法测定废物热值的主要困难是其比热容的测定，因为垃圾组分变化范围大（尤其是塑料和纸类），所以测定某一垃圾的比热容过程复杂，而对于组分较为简单的垃圾（如含有污泥）就比较容易测定。热耗与干物质的有机物比例大致相关联，因此能在垃圾的热耗和高热值之间建立相关性。

三、垃圾渗滤液分析

渗滤液是指从生活垃圾本身所带水分及垃圾中有机物质的生物化学和化学降解产生的水，介质中渗出来的水溶液提取或溶解了垃圾组成中的物质。由于渗滤液中的水主要来源于自身和降水，因此渗滤液是生化垃圾填埋处置过程中最主要的污染物。合理的堆肥处理一般不会产生渗滤液，热解和气化也不产生渗滤液，只有露天堆肥、裸露堆场及垃圾中转站才可能会产生渗滤液。

渗滤液的特性取决于组成和浓度。由于不同国家、不同地区、不同季节的生活垃圾组分变化很大，并且随着填埋时间的不同，渗滤液组分和浓度也会变化。渗滤液的特点是：①成分不稳定性，主要取决于垃圾的组成；②浓度的可变性，主要取决于填埋时间；③组成的特殊性，垃圾中存在的物质，在渗滤液中不一定存在，其是与一般废水和生活污水不同的特殊污水。

各种资料上的有关渗滤液分析项目大体相近，典型的有下列几项：色度、pH、COD、BOD、总固体、总溶解性固体和悬浮性固体、总氮、氨氮、硫酸盐、氯化物、总汞、总镉、总铬、总铅、粪大肠杆菌等。

四、垃圾的渗滤实验

1. 渗滤液测定的必要性

工业固体废物和生活垃圾在堆放过程中由于水的冲淋和自身的原因，可能通过渗滤液污染周围的土地和地下水，因此对渗滤液的测定是很重要的。

2. 固体废物填埋场渗滤液采样点的选择

正规设计的垃圾填埋场通常设有渗滤液渠道和集水井，采集比较方便。一般物填埋场，渗滤

液采样困难，只能根据实际情况予以采样。典型安全填埋场也设有渗滤液采样点，见图 10.4.1。

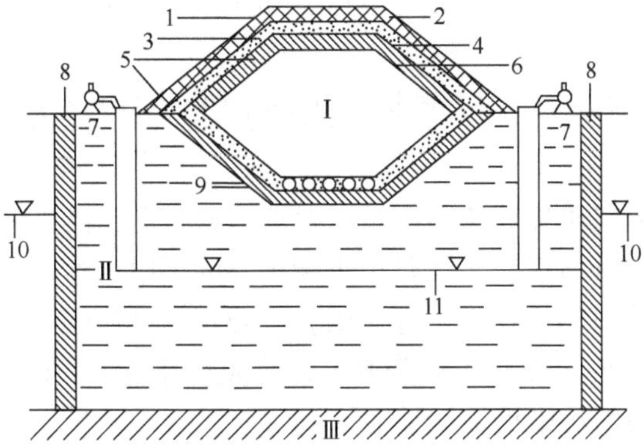

图 10.4.1　典型安全填埋场示意图及渗滤液采样点

Ⅰ. 废物堆；Ⅱ. 可渗透性土壤；Ⅲ. 非渗透性土壤

1. 表层植被；2. 土壤；3. 黏土层；4. 双层有机内衬；5. 沙质土；6. 单层有机内衬；7. 滤液抽汲泵（采样点）；8. 膨润土浆；9. 渗滤液收集管；10. 正常地下水位；11. 填埋场内地下水位

3. 渗滤实验

工业固体废物和生活垃圾堆放过程中，由于雨水的冲力和自身关系，可能通过渗沥而污染周围土壤和地下水。渗滤液可取自废物填埋场，但在研究工作中，特别是研究拟议中的废物填埋场可能对地下水周围环境产生影响时，可采用渗滤模型实验的方法。

1）工业固体废物渗滤模型

工业固体废物渗滤模型实验装置如图 10.4.2 所示。工业固体废物先经粉碎后通过 0.5 mm 孔径筛，然后装入玻璃柱内，在上面的玻璃瓶中加入雨水或蒸馏水，以 12 mL/min 的速度通过管柱下端的玻璃棉流入锥形瓶内，每隔一定时间，测定渗滤液中的有害物质含量，然后作时间-渗滤液中有害物质浓度曲线。通过该实验可推断固体废物在堆放时期的渗漏情况和危害程度。

2）生活垃圾渗滤柱

生活垃圾渗滤柱（图 10.4.3）用来研究生活垃圾渗滤液的产生过程和组成变化。渗滤柱的壳体由钢板制成，总容积为 0.339 m^3，柱底铺有碎石层，容积为 0.014 m^3，柱上部再铺碎石层和黏土层，体积为 0.056 m^3，柱内装垃圾的有效容积为 0.269 m^3。黏土和碎石应采自所研究场地，碎石直径一般为 1～3 mm。实验时应根据当地的降水量情况确定添水量。例如，我国某县年均降水

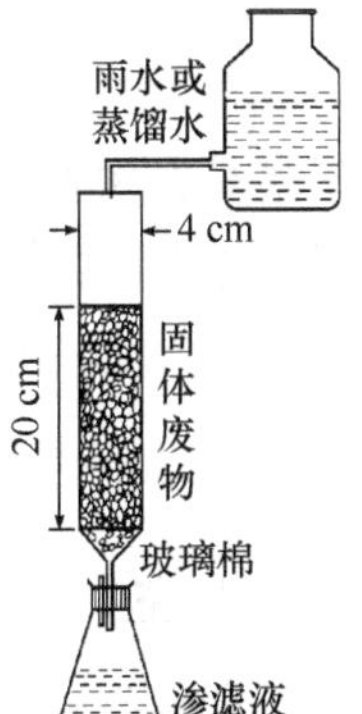

图 10.4.2　工业固体废物渗滤装置

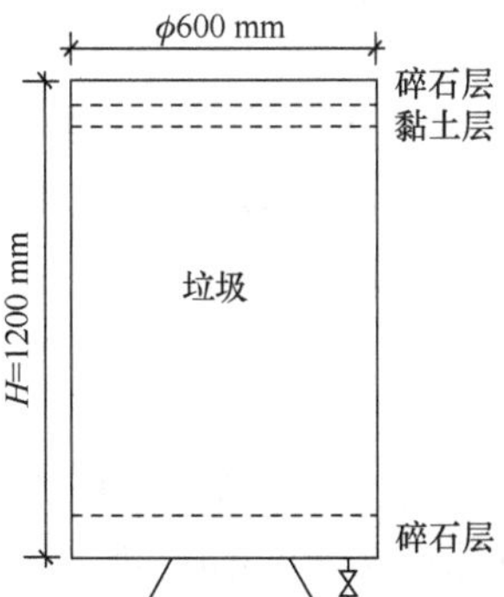

图 10.4.3　生活垃圾渗滤柱

量为 1074.4 mm，日均降水量为 2.9436 mm，由于柱的直径为 600 mm，柱的底面积乘以日均降水量即为日添水量，因此渗滤柱日添水量为 832 mL，可以 1 周添水 1 次，即添水 5824 mL。

第五节　有害物质的毒理学研究方法

环境质量的恶化，有时单凭理化数据难以对环境质量做出准确评价。利用生物在该环境中的反应，确定环境的综合质量，无疑是理想和重要的手段。本节仅介绍环境毒理学的研究方法，它通过用实验动物对污染物进行毒性试验，确定污染物的毒性和剂量的关系，找出毒性作用的阈剂量（或阈浓度），不仅可以为制定该物质在环境中的最高允许浓度提供资料，还可以为判断环境质量和防治污染提供科学的依据。

一、实验动物的选择及毒性试验分类

1. 实验动物的选择

实验动物的选择应根据不同的要求来决定，同时还要考虑动物的来源、经济价值和饲养管理方面的因素。国内外常用的动物有小鼠、大鼠、兔、豚鼠、猫、狗等。鱼类有鲢鱼、草鱼和金鱼等。金鱼对某些毒物较敏感，且室内饲养方便，鱼苗易得，为国内外所普遍采用。需要指出的是，实验动物必须标准化，因为不同品种、年龄性别、生长条件的动物对毒物的敏感程度是不同的，所以对毒物的反应并不一致。例如，苯在家兔身上所产生的血象变化和人很相似（白细胞减少及造血器官发育不全），而在狗身上却出现完全不同的反应（白细胞增多及脾淋巴结节增殖）；又如，苯胺及其衍生物的毒性作用可导致变性血红蛋白出现，它在豚鼠、猫和狗身上可引起与人类似的变化，但在家兔身上却不容易引起变性血红蛋白的出现，而对小白鼠则完全不产生变性血红蛋白。要判断某种物质在环境中的最高允许浓度，除了根据它的毒性，还要考虑感官性状、稳定性及自净过程（地表水）等因素。另外，根据对实验动物的毒性试验所得到的毒物的毒性大小、安全浓度和半数致死浓度等数据也不能直接推断到人体上，还要进行流行病学调查研究才能反映人体受影响情况。

2. 毒性试验分类

根据受试时间的长短和毒物浓度的大小，毒性试验可分为急性毒性试验、亚急性毒性试验、慢性毒性试验和终生毒性试验等。

1）急性毒性试验

一次（或几次）投给实验动物较大剂量的废物或化合物，观察其在短期内（一般为 24 h 到 2 周以内）的中毒反应。急性毒性试验的目的是试验某废物或化合物对受试生物的半数致死浓度（LC_{50}）或半数有效量（ED_{50}）来表示急性毒性作用的程度。该方法由于变化因子少、时间短、经济及操作容易，因此被广泛采用。

2）亚急性毒性试验

一般用半数致死量的 1/20～1/5，每天投毒，连续半个月到 3 个月左右，主要了解该毒物毒性是否有积蓄作用和耐受性。

3）慢性毒性试验

用较低剂量进行 3 个月到 1 年的投毒，观察毒物与病理、生理、生化反应之间的关系，寻找中毒诊断指标，并为制订最大允许浓度提供科学的依据。

为了研究毒物对机体是否有蓄积毒性作用，如致畸、致突变、致癌等作用，随着毒理学的不断进展，人们还建立了蓄积试验、致突变试验、致畸试验和致癌试验等特殊的毒性试验方法。

3. 污染物的毒性作用剂量

污染物的毒性作用剂量可用下列方式表示（图 10.5.1）。由图 10.5.1 可以看出，污染物的毒性和剂量关系可用下列指标区分：半数致死量（浓度），简称 LD_{50}（LC_{50}）；最小致死量（浓度），简称 MLD（MLC）；绝对致死量（浓度），简称 LD_{100}（LC_{100}）；最大耐受量（浓度），简称 MTD（MTC）。

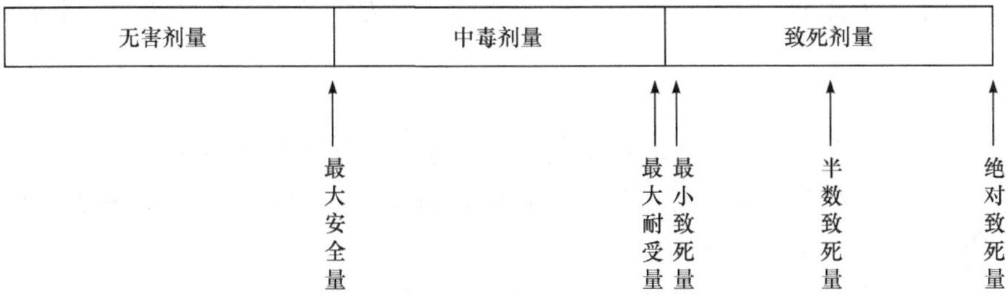

图 10.5.1　污染物的毒性作用剂量

半数致死量（浓度）是评价毒物毒性的主要指标之一。由于其他毒性指标波动较大，因此评价相对毒性时常以半数致死量（浓度）为依据。在鱼类、水生植物毒性试验中也可采用半数存活浓度（或中间耐受限度、半数耐受限度等，简称 TL_m）。

半数致死量的计算方法有很多，其中曲线法较为简便，它是根据一般毒物的死亡曲线（多为“S”形）而提出来的。取若干组（每组至少 10 只）实验动物进行实验，在实验条件下，有一组全部存活，一组全部死亡，其他各组有不同的死亡率，以横坐标表示投毒剂量，纵坐标表示死亡率，根据实验结果在图上作点，连成曲线，在纵坐标死亡率 50%处引出一水平线交于曲线，于交点作水平线的垂线交于横坐标，其所对应的剂量（浓度）即为半数致死量（浓度）。例如，表 10.5.1 中的死亡率与投毒剂量绘成曲线，得到半数致死量为 39 mg/kg，根据急性毒性分级表（表 10.5.2），可以判断该物质为高毒。

表 10.5.1　用某毒物给小鼠一次灌胃中毒死亡情况

投毒剂量/（mg/kg）	实验动物数	存活数	死亡数	死亡率/%
5	10	10	0	0
15	10	9	1	10
25	10	8	2	20
35	10	6	4	40
45	10	3	7	70
55	10	1	9	90
65	10	0	10	100

表 10.5.2　急性毒性分级表

等级	名称	小鼠一次灌胃的半数致死量/（mg/kg）	小鼠一次吸入 2 h 的半数致死浓度/（mg/kg）	家兔一次皮肤涂毒的半数致死量/（mg/kg）
1	剧毒	＜10	＜10	＜10
2	高毒	11～100	11～100	11～100

续表

等级	名称	小鼠一次灌胃的半数致死量/（mg/kg）	小鼠一次吸入 2 h 的半数致死浓度/（mg/kg）	家兔一次皮肤涂毒的半数致死量/（mg/kg）
3	中等毒性	101～1000	101～1000	101～1000
4	低毒	1001～10000	1001～10000	1001～10000
5	微毒	＞10000	＞10000	＞10000

二、垃圾毒性试验方法

按染毒方式，毒性试验可分为吸入染毒试验、皮肤染毒试验、经口投毒及注入投毒等，垃圾渗滤液常用的方法为口服毒性试验。口服染毒法分为饲喂法、灌胃法和吞咽胶囊法三种。

1. 饲喂法

饲喂法染毒是将待测毒物拌入动物饲料或饮用水中，使动物自行摄入。为保证动物吃完，一般在早上将毒物掺入少量动物喜欢吃的饲料中，待吃完后再继续喂饲料和水。根据每日进食量推算动物实际摄入毒物的剂量。

饲喂法的优点是接触毒物的方式符合人类接触污染食物和水的方式，方法符合自然生理条件、简便、易操作。缺点是由于动物（尤其是啮齿类动物）进食时浪费，损失饲料很多，往往摄入的毒物量较难精确控制；如果化学物有异味，动物可能拒食；不适合易挥发或易水解的受试毒物。

饲喂法为了计算每只动物摄入毒物的剂量，一般要求每只动物单笼饲养。此种方法适宜进行多日染毒，一般急性毒性试验很少采用此法。

2. 灌胃法

人工给实验动物灌入外源毒物，是常用的经口染毒方法。此法是将待测毒物配制成一定浓度的液体或糊状物，装入注射器，经导管注入实验动物胃内。对于水溶性物质可用水配制，粉状物用淀粉糊调匀。所用注射器的针头是较粗的 8 号或 9 号针头，将针头磨成光滑的椭圆形，并使之微弯曲。灌胃时用左手捉住小白鼠，尽量使其呈垂直体位，右手持已吸取毒物的注射器及针头导管，使针头导管弯曲面向腹侧，从口腔正中沿咽喉壁慢慢插入，切勿偏斜。如遇阻力应稍向后退再缓缓前进，一般插入 2.5～4.0 cm 即可到达胃内。然后，将注射器向外抽气，如无气体抽出说明已在胃中，即可将试验液推入小白鼠胃内，然后将针头拔出。若注射器抽出大量气泡说明已进入肺或气管，应拔出重插。如果注入后小白鼠迅速死亡，很可能是因为穿入了胸腔或肺内。小白鼠一次灌胃注入量为其质量的 2%～3%，最好不超过 0.5 mL（以 1 g/mL 计）。

灌胃法由于直接将待测毒物灌入胃内，不与口腔及食道接触，易于准确控制剂量，但与人经口接触食物及污染物的方式差异大。

3. 吞咽胶囊法

将所需剂量的受试毒物装入药用胶囊内，强制将其放入动物的舌后咽部，迫使其咽下。此法剂量准确，尤其适用于易挥发、易水解和有异臭的待测毒物。兔、猫及狗等较大动物可用此法。

第十一章　土 壤 监 测

土壤是指陆地表层能够生长植物的疏松多孔物质层及其相关自然地理要素的综合体，它是一个十分复杂的体系。地球环境由岩石圈、水圈、土壤圈、生物圈和大气圈构成，土壤位于该系统的中心，既是各圈层相互作用的产物，又是各圈层物质循环与能量交换的枢纽。受自然和人为作用，内在或外显的土壤状况称为土壤环境。环境土壤学的发展离不开研究方法的完善与创新。《中华人民共和国土地管理法》根据土地用途将土地分为农用地、建设用地和未利用地。农用地是指直接用于农业生产的土地，包括耕地、林地、草地、农田水利用地、养殖水面等；建设用地是指建造建筑物、构筑物的土地，包括城乡住宅和公共设施用地、工矿用地、交通水利设施用地、旅游用地、军事设施用地等；未利用地是指农用地和建设用地以外的土地。本章主要介绍农用地的土壤样品的采集与制备，土壤中典型无机和有机污染物的分析，以及土壤环境质量的评价等。有关土壤环境监测的规范性操作可参考相关的标准《土壤环境监测技术规范》（HJ/T 166—2004）。

第一节　概　　述

一、土壤组成与基本性质

1. 土壤的主要组成

土壤是由固相、液相和气相三相物质组成的复杂体系。土壤固相物质由不同粒径的原生矿物质、次生矿物质、有机质、土壤动物和微生物组成，是土壤的基础物质。土壤液相物质包括土壤水分和各类可溶性电解质。土壤气相物质是指存在于土壤孔隙中的空气。土壤是三相物质共存的统一体，为植物提供必需的生活条件。一般来说，土壤中的固相占土壤质量的70%～90%，占土壤总容积的 50%；液相占土壤质量的 10%～30%，占土壤总容积的 20%～30%；气相占土壤质量的 1%以下，占土壤总容积的 20%～30%。

1）土壤矿物质

土壤矿物质构成了土壤的骨架，支撑着植物的生长，在多数耕作土壤中，矿物质占土壤总质量的 90%以上。土壤矿物质是岩石经过风化作用形成的不同大小的矿物颗粒（如砂粒、土粒和胶粒）。土壤矿物质种类很多，化学组成复杂，直接影响了土壤的物理、化学性状和化学组成，是植物生长所需的矿物养分来源。土壤矿物质可划分为原生矿物质和次生矿物质。

原生矿物质是指原始成岩矿物在风化过程中仅遭到机械破碎而没有改变成分和结构的一类矿物，基本上保持了岩石中的原始化学成分，主要有硅酸盐类、氧化物类、硫化物类、磷酸盐类；次生矿物质是指原生矿在风化过程中形成的新矿物，包括各种简单盐类、铁铝氧化物和次生硅酸盐黏土矿物质（如高岭土、蒙脱石），它们是土壤矿物中最活跃的重要物质成分。土壤矿质营养元素主要来源于土壤矿物质，土壤矿物质含有的主要元素有氧、硅、铝、铁、铝、镁、钾、钠、磷、锰等 10 多种常量元素和 20 多种微量元素。土壤矿物质中各种元素的相对含量与地球表面岩石圈元素的平均含量及其化学组成相似。

2）土壤有机质

土壤有机质主要累积于土壤表层，它与矿物质是土壤固相部分的主要构成物质。土壤有机质主要来源于土壤动植物残体和施加土壤中的有机肥料。这些有机物质经过物理、化学、生物的反应和作用，形成了新的性质相当稳定而复杂的有机化合物，成为土壤有机质。

土壤有机质包括酶、腐殖质、分解和半分解状土壤动植物残体、有机物、部分有机物分解产物及新合成的简单化合物。土壤有机物质的成分主要以有机质和氮素表示，土壤中有机质含量的多少能直接反映土壤肥力水平的高低，因此有机质是土壤中最重要的物质。不同土壤类型的有机质含量差别很大，主要集中于土壤耕层（0～20 cm），通常耕地土壤耕层中有机质仅占土壤干重的0.5%～2.5%，我国大多数土壤中有机质含量为1%～5%。土壤有机质以腐殖质为主，腐殖质是有机物经微生物分解后合成的一种褐色或暗褐色的大分子胶物质，与土壤矿物质土粒紧密结合在一起，是土壤有机质存在的主要形态特征，可在一定条件下被缓慢分解，释放出来的以氮素为主的养分可供给植物生长吸收，将植物从土壤中吸收的元素又返回到土壤表层。

土壤有机质的主要元素为C、O、H、N，碳水化合物是土壤有机质中最主要的有机化合物，约占有机质总量的15%，典型的有机物包括糖类、纤维素类、半纤维素、果胶质、果壳质等，含氮化合物主要来源于动植物残体中的蛋白质，蛋白质是由氨基酸组成的，除含有C、H、O外，还含有N。一般含氮化合物需要经过微生物分解后被利用，因此含氮化合物是植物能够吸收的营养来源，是土壤肥力水平的决定性物质。除此之外，有机质还含有少量的树脂、蜡质、脂肪等复杂的有机化合物，不溶于水。灰分是植物残体燃烧后留下的灰，主要化学元素为Ca、Mg、K、Na、Si、P、S、Fe、Al、Mn等，还有少量的I、Zn、B、F等元素。

3）土壤溶液

土壤液相作为填充在固相物质孔隙中的重要部分，主要包括土壤水分和各类可溶性电解质，主要以土壤溶液的形式出现。土壤溶液中的可溶性电解质主要含有无机盐类、无机胶体（铁、铝氧化物）、有机化合物、有机胶体（有机酸、糖类、蛋白质及其衍生物）、络合物（如铁铝有机络合物）、溶解性气体（如O_2、CO_2）、离子态物质（包括各种重金属离子、负离子化合物、H^+、OH^-）等。

土壤溶液的化学组成及其浓度随时间、空间、种类的变化而有差异，不同土壤、不同土层、不同时间，甚至同一土壤、同一土层之间也存在很大差异。土壤溶液中的化学成分受土壤固相物质、土壤空气及外界进入土壤的物质和水分物质的组成的影响，是它们之间物质和能量交换、迁移及转化的结果，如土壤各种固相物质也是经过分解转化成可被作物吸收的可溶性物质，并存在于土壤溶液中才能最终被输入作物体内。因此土壤溶液中可溶性物质化学成分及其浓度决定着植物的生长状态，植物直接从土壤溶液中吸收水分、养分及有害物质。

4）土壤气相

土壤气相是指存在于土壤孔隙中的空气。土壤气相来源于大气和土壤中有机活体的呼吸和有机质分解的产物，主要含有O_2、CO_2、N_2，还含有少量的NO_x、SO_2、CO、CH_4等及其他空气中的物质。土壤空气中O_2占10.35%～20.03%，CO_2占0.15%～0.65%，N_2占78.8%～80.2%，土壤空气中的CO_2浓度始终高于近地大气中CO_2的浓度（0.03%），氧气的浓度低于近地大气中氧气的浓度（20.94%）。土壤空气中的化学组成受大气、土壤温度、土壤湿度和季节等因素的影响。土壤空气对植物生长、微生物活动有直接影响，能为植物根系提供必需的 O_2。

土壤中氧气的浓度反映了土壤的氧化还原状况，CO_2 的浓度反映了土壤的酸碱性，如流水条件下，土壤中氧气的浓度会下降，CO_2 浓度会上升，溶液的氧化还原电位（E_h）降低，通气不良，而土壤氧化还原状况又直接影响土壤养分形态。

2. 土壤的基本性质

土壤的性质主要包括化学性质、物理性质和生物性质三个方面，三类性质相互联系和制约，共同对农作物的生长产生影响。

1）吸附性

土壤的吸附性是指土壤吸附各种离子、分子、气体和粗悬浮体的能力。它是土壤保存营养物质并不断地向植物提供养分的主要原因。机械吸收性是指土壤对固体物质的机械阻留，反映了土壤孔隙对较大的颗粒的阻留作用，如施用有机肥时，其中大小不等的颗粒均可被保留在土壤中，这种吸收作用取决于土壤的孔隙状况。物理吸收性是指土壤细粒靠表面自由能对分子态物质的吸收，它表现为某些养分聚集在胶体表面，产生这种作用的原因是固体颗粒界面上的表面自由能的作用。化学吸收性是指土壤溶液中的可溶性养分与土壤中某些物质发生化学反应，形成难溶性物质的作用。生物吸收性则是指植物和微生物对土壤中可溶态养分的选择吸收作用。此外，还有物理化学吸收性，其是指土壤溶液中的离子态养分与土壤胶体上的离子进行交换后而被保存在土壤中的作用，这种吸收以物理吸收为基础，又呈现出化学反应相似的特性，主要包括土壤阳离子交换作用和阴离子交换作用。

2）酸碱性

土壤的酸碱性是土壤在形成过程中受气候、植被及土壤组成共同作用的结果，其中气候起着决定性的作用。因此，酸性和碱性土壤的分布与气候常有密切的关系。土壤的酸性主要来源为植物根系的活动及土壤有机质分解产生的有机酸和二氧化碳，某些微生物产生的无机酸，硝化细菌产生的硝酸，硫细菌产生的硫酸等，土壤中活性铝的溶解，阳离子取代反应产生的氢离子和铝离子。根据氢离子的存在形式，土壤酸度分为活性酸度和潜在酸度两类。活性酸度，又称有效酸度，是指土壤相处于平衡状态时，土壤溶液中游离氢离子浓度反映的酸度，通常用 pH 表示。潜在酸度是指土壤胶体吸附的可交换氢离子和铝离子经离子交换作用后所产生的酸度，氢离子和铝离子处在吸附态时不会表现出酸度，只有转移到土壤溶液中，形成溶液后的氢离子才会表现出酸性。土壤的碱性主要来自土壤中钙、镁、钠、钾的重碳酸盐、碳酸盐及土壤胶体上交换性钠离子的水解作用。另外，土壤胶体上交换性钠离子的数量也对土壤碱性有一定影响。

3）氧化还原性

土壤氧化还原作用是指土壤中存在的氧化态与还原态物质之间的土壤反应，是土壤中的主要化学反应（生化反应）。大多数的土壤氧化还原反应是在生物（微生物、植物根系分泌物等）参与下完成的。土壤中的游离氧和高价金属离子、硝酸根等是主要的氧化剂，土壤有机质及其在厌氧条件下形成的分解产物和低价金属离子是主要的还原剂。它们对在土壤剖面中的移动和表面分异、养分的生物有效性、污染物质的缓冲性能等方面都有重要的影响。实际测量中一般采用氧化还原电位（E_h）衡量土壤的氧化还原能力。当 $E_h > 300$ mV 时，以氧化作用为主；当 $E_h < 300$ mV 时，以还原作用为主。

二、土壤污染

1. 土壤污染种类

土壤环境污染，又称土壤污染，是指人类活动产生的污染物进入土壤并积累到一定程度，引起土壤质量恶化的现象。土壤污染物对土壤生态系统产生危害物质，将降低土壤生产力、破坏土壤生态平衡、加剧环境污染，进而影响植物生长发育，使食品安全和人类健康受到威胁。土壤环境污染的主要污染源为大气污染物通过干、湿沉降过程形成的大气污染型土壤污染；工业废水、城市生活污水和受污染的地表水，经由灌溉而造成的水质污染型土壤污染，此类污染约占土壤污染面积的 80%；使用不符合标准的污泥，生活垃圾和工业固体废物等的随意堆放或填埋引发的固体废物污染型土壤污染；以及不合理地使用农药、化肥，废（污）水源灌溉导致的农业污染型土壤污染等。土壤污染物主要分为无机污染物和有机污染物两大类。

1）无机污染物

无机污染物主要包括：重金属 Cr、Cd、Hg、Pb、Cu、Ni、Zn 及类金属砷、硒等；酸、碱、盐、氟、氰化物等；氮、磷过量营养元素；放射性元素铯、锶、铀等。

重金属污染物潜在的危害很大，由于在土壤中不易淋溶，不易被微生物分解，易被土壤胶体吸附，易与土壤有机质发生螯合作用而稳定存在于土壤中，致使土壤中过量的重金属难以消除，同时易富集在作物体内，通过农产品在人体内积累，造成慢性中毒，因此一旦受重金属污染，危害极大，治理的难度也很大。重金属污染物主要来源：一是农业污染源，包括施入土壤中的化肥、含重金属的农药，如 As、Cr、Zn、Hg 可由磷肥带入农田，以“杂质”形式在土壤中累积；二是工业污染源，工业企业排放富含重金属的废水、废渣、废气、污泥，通过污水灌溉、大气沉淀、随意堆放等方式导致污染，冶炼业是最大的污染行业，主要企业有冶金、电镀、化工、染料、造纸、肥料、制革、炼焦、油漆等，除此之外，还有城市垃圾污染源等。

氮、磷等过量营养元素主要来自过量使用的氮、磷等化学肥料。生活污水、食品加工、毛发、制革等废水中都富含氮、磷元素。过量的氮、磷会使土壤因营养过剩，藻类植物过度生长，造成土壤中氧气供应不足而抑制生物活性，特别是在稻田中，容易因此而发生还原过程，导致毒物增加和积累；另外，通过土体渗入地下水中的氮、磷，成为地下水污染源。

氟是剧毒的非金属元素，土壤中的氟主要来源于富含矿物的开采和扩散；使用含氟矿石和氟化物原料的工业“三废”排放；燃烧高氟原煤排放到空气中的氟；施入氮肥；引用含氟超标的水源灌溉农田；因地下水含量高，当干旱时随水分上升，蒸发面向表层迁移累积，也可导致氟污染。

放射性元素主要是指铀、钍、镭、铯等元素。铀、钍、镭主要来自矿床开采、冶炼及核废料的后处理过程。另外，其他工业如稀土工业、稀有金属工业等也会产生上述放射性元素。由于使用的矿物中有一定的铀、钍、镭等天然元素，在生产过程中会产生一定数量的放射性废物。锶、铯主要来源于核爆炸产物，核爆炸的飘散物不仅能迁移至较远的距离，而且细粒部分的回降时间延续较长，因此核试验产生的放射性落灰是土壤环境中主要放射性污染源。放射性元素进入土壤后，随即被植物吸收。放射性元素的另一来源是工业、农业、医学、科研等领域放射性同位素的应用。

酸类污染物中无机酸能抑制土壤中的生物活性，产生极大的危害。土壤中无机酸的主要来源之一是氮素化肥长期过量使用，经水解与硝化作用转化成无机酸，使土壤中酸度升高，我国一些氮素高用量区会发生此类污染；另一来源是大气酸沉降，大气中的 SO_2、N_2 在大气中氧化并溶于水而形成 H_2SO_4、HNO_3，随降水、雾滴、冰、雪等落入土壤，长期积累，产生土壤酸化现象。从世界范围来说，大气酸沉降现象主要出现在北半球，而我国分布在酰胺酸雨区、福厦酸雨区、南昌酸雨区、青岛酸雨区。近年来，酸沉降区域由南向北，由大城市向中、小城市和农村扩展，大气中致酸污染物主要来自高硫煤的燃烧、油的燃烧、天然气的燃烧、含硫矿物的冶炼等活动。

2）有机污染物

有机污染物主要包括人工合成的有机农药，如杀虫剂、杀菌剂、除草剂等；石油类、酚类物质、三氯乙醛、氰化物、稠环芳烃、洗涤剂、表面活性剂及有害微生物等。其中有机氯农药、稠环芳烃等污染物性质稳定，是不易被降解的有机物，易在土壤中积累和久存，污染危害很大。

有机农药的来源是化学有机农业的生产和使用。有机农药种类按化学成分可分为有机氯、有机磷农药，氨基甲酸酯类农药，拟除虫菊酯类农药，有机汞、有机砷农药等。进入土壤中的有机农药一般通过各种形式吸附在土壤颗粒表面，农药在土壤中的移动均较慢，因此一般残留于土表 30 cm 层内。土壤中的农药可以通过挥发、扩散迁移至大气中，从而引起大气污染；或随水迁移扩散、淋溶而进入水体，引起水体污染；通过作物吸收进入植物体，对其产生危害，再通过食物链导致动物和人体受到污染的危害。农药在土壤中的残留时间与农药的性质有关，不同种类的农药在土壤中残留的时间差异很大。长期研究证明，有机氯农药在土壤中残留时间最长，一般都有数年或数十年，如六六六、滴滴涕在土壤中很难降解，残留期可达到 10 年以上，由于毒性大、残留时间长，又具有挥发性，能随风飘移，是目前土壤农药污染的监测对象。其次是三氯苯类、取代脲类和苯胺乙酸类残留期达数月至一年左右。有机磷、氨基甲酸酯类及一些杀菌剂残留时间一般只有几天或几周，在土壤中很少有累积，但也有少数有机磷农药在土壤中残留时间较长。

土壤中油类物质的来源主要是石油开采、运输，炼油等工业，加工企业的“三废”排放，而采用被石油烃污染的水进行灌溉是土壤污染的主要原因；汽车尾气排放各种矿物油多环芳烃，使公路两侧的土壤受到矿物油的污染；另外，石油及其产品在运输、使用、储存过程中渗漏、溢油现象，井喷事故，含油垃圾、污泥的大量使用等也可造成土壤污染；苯、二甲苯是常用的农药溶剂，施药时会造成土壤污染；燃煤、石油等含碳燃料在不完全燃烧的情况下，释放的致癌物质多环芳烃被空气飘沉浓缩和富集，进而沉降，污染土壤；钢铁、炼焦企业生产及其他开放性燃烧也是多环芳烃的主要污染源。

酚类化合物由于易挥发和降解，难以在土壤中累积，主要来源于炼焦、冶金、煤气、石油化工厂、酚醛塑料合成厂等生产废水及垃圾站。另外，采用含酚废水直接灌溉农田、采用酚污染的水源灌溉农田、酚污染大气后随降雨进入土壤、使用含酚废渣作肥料等都可以对土壤造成酚类物质的污染。

多氯联苯广泛应用于工业生产，主要用作电力容器和动力变压器的浸渍剂、机械润滑油及塑料、树脂、油墨、橡胶工业的添加剂。土壤中的多氯联苯一般来源于电机厂和再生纸厂等工厂排放的废水或城市污水。多氯联苯在自然界中的降解极其缓慢，是一种持久性环境污染物，目前许多国家都禁止使用和生产。

除此之外，还有氰化物、合成洗涤剂、合成塑料等有机污染物，氰化物具有很高的毒性，来自电镀废水、煤气、钢铁、选矿废水、提取金银等贵重金属等工业排放的废水和城市污水等。合成洗涤剂和合成塑料对农作物生产有抑制作用，在土壤中难以分解，农用地膜的大量施用是其主要来源。

2. 土壤污染质量标准

土壤环境质量标准是以污染物在土壤中的残留积累，以不致造成作物的生育障碍、在籽粒或可食部分中的过量积累（不超过食品卫生标准）或影响土壤、水体等环境质量为界限的，土壤中污染物的最高允许含量是判断土壤环境质量的依据。目前我国颁布的相应标准包括《土壤环境质量 农用地土壤污染风险管控标准（试行）》（GB 15618—2018）、《土壤环境质量 建设用地土壤污染风险管控标准（试行）》（GB 36600—2018）及《土壤环境质量标准》（GB 15618—1995）（已废止）。

第二节　土壤环境质量监测方案

一、资料收集

在制订土壤环境质量监测方案时，首先要进行组织准备，由具有野外调查经验且掌握土壤采样技术规程的专业技术人员组成采样组，采样前组织学习有关技术文件，了解监测技术规范。然后要进行资料收集，并尽可能广泛地收集各种有关资料。既要有关于研究区域的自然环境和社会环境方面的资料，又要有国内、国外同类研究方面的资料，主要包括如下几个方面。

收集包括监测区域的交通图、土壤图、地质图、大比例尺地形图等资料，供制作采样工作图和标注采样点位用。

收集包括监测区域土类、成土母质等土壤信息资料。

收集工程建设或生产过程对土壤造成影响的环境研究资料。

收集造成土壤污染事故的主要污染物的毒性、稳定性及如何消除等资料。

收集土壤历史资料和相应的法律（法规）。

收集监测区域工农业生产及排污、污灌、化肥农药施用情况资料。

收集监测区域气候资料（温度、降水量和蒸发量）、水文资料。

收集监测区域遥感与土壤利用及其演变过程方面的资料等。

收集、占有的资料越丰富、越全面，对方案的设计工作越有利，越能避免设计工作的片面性，也便于设计人员拓宽思路，高瞻远瞩，对获得比较科学、全面、优化的设计方案大有好处。现场调研和资料收集是整个采样工作极为重要的基础，不可或缺。

二、监测项目

土壤环境监测是指通过对影响土壤环境质量因素的代表值的测定，确定环境质量（或污染程度）及其变化趋势。一般土壤环境监测可以分为全国区域土壤背景、农田土壤环境、建设项目土壤环境评价、土壤污染事故等类型的监测。土壤监测以对农田的监测为主，以污灌农田和有机食品基地为监测重点，开展农田土壤例行监测工作。对全国大型的有害固体废物堆放场周围土壤、污水土地处理区域和对环境产生潜在污染的工厂遗弃地开展污染调查，并对典型区域开展跟踪监视性监测。通常所说的土壤监测是指土壤环境监测，一般包括布点采样、样品制备、分析方法、结果表征、资料统计和质量评价等技术内容。

我国《土壤环境质量 农用地土壤污染风险管控标准（试行）》（GB 15618—2018）规定监测镉、汞、砷、铅、铬、铜、镍、锌，以及六六六总量、滴滴涕总量、苯并[a]芘及 pH 共 12 个项目。《农田土壤环境质量监测技术规范》（NY/T 395—2012）将土壤监测项目分为三类：常规项目、特定项目和选测项目。常规项目原则上为《土壤环境质量 农用地土壤污染风险管控标准（试行）》（GB 15618—2018）中所要求控制的污染物。特定项目为《土壤环境质量 农用地土壤污染风险管控标准（试行）》（GB 15618—2018）中未要求控制的污染物，但根据当地环境污染状况，确定为在土壤中积累较多、对环境危害较大、影响范围广、毒性较强的污染物，或者污染事故中对土壤环境造成严重不良影响的物质，具体项目由各地自行确定。选测项目一般包括新纳入的在土壤中积累较少的污染物，由环境污染导致土壤性状发生改变的土壤性状指标，以及生态环境指标等，由各地自行选择测定。土壤监测项目、频次与分析方法见表 11.2.1。常规项目可按当地实际适当降低监测频次，但不可低于 5 年一次，选测项目可按当地实际适当提高监测频次。

表 11.2.1 土壤监测项目、频次与分析方法

项目类别		监测项目	监测频次
常规项目	基本项目	pH、阳离子交换量	每 3 年一次 农田在夏收或秋收后采样
	重点项目	镉、汞、砷、铅、铬、铜、镍、锌、六六六、滴滴涕	
特定项目（污染事故）		特征项目	及时采样，根据污染物变化趋势决定监测仪器、方法和频次
选测项目	影响产量项目	全盐量、硼、氟、氮、磷、钾等	每 3 年监测一次 农田在夏收或秋收后采样
	污水灌溉项目	氰化物、六价铬、挥发酚、烷基汞、苯并[a]芘、有机质、硫化物、石油类等	
	持久性有机污染物与高毒类农药	苯、挥发性卤代烃、有机磷农药、多环芳烃、多氯联苯等	
	其他项目	结合态铝（酸雨区）、硒、钒、氧化稀土总量、钼、铁、锰、镁、钙、钠、铝、放射性比活度等	

土壤污染物的分析方法遵循表 11.2.2 中的标准执行。

表 11.2.2 土壤污染物分析方法

序号	污染物项目	分析方法	标准编号
1	镉	《土壤质量 铅、镉的测定 石墨炉原子吸收分光光度法》	GB/T 17141—1997
2	汞	《土壤和沉积物 汞、砷、硒、铋、锑的测定 微波消解/原子荧光法》	HJ 680—2013
		《土壤质量 总汞、总砷、总铅的测定 原子荧光法 第 1 部分：土壤中总汞的测定》	GB/T 22105.1—2008
		《土壤质量 总汞的测定 冷原子吸收分光光度法》	GB/T 17136—1997
		《土壤和沉积物 总汞的测定 催化热解-冷原子吸收分光光度法》	HJ 923—2017
3	砷	《土壤和沉积物 12 种金属元素的测定 王水提取-电感耦合等离子体质谱法》	HJ 803—2016
		《土壤和沉积物 汞、砷、硒、铋、锑的测定 微波消解/原子荧光法》	HJ 680—2013
		《土壤质量 总汞、总砷、总铅的测定 原子荧光法 第 2 部分：土壤中总砷的测定》	GB/T 22105.2—2008

续表

序号	污染物项目	分析方法	标准编号
4	铅	《土壤质量 铅、镉的测定 石墨炉原子吸收分光光度法》	GB/T 17141—1997
		《土壤和沉积物 无机元素的测定 波长色散 X 射线荧光光谱法》	HJ 780—2015
5	铬	《土壤 总铬的测定 火焰原子吸收分光光度法》	HJ 491—2009
		《土壤和沉积物 无机元素的测定 波长色散 X 射线荧光光谱法》	HJ 780—2015
6	铜	《土壤质量 铜、锌的测定 火焰原子吸收分光光度法》	GB/T 17138—1997
		《土壤和沉积物 无机元素的测定 波长色散 X 射线荧光光谱法》	HJ 780—2015
7	镍	《土壤质量 镍的测定 火焰原子吸收分光光度法》	GB/T 17139—1997
		《土壤和沉积物 无机元素的测定 波长色散 X 射线荧光光谱法》	HJ 780—2015
8	锌	《土壤质量 铜、锌的测定 火焰原子吸收分光光度法》	GB/T 17138—1997
		《土壤和沉积物 无机元素的测定 波长色散 X 射线荧光光谱法》	HJ 780—2015
9	六六六总量	《土壤和沉积物 有机氯农药的测定 气相色谱-质谱法》	HJ 835—2017
		《土壤和沉积物 有机氯农药的测定 气相色谱法》	HJ 921—2017
		《土壤中六六六和滴滴涕测定的气相色谱法》	GB/T 14550—2003
10	滴滴涕总量	《土壤和沉积物 有机氯农药的测定 气相色谱-质谱法》	HJ 835—2017
		《土壤和沉积物 有机氯农药的测定 气相色谱法》	HJ 921—2017
		《土壤中六六六和滴滴涕测定的气相色谱法》	GB/T 14550—2003
11	苯并[a]芘	《土壤和沉积物 多环芳烃的测定 气相色谱-质谱法》	HJ 805—2016
		《土壤和沉积物 多环芳烃的测定 高效液相色谱法》	HJ 784—2016
		《土壤和沉积物 半挥发性有机物的测定 气相色谱-质谱法》	HJ 834—2017
12	pH	《土壤 pH 的测定 电位法》	HJ 962—2018

三、采样点的布设

根据监测目的，在对前期收集资料综合分析的基础上，应合理布设采样点以确保监测结果的可靠性。采样点的布设是区域土壤环境科研、监测的前期工作，是野外采样的准备阶段。为了准确反映土壤的污染情况，采样点的布设必须采集具有代表性的土壤样品进行分析测定。在采样前应先进行调查研究，根据需要布设合适的采样点。每个采样点实际上是一个采样测定单位，应代表所处土壤的整个污染状况。所以要求多点采样，均匀混合，以保证土样具有代表性。目前最基本的采样方法有简单随机采样、系统采样、分层随机采样、整理采样和双重采样等。随着采样技术的发展，新出现了系统随机采样、分层系统采样、非列线采样、优先网格采样、重点采样和自适应采样等。

1. 布点原则

为了使采样点的布设具有最好的代表性和典型性，必须遵循一定的布点原则。

（1）在确定的采样单元中布点，一般要求随机均匀布设，以能代表整个监测区域为原则。

（2）不在多种土壤类型和多种母质母岩交叉分布的边缘地带安排采样点。

（3）坚持最优监测原则，优先监测代表性强、有可能造成污染的最不利的方位、地块，即坚持哪里有污染就在哪里布点，把监测点布设在怀疑或已证实有污染的地方，根据技术力量和财力条件，优先布设在那些污染严重，影响农业生产活动的地方。

（4）污染纠纷或污染事故调查时，坚持按污染物的走向布点，并设置对照点。

2. 采样单元的划分

在进行区域土壤环境质量调查时，由于自然条件、社会条件、环境条件比较复杂，需要将研究范围划分为若干个采样单元进行研究。按照土壤接纳污染物的途径划分为以下 7 个基本单元。

1）大气污染型土壤监测单元

土壤中的污染物主要来源于大气污染沉淀物。此类监测单元监测点的确定一般以大气污染源为中心，采用放射状布点法，布点密度从中心起由密渐稀，在同一密度圈内均匀布点，同时在大气污染源主导风向，烟囱高度 10 倍处适当增加布点数量。

2）灌溉水污染型土壤监测单元

土壤中的污染物主要来源于农灌用水。此类监测单元监测点的确定，一般在纳污灌溉水体两侧，按水流方向采用带状布点法，布点密度自灌溉水体纳污口起由密渐稀，各引灌段相对均匀。

3）固体废弃堆污染型土壤监测单元

土壤中的污染物主要来源于集中堆放的固体废弃物。此类监测单元监测点的确定，一般在施用种类、施用量、施用时间等基本一致的情况下采用均匀布点法。

4）农用固体废弃物污染型土壤监测单元

土壤中的污染物主要来源于农用固体废弃物，如污泥、粉煤灰、垃圾等。此类监测单元监测点的确定需要根据固体废物堆放位置的不同而不同。地表固体废物堆可结合地表径流和当地常年主导风向，采用放射布点法和带状布点法；地下填埋废物堆根据填埋位置可采用多种形式的布点法。

5）农用化学物质污染型土壤监测单元

土壤中的污染物主要来源于农药、化肥、生长素等农用化学物质。此类监测单元监测点的确定一般采用均匀布点法。

6）综合污染型土壤监测单元

土壤中的污染物主要来源于上述两种或两种以上途径。此类监测单元监测点的确定一般以主要污染物排放途径为主，有综合放射布点法、带状布点法及均匀布点法。

7）一般污染物型土壤监测单元

土壤基本未受到外来污染物的影响或受影响较小，处于自然、正常发育状态。此类监测单元监测点的确定主要采用“分类型随机抽样法”，即将采样点随机均匀地分布在采样区域内，适用地形平缓、土壤情况简单、工作区面积较小的地区。

3. 采样点数量的确定

每个采样单元采样点数量的确定主要取决于两个条件：一是任务的性质、规模、变异程度和需要达到的精度与置信水平。对于研究范围广、区域较大、研究对象复杂的任务，需要布设较多的采样点，而对于小范围、较简单、变异性较小的研究对象，需要相对较少的采样点。二是采样点的数量常受到经费条件的限制，应在经济允许的条件下，用较少的采样点获得任务所需的足够信息。各采样单元内样点的数目可按以下公式估算：

$$n=\left(\mathrm{CV}t/d\right)^2$$

式中，n 为每个采样单元布设的最少采样点数；t 为可靠性指标；d 为允许误差；CV 为样本的变异系数。

当置信水平为 95%时，可靠性指标 $t = 1.96$。当规定抽样精度不得低于 80%时，允许误差 $d = 1–80\% = 20\%$。

CV 为样本标准差的相对值，即变异系数，它是衡量样本中各“样品”偏高均值相对程度的特征值。当抽样精度和置信水平决定的可靠性指标确定后，样本数取决于采样单元内研究项目的变异系数，研究项目的变异系数可通过查阅相关的参考资料来进行估计，也可以根据事先对部分样品的实测分析来确定。

在实际工作中，一般要求每个采样单元最少应设 3 个点；土壤污染纠纷的法律仲裁调查的样本数量要大（样本变异性较大）；绿色食品、无公害基地等土壤环境质量监测有专门的规定，一般每 667 hm^2 设置 3～5 个样点；一般土壤质量调查在保证样品代表性的前提下，可根据实际情况结合估算适当确定。

4. 布点方法

采样点的分布应尽量照顾土壤的全面情况，不可太集中，一般是靠近污染源的采样点间距小些，远离污染源的采样点间距大些。同时，要在未受污染的同类土壤中布设对照点。常用的布点方法有对角线布点法、梅花形布点法、棋盘式布点法和蛇形布点法（图 11.2.1）。

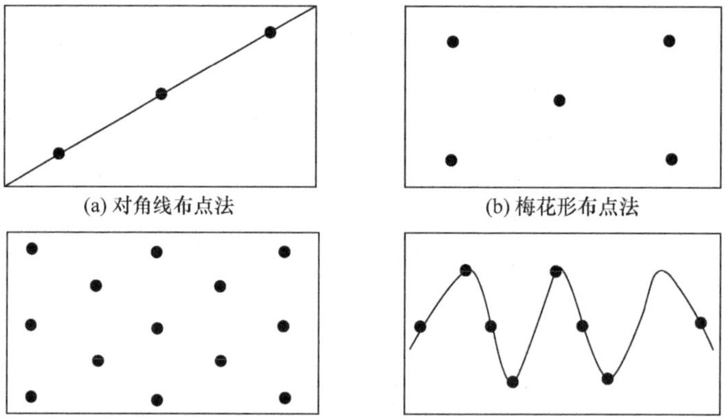

(a) 对角线布点法　(b) 梅花形布点法　(c) 棋盘式布点法　(d) 蛇形布点法

图 11.2.1　土壤采样时常用的布点方法

（1）对角线布点法。主要适用于污水灌溉或受污染的水灌溉的田块。由田块进水口间对角引一斜线，将此对角线三等分。把每等分的中央点作为采样点。根据上述污染调查的结果、田块面积和地形等条件，采样点数可作适当变动。

（2）梅花形布点法。适用于面积较小，地势平坦，土壤较均匀的田块。中心点设在两对角线交叉处，一般采样点为 5～10 个。

（3）棋盘式布点法。适用于中等面积，地势平坦，地形开阔，但土壤较不均匀的田块。一般采样点设 10 个以上。固体废物一般分布不均匀，因此此方法还适用于固体废物污染的土壤，采样点应设 20 个以上。

（4）蛇形布点法。适用于面积较大，地形不太平坦，土壤不够均匀的田块。可以设较多的采样点。

四、土壤样品的采集

土壤样品的采集是土壤分析工作的重要环节，采集有代表性的样品是测定结果能如实反映土壤环境状况的先决条件，必须严格按照采样步骤进行操作。

1. 采样准备

（1）组织具有一定野外调查经验、熟悉土壤采样技术规程、工作负责的专业人员组成采样组。采样组的人员一定要有参加环境土壤工作的经验，最好是有配套齐全的专业采样设施；采样前要经过统一的培训，全面了解采样技术方案，并做适当分工。

（2）技术准备。为了使采样工作能顺利完成，采样前应有以下技术准备：①样点位置图（或工作图）。②样点分布一览表，内容应包括编号、位置、土类、母岩母质等。③各种图件，如交通图、地质图、土壤图、大比例尺的地形图（标有居民点、村庄等标记）。④采样记录、土壤标签等，一般要求“一点一表二签”。⑤采样计划，应根据任务总体设计的要求和进度，将工作区内全部样点分成若干片或若干个循环，每一片有多少样点，用多少时间完成进行统一安排，既可以根据现有的人力按时完成采样任务，又可以避免漏采、重采样品。

（3）物质准备。采样前的物质准备十分重要，主要包括采样工具、器材及安全防护用品等几类。①工具类：铁铲、铁锹、土铲、土刀、榔头、木片、竹片等。②器材类：GPS 定位仪、罗盘、高度计、卷尺、标尺、容重圈、铝盒、样品袋、样品箱、标签、照相机、胶卷及土壤养分测定仪等特殊仪器和化学试剂。③文具类：样品标签、记录表格、文具夹、铅笔、钢笔等小型用品。④安全防护用品：工具服、雨具、防滑登山鞋、安全帽、常用药品，长距离、大规模采样还需要车辆等运输工具。

2. 现场采样

采样工作质量直接影响样品的准确性、代表性和可比性。采样过程一般要经过野外定点、样品采集、记录拍照、检查等步骤。

1）现场勘查，野外定点，确定采样地块

土壤采样点需要根据当时的环境、地形、植被、母岩母质、侵蚀类型与程度、人类活动的干扰等实际情况做适当修正。野外定点应该遵循以下原则。

（1）采样点应选择在有利于该土壤类型特征发育的环境，如土形平坦、自然状态良好等各种因素都相对稳定。

（2）采样点应距铁路或主要公路 300 m 以上。

（3）不能在住宅周围、路旁、沟渠、粪堆、废物堆、坟堆等人为干扰明显、缺乏代表性的地点设采样点。

（4）不能在坡脚、洼地等具有从属景观特征的地方设采样点。

（5）不能在刚施用农药、化肥等农用物资的地块设置采样点。

（6）若发现布点图上标明的母岩母质、土壤类型等规定的因素与实际不符合时，应改变采样点或标注清楚，并入其他采样单元。

2）样品采集

a. 土壤剖面样品的采集

对于多层采样的剖面样品，土壤剖面点位不得选在土类和母质交错分布的边缘地带或剖面受破坏的地方，应选择在剖面发育比较完整，层次比较清楚的地块。土壤剖面规格为宽 1 m，长 2 m，深度视土壤情况而定，一般为 1.5～2.0 m，久耕地取样至 1 m；新垦地取样至 2 m；

果林地取样至 1.5～2.0 m；盐碱地地下水位较高，取样至地下水位层；山地土层薄，取样至母岩风化层。取样时应用坡面刀将观察面修整好，自上而下削去 5 cm 厚、10 cm 宽呈新鲜剖面，准确划分土层，分层按相应的采样方法（如梅花法），自下而上逐层采集中部位置土壤，将分层土壤混合，取 1 kg 样品，分层装袋记卡。

b. 整段标本的采集

为详细观察研究整个剖面或为了陈列标本教学示范等需要，对代表性和典型性好的剖面，常采取整段标本。采样前预先准备好标准的（一般为100 cm×25 cm×8 cm）土壤标本盒。采集时先用刀、铲等将剖面整理成一突出的土柱，大小与标本盒一致，然后将盒套在土柱上，再将土柱切下，加以修整，装好盒盖，注明号码、土壤名称、采集地点等，以备装运。

c. 混合样的采集

为了全面了解土壤污染、养分供求状况，减少土壤不均匀性带来的误差，常采用混合方式取样，如多点多层混合、多点单层混合及单点多层混合等。

d. 采样深度

如果只是一般了解土壤污染情况，采样深度只需取 15 cm 左右耕层土壤和耕层以下的 15～30 cm 土样。如果要了解土壤污染的深度，则应按土壤剖面层次分层取样。采样方法是由下向上逐层采集，各层内分别用小土铲向下切取一片片的土壤样，然后集中起来混合均匀。用于重金属项目分析的土样，应将与金属采样器接触部分剥去。

e. 采样时间

采样时间随测定目的而定。为了解土壤污染状况，可随时采样测定。但往往需同时了解生长植物受污染的状况，可在植物生长或收获季节同时采集土壤和植物样品。

f. 采样量

土壤样品是多点混合而成的，取土量往往较大，而实际进行测定时并不需要太多。具体需要的土壤数量，视分析测定项目而定。一般要求采样 1 kg。因此，对多点采集的土样，可反复按四分法弃取，最后留下所需的土量。

3）样品制备

（1）土壤的风干。除了测定挥发酚等项目（在土壤中不稳定）需要新鲜土样外，多数项目需用风干土样。风干土样比较容易混合均匀，重复性、准确性都比较好。土壤风干的方法是将田间采回的土样全部倒在塑料薄膜或纸上，趁半干状态时把土块压碎，除去残根等杂物，铺成薄层，经常翻动，在阴凉处使其慢慢风干。

（2）磨碎与过筛。风干后的土样用有机玻璃棒或木棒碾碎后，过 2 mm 尼龙筛，去除 2 mm 以上的沙砾和植物残体。若沙砾含量较多，应计算它占整个土壤质量的百分数。将上述风干的细土反复按四分法弃取，最后留下足够分析用的数量（重金属测定，可留约 100 g）。用四分法弃去的样品，另装瓶备用。留下的样品，再进一步用有机玻璃棒或玛瑙研钵予以磨细，全部通过 100 目尼龙筛。过筛后的样品，充分摇匀，装瓶备用。在制备样品时，必须注意不要被所分析的化合物或元素污染。

（3）样品的保存。把待保存的土样充分拌匀后，装入具塞玻璃广口瓶或塑料袋中，贴上标签，标签上注明编号、采样地点、土壤名称、深度、筛孔、采样日期等。将盛土样的瓶（袋）置于阴凉、干燥、清洁处保存。

第三节　土壤样品的预处理

土壤样品组分复杂，污染组分含量低，在测定之前一般需要进行预处理。预处理的目的是使土壤样品中待测组分的形态和浓度符合测定方法的要求，以及减少或消除共存组分的干扰。土壤样品的预处理方法主要有分解法和提取法。

分解法用于元素的测定，常用的分解方法有酸消解法、碱熔分解法、高压釜密闭分解法、微波炉加热分解法等。酸消解法是测定土壤中重金属常用的方法，常用混合酸如 $HCl\text{-}HNO_3\text{-}HF\text{-}HClO_4$、$HNO_3\text{-}HF\text{-}HClO_4$、$HNO_3\text{-}H_2SO_4\text{-}HClO_4$、$HNO_3\text{-}H_2SO_4\text{-}H_3PO_4$ 消解体系，必要时加入氧化剂或还原剂加速消解反应。碱熔分解法是将土壤样品与碱混合，在高温下熔融，使样品分解。高压釜密闭分解法是将用水润湿、加入混合酸并摇匀的土样放入密封的聚四氟乙烯坩埚内，置于耐压的不锈钢套筒中并放在烘箱内加热（一般不超过 180℃）分解。微波炉加热分解法是指将土壤样品和混合酸放入聚四氟乙烯容器中，置于微波炉内加热使试样分解的方法。

提取法主要用于土壤中的有机污染物、受热后不稳定组分，以及组分形态的测定和分析。常用的提取溶剂为有机溶剂、水和酸。有机溶剂提取法的操作方法为：称取适量土样放入锥形瓶中，置于振荡器上，用振荡器提取法提取。对于农药、苯并[a]芘等浓度低的污染物，常用索氏提取器提取法。水、酸主要用于土壤中易溶的无机物组分、有效组分的提取。例如，用蒸馏水提取构成 pH 的组分，提取 CO_3^{2-}、可溶性金属离子等组分；用无硼沸水提取土壤中的有效态硼；用 1 mol/L NH_4Ac 浸取土壤中的有效钙、镁、钾、钠等。

第四节　土壤污染物的测定

一、重金属污染物

重金属污染物主要包括汞、镉、铅、铬、铜、铁、镍、锰、砷等具有一定生物毒性的重金属，以及相对毒性较小的金属元素锌等。这些具有显著生物毒性的金属物质一旦进入土壤，就会被土壤中的胶体吸附，然后重金属会与土壤中的无机物和有机物发生反应，生成一种全新的混合物。这种混合物不会与土壤中的其他有机和无机物质发生反应，因此不会被土壤中的微生物分解。

1. 样品处理方法

常见的样品处理方法主要有湿法消解法、干灰化法和微波消解法 3 种。

1）湿法消解法

湿法消解采用具有强氧化性的有机酸，加热破坏样品中的有机物，并将目标产物无机成分充分释放出来，进而形成较为稳定的无机化合物，以便于下一步进行分析测定。由于湿法消解所需条件简单，便于操作，因此其是制备重金属样品时经常采用的前处理方法。

2）干灰化法

与湿法消解法相比，干灰化法是通过高温加热的方式除去样品中的有机物，然后采用酸对其剩余的灰分进行溶解。该方法简单，快速，但会造成一些元素的挥发，导致元素回收率降低。

3）微波消解法

微波消解法一般选择酸、碱或者盐溶液作为消解液，在一个封闭容器中将其与一定量的样品溶液充分混合后，采用微波加热，在高温高压的状态下将样品充分消解完全，释放出游离的元素进行分析测定。虽然微波消解法具有消解较为快速和完全，且空白本底影响较小等优点，但因为工作环境为高压状态，有一定的危险性，而且消解样品量相对较少，所以该方法的应用有所限制。这就要求相关工作者结合自己的实际情况，选择最佳的消解方法，获得较为理想的实验结果。

2. 土壤中重金属的测定方法

1）原子荧光光谱法

原子荧光光谱法（AFS）的原理是处于蒸气状态的基态原子吸收合适的、特定频率的辐射而被激发至高能态，而后激发过程中以光辐射的形式发射出特征波长的荧光。此种方法适用于有荧光的重金属的检测，可通过测量待测样品的荧光强度，对样品中的元素进行含量测定。原子荧光光谱法对于重金属含量的检测速度快，数据准确，可以作为一种基础的重金属检测技术。

2）原子吸收光谱法

原子吸收是利用外层电子与物质发生作用，由此产生波长在紫外和可见光之间的共振辐射，根据辐射强度与待分析元素含量的关系进行分析测定的分析方法。此种方法可提高重金属的灵敏性，以提升样本的检测水平，一般应用于检测的准备阶段。此种方法与湿法、干法、微波消解法进行结合，可以对检测结果进行快速的定量分析。

3）电感耦合等离子体-原子发射光谱法

电感耦合等离子体-原子发射光谱法是以等离子体为激发光源的原子发射光谱测试分析方法，可同时对多元素进行定性、定量的检测，其检出限低、耗时少、准确度高。但是，此法检测的成本较高，干扰元素多，检测过程比较复杂，对前处理要求和检测人员要求都高。

4）电感耦合等离子体-质谱法

电感耦合等离子体-质谱法是以电感耦合等离子体为离子源，以质谱仪进行检测的无机多元素分析技术。它不仅可以测定其元素的含量，而且可以提供高准确度的元素分子量。近年来，该方法广泛应用于多种元素的分析测定。该方法不仅可以测定常见的无机元素，而且可以对同位素进行定量分析。该方法由于具有高灵敏度、分析速度快的特点，极大地缩短了测试分析的时间。

5）X 射线荧光光谱法

X 射线荧光光谱法是一种利用样品对 X 射线的吸收随样品中的成分及其多少变化而变化来定性或定量测定样品中成分的方法。土壤重金属 X 射线荧光光谱非标样测试方法具有前处理简单，无需标准样品，对样品无污染、无破坏性，检测速度快，稳定性高，再现性好等优点。

二、有机污染物

土壤中有机污染物按降解性难易分成两类：①易分解类，如有机磷农药、氰、三氯乙醛；

②难分解类，如有机氯、多环芳烃、二噁英、酚类化合物、邻苯二甲酸酯等，均属于持久性有机污染物，由于其亲脂性，在环境中长期持留，威胁着人类和动物的健康，成为全球性污染物。土壤中有机物常用的化学分析方法主要有气相色谱法、高效液相色谱法、气相色谱-质谱法、液相色谱-质谱法和气相色谱-电子捕获检测法等。

有机氯农药主要分为以苯为原料和以环戊二烯为原料的两大类，以苯为原料的典型有机氯农药包括六六六、滴滴涕和六氯苯，以环戊二烯为原料的有七氯、艾氏剂、狄氏剂和异狄氏剂等。这两类农药都具有一定的挥发性，稳定性好，常用气相色谱-质谱法进行检测。在土壤环境标准中首选气相色谱-电子捕获检测法进行检测。分析有机氯时需要注意有机氯中的p,p′-滴滴涕[2,2-双(4-氯苯基)-1,1,1-三氯乙烷]和异狄氏剂容易在进样口发生分解，因此在检测时应该在每间隔几个样品（12 h 的分析时间）用两种的单标做一次分解率测定。

多环芳烃是指分子中含有两个或两个以上苯环的碳氢化合物，广泛存在于水、空气、大气、土壤及食物中，是一种普遍存在的环境有机污染物。这类物质具有较强的致畸、致癌、致突变作用，近年来多环芳烃的污染与防治受到世界各国普遍重视。环境监测标准《土壤和沉积物　多环芳烃的测定　气相色谱-质谱法》（HJ 805—2016）采用的是气相色谱-质谱法，此外，还可以选择《土壤和沉积物　多环芳烃的测定　高效液相色谱法》（HJ 784—2016）中的液相色谱-荧光检测法加以检测。

多氯联苯是一类人工合成的有机物，是联苯苯环上的氢原子被氯取代而形成的一类氯化物，多用作绝缘油、阻燃剂、增塑剂等。在使用过程中，多氯联苯可通过废物排放、储油罐泄漏及挥发和干、湿沉降等方式进入土壤中，造成土壤污染。我国目前推荐采用《土壤和沉积物　多氯联苯的测定　气相色谱-质谱法》（HJ 743—2015）监测标准规定的气相色谱-质谱法测定多氯联苯。此外，还可采用气相色谱和薄层色谱法。在气相色谱法中，采用碱（氢氧化钠）破坏有机氯农药六六六，然后用水蒸气蒸馏、液液萃取、硫酸净化的方法预处理，用带电子捕获检测器的气相色谱仪测定。薄层色谱法主要用于确证样品中的多氯联苯成分，以区别物化性质与多氯联苯类似的有机氯用药。

二噁英是一类三环芳香族有机化合物，由 75 种多氯代二苯并-对-二噁英和 135 种多氯代二苯并呋喃组成，是一种典型的持久性有机污染物。我国行业标准《土壤和沉积物　二噁英类的测定　同位素稀释高分辨气相色谱-高分辨质谱法》（HJ 77.4—2008）中采用同位素稀释高分辨气相色谱-高分辨质谱法对二噁英进行测定。测定二噁英类污染物时必须具备的技术条件包括有效的采样技术、从样品中提取出 10^{-5}～10^{-12} 量级的二噁英类、从初步的粗提物中分离去除其他有机物、分离出与二噁英类性质接近的其他氯代芳香族有机物、高效分离二噁英类异构体、可靠定性和准确定量及安全防毒等，对分析过程的要求非常严格。

酚类化合物是芳香烃环上的氢被羟基(—OH)取代的一类芳香族化合物。目前酚类化合物测定的前处理方法主要采用液液萃取、索氏提取、超声提取等，分析方法主要为气相色谱法、气相色谱-质谱法、液相色谱法或液相色谱-质谱法。

邻苯二甲酸酯，又称酞酸酯，在工业上常用作增塑剂，被广泛应用于玩具、乙烯地板和壁纸、清洁剂、润滑油、个人护理用品等大量产品中。随着使用时间的推移，邻苯二甲酸酯已大量进入环境，造成空气、水和土壤的严重污染。目前邻苯二甲酸酯已成为自然环境中最普遍存在的污染物之一，多采用高效液相色谱法、高效液相色谱-质谱法、气相色谱法和气相色谱-质谱法测定。

呋喃类化合物种类繁多，大约有 130 种，此类化合物的结构与二噁英相似，也是一种持久性的有毒有机污染物。它可以强烈吸附于土壤固相并沉积在土壤环境中，通过生物放大和生物富集最终输入人和动物体内，对生态系统和人体健康有极大的威胁。呋喃类化合物在土壤样品中的检测方法一般采用高分辨率气相色谱-质谱联用法或液相色谱-质谱联用法。近年来，超临界流体萃取、微波辅助提取、加速溶剂萃取、固相微萃取等化学分析方法在呋喃类化合物（如硝基呋喃等）分析检测中也逐步开始应用。

第十二章　生物污染监测

生物与其生存环境之间存在相互影响、相互制约、相互依存的密切关系，其中，生物需要不断直接或间接地从环境中吸取营养，进行新陈代谢，维持自身生命。当空气、水体、土壤等环境要素受到污染后，生物在吸收营养的同时，也吸收了污染物质，并在体内迁移、积累，从而遭受污染。受到污染的生物，在生态、生理和生化指标、污染物在体内的行为等方面会发生变化，出现不同的症状或反应，利用这些变化来反映和度量环境污染程度的方法称为生物监测法。

生物监测结果能够反映污染因素对人和生物的危害及对环境影响的综合效应。生物监测方法是理化监测方法的重要补充，二者相结合即构成了综合环境监测手段。这类监测方法主要有生态（群落生态和个体生态）监测，生物测试（毒性测定、致突变测定等），生物的生理、生化指标测定，以及生物体内污染物残留量的测定等。

利用生物进行环境污染监测早在20世纪初就引起了生态学家的关注。例如，利用植物叶片受害症状监测空气中的污染物；利用地衣的种类、数量和覆盖度来说明空气质量变化；利用生物群落特征和变化监测水体污染状况；利用金丝雀和老鼠来监测矿区瓦斯含量等。自20世纪70年代以来，水污染和空气污染生物监测技术发展较迅速，相比之下，土壤污染生物监测的工作开展和应用较少。

第一节　水环境污染生物监测

一、样品采集和监测项目

水环境生物监测的监测断面和采样点的布设，应在对监测区域的自然环境和社会环境进行调查研究的基础上，遵循监测断面要有代表性，尽可能与物理和化学监测断面相一致，并考虑水环境的整体性、监测工作的连续性和经济性等原则。对于河流，应根据其流经区域的长度，至少设上（对照）、中（控制）、下（削减）游三个断面；采样点数视断面宽、水深、生物分布特点等确定。对于湖泊、水库，一般应在入湖（库）区、中心区、出口区、最深水区、清洁区等处设监测断面。对于海洋，监测站点应覆盖或代表监测海域，以最少数量监测站点满足监测目的需要和统计学要求；监测站点应考虑监测海域的功能区划和水动力状况，尽可能避开污染源；除特殊需要（因地形、水深和监测目标所限制）外，可结合水质或沉积物，采用网格式或断面等方式布设监测站点；对于开阔海区，监测站点可适当减少，对于半封闭或封闭海区，监测站点可适当增加。监测站点一经确定，不应随意更改，不同监测航次的监测站点应保持不变。

在我国《水环境监测规范》、《水和废水监测分析方法》（第四版）、《中国环境监测技术路线研究》中，对河流、湖泊、水库等淡水环境的生物监测的监测断面布设原则和方法、采样时间和频率、样品的采集和保存，以及监测项目和方法都作了规定。在《近岸海域环境监测规范》中也规定了海洋生物监测的站点布设、监测时间与频率、监测项目、样品的采集与管理及分析方法等相关内容。河流、湖泊、水库、城市水体、近岸海域等水环境生物监测项目和频率见表 12.1.1。

表 12.1.1 水环境生物监测项目和频率

对象	监测指标	监测项目	监测频率/（次/年）	备注
河流①	底栖动物	种类、数量	2	必测
	大肠菌群	数量	6	必测
	着生生物	种类、数量	2	必测
	浮游植物	种类、数量	2	必测
湖泊①、水库	叶绿素 a	含量	＞2	必测
	浮游植物	种类、密度	＞2	必测
	大肠菌群	数量	6	必测
	底栖动物	种类、数量	2	选测
城市水体①	下列 5 种方法任选一种： （1）鱼类急性毒性试验 （2）溞类急性毒性试验 （3）藻类急性毒性试验 （4）发光细菌急性毒性试验 （5）微型生物群落级毒性试验	 96 h 死亡率 48 h LC_{50} 96 h EC_{50} 折射率 	2	选测
近岸水域②	浮游植物	种类、数量	4	必测
	大型浮游植物	种类、数量	4	必测
	大肠菌群	数量	4	必测
	细菌总数	数量	4	必测
	底栖动物（底内生物）	种类、数量	4	必测
	叶绿素 a	含量	4	必测
	初级生产力		4	选测
	赤潮生物	种类、数量	4	选测
	中小型浮游植物	种类、数量	4	选测
	底栖生物（底上生物）	种类、数量	4	选测
	大型藻类	数量	4	选测
	鱼类	数量	4	选测

①淡水环境叶绿素 a 和浮游植物可视具体情况增加频率，夏季是水华易发季节，应加大监测频率，主要湖泊监测频率夏季不得低于 1 次/月。对污染较重的水体，增加水体或底质的生物毒性试验。

②海洋例行监测原则上每年按春、夏、秋、冬进行四期监测。考虑实际监测能力，监测频率可酌情跨年度安排，监测时间可与水质监测结合。

按照规定的方法布点、采样、检测，获得各生物类群的种类和数量等数据后，可采用相应的方法评价水环境污染状况。

水环境生物监测以生物群落监测为主，针对不同的水体和监测的目的，采用不同的监测指标和方法。河流监测指标以底栖动物和大肠菌群监测为主，结合生物监测和浮游植物监测进行分析评价，河流水质评价采用香农（Shannon）多样性指数。湖泊、水库主要监视其富营养化情况，监测指标以叶绿素 a、浮游植物为主，结合底栖动物的种类、数量和大肠菌群进行分析。湖泊水质评价方法采用：①Shannon 多样性指数；②Margaled 多样性指数；③藻类密度标准（湖泊富营养化评价标准）。

海洋生物监测可采用浮游植物、浮游动物及底栖生物的种类组成（特别是优势种分布）、种类多样性、均匀度和丰度，以及栖息密度等作为评价参数。海洋浮游生物、底栖生物用Shannon 多样性指数法、描述法和指示生物法，定量或定性评价海域环境对海洋浮游生物、底栖生物的影响程度。

二、常见病原微生物及其测定

（一）细菌和大肠杆菌测定

1. 细菌总数的测定

细菌总数是指 1 mL 水样在营养琼脂培养基中，于 37℃经 24 h 培养后，所生长的细菌菌落（CFU）的总数。它是判断饮用水、水源水、地表水等污染程度的标志。我国《生活饮用水卫生标准》（GB 5749—2006）中规定，每毫升生活饮用水中细菌总数不得超过 100 个。

2. 大肠杆菌的测定

粪便中存在大量的大肠菌群细菌，其在水体中存活时间和对氯的抵抗力等与肠道致病菌（如沙门氏菌、志贺氏菌等）相似，因此，将总大肠菌群作为粪便污染的指示细菌是合适的。但在某些水质条件下，大肠菌群细菌在水中能自行繁殖。

总大肠菌群是指那些能在 35℃、48 h 之内使乳糖发酵产酸、产气、需氧及兼性厌氧的、革兰氏阴性的无芽孢杆菌，以每升水样中所含的大肠菌群的数目表示。其测定方法有多管发酵法和滤膜法。多管发酵法适用于各种水样（包括底质），但操作较烦琐，耗时较长。滤膜法操作简便、快速，但不适用于浑浊水样。

（二）沙门氏菌测定

B. N. Ames 等发现，90%以上的诱变剂是致癌物质。根据其相关性，1975 年，Ames 等建立了快速测试污染物的遗传毒性效应的方法，即沙门氏菌回复突变试验（Ames 试验），目前已被世界各国广泛采用。该方法比较快速、简便、敏感、经济，且适用于测试混合物，反映多种污染物的综合效应。

1. 基本原理

鼠伤寒沙门氏菌的组氨酸营养缺陷型（his-）菌株在含微量组氨酸的培养基中，除极少数自发回复突变的细胞外，一般只能分裂几次，形成在显微镜下才能见到的微菌落。受诱变剂作用后，大量细胞发生回复突变，自行合成组氨酸，发育成肉眼可见的菌落。某些化学物质需经代谢活化后才有致突变的作用，在测试系统中加入哺乳动物微粒体酶系统 C（简称 S9 混合液），可弥补体外试验缺乏代谢活化系统的不足。鉴于化学物质的致突变作用与致癌作用之间密切相关，故此法现已广泛应用于致癌物的筛选。

2. Ames 试验方法

Ames 试验的常规方法有斑点试验和平板掺入试验两种方法。

（1）斑点试验。吸取测试菌增菌培养后的菌液 0.1 mL，注入融化并保温于 45℃左右的上层软琼脂中，需 S9 活化的再加 0.3～0.4 mL S9mix（TA 98 菌株的代谢活性剂），立即混匀，倾于平板上，铺平冷凝。用灭菌尖头摄夹灭菌圆滤纸片边缘，纸片浸湿受试物溶液，或直接取固态受试物贴放于上层培养基的表面。同时做溶剂对照和阳性对照，分别贴放于平板上相应位置。平皿倒置于37℃的温箱内培养48 h，若纸片外围长出密集菌落圈，为阳性；菌落散布，密度与自发回变相似，为阴性。显然，只有在琼脂中弥散的化合物才能用此法检测，而且在整个平板中只有少量细菌与受试物接触，故敏感性差，这是该法的局限性。图12.1.1是斑点试验示意图。

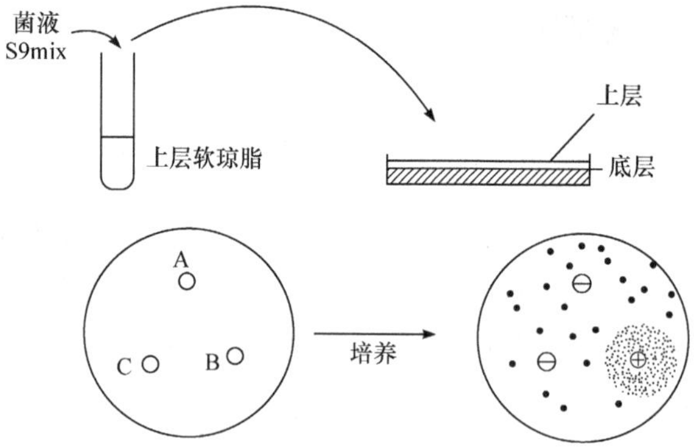

图 12.1.1　斑点试验示意图

A、C为阴性；B为阳性

（2）平板掺入试验。将一定量样液和0.1 mL测试菌液均加入上层软琼脂中，需代谢活化的再加0.3～0.4 mL S9mix，混匀后迅速倾于底平板上铺平冷凝。同时做阴性和阳性对照，每种处理做3个平行。试样通常设4～5个剂量。选择剂量范围开始应大些，有阳性或可疑阳性结果时，再在较窄的剂量范围内确定计量关系。培养同上。同一剂量各皿回变菌落均数与各阴性对照皿自发回变菌落均数之比为致变比（MR）。MR≥2，且有剂量-反应关系，背景正常，则判为致突变阳性。图12.1.2是平板掺入法示意图。

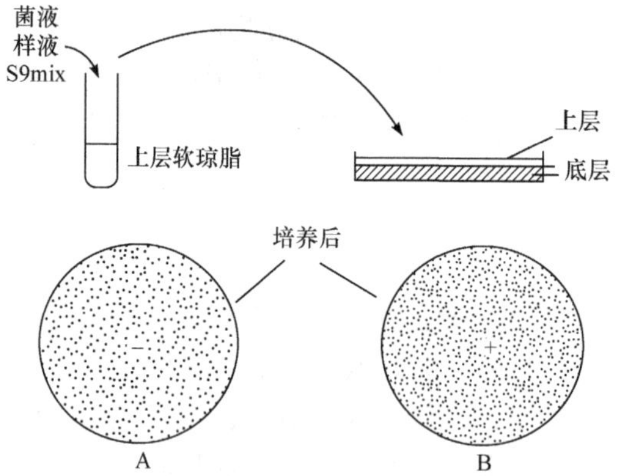

图 12.1.2　平板掺入法示意图

A为阴性；B为阳性

3. Ames 试验步骤

1）菌株鉴定

目前，推荐使用的菌株是TA 97、TA 98、TA 100和TA 102。所有这些试验菌株都来源于鼠伤寒沙门氏菌LT 2，都是组氨酸异养型菌株。鉴定前先进行增菌培养，为使鉴定结果可靠，需同时培养野生型 TV 菌株作为测试菌基因型的对照。增菌培养用牛肉膏蛋白胨液体培养基，接种后于 37℃、100 r/min 振荡培养 12 h 左右，细菌生长相为对数期末，含菌数应为 1×10^9～2×10^9 个/mL。鉴定项目如下所述。

（1）脂多糖屏障丢失（rfa）。用接种环或一端翘起的接种针以无菌操作取各菌株的增菌培养液，在营养琼脂平板上分别划平行线，然后用灭菌尖头摄夹取灭菌滤纸条，浸湿结晶紫溶液，贴放在平板上与各接种平行线垂直相交。盖好皿盖后倒置于 37℃恒温箱中，培养 24 h 后若纸片周围出现抑菌带，则说明测试菌株含有 rfa 突变。

（2）R 因子。TA 97、TA 98、TA 100 和 TA 102 菌株都含有 R 因子，这是一个抗药性转移因子。检测 R 因子存在的方法：横过营养琼脂平板表面涂一条小剂量氨苄青霉素钠溶液，将测试菌株与之交叉划线，37℃培养 12～24 h，不含 R 因子的菌株在氨苄青霉素的扩散区受到明显抑制，无细菌生长，而含有 R 因子的菌株则不受其影响。

（3）紫外线损伤修复缺陷（ΔuvrB）。在营养琼脂平板上按上述方法划线接种后，一半接种线用黑玻璃遮盖，另一半暴露于紫外光下 8 s，然后盖好皿盖并用黑纸包裹平皿，防止可见光修复作用。培养同上。

（4）自发回变。预先制备底平板，向灭菌并在水浴内保温 45℃的上层软琼脂中注入 0.1 mL 菌液，混匀后倾于底平板上并铺平。平皿倒置于 37℃的温箱内培养 48 h。所有菌株在一定培养条件下都有相对稳定的自发回变率，超过允许范围应视为异常。几种常用菌株的自发回变菌落数分别为：TA 97 90～180；TA 98 30～50；TA 100 120～200；TA 102 240～320。

（5）回变特性-诊断性试验。上层软琼脂中除菌液外，还注入已知阳性物的溶液，需活化系统的再加入 S9mix，其他同上。

菌株鉴定正确结果见表 12.1.2 和图 12.1.3。

表 12.1.2　Ames 试验测试菌的基因型及生物学性状

菌株	自发回变菌落数	his-	rfa	pkM101	pAQI	ΔuvrB	诊断试验
TA 97	90～180	+	+	+	–	+	+
TA 98	30～50	+	+	+	–	+	+
TA 100	120～200	+	+	+	–	+	+
TA 102	240～320	+	+	+	+	–	+
TV		–	–	–	–	–	

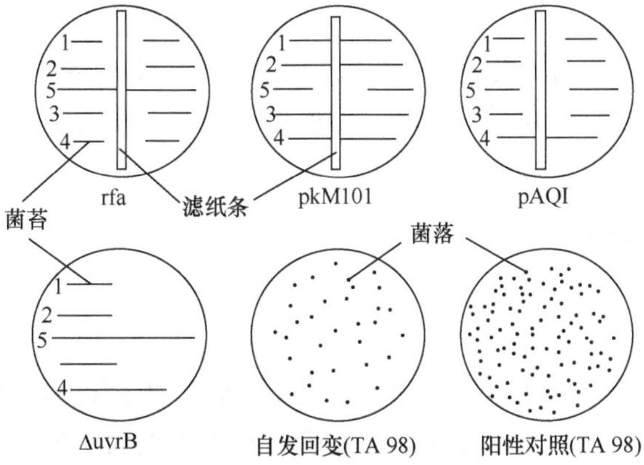

图 12.1.3　菌株基因型和生物学性状

2）测定步骤

（1）培养基的接种。取底层培养基平板 4 皿；融化上层培养基 4 支，置于 45℃下保温。在每一支上层培养基中分别加入鼠伤寒沙门氏菌 TA 98 菌株，并加入在 37℃下培养 7 h 的菌液 0.1 mL，混合均匀后逐次迅速倒入底层平板中。

（2）施毒。用镊子将厚的圆滤纸片放入每个皿中心，并在其中 3 皿中的滤纸上分别加入 50 mg/L、250 mg/L、500 mg/L 的亚硝基胍（nitrosoguanidine，NTG）各 0.02 mL，即每皿分别含 NTG 1 μg、5 μg、10 μg，第 4 皿作为空白对照。

（3）观察结果。将平皿在 37℃黑暗处培养 2 天后，记录结果。

3）结果分析

确定待测化合物在不同浓度时的相对致突变性。TA 98 菌株在天然条件下会出现自发回复突变（his-），可以在不含组氨酸的底层培养基上生长，故可以对照平板上出现的菌群（自发回复突变）为基准，比较待测物的致突变性。

阴性（−）：出现的诱发回变菌落数为自发回变数的 2 倍以下。

弱阳性（+）：诱发回变菌落数为自发回变数的 2～10 倍。

阳性（+）：诱发回变菌落数为自发回变数的 10～50 倍。

强阳性（+++）：诱发回变菌落数为自发回变数的 50 倍以上。

Ames 认为，待测物每皿浓度高达 500 mg 也不引起大量回变者，为阴性结果。

特别需要指出的是：

（1）斑点试验只局限于能在琼脂上扩散的化学物质，大多数多环芳烃和难溶于水的化学物质均不适宜用此法。此法敏感性较差，主要是一种定性试验，适用于快速筛选大量受试化合物。

（2）平板掺入试验可定量测试样品致突变性的强弱。此法较斑点试验敏感，获阳性结果所需的剂量较低。斑点试验获阳性结果的浓度高于平板掺入试验（每皿 0.1 mL），往往出现抑（杀）菌作用。

（3）Ames 试验作为检测环境诱变剂的一组试验中的首选试验，广泛应用于致突变化学物的初筛。但该试验程序仍较烦琐，方法不够简便，有待于快速灵敏、简单易行的环境诱变剂短期生物测试法早日问世。

（三）痢疾杆菌测定

将标本保存于 30%甘油缓冲盐水或增菌培养液中，接种肠道杆菌选择性培养基，37℃孵育 18～24 h，挑取无色半透明的可疑菌落，做生化反应和血清学凝集试验，确定菌群和菌型。如遇非典型菌株，需做系统生化反应以确定菌属；必要时，用适量菌液接种于豚鼠结膜上，观察 24 h，如有炎症，则为有毒菌株。

三、水环境污染生物测定

1. 生物群落测试法

未受污染的环境水体中生活着多种多样的水生生物，这是长期自然发展的结果，也是生态系统保持相对平衡的标志。当水体受到污染后，水生生物的群落结构和生物个体数量就会发生变化，使自然生态平衡系统被破坏，最终结果是敏感生物消亡，抗性生物旺盛生长，群落结构单一，这是生物群落监测法的理论依据。此法是建立在指示生物的基础上的。

水污染指示生物是指能对水体中污染物产生各种定性、定量反应的生物，如浮游生物、着生生物、底栖动物、鱼类和微生物等，它们对水环境的变化特别是化学污染反应敏感或有较高的耐受性。水污染指示生物法就是通过观察水体中的指示生物的种类和数量变化来判断水体污染程度的。

浮游生物是指悬浮在水体中的生物，可分为浮游动物和浮游植物两大类，它们多数个体小，游泳能力弱或完全没有游泳能力，过着“随波逐流”的生活。在淡水中，浮游动物主要由原生动物、轮虫、枝角类和桡足类组成。浮游植物主要是藻类，它们以单细胞、群体或丝状体的形式出现。浮游生物是水生食物链的基础，在水生生态系统中占有重要地位，其中大多数种类对环境变化反应很敏感，可作为水污染的指示生物，所以在水污染调查中常被列为主要研究对象之一。

着生生物（周丛生物）是指附着在长期浸没于水中的各种基质（植物、动物、石块、人工物品）表面上的有机体群落。它包括许多生物类别，如细菌、真菌、藻类、原生动物、轮虫、甲壳动物、线虫、寡毛虫类、软体动物、昆虫幼虫，甚至鱼卵和幼鱼等。近年来，着生生物的研究日益受到重视，其中重要的原因是其可以指示水体的污染程度，对河流水质评价效果尤佳。

底栖动物是栖息在水体底部淤泥中、石块或砾石表面及间隙中，以及附着在水生植物之间的肉眼可见的水生无脊椎动物，其体长超过 2 mm，也称底栖大型无脊椎动物。它们广泛分布在江、河、湖、水库、海洋和其他各种水体中，包括水生昆虫、大型甲壳类、软体动物、环节动物、圆形动物、扁形动物等许多动物门类。底栖动物的移动能力差，故在正常环境下，比较稳定的水体中的种类比较多，每个种类的个体数量适当，群落结构稳定。当水体受到污染后，其群落结构便发生变化。严重的有机污染和毒物的存在会使多数较为敏感的种类和不适应缺氧环境的种类逐渐消失，而仅保留耐污染种类，成为优势种类。应用底栖动物对污染水体进行监测和评价的方法，已被各国广泛采用。

在水生食物链中，鱼类代表着最高营养水平。凡能改变浮游动物和大型无脊椎动物生态平衡的水质因素，也能改变鱼类种群。同时，由于鱼类和无脊椎动物的生理特点不同，某些污染物对低等生物可能没有明显作用，但鱼类却可能受到影响。因此，鱼类的状况能够全面反映水体的总体质量。鱼类生物调查对评价水质具有重要意义。例如，胭脂鱼是上海土著鱼，对水中的溶解氧和重金属的敏感度较高，水质可影响它的生理指标、生长指标和死亡率。将其投放到苏州河中，通过对其体征状态的监测，可以起到监测水质的作用。又如，德国在莱茵河治理过程中，治理目标是“让大马哈鱼重返莱茵河”，故将大马哈鱼作为指示生物，检验河流生态恢复的效果。

在清洁的河流、湖泊、池塘中，有机质含量少，微生物也很少，但受到有机物污染后，微生物数量大量增加，所以水体中含微生物的多少可以反映水体被有机物污染的程度。

当水体污染严重时，选择能在溶解氧较低的环境中生活的颤蚓类、细长摇蚊幼虫、纤毛虫、绿色裸藻等作为指示生物。其中颤蚓类是有机物严重污染水体的优势种，数量越多，水体污染越严重。例如，美国在伊利湖污染的调查中，利用湖中颤蚓数量作为评价指标，根据单位面积的水体中颤蚓数量将受污染水域分为无污染、轻度污染、中度污染、重度污染。监测数据见表 12.1.3。

表 12.1.3　美国伊利湖污染调查监测数据（以颤蚓数量作为评价指标）

颤蚓数量/（个/m²）	水域受污染的程度	颤蚓数量/（个/m²）	水域受污染的程度
<100	无污染	1000～5000	中度污染
100～999	轻度污染	>5000	重度污染

中度污染水体的指示生物有瓶螺、轮虫、被甲栅藻、环绿藻、脆弱刚毛藻等，它们对低溶解氧有较好的耐受能力，常在中度有机物污染的水体中大量出现。

清洁水体指示生物有蚊石蚕、蜻蜓幼虫、田螺、浮游甲壳动物、簇生枝竹藻等，其只能在溶解氧很高、未受污染的水体中大量繁殖。

2. 生物指数测试法

生物指数是指运用数学公式计算出的反映生物种群或群落结构变化，以评价环境质量的数值。

1）贝克生物指数

1995 年，贝克（Beck）首先提出一个简易的计算生物指数的方法。他把从采样点采到的底栖大型无脊椎动物分为两类，即不耐有机物污染的敏感种和耐有机物污染的耐污种，按下式计算生物指数（BI）。

$$BI = 2A + B \qquad (12.1.1)$$

式中，A、B 分别为敏感底栖动物种类数和耐污底栖动物种类数。

当 BI＞10 时，为清洁水域；BI 为 1～6 时，为中等污染水域；BI = 0 时，为严重污染水域。

2）贝克-津田生物指数

1974 年，津田松苗在对贝克指数进行多次修改的基础上，提出不限于在采集点采集，而是在拟评价或监测的河段把各种底栖大型无脊椎动物尽量采到，再用贝克公式计算，所得数值与水质的关系为：BI≥20，为清洁水区；10＜BI＜20，为轻度污染水区；6＜BI≤10，为中等污染水区；0＜BI≤6，为严重污染水区。

3）生物种类多样性指数

马格利夫（Margalef）、香农（Shannon）、威尔姆（Wilhm）等根据群落中生物多样性的特征，经对水生指示生物群落、种群的调查和研究，提出用生物种类多样性指数评价水质。该指数的特点是能定量反映群落中生物的种类、数量及种类组成比例变化信息。

（1）Margalef 多样性指数计算式为

$$d = \frac{S-1}{\ln N} \qquad (12.1.2)$$

式中，d 为生物种类多样性指数；N 为各类生物的总个数；S 为生物种类数。

d 值越低表示污染越严重，d 值越高表示水质越好。其缺点是只考虑种类数与个体数的关系，没有考虑个体在种类间的分配情况，容易掩盖不同群落种类和个体的差异。

（2）Shannon 和 Wilhm 根据底栖大型无脊椎动物的调查结果，提出用底栖大型无脊椎动物种类多样性指数（Shannon 多样性指数）来评价水质。其计算式为

$$\overline{d} = -\sum_{i=1}^{S} \frac{n_i}{N} \log_2 \frac{n_i}{N} \qquad (12.1.3)$$

式中，$\bar{d}$ 为底栖大型无脊椎动物种类多样性指数；N 为单位面积样品中收集到的各类底栖大型无脊椎动物的总个数；n_i 为单位面积样品中收集到的第 i 种底栖大型无脊椎动物的个数；S 为单位面积样品中收集到的底栖大型无脊椎动物种类数。

式（12.1.3）表明动物种类越多，$\bar{d}$ 值越大，水质越好；反之，动物种类越少，$\bar{d}$ 值越小，水体污染越严重。Wilhm 对美国的十几条河流进行了调查，总结出 $\bar{d}$ 值与水样污染程度的关系如下。

$\bar{d}<1.0$，严重污染；$\bar{d}$ 为 1.0～3.0，中等污染；$\bar{d}>3.0$，清洁。

采用底栖大型无脊椎动物种类多样性指数（$\bar{d}$）来评价水域被有机物污染状况是比较好的方法，但由于影响多样性指数变化的因素是多方面的，如生物的生理特性、水中营养盐的变化等，故只有将其与各种生物数量的相对均匀程度及化学指标相结合，才能获得更可靠的评价结果。

4）硅藻生物指数

硅藻生物指数用作计算生物指数的生物除底栖大型无脊椎动物外，还有浮游藻类。

$$\text{硅藻生物指数}=\frac{2A+B-2C}{A+B-C}\times 100 \qquad (12.1.4)$$

式中，A 为不耐污染藻类的种类数；B 为广谱性藻类的种类数；C 为仅在污染水域才出现的藻类种类数。

1991 年万佳等提出，硅藻生物指数：0～50 为多污带；50～100 为 α -中污带；100～150 为 β -中污带；150～200 为轻污带。

3. 鱼中毒实验测试法

鱼类对水环境的变化反应十分灵敏，当水体中的污染物达到一定浓度或强度时，就会引起系列中毒反应。例如，行为异常、生理功能紊乱、组织细胞病变，直至死亡。鱼类毒性试验的主要目的是寻找某种毒物或工业废水对鱼类的半数致死浓度与安全浓度，为制定水质标准和废水排放标准提供科学依据，以及测试水体的污染程度和检查废水处理效果等。有时鱼类毒性试验也用于一些特殊目的，如比较不同化学物质毒性的高低，测试不同种类鱼对毒物的相对敏感性，测试环境因素对废水毒性的影响等。下面简要介绍静水式鱼类急性毒性试验要点。

1）供试鱼的选择和驯养

金鱼来源方便，常用于实验。要选择无病、活泼、鱼鳍完整舒展、食欲和逆水性强、体长（不包括尾部）约 3 cm 的同种和同龄的金鱼。选出的鱼必须先在与实验条件相似的生活条件（温度、水质等）下驯养 7 天以上；实验前一天停止喂食；如果在实验前 4 天内发生死亡现象或发病的鱼高于 10%，则不能使用。

2）实验条件选择

每种浓度的实验溶液为一组，每组至少 10 尾鱼。实验容器用容积约 10 L 的玻璃缸，保证每升水中鱼重不超过 2 g。

实验溶液的温度要适宜，对冷水鱼为 12～28℃，对温水鱼为 20～28℃。同一实验中，温度变化为±2℃；实验溶液中不能含大量耗氧物质，要有足够的溶解氧，对于冷水鱼溶解氧 ≥ 5 mg/L，对于温水鱼溶解氧≥4 mg/L；实验溶液的 pH 应为 6.7～8.5，实验期间 pH 波动范围不得超过 0.4 个 pH 单位；硬度影响毒物毒性，一般来说，硬水可降低毒物毒性，而软水可增强毒物毒性，因此必须注意检测实验溶液的硬度，并在报告中注明。硬度应为 50～250 mg/L（以 $CaCO_3$ 计）。

配制实验溶液和驯养鱼用的水应是未受污染的河水或湖水。如果使用自来水，必须经充分曝气才能使用。不宜使用蒸馏水。

3）实验步骤

（1）预实验（探索性实验）：为保证正式实验的顺利进行，须经探索性实验确定实验溶液的浓度范围，即通过观察 24 h（或 48 h）鱼类中毒的反应和死亡情况，找出不发生死亡、全部死亡和部分死亡的浓度。

（2）实验溶液浓度设计：合理设计实验溶液浓度，是实验成功的重要保证，通常选 7 个浓度（至少 5 个），浓度间隔取等对数间距，如 10.0、5.6、3.2、1.8、1.0（对数间距 0.25）或 10.0、7.9、6.3、5.0、4.0、3.6、2.5、2.0、1.6、1.26、1.0（对数间距 0.1），其单位可用体积分数（如废水）或质量浓度（mg/L）表示。另设一对照组，若对照组在实验期间鱼死亡超过 10%，则整个实验结果不能采用。

（3）实验：将实验用鱼分别放入盛有不同浓度溶液和对照水的玻璃缸中，并记录时间。前 8 h 要连续观察和记录实验情况，如果正常，继续观察，记录 24 h、48 h 和 96 h 后鱼的中毒症状和死亡情况，供毒物或工业废水的毒性判定。

（4）毒性判定：半数致死量（LD_{50}）或半数致死浓度（LC_{50}）是评价毒物毒性的主要指标。鱼类急性毒性的分级标准如表 12.1.4 所示。

表 12.1.4　鱼类急性毒性的分级标准

96 h LC_{50}/（mg/L）	<1	1～10	10～100	>100
毒性分级	极高毒	高毒	中毒	低毒

求 LC_{50} 值的简便方法是将实验用鱼死亡半数以上和半数以下的数据与相应实验液毒物（或废水）浓度绘于半对数坐标纸上（对数坐标表示毒物浓度，算术坐标表示死亡率），用直线内插法求出。表 12.1.5 列出了假设某废水的实验结果。将三种实验时间实验鱼死亡半数以上和半数以下最接近半数的死亡率数值与相应废水浓度数值的坐标交点标出，并分别连接起来，再由 50%死亡率处引一横坐标的垂线，与上述三线相交，由三交点分别向纵坐标作垂线，垂线与纵坐标的交点处的浓度即为 LC_{50}，可见 24 h、48 h 和 96 h 的 LC_{50} 分别为 5.2%、4.7%、4.4%。

表 12.1.5　假设某废水的实验结果

废水浓度（以体积分数表示）/%	每组鱼数/条	实验鱼死亡数		
		24 h	48 h	96 h
10.0	10	10	10	10
7.5	10	9	9	10
5.6	10	7	7	9
4.2	10	1	4	4
3.2	10	0	1	1
对照组	10	0	0	0
直线内插法求 LC_{50}/%	—	5.2	4.7	4.4

（5）鱼类毒性试验的应用：鱼类毒性试验的一个重要目的是根据实验数据估算毒物的安全浓度，为制订有毒物质在水中的最高允许浓度提供依据。计算安全浓度的经验式有以下几种。

$$安全浓度=\frac{24\text{h LC}_{50}\times 0.3}{(24\text{h LC}_{50}/48\text{h LC}_{50})^3} \quad (12.1.5)$$

$$安全浓度=\frac{48\text{h LC}_{50}\times 0.3}{(24\text{h LC}_{50}/48\text{h LC}_{50})^2} \quad (12.1.6)$$

$$安全浓度=96\text{h LC}_{50}\times(0.1-0.01) \quad (12.1.7)$$

目前，应用比较普遍的是最后一种。对易分解、积累少的化学物质一般选用的系数为0.05～0.1，对稳定的、能在鱼体内高积累的化学物质，一般选用的系数为0.01～0.05。

按公式计算出安全浓度后，要进一步做验证实验，特别是具有挥发性和不稳定性毒物或废水，应当用恒流装置进行长时间（如一个月或几个月）的验证实验，并设对照组进行比较，如发现有中毒症状，则应降低毒物或污水浓度再进行实验，直到确认某浓度对鱼是安全的，才可定为安全浓度。此外，在验证实验过程中必须投喂饵料。

4. 发光细菌测试法

1）方法原理

发光细菌是一类非致病的革兰氏阴性微生物，它们在适当条件下能发射出肉眼可见的蓝绿色光（450～490 nm）。当发光细菌与水样毒性组分接触时，可影响或干扰细菌的新陈代谢，使细菌的发光强度下降或熄灭。在一定毒物浓度范围内，毒物浓度与发光强度呈负相关线性关系，因而可使用生物发光光度计测定水样的相对发光强度来监测有毒物质的浓度。

国家推荐标准《水质　急性毒性的测定　发光细菌法》（GB/T 15441—1995）中，以氯化汞作为参比毒物表征废水或可溶性化学物质的毒性，也可以用半数有效浓度（EC_{50}），即发光强度由最大发光强度一半时的废水浓度或可溶性化学物质的浓度来表征；选用明亮发光杆菌 T_3 亚种（*Photobacterium phosphoreum* T_3 spp.）作发光细菌，因该菌是一种海洋细菌，故水样和参比毒物溶液应含有一定浓度的氯化钠。

2）测定要点

（1）实验材料的准备：专用生物毒性测试仪，发光细菌琼脂培养液、液体培养基，0.02～0.24 mg/L 系列 $HgCl_2$ 标准溶液，新鲜明亮发光杆菌 T_3 亚种或明亮发光杆菌冻干粉，化学毒物或综合废水等。

（2）新鲜发光细菌悬液的制备：从明亮发光杆菌的菌种管斜面中挑取一环细菌接种于新的发光细菌琼脂斜面上，待斜面长满菌苔并明显发光时加入适量稀释液并制成菌悬液；取0.1 mL 菌悬液接种于 50 mL 液体培养基中，在 22℃摇床振荡培养至对数生长中期（12～14 h），用稀释液将菌悬液稀释成 5×10^7 个细胞/mL 菌悬液，置于 4℃下保存备用。

（3）样品测定：向过滤去除颗粒物杂质的待测水样中加入占水样质量 3%的 NaCl，然后按表 12.1.6 所示依次加入稀释液和待测水样，恒温（20 ± 0.5）℃后加入等量发光细菌悬液，依次测其发光强度。

表 12.1.6　工业废水发光强度标准系列

测试管编号	稀释液/mL	待测水样/mL	发光细菌悬液/mL
1	0.90	0	0.10
2	0.80	0.10	0.10
3	0.72	0.18	0.10
4	0.58	0.32	0.10
5	0.40	0.50	0.10
6	0	0.90	0.10

注：1 为空白样品，其他均为待测样品。

（4）测试结果分析：根据测得的待测水样的发光强度计算其相对折射率，计算公式为

$$\text{相对折射率}（\%）=\frac{\text{对照光强度}-\text{样品光强度}}{\text{对照光强度}}\times 100 \qquad (12.1.8)$$

式中，对照光强度为水样中废水浓度为 0 的 1 号测试管中测得的发光强度。

EC_{50}：在双对数坐标纸上，以水样浓度为横坐标，以相对折射率为纵坐标作图，由图求得水样的 EC_{50}，并对照表 12.1.7 确定水样的生物毒性。

表 12.1.7　样品 EC_{50} 与生物毒性的关系

EC_{50}/（mg/L）	毒性级别	等级①
25	高毒	1
25～75	有毒	2
75	微毒	3
求不出 EC_{50} 值	无毒	4

①指废水不经稀释时，发光强度仍大于最大发光强度的 50%以上。

5. 致突变和癌变测试法

致突变和致癌物质也称诱变剂，其检测方法有微核测定、Ames 实验、染色体畸变实验等。

微核测定法原理为：生物细胞中的染色体在复制过程中常会发生一些断裂，在正常情况下，这些断裂绝大多数能自己愈合，但如果受到外界诱变剂的作用，一些游离染色体断裂或纺锤体受损，形成包膜，变成大小不等的小球体（微核），如图 12.1.4 所示。此过程中，产生的微核数量与外界诱变剂强度成正比，故其可用于评价环境污染水平和对生物的危害程度。该方法所用生物材料可以是植物或动物组织和细胞。植物广泛应用紫露草和蚕豆根尖。紫露草以其花粉母细胞在减数分裂过程中的染色体作为诱变剂的攻击目标，把四分体中形成的微核数作为染色体受到损伤的指标，评价受危害程度。蚕豆根尖细胞的染色体大，DNA 含量多，对诱变剂反应敏感。

Ames 实验是利用鼠伤寒沙门氏菌（*Salmonella typhimurium*）的组氨酸营养缺陷型菌株发生回复突变的性能来检测被检物是否具有致突变性。这种菌株均含有控制组氨酸合成的基因，在不含组氨酸的培养基中不能生长，但如果存在致突变物时，便作用于菌株的 DNA，使其特定部位发生基因突变而回复为野生菌株，使其能在无组氨酸的培养基中生长。考虑到许多物

质是在体内经代谢活化后才显示致突变性的，Ames 等采用在体外加入哺乳动物肝微粒体酶系统（简称 S9 混合液）使被检物活化的方法，提高了实验的可靠性。

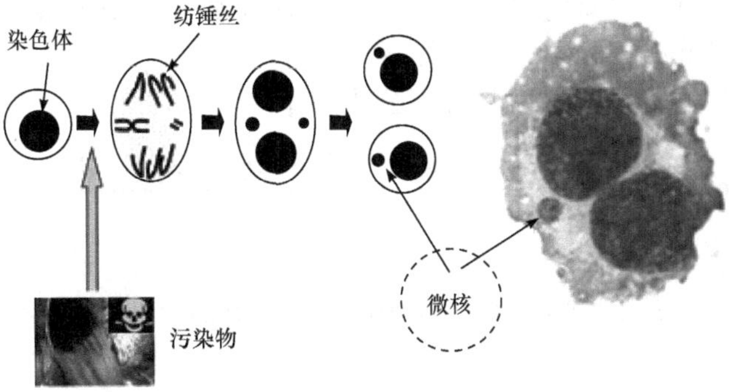

图 12.1.4　微核测定法原理示意图

染色体畸变实验是依据生物细胞在诱变因素的作用下，其染色体数目和结构发生变化，如染色体单体断裂、染色单体互换等检测诱变剂及其强度。

6. 叶绿素 a 测试法

叶绿素是植物光合作用的重要光合色素，常见的有叶绿素 a、叶绿素 b、叶绿素 c、叶绿素 d 四种类型，其中叶绿素 a 是一种能将光合作用的光能传递给化学反应系统的唯一色素，叶绿素 b、叶绿素 c、叶绿素 d 等吸收的光能均是通过叶绿素 a 传递给化学反应系统的。通过测定叶绿素 a，可掌握水体的初级生产力，了解河流、湖泊和海洋中浮游植物的现存量。实验表明，当叶绿素 a 质量浓度升至 10 mg/m^3 以上，并有迅速增加的趋势时，就可以预测水体即将发生富营养化。因此，可将叶绿素 a 含量作为评价水体富营养化并预测其发展趋势的指标之一。

叶绿素 a 的测定方法有高效液相色谱法、分光光度法和荧光光谱法。高效液相色谱法精确度高，但操作步骤烦琐。目前最常用的是分光光度法和荧光光谱法。

1）分光光度法测定叶绿素 a

a. 基本原理

叶绿素 a 的最大吸收峰位于 663 nm，在一定浓度范围内，其吸光度与其浓度符合朗伯-比尔定律，可根据吸光度-浓度之间的线性关系，计算叶绿素 a 的浓度。叶绿素 b、叶绿素 c 和提取液浊度的干扰可通过分别在 645 nm、630 nm 和 750 nm 处测得的吸光度校正。水样中的浮游植物采用过滤法富集，用有机溶剂提取其中的叶绿素。

根据所用提取液的不同，叶绿素 a 的分光光度法测定可分为丙酮法、甲醇法和乙醇法等。我国一直沿用丙酮法。近年来国际上从萃取效果和安全保障等方面考虑，已逐渐改用乙醇法。

b. 测定方法及要点

丙酮法：该方法适合于藻类繁殖比较旺盛的水样和表面附着的藻类。

（1）样品的制备及叶绿素的提取：离心或过滤浓缩水样，用质量分数为 90%的丙酮溶液提取其中的叶绿素。

将一定量的水样用乙酸纤维滤膜过滤，将收集有浮游植物的滤膜于冰箱内低温干燥 6～8 h 后放入组织研磨器，加入少量碳酸镁粉末及 2～3 mL 质量分数为 90%的丙酮溶液，充分研磨，提取叶绿素 a，离心，取上清液。重复提取 1～2 次，离心所得上清液合并于容量瓶中，用质量分数为 90%的丙酮溶液定容（5 mL 或 10 mL）。

（2）测定：取上清液于 1 cm 比色皿中，以质量分数为 90%的丙酮溶液作参比，分别读取 750 nm、663 nm、645 nm 和 630 nm 的吸光度。

（3）计算：叶绿素 a 的质量浓度按如下公式计算：

$$\rho(\text{叶绿素a})(\text{mg}/\text{m}^3)=\frac{\left[11.64\times(A_{663}-A_{750})-2.16\times(A_{645}-A_{750})+0.10\times(A_{630}-A_{750})\right]\times V_1}{V\delta} \tag{12.1.9}$$

式中，V 为水样体积，L；A 为吸光度；V_1 为离心并合并后上清液定容的体积，mL；δ 为比色皿光程，cm。

乙醇法：其测定原理与丙酮法相同，不同的是以体积分数为 90%的热乙醇溶液提取样品中的叶绿素。

2）荧光光谱法测定叶绿素 a

方法原理：当丙酮提取液用 436 nm 的紫外线照射时，叶绿素 a 可发射 670 nm 的荧光，在一定浓度范围内，发射荧光的强度与其浓度成正比，因此可通过测定样品丙酮提取液在 436 nm 紫外线照射时产生的荧光强度，定量测定叶绿素 a 的含量。

该方法灵敏度比分光光度法高约两个数量级，适合于藻类比较少的贫营养化湖泊或外海中叶绿素 a 的测定。但是分析过程中易受其他色素或色素衍生物的干扰，并且不利于野外快速测定。

四、生物电化学测试法

电化学方法主要是测试扫描过程中的电位、电流的变化。电化学测试需关注的事项有：明确双电层的充电过程，有效消除其他副反应，选择适当的溶液和电位范围，溶液中加入支持电解液；确定离子传导过程、电极面积，加速电荷转移过程的速率和双电层电容变化，以及变换交流电频率等。电化学测试的主要步骤有：①确定实验条件，依据目的，确定合适的研究体系，选取符合要求的电解质、电解池，测试方法所需要的工作电极、参比电极和辅助电极；②测量结果包括电极电位、极化电流、阻抗幅值、频率等物理量，要保证精度的准确和测量的可现性；③实验数据分析采用最简单的方法，如极限法、方程解析法、曲线拟合法，继而得到待测参数的数值。

应用电化学测试技术，分析 DNA 碱基及其加成物对水体污染物的电化学反应来评价污染物的环境影响行为，是电化学环境分析的常用检测方法，可直接或者间接使用循环伏安法、脉冲伏安法、电化学阻抗谱等电化学方法研究 DNA 碱基与污染物的相互作用，继而评价污染物的生物毒性。电化学测试技术用于环境污染物毒性分析的原理是：生物分子在没有污染物存在的情形下，其官能团会在阴极与阳极发生氧化和还原反应，对于特定的生物分子，其氧化和还原反应的电位是定值，但反应电流通常随浓度的升高而增大，直至达浓差扩散控制时电流不再随电位的增加而增大。但当环境污染物被加入测试溶液中时，生物分子的氧化和还原特性将发生变化，如电位发生偏移、同等浓度下电流值下降等，其原因是环境污染物与生物分子之间发生了亲和作用（亲电反应或亲核反应）。因此，通过分析污染物存在前后生物分子氧化和还原反应电位与电流的变化，即可明确环境污染物的生物毒性。常用的电化学测试技术有循环伏安法、脉冲伏安法、电位示差扫描和电化学阻抗谱等。但有时生物分子基团（如

DNA 碱基）易受到分子电活性的局限，这时可辅助用光谱分析（如红外吸收光谱、紫外吸收光谱）对污染物的环境进行综合分析。

五、化学理论分析法

密度泛函理论（DFT）主要是针对多电子体系的电子构造的研究方法，利用粒子的密度对体系基态的物理性质进行描述，在材料的设计、合成、模拟计算等多方面具有明显的优势，已在物理、化学、生物等领域拥有广泛的应用，并且成为强有力的研究工具。DFT 是基于量子力学和量子化学的第一性从头计算，其计算方法的延拓多种多样，应用便捷，DFT 可适应于不同情景的研究应用，如分子或晶体结构优化，电离势、化学势、亲核与亲电特性等化学活性参数计算、化学反应趋势判定，吸收光谱分析，化学反应路径和能垒确定等。

DFT 作为实验手段的重要补充，其研究和应用非常活跃，DFT 分子模拟能确定孤立分子的结构和能量属性，从而可阐明分子-分子、分子-晶体、晶体-晶体间的相互作用。DFT 全域化学反应参数包括化学势（μ）、化学硬度（η）、电负性（χ）、亲电指数（ω），局域化学反应参数有 Fukui 函数。μ、η、χ 和 ω 可用来说明物质的化学反应活性，Fukui 函数可用于明确物质反应的活性点位。借助 DFT 计算，可说明污染物与生物分子的相互作用，继而可实现对环境污染物的环境影响和毒害作用的评价。

1. 结构优化

DFT 计算可用的软件和模块有很多，下面以 Materials Studio 为例进行说明，该软件可实现多领域、多层面的理论模拟和分析。采用该软件中的 Dmol^3 模块，利用双数值基加极化扩展轨道的双值扩展基（DNP）和 Becke 交换函数与 LYP 相关函数的组合（BLYP）或梯度修正相关（PBE）泛函，可对污染物分子进行结构优化，继而对其进行随后化学参数计算，用以评价污染物的环境毒性。图 12.1.5 给出了 Dmol^3 模块应用于 DNA 碱基鸟嘌呤与阻燃剂四溴双酚 A 作用的结构优化计算界面。

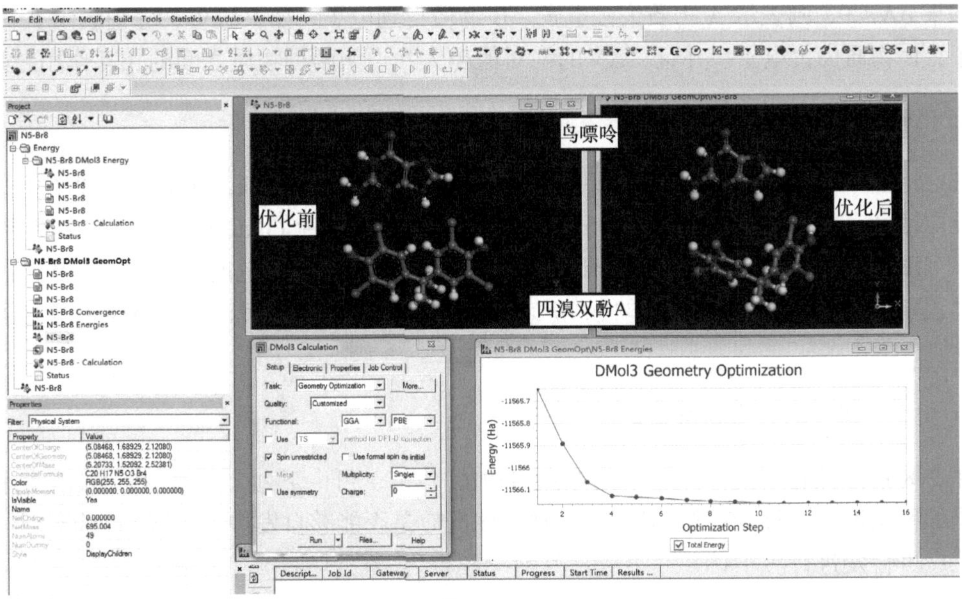

图 12.1.5　Dmol^3 模块计算鸟嘌呤与四溴双酚 A 作用的结构优化界面

2. 化学活性参数

前线轨道理论：分子的许多性质主要由分子中的前线轨道，即最高占据分子轨道（HOMO）和最低未占分子轨道（LUMO）决定。在分子中，HOMO 上的电子能量最高，所受的束缚也最小，最活泼，容易失去电子；而 LUMO 在所有的未占轨道中的能量最低，对电子的亲和能力较强，容易得到电子，因此这两个轨道决定着分子中电子的得失和转移，以及分子间化学反应的空间取向等重要化学性质。通过计算 HOMO 和 LUMO 轨道的能量，可以计算出化学势（μ）、化学硬度（η）、亲电指数（ω）、电负性（χ）等重要参数，根据这些参数可以判断电子的转移等化学反应的过程。μ、η、ω 可根据下式计算，χ 与 μ 互为相反数。

$$\mu = \frac{E_{\mathrm{HOMO}} + E_{\mathrm{LUMO}}}{2} \tag{12.1.10}$$

$$\eta = \frac{E_{\mathrm{LUMO}} - E_{\mathrm{HOMO}}}{2} \tag{12.1.11}$$

$$\omega = \frac{\mu^2}{2\eta} \tag{12.1.12}$$

式中，E_{HOMO} 为最高占据分子轨道的能量；E_{LUMO} 为最低未占分子轨道的能量。

较高的 HOMO 能量值对应的是更高的亲电试剂的反应活性，而较低的 LUMO 能量值是亲核试剂分子反应必不可少的参数。

DFT 计算中的化学势、化学硬度、亲电指数、电负性这些参数只能描述一个孤立的反应物的性质，若想解释两种物质之间的反应，可通过计算两种反应物之间的电子转移数（ΔN）来描述，电子转移数可由下列公式求得。

$$\Delta N = \frac{\mu_{\mathrm{B}} - \mu_{\mathrm{A}}}{2(\eta_{\mathrm{A}} + \eta_{\mathrm{B}})} \tag{12.1.13}$$

式中，μ_{A}、μ_{B} 分别为反应物 A 和 B 的化学势；η_{A}、η_{B} 分别为反应物 A 和 B 的化学硬度。

如果 $\Delta N<0$，则表示 A 物质失去电子，B 物质得到电子；如果 $\Delta N>0$，则表示 A 物质得到电子，B 物质失去电子。并且，ΔN 的绝对值越大，说明两种物质之间的相互作用越强。

3. 化学反应活性点位

Fukui 函数可以用来描述分子中原子的反应活性，具有较高 Fukui 函数值的原子比其他原子的反应活性高。通常情况下，一个分子中的原子 k 具有两种 Fukui 函数值，将其命名为 f_k^+ 和 f_k^-，而原子的最大 Fukui 函数值可以用来描述原子的亲核和亲电能力。f_k^+ 表示亲电试剂，f_k^+ 越大表示该原子具有越高的亲电性；f_k^- 表示亲核试剂，f_k^- 值越大，表示该原子具有越高的亲核性。

4. 反应作用能和吉布斯自由能

在 298 K 下的作用能（ΔE）和吉布斯自由能（ΔG）可由下列公式表示，ΔE 的大小表示生成物的稳定性。借助 ΔG 的正负，可以判定该反应是否能够自发进行，当 ΔG 为负时，表明这个反应可自发进行。

$$\Delta E = \sum E(\text{产物}) - \sum E(\text{反应物}) \tag{12.1.14}$$

$$\Delta G=\Delta E+\sum G(\text{产物})-\sum G(\text{反应物}) \qquad (12.1.15)$$

式中，$E(X)$为体系总能量；$G(X)$为 298 K 下与计算得到的自由能。

计算中，如果以 DNA 碱基和水体中污染物分子为研究对象，通过上面所述计算，分析污染物分子与 DNA 碱基的作用强度和特性，就能在一定程度上说明污染物分子的生物毒性。分析研究中，建议将上述计算和实验研究手段融合，从多个层面和角度，明确污染物的环境行为和毒害作用。对于上面提及的阻燃剂四溴双酚 A 对 DNA 碱基毒性作用的 DFT 化学理论计算可参阅文献[Song L Z, Gao J T, Han K D, et al. Investigation of tetrabromobisphenol A interacting with DNA nitrogen bases using experimental and density functional theory methods.Toxicological & Environmental Chemistry, 2013, 95(6): 970-983]了解相关细节。

第二节　空气污染生物监测

空气中的污染物多种多样，有些可以利用指示植物或指示动物监测，直接反映其危害和对空气污染的程度。由于动物的管理比较困难，目前尚未形成一套完整的监测方法。而植物分布范围广、容易管理，有不少植物品种分别对不同空气污染物反应很敏感，在污染物达到人和动物受害浓度之前就能显示受害症状。空气污染还会对植物种群、群落的组成和分布产生影响，被植物吸收后能富集在其体内。利用上述种种反应和变化监测空气污染，已较广泛地应用于实践中。当然，这种方法也有其固有的局限性。例如，对污染因子的灵敏度随生活在污染环境中暴露时间的增长而降低，专一性差，进行定量分析困难、费时费力等。

一、利用植物监测

1. 指示植物及其受害症状

指示植物是指受到污染物的作用后能较敏感和快速地产生明显反应的植物，可以选择草本植物、木本植物及地衣、苔藓等。空气污染物一般通过叶面上的气孔或孔隙进入植物体内，侵袭细胞组织，并发生一系列生化反应，从而使植物组织遭受破坏，呈现受害症状。这些症状虽然随污染物的种类、浓度及受害植物的品种、暴露时间不同而有差异，但具有某些共同特点，如叶绿素被破坏、细胞组织脱水，进而发生叶面失去光泽，出现不同颜色（黄色、褐色或灰白色）的斑点，叶片脱落，甚至全株枯死等异常现象。

1）SO_2指示植物及其受害症状

对 SO_2 敏感的指示植物较多，如紫花苜蓿、一年生早熟禾、芥菜、堇菜、百日草、大麦、荞麦、棉花、南瓜、白杨、白蜡树、白桦树、加拿大短叶松、挪威云杉及苔藓、地衣等。

植物受 SO_2 伤害后，初期典型症状为失去原来的光泽，出现暗绿色水渍状斑点，叶面略微有水渗出并起皱。随着时间的推移，暗绿色斑点变为灰绿色、逐渐失水干枯、有明显坏死斑出现等症状；坏死斑有深有浅，但以浅色为主。阔叶植物急性中毒症状是叶脉间有不规则的坏死斑，伤害严重时，点斑发展成为条状、块斑，坏死组织和健康组织之间有一失绿过渡带。单子叶植物在平行叶脉之间出现斑点状或条状坏死区。针叶植物受伤害后，首先从针叶尖端开始，逐渐向下发展，呈现红棕色或褐色。图 12.2.1 给出了 SO_2 伤害玉兰和葡萄叶片的实物照片。

(a) 玉兰　　(b) 葡萄

图 12.2.1　SO_2 伤害植物的实物照片

2）氮氧化物的指示植物及其受害程度

对 NO_x 较敏感的植物有烟草、番茄、秋海棠、向日葵、菠菜等。

NO_x 对植物构成危害的程度要小于 SO_2 等污染物。一般很少出现 NO_x 浓度达到能直接伤害植物的程度，但它往往与 O_3 或 SO_2 混合在一起显示危害症状，首先在叶片上出现密集的深绿色水浸蚀斑痕，随后这种斑痕逐渐变成淡黄色或青铜色。损伤部位主要出现在较大的叶脉之间，但也会沿叶缘发展。

3）氟化物的指示植物及其受害症状

气态环境中，常见的氟化物污染物主要为氟化氢，氟化氢污染的指示植物有唐菖蒲、郁金香、葡萄、玉簪、金线草、金丝桃树、杏树、雪松、云杉、慈竹、池柏、南洋楹等。

一般植物对氟化氢气体很敏感，其危害特点是先在植物的特定部位呈现伤斑，如单子叶植物和针叶树的叶尖、双子叶植物和阔叶植物的叶缘等。一开始这些部位变成萎黄色，然后颜色转深形成棕色斑块，在发生萎黄的组织与正常组织之间有一条明显的分界线，随着受害程度的加重，黄斑向叶片中部及靠近叶柄部分发展，最后，使叶片大部分枯黄，仅叶主脉下部及叶柄附近仍保持绿色。此外，氟化物进入植物叶片后不容易转移到植物的其他部位，在叶片积累，因此通过测定植物叶片中氟的含量便可以说明空气中氟污染的程度。

4）光化学氧化剂的指示植物及受害症状

O_3 的指示植物有矮牵牛花、菜豆、洋葱、烟草、菠菜、马铃薯、葡萄、黄瓜、松树、美国白蜡树等。

植物受到 O_3 伤害后，初始症状是叶面上出现分布较均匀、细密的点状斑，呈棕色或褐色；随着时间的延长，逐渐脱色，变成黄褐色或灰白色，并连成一片，变成大片的块斑。针叶树对 O_3 的反应是叶尖变红，然后变为褐色，进而褪为灰色，针叶面上有杂色斑。

过氧乙酰硝酸酯（PAN）的指示植物有长叶莴苣、瑞士甜菜及一年生早熟禾等，它们的叶片对 PAN 敏感，但对 O_3 却表现出相当强的抗性。

PAN 伤害植物的早期症状是在叶背面上出现水渍状斑或亮斑，继之气孔附近的海绵组织细胞被破坏并被气窝取代，结果呈现银灰色、褐色。受害部分还会出现许多“伤带”。

5）持久性有机污染物（POPs）的指示植物及受害症状

对 POPs 敏感的植物有地衣、苔藓，以及某些植物的叶等。

空气中的 POPs 从污染源排放到积累于地衣中至少需要 2～3 年的时间，因此利用不同时间采集的地衣进行空气污染的时间分辨监测时，其分辨率为 3 年左右。利用不同地区地衣中

POPs 分布模式间的差异可进行污染源的追踪。苔藓没有真正的根、茎、叶的分化，不具有维管组织，仅靠茎叶体从周围空气中吸收养料，故苔藓能指示空气 POPs 的污染状况，而不受土壤条件差异的影响。研究表明，树叶中 POPs 的含量与空气 POPs 的含量呈线性相关。其中，松柏类针叶由于表面积大、脂含量高、气孔下陷、生活周期长，对 POPs 的吸附容量大，在空气 POPs 污染监测中的应用最广，所涉及的化合物包括多环芳烃（PAHs）、多氯联苯（PCBs）、有机氯农药（OCPs）、二噁英（PCDD/Fs）等。

2. 监测方法

1）栽培指示植物监测法

如果监测区域生长着被测污染物的指示植物，可通过观察记录其受害症状特征来评价空气污染状况。但这种方法局限性较大，而盆栽或地栽指示植物方法比较灵活，利于保证其敏感性。该方法是先将指示植物在没有污染的环境中盆栽或地栽培植，待生长到适宜大小时，移至监测点，观察它们的受害症状和程度。例如，用唐菖蒲监测空气中的氟化物，先在非污染区将其球茎栽培在直径 20 cm、高 10 cm 的花盆中，待长出 3～4 片叶后，移至污染区，放在污染源的主导风向下风侧不同距离（如 5 m、50 m、300 m、500 m、1150 m、1350 m）处，定期观察受害情况。几天之后，如发现部分监测点上的唐菖蒲叶片尖端和边缘产生淡棕黄色片状伤斑，且伤斑部位与正常组织之间有一明显的界线，说明这些地方已受到严重污染。根据预先实验获得的氟化物浓度与伤害程度的关系，即可估计出空气中氟化物的浓度。如果一周后，除最远的监测点外，都发现了唐菖蒲不同程度的受害症状，说明该地区的污染范围至少达 1150 m。

研究发现：花叶莴苣较黄瓜对二氧化硫更敏感，在同等二氧化硫浓度条件下，黄瓜出现初始受害症状的时间大约是花叶莴苣的 4 倍。吉林通化园艺研究所用花叶莴苣作为指示植物定点栽培指示二氧化硫，以此来预防黄瓜苗期受害。

也可以使用图 12.2.2 所示植物监测器测定空气的污染状况。该监测器由 A、B 两室组成，A 室为测量室，B 室为对照室。将同样大小的指示植物分别放入两室，用气泵将污染空气以相同流速分别打入 A、B 室的导管，并在通往 B 室的管路中串接一活性炭净化器，以获得净化空气。经过一定时间后，即可根据 A 室内指示植物出现的受害症状和预先确定的与污染物浓度的相关关系估算空气中污染物的浓度。

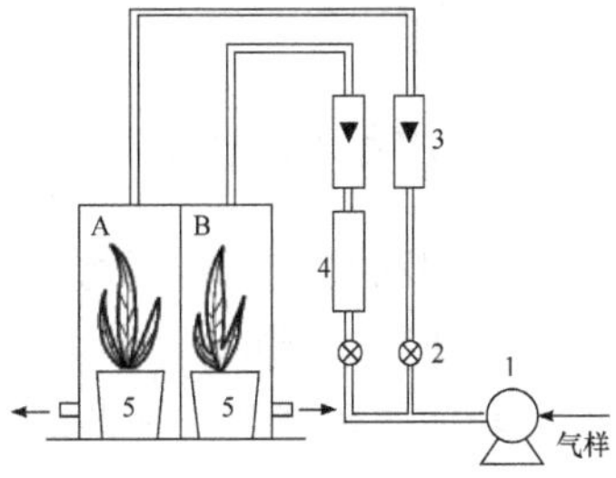

图 12.2.2　植物监测器

1. 气泵；2. 针形阀；3. 流量计；4. 活性炭净化器；5. 指示植物

2）植物群落监测法

该方法是利用监测区域植物群落受到污染后，各种植物的反应来评价空气污染状况。进行该工作前，需要通过调查和实验，确定群落中不同植物对污染物的抗性等级，将其分为敏感、抗性中等和抗性强三类。如果敏感植物叶部出现受害症状，表明空气已受到轻度污染；如果抗性中等的植物出现部分受害症状，表明空气已受到中度污染；当抗性中等植物出现明显受害症状，有些抗性强的植物也出现部分受害症状时，则表明已造成严重污染。同时，根据植物呈现受害症状的特征、程度和受害面积比例等判断主要污染物和污染程度。

对排放 SO_2 的某化工厂附近植物群落的调查结果见表 12.2.1。可见，对 SO_2 污染抗性强的一些植物如构树、马齿苋等受到伤害，说明该厂附近的空气已受到严重污染。

表 12.2.1 对排放 SO_2 的某化工厂附近植物群落受害情况的调查结果

植物	受害情况
悬铃木、加拿大白杨	80%～100%叶片受害，甚至脱落
圆柏、丝瓜	叶片有明显大块伤斑，部分植株枯死
向日葵、葱、玉米、菊、牵牛花	50%左右叶面积受害，叶脉间有点、块伤斑
月季、蔷薇、枸杞、香椿、乌桕	30%左右叶面积受害，叶脉间有轻度点、块状伤斑
葡萄、金银花、构树、马齿苋	10%左右叶面积受害，叶片上有轻度点伤斑
荷花玉兰、冬青卫矛、栀子花、腊梅	无明显症状

地衣和苔藓是低等植物，分布广泛，其中某些种群对污染物如 SO_2、HF 等反应敏感。通过调查树干上的地衣和苔藓的种类、数量和生长发育状况，就可以估计空气污染程度。在工业城市中，通常距中心越近，地衣的种类越少，重污染区内一般仅有少数壳状地衣分布，随着污染程度的减轻，便出现枝状地衣；在轻污染区，叶状地衣数量最多。

3）其他监测法

剖析树木的年轮可以了解所在地区空气污染的历史。在气候正常、未曾遭受污染的年份树木的年轮宽，而空气污染严重或气候条件恶劣的年份树木的年轮窄。还可以用 X 射线法对年轮材质进行测定，判断其污染情况，污染严重的年份年轮木质比重小，正常年份的年轮木质比重大，它们对 X 射线的吸收程度不同。

空气污染可以导致指示植物的一些生理生化指标的变化，如光合作用、叶绿素、体内酶的活性、细胞染色体等指标的变化，故通过测定这些指标可评估空气污染状况。

此外，通过测定植物体内吸收积累的一些污染物含量，也可以评价空气污染物的种类和污染水平。

二、利用动物监测

利用动物监测空气污染虽然由于受到客观条件的限制而应用不多，但也有不少学者开展了相关研究。例如，人们很早就用金丝雀、金翅雀、老鼠、鸡等动物的异常反应（不安、死亡）来探测矿井内的瓦斯毒气。美国多诺拉烟雾事件调查表明，金丝雀对 SO_2 最敏感，其次是狗，再次是家禽；日本学者利用鸟类与昆虫的分布来反映空气质量的变化。保加利亚一些矿区用蜜蜂监测空气中金属污染物的浓度等。

在一个区域内，利用动物种群数量的变化，特别是对污染物敏感动物种群数量的变化，也可以监测该区域空气污染状况。例如，一些大型哺乳动物、鸟类、昆虫等迁移，而不易直接接触污染物的潜叶性昆虫、虫瘿昆虫、体表有蜡质的蚧类等数量增加，说明该地区空气污染严重。

三、利用微生物监测

空气不是微生物生长繁殖的天然环境，故没有固定的微生物种群，其主要通过土壤尘埃、水滴、人和动物体表的干燥脱落物、呼吸道的排泄物等方式带入空气中。空气中微生物群落的组成及数量变化与空气污染有密切关系，可用于监测空气质量。例如，有学者对沈阳市空气中微生物区系分布与环境质量关系的研究表明，空气中微生物的数量随着人群和车辆流动的增加而增多，繁华街道和闹市区微生物数量最多，其次是交通路口、居民小区，郊区东陵公园和农村空气中微生物数量最少。

室内空气中的致病微生物是危害人体健康的主要因素之一，特别是在温度高、灰尘多、通风不良、日光不足的情况下，生存时间较长，致病的可能性也较大，在室内空气卫生标准中都规定了微生物最高限值指标。

因为直接测定病原微生物有一定困难，故一般推荐细菌总数和链球菌总数作为室内空气细菌学的评价指标。

第三节　土壤污染生物监测

土壤中常见的污染物有重金属（镉、铜、锌、铅）、石油类、农药和病原微生物等。土壤受到污染后，生活在其中的生物的活力、代谢特点、行为方式、种类组成、数量分布、体内污染物及其代谢产物的含量等均会受到影响。因此，根据土壤中生物的这些特征变化可以监测土壤的污染程度。

一、土壤污染的植物监测

1. 土壤污染的指示植物

当土壤受到污染后，污染物对植物产生的各种反应“信号”，同样可以用来监测土壤环境污染状况。植物受土壤污染后的“信号”和对大气污染的反应类同，主要如下。

（1）产生可见症状。植物受到污染物质的影响后，通常会在叶片上出现肉眼看得见的伤斑。而且，若污染物质的种类和浓度不同，则所产生的受害症状也各有不同。

（2）生理代谢异常。污染对植物的生理活动产生影响，使蒸腾率降低，呼吸作用加强，叶绿素相对含量减少，光合作用强度下降，结果导致生长发育受到抑制，生长量减少，植株矮化，叶面积变小，叶片早落和落花落果等。

（3）植物成分发生变化。在正常情况下，植物的成分大致是一定的。受到污染后，由于植物吸收污染物质，其中的某些成分含量发生变化。例如，蒲公英的叶子积聚 As、Cd、Cr、Hg、Sb、Se、Zn 的量和环境污染的程度相一致。

因此，人们可以利用敏感的指示植物来监测和评价土壤环境质量。常用的土壤环境质量指示植物如表 12.3.1 所示。

表 12.3.1　常用土壤污染监测的指示植物

土壤类别	指示植物
肥沃土壤	沟蕨、黄金蕨、长白萱麻、奥羽、野凤仙花、蔓赤草、珊瑚木、绣球花、蓝筛朴等
贫瘠土壤	里白、米楮、杨梅树、山柳、杜鹃花、马醉木、南烛和夏黄伊等
酸性土壤	芒箕骨、映日红、铺地蜈蚣等
石灰性土壤	蜈蚣草、柏木等

续表

土壤类别		指示植物
碱性土壤		碱蓬、剪刀股等
重金属污染土壤	铜污染	小犬蕨、大豆、白菜、番茄等
	锌污染	小糠穗、狐茅、紫狐茅、黄花草、酸模、长车前、紫云英、遏蓝菜等
	砷污染	地衣、水稻等

2. 土壤污染与植物反应

土壤污染对植物的影响，下面以对农作物的危害进行简要说明。

1）金属元素的影响

有人研究表明，灌溉水含汞 2.5 mg/L 就会对水稻、油菜的生长有抑制作用，表现为株型矮、叶黄、籽粒少，最后导致水稻减产 77.1%。根据研究对照，大米总汞背景值为 0.0181 mg/L，污染田大米总汞平均值超过粮食类含汞标准 0.02 mg/L 的 17.2 倍，超出背景值 20.1 倍，污染田与背景田比较差异非常显著（$P<0.01$），证明汞污染土壤后，可通过土体向作物体内转移，导致汞在稻谷中的积累。

铅对大豆、玉米的影响表现为：铅浓度增加，植物的光合作用和呼吸作用降低。土壤中铜的含量达到 20 mg/L 时，小麦植株枯死；达到 250 mg/L 时，水稻也死亡。而且铜的危害症状主要是抑制根系生长，长势不良。

镉的毒害可使大豆、小麦发生黄萎病，干物质质量显著下降，大豆对镉比小麦更为敏感，叶片可由黄色变为棕色，甚至叶柄也会变为淡红色，叶片褪绿，叶绿素严重缺乏，表现为严重缺铁症状。在高浓度镉的毒害下，小麦 10 天后就会出现受害症状，2 天后完全枯死。开始时叶片上出现黑褐色斑块，然后整片叶子萎黄，叶尖呈黑褐色斑块，斑块逐渐连片，致使组织坏死而死亡。蔬菜也会因大量吸镉而受害，生长迟缓，产量下降。一些金属元素对稻的危害阈值为：铜 0.01 mg/kg、锌 1 mg/kg、镍 0.07 mg/kg、锰 5 mg/kg、铝 5 mg/kg、砷 0.05 mg/kg、铬 1 mg/kg。

2）有机污染物的影响

酚对几种农作物的影响实验结果如下。

水稻，在 25 mg/L 含酚废水浇灌时，种子发芽势弱，生长受抑制，产量下降 9.9%～27.6%；从 200 mg/L 开始，为水稻生长的危害浓度，生育期延迟，植株矮小，根系发黑，千粒重和产量显著下降（减产 38.6%）；当酚含量在 800 mg/L 以上时，则为水稻的致死浓度，叶色变灰，植株不长，呈萎蔫状态，根系发黑逐渐枯死。

小麦和玉米对酚类化合物不敏感，忍耐能力较强，一般含酚量在 200 mg/L 以下时对它们的生长发育及产量影响不大。

黄瓜，含酚量在 100 mg/L 时为生长的抑制浓度，产量有所下降；从 200 mg/L 开始，为黄瓜生长的危害浓度；而 800 mg/L 时，植株显著矮化。

有实验用浓度为 0.5 mg/L 和 50 mg/L 的苯酚灌溉土培育水稻，对水稻都有不同程度的促进作用，水稻植株生长较高，稻谷千粒重增加；而用浓度 500 mg/L 的苯酚灌溉，对水稻却产生了抑制作用，植株高度下降，秋谷率增加。

COD 对水稻的危害阈值为 8 mg/L，硝基苯对水稻的危害阈值为 0.017 mg/L 左右，氯苯对水稻的危害阈值为 2.7 mg/L 左右，萘对水稻的危害阈值为 97 mg/L 左右。

3. 土壤植物监测调查项目

1）树木调查项目

主要调查树木的生活力指标，其余项目可根据需要和可能有重点地进行。

树长势：旺盛、衰弱、严重衰弱、死亡。

树形：正常、轻度变形、中度变形、严重变形。

枝条伸长量：正常、偏少、少、极少。

树梢枯损：未见、少量、明显、严重。

枝叶密度：正常、部分稀疏、明显稀疏。

叶形：正常、轻度变形、中度变形、重度变形。

叶大小：正常、轻度改变、中度改变、严重改变。

叶色：正常、轻度变色、中度变色、严重变色。

症状：未见、轻度、中度、严重。

落叶状况：正常、少量落叶、大量落叶、严重落叶。

2）蔬菜及作物调查项目

产量：正常、轻度减产、中度减产、严重减产。

品质：正常、轻度下降、中度下降、严重下降。

受害情况：正常、轻度受害、中度受害、严重受害。

污染物质残留量。

3）植被调查项目

植被调查的主要内容有：群落的种类组成、群落的结构和种类受影响度。

4. 土壤植物监测方法

1）野外调查法

调查点的选择有以下几种方法。

（1）方格法：将一个地区划分成许多等面积的方格（在地图上进行），在每一方格中布点调查。

（2）样条法：按需要确定几条贯穿该地区的样条，在样条上选点调查。样条可以定距互相平行，也可以从一点出发向四面发射。

（3）随机法：任意布点调查。

2）植物计法

按方格布点挖取土壤样品，分别盛入盆钵中，栽上一种指示植物，经一定时期后测定各盆植物的干物重，求出相对生长率（RGR），以此来评价各点的土壤质量。计算公式如下：

$$\mathrm{RGR} = \ln[(w_2 - w_1)(t_1 - t_2)] \times 100 \tag{12.3.1}$$

式中，t_1、t_2为发芽后的天数；w_1、w_2为t_1、t_2时植物的干物重。

一般来说，高等植物的相对生长率的最高值为（20%～30%）/天。

3）污染成分分析法

分析植物某些组织、器官中的污染物质含量，以含污量的多少反映环境的质量。例如，植物叶片污染成分的含量和根系中污染物的含量可估测土壤污染。

分析项目：根据需要和条件测定污染物，如氟化物、硫、重金属、农药等。

植物样品的采集：在采取植物样品时应注意植物种类或品种要一致；植物的年龄和生育期要一致；采集根系的深度、方位要一致；采集叶和枝条的着生位置和方位要一致；叶位、展叶期或成熟程度要一致。所采样品不应距污染源太近，以免失去代表性，在城市中可以采集公园中的植物样品。

二、土壤污染的动物监测

土壤中的原生动物、线形动物、软体动物、环节动物、节肢动物等是土壤生态系统的有机组成部分，具有数量大、种类多、移动范围小和对环境污染或变化反应敏感等特点。研究表明：在重金属污染的土壤中，动物种类、数量随环境污染程度的增加而逐渐减少，并且与重金属的浓度具有显著的负相关关系，因而，通过对污染区土壤动物群落结构、生态分布和污染指示动物的系统研究，可监测土壤污染程度，为土壤质量评价提供重要依据。蚯蚓、原生动物、土壤线虫、土壤甲螨等均可作为指示动物监测土壤污染。

蚯蚓是土壤中生物量最大的动物类群之一，在维持土壤生态系统功能中起着不可替代的作用。在污染土壤中，一些敏感的蚯蚓种群消失，能够耐受污染物的种群保留下来，从而导致蚯蚓在种群密度和群落结构上发生明显的变化。研究表明，蚯蚓体内镉的浓度与土壤中镉的浓度具有显著的相关性，对农药、铅等污染物也有较高的敏感性，因此蚯蚓通常被视为土壤动物区系的代表类群而被用于指示、监测土壤污染。监测方法如下：①通过调查污染区土壤中蚯蚓种群的数量和种群结构反映土壤污染情况，根据调查结果获得总丰度、种类丰度、多样性指数等参数，根据这些参数评价土壤的污染程度；②通过毒性和繁殖实验研究污染物对某单一种类的蚯蚓造成的伤害，对污染物进行生态毒理风险评价；③利用蚯蚓的分子生物学、生物化学特征和生理反应（生物标志物）监测土壤污染。

土壤原生动物生活在土表凋落物和土壤中，环境的变化会导致原生动物群落组成和结构迅速变化。例如，在铅锌矿采矿废物污染土壤中，原生动物群落物种多样性显著下降，导致群落中大量不耐污种类消失，因此土壤原生动物可作为土壤污染的指示动物。

线虫是土壤中最为丰富的无脊椎动物，在土壤生态系统腐屑食物网中占有重要地位。它具有形态的特殊性，食物的专一性，分离鉴定相对简单，以及对环境的各种变化（包括污染的胁迫效应）能做出比较迅速的反应等特点，可将线虫作为土壤污染效应研究的生物指标。某些线虫体内的热激蛋白对污染胁迫具有表达能力，因此可将线虫的热激蛋白作为生物标志物进行土壤污染的生态毒理评价。

甲螨是蜱螨类中的优势类群，在土壤中数量多、密度大、极易采得。甲螨口器发达，食量大，通过摄食和移动，可广泛接触土壤中的有害物质。当土壤环境发生变化时，它们的种类和数量会发生变化，可以利用甲螨类监测土壤污染。当全大翼甲螨显著增多、单翼甲螨显著减少时，常表明土壤中有汞、镉的污染；在小奥甲螨和单翼甲螨均增多时，表面土壤中有铜的污染；而若全大翼甲螨和小奥甲螨同时增多、单翼甲螨却又显著减少时，表明土壤中存在有机氯的污染。

三、土壤污染的微生物监测

土壤是自然界中微生物生活最适宜的环境，它具有微生物所需要的一切营养物质，以及微生物进行繁殖、维持生命活动所必需的各种条件。目前已发现的微生物都可以从土壤中分离出来，因此称土壤为“微生物的大本营”。

土壤受到污染后，其中的微生物群落结构及其功能会发生改变。通过测定污染物进入土壤前后的微生物种类、数量、生长状况，以及生理生化变化等特征，可以监测土壤受污染的程度。

1. 土壤中的大肠菌群

粪便中的大肠菌群进入土壤中，随时间的推移会逐渐消亡，其存活时间由数日到数月。因此，根据土壤中大肠菌群的细菌数量评价土壤受病原微生物污染的程度。一般大肠菌群超过 1.0 CFU/g 可认为土壤受到污染。

2. 土壤中的真菌和放线菌

对于难降解的天然有机物如纤维素、木质素、果胶质，真菌和放线菌具有较强的利用能力，另外真菌适合在酸性条件下生存。因此，可以根据土壤中真菌和放线菌的数量变化，判断土壤有机物的组成和 pH 的变化。

3. 土壤中的腐生菌

有机物进入土壤后，其中的腐生菌繁殖加快、数量增加，因此可以利用土壤中腐生菌的数量来评价土壤有机污染的状况。土壤中的有机物由于微生物的分解、氧化作用而减少，土壤得到净化，在此过程中微生物群落发生有规律的演替。首先无芽孢菌占优势，继而芽孢菌繁殖加快。在净化过程中，无芽孢菌和芽孢菌的比例逐渐增大到最大值，继而逐渐下降，直至恢复到污染前的水平。因此，土壤中无芽孢菌和芽孢菌的比例变化可以表征土壤有机污染及其净化的过程。

4. 土壤中的嗜热菌

人类粪便中大肠菌群的细菌数量很多，而嗜热菌很少；但是牲畜粪便中两者都很多，牲畜粪便中大肠菌群为 0.1×10^4 CFU/g，嗜热菌为 4.5×10^6 CFU/g。因此，嗜热菌可以作为表征土壤牲畜粪便污染的指标。嗜热菌超过 10^3～10^5 CFU/g，土壤被视为牲畜粪便污染，超过 10^5 CFU/g 可确定为重污染。

第四节　生物污染测试

一、植物污染测试

1. 植物对污染物的吸收及在体内的分布

空气中的气态和颗粒态的污染物主要通过黏附、叶片气孔或茎部皮孔的侵入方式进入植物体内。例如，植物表面黏附空气中的农药、粉尘，其黏附量与植物的表面积大小、表面性质及污染物的性质、状态有关。表面积大、表面粗糙、有绒毛的植物比表面积小、表面光滑的植物黏附量大；黏度大、乳剂比对黏度小、粉剂黏附量大。脂溶性或内吸传导性农药，可渗入作物表面的蜡质层或组织内部，被吸收、输导分布到植株汁液中。这些农药在外界条件和体内酶的作用下逐渐降解、消失，但稳定性农药直到作物收获时往往还有一定的残留量。实验结果表明，作物体上残留农药量的减少量通常与施药后的间隔时间呈指数函数关系。

气态污染物如氟化物，主要通过植物的根系吸收进入植物体内，其吸收量与污染物的含量、土壤类型及植物品种等因素有关。污染物含量高，植物吸收的就多；在砂质土壤中的吸收率比在其他土质中的吸收率要高；块根类作物比茎叶类作物吸收率高；水生作物的吸收率比陆生作物的吸收率高。

污染物进入植物体后，在各部位的分布和积累情况与吸收污染物的途径、植物品种、污染物的性质及其作用时间等因素有关。

从土壤和水体中吸收污染物的植物，一般分布规律和残留量的顺序是：根＞茎＞叶＞穗＞壳＞种子。也有不符合上述规律的情况，如萝卜中的 Cd 含量是地上部分（叶）＞直根，莴苣是根＞叶＞茎。

从空气中吸收污染物的植物，一般叶部残留量最大。表 12.4.1 列出了某氟污染区部分蔬菜不同部位的含氟量。

表 12.4.1　某氟污染区部分蔬菜不同部位的含氟量（μg/g）

品种	叶片	根	茎	果实
番茄	149	32.0	19.5	2.5
茄子	107	31.0	9.0	3.8
黄瓜	110	50.0	—	3.6
菠菜	57.0	18.7	7.3	—

植物体内污染物的残留情况也与污染区的性质及残留部位有关。表 12.4.2 和表 12.4.3 列出了不同农药在水果中的残留情况。可见，渗透能力强的农药残留于果肉；渗透能力弱的农药多残留于果皮；滴滴涕（DDT）、敌菌丹、异狄氏剂、杀螟松等渗透能力弱，95%以上残留在果皮部位，而西维因渗透能力强，78%残留于苹果果肉中。由表 12.4.3 可见六六六在水中溶解度大，易渗透并蓄积在白米中，富集量达 60%，而倍硫磷等主要蓄积在米糠中。

表 12.4.2　不同农药在水果中的残留情况（%）

农药	品种	果皮中残留比例	果肉中残留比例	农药	品种	果皮中残留比例	果肉中残留比例
滴滴涕	苹果	97	3	异狄氏剂	柿子	96	4
西维因	苹果	22	78	杀螟松	葡萄	98	2
敌菌丹	苹果	97	3	乐果	橘子	85	15
倍硫磷	桃	70	30				

表 12.4.3　农药在稻谷中的蓄积情况（%）

农药	米糠	白米	农药	米糠	白米
滴滴涕	70	30	对硫磷	80	20
六六六	40	60	乙拌磷	65	35
马拉硫磷	87	13	倍硫磷	94	6

2. 植物采集与样品制备

1）植物样品的采集

（1）对样品的要求：采集的植物样品要具有代表性、典型性和适时性。代表性是指采集能代表一定范围污染情况的植物，这就要求对污染源的分布、污染类型、植物特征、地形地貌、灌溉出入口等因素进行综合考虑，选择合适的地段作为采样区，再在采样区内划分若干采样小区，采用适宜的方法布点，确定代表性的植物。不要采集田埂、地面 2 m 以内的植物。典型性是指所采集的植物部位要能充分反映通过监测所要了解的情况。根据要求分别采集植物的不同部位，如根、茎、叶、果实，不能将各部位样品随意混合。适时性是指在植物不同生长发育阶段，施药、施肥前后，适时采样监测，以掌握不同时期的污染状况和对植物生长的影响。

（2）布点方法：根据现场调查和收集的资料，先选择采样区，在划分好的采样小区内，常采用梅花形布点法或交叉间隔布点法确定代表性的植物，见图 12.4.1。

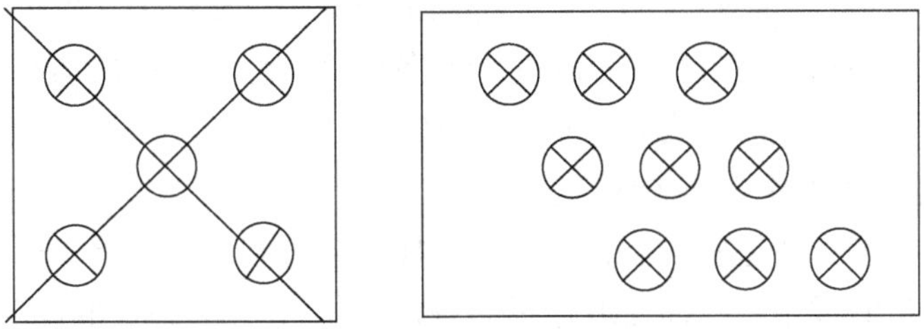

(a) 梅花形五点取样　　(b) 交叉间隔取样

图 12.4.1　采样点布设方法

⊗ 为采样点

（3）采样方法：在每个采样小区内的采样点上分别采集 5～10 处植物的根、茎、叶、果实等，将同部位样品混合，组成一个混合样；也可以整株采集后带回实验室再按部位分开处理。采集样品量要能满足需要，一般经制备后，至少有 20～50 g（干物质）样品。新鲜样品可按 80%～90%的含水量计算所需样品量。若采集根系部位样品，应尽量保持根部的完整。对一般旱作物，在抖掉附在根上的泥土时，注意不要损失根毛；如采集水稻根系，在抖掉附着泥土后，应立即用清水洗净。根系样品带回实验室后，及时用清水洗（不能浸泡），再用纱布拭干。如果采集果树样品，要注意树龄、株型、生长势、载果数量和果实着生的部位及方向。如要进行新鲜样品分析，则在采集后用清洁、潮湿的纱布包住或装入塑料袋，以免水分蒸发而萎缩。对水生植物，如浮萍、藻类等，应采集全株。从污染严重的河、塘中捞取的样品，需用清水洗净，挑去水草等杂物。采集后的样品装入布袋或聚乙烯塑料袋，贴好标签，注明编号、采样地点、植物名称、分析项目，并填写采样登记表。

（4）样品的保存：样品带回实验室后，如测定新鲜样品，应立即处理和分析。当天不能分析完的样品，暂时放于冰箱中保存，其保存时间的长短，视污染物的性质及在生物体内的转化特点和分析测定要求而定。如果测定干样品，则将鲜样品放在干燥通风处晾干或于鼓风干燥箱中烘干。

2）植物样品的制备

（1）鲜样的制备：测定植物内容易挥发、转化或降解的污染物（如酚、氰、亚硝酸盐等）、营养成分（如维生素、氨基酸、糖、植物碱等），以及多汁的瓜、果、蔬菜样品，应使用新鲜样品。其主要过程为：样品清洗、晾干、粉碎研磨、筛分和保存。

（2）干样的制备：分析植物中稳定的污染物，如某些金属元素和非金属元素、有机农药等，一般用风干样品，其主要过程为：样品清洗、风干、磨碎、筛分和密闭保存等。

3）分析结果表示方法

植物样品中污染物质的分析结果常以干物质质量为基础表示（mg/kg 干物质），以便比较各样品中某一成分含量的高低。因此，还需要测定样品的含水量，对分析结果进行换算。含水量常用重量法测定，即称取一定量鲜样或干样，于 100～105℃烘干至恒量，由其质量减少量计算含水量。对含水量高的蔬菜、水果等，以鲜样表示计算结果为好。

3. 植物样品中污染物的测定

1）粮食作物中有害金属元素测定

粮食作物中铜、镉、铅、锌、铬、汞、砷的测定方法可概括为：首先从前面介绍的植物样品采集和制备方法中选择适宜的方法采集和制备样品，然后用湿法消解或干法灰化制备成样品溶液，再用原子吸收光谱法或分光光度法测定。

2）水果、蔬菜和谷类中有机磷农药测定

首先根据样品类型选择适宜的制备方法，对样品进行制备，如粮食样品用粉碎机粉碎、过筛，蔬菜用捣碎机制成浆状；而后取适量制备好的样品，加入水和丙酮提取农药，经减压抽滤，所得滤液用氯化钠饱和，并将丙酮相和水相分离，水相中的农药再用二氯甲烷萃取，分离所得的二氯甲烷萃取液与丙酮提取液合并，用无水硫酸钠脱水后，于旋转蒸发仪中浓缩至约 2 mL，移至 5～25 mL 容量瓶中，用二氯甲烷定容供测定；最后，分别取混合标准液和样品提取液注入气相色谱仪，用火焰光度检测器（FPD）测定，根据样品溶液峰面积或峰高与标准溶液峰面积或峰高进行比较定量。

该方法适用于水果、蔬菜、谷类中敌敌畏、速灭磷、久效磷、甲拌磷、巴胺磷、二嗪磷、乙嘧硫磷、甲基嘧啶硫磷、甲基对硫磷、稻瘟净、水胺硫磷、氧化喹硫磷、稻丰散、甲喹硫磷、虫胺磷、乙硫磷、乐果、喹硫磷、对硫磷、杀螟硫磷残留量的测定。详细资料见《食品中有机磷农药残留量的测定》（GB/T 5009. 20—2003）。

二、动物污染测试

1. 动物对污染物的吸收及其在体内的分布

环境中的污染物一般通过呼吸道、消化道、皮肤等途径进入动物体内。

空气中的气态污染物、粉尘从口鼻进入气管，有的可到达肺部，其中，水溶性较大的气态污染物，在呼吸道黏膜上被溶解，极少进入肺泡；水溶性较小的气态物质，绝大部分可到达肺泡。直径小于 5 μm 的粉尘颗粒可到达肺泡，而直径大于 10 μm 的尘粒大部分被黏附在呼吸道和气管的黏膜上。

水和土壤中的污染物主要通过饮用水和食物摄入，经消化道被吸收。由呼吸道吸入并沉积在呼吸道表面上的有害物质，也可以由咽部到消化管，再被吸收进入体内。

皮肤是保护肌体的有效屏障，但具有脂溶性的物质，如四乙基铅、有机汞化合物、有机锡化合物等，可以通过皮肤吸收后进入动物肌体。

动物吸收污染物质后，主要通过血液和淋巴系统传输到全身各组织产生危害。按照污染物性质和进入动物组织类型的不同，大致有以下五种分布规律。

（1）能溶解于体液的物质，如钠、钾、锂、氟、氯、溴等离子，在体内分布比较均匀。

（2）镧、锑、钍等三价和四价阳离子，水解后生成胶体，主要积累于肝或其他网状内皮系统。

（3）与骨骼亲和性较强的物质，如铅、钙、钡、锶、镭、铍等二价阳离子在骨骼中含量较高。

（4）对某一种器官具有特殊亲和性的物质，则在该种器官中积累较多，如碘对甲状腺，汞、铀对肾脏有特殊亲和性。

（5）脂溶性物质，如有机氯化合物（六六六、滴滴涕等），易积累于动物体内的脂肪中。

上述五种分布类型之间彼此交叉，比较复杂。一种污染物对某一种器官有特殊亲和作用，但同时也分布于其他器官。例如，铅离子除分布在骨骼中外，也分布于肝、肾中。同一种元素，由于价态和存在形态不同，在体内积累的部位也有差异。水溶性汞离子很少进入脑组织，但烷基汞不易分解，呈脂溶性，可通过脑屏障进入脑组织。

有机污染物进入动物体后，除很少一部分水溶性强、分子量小的污染物可以原形排出外，绝大部分都要经过某种酶的代谢（或转化），增强其水溶性而易于排泄。通过生物转化，多数污染物被转化为惰性物质或解除其毒性，但也有转化为毒性更强的代谢产物，例如，有机磷农药对硫磷在生物体内被氧化成毒性更大的对氧磷。对硫磷在生物体内的转化过程简要说明如下：对硫磷进入生物体内后的生物转化过程主要是在肝脏微粒体内进行，其转化机理主要有三种情形：一是在还原型烟酰胺腺嘌呤二核苷酸磷酸（NADPH）和氧气的协助下，在肝脏混合功能氧化酶催化下转化为硫代磷酸二乙酯和对硝基苯酚；二是在肝脏混合功能氧化酶催化作用下脱硫转化为对氧磷，反应中脱离下的硫原子通过共价键合作用结合于细胞色素 P450 上；三是在 A 酯酶的催化作用下生成对硝基苯酚和磷酸二乙酯。对氧磷是对硫磷发挥毒理学作用的主要活性形式，其抑制胆碱酯酶的能力是对硫磷的 300 倍，但其与人血浆白蛋白的亲和力远小于对硫磷。故对硫磷在生物体内的转化，不仅导致了毒性更强的对氧磷的产生，而且增加了血液中游离的有机磷含量。具体可参阅相关文献，如《对硫磷的毒物代谢动力学研究进展》（中国工业医学杂志, 2008, 21(6): 375-376, 379）中明确了对硫磷生物体内转化的相关内容。

无机污染物包括金属污染物和非金属污染物，进入动物体后，一部分参与生化代谢过程，转化为化学形态和结构不同的化合物，如金属的甲基化和脱甲基化反应、络合反应等；也有一部分直接积累于细胞各部分。

各种污染物经转化后，有的排出体外，也有少量随汗液、乳汁、唾液等分泌液排出，还有的在皮肤的新陈代谢过程中到达毛发而离开肌体。

2. 动物样品的采集和制备

动物的尿液、血液、唾液、胃液、乳液、粪便、毛发、指甲、骨骼和组织等均可作为检验样品。

1）尿液

动物体内绝大部分毒物及其代谢产物主要由肾经膀胱、尿道随尿液排出。尿液收集方便，因此尿检在医学临床检验中应用广泛。尿液中的排泄物浓度一般早晨较高，可一次收集，也可以收集 8 h 或 24 h 的尿样，测定结果为收集时间内尿液中污染物的平均含量。

2）血液

血液中有害物质的浓度可反映近期接触污染物质的水平，并与其吸收量呈正相关。传统的从静脉取血样的方法，操作较烦琐，取样量大。随着分析技术的发展，减少了血样用量，用耳血、指血代替静脉血，给实际工作带来了方便。

3）毛发和指甲

积累在毛发和指甲中的污染物（如砷、锰、有机汞等）残留时间较长，即使已脱离与污染物接触或停止摄入污染食物，血液和尿液中污染物的含量已下降，而毛发或指甲中仍容易检出。头发中的汞、砷等含量较高，样品容易采集和保存，故在医学和环境分析中应用较广泛。人头发样品一般采集 2～5 g，男性采集枕部头发，女性原则上采集短发。采样后，用中性洗涤剂洗涤，去离子水冲洗，最后用乙醚或丙酮洗净，室温下充分晾干后保存和备用。

4）组织和脏器

采用动物的组织和脏器作为检验样品，对调查研究环境污染物在肌体内的分布、积累、毒性和环境毒理学等方面的研究都有重要意义。但是，组织和脏器的部位复杂，且柔软、易破裂混合，因此取样操作要细心。

以肝为检验样品时，应剥去被膜，取右叶的前上方表面下几厘米纤维组织丰富的部位作样品。检验肾时，剥去被膜，分别取皮质和髓质部分作样品，避免在皮质与髓质结合处采样。

检验个体较大的动物受污染情况时，可在躯干的各部位切取肌肉片制成混合样。

采集组织和脏器样品后，应放在组织捣碎机中捣碎、混匀，制成浆状鲜样备用。

5）水产食品

水产品如鱼、虾、贝类等是人们常吃的食物，其中的污染物可通过食物链进入人体，对人体产生不良影响。

样品从监测区域内水产品产地或最初集中地采集。一般采集产量高、分布范围广的水产品，所采品种尽可能齐全，以较客观地反映水产食品被污染的水平。

从对人体的直接影响考虑，一般只取水产品的可食部分进行检测。对于鱼类，先按种类和大小分类，取其代表性的尾数（如大鱼 3～5 条，小鱼 10～30 条），洗净后滤去水分，去除鱼鳞、鳍、内脏、皮、骨等，分别取每条鱼的厚肉制成混合样，切碎、混匀，或用组织捣碎机捣碎成糊状，立即分析或储存于样品瓶中，置于冰箱内备用。对于虾类，将原样品用水洗净，剥去虾头、甲壳、肠腺，分别取虾肉捣碎制成混合样。对于毛虾，先拣出原样中的杂草、沙石、小鱼等异物，晾至表面水分刚尽，取整虾捣碎制成混合样。贝类或甲壳类，先用水冲洗去除泥沙，再剥去外壳，取可食部分制成混合样，并捣碎、混匀，制成浆状鲜样备用。对于海藻类如海带，选取数条洗净，沿中央筋剪开，各取其半，剪碎混匀制成混合样，按四分法缩分至 100～200 g 备用。

3. 鱼组织中有机汞和无机汞的测定

1）巯基棉富集-冷原子吸收法

该方法可以分别测定样品中的有机汞和无机汞，其测定要点如下。

称取适量制备好的鱼组织样品，加 1 mol/L 盐酸浸提出有机汞和无机汞化合物。将提取液的 pH 调至 3，用巯基棉富集两种形态的汞化合物，然后用 2 mol/L 盐酸洗脱有机汞化合物，再用氯化钠饱和的 6 mol/L 盐酸洗脱无机汞化合物，分别收集并用冷原子吸收法测定。

2）气相色谱法测定甲基汞

鱼组织中的有机汞化合物和无机汞化合物用 1 mol/L 盐酸提取后，用巯基棉富集和盐酸溶液洗脱，再用苯萃取洗脱液中的甲基汞，用无水硫酸钠除去有机相中的残留水分，最后，用气相色谱法测定甲基汞的含量。

第十三章　物理性污染监测

第一节　噪声污染监测

一、声音

声音的产生源于物体的振动，发声体振动引起周围媒质的质点位移及质点密度疏密变化的传播就是声波，其传播速度称为声速。当振动的频率为 20～20000 Hz 时，作用于人耳鼓膜并刺激听觉神经，使人产生的一种主观感觉称为声音，即为人耳可听声。声音的传播必须具有声源、传播介质、接收者三个要素，缺一不可。

二、噪声的来源与危害

1. 噪声

噪声是指在人们生活和工作中不需要的声音。根据噪声的定义可知：声音不一定是噪声，而噪声一定是声音。凡是人们不需要的，使人厌烦的，干扰人们正常休息、学习和工作，对人们正常生活和生产有妨碍的声音全部归类为噪声，如交通工具马达、汽笛声，生产机器的轰鸣及其他突发的响声等。环境噪声是指在工业生产、建筑施工、交通运输和社会生活中所产生的干扰周围生活环境的声音。

环境噪声按来源分为工业噪声、社会生活噪声、交通运输噪声和建筑施工噪声；按发声机理分为机械噪声、空气动力性噪声和电磁噪声；按声波振动频率可分为低频噪声（＜500 Hz）、中频噪声（500～1000 Hz）和高频噪声（＞1000 Hz）；按辐射特性和传播距离分为点源、线源和面源噪声；按声源移动性又可分为固定声源和流动声源。

2. 环境噪声污染特点及危害

环境噪声污染是指声源所产噪声超过了国家规定的环境噪声排放标准，干扰人们正常生活及工作和学习的现象。噪声污染也是一种公害，但与其他污染相比，它有两个明显的特点：一是噪声污染是感觉公害，它通过刺激人的听觉器官产生危害，其危害程度与受害人的生理和心理因素有关。噪声不单取决于声音的物理性质，还要看是否干扰了人们正常的生活及生产过程，其与人的主观感觉密切相关。二是噪声污染是局限性和分散性的公害。它的传播有一定的局限性，且其污染一般没有残余。

环境噪声污染的危害主要有损害听力、影响正常工作生活、干扰语言交流、诱发疾病等。噪声污染可以引起耳鸣、听力损伤甚至永久性耳聋等听力损害；还会引起心血管系统、消化系统、内分泌系统、呼吸系统等方面的疾病；强噪声还会对女性内分泌系统、孕妇、胎儿及儿童等产生负面影响。

三、噪声的物理量

与噪声有关的物理量有波长、声速、频率、声压、声强、声功率、分贝、声压级、声强级、声功率级等。

1. 波长、声速及频率

（1）波长：沿声波传输方向，振动一个周期所传播的距离，或声音在传播过程中使传播介质中的质点振动交替达到最高值和最低值，相邻两个最高或最低值之间的距离，用λ表示，单位为 m。

（2）声速：声速与波长互为倒数，指在单位时间内通过传播介质的距离，用 c 表示，单位为 m/s。声速受传播介质的密度和温度影响，介质密度越大，声速越快；温度越高，声速也越快，常温下，声速约为 345 m/s。

（3）频率：发声源在单位时间内引起周围介质的质点振动次数，用 f 表示，单位为 Hz。20～20000 Hz 为人耳能听到的声波频率范围，低于 20 Hz 的称为次声波，高于 20000 Hz 的为超声波，它们作用到人耳时不引起声音的感觉，所以人听不到。波长、频率和声速三者的关系是：$c = f\lambda$。

（4）周期：发生源振动一次所经历的时间称为周期，用 T 表示，单位为 s，显然周期与频率互为倒数，即 $T = 1/f$。

2. 声压、声强和声功率

1）声压

在声音传播过程中，发生源的振动使周围空气的密度发生变化，从而使其周围空气局部压强发生变化。由于振动的影响而形成比正常大气压增强或减弱的压强称为声压，单位为帕（Pa），用符号 P 表示。

声波是空气分子有方向、有节律的运动，其在空气中传播时会形成压缩和稀疏交替变化，因此压强的变化是正负交替的，通常讲的声压是瞬时声压的均方根值，也称为有效声压，故其实际上总为正值。正常人听到的最弱声音的声压为 2×10^{-5} Pa，相当于人耳刚能听到的蚊子声音的声压，称为人耳的“听阈”。而使人耳产生疼痛感觉的声压，如发动飞机产生的噪声声压为 20 Pa，称为人耳的“痛阈”。

2）声强

声强是指单位时间内声波通过垂直于声波传播方向单位面积的声能量，单位为 W/m^2，用符号 I 表示。

声强与声压的关系为

$$I = \frac{P^2}{\rho c} \tag{13.1.1}$$

式中，P 为有效声压，Pa；I 为声强，W/m^2；ρ 为空气密度，kg/m^3；c 为空气中的声速，m/s。

3）声功率

声功率为单位时间内，声波通过垂直于声音传播方向辐射的总能量，单位为 W。

3. 分贝、声压级、声强级和声功率级

1）分贝

分贝是指两个相同的物理量（如 A_1 和 A_0）之比取以 10 为底的对数，并乘以 10 或者 20。分贝符号为 dB，量纲为一。

$$N = 10 \times \lg \frac{A_1}{A_0} \tag{13.1.2}$$

式中，A_0 为基准参考量；A_1 为被量度量。如果以声压来表示日常生活中所听到的声音，其变化范围非常大，可以达到 6 个数量级以上。另外，人耳对声信号强弱的听觉刺激反应呈对数关系，而非线性关系，因此采用分贝来表达声学量值。

2）声压级（L_P）

$$L_P = 10 \times \lg \frac{P^2}{P_0^2} \tag{13.1.3}$$

式中，L_P 为声压级，dB；P 为有效声压，Pa；P_0 为基准声压，Pa。2×10^{-5} Pa 是人耳刚刚能听到的 1000 Hz 纯音的最低声压。

3）声强级（L_I）

$$L_I = 20 \times \lg \frac{I}{I_0} \tag{13.1.4}$$

式中，I 为声强，W/m^2；I_0 为基准声强，$I_0 = 10^{-12}\ W/m^2$。

4）声功率级（L_W）

$$L_W = 20 \times \lg \frac{W}{W_0} \tag{13.1.5}$$

式中，W 为声功率，W；W_0 为基准声功率，$W_0 = 10^{-12}$ W。

4. 噪声的叠加和相减

（1）噪声的叠加：两个以上独立声源作用于某点，便产生噪声叠加。声能量可以直接代数相加，如声功率和声强都可以直接相加。假设两个声源的声功率分别为 W_1 和 W_2，总功率则为 $W_{总} = W_1 + W_2$，两个声源在某点的声强为 I_1 和 I_2 时，叠加后的总声强则为 $I_{总} = I_1 + I_2$。而声压则不能直接相加。

由公式（13.1.1）得 $$I_1 = \frac{P_1^2}{\rho c},\quad I_2 = \frac{P_2^2}{\rho c}$$

所以

$$P_{总} = \sqrt{P_1^2 + P_2^2} \tag{13.1.6}$$

又 $$(P_1/P_0)^2 = 10^{L_{P_1}/10} \qquad (P_2/P_0)^2 = 10^{L_{P_2}/10}$$

因此总声压级为

$$L_P = 10 \times \lg \frac{P_1^2 + P_2^2}{P_0^2} = 10 \times \lg\left(10^{L_{P_1}/10} + 10^{L_{P_2}/10}\right) \tag{13.1.7}$$

如果两个声源的声压级相等，即 $L_{P_1}=L_{P_2}$ ，则总声压级为

$$L_P=L_{P_1}+10\times\lg2\approx L_{P_1}+3 \tag{13.1.8}$$

也就是说，作用于某一点的两个声源声压级相等，其叠加的总声压级比一个声源的声压级增加 3 dB。当声压级不相等时，按上面的公式计算比较烦琐，可以利用图 13.1.1 查曲线计算，具体方法是：$L_{P_1}>L_{P_2}$ ，其差值按图查得ΔL_P，总声压级 $L_{P_总}=L_{P_1}+\Delta L_P$ 。

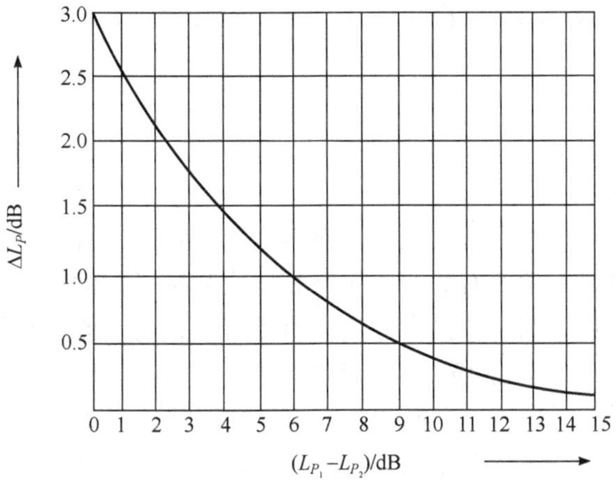

图 13.1.1　两种声源的叠加曲线

【例 13.1.1】　两个不同声源作用于某一点的声压级分别为 106 dB(L_{P_1}) 和 100 dB(L_{P_2}) ，$L_{P_总}$ 的计算过程如下：

由于 $L_{P_1}-L_{P_2}=6$ dB ，查曲线得 $\Delta L_P=1$ dB ，故 $L_{P_总}=106+1=107$ dB 。

依此类推，可以计算多声源的叠加：首先把各声压级由大到小排序，先叠加第 1 个和第 2 个声压级，叠加值与第 3 个声压级比较后，继续叠加，依此重复以上过程。在两两叠加的过程中，如果 $\Delta L_P>10$ ，则后续的各值可忽略，此叠加所得值即为 $L_{P_总}$ 。

（2）噪声的相减：在噪声测量中，经常会碰到如何扣除背景噪声的问题，这就是噪声相减的情况。背景噪声的修正曲线如图 13.1.2 所示。使用方法见【例 13.1.2】。

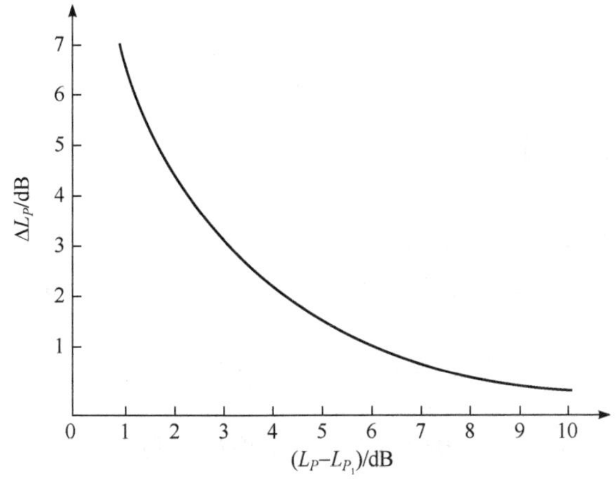

图 13.1.2　背景噪声修正曲线

【例 13.1.2】 某车间有两台生产机器 A 和 B，为评价机器 A 的噪声大小，声级计显示总声级为 106 dB，当机器 A 停止工作，机器 B 继续工作时，测得的噪声为 104 dB，求机器 A 噪声的实际大小。

解 由题可知，机器 A 和机器 B 共同工作时的噪声之和为 106 $\mathrm{dB}(L_P)$，而机器 B 的噪声为 104 $\mathrm{dB}(L_{P_B})$，$L_P - L_{P_B} = 2\,\mathrm{dB}$，从图 13.1.2 可查相应的 $\Delta L_P = 4.8\,\mathrm{dB}$，因此机器 A 的实际噪声 $L_{P_A} = 106\,\mathrm{dB} - 4.8\,\mathrm{dB} = 101.2\,\mathrm{dB}$。

声压级的叠加和相减实质都是能量的相加减，因此相应的公式同样适用于声强级和声功率级的运算。

5. 噪声的评价

1）A 计权声级

环境噪声的度量与噪声本身特性及人耳对声音的主观感受有关。人耳对声音的感觉不仅与声压级有关，还与声音的频率有关，声压级相同而频率不同的声音，听起来不一样响，高频率声音比低频声音感觉更响。根据人耳这一听觉特性，为了能用仪器直接反映人对声音的主观响度感觉的评价量，人们在测定噪声强度的仪器——声级计中设计了一种特殊的滤波器，称计权网络。当声音进入网络后，中低频率的声音按比例衰减通过，而高频如 1000 Hz 以上的声音则无衰减通过。通过计权网络测得的声压级，已不再是客观物理量的声压级，而称为计权声压级或计权声级，通常有 A、B、C 和 D 计权声级。其中被 A 计权的声压级称为 A 声级 L_A，记作分贝（A）或 dB（A），A 声级较好地反映了人们对噪声的主观感觉，是模拟人耳对 55 dB 以下低强度噪声的频率特性设计而成的，当声音通过网络时，人耳对其不敏感的低频声音有较大的衰减，高频不衰减或稍有放大。A 声级能较好地反映出人们对噪声吵闹的主观感，所以它几乎成为一切噪声评价的基本值。

2）等效连续 A 声级

对于一个起伏的或不连续的噪声，在声场内的一定点位上，将某一段时间内连续变化的不同 A 声级变化，用能量平均的方法以 A 声级表示该段时间内的噪声大小。这个声级称为等效连续 A 声级，简称等效声级，记为 L_{eq}，单位为 dB（A）。

在评定非稳态噪声能量的大小时，等效连续 A 声级尤为必要，等效连续 A 声级的数学表达式为

$$L_{eq} = 10 \times \lg\left(\frac{1}{T}\int_0^T 10^{0.1L_A(t)}\mathrm{d}t\right) \tag{13.1.9}$$

式中，L_{eq} 为在 T 时间段内的等效连续 A 声级，dB（A）；L_A 为 t 时刻的瞬时 A 声级，dB（A）；T 为连续取样的总时间，min。

由上式可以看出，如果在测定时间段内的噪声稳定，A 声级就是等效连续 A 声级。

因为噪声测量实际上是采取等间隔取样的，所以等效连续 A 声级又可按下列公式计算：

$$L_{eq} = 10 \times \lg\left(\frac{1}{N}\sum_{i=1}^{N} 10^{0.1L_i}\right) \tag{13.1.10}$$

式中，L_i 为第 i 次读取的 A 声级，dB（A）；N 为取样总数。

若 $N=100$，则 $L_{eq}=10\times\lg\left(\sum_{i=1}^{100}10^{0.1L_i}\right)-20$；

若 $N=200$，则 $L_{eq}=10\times\lg\left(\sum_{i=1}^{200}10^{0.1L_i}\right)-23$。

3）昼夜等效声级

考虑到噪声在夜间对人具有更大的烦扰，将夜向等效声级另增加 10 dB 加权处理后，用能量平均的方法得出 24 小时 A 声级的平均值 L_{dn}，单位为 dB（A）。计算公式为

$$L_{dn}=10\times\lg\left\{\frac{1}{24}\times\left[T_d10^{0.1L_d}+T_n10^{0.1(L_n)+10}\right]\right\} \tag{13.1.11}$$

式中，L_d 为昼间 T_d，16 h（6:00～22:00）的等效声级，dB（A）；L_n 为夜间 T_n，8 h（22:00～次日 6:00）的等效声级，dB（A）。

4）统计噪声级

统计噪声级是指某点噪声级有较大波动时，用于描述该点噪声随时间变化状况的统计物理量。一般用 L_{10}、L_{50}、L_{90} 表示。

L_{10} 表示在取样时间内 10%的时间超过的噪声级，相当于噪声平均峰值。

L_{50} 表示在取样时间内 50%的时间超过的噪声级，相当于噪声平均中值。

L_{90} 表示在取样时间内 90%的时间超过的噪声级，相当于噪声平均底值。

其计算方法是：将测得的一组（假设 100 个）数据按大小顺序排列，第 10 个数据即为 L_{10}，第 50 个数据即为 L_{50}，第 90 个数据即为 L_{90}。

5）计权有效连续感觉噪声级

计权有效连续感觉噪声级是在有效感觉噪声级的基础上发展起来的，用于评价航空噪声或道路的交通噪声比较恰当。其特点在于既考虑了在 24 h 的时间内，飞机通过某一固定点所产生的总噪声级，又考虑了不同时间内的飞机对周围环境所造成的影响。我国现行的《机场周围飞机噪声环境标准》（GB 9660—1988）即规定采用此法进行评价。

一日计权有效连续感觉噪声级（WECPNL）的计算公式如下。

$$\text{WECPNL}=\overline{\text{EPNL}}+10\times\lg(N_1+3N_2+10N_3)-39.4 \tag{13.1.12}$$

式中，$\overline{\text{EPNL}}$ 为 N 次飞行的有效感觉噪声级的能量平均值，dB；N_1 为 7:00～19:00 的飞行次数；N_2 为 19:00～22:00 的飞行次数；N_3 为 22:00～次日 7:00 的飞行次数。

另外，噪声在空气中传播时也会有一定的衰减，墙壁屏障效应、户外建筑物、植物吸收等也会使噪声衰减。在噪声监测时一定要注明与声源的距离。

四、噪声标准

噪声对人体的影响不仅与声源的物理特性有关，还与噪声个体差异、暴露时间等因素有关。因此，考虑到在不同的环境场所对各类人群的保护，防止噪声的污染危害，并兼顾目前的技术条件和经济的合理性，规定了噪声排放的允许限制，形成了环境噪声标准。

1.《声环境质量标准》（GB 3096—2008）

本标准规定了五类声环境功能区的环境噪声限值及测量方法。

本标准适用于声环境质量评价与管理。

机场周围区域受飞机通过（起飞、降落、低空飞越等）噪声的影响，不适用于本标准。

按区域的使用功能特点和环境质量要求，声环境功能区分为以下五种类型：

0 类声环境功能区：指康复疗养区等特别需要安静的区域。

1 类声环境功能区：指以居民住宅、医疗卫生、文化教育、科研设计、行政办公为主要功能，需要保持安静的区域。

2 类声环境功能区：指以商业金融、集市贸易为主要功能，或者居住、商业、工业混杂，需要维护住宅安静的区域。

3 类声环境功能区：指以工业生产、仓储物流为主要功能，需要防止工业噪声对周围环境产生严重影响的区域。

4 类声环境功能区：指交通干线两侧一定距离之内，需要防止交通噪声对周围环境产生严重影响的区域，包括 4a 类和 4b 类两种类型。4a 类为高速公路、一级公路、二级公路、城市快速路、城市主干路、城市次干路、城市轨道交通（地面段）、内河航道两侧区域；4b 类为铁路干线两侧区域。

2. 《建筑施工场界环境噪声排放标准》（GB 12523—2011）

本标准规定了建筑施工场界环境噪声排放限值及测量方法(表 13.1.1)。

本标准适用于周围有噪声敏感建筑物的建筑施工噪声排放的管理、评价及控制。市政、通信、交通、水利等其他类型的施工噪声排放可参照本标准执行。

本标准不适用于抢修、抢险施工过程中产生噪声的排放监管。

表 13.1.1 建筑施工场界环境噪声排放限值（dB）

昼间	夜间
70	55

3. 《工业企业厂界环境噪声排放标准》（GB 12348—2008）

本标准规定了工业企业和固定设备厂界环境噪声排放限值及测量方法(表 13.1.2)。

本标准适用于工业企业噪声排放的管理、评价及控制。机关、事业单位、团体等对外环境排放噪声的单位也按本标准执行。

表 13.1.2 工业企业厂界环境噪声排放限值（dB）

厂界外声环境功能区类别	时段	
	昼间	夜间
0	50	40
1	55	45
2	60	50
3	65	55
4	70	55

4.《铁路边界噪声限值及其测量方法》（GB 12525—1990）

本标准规定了城市铁路边界处铁路噪声的限值及测量方法(表 13.1.3)。

本标准适用于对城市铁路边界噪声的评价。

表 13.1.3　等效声级 L_{eq}[dB(A)]

昼间	70
夜间	70

注：本限值中昼间、夜间的时间由当地人民政府按当地习惯和季节变化划定。

5.《机场周围飞机噪声环境标准》（GB 9660—1988）

本标准规定了机场周围飞机噪声的环境标准(表 13.1.4)。

本标准适用于机场周围受飞机通过所产生噪声影响的区域。

表 13.1.4　标准值和适用区域（dB）

适用区域	标准值
一类区域	≤70
二类区域	≤75

6.《声屏障声学设计和测量规范》（HJ/T 90—2004）

本规范规定了声屏障的声学设计和声学性能的测量方法。

本规范主要适用于城市道路与轨道交通等工程，公路、铁路等其他户外场所的声屏障也可参照本规范。

五、噪声测量

对于噪声的测量方法，目前国际标准化组织和各国均有测量规范，除一般方法外，对于许多机器设备、车辆、飞机和城市环境等均有相应的测量方法。

（一）噪声测量仪器

噪声测量仪器的测量内容包括噪声的强度，主要是声场中的声压，至于声强、声功率的直接测量比较烦琐，因此较少直接测量，只在研究中使用；其次是测量噪声的特征，即声压的各种频率组成成分。

常用的噪声测量仪器有声级计、声级频谱仪、录音机、自动记录仪和实时分析仪器等。

1）声级计

声级计又称噪声计，是按照一定的时间计权和频率计权测量声音的声压级和声级的仪器，是噪声测定最常用的仪器。它的工作原理如图 13.1.3 所示。声压是由传声器膜片接收后，将声压信号转变成电信号，经前置的放大器作阻抗变换后送到输入衰减器，由于表头指示的范围一般只有 20 dB，而声音范围变化则高达 140 dB，甚至更高，因此必须使用衰减器来衰减较强的信号。再由输入放大器进行定量放大。放大后的信号再由计权网络进行计权。它的设计是模拟人耳对不同频率并有不同灵敏度的听觉响应，在计权网络处可外接滤波器，这样便可做频谱分析。输出的信号则由输出衰减器减到额定值，随即送到输出放大器放大，使信号达到相应的功率输出。输出信号经单调速率调度（RMS）检波后（均方根检波电路）送出有效值电压，推动电表或数字显示器，显示所测的声压级分贝值。

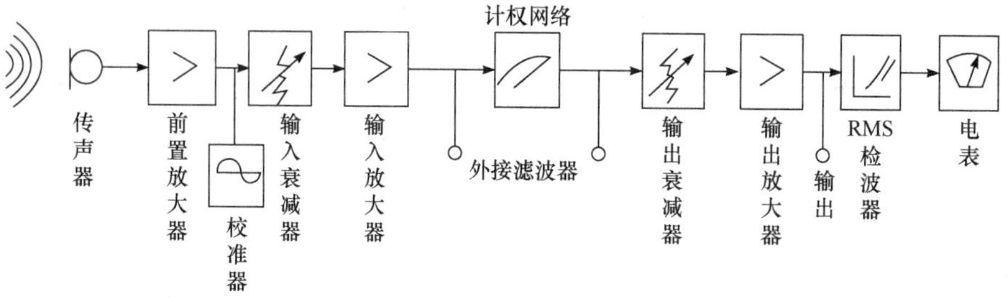

图 13.1.3　声级计工作原理图

2）声级频谱仪

测量噪声频谱的专用仪器——声级频谱仪，它的基本组成与声级计相似，但在频谱分析的过程中，设置了完整的计权网络，借助计权网络的作用，可将声频范围内的频率分成不同的频带进行测量。噪声测量中如需进行频谱分析，通常在精密声级计上配用倍频程滤波器。

3）录音机

有些噪声现场，由于某些原因不能进行现场分析，需要储存噪声信号，然后带回实验室进行分析，这就需要录音机。测量所用录音机不同于家用录音机，其性能要求更高。它要求频率范围宽（一般为 20～15000 Hz），失真小（小于 3%），信噪比大（35 dB 以上），此外，还要求频响特性尽可能平直、动态范围大等。

4）自动记录仪

自动记录仪是将测量的噪声声频信号随时间的变化记录下来，从而对环境噪声做出准确评价，记录仪可将交变的声频电信号作对数转换，整流后将噪声的峰值、均方根植（有效值）和平均值等表示出来。

5）实时分析仪

实时分析仪是一种数字式的谱线显示仪，可将测量范围的输入信号在短时间内同时反映在一系列信号通道显示屏上，通常用于较高要求的研究、测量。

（二）噪声的测量

1. 城市环境噪声监测

城市环境噪声监测包括：城市区域的环境噪声监测、城市交通噪声监测、城市环境噪声长期监测及城市环境中扰民噪声源的调查测试等。

噪声测量的对象包括城市噪声监测及噪声源的监测。城市噪声监测是指功能区定期监测道路交通噪声监测等。《声环境质量标准》（GB 3096—2008）中根据城市功能区的不同，规定了 5 类噪声标准，见表 13.1.5。城市环境噪声监测项目与频次见表 13.1.6。

表 13.1.5　城市噪声标准（等效声级）（dB）

类别	昼间	夜间	类别	昼间	夜间
0	50	40	3	65	55
1	55	45	4	70	55
2	60	50			

表 13.1.6　城市环境噪声监测项目与频次

监测项目	113 个重点城市	其他城市	备注
城市功能区噪声	每月一次	每季一次	在线连续监测
城市道路交通噪声	每年四次	每年二次	
城市区域环境噪声	每年二次	每年一次	春、秋季为宜

2. 工业企业噪声监测

测量工业企业噪声时，传感器的位置应该在操作人员的耳朵位置，但人需要离开。

测点选择的原则是：若车间内各处的 A 声级波动小于 3 dB，则只需要在车间选择 1～3 个测点；若车间内各处声级的波动大于 3 dB，则应该按照其声级的大小，将车间分成若干个区域，任意两个区域的声级应大于或等于 3 dB，而每个声级的波动必须小于 3 dB，每个区域取 1～3 个测点。这些区域必须要包括所有工人为观察或者管理生产过程而经常工作、活动的地点和范围。

3. 机动车辆噪声监测

机动车辆包括各类型的汽车、摩托车、拖拉机等。机动车辆所发出的噪声是流动声源，所以其影响面积很广，在城市环境噪声中以交通运输噪声最为突出。

机动车噪声的测定应该按照《汽车加速行驶车外噪声限值及测量方法》（GB 1495—2002）和《摩托车噪声限值及测试方法》（GB 4569—2005）的标准执行。

4. 机场周围飞机噪声监测

《机场周围飞机噪声测量方法》（GB/T 9661—1988）包括精密测量和简易测量。精密测量需要做时间函数的频谱分析，简易测量只需经频率计权的测量，现介绍简易测量方法。

（1）测量条件：气候条件为无雨、无雪，地面上 10 m 高处的风速不大于 5 m/s，相对湿度不应超过 90%，不应小于 30%。

（2）传声器位置：测量传声器应安装在开阔平坦的地方，高于地面 1.2 m，离其他的反射壁面 1 m 以上，要注意避开高压电线和大型变压器。所有的测量都应使传声器的膜片基本位于飞机标称飞行航线和测点所确定的平面内，即掠入射。

（3）测量仪器：精度不低于 2 型的声级计或机场噪声监测系统及其适当仪器。

六、振动监测

物体围绕平衡位置做往复运动称为振动。振动是噪声产生的原因，机械设备产生的噪声有两种传播方式：一种是以空气为介质向外传播，称为空气声；另一种是声源直接激发固体构件振动，这种振动以弹性波的形式在地板和墙壁中传播，并在传播中向外辐射噪声，称为固体声。振动能传播固体声而造成噪声危害；同时振动本身又能使机械设备、建筑结构受到破坏，人的机体受到损伤。振动监测在工业上有很多的应用，如监测地下管道的泄漏、检查旋转机械的平衡性能等。

1. 城市区域环境振动标准

我国《城市区域环境振动标准》（GB 10070—1988）规定了城市各类区域环境铅垂向 Z 振级标准值及适用地带范围，见表 13.1.7。

表 13.1.7 城市各类区域铅垂向 Z 振级标准值（dB）

适用地带范围	昼间	夜间
特殊住宅区	65	65
居民、文教区	70	67
混合区、商业中心区	75	72
工业集中区	75	72
交通干线道路两侧	75	72
铁路干线两侧	80	80

注：标准值适用于连续发生的稳定振动、冲击振动和无规则振动；每日发生几次的冲击振动，其最大值昼间不允许超过标准值 10 dB，夜间不超过 3 dB。

1）适用地带范围的划定

特殊住宅区：是指特别需要安静的住宅区。

居民、文教区：是指纯居住区和文教机关区。

混合区：是指一般商业与居住混合区，工业、商业、少量交通与居住混合区。

商业中心区：是指商业集中的繁华地区。

工业集中区：是指在一个城市或区域内规划明确确定的工业区。

交通干线道路两侧：是指车流量每小时 100 辆以上的道路两侧。

铁路干线两侧：指距每日车流量不少于 20 列的铁道外轨 30 m 外两侧的住宅。

标准适用的地带范围由地方人民政府划定。标准昼间和夜间的时间都由当地人民政府按当地的习惯和季节变化划定。

2）监测方法

测量点的布设：测量点应该设在建筑物室外 0.5 m 以内振动的敏感处，必要时测量点置于建筑物室内地面中央，标准值均取表 13.1.7 中的值。

计算方法：铅垂向 Z 振级的测量及评价量的计算方法将在下面做详细说明，此处略。

2. 城市区域环境振动测量方法

1）名词术语

（1）振动加速度级（VAL）：振动加速度与基准加速度之比以 10 为底的对数再乘以 20，记为 VAL，单位为 dB。

依据定义，此量用公式表达为

$$VAL = 20 \times \lg \frac{a}{a_0} \qquad (13.1.13)$$

式中，a 为振动加速度的有效值，m/s^2；a_0 为基准加速度，$a_0 = 10^{-6} m/s^2$。

（2）振动级（VL）：按 ISO 2631/1：1997 规定的全身振动不同频率计权因子修正后得到的振动加速度级，简称振级，记为 VL，单位为 dB。

（3）Z 振级（VL_Z）：按 ISO 2631/1：1997 规定的全身振动 Z 计权因子修正后得到的振动加速度级，记为 VL_Z，单位为 dB。

（4）累积百分振级（VL_{ZN}）：在规定的测量时间 T 内，有 N%时间的 Z 振级超过某一 VL_Z 值，这个 VL_Z 值称为累积百分 Z 振级，记为 VL_{ZN}，单位为 dB。

（5）稳态振动：观测时间内振级变化不大的环境振动。

（6）冲击振动：具有突发性振级变化的环境振动。

（7）无规振动：未来任何时刻不能预先确定振级的环境振动。

2）测量仪器

振动测量和噪声测量有关，部分仪器是可以通用的。只需要将噪声测量系统中声音传感器转换成振动传感器，将声音计权网络转换成振动计权网络，就成为振动测量系统。但振动频率往往会低于噪声频率。人感觉到的振动以振动加速度表示，一般人的可感振动加速度为 0.03 m/s^2，而感觉难受的振动加速度为 0.5 m/s^2，不能容忍的振动加速度为 5 m/s^2，人的可感振动的频率最高为 1000 Hz，但对于 100 Hz 以下振动才较敏感，而最敏感的振动频率是与人体共振频率数值相等或相近时。人共振频率在直立时为 4～10 Hz，俯卧时为 3～5 Hz。用于测量环境振动的仪器，其性能必须符合 ISO/DP 8401：2005 有关条款的规定。测量系统每年至少送计量部门校准一次。

第二节 放射性和辐射监测

一、辐射源及其危害

1. 辐射源

放射性辐射源有天然辐射源和人工辐射源两种类型。天然辐射源的种类主要有：铀（^{235}U）、钍（^{232}Th）、钾（^{40}K）、碳（^{14}C）、氡、氚（^{3}H）、宇宙高能粒子构成的宇宙线，以及这些粒子进入大气层后与大气中的氧、氮原子核碰撞产生的次级宇宙线等。人工辐射源的种类有：半生放射性矿（含有较高水平的天然放射性核素浓度的非铀矿，如稀土矿和磷酸盐矿）的开采，核原料开采和冶炼，核燃料的加工和制备、核反应堆、核事故、核废料的运输、处理及处置等。

2. 辐射源的危害

危害机理：放射性物质产生的射线或粒子具有较强的电离和穿透能力。α 粒子通过物质时，激发、电离和吸收是能量转移与损失的主要方式。当其进入人体的组织和器官时，其能量将全部被组织和器官所吸收，造成人体内辐射。在射线和物质相互作用时，其他各种射线能量损失的主要方式是电离。

射线电离辐射对人体的作用过程极其复杂，一般认为此种辐射可使人体内水分子形成自由基和活化分子，自由基和活化分子再与生物的大分子物质结合，使其遭受损伤破坏，此为间接作用。直接作用是使细胞染色体与其他的脱氧核糖核酸（DNA）与核糖核酸（RNA）等成分断裂，随之引起非正常细胞出现。受损细胞为体细胞则为躯体效应，若为生殖细胞则其反应会出现在后代的身上，产生遗传效应。遗传效应和躯体效应中的癌症又属于辐射损伤的随机效应，其发生与照射剂量无关。辐射损伤中的非随机效应只有在收到剂量照射超过一定值时才会发生，所以因剂量的大小而异。例如，晶体损伤形成白内障。但当身体受到不同程度的急性照射时，可能在不同的时间内出现呕吐，经过一段时间后出现脱发、厌食、全身虚弱、体温升高等，严重时会导致死亡。

危害表现：引起遗传效应如基因突变、染色体畸变等；导致人体罹患肺癌及其他呼吸道疾病；若长时间受到辐射，会使人身体产生不适，如头晕、疲乏、皮炎、脱发、白细胞减少，严重时导致人体器官和系统的损伤，破坏人体免疫功能，导致各种病变的发生，受到高浓度的放射性污染，会使人或动物在短时间内死亡。

二、环境中的放射性

放射性核素在岩石、土壤、大气、空气、水体、动植物组织、建筑材料等中都有分布。放射性核素在岩石和土壤中含量变化很大，主要取决于岩石层组成及土壤的类型。

大多数的放射性核素均可出现在空气中，但主要是氡的同位素，尤其是^{222}Rn，它是镭元素的衰变产物，能从含镭的岩石、土壤、水体及建筑材料中扩散到大气中，其衰变产物是金属元素，其极易附着在气溶胶颗粒上。

水体中的放射性主要来自岩石、土壤和空气中的放射性物质。岩石、土壤中含有铀、钍、锕三个放射系及钾、铷等天然放射性核素；空气中含有氚、氡及其子代产物，以及核试验、核工业污染进入空气中的各种人工放射性核素，它们都可能被流水、泥沙或雨雪、降尘带入水中。不同水体中放射性核素的种类及含量变化有很大差别。地下水的放射性核素含量高于地面水。

动植物组织中也含有放射性核素，其体内含量与动物的饮食习性密切相关。

三、放射性防护标准

1. 放射性防护的基本原则

辐射防护的基本原则由三个基本要素组成。

（1）实践的正当性：在施行伴有辐射照射的任何实践之前，都必须经过正当性判断，确认这种实践具有正当的理由，即能够获得超过代价的正的纯利益。

（2）辐射防护的最优化：应避免一切不必要的照射，在考虑到经济和社会因素的条件下，所有辐射照射都应保持在可合理达到的尽量低的水平。

（3）个人剂量限制：用剂量限值对个人所受的照射加以限制。

在上述辐射防护三原则中，个人剂量限值规定了不可接受的剂量的下限，当实践的正当性判断和辐射防护最优化的结果与个人剂量限制原则相抵触时，应服从个人剂量限制原则。

2. 放射性污染的防治

为减少放射性污染的危害，可以从以下几个方面入手实施。

1）强化管理

为防止放射性物质向环境中释放，保证公众和环境的长期安全，必须依据国家相关法律、法规、标准等对废物的产生到最终处置进行全过程管理。

2）做好放射性废物的处理与处置工作

由于放射线只能依赖自身衰变而减弱直至消失的特点，需要采取不同的方式方法进行处理。对于高放及中放、低放长寿命的放射性废物应该采用浓缩、储存及固化的方法进行处理；对于中放、低放短寿命废物应采用净化处理，或将其滞留一段时间，减弱到一定水平再排放。因此放射性的固、液、气废物的处理方法不同，分别是以下几种。

放射性废气的处理方法有：过滤法、吸附法、放置法等。

放射性废液的处理方法有：放置衰变法、化学沉淀法、离子交换法、蒸发浓缩法等。放射性的废液经过上述几种处理后，原水中的放射性成分被浓缩到较小体积，这样就可以将放射性废液转化为放射性固体进行处理。

放射性固体废物的处理方法有：焚烧法、压缩切割法、去污法、包装法、固化法等。

放射性废物处置的基本方法是通过天然或人工屏蔽构成的多重屏蔽层以实现有害物质同生物圈的有效隔离。因此，根据废物的种类、性质、放射性核素成分和比活度及外形大小等可分为以下四种处置类型：扩散型处置法、浅地层埋藏法、隔离型处理法及资源化处置法等。

放射性废物的处置与重新利用是一个相当复杂的问题，特别是高放废物的最终处置，目前在世界范围内还处于探索与研究中，尚无妥善的解决办法。

3）做好电离辐射防护

电离辐射通常是指 X 射线辐射和核辐射。对于在空间辐射场接受外照射，应采用减少受到辐射的时间，增加辐射源之间的距离及屏蔽辐射源等措施。对于 α 射线，因为其容易被吸收，它的穿透能力也弱，因此几张纸或薄铝就可以将其屏蔽。但对于 β 射线，则需采用有机玻璃、普通玻璃或铝板作为屏蔽物质。

四、放射性检测仪器

1. 放射性检测基本原理

放射性检测基本原理是基于放射性射线与物质间相互作用时产生电离、发光、热效应、化学效应等。

2. 放射性检测仪器

放射性检测仪器种类较多，最常用的放射性检测仪器有三种，分别是电离型检测器、闪烁检测器和半导体检测器。

1）电离型检测器

电离型检测器是利用射线通过介质时，使气体发生电离的原理制成的。常用的有电流电离室、正比计数管、盖革计数管。电流电离室适用于强辐射源，此种检测器用来研究带电粒子所引起的总电离效应（测量辐射强度及其随时间的变化），这种检测器对任何形式的电离都有响应，因此不能用于甄别射线类型。正比计数管以氩、甲烷或纯甲烷作为计数气体，对于α、β粒子计数具有稳定性，本底响应低等优点。因为所给的脉冲幅度正比于初级电离粒子在管中所消耗的能量，所以其还可以用于能谱测定，但要求的条件为初级粒子必须将它全部的能量损耗在计数管内。因此，它大多用于低能γ射线的能量质谱的测定及鉴定放射性核素用的α射线的能谱测定。盖革计数管是目前应用最广泛的放射性检测仪器，普遍用于测量β射线和γ射线的射线强度，对β粒子计数具有检测效率高的优点，但不能用于区别不同的射线。

2）闪烁检测器

闪烁检测器是利用射线与物质作用发生闪光的仪器，它具有一个受带电粒子作用后在其内部的分子被激发而发散光子的闪烁体（闪烁体的材料可用 ZnS、NaI 等无机和有机物质）。射线照在闪烁体上，闪烁体发出荧光光子，并且利用光导和反光材料等将很大一部分光子收集在光电倍增管的光阴极上，之后灵敏阴极把光子打出，光电子经过倍增放大，在阳极上产生电压脉冲，之后经过电子线路放大处理后记录。闪烁检测器以高灵敏度及高计数率的优点用以测量α、β、γ辐射强度。可用闪烁检测器测量能谱的方法鉴别放射性元素的原因是：其对不同能量的射线具有较高的分辨率。同时，还可以测量照射量和吸收剂量。

3）半导体检测器

半导体检测器的工作原理与电离型检测器相似，但其检测元件是固态半导体，放射性粒子射入元件后，产生电子-空穴对，电子和空穴受外加电场的作用，分别向两极运动，并被电极收集，产生脉冲，经放大后由多道分析器或记录器记录。半导体检测器可用于测量α、β、γ辐射。常用的半导体检测器为硅半导体检测器及锗半导体检测器。

五、放射性监测

1. 放射性监测分类

1）按监测对象分类

现场监测：对放射性物质生产或应用单位的内部工作区域所做的监测。

个人剂量监测：对放射性专业工作人员做内照和外照射剂量监测。

环境监测：对放射性生产和应用单位外部环境（包括空气、水体、土壤等）的监测。

2）按监测的核素分类

α放射性核素，即 ^{239}Pu、^{226}Ra、^{224}Ra、^{222}Rn、^{210}Po、^{222}Th、^{234}U 和 ^{235}U；β放射性核素，即 ^{3}H、^{90}Sr、^{89}Sr、^{134}Cs、^{137}Cs、^{131}I 和 ^{60}Co。

3）按监测方法分类

定期监测：一般步骤是采样、样品预处理、样品总放射性或放射性核素的测定。

连续监测：在现场安装放射性自动监测仪器，实现采样、预处理和测定自动化。

2. 放射性监测内容

对放射性核素监测的内容为：放射源强度、半衰期、射线种类及能量；环境和人体中放射性物质含量、放射性强度、空间照射量或电离辐射量。

3. 放射性监测标准

监测中必须依据的标准有：《辐射环境监测技术规范》（HJ/T 61—2021）、《环境样品中微量铀的分析方法》（HJ 840—2017）、《核设施水质监测采样规定》（HJ/T 21—1998）、《气载放射性物质取样一般规定》（HJ/T 22—1998）等。

4. 放射性监测过程

放射性监测通常有三个过程，分别为样品采集、样品预处理和样品测定。

1）样品采集

采样时注意以下原则：样品应具有代表性；采样的目的性明确；确定采样条件及需要处理的方法；在估计由于核设施运转造成的污染的环境采样时必须在污染源浓度最高处；在分析前对于样品的储存要谨慎小心，以免损失某放射性核素，还要避免样品的变质和分解。

放射性沉降物分为放射性干沉降物和放射性湿沉降物。对于放射性干沉降物的采集可以使用水盘法、黏纸法、高灌法；放射性湿沉降物是指雨雪降落的沉降物，采集方法与上述相同。但其还常用一种能同时对雨水中核素进行浓集的采样器，该采样器由漏斗盖、漏斗、离子交换柱、滤纸浆、阳离子交换树脂、阴离子交换树脂组成。

放射性气溶胶包括核爆炸产生的裂变产物，各种来源于人工放射性物质及氡、钍射气的衰变子体等天然型放射物质。此种物品采集常用于滤料阻留采样法。

2）样品预处理

样品预处理的目的是将样品处理成适用于测量的状态，将样品中即将要测量的核素转变成适用于测量的形态，随后进行浓集并去除干扰核素。

常用的预处理方法有放置衰变法、有机溶剂溶解法、蒸馏法、灰化法、溶剂萃取法、离子交换法、共沉淀法、电化学法等。

3）样品的测定举例

（1）牛奶中 ^{131}I 的测定。

将牛奶样品搅拌均匀加入碘载体溶液，用电动搅拌器搅拌后，利用强碱型阴离子交换树脂浓集样品中的 ^{131}I，在玻璃解吸柱内加入次氯酸钠解吸，利用四氯化碳和盐酸羟胺萃取，亚硫酸氢钠还原。继续在有机相中加等体积蒸馏水（水反萃），除净剩余的四氯化碳，加入硝酸银溶液得到碘化银沉淀。将碘化银沉淀转入垫有已恒量滤纸的玻璃可拆式漏斗中抽滤。用蒸馏水和乙醇洗涤，取下载有沉淀的滤纸，放在不锈钢压源模具上，在 110℃下烘干，称量封源、测量。

（2）水样中总α、β放射性活度测量。

测定水样中总 α 放射性活度的方法：取一定体积水样，过滤除去固体物质，滤液加硫酸酸化，蒸发至干，在不超过 350℃下灰化。将灰化后的样品移入测量盘中并铺成均匀薄层，用闪烁检测器测量。在测量样品之前，先测量空测量盘的本底值和已知活度的标准样品。测定标准样品的目的是确定探测器的计数效率。以计算样品源的相对放射性活度，即比放射性活度。标准源最好是欲测核素，并且二者强度相差不大。如果没有相同核素的标准源，可选用放射同一种粒子而能量相近的其他核素。测量总 α 放射性活度的标准源常选择硝酸铀酰。水样的总 α 比放射性活度（Q_n）用下式计算：

$$Q_n = \frac{n_c - n_b}{n_s \cdot V} \tag{13.2.1}$$

式中，Q_n 为比放射活度，Bq/L；n_c 为用闪烁检测器得到的计数率，计数/min；n_b 为空测量盘的本底计数率，计数/min；n_s 为根据标准源的活度计数率计算出的检测器的计数率，计数/（Bq · min）；V 为所取水样体积，L。

水样总 β 放射性活度测量步骤基本与上述总 α 放射性活度的测量方法相同，但检测器用低本底的盖革计数管，且以含 ^{40}K 的化合物作标准源。

水样中的β射线常来自 ^{40}K、^{90}Sr、^{129}I 等核素的衰变，其目前公认的安全水平为 1 Bq/L。^{40}K 标准源可用天然钾的化合物制备。天然钾化合物中含 0.0119%的 ^{40}K，比放射性活度约为 3.1 · 107 Bq/g，发射率为 28.3 p 粒子/（g · s）和 3.3 γ射线/（g · s）。用 KCl 制备标准源的方法是：取经研细过筛的分析纯 KCl 试剂于 120～130℃下烘干 2 h，置于干燥器内冷却。准确称取与样品源同样质量的 KCl 标准源，在测量盘中铺成中等厚度层，用计数管测定。

第三节　光污染测量

一、光环境

1. 定义

光环境（luminous environment）包括两部分，分别为室内光环境和室外光环境。

室内光环境主要是指由光（照明的形式和颜色、照度水平和分布）与颜色（色调、色度饱和、颜色分布、颜色显现）在室内建立的和房间形状有关的生理及心理环境。它的功能是能够满足物理、生理（视觉）、心理、人体功效学及美学等方面的要求。

室外光环境是指在室外由光照射所形成的环境。其功能除了要满足与室内光环境相同的要求外，还要满足节能和绿色照明等社会方面的要求。对于建筑物本身来说，光环境是由光照射在它的内外空间所形成的环境。光环境中的光源包括天然光和人工光。

2. 影响因素

光环境有以下几种基本影响因素。

（1）照度和亮度：照度和亮度是明视的基本条件。能保证光环境的光量和光质量的基本条件。

（2）周围亮度：人们在观看物体时，眼睛注视的范围与物体的周围亮度有关。根据实验观察，周围亮度大约等于注视点亮度时是容易看到注视点的最佳环境。

（3）光色：光色是指光源的颜色。将三种单色光（如红光、绿光、蓝光）混合，各自进行加减，就能匹配出感觉到与任意光颜色相同的光。此外，人工光源还有显色性，表现出照射到物体时的可见度。

（4）视野外的光度分布：是指室内顶棚、墙面、地面、家具等表面的光度分布在光环境中各自亮度不同，能构建丰富的亮度层次。

（5）阴影：在光环境中无论光源是天然光还是人工光，当光存在时，阴影就会存在。在空间中由于阴影的存在，物体的外形和深度才能够很好地突出，因而有利于光环境中光的变化，丰富了物体的视觉效果。

（6）眩光：视野中，由于亮度的分布范围不当，或在时空方面存在着亮度的差距对比，以致引起不适感觉或降低观看细部或目标的能力，这种现象就称为眩光。在光环境中眩光是有害因素，应设法控制或避免。

3. 光环境中光的效果

在光环境中以光为主体产生出下列效果。

（1）光的方向性效果：光的方向一般有顺光、逆光、侧光、顶光、底光。在光环境中光的方向性效果主要表现为能增强室内空间的可见度，增强或减弱光和阴影的对比，增强或减弱物体的立体感。

（2）光的表面效果：在室内空间中各表面上光的亮度分布或有无光泽，可以构成光的表面效果。

光的表面效果影响分为表面亮度和表面光泽两方面。表面亮度是指室内空间中光在各表面上的反射程度取决于表面与背景之间的亮度比；表面光泽是指在室内空间中光照射到表面时，在它的定向反射方向能射出强烈的反射光，同时在其他方向因散射而出现少量光，由于反射光在空间分布而呈现出表面的外观性质。

（3）光的造型立体感效果：由于光的明暗变化，在物体表面上会产生光的造型立体感效果，简称立体感。

（4）光的色彩效果：光的色彩效果分为光与色彩和色彩效果两部分。光与色彩是不可分割的领域，对室内光环境来说，光与色彩起着相辅相成的作用；色彩效果是指在室内光环境中通过光的照射，各种材料的表面都会出现色彩效果。

二、光污染

1. 光污染的产生

光污染是物理性污染。光污染是局部的，随着距离的增加而快速减弱；在环境中不存在残余物，污染随着光源的消失而消失。

现代社会中，随着新技术的发展，光污染渐渐出现在人们的生活中，当光辐射过量时，就会对人们的生活、工作环境及人体健康造成不利的影响。

2. 光污染的来源

随着经济的发展，我国现代化建设快速加剧，特别是越来越多的城市大量兴建玻璃建筑和实施“亮灯工程”“光彩工程”，使光污染在城市中越来越普遍，并且日渐突出。光污染主要来自两方面：一方面是城市建筑物采用大量镜面式铝合金装饰的外墙、玻璃幕墙所形成的光污染；另一方面是城市夜景光照所形成的光污染，随着夜景照明的快速发展，特别是大功率机械的使用，使夜景照明亮度过度，严重影响人们的工作与休息，形成“人工白昼”，个人不能分清昼夜，打乱了正常的生活规律，造成光污染。

具体表现为以下三个方面。

（1）玻璃幕墙形成的光污染。

（2）夜景照明形成的光污染。

（3）室内光污染的成因。

室内光污染的成因可概括为以下三个方面：①室内装修过程中，采用镜面、釉面砖墙、磨光大理石和各种涂料等装饰会反射光线，炫眼夺目，亮度太强；②室内灯光的配置物不合理，导致室内光线过亮或过暗；③夜间室外照明，特别是对于建筑物通过发射产生的干扰光，有的直射到人的眼睛中会造成眩光，有的通过门窗照射到室内，房间被照射得很亮，影响人们的正常生活。

3. 光污染的分类

目前，光污染在国际上一般分成白亮污染、人工白昼和彩光污染三类。

1）白亮污染

城市里的建筑物特别是有玻璃幕墙、磨光大理石、釉面砖墙和各种涂料等装饰物在阳光强烈的照射下会反射光线，白亮明晃，炫眼夺目。

2）人工白昼

广告牌、霓虹灯在夜间闪烁夺目，光彩强烈，夜间照明过度，使得夜间就像白昼一样，即人工白昼。

3）彩光污染

夜总会、舞厅安装的黑光灯、旋转灯、荧光灯及闪烁的彩色光源构成了彩色污染。

4. 光污染的危害

光污染的危害主要体现在对人的影响和对动植物的影响两方面。

1）对人的影响

当人们居住环境周围有商业、公益广告等照明设备，其反射光线会直接入侵附近居民的窗户时，就很可能对居民的正常生活产生负面影响；当道路照明或广告照明设备安装不合理时，对路上的行人也有影响；各种交通线路上的照明设备或附近的体育场和商业街发出的光线对交通系统也有一定的影响。

2）对动植物的影响

植物在夜间受到过多的人工光线照射时，其自然生命周期受到干扰，从而影响其正常生长；很多动物受到过多的人工光照时，其生活习性和新陈代谢都会受到影响。

三、光污染监测

1. 定义

一般认为，光污染泛指会影响自然环境，对人们的正常生活、工作、休息和娱乐造成不利的影响，对人们观察物体的能力造成一定的损害，从而引起人们的不适感和对健康损害的各种光。广义的光污染包括一些会对人们视觉环境和身体健康造成损害的事物，包括生活当中常见的书面纸张、墙面涂料的反射光等。

2. 光污染的评价指标

日常生活中，能否看清一个物体，或是否能辨别物体上的细节部分，都与物体表面被照的光明程度有关。引进照度这个物理量来表明物体表面被照明的光度。照度是反映光照强度的一种单位，其物理意义是照射到单位面积上的光通量，单位是勒（克斯）（lx），表示每平方米的流明（lm）数，光通量的单位是流明。

3. 测量仪器

光污染测量一般使用照度计，其是用得最多的仪器之一。照度计是一种用于测量被照物体表面上照度的仪器，通常是由硒光电池或硅光电池和微安表组成的（图 13.3.1），又称勒克斯表。

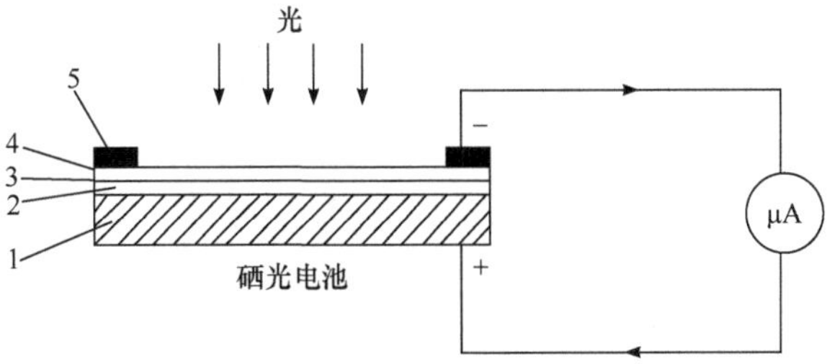

图 13.3.1 硒光电池照度计原理图

1. 金属底板；2. 硒层；3. 分界层；4. 金属薄膜；5. 集电环

光电池是能把光能直接转化为电能的光电元件。硒光电池表面接收到光照射时，入射光会透过金属薄膜到达半导体硒层和金属薄膜的分界面上，在界面上产生光电效应。在这个过程中会产生电位差，其大小与光电池所受光表面上的照度有一定的比例关系。如果照度计接到外电路上，就会有电流通过，在勒克斯（LX）为刻度的微安表上会指示出电流值。入射光的强弱和回路中的电阻会对光电流的大小造成影响。照度计有变挡装置，可以测高亮度，也可以测低亮度。

第四篇　仪器分析及其在环境监测中的应用

第十四章　光学分析法

第一节　概　　述

光学分析法是根据电磁辐射与物质相互作用或物质发射电磁辐射而建立起来的一类分析方法。光学分析法通过能源提供能量、能量与被测物质的相互作用和由此产生的信号被检测三个环节，完成对物质性质、组成及结构的测定。光学分析法分为光谱分析法（spectroscopic analysis）和非光谱分析法两类，本章仅讨论光谱分析法。

一、光的基本性质

光是一种具有波粒二重性的电磁辐射，它可以用波长（λ）、频率（ν）、能量（E）等物理量来描述其性质。

$$E = h\nu = h\frac{c}{\lambda} \tag{14.1.1}$$

式中，E 为光量子能量，eV；λ 为波长，cm；ν 为频率，Hz；c 为光速，在真空中 $c = 2.99792 \times 10^8$ m/s；h 为普朗克（Planck）常量，$h = 6.626 \times 10^{-34}$ J·s。

由式（14.1.1）可知，波长越长，光量子能量越小；波长越短，光量子能量越大。将各种电磁辐射按波长顺序排列后即为表 14.1.1 的电磁波谱（electromagnetic spectrum）。由此看出，光学分析法涉及的电磁辐射包括 γ 射线、X 射线、远近紫外光、可见光、近中远红外光、微波、射频的整个电磁波谱范围。

表 14.1.1　电磁波谱

光谱区	波长范围①②	光量子能量③/eV	跃迁能级类型
γ射线	0.05～1.40 Å	2.5×10^6～8.3×10^3	核能级
X 射线	0.01～100 Å	1.2×10^6～1.2×10^2	内层电子能级
远紫外光	10～200 nm	125～6	
近紫外光	200～400 nm	6～3.1	原子及分子的价电子或成键电子能级
可见光	400～750 nm	3.1～7	
近红外光	0.75～2.5 μm	1.7～0.5	分子振动能级
中红外光	2.5～50 μm	0.5～0.02	
远红外光	50～1000 μm	2×10^{-2}～4×10^{-4}	分子转动能级
微波	0.1～100 cm	4×10^{-4}～4×10^{-7}	
射频	1～1000 cm	4×10^{-7}～4×10^{-10}	电子自旋核自旋

① 波长范围的划分，在不同的文献资料中会有所出入；

② $1\,\text{Å} = 10^{-10}$ m，$1\,\text{nm} = 10^{-9}\,\text{m} = 10\,\text{Å}$，$1\,\mu\text{m} = 10^{-6}\,\text{m} = 10^3\,\text{nm} = 10^4\,\text{Å}$；

③ $1\,\text{eV} = 1.6020\times10^{-19}$ J。

由表 14.1.1 可知，γ射线的波长最短，能量最大；其后依次排列。而无线电波区波长最长，相应能量最小。

二、光谱分析法

光谱分析法是利用物质的光谱（spectrum）进行定性定量和结构分析的一类方法，简称光谱法。而物质的光谱是当物质与电磁辐射相互作用且物质内部发生能级跃迁时，记录由此产生的辐射能强度随波长变化的图谱。

光谱法可分为原子光谱和分子光谱。原子光谱是由原子外层或内层电子能级的变化产生的，表现形式为线光谱。分子光谱是由分子中的电子能级、振动和转动能级的变化产生的，表现形式为带光谱。图 14.1.1 是双原子分子的能级示意图。图中 A 和 B 表示不同能量的电子能级，在每一电子能级上有许多间距较小的振动能级；在每一振动能级上又有许多间距更小的转动能级。

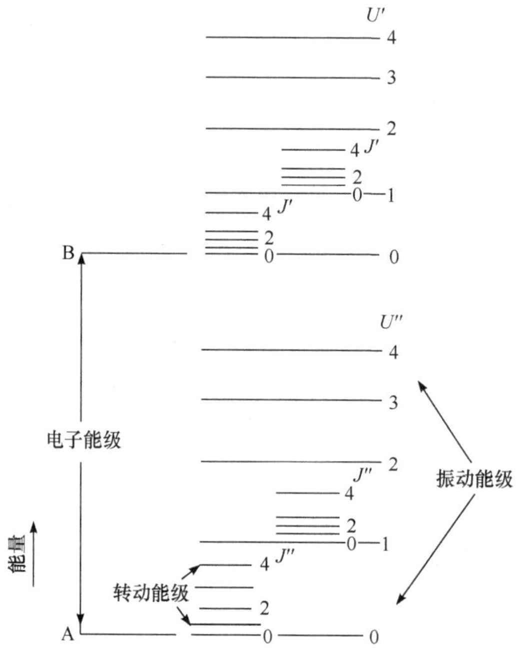

图 14.1.1　分子中电子能级、振动能级和转动能级示意图

由于线光谱只能反映原子或离子的性质，而与该原子或离子的来源——分子的状态无关，因此原子光谱只能确定物质元素的组成和含量，而不能确定物质的分子结构。分子光谱比原子光谱复杂很多，它能够研究物质的分子结构。在分子光谱中，中心强度最高。

依照电磁辐射与物质相互作用的形式，光谱法可以分为许多种类，其中吸收光谱法、发射光谱法和拉曼（Raman）散射光谱法是三种最常见的类型。吸收光谱法包括紫外-可见分光光度法（ultraviolet and visible spectrophotometry，UV-Vis）、原子吸收光谱法（atomic absorption spectrometry，AAS）等，发射光谱法包括原子发射光谱法（atomic emission spectrometry，AES）、原子荧光光谱法等，拉曼散射光谱法是利用小部分被样品散射到各个方向光的特殊变化——Raman 位移，研究化合物结构的方法。上述三种光谱法中，最基础、最重要、应用最多的当属吸收光谱法。

三、吸收光谱

依照量子力学理论：物质本身都具有一系列不连续的特征能量。在一般情况下，物质的基元粒子（核、原子、离子或分子）大多处于能量最低的能级 E_0，而对应的状态称为基态；只有在吸收了一定的能量或一定的外来辐射之后，才有可能产生能级跃迁，进入较高的能级 E_i，对应的状态称为激发态。因此，每一次的跃迁都对应着吸收一定的外来能量（ΔE）或辐射，而这些外来的能量一般都是光量子提供的。

$$M(\text{基态}) + \Delta E(\text{光提供}) \longrightarrow M^*(\text{激发态})$$

此过程就是物质对光的吸收。

ΔE与波长和频率等符合普朗克条件。

$$\Delta E = E_2 - E_1 = h\nu = h\frac{c}{\lambda} \qquad (14.1.2)$$

式中，E_1 和 E_2 分别为较低和较高能级的能量。

1. 原子吸收光谱法

原子吸收光谱的基元粒子是原子或离子。它是利用待测元素的气态原子对共振线的吸收实现测定的。吸收过程定量遵从普朗克公式。波长位于光谱的紫外区、可见光区和近红外光区。

电子从基态跃迁至第一激发态所产生的吸收谱线，称为共振吸收线。各种元素的原子结构和外层电子排布不同，因此各种元素的共振线都不同，而且具有特征性，所以这种共振线是元素的特征谱线。又由于这种跃迁最容易发生，因此对大多数元素来说，共振线是元素的灵敏线。

2. 紫外-可见分光光度法

紫外-可见分光光度法属于分子吸收光谱。它是利用溶液中的分子或基团在紫外和可见光区产生分子外层的电子能级跃迁来进行定性定量的测定。在分子吸收光谱中，运动的分子具有电子能量（E_e）、振动能量（E_v）和转动能量（E_r）。这三种能量都是量子化的，并对应一定的能级。任一电子能态都包含一组相应的振动能态，而每一振动能态又包含若干转动能态，若用 ΔE_e、ΔE_v、ΔE_r 分别表示电子能级、振动能级、转动能级之差，则有 $\Delta E_e > \Delta E_v > \Delta E_r$。所以，在电子能级变化时不可避免地伴随着分子振动和转动能级的变化。因此，分子的电子光谱通常比原子的线状光谱复杂得多，呈带状光谱形式。

3. 物质对光的吸收

物质对光的吸收实质上就是物质与辐射能相互作用的一种形式，只有当入射光的能量同吸光物质的基态和激发态能量差相等时才会被吸收。

在光学光谱区，物质对光的吸收与物质的电子能级和分子的振动、转动能级跃迁有关。当电子由基态跃迁至第一激发态时，要吸收相当于可见光的能量，此时物质表现为人眼可以观察到的颜色；当电子由基态跃迁至第二激发态或更高激发态时，吸收的能量更高，产生紫外光吸收；当光能量不足以引起电子能级的跃迁，但可以引起分子的振动、转动能级跃迁时，就产生了红外吸收。

第二节　紫外-可见分光光度法

一、概念和特点

光谱区在 200～800 nm 范围，对物质进行定性定量分析的方法称为紫外-可见分光光度法。在环境分析监测中，该方法应用十分广泛。它是测定微量和半微量污染物质的最重要、最常用的监测技术之一。紫外-可见分光光度法具有如下特点。

（1）灵敏度高，检出限较低。一般绝对检出限 10^{-5}～10^{-6} g/mL；当创造一定的分析条件，相对检出限达 10^{-8} g/mL 时，可直接用于痕量组分的测定。

（2）准确度较高。相对误差为 2%～5%，控制测定精度可达到 1%～2%。可满足微量组分测定对准确度的要求。

（3）操作简便、快速。仪器设备相对简单。

（4）应用范围广。在环境分析监测中，可直接或间接地测定所有的无机物和有机物。同时，它还可用于研究物质的组成，推测有机化合物的结构，研究反应动力学。

（5）可同时测定多种组分。在一定条件下，选取某种波长的单色光，利用吸光度的加和性，可同时测定两种或多种组分。但紫外-可见分光光度法存在由于谱线重叠而引起的光谱干扰现象，所以有时选择性较差；另外对于某些组分的测定，必须用化学的方法将分析组分转变为吸光物质，由此也会带来一定的干扰或误差。

二、基本原理

1. 物质的颜色和对光的选择性吸收

由于物质结构的不同，跃迁时所需要的能量就不同，因此不同的物质对光的吸收就有选择性。在可见光区内，不同的波长又对应不同的可见光颜色，而物质正是由于吸收了不同波长的能量才表现出不同的颜色。表 14.2.1 给出了物质颜色（吸收光颜色的互补色）和吸收光颜色及波长的关系。

表 14.2.1　物质颜色和吸收光颜色及波长的关系

物质颜色	吸收光		物质颜色	吸收光	
	颜色	波长/nm		颜色	波长/nm
黄绿	紫	400～450	紫	黄绿	560～580
黄	蓝	450～480	蓝	黄	580～600
橙	青蓝	480～490	青蓝	橙	600～650
红	青	490～500	青	红	650～750
紫红	绿	500～560			

2. 吸收曲线

如果将不同波长的光透过某一固定浓度和液层厚度的有色溶液，测量每一波长下有色溶

液对光的吸光度 A，然后以波长为横坐标，吸光度为纵坐标作图，得到的谱图称为该物质的吸收曲线。它描述了物质对不同波长光的吸收能力。

图 14.2.1 为某橙黄色溶液在不同浓度下的吸收曲线。从图中可以看出：溶液对不同波长的光的吸收不同，其中对波长 480 nm 附近的蓝绿色光有最大的吸收，称此为吸收峰，用 A_{max} 表示。吸收峰的位置不依溶液的浓度改变而改变。溶液越浓，吸收程度越大，即吸收程度与溶液浓度成正比。吸收曲线是分光光度法选择测定波长的重要依据。

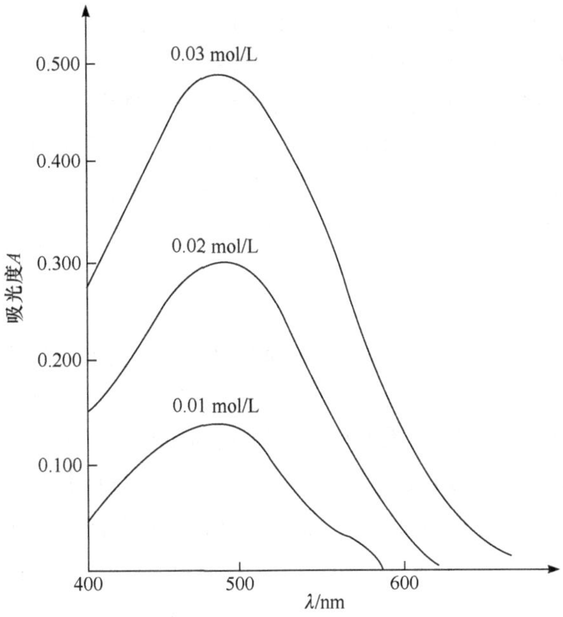

图 14.2.1　某溶液的吸收曲线

3. 光吸收的基本定律

光吸收的基本定律为朗伯-比尔定律（Lambert-Beer law），它是分光光度法的定量基础。当一束强度为 I_0 的平行单色光垂直通过一个厚度为 b 的均匀、非散射溶液时，由于溶液对光的吸收作用，光的强度由 I_0 减弱到 I_t。溶液的吸光质点浓度 c 越大、光透过的液层越厚、入射光越强，则光被吸收得越多，即光强度的减弱越显著。则有

$$A = Kbc \qquad (14.2.1)$$

式（14.2.1）即为朗伯-比尔定律的数学表达式。它表示：当一束平行的单色光垂直通过一个均匀的、非散射的溶液时，溶液的吸光度（A）与吸光质点的浓度（c）及吸收层厚度（b）成正比，其比值（K）称为吸光系数，它在一定条件下为常数。实际中往往用透光率 T 表示对光的吸收，并定义

$$A = \lg\frac{I_0}{I_t} \qquad T = \frac{I_t}{I_0}$$

所以 A 与 T 的关系为

$$A = -\lg T \quad 或 \quad T = 10^{-A} = 10^{-Kbc} \qquad (14.2.2)$$

从式（14.2.2）可以看出，当单色光通过吸光介质后，透光率与浓度或厚度呈指数函数关系。浓度增大一倍，透光率由 T 变成 T^2。

当 T 用 $T\%$ 表示时，$T\%$ 与 A 的数值关系为

$$A = -\lg T = -\lg\frac{100T}{100} = 2 - \lg(100T) \qquad (14.2.3)$$

朗伯-比尔定律很好地描述了物质浓度和吸光度的关系，但在使用时应注意以下两点：①有色溶液对不同波长光的吸光系数是不同的，因此朗伯-比尔定律仅在入射光是单色光时才是准确的；②当溶液浓度改变时，有色化合物会发生离解、缔合或形成新的络合物等，从而引起有色溶液中吸光质点的浓度改变，使溶液的吸光度不与被测物的总浓度成正比。

由于 A 的量纲为一，因此对于不同单位的 c 和 b，K 的单位也不同。当 c 以 g/L 为单位、b 以 cm 为单位时，K 的单位为 L/(g · cm)；当 c 以 mol/L 为单位、b 以 cm 为单位时，K 的单位为 L/(mol · cm)，此时的吸光系数被称为摩尔吸光系数，用 ε 表示。ε 较 K 更常用。

4. 灵敏度的表示方法

常用摩尔吸光系数和桑德尔（Sandell）灵敏度（S）来表示分光光度法的灵敏度。

1）摩尔吸光系数

ε 是 $c = 1$ mol/L、$b = 1$ cm 时的吸光度，是吸光物质在一定波长下的特征常数。ε 越大，说明该物质对一定波长入射光的吸收能力越强，测定灵敏度就越高。为了提高测定灵敏度，应选择 ε 大的有色化合物，尽量选择 A_{max} 作为入射光。通常认为：在 $\varepsilon<10^4$ 时，属于低灵敏度；在 $10^4<\varepsilon<5\times10^4$ 时，属于中等灵敏度；在 $5\times10^4<\varepsilon<10^5$ 时，属于高灵敏度；在 $\varepsilon>10^5$ 时，属于超高灵敏度。一般分光反应 $\varepsilon>10^4$。在实际分析中，不可能直接用 $c = 1$ mol/L 的溶液去测定 ε，而是依照公式

$$A = \varepsilon bc \qquad (14.2.4)$$

在 $b = 1$ cm 时，通过测定稀溶液的 A，再计算出 ε（或应用 A-c 曲线，斜率为 ε）。

【例 14.2.1】 已知含 Fe^{2+} 浓度为 500 μg/L 的溶液，与 1, 10-邻二氮杂菲反应，生成橙红色的络合物。该络合物在波长为 508 nm，比色皿厚度为 2 cm 时，测得吸光度 $A = 0.19$。计算 1, 10-邻二氮杂菲亚铁的 ε。

解

$$[Fe^{2+}] = \frac{500\times10^{-6}}{55.85} = 8.9\times10^{-6}(\text{mol/L})$$

因为 1 mol Fe^{2+} 生成 1 mol 的 1, 10-邻二氮杂菲亚铁络合物，所以该络合物的浓度也是 8.9×10^{-6} mol/L。

$$\varepsilon = \frac{A}{bc} = \frac{0.19}{2\times8.9\times10^{-6}} = 1.1\times10^4[\text{L/(mol}\cdot\text{cm)}]$$

2）桑德尔灵敏度

桑德尔灵敏度原来用于目视比色法，是指人眼对有色物质在单位截面积液柱内能够检出的最低含量。将此概念推广到光学分析法中，表示对于截面积为 1 cm^2 的液层，在一定波长下，测得 $A = 0.001$ 时所含待测物质的量，单位为 $\mu g/cm^2$。

因为

$$A = 0.001 = \varepsilon bc$$

所以 $$bc = 0.001/\varepsilon$$

上式两边同乘以 M[g/mol]、10^6[μg/g]、10^{-3}[L/cm^3]后，按照量纲分析，数值上二者的关系是

$$S = \frac{M}{\varepsilon} \tag{14.2.5}$$

对于大多数有色化合物，当$\varepsilon > 10^4$时，S为 0.01～0.001 μg/cm^2。在微量或痕量组分的测定中，习惯上用 μg 而不是用 mol 来表示物质的含量，所以使用桑德尔灵敏度更方便。

三、测定仪器和测定方法

1. 紫外-可见分光光度计

紫外-可见分光光度法所使用的仪器为紫外-可见分光光度计（UV-Vis spectrophotometer）。虽然它的型号品牌繁多，但仪器原理和结构基本相同。其主要包括光源、单色器、吸收池（也称样品池）、检测器和信号指示系统（记录与数据处理）几部分，基本结构如图 14.2.2 所示。

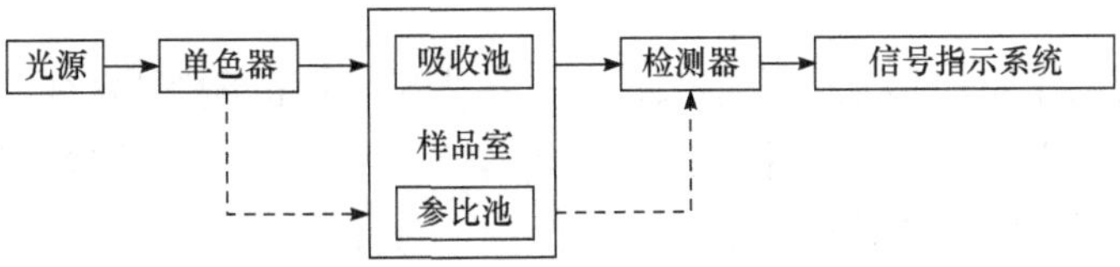

图 14.2.2　紫外-可见分光光度计基本结构示意图

1）分光光度计的主要部件

（1）光源。分光光度计所用的光源要求在仪器操作所需的波长范围内，能辐射稳定且具有足够强度的连续光谱，辐射能随波长的变化尽可能小，而且使用寿命长。

紫外-可见分光光度计的光源一般采用钨灯和氢灯，也有少数用碘钨灯、氘灯、汞灯或氙灯的。钨灯用于可见光区和近红外光区，使用波长范围为 320～2500 nm。氢灯用于紫外光区，使用波长范围为 175～375 nm，使用的放电电压一般较高。现多用氘灯代替氢灯，发光强度和灯的使用寿命是原来的 3～4 倍。除汞灯外，其余光源均能发射连续光谱。汞灯主要用于紫外和可见光区内的波长校正。为保证光强的稳定性，需使用稳压器提供稳定的电源电压。

（2）单色器。单色器是由光源辐射的复合光中分出单色光的光学装置，也是分光光度计的主体，包括狭缝和色散元件两部分，早期仪器的色散元件常用棱镜，近年来多用光栅做成。光栅是一个高度抛光且表面上刻有大量平行且等距离槽的部件，光栅光谱的产生是多狭缝干涉和单狭缝衍射两者联合作用的结果。它的特点是分辨率高、波长范围宽、谱线连续且排列均匀，容易实现自动扫描。

（3）吸收池。吸收池由无色透明的光学玻璃或熔融石英制成，用于盛装试液和参比溶液。其形状一般为长方体，光程有 0.5 cm、1 cm、2 cm、3 cm 和 5 cm 等。要求同一套吸收池的透光率相差小于 0.5%，紫外光区必须用石英吸收池。

（4）检测器。检测器是把透过吸收池后的透射光转换成电信号的装置。分光光度计中常用的检测器有光电池、光电管和光电倍增管（PMT）三种。

光电池是用半导体材料制成的光电转换元件，最常用的是硒光电池，它具有结构简单、更换方便的优点，但容易出现疲劳现象。现在比较精密的仪器多使用光电管或光电倍增管。

光电管是由一阳极和一光敏阴极组成的真空（或充少量惰性气体）二极管。阴极表面镀有碱金属或碱金属氧化物等光敏材料。当它被有足够能量的光子照射时，能够发射电子。当两极有电位差时，发射出的电子就流向阳极而产生电流，电流的大小取决于照射光的强度。光电管工作原理如图 14.2.3 所示。

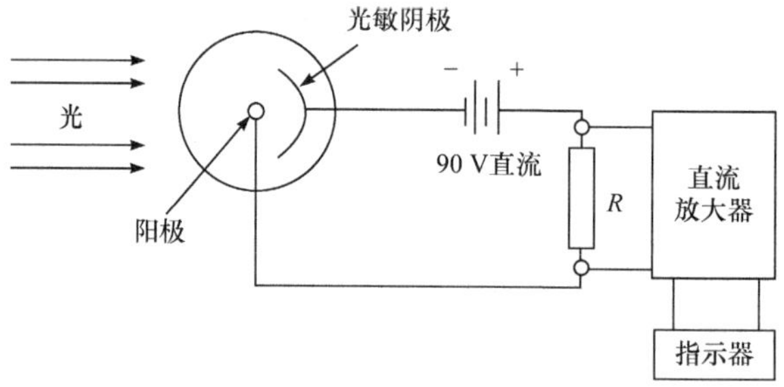

图 14.2.3　光电管工作原理示意

光电倍增管的工作原理和光电管相似，只是在光敏金属的阴阳极之间增加几个倍增极，使得测定的灵敏度大大提高。近年来，硅二极管阵列检测器、半导体检测器、真空热电偶检测器、热释电检测器、电荷转移检测器等已经装配于分光光度计中。

（5）信号指示系统。该系统由检流计、安培表、电位计、数字电压表、记录仪、示波器和计算机处理系统等组成。它的作用是记录和整理被检测器放大的信号，并按照要求输出。

2）分光光度计的主要类型

分光光度计主要分为单光束分光光度计、双光束分光光度计、双波长分光光度计、多通道分光光度计和探头式分光光度计。其中前三种最常用。

（1）单光束分光光度计。单光束分光光度计是由一束经过单色器的平行光，轮流通过参比溶液和样品溶液，以进行吸光度的测定。这种光度计结构简单，主要适合于一般定量分析。单光束分光光度计的光路系统如图 14.2.4 所示。

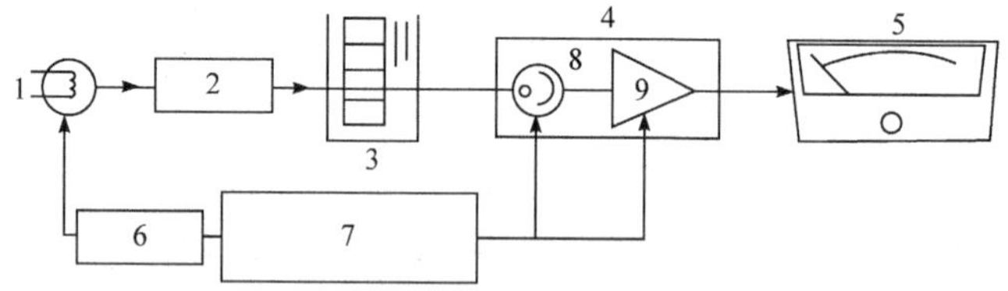

图 14.2.4　单光束分光光度计的光路系统

1. 光源灯；2. 单色器；3. 比色皿；4. 光电管暗盒部件；5. 微安表；6. 可调电压；7. 稳定电压装置；8. 光电管；9. 放大器

（2）双光束分光光度计。双光束分光光度计是将经过单色器的光一分为二，一束通过参比溶液，另一束通过样品溶液，一次测量即可得到样品溶液的吸光度。一般自动记录分光光度计均是双光束的，它可以连续地绘出吸收光谱曲线。双光束分光光度计的光路系统如图 14.2.5 所示。

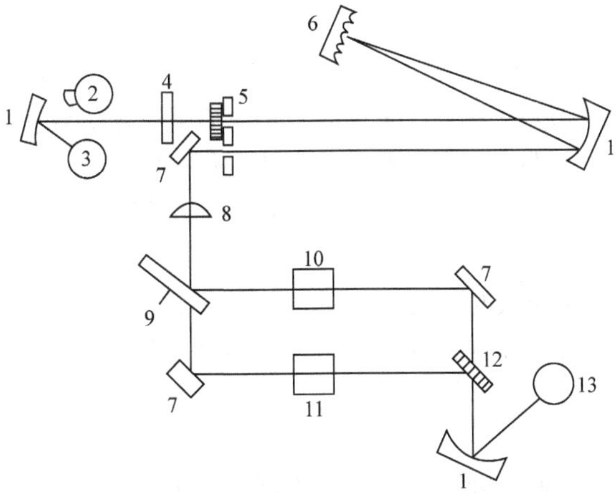

图 14.2.5　双光束分光光度计的光路系统

1. 凹面镜；2. 氘灯；3. 钨灯；4. 滤光计；5. 狭缝；6. 光栅；7. 平面镜；8. 透镜；9. 扇形旋转镜；10. 参比池；11. 样品池；12. 切光器；13. 光电倍增管

（3）双波长分光光度计。双波长分光光度计是将同一光源发出的光分成两束，分别经过两个单色器，从而同时得到两个不同波长 λ_1 和 λ_2 的单色光，它们交替地照射同一溶液，然后到达光电倍增管和电子控制系统。这样得到的信号是两波长处吸光度之差ΔA，当两个波长保持 1～2 nm 间隔并同时扫描时，得到的信号将是一阶导数光谱，即吸光度对波长的变化率曲线。

双波长分光光度计不仅能测定高浓度试样和多组分混合试样，还能测定一般分光光度计不宜测定的浑浊试样。双波长法用于测定相互干扰的混合试样时，不仅操作比单波长法简单，而且提高了测定的灵敏性和选择性。由于不用参比池，只用一个试样池进行测定，因此能够消除由参比池和参比液引起的测量误差（如由吸收池玻璃壁的厚度不同及试样溶液与参比溶液的基体不同、组成不同等引起的误差），因而提高了测定的准确度。双波长分光光度计原理如图 14.2.6 所示。

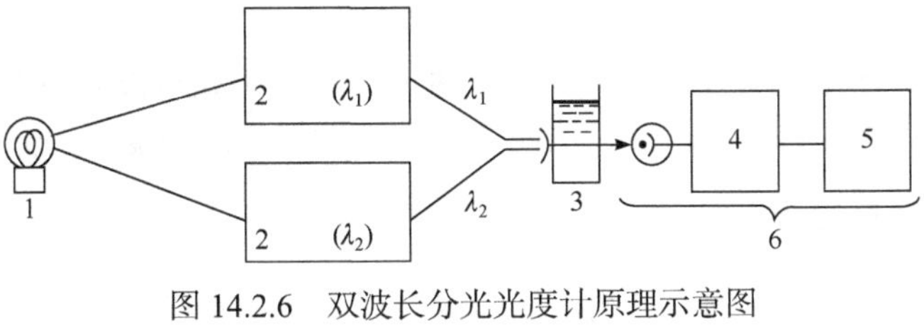

图 14.2.6　双波长分光光度计原理示意图

1. 光源；2. 分光元件；3. 吸收池；4. 放大器；5. 记录计；6. 测光部分

2. 定量测定方法

1）常用的测定方法

（1）标准对照法。在相同条件下，分别测定标准溶液和试样溶液的吸光度，然后按照式（14.2.5）计算出试样溶液的浓度。

$$\frac{A_{标}}{A_{样}}=\frac{c_{标}}{c_{样}} \tag{14.2.6}$$

应用该方法要求标准溶液和试样溶液的性质一致、浓度接近，测定条件一致，否则会有较大的误差。

（2）工作曲线法，是最常用的方法。对于已知浓度的标准溶液，在确定的测定条件下，分别测定吸光度。以标准溶液的浓度为横坐标，对应的吸光度为纵坐标，绘制 *A-c* 工作曲线。然后，在相同的条件下测定试样溶液的吸光度，从工作曲线上求出试样溶液的浓度。

利用工作曲线法时，要求标准试样和未知试样的组成保持一致，试样的浓度应在工作曲线的线性范围内。

（3）增量法。用工作曲线法时，要求标准试样和未知试样的组成保持一致，这在实际工作中很难做到。采用增量法可以弥补这个缺陷。该方法可以消除试样中的基体干扰，还可以用来检查系统误差。

2）高吸光度示差法

当待测组分含量较高，吸光度一旦超出了准确测量的读数范围时，常用的测定方法会产生很大误差，利用高吸光度示差法就可克服这一缺点。

该方法是采用比试样浓度稍低的标准溶液（浓度为 c_s ）作为参比溶液，来测量试样的吸光度，并由标准溶液的浓度计算试样的含量。若待测试样浓度为 c_x ，且 $c_x > c_s$ 。根据朗伯-比尔定律

$$A_s = \varepsilon b c_s \qquad A_x = \varepsilon b c_x$$

有

$$\Delta A = A_x - A_s = \varepsilon b(c_x - c_s) = \varepsilon b \Delta c$$

如果用标准溶液作参比调零（透光率 100%），测得的试样吸光度则为试样与参比溶液的吸光度差值，即相对吸光度ΔA。

由上述可知，两溶液吸光度之差与两溶液浓度之差成正比。这就是高吸光度示差法的基本原理。用ΔA 对Δc 作图可得一条工作曲线，工作曲线的形式和常用测定方法中的工作曲线形式相同，于是可以根据测得的ΔA 查得相应的Δc 值，则 $c_x = c_s + \Delta c$ 。除上述方法外，还可以依照各类分光光度计的性能，采用其他方法进行测定。

四、测定条件的选择

要建立一个新的分光光度分析方法，必须通过一系列实验对被分析对象进行各种测定条件的研究，以期寻找测定的最佳条件，从而获得重现性好、准确度高的分析结果。

1. 影响准确测定的因素

在分光光度分析法中，影响准确测定的因素有很多，主要有对朗伯-比尔定律的偏移、工作曲线不过原点和仪器测量误差。

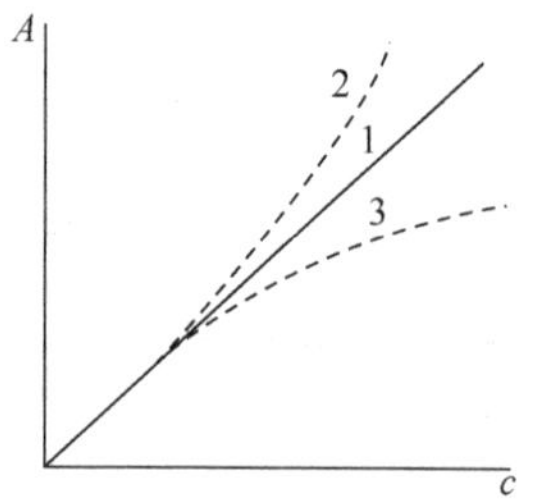

图 14.2.7　定量分析的校正曲线

1. 遵循朗伯-比尔定律；2. 产生正偏差；3. 产生负偏差

1）对朗伯-比尔定律的偏移

根据朗伯-比尔定律，当吸收池厚度不变，以吸光度对浓度作图时，应得到一条通过原点的直线。但如图 14.2.7 所示，其线性关系常常发生偏移，曲线发生弯曲而不再是一条直线，产生正偏差或负偏差。对于这种现象，表 14.2.2 给出了产生的原因和减小的方法。

表 14.2.2 对朗伯-比尔定律偏移的减小方法

产生原因	偏差结果	减小方法
非单色光引起	正偏差	选择合适的测定波长，选择适宜的被测物浓度
非吸收光引起	负偏差	减小狭缝宽度
散射的影响	正偏差	选择均匀、非散射的溶液
非平行光引起	正偏差	调整入射光角度，垂直于吸收池
荧光引起	负偏差	减小光谱带通的宽度
溶液中的化学反应	正、负偏差	控制吸光质点的分布，使其均匀、相对量大

2）工作曲线不过原点

有时绘制的工作曲线不通过坐标原点，分析原因和克服的方法如下。

（1）溶液空白的选择或配制不当。由于所配制的空白溶液不能使干扰物质的吸收恰好抵消，可以采用分析空气空白试样的方法，如果此时满足外推的结果，并且重现性很好，可以放弃空白样品对应的吸光度值。

（2）显色反应引起的问题。显色反应的灵敏度不高、掩蔽剂使用不当、缓冲溶液与部分被测组分反应等都可能导致工作曲线不过原点。

（3）吸收池的厚度或光学性质不一致。应保证每套吸收池的光学透光率相差小于 0.5%。

3）仪器测量误差

仪器测量误差主要是由光源的发光强度不稳定、光电效应的非线性、电位计的非线性、杂散光的影响、单色器的质量差（谱带过宽）、吸收池的透光率不一致、透光率与吸光度的标尺不准等因素造成的。

根据朗伯-比尔定律，当吸收池厚度一定时，结合式（14.2.1）、式（14.2.2），有

$$A = K'c \text{ 或 } -\lg T = K'c$$

对于给定的分光光度计，仪器的读数误差 ΔT 应为常数，为 0.01～0.02。

测定结果的精度可用相对误差 $\frac{\Delta c}{c}$ 来表示，且 $\frac{\Delta c}{c} = \frac{\Delta A}{A}$。由图 14.2.8 可知，同样大小的 ΔT 在 T 不同时，所引起的浓度误差 Δc（或 ΔA）是不同的。在浓度很低时，$\Delta T > \Delta c$，虽然 Δc 很小，但 c 也很小，所以 $\frac{\Delta c}{c}$ 比较大；在高浓度范围时，$\Delta T < \Delta c$，虽然 c 较大，但 Δc 也比较大，所以 $\frac{\Delta c}{c}$ 仍较大；而在某一浓度时，$\Delta T \approx \Delta c$，$\frac{\Delta c}{c}$ 比较小。由此不难推出，只有在一定的浓度范围内，即一定的吸光度范围内，仪器测定误差引起的测定结果的相对误差才是比较小的，而透光率接近 0 或 1 时，其相对误差将都趋于无限大。将式（14.2.2）对 T 微分，并用 A 除等式两边，得吸光度的相对

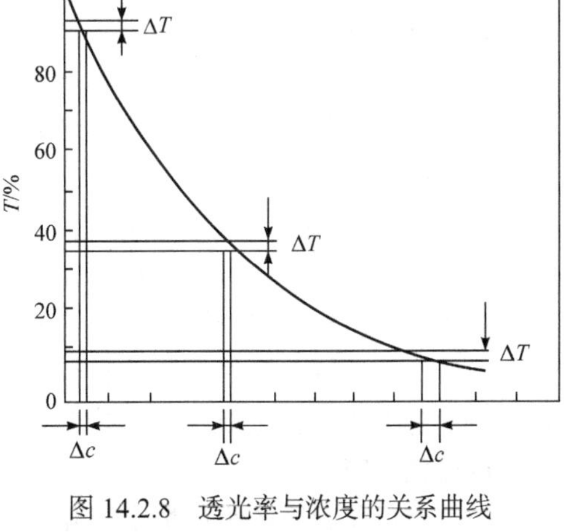

图 14.2.8 透光率与浓度的关系曲线

误差为

$$\frac{\Delta A}{A}=\frac{0.434}{T\lg T}\Delta T \quad (14.2.7)$$

或浓度的相对误差为

$$\frac{\Delta c}{c}=\frac{0.434}{T\lg T}\Delta T \quad (14.2.8)$$

即浓度测量的相对误差不仅与仪器的读数误差有关，还与它本身的透光率有关。

将式（14.2.8）对 T 求导并使一阶导数为零时，可计算出相对误差的最小值。

$$\frac{\mathrm{d}}{\mathrm{d}T}\left(\frac{0.434}{T\lg T}\Delta T\right)=\frac{0.434\Delta T(\lg T+0.434)}{(T\lg T)^2}$$

解得　　$-\lg T=0.434=A$　或　$T=36.8\%$

即当吸光度 $A=0.434$ 或 $T=36.8\%$时，测量误差最小。图 14.2.9 给出了相对误差和透光率的函数关系。表 14.2.3 给出了在不同仪器读数误差和不同透光率时的浓度测量误差。

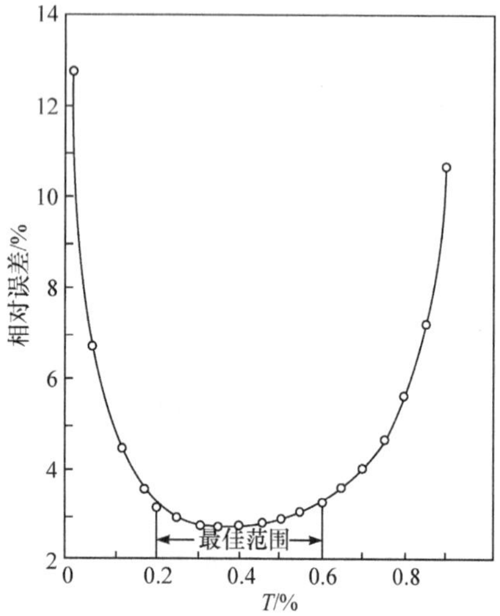

图 14.2.9　相对误差与透光率的函数关系

表 14.2.3　在不同仪器读数误差和不同透光率时的浓度测量误差

T/%		95	90	80	70	60	50	40	30	20	10	5
$\frac{\mathrm{d}c}{c}$/%	$\mathrm{d}T=0.01$	20.8	10.7	5.6	4.0	3.3	2.9	2.7	2.8	3.2	4.3	6.5
	$\mathrm{d}T=0.005$	10.4	5.4	2.8	2.0	1.7	1.5	1.4	1.4	1.6	2.2	3.3

从图 14.2.9 和表 14.2.3 中看出：T很大或很小时相对误差都较大，在 $T=10\%\sim80\%$（$A=1\sim0.1$）时，满足测量相对误差为 5%的准确度要求；对于高精密度的仪器，在 $T=20\%\sim60\%$（$A=0.7\sim0.2$）时，满足测量相对误差为 1%的准确度要求。

2. 显色反应和显色条件的选择

1）显色反应的选择

将被测组分转变成有色化合物的反应称为显色反应。最常用的显色反应为络合反应和氧化还原反应，如使用二元络合物、多元络合物等，可以实现有选择性的显色反应。选择显色反应的一般标准如下。

（1）灵敏度要高。灵敏度高的显色反应有利于微量组分的测定。灵敏度的高低，可从ε值的大小来判断，通常选择 $\varepsilon=10^4\sim10^5$。但应注意，灵敏度高的显色反应，未必选择性就好；对于高含量的组分测定，无需必选灵敏度高的显色反应。

（2）选择性好，最好不与共存组分发生反应。如果显色剂与被测组分生成的有色化合物和显色剂与干扰离子生成的有色化合物的吸收峰相隔较远，或者干扰离子容易被去除，也可以进行显色反应。

（3）有色化合物的组成恒定、化学性质稳定、颜色不变，以保证被测组分与有色化合物之间有准确的定量关系。

（4）显色剂与有色化合物的颜色应有明显的差异。一般要求有色化合物的最大吸收波长与显色剂的最大吸收波长之差在 60 nm 以上，即

$$\Delta\lambda = \lambda_{最大}^{MR} - \lambda_{最大}^{R} > 60\ \text{nm}$$

（5）显色反应的条件容易控制，以保证有很好的再现性。

2）显色剂的选择

与被测组分生成有色化合物的试剂称为显色剂。同一组分可与若干种显色剂反应，生成若干种有色化合物。

显色剂分为无机显色剂和有机显色剂，无机显色剂由于灵敏度和选择性不高、生成的有色络合物稳定性较差，应用范围越来越少。目前常用的无机显色剂见表 14.2.4。

表 14.2.4　常用的无机显色剂

显色剂	反应类型	测定元素	酸度	有色化合物组成	颜色	测定波长/nm
硫氰酸盐	络合	Fe(Ⅲ)	0.1～0.8 mol/L HNO_3	$[Fe(SCN)_5]^{2-}$	红	480
		Mo(Ⅵ)	1.5～2 mol/L H_2SO_4	$[MoO(SCN)_5]^{-}$	橙	460
		W(Ⅴ)	1.5～2 mol/L H_2SO_4	$[WO(SCN)_4]^{-}$	黄	405
		Nb(Ⅴ)	3～4 mol/L HCl	$[NbO(SCN)_4]^{-}$	黄	420
钼酸铵	杂多酸	Si	0.15～0.3 mol/L H_2SO_4	$H_4SiO_4\cdot 10MoO_3\cdot Mo_2O_3$	蓝	670～820
		P	0.5 mol/L H_2SO_4	$H_3PO_4\cdot 10MoO_3\cdot Mo_2O_3$	蓝	670～830
		V(Ⅴ)	1 mol/L HNO_3	$P_2O_5\cdot V_2O_5\cdot 22MoO_3\cdot nH_2O$	黄	420
		W	4～6 mol/L HCl	$H_3PO_4\cdot 10WO_3\cdot W_2O_5$	蓝	660
氨水	络合	Cu(Ⅱ)	浓氨水	$[Cu(NH_3)_4]^{2+}$	蓝	620
		Co(Ⅲ)	浓氨水	$[Co(NH_3)_6]^{3+}$	红	500
		Ni	浓氨水	$[Ni(NH_3)_6]^{2+}$	紫	580
过氧化氢	络合	Ti(Ⅳ)	1～2 mol/L H_2SO_4	$[TiO(H_2O_2)]^{2+}$	黄	420
		V(Ⅴ)	0.5～3 mol/L H_2SO_4	$[VO(H_2O_2)]^{3+}$	红橙	400～450
		Nb	18 mol/L H_2SO_4	$Nb_2O_3(SO_4)_2\cdot(H_2O_2)_2$	紫	365

许多有机显色剂在一定条件下，能够与被测组分生成稳定且颜色明显的络合物。它们具有较高的灵敏度（$\varepsilon > 10^4$）、抗辐射性强和较强的选择性的特点。这些有机显色剂，虽然难溶于水，但易溶于有机溶剂。

有机显色剂的种类较多，表 14.2.5 列出了常用的有机显色剂。从表中可以看出，有机显色剂一般都含有共轭双键基团，这些不饱和键上的 π 电子在被光激发时，只需要较小的能量，就能够吸收 $\lambda > 200$ nm 的辐射，因此很容易显色。这些基团也称为生色基团。显然有机显色剂必须具有生色基团。除此之外，一些含有共用电子对的基团，如羟基、胺基、卤代基等，结合在共轭双键周围。它们与生色基团互相作用，引起永久性的电荷移动，从而减小了分子的活能，使颜色加深，帮助显色。这些基团称为助色基团，有机显色剂中最好有助色基团的存在。

表 14.2.5　常用的有机显色剂

显色剂	显色剂结构式	被测离子	络合物组成及颜色	摩尔吸光系数ε
磺基水杨酸（sal^{2-}）	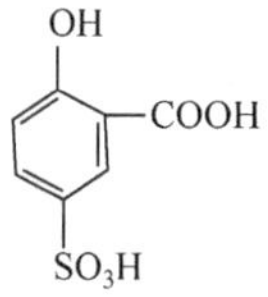	Fe^{3+}	$Fesal^{+}$ 紫红色 pH 1～2	$\varepsilon_{520}=1.6\times10^3$
邻二氮菲（phen）	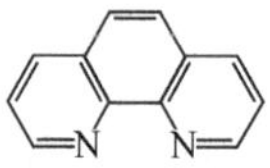	Fe^{2+}	$Fe(phen)_3^{2+}$ 红色 pH 2～9	$\varepsilon_{502}=1.1\times10^4$
二硫腙（HD）	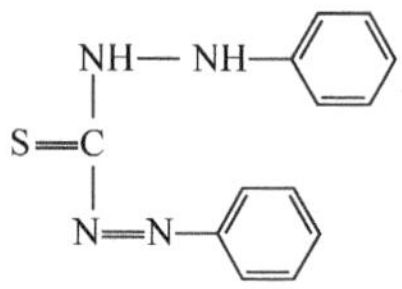	Pb^{2+}	$Pb(HD)_2$ 紫红色 pH 7.5～11	$\varepsilon_{510}=6.6\times10^4$
双环己酮草酰二腙（BCO）	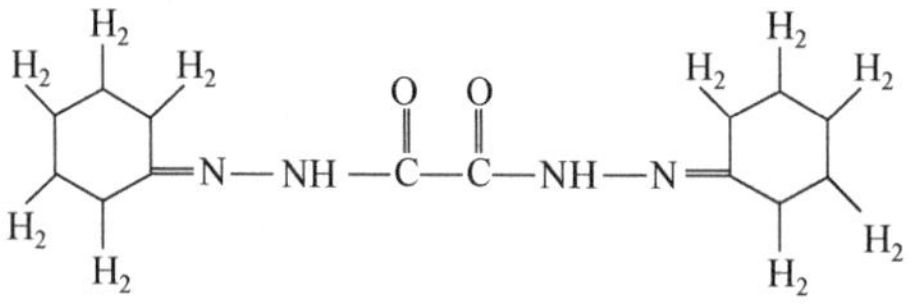	Cu^{2+}	$Cu(BCO)_3^{2+}$ 蓝色 弱碱性	$\varepsilon_{630}=1.6\times10^4$
二甲酚橙（XO）	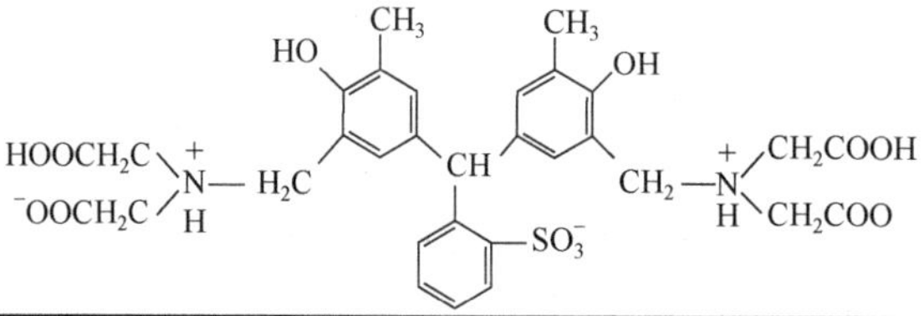	Cu^{2+}	$Cu(XO)^{2+}$ 紫红色 pH 5.4～6.2	$\varepsilon_{520}=2.4\times10^4$

3）显色条件的确定

显色反应能否完全满足分光光度法的要求，除了与显色剂的性质有关外，显色条件的确定也是十分重要的。否则，将会影响分析结果的准确度。显色条件的确定包括显色剂的用量、溶液酸度的控制、显色温度和显色时间等方面。

（1）显色剂的用量。显色反应一般用下式表示。

$$M + R \longrightarrow MR$$

显色反应在一定程度上是可逆的。为了减少反应的可逆性，根据同离子效应，加入过量的显色剂是必要的；但过量太多，会引起副反应，对测定反而不利。

显色剂的用量是通过实验来确定的。实验方法是：固定被测组分的浓度和其他条件，分别加入不同量的显色剂，测定吸光度，得到 A-c_R 曲线（图 14.2.10）。对于不同的结果，显色剂的用量控制程度不同。若实验结果为图 14.2.10（a），可在 a、b 之间选择合适的显色剂用量；

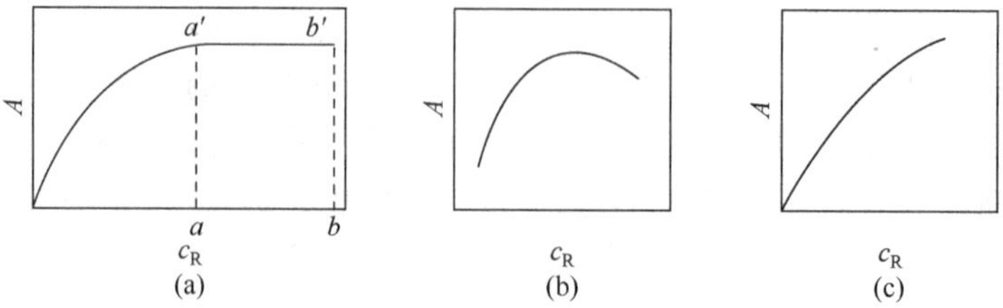

图 14.2.10　吸光度与显色剂浓度的关系

若实验结果为图 14.2.10（b），应严格控制显色剂的用量；若实验结果为图 14.2.10（c），必须特别严格地控制显色剂用量，过多或过少的显色剂用量都会导致反应误差的增大。

（2）溶液酸度的控制。溶液酸度对显色反应的影响很大，这是由于溶液的酸度直接影响金属离子和显色剂的存在形式及有色络合物的组成和稳定性。因此，控制溶液酸度，是保证测定获得良好结果的重要条件之一。一般来讲，pH 太高，容易发生水解；pH 太低，显色剂离解效果差；同时，pH 对显色剂的颜色、络合物的稳定性等均有影响。一般情况下，溶液酸度的控制是通过实验确定的。

（3）其他显色条件的控制。一般显色反应常温即可。大多数的显色反应速率较慢，需要一定的时间，溶液的颜色才能够稳定。不同的溶剂对于显色反应的速率、络合物的颜色和离解等均有影响。某些共存离子也会干扰显色反应。这些显色条件的控制，可以采用不同的实验方法加以确定。

五、紫外-可见分光光度法在环境分析监测中的应用

紫外-可见分光光度法在环境分析监测中占有主要地位，它广泛应用于大气、水、固体废物、土壤等各个环境要素的分析监测，是目前我国环境监测部门应用最广泛、监测项目最多的一类方法。

1. 空气中二氧化硫的测定

SO_2 是空气中最常见的，也是最重要的污染物。它是酸雨形成的主要原因之一。测定 SO_2 的方法有很多，常用的有四氯汞盐-盐酸副玫瑰苯胺分光光度法（GB 8970—1988）和甲醛吸收-副玫瑰苯胺分光光度法（GB/T 15262—1994），它们是目前国内外广泛采用的较为成熟的方法。因其灵敏、可靠，所以在国内外环境监测中被规定为标准的分析方法。在四氯汞钾-盐酸副玫瑰苯胺分光光度法中，四氯汞钾溶液作为吸收液采样，它与 SO_2 形成稳定的二氯亚硫酸汞络合物。向采样后的溶液中加入甲醛和盐酸副玫瑰苯胺时，首先生成羟甲基磺酸，生成物再与副玫瑰苯胺反应，得到紫色络合物。全过程反应如下：

$$HgCl_2 + 2KCl = K_2[HgCl_4]$$

$$[HgCl_4]^{2-} + SO_2 + H_2O = [HgSO_3Cl_2]^{2-} + 2H^+ + 2Cl^-$$

$$[HgSO_3Cl_2]^{2-} + HCHO + 2H^+ = HgCl_2 + HO{-}CH_2{-}SO_3H$$

羟甲基磺酸

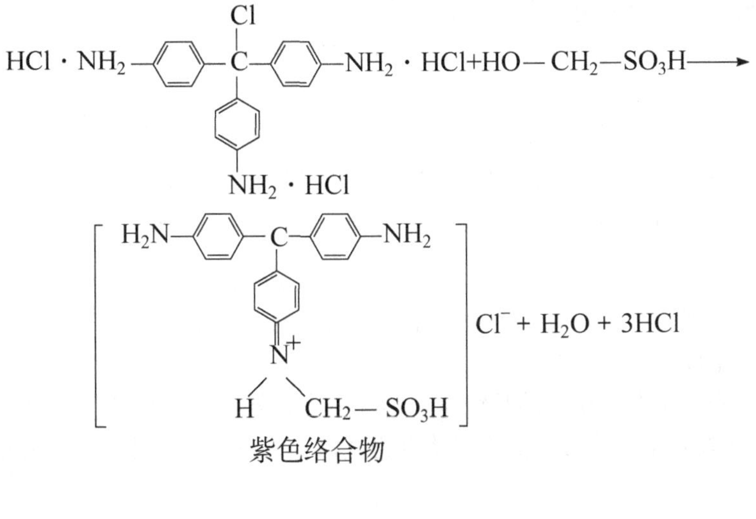

紫色络合物

在测定中，如 NO_x、臭氧、锰、铁、铬等的存在将产生干扰。加入氨基磺酸铵可消除 NO_x 的干扰，采样后放置一段时间可使臭氧自行分解，加入磷酸和 EDTA-Na_2 可以消除或减小某些重金属的干扰。为避免汞的污染，甲醛-盐酸副玫瑰苯胺分光光度法多被采用，详细见第十八章。

2. 空气中臭氧、总氧化剂和光化学氧化剂的测定

臭氧（O_3）是氧的同素异形体，是已知的最强的氧化剂之一。总氧化剂是与光化学烟雾有关的污染指标。空气污染物中的总氧化剂是指能氧化 KI 析出 I_2 的物质，它包括臭氧、过氧乙酰硝酸酯、卤素、过氧化物和 NO_x 等。光化学氧化剂则是除 NO_x 外，能氧化 KI 的其他氧化剂。光化学氧化剂不能直接测定，而是同步测定总氧化剂和氮氧化物后，由下面的关系式求得。

$$\text{光化学氧化剂} = \text{总氧化剂} - 0.269 \times \text{氮氧化物}$$

式中，0.269 为 NO_2 校正系数，即在采样后 4～6 h，只有 26.9%的 NO_2 与 KI 反应。

臭氧和总氧化剂的测定方法有很多，早期采用中性碘化钾比色法和碱性碘化钾比色法，目前除采用靛蓝二磺酸钠分光光度法（HJ 504—2009）、硼酸碘化钾分光光度法外，还有专用的紫外分光光度法（HJ 590—2010）。美国环境保护署规定用紫外分光光度法标定的臭氧浓度为臭氧标准气体的一级标准。SO_2 对上述测定有干扰，会使测定结果偏低。

3. 废水中含氮化合物的测定

水中含氮化合物主要来源于生活污水、含氮工业废水、农田用水的排放。这类污水往往包含动物性排泄物及传染性病毒，因而水中含氮化合物的成分和含量能说明水体受到含氮有机物的污染情况及程度。

由于氨、亚硝酸盐和硝酸盐分别代表了有机氮转化为无机氮的各个阶段，因而被定为水质指标，分别以氮（N）表示，称为氨氮、亚硝酸盐氮、硝酸盐氮等，除此之外，凯氏氮、总氮也是表示含氮化合物的指标。

1）氨氮的测定

根据水样的清洁和浑浊程度，氨氮的测定有直接分光光度法和蒸馏分光光度法两种。前者适用于无色、透明、氨氮含量较高的清洁水样。对于有颜色、浑浊、含干扰物质较多、氨氮含量较少的水样，一般采用蒸馏分光光度法。

测定氨氮的方法有纳氏试剂分光光度法（HJ 535—2009）、水杨酸分光光度法（HJ 536—2009）、电极法和滴定法等。

（1）纳氏试剂分光光度法：氨与碘化汞钾（也称纳氏试剂）在碱溶液中，生成淡黄色或红棕色的氨基汞络离子的碘衍生物 $[Hg_2O\cdot NH_2]I$。在波长为 420 nm 处进行测定。

$$\underset{\text{纳氏试剂}}{2K_2[HgI_4]} + 3KOH + NH_3 = \underset{\text{黄色或棕色}}{[Hg_2O\cdot NH_2]I} + 7KI + 2H_2O$$

当水样中含有钙、镁、铁等离子时，加入纳氏试剂后会使溶液变浑浊，干扰测定。需加入酒石酸钾钠，掩蔽钙、镁、铁等。

（2）水杨酸分光光度法在亚硝基铁氰化钠存在下，氨与水杨酸和次氯酸反应生成蓝色化合物，在 697 nm 处测定。该法最低检出浓度为 0.01 mg/L；测定上限为 1 mg/L。

2）亚硝酸盐氮的测定

在亚硝酸盐氮的测定中，*N*-（1-萘基）-乙二胺分光光度法[《水质　亚硝酸盐氮的测定　分光光度法》（GB 7493—1987）]为国标方法。在 pH = 1.8 ± 0.3 时，水中亚硝酸盐与对氨基苯磺酰胺生成重氮盐，再与 *N*-（1-萘基）-乙二胺偶联生成红色染料，于 540 nm 处测定。

该法中氯胺、氯、硫代硫酸盐、聚磷酸钠和高铁离子有明显干扰；水样有色或浑浊，可加氢氧化铝悬浮液并过滤消除。

3）硝酸盐氮的测定

硝酸盐氮的测定，采用《水质　硝酸盐氮的测定　酚二磺酸分光光度法》（GB 7480—1987）。硝酸盐在无水的情况下与酚二磺酸反应，生成硝基二磺酸酚，在碱性溶液中生成黄色的硝基酚二磺酸三钾盐，于 410 nm 处测定。水样中共存氯化物、亚硝酸盐、铵盐、有机物和碳酸盐时，产生干扰，应做适当的预处理。该法最低检出浓度为 0.02 mg/L；测定上限为 2.0 mg/L。

4）凯氏氮

凯氏氮是指以 Kjeldahl 法测得的含氮量。它包括氨氮和在此条件下能转化为铵盐而被测定的有机氮化合物。此类有机氮化合物主要有蛋白质、氨基酸、肽、胨、核酸、尿素及合成的、氮为负三价的有机氮化合物。但不包括叠氮化合物、硝基化合物等。由于一般水中存在的有机氮化合物多为前者，因此可用凯氏氮与氨氮的差值表示有机氮含量。

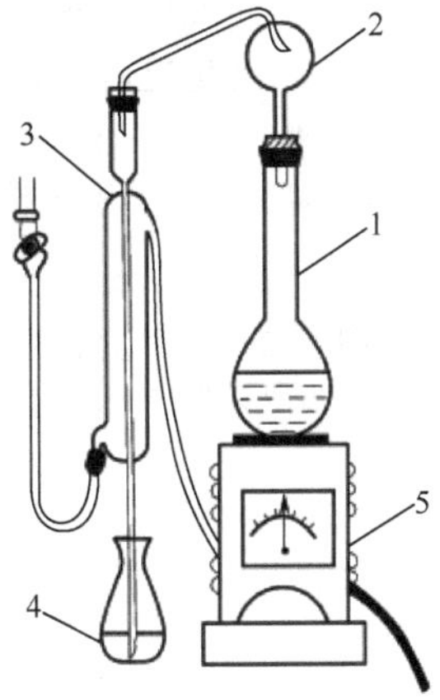

图 14.2.11　凯氏氮蒸馏装置

1. 凯氏烧瓶；2. 定氮球；3. 直形冷凝管及导管；4. 收集瓶；5. 电炉

凯氏氮的测定可采用分光光度法[《水质　凯氏氮的测定》（GB 11894—1989）]。取适量水样于凯氏烧瓶中，加入浓硫酸和催化剂（K_2SO_4），加热消解，将有机氮转变成氨氮，然后在碱性介质中蒸馏出氨，用硼酸溶液吸收，测定氨氮含量，即为水样中的凯氏氮。凯氏氮蒸馏装置见图 14.2.11。当要直接测定有机氮时，可将水样先进行预蒸馏除去氨氮，再以凯氏法测定。

5）总氮

水体总氮含量也是衡量水质的重要指标之一。其测定方法一般采用分别测定有机氮和无机氮化合物（氨氮、亚硝酸盐氮和硝酸盐氮）后进行加和的方法，也可以用碱性过硫酸钾消解紫外分光光度法（HJ 636—2012）测定。该方法的原理是在水样中加入碱性过硫酸钾溶液，于过热水蒸气中将大部分有机氮化合物及氨氮、亚硝酸盐氧化成硝酸盐，测定硝酸盐氮含量，即为总氮含量。该法最低检出浓度为 0.05 mg/L；测定范围为 0.20～7.00 mg/L。

4. 废水中挥发酚的测定

水中酚类化合物主要来源于炼油、炼焦洗涤、造纸化工等工业废水的废弃物。废水及被污染的地面水中有多种酚，部分酚可挥发，另一部分酚不易挥发。测定时用苯酚的标准溶液绘制工作曲线，测定样品中挥发酚类的含量。测定的结果仅代表水中酚类的最低含量，不是实际含量。

挥发酚的测定采用蒸馏后 4-氨基安替比林分光光度法（HJ 503—2009），我国和国际标准化组织均采用该方法。酚类化合物与 4-氨基安替比林在 pH = 10 的碱性介质中，在氧化剂铁氰化钾的作用下，生成红色的安替比林染料。

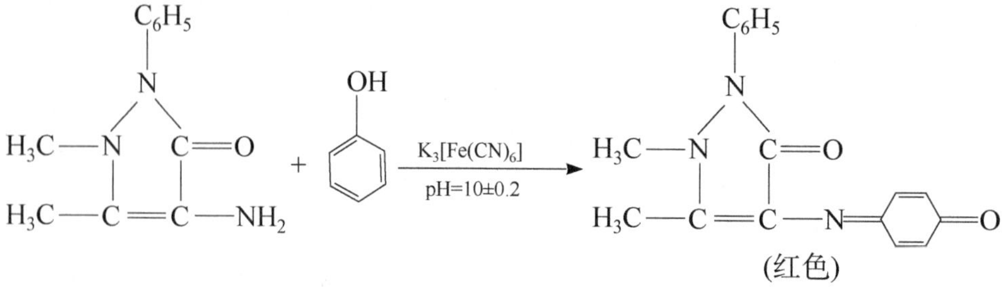

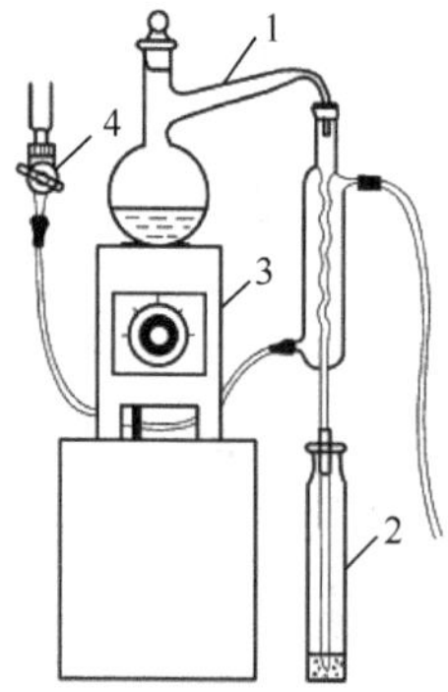

图 14.2.12　挥发酚的蒸馏装置

1. 500 mL 全玻璃蒸馏器；2. 接收瓶；3. 电炉；4. 水龙头

这种染料的颜色在水溶液中可稳定约 30 min，可以在 510 nm 条件下分光测定；若用氯仿萃取，可使颜色稳定 4 h，并能提高测定的灵敏度。萃取后的溶液可在 460 nm 处测定。挥发酚的蒸馏装置见图 14.2.12。各种芳香胺、氧化性物质、还原性物质、重金属离子、水样的颜色和浊度，均对本法有干扰。详细测定方法见第十八章。

第三节　原子吸收光谱法

原子吸收光谱法是基于蒸气相中被测元素的基态原子对其原子共振辐射的吸收强度来测定试样中被测元素含量的一种方法。

原子吸收光谱法具有很强的特效性、准确性和灵敏性。其特点为：①灵敏度高、检出限低，可测得 10^{-9} 数量级，甚至在 10^{-14}～10^{-10} g；②选择性好，抗干扰能力强；③分析速度快；④精密度好，测定误差可控制在 1%～2%，高性能仪器在 0.1%～0.5%范围；⑤应用范围广，可测定的元素达 70 种之多；⑥操作简便，易于掌握。但目前实现多元素的同时准确测定尚有困难。另外，原子吸收光谱法标准曲线的线性范围窄，一般仅为一个数量级。

一、基本原理

AAS 与 UV-Vis 有类似之处，但吸收机理却有本质的区别。分子吸收由于存在电子能级、振动能级和转动能级共同的跃迁，因此为宽带吸收。带宽为 0.1～1 nm 甚至更宽，可以使用连续光源扫描。而原子吸收只有原子外层的电子跃迁，为锐线光谱，其吸收宽度仅 10^{-3} nm。吸收光谱的产生见本章第一节。

1. 原子光谱的定性依据

对于不同原子，核外多个价电子的状态用主量子数（n）、总角量子数（L）、总自旋量子数（S）及内量子数（J）表示。用上述四个量子数组成“$n2S+1LJ$”形式的符号来表示原子的能级，称为光谱项。不同原子的光谱项可由原子的价电子组态导出，将光谱项以图的形式表现出来称为原子能级图。从图中可以清楚地了解原子基态和不同激发态的能级及对应的能量差ΔE。不同原子的结构不同，原子能级图就不同，对应的能级结构或ΔE也不同。

原子吸收光谱的波长（λ）或频率（ν）与产生吸收跃迁的两能级的能量差 ΔE 之间的关系遵从普朗克公式。从式（14.1.2）可看出，ΔE 越大，辐射跃迁的 λ 就越短。所以，不同元素的光谱不同——这就是光谱分析的定性依据。

2. 原子吸收光谱的谱线轮廓和谱线变宽

原子吸收光谱的谱线并不是一条严格的几何线，而是占据着有限的相当窄的频率范围，有一定的宽度和形状，即谱线轮廓。

若将强度为$I_{o\nu}$的不同频率光通过厚度为 L 的基态原子蒸气时，一部分光被吸收，透射光强度I_ν与 L 的关系同分子吸收一样，应服从朗伯-比尔定律。

$$I_\nu = I_{o\nu} e^{-K_\nu L} \tag{14.3.1}$$

式中，K_ν 为原子蒸气对频率ν的光的吸收系数，它是光源辐射频率（或波长）的函数。若将K_ν 对ν变化的关系作图，可得吸收系数K_ν 对频率ν 的吸收曲线（图 14.3.1）。和分子吸收一样，原子吸收也存在峰值吸收，此时K_ν为峰值吸收系数K_0，对应的频率和波长称为中心频率ν_0和中心波长λ_0。ν_0和λ_0也称为特征频率和特征波长。在$K_0/2$处，对应的吸收曲线两点间的距离称为吸收线半宽度（$\Delta\nu$）。可见吸收谱线的轮廓特征是由ν_0和$\Delta\nu$ 表征的。前者依赖于原子的能级结构，是定性分析的依据；后者是数量级为10^{-3}～10^{-2} nm的频率差值。由于很多因素的影响，$\Delta\nu$变大，谱线变宽。影响谱线变宽的主要因素有：多普勒（Doppler）变宽($\Delta\nu_D$)、洛伦兹（Lorentz）变宽($\Delta\nu_L$)、赫鲁兹马克（Holtsmark）变宽($\Delta\nu_R$)和自然变宽($\Delta\nu_N$)。

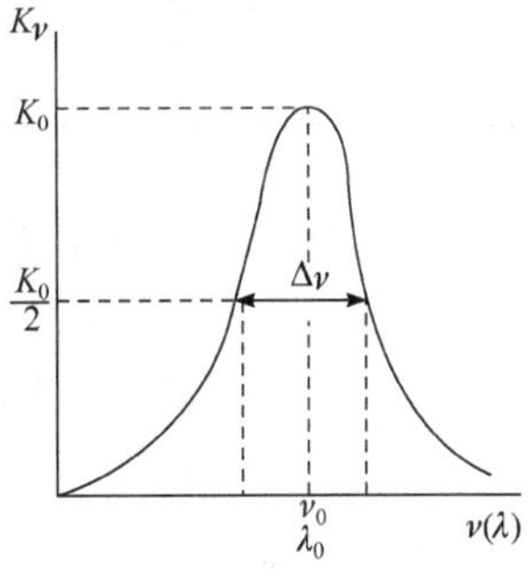

图 14.3.1　吸收谱线轮廓

1）多普勒变宽

多普勒变宽是由于原子在空间做无规则热运动引起的，因此又称为热变宽。在通常原子吸收光谱测定的条件下，多普勒变宽是制约原子吸收谱线宽度的主要因素。谱线的多普勒变宽由式（14.3.2）决定。

$$\Delta\nu_D = \frac{2\nu_0}{c}\sqrt{\frac{2RT\times\ln 2}{M}} = 7.162\times10^{-7}\nu_0\sqrt{\frac{T}{M}} \tag{14.3.2}$$

式中，M 为吸收质点的摩尔质量，g/mol；T 为热力学温度，K。可见，多普勒变宽随温度升高、谱线频率增大和摩尔质量减小而增宽。通常$\Delta\nu_D$约为10^{-3} nm。

2）洛伦兹变宽

洛伦兹变宽是吸收原子与其他元素的分子或原子发生碰撞，从而缩短了激发态原子的平均寿命所引起的谱线变宽，同时引起谱线的漂移和不对称。洛伦兹变宽也称碰撞变宽。$\Delta\nu_L$一般为10^{-3} nm数量级。在通常条件下，吸收线轮廓主要受多普勒变宽和洛伦兹变宽的影响。不同温度下各元素的多普勒变宽和洛伦兹变宽见表 14.3.1。

表 14.3.1　不同温度下各元素的多普勒变宽和洛伦兹变宽

元素	原子量	波长/nm	$T = 2000$ K		$T = 2500$ K		$T = 3000$ K	
			$\Delta\nu_D$	$\Delta\nu_L$	$\Delta\nu_D$	$\Delta\nu_L$	$\Delta\nu_D$	$\Delta\nu_L$
Na	22.99	589.0	39	32	44	29	48	27
Ba	137.24	553.6	15	32	17	28	18	26
Sr	87.62	460.7	16	26	17	23	19	21
V	50.94	437.9	20	—	22	—	24	—
Ca	40.08	422.6	21	15	24	13	26	12
Fe	55.85	371.9	16	13	18	11	19	10
Co	58.93	352.6	13	16	15	14	16	13
Ag	107.87	338.2	10	15	11	13	13	12
	—	328.0	10	15	11	14	16	13
Cu	63.54	324.7	13	9	14	8	16	7
Mg	24.31	285.7	18	—	21	—	23	—
Pb	207.19	283.3	6.3	—	7	—	8	—
Au	196.97	267.5	6.1	—	7	—	7.5	—
Zn	65.37	213.8	8.5	—	95	—	10	—

3）赫鲁兹马克变宽

赫鲁兹马克变宽也称共振变宽。它是被测原子的激发态与基态相互碰撞引起的变宽。由于样品原子蒸气压力很小，因此赫鲁兹马克变宽可以忽略不计。有时也将洛伦兹变宽和赫鲁兹马克变宽统称碰撞变宽。

4）自然变宽

自然变宽是指在无外界因素影响的情况下，谱线所具有的本来宽度。它与原子在能级间跃迁时的能级能量（ΔE）和激发态原子的寿命（Δt）有关，根据量子力学的测不准原理（uncertainty principle），其关系为

$$\Delta E \times \Delta t \approx h \tag{14.3.3}$$

若Δt看成平均寿命τ，则ΔE可用$\Delta\nu_N$代替，此时式（14.3.3）可表示为

$$\Delta\nu_N \times \tau \approx h \tag{14.3.4}$$

由式（14.3.4）不难看出：由于激发态原子的寿命很短，$\Delta\nu_N$将是一个有限值。一般来讲，激发态的平均寿命约10^{-8} s 数量级，故$\Delta\nu_N$为$10^{-6} \sim 10^{-5}$ nm 数量级。所以，与前述其他变宽相比，$\Delta\nu_N$可忽略不计。

除上述四种变宽外，由空心阴极灯引起的自吸变宽及由磁场和电场引起的场致变宽等有时也有发生，但二者都比自然变宽的数量级还小，所以忽略不计。

3. 积分吸收与峰值吸收

在图 14.3.1 中，若将K_ν对ν积分，就可得到某元素原子吸收的全部能量。该方法称为原子吸收光谱的积分吸收（图 14.3.1 中吸收线下的整个面积）。这是原子吸收光谱法的一个重要理论基础。

但是原子吸收是窄带吸收，变宽后$\Delta\nu$也仅有 10^{-3} nm 数量级。它仅相当于光谱带通小到 0.2 nm 时总入射光强度的 0.5%，并且单色器的分辨率要高达 50 万以上。这样苛刻的条件是一般光谱仪所不能达到的。这也正是原子吸收现象被发现一百多年，而一直无法用于分析监测的原因之一。直到 1955 年 Walsh 提出采用锐线光源测量吸收线峰值的办法，才使这一困难得以解决。

锐线光源是指能发射出谱线半宽度很窄的发射线光源。发射线也有谱线宽度，但控制好光源条件（Walsh 在自己组装的原子吸收光谱仪中选择了空心阴极灯），会比吸收线的谱线宽度窄许多。

设 $\Delta\nu_e$ 为发射线半宽度 ($\Delta\nu_e \approx 0.0005\sim0.002$ nm)，$\Delta\nu_a$ 为吸收线半宽度 ($\Delta\nu_a \approx 1\sim0.005$ nm)，依照吸光度的定义，有

$$A = \lg\frac{I_0}{I} \tag{14.3.5}$$

式中，I_0 和 I 分别为在 $\Delta\nu_e$ 频率范围内入射光和透过光的强度，且在 $\Delta\nu_e$ 范围内

$$I_0 = \int_0^{\Delta\nu_e} I_0 \mathrm{d}\nu \tag{14.3.6}$$

$$I = \int_0^{\Delta\nu_e} I_\nu \mathrm{d}\nu \tag{14.3.7}$$

将式（14.3.1）代入式（14.3.7）得

$$I = \int_0^{\Delta\nu_e} I_0 \mathrm{e}^{-K_\nu L} \mathrm{d}\nu \tag{14.3.8}$$

于是式（14.3.5）为

$$A = \lg\frac{\int_0^{\Delta\nu_e} I_0 \mathrm{d}\nu}{\int_0^{\Delta\nu_e} I_0 \mathrm{e}^{-K_\nu L} \mathrm{d}\nu} \tag{14.3.9}$$

当 $\Delta\nu_e \ll \Delta\nu_a$，即满足 Walsh 方法的测量条件时，在积分限内可认为 K_ν 为常数，合理假定通过原子蒸气的发射线的中心频率与吸收线的中心频率 ν_0 相重合，此时可以用峰值吸收系数 K_0 来代替 K_ν，则式（14.3.9）可写为

$$A = \lg\frac{1}{\mathrm{e}^{-K_0 L}} = 0.434 K_0 L \tag{14.3.10}$$

K_0 与谱线宽度有关，当谱线轮廓取决于多普勒变宽时，根据经典色散理论：

$$K_0 = \frac{2\sqrt{\pi \ln 2}}{\Delta\nu_D} \times \frac{e^2}{mc} N_0 f \tag{14.3.11}$$

式中，e 为电子电荷，C；m 为电子质量，g；c 为光速，m/s；N_0 为原子蒸气中待测原子的基态原子数，即基态原子密度；f 为振子强度，代表每个原子中能够吸收或发射特定频率光的平均电子数。在一定条件下，e、m、c、f、$\Delta\nu_D$ 均为常数。将式（14.3.11）代入式（14.3.10），整理后得

$$A = K N_0 L \tag{14.3.12}$$

其中

$$K = 0.434 \times \frac{2\sqrt{\pi \ln 2}}{\Delta\nu_D} \times \frac{e^2}{mc} N_0 f$$

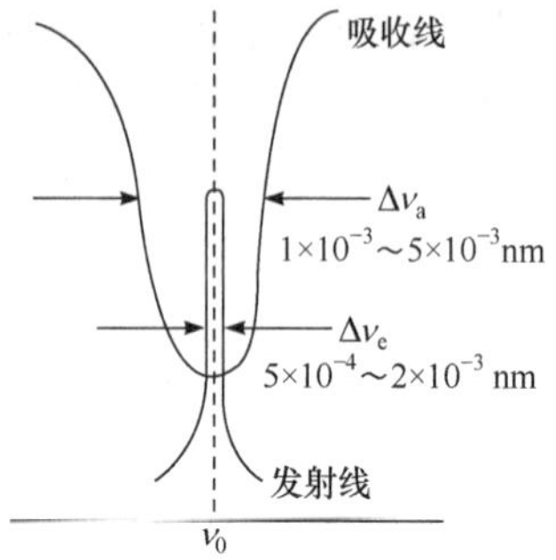

图 14.3.2　峰值吸收测定示意图

式（14.3.12）表明，当使用锐线光源时，测得的吸光度与原子蒸气中待测原子的基态原子数和原子蒸气的厚度的乘积呈线性关系。通过 Walsh 的理论证明，可以用峰值吸收代替积分吸收。而峰值吸收值的测定，只需使用锐线光源，不必使用高分辨率的单色器就可以实现。由图 14.3.2 可见，为了实现峰值吸收测定，除要求光源发射线的半宽度 $\Delta\nu_e$ 应大大小于吸收线半宽度 $\Delta\nu_a$ 外，还应使通过原子蒸气发射线的中心频率与吸收线的中心频率 ν_0 相重合。这就需要测定时使用的锐线光源应与待测元素一致。

4. 基态原子与激发态原子的分配

使用锐线光源，依照式（14.3.12），可以通过测定吸光度来确定原子蒸气中的基态原子浓度。但对于待测溶液，基态原子所占的比例为多少？基态原子和激发态原子的分配比如何？需要从理论上给予推导。

对于待测元素，电子是由基态（$E_0=0$）跃迁至第一激发态的，所以在一定温度下，当体系达到热力学平稳状态时，激发态和基态原子数之比的玻尔兹曼（Boltzmann）分布为

$$\frac{N_j}{N_0}=\frac{P_j}{P_0}\exp\left(-\frac{E_1}{kT}\right)=\frac{P_j}{P_0}\exp\left(-\frac{h\nu}{kT}\right) \tag{14.3.13}$$

式中，N_j 和 N_0 分别为单位体积内激发态和基态原子数；P_j 和 P_0 分别为激发态和基态能级的统计权重，它表示能级的多重度，即相同能级的数目；k 为玻尔兹曼常量（1.38×10^{-23} J/K）；T 为热力学温度，K。

当波长一定时，P_j/P_0 和 E_j 为定值，因此只要火焰温度 T 确定，就可求得 N_j/N_0 值（表 14.3.2）。

表 14.3.2　几种元素共振线的 N_j/N_0 值

共振线/nm	$\frac{P_1}{P_2}$	激发能/eV	N_j/N_0			
			2000 K	2500 K	3000 K	4000 K
Cs 852.1	2	1.455	4.31×10^{-4}	2.33×10^{-3}	7.19×10^{-3}	2.98×10^{-2}
K 766.5	2	1.617	1.68×10^{-4}	1.10×10^{-3}	3.84×10^{-3}	—
Na 589.0	2	2.104	0.99×10^{-5}	1.14×10^{-4}	5.83×10^{-4}	4.44×10^{-3}
Ba 553.5	3	2.239	6.83×10^{-6}	3.19×10^{-5}	5.19×10^{-4}	—
Ca 422.7	3	2.932	1.22×10^{-7}	3.67×10^{-6}	3.55×10^{-5}	6.03×10^{-4}
Fe 372.0	—	3.332	2.29×10^{-9}	1.04×10^{-7}	1.31×10^{-6}	—
Ag 328.1	2	3.778	6.03×10^{-10}	4.84×10^{-8}	8.99×10^{-7}	—
Cu 324.7	2	3.817	4.82×10^{-10}	4.04×10^{-8}	6.65×10^{-7}	—
Mg 285.2	3	4.346	3.35×10^{-11}	5.20×10^{-9}	1.50×10^{-7}	—
Zn 213.9	3	5.795	7.45×10^{-15}	6.22×10^{-12}	5.50×10^{-10}	1.48×10^{-7}

在原子吸收分析中，常用的火焰温度一般低于 3000 K，从表 14.3.2 可见，基本上共振线 λ＜800 nm，因此对大多数元素来说，N_j/N_0 值都很小（＜1%），即火焰中基态原子数占绝对多数。因此，可用基态原子数 N_0 代表吸收辐射的原子总数（N）。于是式（14.3.12）可写成

$$A = KNL \tag{14.3.14}$$

上式表明：吸光度与原子蒸气中待测元素的原子总数成正比。

5. 原子吸收光谱的定量依据

在实际工作中，要求测定的不是 N，而是试样中某元素的浓度（c）。而在给定的条件下，c 与 N 之间总保持一种稳定的比例关系，即

$$N = \alpha c \tag{14.3.15}$$

整理式（14.3.14）和式（14.3.15），在一定浓度范围内和一定火焰宽度（L）的情况下得到

$$A = K'c \tag{14.3.16}$$

式中，c 为待测元素的浓度；K'为系数，$K' = \alpha KL$，在一定实验条件下 K'为常数。此式表示，在一定实验条件下，吸光度与浓度的关系遵循朗伯-比尔定律，这就是原子吸收光谱分析的定量依据。

二、原子吸收分光光度计

原子吸收光谱法所用的仪器称为原子吸收分光光度计。它主要包括光源、原子化器、单色器、检测器和信号记录五部分。它与紫外-可见分光光度计的区别：一是光源不同，二是其用原子化器代替了吸收池。

1. 光源

光源的作用是发射待测元素的特征辐射，该辐射应满足锐、强、稳的要求。它直接影响基线的稳定性和仪器的灵敏度。通常从以下几点判定光源的优劣：①发射的谱线宽度要窄，$\Delta\nu$＜0.02 nm；②发射的强度要稳定，30 min 内漂移不超过 1%，噪声小于 0.1%；③辐射强度大，背景低，低于特征共振线强度的 1%；④使用寿命长，工作寿命应在 5000 mA · h 以上。最常用的光源是空心阴极灯（HCL）。

空心阴极灯的结构如图 14.3.3 所示。其中杯状阴极是空心的，它是由被测元素材料制成；阳极由钨或钛、镍等材料制作。阴极和阳极封闭在带有光学窗口的硬质玻璃管内。内充有低压惰性气体氖或氩。

空心阴极灯的发光是一种特殊辉光形式的放电。在阴阳极间施加一个 300～500 V 的电压，使电子由阴极向阳极运动，在电子通路上与惰性气体原子碰撞，使惰性气体发生电离，电离气体的正离子以极高的速度向阴极运动，并向阴极内壁猛烈撞击，使阴极表面的金属元素的原子溅射出来，溅射出来的原子再与附近的其他粒子发生碰撞而被激发，处于激发态的原子很不稳定，自动回到基态，同时释放出能量，发射出相应元素特征的共振辐射，于是阴极内充满很强的负辉光——元素的特征谱线。用不同的待测元素作阴极材料，可制成不同元素的空心阴极灯。

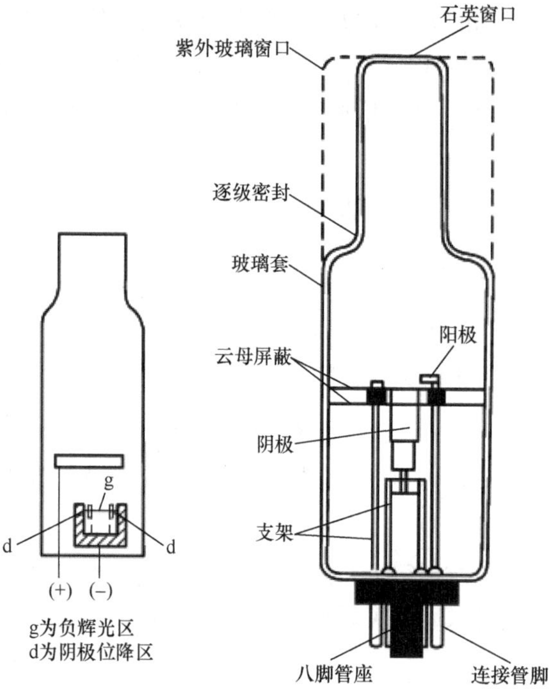

图 14.3.3　空心阴极灯的结构

为改善放电特性，空心阴极灯一般使用脉冲供电方式。通常灯的光强度取决于灯的工作电流。工作电流增大，发射强度增大。但工作电流过大，会在阴极产生密度较大的电子云，从而导致谱线变宽；另外，工作电流过大，也会使阴极腔内原子浓度增加，许多中性原子还没来得及被碰撞激发，它们就会吸收已有的特征辐射，导致灯自吸，灯寿命缩短。但工作电流过低，又会使灯的光强度减弱，导致稳定性和信噪比下降。因此必须选择适宜的灯电流。适宜的灯电流随阴极元素和灯的设计不同而不同。除双光束原子吸收分光光度计外，空心阴极灯应预热，并使灯的发射强度稳定后再使用。一般预热时间为 5～30 min。

除空心阴极灯外，高强度空心阴极灯、无机放电灯、激光等也可作为原子吸收分光光度计的光源，但它们都不如空心阴极灯应用广泛、成熟。

2. 原子化器

原子化器是原子吸收分光光度计的关键和核心部分，它的作用是将样品中的待测元素转变成基态原子。待测元素由试样中转入气相并解离为基态原子的过程，称为原子化过程。依照原子化器的不同，实现原子化的方法分为火焰原子化法（FAAS）和非火焰原子化法（GFAAS）。

1）原子化过程

原子化过程是集雾化、预混、干燥、蒸发和原子化为一体的过程。

（1）火焰原子化法的原子化过程：在火焰原子化法中，整个原子化过程分为物理过程阶段和化学过程阶段。两个阶段互相联系，不能截然分开。火焰原子化法原子化过程如图 14.3.4 所示。

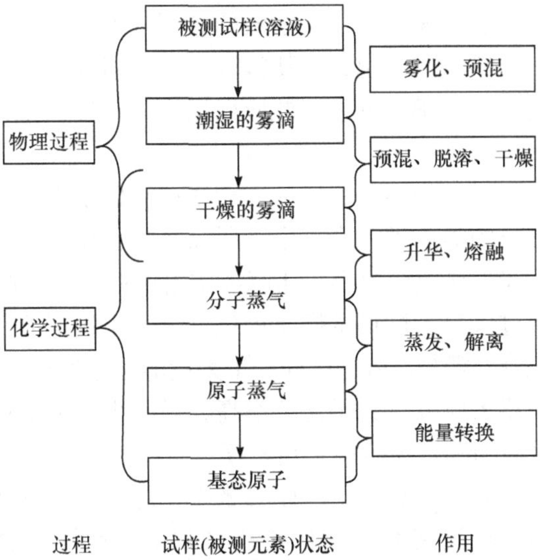

图 14.3.4　火焰原子化法原子化过程示意图

（2）非火焰原子化法的原子化过程：在非火焰原子化法中，实现原子化的过程非常迅速，整个过程包括干燥、灰化、原子化、净化四个阶段。干燥的目的是蒸发去除试样的溶剂和水分，使原子化器壁上形成一层细微的溶质结晶；灰化的作用是进一步去除有机物或低沸点无机物，以减少基体组分对待测元素的干扰；原子化阶段采用最大功率加热，快速升温，使待测元素迅速成为基态原子；净化阶段将温度升至最大允许值，以去除残余物，消除此次原子化过程产生的记忆效应，为下一次分析做好准备。

2）火焰原子化器

火焰原子化器分为全消耗型和预混合型，常用预混合型火焰原子化器（图 14.3.5）。它有层流型和紊流型两种。预混合型火焰原子化器由雾化器、雾化室、燃烧器头和气体源等组成。

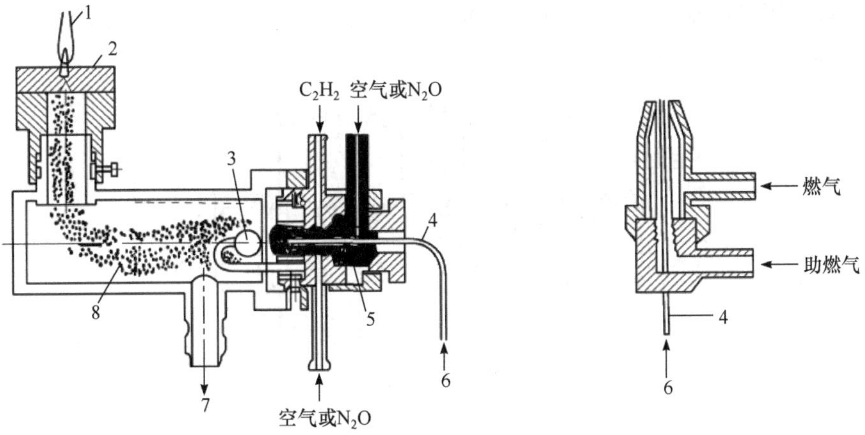

(a) 层流型原子化器　　(b) 紊流型原子化器

图 14.3.5　预混合型火焰原子化器

1. 火焰；2. 燃烧器头；3. 撞击球；4. 毛细管；5. 雾化器；6. 试液；7. 废液；8. 雾化室

雾化器的作用是将试液雾化，因此要求喷雾稳定，雾滴微小而均匀，且雾化效率高。为了减小雾滴的粒度，在雾化器前几毫米处放置一撞击球，喷出的雾滴经节流管碰在撞击球上，进一步分散成细雾。形成雾滴的速率取决于溶液的表面张力、黏度等物理性质和助燃气的压力及雾化器的结构。增加助燃气的流速，可使雾滴变小；但气压增加过大，会提高单位时间试样溶液的用量，反而使雾化效率降低。因此应根据仪器条件和试样溶液的具体情况来确定助燃气条件。

雾化室的作用是使雾滴进一步细化，然后与燃气在雾化室内充分混合，较大的雾滴凝结在壁上经废液管排出，细小的雾滴进入火焰中。所以要求雾化室：①细化雾滴的作用要大；②稳定输送均匀的雾滴；③记忆效应要小；④废液排出快；⑤耐腐蚀。

燃烧器头的作用是通过火焰燃烧将试样原子化。被雾化的试液雾滴在火焰温度和火焰气氛的作用下，经干燥、熔融、蒸发、离解过程产生大量的基态原子，以及少部分激发态原子、离子和分子等。要求燃烧器头应具有原子化效率高、噪声小、火焰稳定、热效应好、耐腐蚀和燃烧安全等，以保证较高的测定灵敏度和精密度。

原子吸收光谱分析测定的是基态原子，而火焰原子化法是使试液变成原子蒸气的一种理想方法。常用的火焰类型有空气-乙炔、氧化亚氮-乙炔等。空气-乙炔火焰燃烧稳定、重现性好、噪声低，最高温度可达 2300℃，能用以测定 35 种以上的元素；氧化亚氮-乙炔火焰最高温度可达 3000℃，可以测定 70 余种元素。对不同的元素的测定应选择不同的、适宜的火焰。

火焰原子化法操作简便、重现性好、易于掌握，已成为 AAS 的标准方法。但由于雾化效率仅为 10%，其余约 90%的样品被当作废液排出，因此样品被原子化程度低。另外，当试液浓度高时，试样在雾化室内壁有沉积，产生记忆效应。所以在应用火焰原子化法分析样品时，测定顺序本着浓度先低后高的原则。这一点在采用工作曲线法测定时尤为重要。

3）非火焰原子化器

非火焰原子化器也称炉原子化器。它分为电加热石墨炉（管）原子化器和电加热石英管原子化器，其本质上是一个电加热器。利用电能高温加热放置在石墨容器中的试样，以实现试样的蒸发和原子化。商品中以电加热石墨炉最为常见（图 14.3.6）。它由加热电源、保护气控制系统和石墨管状炉组成。试样由进样口注入，在石墨管内、外通以氩气作为保护气的条件下，通过对石墨管施加低电压（10～20 V）、大电流（250～500 A），使石墨管温度最高可达 3300 K，试样在此高温下被原子化。

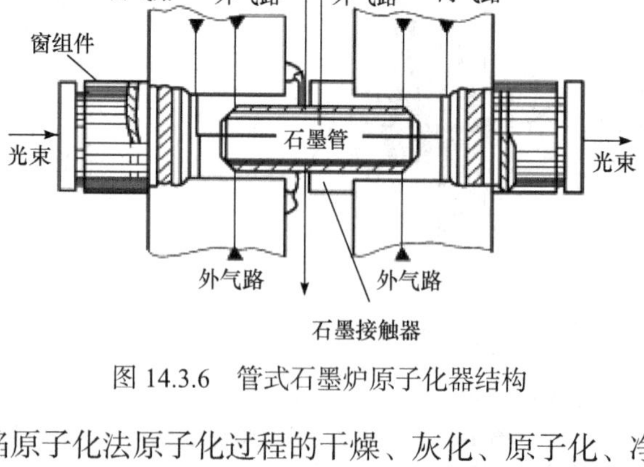

图 14.3.6　管式石墨炉原子化器结构

实际中对于非火焰原子化法原子化过程的干燥、灰化、原子化、净化四个阶段控制条件大约为：干燥温度 65～125℃；灰化温度 300～1200℃；原子化温度依待测元素的挥发性质而定，时间为 3～10 s；净化温度为仪器最大允许值。

非火焰原子化法的最大的优点是原子化效率高达 90%以上，试样使用量极少（液体样品为 5～100 μL；固体样品为 0.1～1 mg）。因此其灵敏度高于火焰原子化法，适宜测定含量低、样量少的样品。但存在基体影响较大、干扰复杂、测试精度和重现性差等缺点。

3. 光学系统

原子吸收分光光度计的光学系统包括单色器和外光路两部分。

由于原子吸收分光光度计使用特征光谱、峰值吸收的方法测定待测元素，因此对单色器的分辨率要求不高。为阻止来自原子化器的非特征辐射进入检测器，一般将单色器配置在原子化器后、检测器前，这一点不同于紫外-可见分光光度计。目前常用光栅作为单色器中的色散元件。

外光路系统使光源发出的共振线能正确地通过原子化区，并投射到单色器的狭缝上。依照光学构型不同，外光路系统分为单光束分光光度计和双光束分光光度计。其各自结构见图 14.3.7 和图 14.3.8。

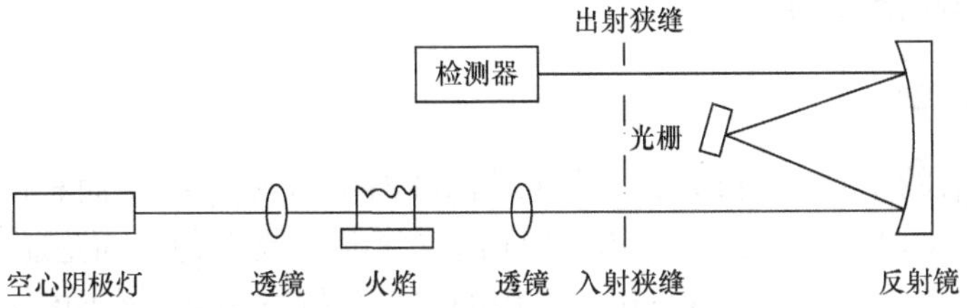

图 14.3.7　单光束原子吸收分光光度计结构

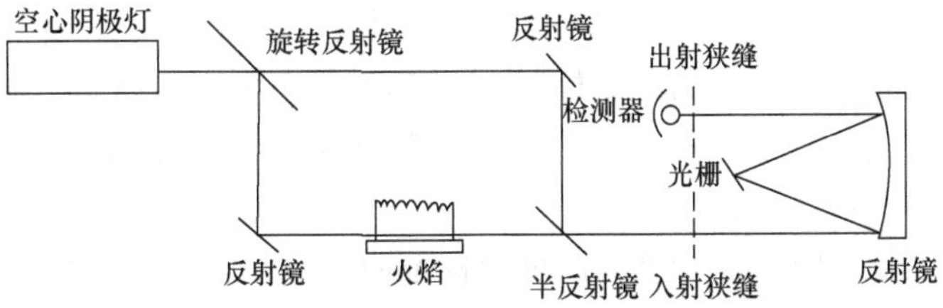

图 14.3.8　双光束原子吸收分光光度计结构

单光束分光光度计的优点是仪器外光路简单、使用方便、体积小、价格低廉。但此系统不能消除光源能量波动而引起的仪器基线漂移。双光束分光光度计由于两束光来自同一光源，并且共用一个检测器，因而消除了因光源和检测器不稳定带来的影响，在一定程度上消除了基线漂移，使检出限和测定精度都比单光束有所改善，而且光源无需预热就能进行分析，提高了分析速度，延长了灯的使用寿命，但价格较高。

4. 检测系统

原子吸收分光光度计的检测系统包括检测器和信号记录两部分。

检测器多采用光电倍增管（图 14.3.9）作为光电转换元件。它是由一个带阳极的真空光电管、一个光敏阴极（K）和一组发射阴极（集束极）组成。分光后的光照射到光敏阴极上，使其释放出光电子，一次光电子碰撞到第一个集束极上，就可以释放出增加了若干倍的二次光电子，如此继续碰撞下去，在最后一个集束极上释放出的光电子可以是最初阴极放出的光电子的 10^6 倍以上。然后，倍增了的电子射向阳极而形成电流（最大电流可达 10 μA）。最后，光电流通过光电倍增管的负载电阻 R 而转换成电压信号，并送入放大器。

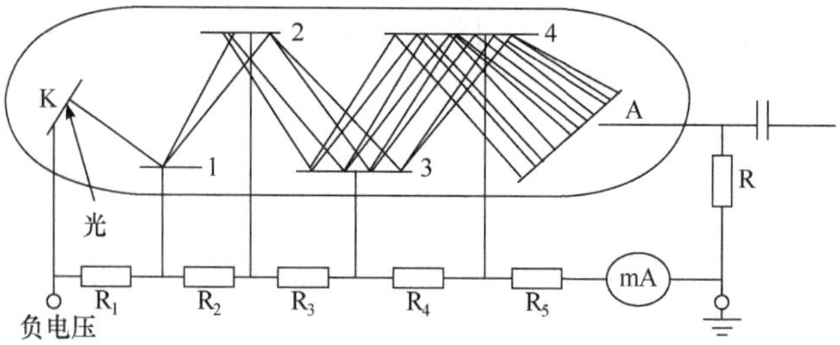

图 14.3.9 光电倍增管

1. 第一集束集；2. 第二集束集；3. 第三集束集；4. 第四集束集；K. 光敏阴极；R. 负载电阻；A. 第五集束集

由光电倍增管输出的电信号经过放大器放大、检波后，可分别采用指针式表头、检流计、数字显示或记录器、计算机、打印机等方式记录或输出结果。

三、分析方法和测定条件

1. 定量分析方法

原子吸收光谱的定量分析结果只是针对标准溶液或标准物质而言的相对量。在应用式（14.3.14）或式（14.3.16）定量测定时，无需先确定 N 或 K'值，而是通过与标准相比较的方法，应用不同函数关系进行定量分析。常用的定量分析方法有标准曲线法和标准加入法。

1）标准曲线法

配制一组合适的标准系列溶液，由低浓度到高浓度（c_0、c_1、c_2、c_3、…）依次测定吸光度（A_0、A_1、A_2、A_3、…）。以 A 为纵坐标、c（或质量 m）为横坐标，绘制 A-c 标准曲线（也称工作曲线或校正曲线）。在相同的实验条件下，测得待测试样的吸光度 A_x，查 A-c 标准曲线，求得待测元素的浓度 c_x 或质量 m_x。

当待测元素浓度较高时，曲线会向浓度坐标弯曲。这是因为在待测元素浓度较高时，除多普勒变宽导致吸收线变宽外，还存在洛伦兹变宽因素。它会使吸收线轮廓不对称，导致光源辐射的共振发射线的中心波长与共振吸收线的中心波长错位，因而吸收相应减少，结果是标准曲线向浓度坐标弯曲。另外，火焰中的各种干扰也可能导致曲线弯曲。

标准曲线法简便、快速，适用于大批量组成简单和相似的试样分析。在使用时要注意以下几点。

（1）标准溶液的浓度，应在吸光度与浓度呈直线关系的范围内。

（2）标准溶液和样品溶液应具有相似的组成，溶液的处理方法相同。

（3）应该扣除空白值。

（4）在整个分析过程中操作条件应保持不变。

（5）由于仪器的不稳定，标准曲线的斜率会发生变动。因此，每次测定前应用标准溶液对吸光度进行检查和校正。

2）标准加入法

当样品组成不确定，或样品的组分复杂，或样品的基体干扰难以克服时，可以采用标准加入法进行测定。

取几份等体积的待测样品（通常取 4 份）于容量瓶中，从第二份起，各容量瓶中分别加入已知不同量的待测元素标准溶液，4 瓶全用溶剂稀释至刻度。设试样中待测元素的浓度为 c_x，加入标准溶液后的浓度分别为 c_x+c_0、c_x+2c_0、c_x+4c_0，在标准测定条件下分别测定它们的吸光度（A_0、A_1、A_2、A_3），以 A 对 c 作图，得到图 14.3.10。图中曲线截距 A_0 正是试样中待测元素所引起的效应，外延曲线与横轴相交，交点至原点的距离所对应的 c 值，经稀释比换算后，即为所求的试样中待测元素的浓度 c_x。

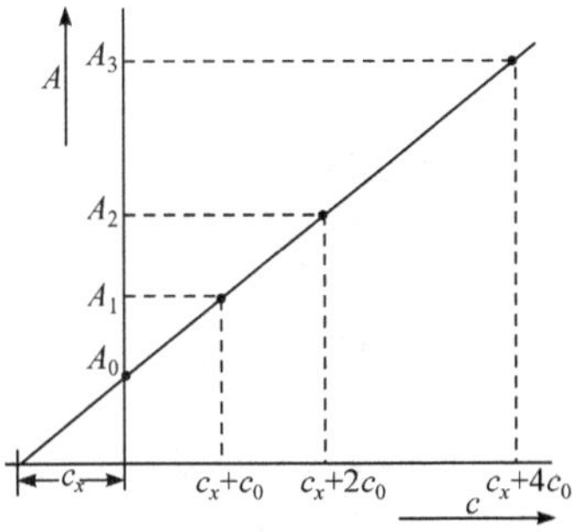

图 14.3.10　标准加入法曲线

使用标准加入法应注意以下几点。

（1）待测元素的浓度与其对应的吸光度应呈线性关系。

（2）为了得到精确的外推结果，至少采用 4 个点（包括试样本身）作外推曲线，而且 $A_1 \approx 2A_0$，然后再配制第 3 份和第 4 份溶液。

（3）采用标准加入法只能消除基体效应带来的影响，而不能消除背景吸收的影响。如存在背景吸收应扣除，否则会产生正偏差。

（4）若曲线的斜率太小，说明该测定灵敏度很低，容易引起很大的测定误差。

2. 表示灵敏度的指标

在原子吸收光谱分析中，常用特征浓度、特征质量、浓度检出限和质量检出限等来表示灵敏度（sensitivity）S。灵敏度是指待测物浓度改变一个单位时所引起测量信号的变化量。

$$S=\frac{\mathrm{d}x}{\mathrm{d}c} \tag{14.3.17}$$

因此可将灵敏度理解为分析校准曲线的斜率。

对于式（14.3.17）中的灵敏度（S），在原子吸收光谱中更习惯于用特征灵敏度（characteristic sensitivity）来表示。它是指能产生 1%吸收（吸光度为 0.0044）信号时所对应的待测元素的浓度或质量。在火焰原子化法中，特征灵敏度以特征浓度（c_c，μg/mL）表示；在非火焰原子化法中，特征灵敏度以特征质量（c_m，ng 或 pg）表示。

$$c_c=\frac{0.0044c}{A} \text{ 或 } c_m=\frac{0.0044m}{A} \tag{14.3.18}$$

式中，c 为待测元素的浓度；m 为待测元素的质量；A 为吸光度的平均值。

用特征灵敏度表示时，c_c 或 c_m 的数值越小，说明方法越灵敏。它们与 S 的关系见式（14.3.19）。

$$c_c=\frac{0.0044}{S} \text{ 或 } c_m=\frac{0.0044}{S} \tag{14.3.19}$$

检出限（detection limit）是分析方法或分析技术的重要性能指标。检出限定义为：在给定的分析条件和某一置信水平下可被检出的最低浓度（D_c）或最小量（D_m）。

配制一份浓度为 c（或质量为 m）、接近空白值的标准溶液，测量 10 次以上，得到平均信号 $\bar{x}$。空白溶液 10 次以上测量值的标准偏差为 s_b。检出限表示为

$$D_c=\frac{ks_bc}{\bar{x}} \text{ 或 } D_m=\frac{ks_bm}{\bar{x}} \tag{14.3.20}$$

式中，k 为置信因子。通常 $k=3$，此时置信度不低于 99.5%。

同样，式（14.3.20）中的检出限也有对应的浓度检出限（D_c）和质量检出限（D_m）：

$$D_c = \frac{c \times 3s_b}{A} \text{ 或 } D_m = \frac{m \times 3s_b}{A} \quad (14.3.21)$$

检出限比特征灵敏度具有更明确的意义，它在考虑了仪器噪声的影响和表示了各元素的测定特性的同时，也明确地指出了测定的可靠程度。

3. 干扰及克服

原子吸收光谱法中的干扰可分为光谱干扰、物理干扰和化学干扰。

1）光谱干扰

光谱干扰主要来源于光源和原子化器。主要包括以下 3 种。

（1）多重线干扰。这是由于在单色器的光谱通带内有与待测元素的共振线相邻的几条发射线，它们可能是待测元素的非吸收线，或是非待测元素的吸收线。对于这种干扰，可以通过减小狭缝宽度、降低灯电流或选用其他分析线的方法消除。

（2）谱线重叠干扰。这是由空心阴极灯中杂质所致。消除的办法是选择其他分析线。

（3）背景吸收干扰。背景吸收干扰是由光散射和分子吸收共同引起的。通常背景吸收干扰会造成正误差，非火焰原子化法比火焰原子化法的背景吸收干扰严重。可以采用塞曼效应（Zeeman effect）校正法和调整加热参数或火焰气体种类等方法减小背景吸收干扰。

2）物理干扰

物理干扰是指试样从进入仪器开始至原子化以后检测出全过程中，由于试样的任何物理性质，引起的各种物理变化而导致的干扰。由于它属于非选择性的干扰，对试样中各元素的影响基本上是相似的。所以采用标准加入法就可以克服物理干扰。

3）化学干扰

化学干扰是指待测元素在溶液或气态中与干扰元素发生化学反应，从而降低待测元素原子化效率的现象。化学干扰会使测定产生负偏差。它具有选择性但又具有多样性和复杂性。减少或消除化学干扰的方法有很多，主要有：①使用高温火焰；②改变火焰气氛；③加入消电离剂、释放剂、保护剂、缓冲剂等化学试剂；④使用基体改进剂等方法。

4. 工作条件的确定

1）分析方法的选择

在判定能否采用原子吸收光谱法测定待测元素时，主要考虑下列几点：①灵敏度和检出限是否满足原子吸收光谱法的要求；②在上述条件不满足时，能否通过富集的办法提高灵敏度；③能否找到合适的光源；④若测定中有干扰能否克服，以满足测定误差的要求。

2）测定条件的确定

不同仪器有不同的最佳测定条件；同一仪器，不同元素最佳测定条件也不同。因此在分析工作中要根据实际情况进行确定。对于可以用原子吸收光谱法测定的元素，应从以下几个方面确定测定条件。

（1）试样的溶解方法和稀释倍数及样品的预处理方法。

（2）仪器的测定条件，包括波长、狭缝宽度、灯电流、原子化条件、燃烧器头高度等的选择。仪器的测定条件可以借鉴仪器使用说明书。

（3）上述条件确定后，应检查判定精密度和准确度是否满足要求。

（4）对于干扰的抑制评价，应通过加标回收进行考核。

四、原子吸收光谱法在环境分析监测中的应用

表 14.3.3 是美国 EPA、日本 JIS 和我国的原子吸收光谱法标准系列。从表中可以看出，原子吸收光谱法由于灵敏度高、检出限低、操作简单等优点，已经成为世界各国的环境分析标准方法。但由于各国使用条件和技术水平的差异，其测定成分会有所差异。

表 14.3.3　美国 EPA、日本 JIS 和我国的原子吸收光谱法标准系列

国别	测量元素
美国 EPA	As、Sb、Ba、Be、Cd、Ca、Cr、Co、Cu、Fe、Hg、Pb、Li、Mg、Mn、Mo、Ni、Os、K、Se、Ag、Na、Sn、Sr、Tl、V、Zn
日本 JIS	K、Fe、Na、Ca、Mg、Cu、Zn、Ni、Mn、Cr、Pb、Cd、Hg、Sb、Se、As、B、W、Be、Mo、Al
中国（含统一方法）	Be、K、Na、Ca、Mg、Cu、Zn、Pb、Cd、Fe、Cr、Mn、Ni、Hg、As、Al、S^{2-}、NO_3^-、NO_2^-、总氮、氨氮、凯氏氮、硫化物

在我国，原子吸收光谱法可以测定周期表中约 70 种各类环境试样元素（图 14.3.11）。并且已包含了地表水、地下水、雨（雪）水、海水、工业废水、城市污水、空气颗粒物、固体废物、土壤、污泥、城市垃圾等众多环境要素的监测。这其中，污水和废水、土壤消解液和固体废物浸出液、常规金属元素的分析，主要采用 FAAS 法；而地表水、地下水、海水及空气颗粒物中金属元素的监测，主要采用 GFAAS 法。

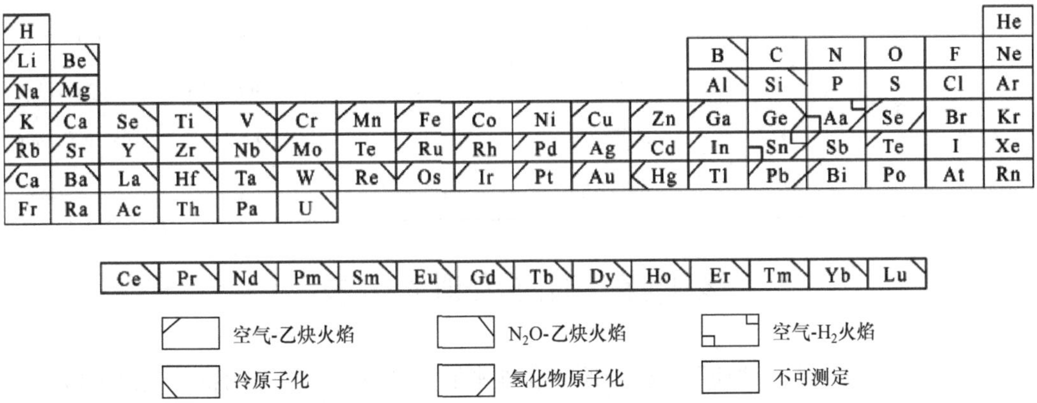

图 14.3.11　原子吸收分光光度法能够测定的元素

在实际工作中，原子吸收光谱分析法主要分析测定的对象是水和废水样品中的金属元素。对于部分非金属元素，则利用化学反应将待测元素转为原子或以化合物形式从溶液中分出，再原子化后测定。对于气态或固态（土壤、底质等）样品，一般在取样或样品前处理时转化为水样后再进行测定。

表 14.3.4 列举了原子吸收光谱法在水环境分析监测中的部分应用。其中高浓度的元素采用 FAAS 法测定，低浓度的元素可用 GFAAS 法测定。当被测组分含量极小或试样的基体复杂时，可用络合萃取技术进行样品的前处理。

表 14.3.4　原子吸收光谱法在水环境分析监测中的部分应用

序号	分析元素	方法	特性谱线波长/nm	方法来源	适用范围/（mg/L）
1	铜	直接法	324.7	GB 7476—1987	0.05～5
		络合萃取法	324.7	GB 7476—1987	1～50（μg/L）
2	锌	直接法	213.8	GB 7476—1987	0.05～1
3	铅	直接法	283.3	GB 7476—1987	0.2～10
		络合萃取法	283.3	GB 7476—1987	10～200
4	镉	直接法	228.8	GB 7476—1987	0.05～1
		络合萃取法	228.8	GB 7476—1987	1～50（μg/L）
5	钾	直接法	766.5	GB/T 11904—1989	0.05～4
6	钠	直接法	589.0	GB/T 11904—1989	0.01～2
7	钙	直接法	422.7	GB/T 11905—1989	0.1～6
8	镁	直接法	285.2	GB/T 11905—1989	0.01～0.6
9	银	直接法	328.1	GB/T 11907—1989	0.03～5
10	铁	直接法	248.3	GB/T 11911—1989	0.03～5
11	锰	直接法	279.5	GB/T 11911—1989	0.01～3
12	镍	直接法	232.0	GB/T 11912—1989	0.05～5
13	汞	冷原子吸收	253.7	GB/T 7468—1987	0.1 μg/L 以上
14	铍	石墨炉法	234.9	文献	0.04～0.4（μg/L）
15	锑	直接法	217.6	文献	0.2～40

第四节　原子发射光谱法

原子发射光谱法是一种利用试样中原子受外来能量激发后，发射的特征光谱来检验元素的存在和含量的分析方法。AES 同 AAS 一样，都是利用原子光谱对待测元素进行分析，以实现定性、定量测定。

一、基本原理

1. 发射光谱分析的过程

发射光谱分析包括光谱的获得和光谱的分析两个过程。

1）光谱的获得

首先借用激光源的能量，将被测物质中的可激发元素转变成气态，使其原子化（或离子化），并处于激发态；处于激发态的原子非常不稳定，瞬间发射特征辐射；将所有发射的具有各种波长的辐射分散并排列成谱，从而以图谱的形式获得光谱，整个过程又称为摄谱（图 14.4.1）。

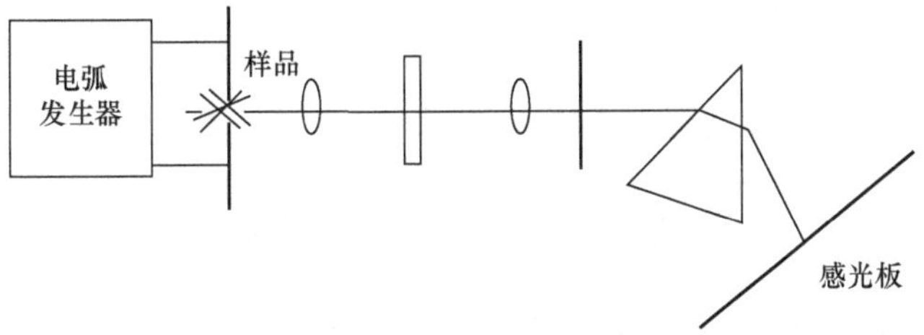

图 14.4.1　AES 摄谱示意图

2）光谱的分析

将获得的图谱进行检验。由于不同元素发射不同的特征谱线，因此可以借助光谱投影仪（图 14.4.2），与标准谱比对并进行定性分析；谱线的强度与待测元素的含量有关，于是可通过记录仪器测定谱线的强度并进行定量分析。整个过程又称为读谱或析谱。

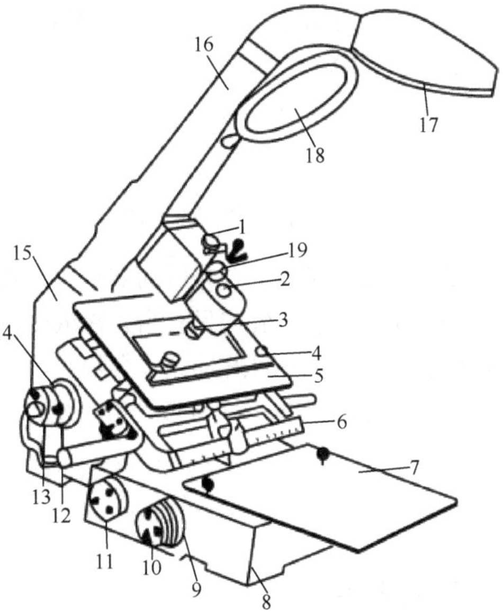

图 14.4.2　SW 型光谱投影仪

1. 手轮；2. 透镜；3. 投影物镜；4. 螺钉；5. 工作台；6. 标尺；7. 投影板；8. 底座；9,10. 纵横向驱动手轮；11. 调焦手轮；12,13. 灯丝调节螺钉；14. 灯座；15. 三角架；16. 立柱；17. 反射镜；18. 反射镜保护盖；19. 辅助透镜

2. 发射光谱的产生

如上所述，处于基态的原子受到外界能量（如热能、电能）的作用，外层电子由基态跃迁，使得原子（或离子）处于激发态（记为 i 态）。处于 i 态的原子平均寿命仅为 10^{-8} s 左右，瞬间便跃迁回到基态或其他较低的能级（记为 j 态）。此时以辐射的形式释放多余的能量，产生发射光谱。谱线的波长或频率与跃迁的两能级之间的能量差（ΔE）关系满足式（14.1.2）。分析这种跃迁，可以得到如下结论：①由于原子的各个能级是量子化的，因此得到的发射光谱是不连续的线状光谱；②由于原子的能级很多，外层电子在被激发后会有不同的跃迁，因此对于特定的元素，会产生一个谱线组（一系列不同的特征谱线）；③每种元素都有自己固定的特征谱线或谱线组。

3. 谱线的强度

对于原子光谱的强度，可以用式（14.4.1）表示。

$$I_{ij}=A_{ij}\frac{P_i}{P_j}Nh\nu_{ij}\exp\left(-\frac{E_i}{kT}\right) \tag{14.4.1}$$

式中，I_{ij}为电子自E_i能级跃迁至E_j能级时的辐射强度；A_{ij}为电子由E_i能级跃迁至E_j能级时的跃迁概率；P_i和P_j分别为E_i能级和E_j能级的统计权重；N为蒸气云中原子的总数；h为普朗克常量；ν_{ij}为电子自E_i能级跃迁至E_j能级时的辐射频率；E_i为i能级的激发电位；k为玻尔兹曼常量；T为蒸气云的温度。

由式（14.4.1）可知，元素的辐射强度与激发电位、蒸气云中原子的总数、蒸气云温度有关。显然，原子的激发电位越低，该元素越容易被激发，谱线强度越强。由于共振线的激发电位最低，因此共振线是最强的谱线。于是在定量时应首选共振线分析。另外，将式（14.3.15）代入式（14.4.1），可以得到式（14.4.2）。

$$I_{ij}=\alpha c \tag{14.4.2}$$

$$\alpha=aA_{ij}\frac{P_i}{P_j}h\nu_{ij}\exp\left(-\frac{E_i}{kT}\right)$$

式中，α为浓度系数。式（14.4.2）为发射光谱定量分析的基本关系式，它表示了谱线强度与待测元素浓度之间的定量关系。需要说明的是，该公式只有当元素浓度较低时成立。当元素浓度较大时，蒸气云中的原子除辐射外也会有吸收。并且这种吸收会随元素浓度的增大而增加，导致谱线自吸。自吸严重时会产生自蚀现象，导致谱线一分为二。当谱线自吸时，式（14.4.2）表示为

$$I_{ij}=\alpha c^b \tag{14.4.3}$$

式中，b为自吸系数，且$b<1$。

二、电感耦合等离子体发射光谱法

原子发射光谱法从产生和应用至今已有170余年的历史，但由于激发光源（直流电弧、交流电弧、高压火花等）没有得到很好的开发，所以没有得到广泛的应用。直至20世纪60年代等离子体光源技术发现和应用于AES以后，才得以迅速发展。在等离子体光源中电感耦合等离子体（inductively coupled plasma，ICP）的应用最为广泛，如图14.4.3所示。以电感耦合等离子体为光源的原子发射光谱法称为ICP-AES。

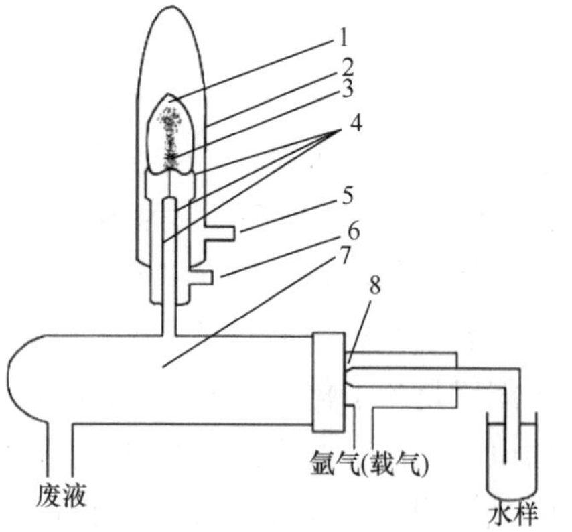

图 14.4.3　电感耦合等离子体示意图

1. 等离子体焰；2. 电感线圈；3. 样品通道；4. 石英管；5. 氩气(冷却气)；6. 氩气(辅助气)；7. 喷雾室；8. 射流口

1. ICP-AES 的性能和特点

1）原子化和激发能力强

由于在ICP的轴向通道气体温度高达7000～8000 K，并且具有较高的电子密度和激

发态的辅助气氩原子密度；同时可以控制样品在等离子体中有较长的停留时间，从而使得即使难熔难挥发的样品粒子，也可进行充分的挥发、原子化和离子化，并能得到有效的激发。

2）元素的检出限低

大多数元素的检出限为 0.1～100 μg/L，碱土元素小于 10^{-9} 数量级。

3）准确度和精密度高

相对误差小于 10%；在一般情况下，相对标准偏差≤10%，当分析物浓度≥100 倍检出限时，相对标准偏差≤1%。

4）线性范围宽

线性分析范围可达 5～6 个数量级，所以可以用一条标准曲线分析某一元素从痕量到较高浓度的环境样品，从而使分析操作十分方便。

5）干扰效应小

由于分析物在高温和氩气气氛中进行原子化、离子化、激发，因此基体干扰小。在一定条件下，可配制一套标准，分析不同基体的元素。

6）可以测定液体试样

传统的 AES 方法中，由于激发光源的原因，只能以测定固体样品为主，而对于液体样品的测定时误差很大；ICP-AES 的进样类似于 AAS，所以可以很方便地测定液体试样。

7）可同时或顺序测定多元素

由于具有低干扰、高度稳定性的时间分布和线性范围宽的特点，ICP-AES 与其他光源相比，可以更方便地进行多元素的同时或顺序测定。但 ICP-AES 有对非金属测定灵敏度不高、成本和运行费都较高的缺点。

2. ICP-AES 的一般分析步骤

各种 ICP-AES 仪器都有具体的测定分析步骤。主要归纳为以下几点。

1）编制分析程序

在样品分析前，应在计算机上编制与该类样品相适应的分析控制表。该表内包括各种运行参数和干扰元素系数等。环境样品中的主要干扰为：①天然水样品主要有 Ca、Mg、Na 等元素干扰；②岩石、矿物、土壤、水体沉积物类样品主要为 Fe、Al、Ca、Mg、K、Na、Ti 等元素干扰；③生物样品主要为 K、P 干扰。在分析前，对干扰元素应做干扰实验，求得干扰系数。验证后输入计算程序。

2）光学系统调整

在每次分析前，为使共振线的峰位更准确地正对出射狭缝，应按仪器说明书进行波长校正。

3）分析条件选择

在进行分析前，需调节输入功率、载气压力及流量、观测高度、溶液提升率、曝光和清洗时间等参数，并进行仪器信背比（分析线强度与背景强度之比）实验，以确定仪器的最佳工作条件。

4）标准化比对

在最佳工作条件下，点燃等离子体。待 20～30 min 火焰稳定后，将系列标准溶液引入，对仪器进行标准化，使得仪器示值与标准溶液的标示值相符。

5）样品分析

引入样品溶液测定分析。曝光后清洗时间应大于 30 s。

三、原子发射光谱法在环境分析监测中的应用

目前，ICP-AES 作为一种常量、微量及痕量元素分析的有效手段，由于具有灵敏度高、检出限低、稳定性好、干扰少、可实现多元素同时或顺序测定的特点，已成为环境试样中金属元素测定的最有效方法之一。

空气污染分析是一个内容非常广泛的课题。用 ICP-AES 分析空气中挥发性组分时，可以采用化学吸收法，通过测定吸收剂来确定空气中挥发性组分含量；用 ICP-AES 分析大气微粒中的金属元素时，可用过滤器、碰撞取样器、冲击取样器、重力沉降器和静电除尘器等收集试样。收集后的样品可经消化后，进行 ICP-AES 分析测定。

在水质污染分析中，重金属是环境分析监测的主要目标。这些重金属元素以溶解态和悬浮态两种形式存在。溶解态金属离子直接用 ICP-AES 测定。悬浮态金属离子可经酸消解处理后测定。一般情况下水中大多数金属离子含量很低，虽然 ICP-AES 有很高的灵敏度，但要直接测定痕量元素也是很困难的，因此，必须结合使用分离富集技术。

对于城市污水处理厂产生的污泥及工业、生活垃圾和土壤中的重金属等，均可以采用 ICP-AES 方法测定。

第五节　其他光学分析法

一、荧光光谱法

1. 概述

荧光光谱分析技术具有灵敏度高、选择性好、工作曲线线性范围宽，而且能够提供激发光谱、发射光谱、发光强度、发光寿命、量子产率、偏振和各向异性诸多信息等优点，已经成为一种重要的痕量分析技术。它在生物、医学、药物、环境、石油工业等领域都有广泛的应用。随着科学技术的发展，激光、微机、电子学等新技术的引入，不仅大大推动了荧光分析法在理论上的发展，促进了诸如时间分辨、相分辨、荧光偏振、荧光免疫、同步荧光、三维荧光技术和荧光光纤化学传感器、荧光光纤免疫传感器等荧光分析新方法和新型荧光分析仪器的出现。

三维荧光光谱（又称总发光光谱或激发-发射矩阵图）是 20 世纪 80 年代在荧光光谱分析的基础上发展起来的一种分析新技术。作为一种指纹鉴定技术，进一步扩展了荧光光谱的应用范围。三维荧光的三个维度是指荧光激发、发射波长和荧光强度随激发和发射波长同时变化的信息。三维荧光光谱比二维荧光光谱更能有效地反映荧光信息，具有测量灵敏度高、对分子结构的选择好的特点，有利于综合考查样品的组分分布及结构变化特征。

2. 基本原理

物质的大多数分子在室温时均处在基态的最低振动能级，当物质被光线照射时，其分子选择性地吸收了和它所具有的特征频率一致的光能后，会从基态转变为激发态。激发态分子

从最低激发态 S_1 经辐射回到基态的发光过程可表示如下：

$$S_0 + h\nu \xrightarrow{k_a} S_1(\text{吸收}) \tag{14.5.1}$$

$$S_1 \xrightarrow{k_f} S_0 + h\nu'(\text{荧光}) \tag{14.5.2}$$

激发态分子从第一激发单线态 S_1（有时是 S_2、S_3，但很少）回到基态 S_0 伴随的光辐射称为荧光。大多数分子吸收光能后跃迁至 S_1 的高振动能级或更高的 S_2、S_3 能级，经碰撞失去多余能量回到激发态的最低振动能级。荧光是从第一激发态 S_1 的最低振动能级返回基态 S_0 的各振动能级时的光辐射。固定某一发射波长，测定该波长下的荧光发射强度随激发波长变化得到的光谱，称荧光激发光谱。固定某一激发波长，测定荧光发射强度随发射波长变化得到的光谱，称荧光发射光谱，简称荧光光谱。

分子产生荧光必须具备的两个条件：①分子必须具有与所照射的辐射频率相适应的结构，才能够吸收激发光；②吸收了与其本身特征频率相同的能量后，必须具有一定的荧光量子产率。

分子中具有大的共轭 π 键结构是可以有荧光的。共轭度越大，发射波长红移，发光强度增加。一般单个具有高度共轭稳定性的芳香族化合物有荧光。杂环芳烃无荧光，而其与苯环共轭就有荧光。

具有刚性平面性结构的分子荧光量子产率高。例如，芴（图 14.5.1）的量子效率（1.0）远大于联苯（图 14.5.2）的量子效率（0.2）。量子效率是指发射荧光的激发态分子占总分子数的百分率。

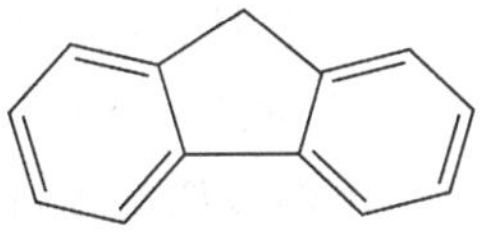

图 14.5.1　芴

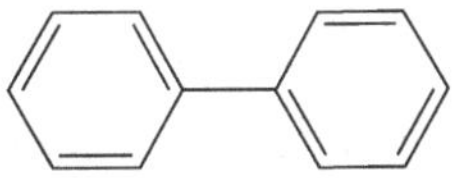

图 14.5.2　联苯

试剂与金属配合后，刚性增强，荧光也增强。另外，荧光分子在固体基质表面的荧光强度高于其溶液，也是由于被基质刚化了的缘故。

给电子取代基使荧光强度增大，如烷基、—OH、—OCH_3、—NH_2、—CH 等使荧光强度增加。而吸电子取代基则降低荧光强度，如—COOH、RCO—、—NO_2 取代，猝灭荧光。

3. 荧光分光光度计

荧光分光光度计是用于扫描液相荧光标记物所发出的荧光光谱的一种仪器。其能提供包括激发光谱、发射光谱及荧光强度、量子产率、荧光寿命、荧光偏振等许多物理参数，从各个角度反映了分子的成键和结构情况。通过对这些参数的测定，不但可以做一般的定量分析，而且还可以推断分子在各种环境下的构象变化，从而阐明分子结构与功能之间的关系。荧光分光光度计的激发波长扫描范围一般是 190～650 nm，发射波长扫描范围是 200～800 nm。可用于液体、固体样品（如凝胶条）的光谱扫描。

一般的荧光分光光度计均为双光束仪器，用以补偿光源强度的漂移。荧光仪器的基本构成为光源、激发单色器、荧光池、发射单色器、检测器等，如图 14.5.3 所示。

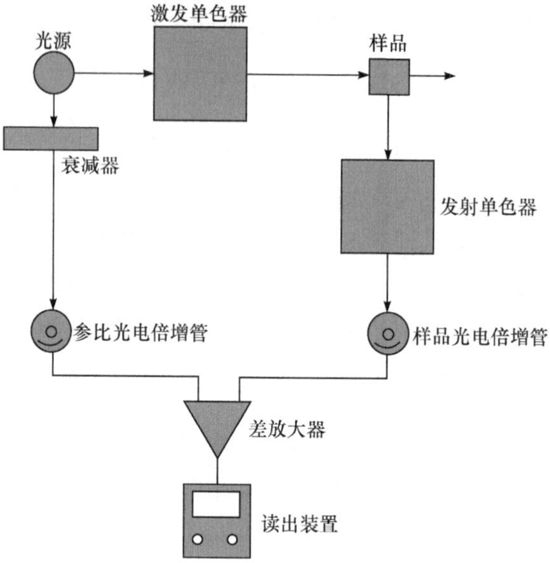

图 14.5.3　荧光仪器组成示意图

4. 荧光在环境分析检测中的应用

1）痕量分析

从荧光的定量关系式可以看到，I_0越大，F越大，灵敏度越高。通过使用激光光源，荧光定量分析的灵敏度甚至可达 10^{-14} mol/L。使用激光光源的荧光分析法又称激光诱导荧光。但需注意的是，光源强度增强，同时会使溶剂的拉曼散射增加，应注意其与荧光峰的区别。使用荧光探针，可实现本身不发光的特定成分分析。根据待测组分的特性，除直接荧光法外，还可以采用荧光猝灭法进行痕量分析。对于多组分试样，可以经色谱分离后进行柱后衍生-在线荧光检测，或采用同步荧光手段进行多组分同时定量。

2）发光探针

荧光探针在发光分析中应用广泛。除了用于荧光衍生化外，发光探针还可以是微环境探针，利用微环境极性、黏度等的不同引起发光探针的发光强度或发射波长或发光寿命等参数的改变；发光探针还可以是分子运动的探针，如通过荧光偏光的消失、激基二聚体的形成速率、猝灭反应速率等的测定探测生物膜中的分子运动特性。

3）分子取向测定

通过荧光偏振的测定可以获得分子取向等结构信息。荧光体的偏振度与荧光体的转动速度成反比，荧光体越小，转动速度越快，其偏振越小。当小分子荧光体被连接到大分子蛋白质或抗体后，分子转动速度变慢，偏振度增大。因此，荧光偏振可用于免疫测试。

二、红外光谱法

1. 概述

19 世纪初，人们通过实验证实了红外光的存在。20 世纪初，人们进一步系统地了解了不同官能团具有不同红外吸收频率这一事实。1950 年以后出现了自动记录式红外分光光度计。随着计算机科学的进步，1970 年以后出现了傅里叶变换红外光谱仪。红外测定技术如全反射红外、显微红外、光声光谱及色谱-红外联用等也不断发展和完善，使红外光谱法得到了广泛应用。

红外光谱是分子振动光谱。通过谱图解析可以获取分子结构的信息。任何气态、液态、固态样品均可进行红外光谱测定，这是其他仪器分析方法难以做到的。由于每种化合物均有红外吸收，尤其是有机化合物的红外光谱能提供丰富的结构信息，因此红外光谱是有机化合物结构解析的重要手段之一。

2. 基本原理

当一束具有连续波长的红外光通过物质，物质分子中某个基团的振动频率或转动频率和红外光的频率一样时，分子就会吸收能量，由原来的基态振（转）动能级跃迁到能量较高的振（转）动能级，分子吸收红外辐射后发生振动和转动能级的跃迁，该处波长的光就被物质吸收。所以，红外光谱法实质上是一种根据分子内部原子间的相对振动和分子转动等信息来确定物质分子结构和鉴别化合物的分析方法。将分子吸收红外光的情况用仪器记录下来，就得到红外光谱图。

波数为 400～4000 cm^{-1} 的红外光不足以使样品分子产生电子能级的跃迁，而只是振动能级与转动能级的跃迁。分子在振动和转动过程中只有伴随净的偶极矩变化的键才有红外活性。因为分子振动伴随偶极矩改变时，分子内电荷分布变化会产生交变电场，当其频率与入射辐射电磁波频率相等时才会产生红外吸收。因此，除少数同核双原子分子如 O_2、N_2、Cl_2 等无红外吸收外，大多数分子都有红外活性。

物质的红外光谱主要取决于物质的温度和化学组成，每种分子都有由其组成和结构决定的独有的红外光谱。有共价键的化合物（包括有机物和无机物）都有其特征的红外光谱，除光学异构体和长链烷烃同系物外，几乎没有两种化合物具有相同的红外光谱。因此，红外光谱不但可以用来研究分子的结构和化学键，而且广泛地用于表征和鉴别各种未知化合物。人们只需要把测得未知物的红外光谱与标准库中的光谱进行对比，就可以迅速判定未知化合物的成分。

3. 傅里叶变换红外光谱仪

目前几乎所有的红外光谱仪都是以傅里叶变换为基础的。相比于傅里叶变换红外光谱仪，色散型仪器扫描速度慢，灵敏度低，分辨率低，因此局限性很大。傅里叶变换红外光谱仪不同于色散型红外分光的原理，傅里叶型仪器不用棱镜或者光栅分光，而是用干涉仪得到干涉图，采用傅里叶变换将以时间为变量的干涉图变换为以频率为变量的光谱图。主要由红外光源、光阑、干涉仪（分束器、动镜、定镜）、样品室、检测器及各种红外反射镜、激光器、控制电路板和电源组成，可以对样品进行定性和定量分析。与传统仪器相比，傅里叶红外光谱仪具有快速、高信噪比和高分辨率等特点，以傅里叶变换为基础而催生的步进扫描、时间分辨、红外成像等新技术更加拓宽了红外光谱的应用，使红外光谱技术的发展产生了质的飞跃。

傅里叶变换红外光谱仪的构成如图 14.5.4 所示，光源发出的光被分束器分为两束，一束经反射到达动镜，另一束经透射到达定镜。两束光分别经定镜和动镜反射再回到分束器。动镜以恒定速度 v_m 做直线运动，因而经分束器分束后的两束光形成光程差δ，产生干涉。干涉光在分束器会合后通过样品池，然后被检测。傅里叶变换红外光谱仪的检测器有硫酸三甘酞（TGS）、碲镉汞检测器（MCT）等。

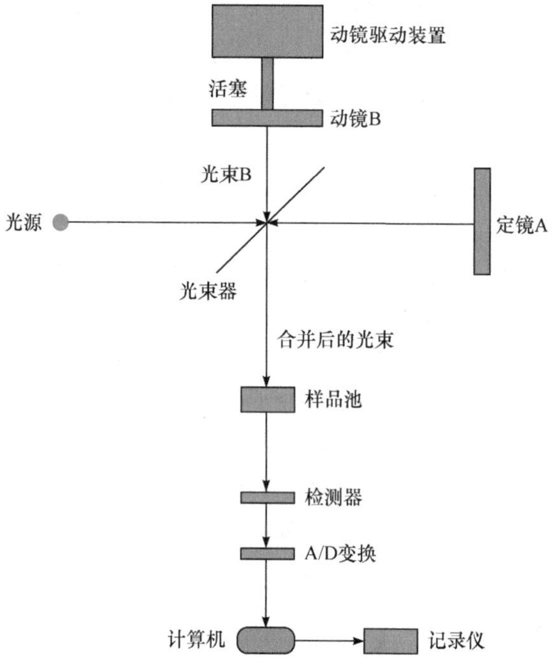

图 14.5.4　傅里叶变换红外光谱仪构成示意图

4. 红外吸收在环境分析监测中的应用

红外光谱对样品的适用性相当广泛，固态、液态或气态样品都能应用，无机、有机、高分子化合物都可检测。此外，红外光谱还具有测试迅速、操作方便、重复性好、灵敏度高、试样用量少、仪器结构简单等特点。因此，它已成为现代结构化学和分析化学最常用和不可缺少的工具。红外光谱在高聚物的构型、构象、力学性质的研究及物理、天文、气象、遥感、生物、医学等领域也有广泛的应用。

红外光谱源于分子振动产生的吸收，其吸收频率对应于分子的振动频率。大量实验结果表明，一定的官能团总是对应于一定的特征吸收频率，即有机分子的官能团具有特征红外吸收频率（图 14.5.5）。这对于利用红外谱图进行分子结构的鉴定具有重要意义。

红外谱图有两个重要区域。4000～1300 cm^{-1} 的高波数段和 1300 cm^{-1} 以下的低波数段。前者称为官能团区，后者称为指纹区。

含氢官能团（折合质量小）、含双键或叁键的官能团（键力常数大）在官能团区有吸收，如 OH、NH、C═O 等重要官能团在该区域有吸收，它们的振动受分子中剩余部分的影响小。如果待测化合物在某些官能团应该出峰的位置无吸收，则说明该化合物不含有这些官能团。

不含氢的单键（折合质量大）、各键的弯曲振动（键力常数小）出现在 1300 cm^{-1} 以下的低波数区。该区域的吸收特点是振动频率相差不大，振动的耦合作用较强，因此易受邻近基团的影响。同时吸收峰数目较多，代表了有机分子的具体特征。大部分吸收峰不容易找到归属，犹如人的指纹。因此，指纹区的谱图解析不易，但与标准图对照可以进行最终确认。指纹区还包含了分子的骨架振动。

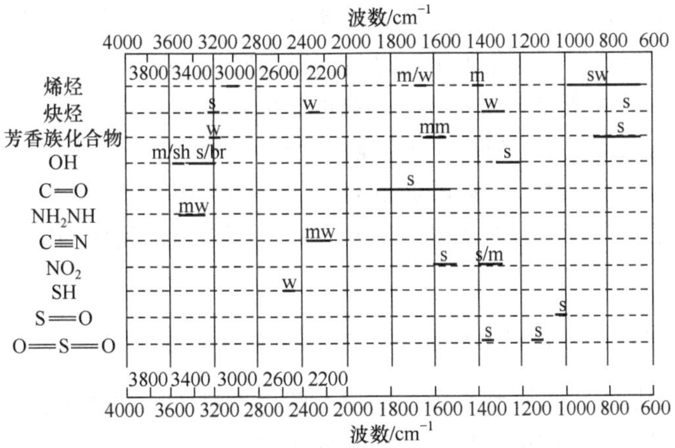

图 14.5.5　红外特征吸收频率的大致位置

三、核磁共振波谱法

1. 概述

核磁共振（nuclear magnetic resonance，NMR）是磁矩不为零的原子核，在外磁场作用下自旋能级发生塞曼分裂，共振吸收某一定频率的射频辐射的物理过程。核磁共振波谱学是光谱学的一个分支，其共振频率在射频波段，相应的跃迁是核自旋在核塞曼能级上的跃迁。

1945 年，Bloch 和 Purcell 分别领导两个小组同时独立地观察到核磁共振，他们两人因此荣获 1952 年诺贝尔物理学奖。1991 年诺贝尔化学奖授予 Ernst 教授，以表彰他对二维核磁共振理论及傅里叶变换核磁共振的贡献。这两次诺贝尔奖的授予，充分地说明了核磁共振的重要性。

自 1953 年出现第一台商品核磁共振仪以来，核磁共振在仪器、实验方法、理论和应用等方面有了飞跃的进步。谱仪频率已从 30 MHz 发展到 1000 MHz。仪器工作方式从连续波谱仪发展到脉冲-傅里叶变换谱仪。随着多种脉冲序列的采用，所得谱图已从一维谱到二维谱、三维谱甚至更高维谱。所应用的学科已从化学、物理扩展到生物、医药等多个学科。核磁共振已成为最重要的仪器分析手段之一。

2. 基本原理

从实质来看，磁场的原子核如果遇到电磁波就会产生核磁共振现象。任何元素的原子核所带的自旋量子数目都是互不相同的，如果原子核所带的自旋量子数大于 0，磁场会随着量子自旋产生。在外磁场 B 中，原子核的取向（I 原子核的自旋量子数）只能有（$2I+1$）种，这是由量子特殊性质决定的。严格说来，任何有磁矩的核素都可以通过核磁共振测量出来，但这只是一种理想状况，因为技术水平和测量的灵敏度还达不到要求，所以在实际应用中，核磁共振仪器只能测量氢核，也就是质子。氢核在外磁场中只有顺磁场方向和逆磁场方向两个取向，这是因为氢核自旋量子数 $I = 1/2$，$2I + 1 = 2$。如果氢核的核磁矩在外加静磁场的范围之内，它将会有一个力矩作用于它，氢核就会以外加磁场 B_0 为中心，不停地运动，如同一个正在高速旋转的陀螺。进动频率也称为 Larmor 频率。核磁共振指的是原子核对磁场的响应，即若在与稳定磁场垂直方向上加一射频磁场，当交变磁场的频率与氢核的核磁共振频率相同时，处于低能位的氢核将吸收能量，转变为高能态的核，这种现象称为核磁共振。

当射频脉冲作用停止后，磁化矢量通过自由进动向 B_0 方向恢复，使原子核从高能态的非平衡状态，向低能态的平衡状态恢复。这种高能态的核不经过辐射便转变为低能态的过程称核磁弛豫。在核磁弛豫过程中，感应电流会随之产生，也就是核磁共振核信号 NMR 出现。氢核所处的周围环境在很大程度上影响着 NMR 信号的弛豫时间，所以通过详细分析 NMR 信号，就可以清晰地了解孔隙度及孔隙度的大小，由此获得自由流体的饱和度、束缚水饱和度及残余水饱和度等各项参数。

3. 核磁共振在环境分析监测中的应用

核磁共振技术能够在不破坏物质内部结构的前提下迅速、准确地分析物质结构，因而在科研和生产生活中得到了广泛的应用，从最初的物理学研究领域很快渗透到包括化学、生物学、地质学、医疗保健在内的各种学科之中，并在使用过程中促进了相关学科的飞速发展。在化学化工产业中主要应用于分子的结构测定、元素的定量分析、有机化合物的结构解吸、有机化合物中异构体的区分和确定、大分子化学结构的分析等领域；在生物学及医疗保健中则广泛应用于诸如生物膜和脂质的多形性研究、脂质双分子层的脂质分子动态结构确定、生物膜蛋白质与脂质之间的互相作用研究、压力作用下血红蛋白结构的变化研究、生命组织研究等领域；核磁共振在地质学中的应用则主要体现在油气田的勘探、地下水资源的找寻、原油的定性鉴定和结构分析等方面。

1）核磁共振在分子结构测定中的应用

利用 H、C、P 等核磁共振确定有机化合物分子结构和变化，原子的空间位置和相互间的关联。核磁共振技术发展得最成熟，应用最广泛的是氢核共振，其可以提供化合物中氢原子化学位移、氢原子的相对数目等有关信息，为确定有机分子结构提供依据。

2）核磁共振技术在有机合成反应中的应用

核磁共振技术在有机合成中，不仅能对反应物或产物进行结构解析和构型确定，在研究合成反应中的电荷分布及其定位效应、探讨反应机理等方面也有着广泛应用。

3）核磁共振技术在高分子化方面的应用

核磁共振技术对高分子聚合物和合成橡胶中的应用包括共混及三元共聚物的定性、定量分析、异构体的鉴别；端基表征；官能团鉴别；均聚物立规性分析；序列分布及等规度的分析等。

4）核磁共振技术在其他领域研究中的应用

利用核磁共振方法研究硅酸盐材料中硅结构的变化，可以知道水泥中硅的聚合度。在日用化学和食品工业中，使用核磁测量物质的含水量和含油量及其他性质。在药学中可以用它分析各种中药和西药的结构。在膜的研究中，有关膜的制备及分离或合成物质的结构鉴定、物质结构环境的变化及跟踪膜催化的反应机理等需要核磁共振波谱仪。

第十五章　电化学分析法

电化学分析法（electrochemical analysis）是依据物质的电学及电化学性质而建立起来的分析方法。它通常是建立在电化学学科基础上的，从热力学角度上讲，它是研究化学能和电能之间相互转换的科学；从动力学角度上讲，它是研究电解质离子在溶液中的运动及在电极表面反应速率的基本规律的学科。电化学分析法采用的方法是将被测物质制成溶液，使其成为化学电池的一个组成部分，然后测定该电池的某些物理量，并依照与化学量之间的内在联系进行定性、定量分析。电化学分析法是仪器分析的一个重要分支，是最早的仪器分析技术之一。

通常，电化学分析法使用专门仪器进行精密的测量，它具有简便、快速、应用范围广、易于实现自动分析和连续分析的特点，测定的灵敏度和准确度都很高。

按照分析原理，电化学分析法可以有许多种分类，鉴于环境样品测定的需要，本章主要讨论电位分析法中的直接电位法和电位滴定法（potentiometric titration），以及伏安分析法中的极谱分析法和溶出伏安法。

第一节　电化学分析基本原理

一、化学电池

化学电池的理论是电化学分析的理论基础。化学电池可分为两类：在电池内进行自发反应，并将化学能转换为电能的电池称为原电池；反之由外来供给能量，并通过反应将其转换为化学能的称为电解池。虽然两类电池的性质和作用不相同，但可以互相转换。图 15.1.1 为具有盐桥的，有液、液界面的原电池。它是由 $Zn\text{-}Zn^{2+}$ 和 $Cu\text{-}Cu^{2+}$ 两个半电池，用盐桥（内充饱和 KCl 琼脂凝胶）或多孔陶瓷相连，并用导线将 Zn 和 Cu 通过负载连接而成的。如果在两个电极之间串接的是一个电流计，可以看到电流计的指针发生偏转，即有电流通过，说明反应在发生。两个半电池反应（也称电极反应）、电池反应及电池的表达形式分别为

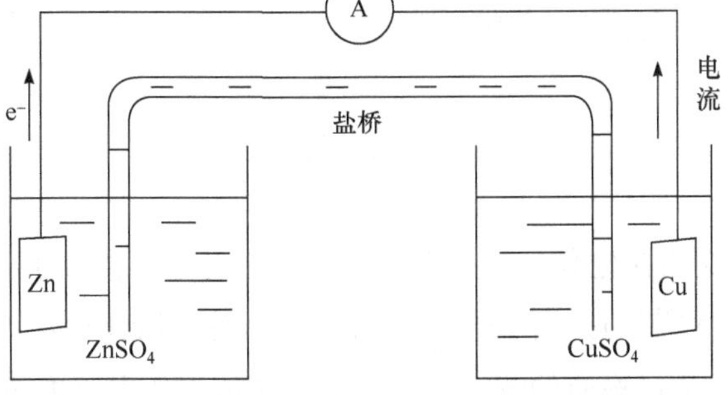

图 15.1.1　原电池装置

阴极（正极，发生还原反应）：$Cu^{2+} + 2e^- \longrightarrow Cu$

阳极（负极，发生氧化反应）：$Zn \longrightarrow Zn^{2+} + 2e^-$

电池反应：
$$Cu^{2+} + Zn = Cu + Zn^{2+}$$
$$Zn|ZnSO_4(a_1)||CuSO_4(a_2)|Cu$$

于是，可以通过对电量、电流强度、两极间的电位差、原电池的内阻等物理量的测量，来反映试样溶液的浓度或物质的量。

二、可逆电极和可逆电池

可逆电极应满足以下要求：①电极的电阻极小；②电极反应是可逆的，而且反应速率快，当电流方向改变时，电极反应也随之改变方向；③没有其他副反应；④溶液中有一定的平衡离子浓度；⑤离子的扩散速率快，没有浓度梯度产生。当组成电池的两个电极都为可逆电极时，该电池为可逆电池；否则，只要有一个电极是不可逆的，该电池也是不可逆电池。可逆电极和可逆电池是分析电极反应动力学特征的前提，也是测定的基本要求。

三、电位分析法原理

电位分析法是在环境分析监测中应用最广泛的方法之一。它是在零电流条件下，通过测定原电池中两极间的电位差（测量原电池的电动势）来确定被测物质的含量。电位分析法是研究和讨论电极电位与被测物质活度或浓度之间变化关系的一种定量方法。

对于任何一个半反应
$$Ox + ne^- \rightleftharpoons Red$$
其电极电位φ可用能斯特公式表示：
$$\varphi = \varphi^{\ominus}_{Ox/Red} + \frac{RT}{nF}\ln\frac{a_{Ox}}{a_{Red}} \tag{15.1.1}$$

能斯特公式反映了一定温度下电解质溶液的活度与电极电位或电池电动势之间的定量关系，它也是电极反应动力学特征的一种表达形式。但能斯特公式的应用前提是必须是可逆电池。

电位分析法主要包括直接电位法和电位滴定法两大类。直接电位法是通过测量电池的电位差来确定指示电极的电位，然后根据能斯特公式由所测得的电极电位计算被测物质的含量。电位滴定法是通过测量在滴定过程中指示电极电位的变化来确定滴定终点，再按滴定中消耗的标准溶液的体积和浓度来计算待测物质含量。

第二节　直接电位法

在通常情况下，应用直接电位法对电解质溶液测定时，共存离子干扰很小，灵敏度较高，并且对组成复杂的试样无需经过任何分离处理，就可直接进行测定。其相对检出限为10^{-8}～10^{-5} mg/L，特别适用于微量物质的测定。直接电位法依工作电极的不同，有 pH 测定和离子选择性电极测定两种。

一、pH 的测定

图 15.2.1 是一个经典的 pH 测定装置（pH 计、酸度计）。其中用于测定溶液 pH 的电极称为指示电极，它是球形的玻璃膜电极；另一电极是参比电极，一般可用饱和甘汞电极（SCE）作为参比电极。图 15.2.2 为 pH 玻璃电极结构。玻璃电极的核心是玻璃泡，玻璃泡由具有特殊成分（22% Na_2O、6% CaO、72% SiO_2）的玻璃薄膜制成，一般膜厚为 30～100 μm。在玻璃泡中装有 pH 为一定的内参比溶液，通常为0.1 mol/L HCl溶液，在玻璃泡内插入 Ag-AgCl 作为内参比电极。

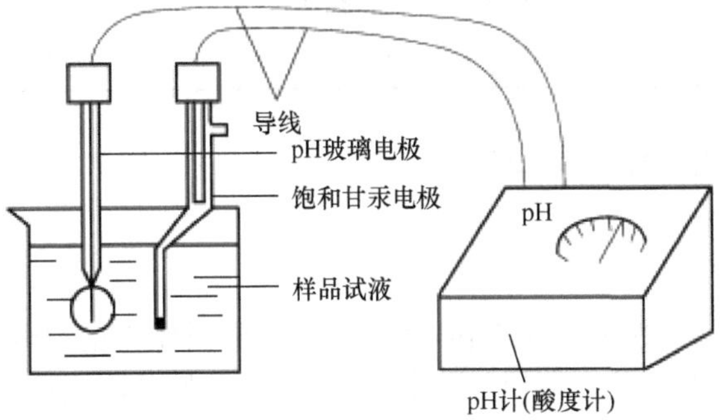

图 15.2.1　pH 测定仪器

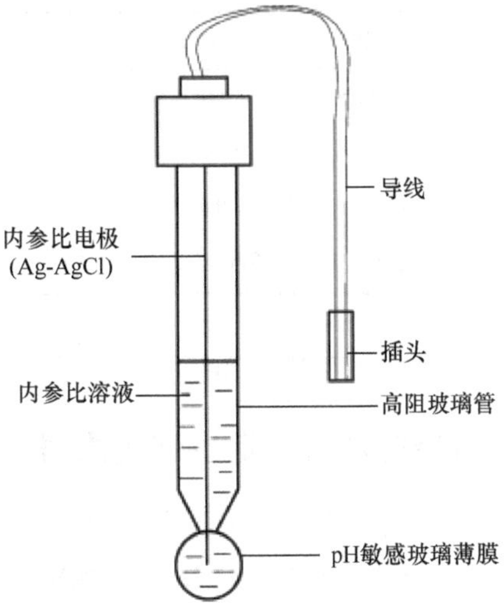

图 15.2.2　pH 玻璃电极结构

该方法的优点是不受溶液中氧化剂或还原剂的影响，适用于有色、浑浊和适量盐溶液，测定手续简单，快速，准确度较高，可以准确到 0.01 个 pH 单位。

在使用该方法时，应注意以下几点。

（1）在使用之前，电极必须水泡，这样才能保证水合膜的效果。

（2）在测量过程中尽可能使溶液温度保持恒定。

（3）pH 玻璃电极应先进行校正，以便确定电极常数。校正时，选用的 pH 基准溶液应与待测溶液的 pH 接近，各种 pH 基准溶液见表 15.2.1～表 15.2.3。

表 15.2.1　国家标准化管理委员会颁发的在不同温度下的 pH 基准缓冲溶液的 pH

pH 基准缓冲溶液	10℃	15℃	20℃	25℃	30℃	35℃	40℃
饱和酒石酸氢钾（25℃）	—	—	—	3.339	3.551	3.547	3.547
0.05 mol/L 邻苯二甲酸氢钾	3.996	3.996	3.998	4.003	4.010	4.019	4.029
0.025 mol/L 磷酸二氢钾	6.921	6.898	6.879	6.864	6.852	6.844	6.838
0.025 mol/L 磷酸氢二钠	6.921	6.898	6.879	6.864	6.852	6.844	6.838
0.05 mol/L 硼砂	9.330	9.270	9.226	9.182	9.142	9.105	9.072
饱和 $Ca(OH)_2$（25℃）	13.011	12.820	12.637	12.460	12.292	12.130	11.975

表 15.2.2　国家环境监测总站颁发的 pH 基准缓冲溶液的 pH

1000 mL 水溶液中含 pH 基准物质质量（25℃）	pH（25℃）	1000 mL 水溶液中含 pH 基准物质质量（25℃）	pH（25℃）
6.4 g 酒石酸氢钾（25℃饱和）	3.557	1.179 g 磷酸二氢钾 + 4.302 g 磷酸氢二钠	7.413
11.41 g 柠檬酸二氢钾	3.776	3.80 g 硼砂 ($Na_2B_4O_7 \cdot 10H_2O$)	9.180
10.12 g 邻苯二甲酸氢钾	4.008	2.92 g 碳酸氢钠 + 2.640 g 碳酸钠	10.012
3.388 g 磷酸二氢钾 + 3.533 g 磷酸氢二钠	6.865	1.5 g $Ca(OH)_2$（饱和 25℃）	12.454

表 15.2.3　美国国家标准局颁发的 pH 基准缓冲溶液的 pH

pH 基准溶液组成/（mol/kg）	pH（25℃）	pH 基准溶液组成/（mol/kg）	pH（25℃）
酒石酸氢钾（25℃饱和）	3.557	（磷酸二氢钾，0.08695）+（磷酸氢二钠，0.03048）	7.415
柠檬酸二氢钾，0.05	3.776	硼砂 ($Na_2B_4O_7 \cdot 10H_2O$)，0.01	9.183
邻苯二甲酸氢钾，0.05	4.004	（碳酸氢钠，0.025）+（碳酸钠，0.025）	9.183
（磷酸二氢钾，0.025）+（磷酸氢二钠，0.025）	6.863	$Ca(OH)_2$（饱和 25℃）	12.454

（4）长期使用后，精度有所下降，应经常用 pH 基准溶液校正。

二、直接电位法的定量测定依据

在 pH 测定时，内参比电极电位是恒定的，与待测溶液的 pH 无关。玻璃电极作为指示电极，主要依赖于玻璃膜上的反应测定，由此测得的电位是相对于参比电极的相对电极电位。当玻璃电极浸入待测试液时，内参比溶液中的 H^+活度 $a_{H^+,内}$ 和待测样品试液中的 H^+的活度 $a_{H^+,试}$之间形成一个称为膜电位的电位差 $\Delta\varphi_M$，它与 H^+的活度 a_{H^+} 有关，其能斯特公式为

$$\Delta\varphi_M = \frac{2.303RT}{nF}\lg\frac{a_{H^+,试}}{a_{H^+,内}} \qquad (15.2.1)$$

由于 $a_{H^+,内}$ 为常数，因此可以写成

$$\Delta\varphi_M = K - \frac{2.303RT}{nF}pH_{试} = K - 0.0592pH_{试} \qquad (15.2.2)$$

由此可见，膜电位与 pH 呈线性关系。所以玻璃电极的电位应为

$$\varphi_{玻璃} = \varphi_{内参比} + \Delta\varphi_M \qquad (15.2.3)$$

在考虑不对称电位($\Delta\varphi_{不对称}$)和液体接界电位($\Delta\varphi_L$)后，图 15.2.1 的电池的表达式和电动势分别为

$$\text{Ag-AgCl}\left|\text{HCl(0.1 mol/L)}\right|\text{玻璃膜}\left|\text{试液}\right\|\text{KCl(饱和)}\left|Hg_2Cl_2\text{-Hg}\right.$$

$$\begin{aligned}E &= \varphi_{甘汞} - \varphi_{玻璃} + \Delta\varphi_L + \Delta\varphi_{不对称}\\ &= \varphi_{甘汞} - (\varphi_{内参比} + \Delta\varphi_M) + \Delta\varphi_L + \Delta\varphi_{不对称}\\ &= \varphi_{甘汞} - \varphi_{内参比} - K + \frac{2.303RT}{nF}pH_{试} + \Delta\varphi_L + \Delta\varphi_{不对称}\end{aligned}$$

令 $\varphi_{甘汞}-\varphi_{内参比}-K+\Delta\varphi_{L}+\Delta\varphi_{不对称}=E^0$，得

$$E=E^0+\frac{2.303RT}{nF}\mathrm{pH}_{试} \tag{15.2.4}$$

式中，E^0 为电极常数，它是一个实验值，在一定条件下为定值。式（15.2.4）表明，原电池的电动势 E 与溶液的 pH 之间呈线性关系。当 T 为 298 K 时，2.303RT/F 等于 0.0592 V，即溶液的 pH 每变化一个单位，电池电动势就有 59.2 mV 的改变。从而说明，在对玻璃电极校正时，选用 pH 基准溶液与待测溶液的 pH 越接近，误差越小。式（15.2.4）就是以电位法测定 pH 的定量依据。若将工作电极由 pH 玻璃电极改为其他离子电极，并以活度表示时，有

$$E=E_{\mathrm{ISE}}^0\pm S\lg a_i \tag{15.2.5}$$

式中，E_{ISE}^0 为离子选择性电极的电极常数，它取决于膜的性质、参比电极、内参比电极、参比溶液等因素；S 为电极响应的实际斜率；考虑到离子选择性电极可能测试阴离子或阳离子，并且不同电极的性质不同，因此规定待测离子为阳离子时，式（15.2.5）中取“+”号，阴离子时取“–”号。

【例 15.2.1】 用 pH 玻璃电极测定 pH = 5.0 的溶液，其电极电位为 43.5 mV，测定另一未知溶液时，其电极电位为 14.5 mV，若该电极的响应斜率 S 为 58.0 mV/pH，试求未知溶液的 pH。

解　因为 $E=E_{\mathrm{ISE}}^0\pm S\lg a_i$，所以

$$E_{玻}=E^0-S\mathrm{pH}$$

已知 $43.5=E^0-5.0S$，$14.5=E^0-S\mathrm{pH}$，于是未知溶液 pH = 5.5。

三、离子选择性电极简介

依据国际纯粹与应用化学联合会（IUPAC）的定义：离子选择性电极是一类电化学传感体，它的电位对溶液中所给定的离子活度的对数呈线性关系。无论哪种离子选择性电极都有一个传感膜，其又称为膜电极，这类具有选择性的、对某一特定的离子可以产生电极电位并由敏感膜构成的电极称为离子选择性电极，通常用 ISE 表示。

离子选择电极种类很多，大致可分为晶体膜电极、非晶体膜电极、气敏电极和酶电极四类。在环境分析中最常用的是前两种。

1. 晶体膜电极

晶体膜电极又称固体膜电极（图 15.2.3），它的传感膜是由难溶盐经过加压或拉制成单晶、多晶或混晶的活性膜。这类电极对构成晶体的金属或难溶盐的金属离子必须有能斯特响应，其难溶盐也必须在常温下能够导电，且溶解度小。晶体膜电极又分为均向膜电极和非均向膜电极。均相膜电极的敏感膜一般由单一金属盐单晶及两种或两种以上金属盐均匀混合物的晶体

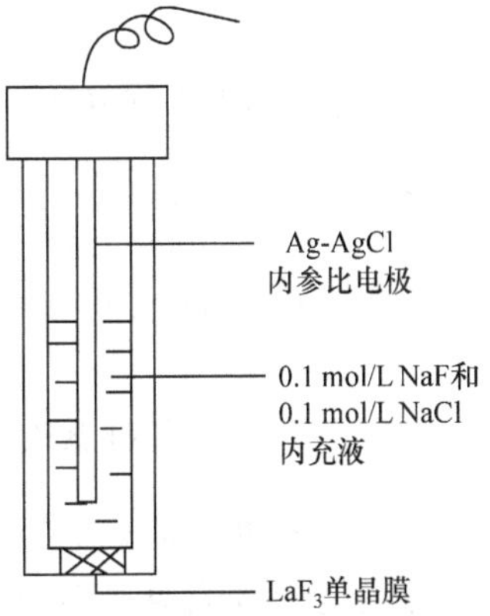

图 15.2.3　固体膜电极

构成。因此，它又可分为单晶膜、多晶膜和混晶膜三种。非均相膜电极除有难溶金属盐外，还加入了某些化学性质非常稳定的惰性材料。

2. 非晶体膜电极

根据膜所用材料的性质，非晶体膜电极又分为刚性基质电极和流动载体电极。

1）刚性基质电极

刚性基质电极也称硬质电极。玻璃电极就是最常见的、特殊的硬质电极。除此之外，钠电极（pNa^+电极）、钾电极（pK 电极）及银电极（pAg 电极）等，统称为 pM 玻璃电极，这些都是较常见的硬质电极（表 15.2.4），其结构与 pH 玻璃电极相似。

表 15.2.4　常见的 pM 玻璃电极的特性

玻璃电极	玻璃组成（物质的量）/%	被测离子	检测范围/（mol/L）	选择性系数
pLi	$15Li_2O+125Al_2O_3+60SiO_2$	Li^+	$1.0\sim10^{-5}$	$K_{Li^+,Na^+}=0.3, K_{Li^+,Na^+}=10^{-2}$
pNa	$11Na_2O+18Al_2O_3+71SiO_2$	Na^+	$1.0\sim10^{-8}$	$K_{Na^+,K^+}=4\times10^{-4}(pH=11)$
pK	$27Na_2O+5Al_2O_3+68SiO_2$	K^+	$1.0\sim10^{-7}$	$K_{K^+,Na^+}=5\times10^{-2}$
pAg	$28.8Na_2O+17Al_2O_3+52.2SiO_2$	Ag^+	$1.0\sim10^{-19}$	$K_{Ag^+,Na^+}=10^{-3}$

2）流动载体电极

流动载体电极又称液膜电极、活动载体电极。它的敏感膜由一有机溶剂薄层构成。这类电极以一种多孔惰性物质作为液膜的载体，一般用多孔玻璃、聚四氟乙烯等，结构见图 15.2.4。

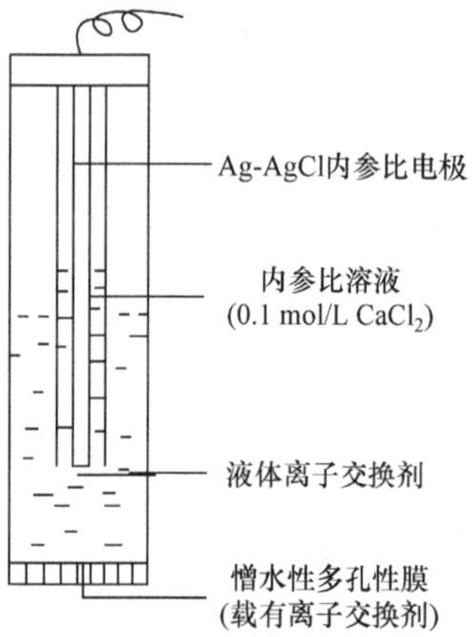

图 15.2.4　液膜电极

电极的内参比溶液为 2%琼脂的 0.1 mol/L $CaCl_2$ 水溶液，采用 Ag-AgCl 内参比电极。另外，内部还装有液体离子交换剂，它是一种不与水相溶的有机溶液。液体离子交换剂作为离子的载体，能与响应的离子结合，生成带电荷或中性的络合物。底部为憎水性的多孔膜，离子交换剂液体在此形成一薄膜，并在薄膜上面发生离子交换反应。

四、衡量离子选择性电极性能的指标

衡量离子选择性电极性能的指标主要是选择性系数和响应时间。检出限、电极的电阻、电极的牢固度、电极的寿命及测定的电位值是否存在漂移现象等，有时也作为衡量电极性能的因素。

1. 电极的选择性系数

理想的离子选择电极只对特定的离子产生电位响应。事实上，离子选择电极不仅对某一特定离子有响应，与溶液的其他离子也有不同程度的响应，从而影响测定结果。通常，用电极的选择系数($K_{i,j}$)来评价离子选择电极对不同离子的响应状况。在同一测试体系中，规

定 i 表示被测离子，j 表示干扰离子，n_i 及 n_j 分别为 i 及 j 的电荷，则干扰离子的膜电位可表示为

$$\Delta\varphi_{\mathrm{M}} = K + \frac{2.303RT}{n_iF}\lg(a_i + \sum_j K_{i,j} a_j^{n_i/n_j}) \tag{15.2.6}$$

式中，$K_{i,j}$ 为 j 对 i 的电极的选择系数；a_i 为待测离子活度；a_j 为干扰离子活度。电极的选择系数是一个实验值，不是一个常数，它可理解为在其他测试条件相同时，提供相同电位的待测离子活度 a_i 和干扰离子活度 a_j 的比值（这只是一种表示或求解方法）：

$$K_{i,j} = \frac{a_i}{a_j^{n_i/n_j}} \tag{15.2.7}$$

例如，某 pH 玻璃电极的选择系数为 $K_{\mathrm{H^+,Na^+}} = 10^{-4}$，则意味着此电极对被测离子活度 $a_{\mathrm{H^+}} = 10^{-4}$ mol/L 的响应电势与干扰离子钠的活度 $a_{\mathrm{Na^+}} = 1$ mol/L 的响应电势相当。$K_{i,j}$ 越小，说明干扰就越小，也就是说此电极对 i 的选择性就越高。

2. 响应时间

响应时间是评价离子选择性电极性能的又一重要技术指标。响应时间的概念是：从离子选择性电极与参比电极一起接触试液的瞬间算起；或处于平衡状态的体系，从溶液活度突然变化的瞬间算起，至达到电位稳定在 1 mV 以内所经过的时间。电极响应时间主要取决于敏感膜的性质，膜越薄，响应越快；膜表面越光洁，响应越快。同时它也与实验条件有关，待测离子浓度越高，响应速度越快；另外，有干扰离子存在时响应越慢。增加搅拌速度，响应时间可以缩短。

五、直接电位法的定量测定方法

1. 标准曲线法

应用式（15.2.5）采用标准曲线法进行定量时，待测物质的量应该用活度表示，对于活度和浓度的关系 $a_i = \gamma_i c_i$，只有当离子强度基本不变时，才能将 γ 归为常数项。所以，应加入离子强度较大的总离子强度调节缓冲液（TISAB），以保证分析过程中离子强度不变。不同的测定，TISAB 的组成不同，但一般都应含有中性电解质、掩蔽剂、酸碱缓冲溶液等。

2. 已知增量法

已知增量法也称一次标准加入法。对于一个未知浓度 c_x 的待测溶液（体积为 V_x），测得其电位 E_1 为

$$E_1 = E^0_{\mathrm{ISE}} \pm S_1\lg(x_1\gamma_1 c_x) \tag{15.2.8}$$

式中，S_1 为第一次测定的响应斜率；γ_1 为第一次测定的活度系数；x_1 为游离离子的分数。

在试液中加入体积为 $V_{\mathrm{s}}(V_{\mathrm{s}} \leqslant V_x/100)$、浓度为 $c_{\mathrm{s}}(c_{\mathrm{s}} \geqslant /100c_x)$ 的标准溶液，又测得其电位 E_2 为

$$E_2 = E_{\mathrm{ISE}}^0 \pm S_2 \lg(x_2\gamma_2 - \frac{c_x V_x + c_s V_s}{V_x + V_s}) \tag{15.2.9}$$

式中，S_2、x_2、γ_2 分别为第二次测定的响应斜率、游离离子的分数和活度系数。由于测定没有改变电极和其他条件，所以 $S_1 = S_2 = S$，由于游离分数变化不大，因此 $x_1 \approx x_2$、$\gamma_1 \approx \gamma_2$、$V_x \gg V_s$。整理后有

$$c_x = \frac{c_s V_s}{V_x}(10^{\Delta E/S} - 1)^{-1} \tag{15.2.10}$$

式中，ΔE为两次测量的电位之差。采用阳离子选择电极时，$\Delta E = E_2 - E_1$；采用阴离子选择电极时，$\Delta E = E_1 - E_2$。

第三节　电位滴定法

电位滴定法是一种利用电位变化确定终点的滴定方法。它实质上是一种滴定分析法，所以也称电容量分析法。由于电位滴定法具有操作简单、分析速度快、抗干扰能力强、可以直接分析带有颜色的样品、准确度高（相对误差 0.1%～0.2%）等优点，已成为环境分析的重要监测手段之一。

一、电位滴定法的应用方向

电位滴定法适用于常量物质的测定。依照反应的类型不同，电位滴定法可用于酸碱滴定（如酸度和碱度的测定）、沉淀滴定（各种卤素的测定）、络合滴定（钙、镁、铜、锌等多种金属元素的测定）和氧化还原滴定（各种有机污染物的测定）；依照滴定类型的不同，电位滴定法也可以分为直接滴定、返滴定、置换滴定等。

二、电位滴定法原理

滴定时，在含有被测溶液的容器中，插入一个指示电极和一个参比电极，则组成工作电池（图 15.3.1）。基本仪器包括滴定管、滴定池、指示电极、参比电极、搅拌转子、测量电动势的仪器等。测量电动势的仪器可以用电位计，也可以用直流毫伏计。因为在电位滴定过程中需多次测量电动势，所以使用能直接读数的毫伏计比较方便。随着滴定剂的加入，滴定剂与被测离子发生化学反应，被测离子的浓度不断变化，指示电极的电极电位也相应地发生变化，在化学计量点附近会引起电位的突跃，因此通过测定工作电池电动势的变化来确定滴定终点。这就是电位滴定法的原理。参比电极多采用饱和甘汞电极，而指示电极依反应类型不同而不同：酸碱滴定常用玻璃电极作指示电极；沉淀滴定使用最广泛的指示电极是银电极；络合滴定用汞电极作指示电极；氧化还原滴定一般以铂电极为指示电极。

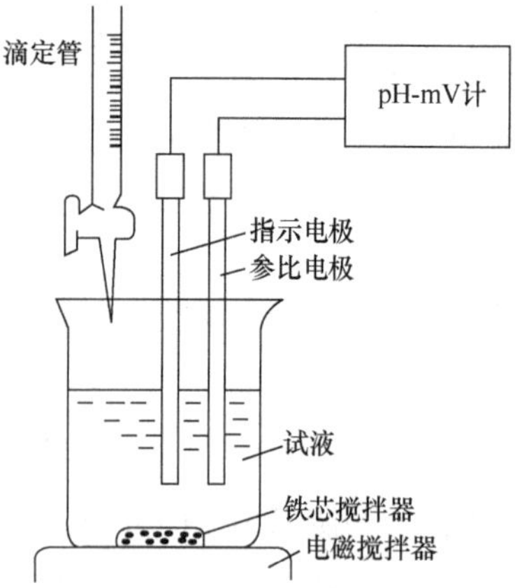

图 15.3.1　电位滴定法基本仪器

三、终点的确定

在滴定过程中，每加一次滴定剂应测定一次电动势，直到超过化学计量点为止。通常可以控制每次滴定剂的加入量为 2～3 mL，但接近化学计量点时，应控制在每次 0.1～0.2 mL。滴定终点的确定可以用作图法或二级微商计算法。

1. 作图法

记录滴定剂用量（V）和相应的电动势（E）。可以采用以下任何一种方法确定滴定终点。

1）E-V 曲线法

如图 15.3.2（a）所示，用测定结果绘制 E-V 曲线，曲线上的转折点（也是最大斜率点）即为滴定终点。

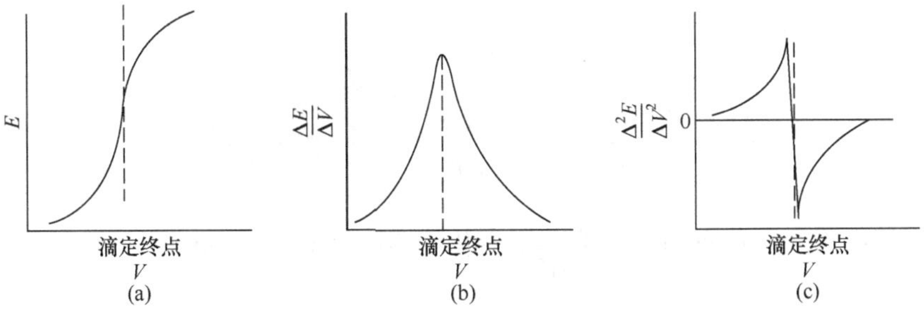

图 15.3.2　电位滴定终点确定法

2）一级微商法

$\Delta E/\Delta V$ 代表 E 的改变值与相应滴定剂体积的增量 ΔV 之比。用 $\Delta E/\Delta V$ 与 V 绘制曲线，如图 15.3.2（b）所示。图中曲线最高点即为滴定终点。

3）二级微商法

以 $\Delta^2E/\Delta V^2$ 为纵坐标，以 V 为横坐标作图，得到二级微商曲线，如图 15.3.2（c）所示。在 $\Delta^2E/\Delta V^2=0$ 处对应的体积为滴定终点。

2. 二级微商计算法

按照作图法的原理，在滴定终点处必然为 $\Delta^2E/\Delta V^2=0$ 。采用作图法既费时又不准确，而采用计算法则可以比较精确地计算出滴定剂的体积用量，进而确定滴定终点。

【例 15.3.1】　已知用 $AgNO_3$ 滴定 NaCl 时，$AgNO_3$ 的消耗量和对应的 E 值（表 15.3.1）。用二级微商法计算出化学计量点时 $AgNO_3$ 的使用量。

表 15.3.1　滴定结果和计算后数据的统计

加入 $AgNO_3$ 的体积/mL	E/mV	ΔE/mV	ΔV/mL	$\Delta E/\Delta V$	$\Delta^2E/\Delta V^2$
0.10	114	16	4.90	3.3	
5.00	130	15	3.00	5.0	
8.00	145	23	2.00	11.5	
10.00	168	34	1.00	34	
11.00	202	8	0.10	80	600
11.10	210	14	0.10	140	1200

续表

加入 $AgNO_3$ 的体积/mL	E/mV	ΔE/mV	ΔV/mL	$\Delta E/\Delta V$	$\Delta^2 E/\Delta V^2$
11.20	224	26	0.10	260	2700
11.30	250	53	0.10	530	−2800
11.40	303	25	0.10	250	−1780
11.50	328	36	0.50	72	
12.00	364	25	1.00	25	
13.00	389	12	1.00	12	
14.00	401	16	4.90	3.3	

解　整理已知条件，并计算后整理得到表 15.3.1。

其中应用的公式有

$$\frac{\Delta E}{\Delta V}=\frac{E_{i+1}-E_i}{V_{i+1}-V_i} \qquad \frac{\Delta^2 E}{\Delta V^2}=\frac{\left(\frac{\Delta E}{\Delta V}\right)_{m+1}-\left(\frac{\Delta E}{\Delta V}\right)_m}{V_{m+1}-V_m}$$

如加入量为 11.30～11.40 mL，则 $\frac{\Delta^2 E}{\Delta V^2}$ 变化 $2700+2800=5500$。

设 $11.30+x$ 时，$\frac{\Delta^2 E}{\Delta V^2}=0$（为化学计量点），则

$$\frac{11.40-11.30}{5500}=\frac{x}{2700} \qquad x=0.05(\text{mL})$$

故化学计量点时 $AgNO_3$ 的使用量为 11.35 mL，并且对应的电势为

$$250+53\times\frac{270}{5500}=276(\text{mV})$$

由此看出，计算法比作图法准确；作图法中的二级微商最精确，E/V 曲线最不准确。

第四节　极谱分析法

伏安分析法是以测定电解过程中的电流-电压曲线（也称伏安曲线）为基础的一大类电化学分析法。其中以滴汞电极为工作电极的伏安分析法称为极谱分析法。

一、极谱分析的基本装置和过程

极谱分析是一种特殊的电解分析，其基本装置见图 15.4.1。阳极是具有大面积的甘汞电极或汞池电极。阴极为面积很小的滴汞电极。在滴汞电极的上端为一储汞瓶，瓶中的汞通过毛细管滴入电解池的溶液中。改变储汞瓶的高度可以调节汞滴下落的速度。

由于滴汞电极面积很小，电解时电流密度很大，因此很容易发生浓差极化。在极谱分析中，滴汞电极主要作为极化电极。而甘汞电极的电极电位在一定条件下不会改变，所以甘汞电极在极谱分析中主要为去极化电极。

现以电解 Cd^{2+}为例说明极谱分析的基本过程。将低浓度的 Cd^{2+}试液加入电解池中，同时加入电解质 KCl，其浓度约为 0.1 mol/L，通入氮气或氢气以除去溶解于溶液中的氧。然后调节储汞瓶的高度，使汞滴以每 3～4 s 一滴的速度滴下（2～3 滴/10 s），调解电阻器，使两电极上的外加电压由零逐渐增加，从而得到 Cd^{2+}的极化曲线，称为极谱图（图 15.4.2）。由图可见，在未达到 Cd^{2+}的分解电压前，溶液中只有微小的电流通过（称为残余电流）；当外加电压增加到 Cd^{2+}的分解电压时（−0.6～−0.5 V），Cd^{2+}开始电解，此时在滴汞电极上，Cd^{2+}还原为镉汞齐：

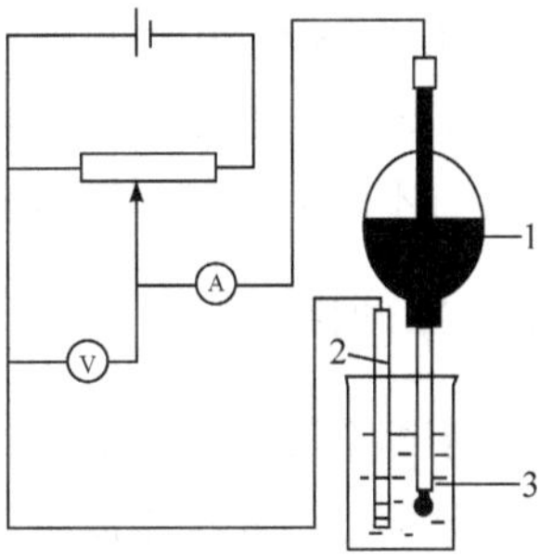

图 15.4.1　滴汞电极示意
1. 滴汞电极；2. 甘汞电极；3. 电解池

$$Cd^{2+} + 2e^- + Hg = Cd(Hg)(镉汞齐)$$

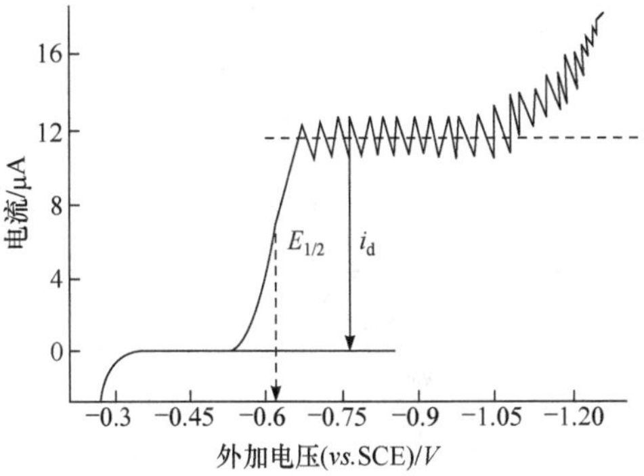

图 15.4.2　Cd^{2+}的极谱图

阳极中的汞氧化为 Hg^{2+}并与溶液中的 Cl^-生成 Hg_2Cl_2：

$$2Hg - 2e^- + 2Cl^- = Hg_2Cl_2$$

此时外加电压稍稍增加，电流就迅速增加，但当外加电压增加到一定数值时，由于发生浓差极化而使电流达到极限值后，电流增加的速度趋于平缓，此时的电流称为极限电流。极限电流由残余电流与扩散电流组成（扩散电流是由溶液本体扩散到电极表面的金属离子所传递而产生的）。

二、极谱分析的特点

极谱分析和常规的电解分析比较，具有以下三个特点。

（1）极谱分析具有小阴极大阳极的特点，并且工作电极表面始终是新鲜的，基本带走了阴极表面的扩散层。

（2）极谱分析使电解的溶液保持静止，不搅拌；而电解分析则充分搅拌。

（3）极谱分析适合于微量分析；而电解分析属于常量分析。两者通过的分解电流不同。

三、极谱分析的原理

在极谱分析中，主要观察极化电极在改变电位时相应的电流变化情况，因此电流–滴汞电极电位曲线（i-$\varphi_{d.e}$ 曲线）更为重要。进行极谱分析时，外加电压（V）与作为阳极的饱和甘汞电极电位（φ_{SCE}）、作为阴极的滴汞电极电位（$\varphi_{d.e}$）、电流（i）及电路中总电阻（R）的关系可用下式表示：

$$V = (\varphi_{SCE} - \varphi_{d.e}) + iR \qquad (15.4.1)$$

电流 i 通常只有几微安，电解线路的总电阻 R 也不会太大，由于阳极的电极电位实际上保持不变，因此电压 V 可写成：

$$V = -\varphi_{d.e} \qquad (15.4.2)$$

由此可见，一般情况下，i-$\varphi_{d.e}$ 曲线与 i-V 曲线是完全等同的。

在图 15.4.2 中，扩散电流 i_d 的高度与溶液中 Cd^{2+} 的浓度有关，因而可作为定量分析的基础。电流等于扩散电流一半时的滴汞电极的电位则称为半波电位 $E_{1/2}$，不同物质在一定条件下具有不同的 $E_{1/2}$，可作极谱定性分析的依据。

四、半波电位

不同金属离子具有不同的分解电压，但分解电压随离子浓度变化而改变，所以极谱分析不用分解电压而用半波电位来做定性分析。半波电位（$E_{1/2}$）是指当电流等于扩散电流一半时的电位，由图 15.4.3 可见，半波电位与浓度无关。而不同的金属离子，底液一旦确定，就有各自的半波电位。从图 15.4.4 看出，如果选择适当的支持电解质（NH_3-NH_4Cl 溶液），可同时测定 Tl^+、Cd^{2+}、Ni^{2+}、Zn^{2+} 及 Mn^{2+} 等离子。

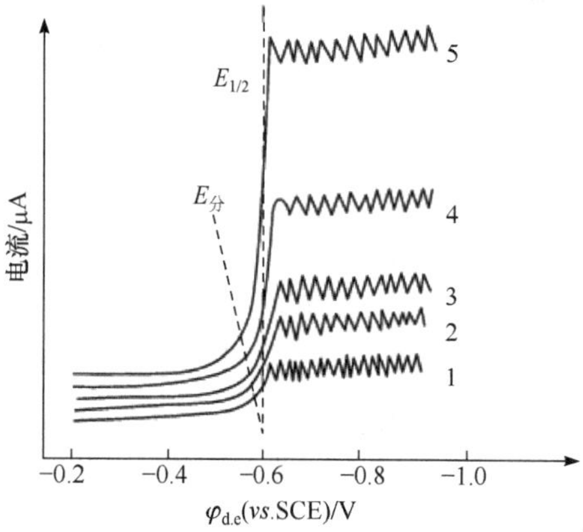

图 15.4.3　不同浓度的 Cd^{2+} 在 1 mol/L KCl 溶液中的极谱波

1. 2.8 E_{-4}；2. 5.6 E_{-4}；3. 1.1 E_{-3}；4. 2.5 E_{-3}；5. 5.0 E_{-3}

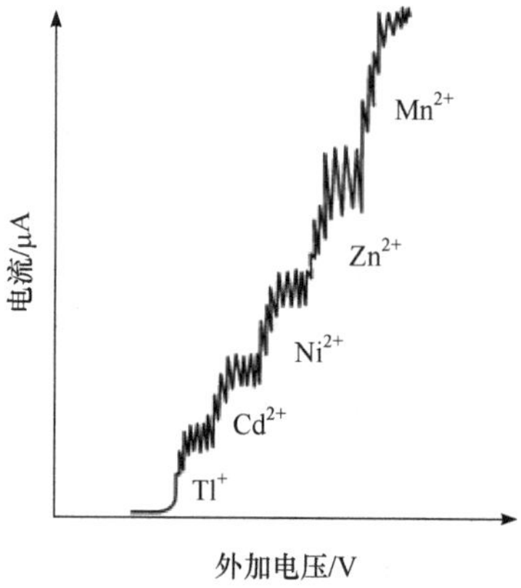

图 15.4.4　0.1 mol/L 的 Tl^+、Cd^{2+}、Ni^{2+}、Zn^{2+} 和 Mn^{2+} 在 1 mol/L NH_3-NH_4Cl 溶液中的极谱图

表 15.4.1 中列举了部分金属离子在不同底液中的半波电位数据。从表中可以看出，底液的状况是决定半波电位的唯一依据。所以对有些金属离子，完全可以通过改变半波电位的方法实现测定。

表 15.4.1　部分金属离子在不同底液中的半波电位

金属离子	1 mol/L KCl	1 mol/L KCl	1 mol/L KOH（NaOH）	2 mol/L HAc + 2 mol/L NH_4Ac	2 mol/L NH_3 + 1 mol/L NH_4Cl
Al^{3+}	−1.75	—	—	—	—
Fe^{3+}	>0	>0	—	>0	1.49
Fe^{2+}	−1.30	—	1.46 （−0.9）	—	（−0.34）
Cr^{3+}	−0.85 −1.47	−0.99 −1.26	−0.92	−1.2	−1.71
Mn^{2+}	−1.51	—	−1.70	—	−1.66
Co^{2+}	−1.30	—	−1.43	−1.14	−1.29

续表

金属离子	1 mol/L KCl	1 mol/L KCl	1 mol/L KOH（NaOH）	2 mol/L HAc + 2 mol/L NH_4Ac	2 mol/L NH_3 + 1 mol/L NH_4Cl
Ni^{2+}	−1.10	—	—	−1.10	−1.10
Zn^{2+}	−1.00	—	−1.48	−1.10	−1.35
In^{3+}	−0.60	−0.60	−1.09	−0.71	—
Cd^{2+}	−0.64	−0.64	−0.76	−0.65	−0.81
Pd^{2+}	−0.44	−0.44	−0.76	−0.50	—
Tl^{+}	−0.48	−0.48	−0.46	−0.47	−0.48
Cu^{2+}	+0.04 −0.22	+0.04 −0.22	−0.41	−0.07	−0.24 −0.51
Bi^{3+}	—	−0.09	−0.60	−0.25	—

注：括号内为氧化波；两个数值的表示两级还原。

五、扩散电流方程

极谱方法是以测量滴汞电极上的扩散电流为基础的。以 Cd^{2+}的测定为例，在滴汞电极上的反应为

$$Cd^{2+} + 2e^{-} + Hg \Longrightarrow Cd(Hg)$$

假定此反应为可逆的并遵守能斯特公式：

$$\varphi = \varphi^{\ominus} + \frac{RT}{nF}\ln\frac{c_0}{c_{Cd(Hg)}} \qquad (15.4.3)$$

式中，c_0 为电极表面 Cd^{2+} 的浓度；$c_{Cd(Hg)}$ 为电极表面 Cd(Hg)中 Cd 的浓度。

当外加电压越大，即滴汞电极的电位越负，电极表面的 Cd^{2+} 浓度 c_0 越小，所以电位取决于 c_0 的数值。由于溶液是静止的，因此 c_0 将小于溶液本体的 Cd^{2+} 浓度 c。此浓度差将使溶液本体中的 Cd^{2+} 向电极表面扩散而形成一个厚度约为 0.05 mm 的扩散层，见图 15.4.5。在扩散层内，c_0 取决于电极电位；在扩散层外面，溶液中 Cd^{2+} 的浓度等于溶液本体中 Cd^{2+} 的浓度 c；在扩散层中，则浓度的变化如图 15.4.6 所示。如果除扩散运动以外没有其他运动可使离子到达电极表面，那么电解电流就完全受电极表面 Cd^{2+} 的扩散速度所控制。由图 15.4.6 可见，电极表面的浓度梯度 $\Delta c/\Delta x$ 可近似地以线性关系处理。

$$(\Delta c/\Delta x)_{电极表面} = \frac{c - c_0}{\delta} \qquad (15.4.4)$$

所以在一定条件下，受扩散控制的电解电流可表示为

$$i_d = K(c - c_0) \qquad (15.4.5)$$

式中，K 为比例常数。当外加电压继续增加使滴汞电极的电位变得更负时，c_0 将趋近于零，此时扩散电流正比于溶液中 Cd^{2+} 浓度而达到极限值，不再随外加电压的增加而改变。

$$i_d = Kc \qquad (15.4.6)$$

式中，K 为尤考维奇（Ilkovic）常数，且 $K = 607nD^{1/2}m^{2/3}t^{1/6}$。将 K 代入式（15.4.6）得到

$$i_d = 607nD^{1/2}m^{2/3}t^{1/6}c \tag{15.4.7}$$

式中，i_d 为平均极限扩散电流，代表汞滴自形成到落下过程中汞滴上的平均电流，μA；n 为电极反应中电子的转移数；D 为电极上反应物在溶液中的扩散系数，cm^2/s；m 为汞流速度，mg/s；t 为滴汞周期，s；c 为待测元素的浓度，mmol/L。该式即为扩散电流方程，又称尤考维奇公式，是极谱分析定量分析的基础。

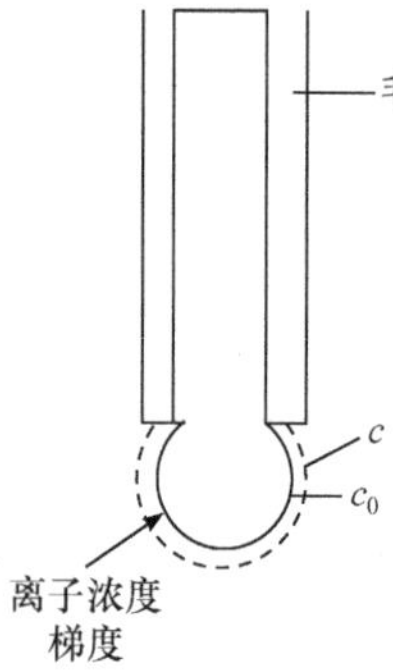

图 15.4.5　汞滴浓差极化

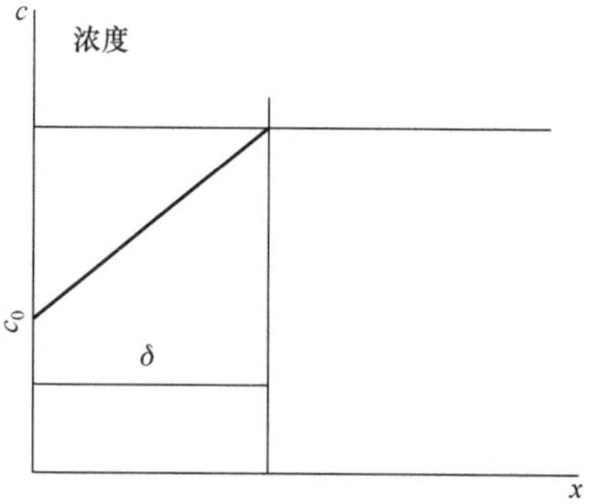

图 15.4.6　扩散层中的浓度变化

由式（15.4.7）可见，影响 i_d 的因素有很多，这些因素可归纳为：①影响扩散系数 D 的因素，如离子强度、溶液的黏度、介电常数及温度等；②影响 m 及 t 即毛细管特性的因素，如毛细管的直径、汞压、电极电位等；③温度的影响因素，在尤考维奇公式中，除 n 以外，其他各项均受温度的影响。只有温度、底液及毛细管特性不变，i_d 才与 c 成正比。

六、定量分析中常见的干扰及减小方法

在极谱的定量分析中，常见的干扰有残余电流、迁移电流、极大现象和干扰波等。可以采用以下方法控制或减小干扰。

一般残余电流是由相对于待测元素而言，存在一定量的杂质引起的；或由电容电流的存在导致的。所以，应统一扣除。一般采用作图法即可。

迁移电流是由电解池中正负极对待测离子的静电吸引或排斥作用引起的。所以，可以通过加入高浓度的仅导电而不发生反应的支持电解质（如 KCl、HCl、H_2SO_4 等溶液）来减小迁移电流。

极大现象的起因属于不确定，其现象是在极限电流前不知何原因出现极大畸峰，一般可加入含有表面活性剂的试剂抑制极大现象。

干扰波有各种波，常出现的为氧波或氢波。加入氮气或通入惰性气体可以驱除氧气或氢气。有时采用添加化学试剂的方法也可以减小干扰波。

七、定量分析方法

极谱定量分析一般有直接比较法、工作曲线法和标准加入法等，无论何种方法均用波高（h）来代表扩散电流。h 的测定有平行线法、三切线法、矩形法等，其中三切线法最为常用（图 15.4.7）。直接比较法和工作曲线法与其他仪器分析的定量方法相同。对于组分复杂的环

境样品，可以采用标准加入法，通过式（15.4.8）的计算求得。

设 V 为测定的未知液体积，测定的波高为 h_x，然后加入体积为 V_s、浓度为 c_s 的相同物质的标准溶液，并在同一条件下测定波高为 h_s，若待测样品的浓度为 c_x，则

$$c_x = \frac{c_s V_s h_x}{h_s(V+V_s) - h_x V} \tag{15.4.8}$$

若极谱图上有几个元素的波，可以分别测定波高后进行计算。

本节讨论的极谱法也称直流极谱法、经典极谱法。随着理论研究和技术手段的发展，又出现了极谱催化波、示波极谱、脉冲极谱、方波极谱和溶出伏安法等，使用的电极也不再局限于滴汞电极。这些可以都归属为伏安分析法。

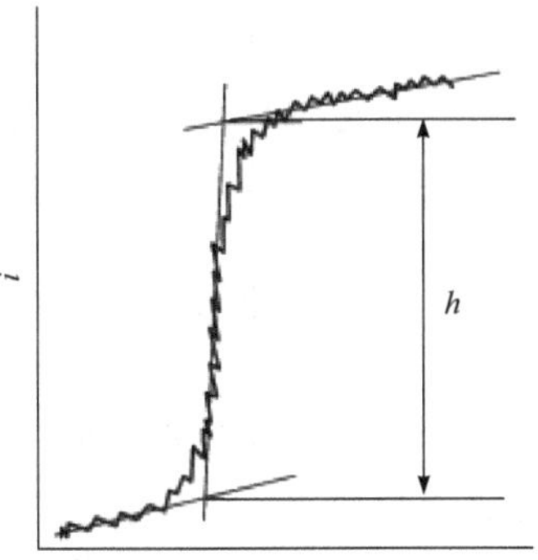

图 15.4.7　三切线法测波高示意图

第五节　溶出伏安法

溶出伏安法又称反向溶出极谱法。它对某些物质的测定有很高的灵敏度，是一种重要的痕量分析方法。

溶出伏安法是一种将富集和测定结合在一起的电化学分析法。它把恒电位电解和溶出伏安结合在一个电极上进行，其基本方法首先是使待测物质在适当条件下电解一段时间，将待测物质电解富集到一个微电极上（悬汞电极或汞膜电极），在阴极上发生还原反应生成汞齐，此阶段是预电解阶段，又称富集阶段；然后让溶液静止片刻后以等速度改变电极电位，即由负向正电位方向扫描，此时富集在微电极上的物质又重新在电极上氧化进入溶液中，此阶段称溶出阶段。

$$M^{n+} + ne^- + Hg \xrightarrow{\text{富集}} M(Hg)$$
$$M^{n+} + ne^- + Hg \xleftarrow[\text{溶出}]{} M(Hg)$$

溶出过程的伏安曲线（i-E 曲线），其峰高或峰面积（溶出电流 i_p）与待测离子浓度成正比，这是定量分析的基础；峰电位（E_p）与离子的性质有关，是定性分析的基础。

上述方法是以固定面积的电极作为阳极扫描（即在阴极上还原富集），所以称为阳极溶出伏安法。得到的曲线为阳极溶出伏安曲线（图 15.5.1）。如果在阳极上氧化富集，然后由正向负电位方向做阴极扫描，使生成物重新还原而进入溶液，则称阴极溶出伏安法。除此之外，若利用变价离子在阳极氧化或在阴极还原使其由 M^{n+} 转变为 M^{n+m} 或 M^{n-m}，而 $M^{n\pm m}$ 可与溶液中另一种离子 N^{x-} 形成微溶性化合物 $M_xN_{(n\pm m)}$ 而被富集，然后再改变工作电极的电位进行电压扫描，使微溶性化合物溶解，产生氧化电流或还原电流，则称为变价离子的溶出伏安法。该方法可用来测定元素的价态。在众多方法中，应用最多的是阳极溶出伏安法。

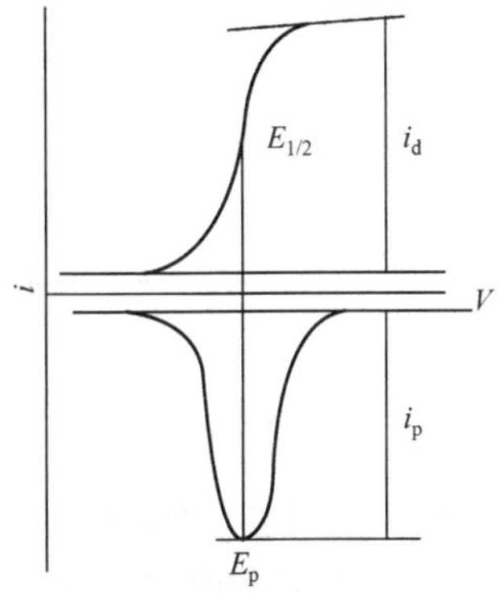

图 15.5.1　阳极溶出伏安曲线

溶出曲线的峰高与溶液中金属离子浓度、电解富集时间、电解时溶液的搅拌速度、悬汞电极的大小及溶出时的电位变化速度等因素有关。

溶出伏安法常采用三电极形式测定，即工作电极、辅助电极（也称对电极）和参比电极。其中工作电极以悬汞电极或汞膜电极较多，对电极常用铂电极或玻璃电极，而参比电极则用甘汞电极或银-氯化银电极。

第六节　电化学分析法在环境分析监测中的应用

电化学分析法在环境分析监测中占有重要的地位，适用于各级含量组分的测定。一般离子选择性电极、电位滴定、溶出伏安法 3 种方法在环境样品中应用较为广泛。另外，在现代的环境分析监测中，电化学分析法也用于无机离子及有机污染物的定性、定量分析。

一、离子选择性电极在环境分析监测中的应用

目前，pH 玻璃电极已成为测定 H^+浓度和 pH 的通用标准方法。一些国家已采用氟离子选择电极法作为测定大气、水体和土壤中氟浓度的标准分析方法。离子选择性电极在环境分析监测方面研究和应用情况列于表 15.6.1。

表 15.6.1　离子选择性电极在环境分析监测方面的研究和应用

类别	被测物质	应用对象	类别	被测物质	应用对象
大气监测	F^-	空气、烟道气	水	Pb^{2+}	天然水、污水、废水
	NO_x	空气、尾气、颗粒物		Cd^{2+}	天然水、污水
	SO_2	烟道气		Hg^{2+}	天然水、废水
水	F^-	天然水、污水、水质监测	土壤	F^-、Cl^-、NO_3^-、NH_4^+、Na^+、K^+、Ca^{2+}、Mg^{2+}、SO_4^{2-}、B等	
	Cl^-	锅炉用水、水质监测			
	NO_3^-	废水、天然水、雨水			
	CN^-	废水、水质监测	植物	F^-、Cl^-、NO_3^-、NH_4^+、Na^+、K^+、CN^-、B等	饲草、蔬菜、甜菜及其他植物的叶、茎与根
	CO_3^{2-}	天然水、锅炉用水			
	S^{2-}	废水、水质监测			
	SO_4^{2-}	天然水	生物体液及组织		
	NH_3	污水、海水、水质监测		F^-、Cl^-	血清、汗
	pH	各种水		Ca^{2+}、Na^+、K^+	血
	K^+	天然水		NH_3、NH_4^+	尿、血、血清
	Na^+	天然水、锅炉用水		O_2、CO_2	血
	Ag^+	废水		蛋白质	血、血清
	Ca^{2+}	天然水、海水		pH	血
	硬度	天然水			

二、测定天然水中 pH、CO_3^{2-}、HCO_3^-、Ca^{2+}和 Mg^{2+}

在天然水质分析中，pH、CO_3^{2-}、HCO_3^-、Ca^{2+}和 Mg^{2+}通常需分别多次测定，操作繁杂、费时，难以满足现代分析要求。采用电位滴定法指示终点可以在同一份试样中实现连续同时测定，从而为水质分析提供一种新的方法。目前，已有多种连续测定仪商品，不同仪器可以按照各自说明书操作即可。

应用该方法时应注意以下几点。

（1）当溶液的 pH＞12 时，若 Mg^{2+} 含量较高，会使 Ca^{2+} 的结果偏低、Mg^{2+} 的结果偏高。若在溶液中加入淀粉-甘油、阿拉伯树胶或糊精等，可基本消除此偏差，其中以糊精的效果较好。

（2）试样中 Fe^{3+} 、Al^{3+} 的干扰可以用三乙醇胺掩蔽，Cu^{2+} 、Zn^{2+} 等干扰可以用硫氰酸钾或硫化钠掩蔽。

（3）水样的碱度很大时，应加入盐酸中和，煮沸除去 CO_2，否则使结果偏低。

三、吸附溶出伏安法测定苯胺

苯胺是一种常见的环境污染物。它对人体有一定的毒害作用和一定程度的致癌性。可以用示波极谱法测定空气中的苯胺，据此可以建立测定苯胺的吸附溶出伏安法。

当富集时间为 1 min 时，吸附溶出峰电流与苯胺的浓度在 2×10^{-8}～5×10^{-7} mol/L 内呈良好的线性关系。方法检测下限为 5×10^{-9} mol/L 。

当苯胺的浓度为 5×10^{-7} mol/L，允许的相对误差为 ± 5%时，有机表面活性剂及含有共轭π键（如苯环）的有机物可在汞电极上吸附，与偶氮化合物争夺电极表面而产生干扰。

【例 15.6.1】 某滴汞电极汞的流速为 3.11 mg · s^{-1},汞滴滴下的时间为 3.87 s。硝基化合物在此电极上会得到 4 个电子而还原为烷基羟胺,此化合物的浓度为 5.00×10^{-4} mol · L^{-1} 时，测得其可逆极谱波的平均极限扩散电流为 8.6 μA，求该化合物在此测量介质中的扩散系数。

解　整理已知条件：

$$m = 3.11\ \text{mg/s} \qquad t = 3.87\ \text{s}$$

$$n = 4 \qquad c = 5.00 \times 10^{-4}\ \text{mol/L}$$

$$i_d = 8.6\ \mu\text{A}$$

根据公式：

$$i_d = 607nD^{1/2}m^{2/3}t^{1/6}c$$

得

$$D = [i_d/(607n\, m^{2/3}t^{1/6}c)]^2 = 7.04 \times 10^{-6}\ \text{cm}^2/\text{s}$$

所以介质的扩散系数为 7.04×10^{-6} cm^2/s。

【例 15.6.2】 在 0.1 mol · L^{-1} KCl 介质中，CrO_4^{2-} 的浓度为 2.28×10^{-3} mol · L^{-1}时，所得到的平均极限扩散电流为 37.50 μA。若汞的流速为 329 mg · s^{-1}，滴汞周期为 4.27 s，离子的扩散系数是 1.08×10^{-5} cm^2 · s^{-1}。根据以上条件，写出 CrO_4^{2-} 在滴汞电极上的电极反应式。

解　根据公式：

$$i_d = 607nD^{1/2}m^{2/3}t^{1/6}c$$

得

$$37.50 = 607n \times (1.08 \times 10^{-5})^{1/2} \times 3.29^{2/3} \times 4.27^{1/6} \times 2.28$$

解得

$$n=3$$

所以电极方程为

$$CrO_4^{2-} + 4H_2O + 3e^- = Cr^{3+} + 8OH^-$$

第十六章　气相色谱分析法

第一节　概　　述

色谱法（chromatography）是环境分析监测中应用最广泛的方法之一。色谱法也称层析法，是一种物理化学分离分析方法。它是利用混合物中各组分在两相间分配系数的差异，当两相做相对移动时，各组分在两相间进行多次分配，从而使其得到分离。

1903 年俄国植物学家茨维特（Tswett）在一根填充 $CaCO_3$ 的玻璃管中，倒入植物色素的抽提液，然后加入石油醚自上而下淋洗，于是，沿着石油醚的流动方向形成许多有颜色的谱带，该方法即为色谱法，玻璃管称为色谱柱，$CaCO_3$ 称为固定相，石油醚称为流动相。目前，色谱法不仅可分离有色物质，也可分离无色物质。特别是塔板理论的研究、毛细管色谱的发明、高灵敏度检测器的发现、色质联用技术的建立、超临界流体固定相的采用等都为色谱应用开拓了广阔的前景。

一、气相色谱法的分类

色谱在其发展过程中不断完善，其分类方法也很多，而且各种分类方法还在不断扩展。现将色谱主要分类方法简述如下。

1. 按两相状态分类

以流动相的物态分类，色谱法可分为气相色谱法（gas chromatography，GC）、液相色谱法（liquid chromatography，LC）和超临界流体色谱法（supercritical fluid chromatography，SFC）。再以固定相的物态分类，气相色谱法又可分为气-固色谱法（gas-solid chromatography，GSC）和气-液色谱法（gas-liquid chromatography，GLC）；液相色谱也可分为液-固色谱法（liquid-solid chromatography，LSC）和液-液色谱法（liquid-liquid chromatography，LLC）。其中在超临界流体色谱中，流动相不是一般的气体或液体，而是临界点（临界压力和临界温度）以上高度压缩的气体，其密度比一般气体大得多，而与液体相似，又称为高密度气相色谱法或高压气相色谱法，目前研究较多的是 CO 超临界流体色谱。

2. 按固定相使用的形式分类

柱色谱法（固定相装在色谱柱中），此法色谱又分为填充柱色谱和开管柱色谱（毛细管柱色谱）；纸色谱法，此法以滤纸为固定相，把试样液体滴在滤纸上，用溶剂将它展开，根据其在纸上有色斑点的位置和大小，进行定性鉴定与定量测定；薄层色谱法，此法是将吸附剂涂布在玻璃板上或压成薄膜，用与纸色谱相类似的方法进行操作。

3. 按分离过程的机制分类

吸附色谱法（利用吸附剂表面对组分吸附强弱的差异进行分离），如气固吸附色谱法、液固吸附色谱法；分配色谱法（利用组分在两相中溶解能力和分配系数的差异进行分离），如气液分配色谱、液液分配色谱；离子交换色谱法（利用固定相对各组分的离子交换能力的差异进行分离）和排阻色谱法（利用多孔物质对分子大小不同的各组分的排阻作用差异而进行分离），又称凝胶色谱法等。

此外，还有离子对色谱、络合色谱、亲和色谱，尽管它们的分离原理不尽相同，但都是利用组分在两相间的分配系数不同而分离的。同时，由于色谱过程的特殊物理化学原理或特殊的操作方式，还可以给出其他一些色谱类型，如化学键合相色谱、制备色谱、裂解色谱和二维色谱。

二、气相色谱法的特点

一般情况下，气相色谱法具有以下特点。

1. 高效能

由于色谱柱具有很高的板数，填充柱约为千块/m，毛细管柱可高达 10^5～10^6 块/m，在分离多组分复杂混合物时，可以高效地将各个组分分离成单一色谱峰。例如，一根长 30 m、内径 0.32 mm 的 SE-30 柱，可以把炼油厂原油分离出 150～180 个组分。

2. 高灵敏度

色谱分析的高灵敏度表现在可检出 10^{-14}～10^{-11} g 的物质，因此在痕量分析中非常有用。例如，超纯气体中痕量杂质的检测，饮用水中痕量有机氯化物的检测，大气中污染物的检测，粮食、菜、水果中农药残留物的检测等。

3. 高选择性

色谱法对那些性质相似的物质，如同位素、同系物、烃类异构体等有很好的分离效果。例如，一个 2 m 长装有有机皂土及邻苯二甲酸二壬酯的混合固定相柱，可以很好地分离邻、间、对位二甲苯。

4. 分析速度快

气相色谱法分析速度较快，分析一个试样只需几分钟或几十分钟便可完成。

三、气相色谱的基本概念和常用术语

1. 色谱图与色谱峰

以组分的浓度变化（信号）为纵坐标，组分流出时间为横坐标，所得曲线称为色谱图（图 16.1.1）。组分从柱内流出，浓度达到最大值所形成的部分称为色谱峰。理论上色谱峰是对称的。

2. 基线

在操作条件下，没有进样，只有流动相通过检测器时所得到的响应信号，当色谱仪稳定时，应为一条平滑的水平线。因而，基线的形状可以用来判断实验和仪器是否正常。

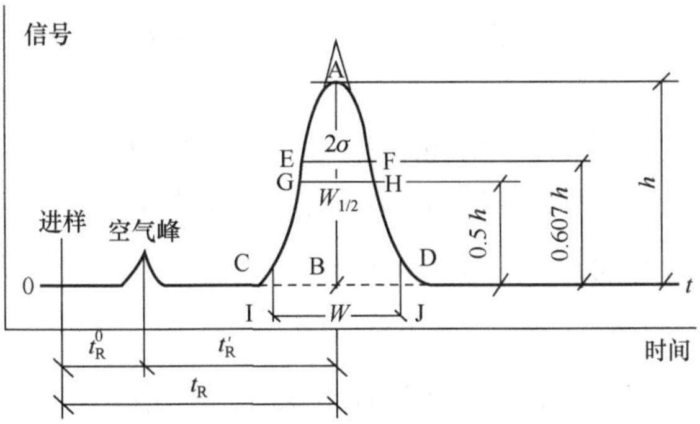

图 16.1.1　色谱曲线

3. 峰高 h

色谱峰顶点与基线之间的垂直距离，如图 16.1.1 中的 AB。

4. 标准偏差 σ

标准偏差是 0.607 倍峰高处的色谱峰宽度的一半，如图 16.1.1 中 EF 的一半。

5. 半峰宽 $W_{1/2}$

半峰宽即峰高一半处对应的峰宽，如图 16.1.1 中的 GH，它与标准偏差 σ 的关系为

$$W_{1/2} = 2\sigma\sqrt{2\ln 2} = 2.355\sigma \tag{16.1.1}$$

6. 峰（底）宽度 W

峰（底）宽度即色谱峰两侧拐点上的切线在基线上截距间的距离（也可用时间表示）。如图 16.1.1 中的 IJ，它与标准偏差 σ 的关系为

$$W = 4\sigma \tag{16.1.2}$$

可以用 σ、$W_{1/2}$、W 这三个指标来描述色谱峰的区域宽度。区域宽度是衡量柱效能的重要指标，区域宽度越窄越好。

7. 保留值

（1）死时间 t_R^0。不被固定相吸附或溶解的组分（如空气），从进样到出现空气峰极大值时所需的时间。t_R^0 也可以用下式求得。

$$t_R^0 = \frac{L}{\bar{u}} \tag{16.1.3}$$

式中，L 为柱长，cm；$\bar{u}$ 为流动相平均线速度，cm/s。

（2）保留时间 t_R。组分从进样到出峰最大值所需时间。可用时间单位（如 s 或 min）或长度单位（如 cm）表示。

（3）调整（校正）保留时间 t_R'。组分的保留时间扣除死时间，称为该组分的调整保留时间。

$$t_R' = t_R - t_R^0 \tag{16.1.4}$$

通过 t_R' 的求法，说明组分在色谱柱中的保留时间 t_R 实际上由两部分组成：一部分是组分

在柱内流动相所占的空间内运行所需要的时间 t_R^0 ，另一部分是组分在固定相中滞留所需的时间 t'_R 。

（4）死体积 V_R^0 。即色谱柱未被固定相占据的空间间隙体积。但在实际测定时，它包括了色谱柱进样系统、检测系统的空间和管路连接头等柱外死体积。当柱外死体积很小时，V_R^0 等于死时间 t_R^0 乘以流动相体积流速 F_0（mL/min）。

$$V_R^0 = t_R^0 F_0 \qquad (16.1.5)$$

（5）保留体积 V_R。从进样到组分色谱峰顶出现时，所通过的流动相体积。可用保留时间 t_R 乘以流动相体积流速 F_0（mL/min）求得。

$$V_R = t_R F_0 \qquad (16.1.6)$$

（6）调整（校正）保留体积 V'_R 。组分的保留体积扣除死体积即为调整保留体积。即组分滞留在固定相时所消耗的流动相体积。

$$V'_R = V_R - V_R^0 \qquad (16.1.7)$$

（7）相对保留值 r_{21} 。组分 2 的调整保留值与组分 1 的调整保留值之比。由于 r_{21} 仅与柱温及固定相有关，而与柱长、柱内径、流动相流速无关，故可作定性的依据（特别是在气相色谱法中）。

$$r_{21} = \frac{t'_{R_2}}{t'_{R_1}} = \frac{V'_{R_2}}{V'_{R_1}} \qquad (16.1.8)$$

8. 分配系数 K

在一定温度和压力下，组分在固定相和流动相之间分配达到平衡时的浓度之比应为一常数，该常数称为分配系数 K。

$$K = \frac{\text{组分在固定相中的浓度}}{\text{组分在流动相中的浓度}} = \frac{c_S}{c_M} \qquad (16.1.9)$$

K 值的大小，表明组分与固定相分子间作用力的大小。不同的组分 a 和 b 在两相之间的分配系数 K_a 和 K_b 不同，在相同温度下若 K_a 大于 K_b，则每次分配后组分 b 在流动相中的浓度 $c_{M(b)}$ 大于组分 a 在流动相中的浓度 $c_{M(a)}$ 。因此，经多次分配，组分 b 比组分 a 较早地流出色谱柱，组分 b 和组分 a 分离开来，此即为分离原理。组分进入色谱柱以后，当色谱峰出现极大值时，说明该组分恰好有一半的量刚好流出色谱柱，其余一半仍留在柱内。此时柱内与柱外组分的量是相等的，即流出柱外组分的总量 = 柱内流动相组分的分配量 + 柱内固定相组分的分配量

$$V_R c_M = V_M c_M + V_S c_S \qquad (16.1.10)$$

式中，c_S 和 c_M 分别为组分在固定相和流动相中的浓度；V_R 为流出柱外的总流动相体积，即保留体积；V_M 为色谱柱中流动相的体积，它包括固定相颗粒之间的流动相（流动的）和多孔固定相颗粒内部孔隙间的流动相（停滞流动相），所以 V_M 近似等于死体积 V_R^0 ；V_S 为色谱柱中固定相的体积。在不同类型的色谱中 V_S 有不同的含义：在分配色谱中，V_S 为固定液的体积；在吸附色谱中，为吸附剂表面积；在尺寸排阻色谱中，则为固定相的孔体积（孔容）；在离

子交换色谱中，为离子交换剂的交换容量等。所以式（16.1.10）整理为

$$V_R = V_M + \frac{V_S c_S}{c_M} = V_R^0 + KV_S$$

因为
$$V_R' = V_R - V_R^0$$

所以
$$V_R' = KV_S \qquad (16.1.11)$$

由于式（16.1.11）将反映色谱行为的保留值和反映物质性质的热力学常数 K 联系起来，因此它是色谱过程的一个重要方程。

9. 分配比 k

分配比 k 指组分在两相间分配达平衡时，组分在固定相和流动相中的质量比，即

$$k = \frac{组分在固定相中的质量}{组分在流动相中的质量} = \frac{m_S}{m_M} \qquad (16.1.12)$$

k 值越大，说明组分在固定相中的量越大，相当于柱的容量大。因此，k 值又称容量因子，它与流动相及固定相的体积有关。

$$k = \frac{m_S}{m_M} = \frac{c_S V_S}{c_M V_M} \qquad (16.1.13)$$

因此分配比 k 与分配系数 K 的关系为

$$k = K\frac{V_S}{V_M} \quad 或 \quad K = k\frac{V_M}{V_S} \qquad (16.1.14)$$

将 $V_R' = KV_S$ 和 $V_R^0 = V_M$ 代入式（16.1.14），得

$$k = \frac{V_R'}{V_R^0} = \frac{V_S - V_R^0}{V_R^0}, \quad V_R = kV_R^0 + V_R^0 = (1+k)V_R^0$$

或
$$k = \frac{t_R - t_R^0}{t_R^0} = \frac{t_R}{t_R^0} - 1, \quad t_R = kt_R^0 + t_R^0 = (1+k)t_R^0 \qquad (16.1.15)$$

因此分配比 k 是色谱柱对组分保留能力的参数，k 值越大，保留时间越长。另外，称色谱柱中流动相体积 V_M 和色谱柱中固定相体积 V_S 之比为相比（β），所以

$$K = k\beta \qquad (16.1.16)$$

10. 选择因子 α

当分离物质产生多个色谱峰时，常固定一个色谱峰为标准（s），然后求其他峰（i）对这个峰校正保留值的相对值，即可以作为固定相选择性指标。

$$\alpha = \frac{t_R'(\mathrm{i})}{t_R'(\mathrm{s})} \qquad (16.1.17)$$

11. 色谱流出曲线信息

色谱流出曲线是定性、定量色谱分析的主要依据。从色谱流出曲线上至少可以得到的信息是：①根据色谱峰的个数，可以判定样品中所含组分的最少个数；②根据色谱峰保留值的

位置，可以采用保留值对比法进行定性分析；③根据色谱峰的面积或峰高可以通过计算或绘图进行定量分析；④利用色谱峰的保留值及区域宽度，可以对色谱柱的分离效能进行评价；⑤根据两峰间距离，可以评价两相的选择是否合适。

四、气相色谱的基本理论

气相色谱法无论定性还是定量分析，首先两峰间的距离必须足够远，不同组分才能分开。两峰间的距离是由组分在两相间的分配系数决定的，即与色谱过程的热力学性质有关；但如果相邻两峰都很宽，以至于彼此重叠，不同组分也不能分开。

峰的宽度反映了组分在色谱柱中的运动情况，与色谱过程的动力学性质有关。因此，应该从热力学和动力学两个方面来讨论色谱行为。一般解释色谱分离技术的理论有塔板理论和速率理论。

1. 塔板理论

塔板理论于 1941 年由英国科学家詹姆斯（James）和马丁（Martin）等提出，并用数学模型描述了色谱分离过程。他们将色谱柱比作化工反应的精馏塔，设想它由一系列塔板组成，在每一块塔板上即在每一小段柱内，组分在两相间分配进而达到平衡。这一段柱长称为理论塔板高度（H）。不同组分的结构、性质、分配系数不同，在两相中的分配也不同。组分分别进入色谱柱后在流动相推动下，向前移动进入各级塔板，进行一次新的分配平衡，只要各组分的分配系数有微小差别，经过多次分配将得到分离。于是分配系数小的组分比分配系数大的组分先流出色谱柱。假设色谱柱长为 L，理论塔板数（分配次数）为 $n = L/H$。则 n 越大，分配次数越多；H 越小，塔板高度越小；L 越长，组分分离越好。当 $n>50$ 时，可得到基本对称峰形。一般色谱柱 n 为 $10^3 \sim 10^6$，因而色谱流出曲线趋于正态分布。

由塔板理论可以导出 n 与 $W_{1/2}$ 及 W 的关系为

$$n = 5.54\left(\frac{t_R}{W_{1/2}}\right)^2 = 16\left(\frac{t_R}{W}\right)^2 \tag{16.1.18}$$

在实际分析测定时，由于死时间（或死体积）没有参加柱内分配，因此常用有效塔板数表示柱效。

$$n_{有效} = 5.54\left(\frac{t_R}{W_{1/2}}\right)^2 = 16\left(\frac{t_R}{W}\right)^2 \tag{16.1.19}$$

$$H_{有效} = \frac{L}{n_{有效}} \tag{16.1.20}$$

应用式（16.1.18）和式（16.1.19）时应注意：①t_R、$W_{1/2}$ 和 W 应采用同一时间或同一长度单位；②由于不同物质在同一色谱柱上分配系数不同，因此同一色谱柱对不同物质的柱效能是不一样的。因此，在用塔板数或塔板高度表示柱效能时，除应注明色谱条件外，还应指出是用什么物质进行测定的。

塔板理论以热力学的观点阐明了溶质在色谱柱中移动的速率，解释了流出曲线的形状、色谱峰极大点的位置，提出了计算及评价柱效能高低的理论塔板数的公式。但是，色谱过程不仅受热力学因素的影响，而且还与分子的扩散、传质等动力学因素有关。因此，塔板理论只能定性地给出塔板高度的概念，却不能找出影响塔板高度的因素，无法解释为什么在不同的流速下可以测得不同的理论塔板数的实验事实，因而无法说明造成色谱峰扩展使柱效能下降的原因，更无法提出降低塔板高度的举措。

2. 速率理论

1956 年，荷兰学者范第姆特（van Deemter）等提出了速率理论，他们吸收了塔板理论中塔板高度的概念，并同时考虑影响塔板高度的动力因素，推导出了塔板高度 H 与流动相线速度 u 的关系。

$$H = A + B/u + Cu \tag{16.1.21}$$

式中，u 为流动相的线速度，m/s；A、B、C 分别为涡流扩散系数、分子扩散系数、传质阻力系数。可以看出，当 u 一定时，H 受 A、B、C 三种因素的影响，只有 A、B、C 较小时，H 才能小，柱效高，反之则柱效低，色谱峰变宽。图 16.1.2 为 H-u 关系曲线。

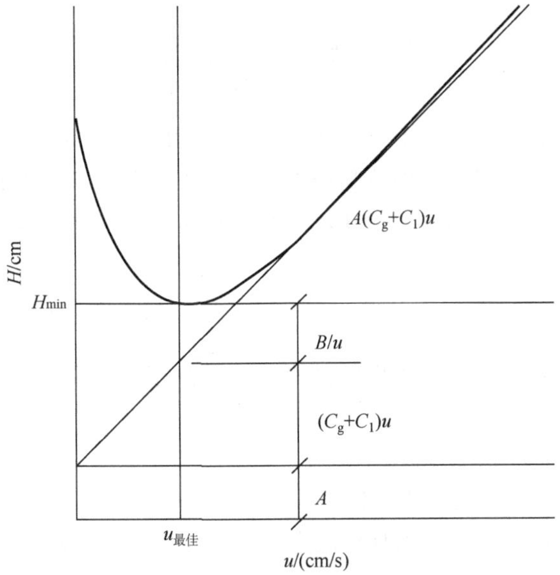

图 16.1.2　H-u 关系曲线

1）涡流扩散系数 A

在填充柱中，流动相带着组分通过固定相颗粒孔隙时，方向不断改变，使组分形成涡流式的流动，由于固定相颗粒大小、形状不同，组分在固定相中运动的路径有长有短，使同时进入色谱柱的相同组分流出色谱柱时，时间不一，引起色谱峰变宽。变宽程度由下式决定：

$$A = 2\lambda d_p \tag{16.1.22}$$

式中，d_p 为固定相颗粒的平均直径；λ 为固定相填充不规则因子。

2）分子扩散系数 B

当组分刚进入色谱柱时，它以“塞子”形状存在于柱的很小一段空间中，在流动相的推动下，组分沿色谱柱运动，产生了纵向扩散，使“塞子”变长。这就造成了色谱峰变宽。B 值由下式决定：

$$B = 2\gamma D_g \tag{16.1.23}$$

式中，γ为填充柱内流动相分子扩散路径弯曲因子，它表示固定相颗粒形状对分子运动的阻碍情况；D_g为组分在流动相中的扩散系数。分子量越大，D_g越小；温度增高，D_g增大。

3）传质阻力系数 C

传质阻力指组分在色谱柱中迁移时影响运动速度的阻力。传质阻力系数 C 包括气相传质阻力系数 C_g 和液相传质阻力系数 C_l，即

$$C = C_g + C_l \tag{16.1.24}$$

对于气相色谱填充柱，气相传质阻力系数 C_g 为

$$C_g = \frac{0.01k^2}{(1+k)^2} \times \frac{d_p^2}{D_g} \tag{16.1.25}$$

式中，k 为容量因子。从上式可以看出，C_g 与填充物粒径的平方 d_p^2 成正比，与组分在载气中的扩散系数 D_g 成反比。因此，采用粒度小的填充物和分子量相对小的气体（如 H_2、He）作载气，可减小 C_g，从而降低 H，提高柱效。液相传质阻力系数 C_l 为

$$C_l = \frac{2}{3} \times \frac{k}{(1+k)^2} \times \frac{d_f^2}{D_l} \tag{16.1.26}$$

由上式可见，C_l 与固定液的膜厚度平方 d_f^2 成正比，与组分在液相中的扩散系数 D_l 成反比。

因此，降低固定液的含量，减小液膜厚度，加快组分在液相中的扩散，可减小 C_l，增大 H，提高柱效。将 A、B、C 代入式（16.1.21）得到范第姆特塔板高度方程式：

$$H = 2\lambda d_p + \frac{2\gamma D_g}{u} + \left[\frac{0.01k^2}{(1+k)^2} \times \frac{d_p^2}{D_g} + \frac{2kd_f^2}{3(1+k)^2 D_l}\right]u \tag{16.1.27}$$

范第姆特塔板高度方程对色谱条件的选择具有实际指导意义，和塔板理论一起，是色谱法的理论基础。

4）流速 u 对塔板高度 H 的影响

根据范第姆特塔板高度方程 $H = A + B/u + Cu$ 作 H-u 关系曲线，可以得到一条双曲线。从图 16.1.2 可以看到，H-u 关系曲线有最低点，该点所对应的最小塔板高度 H_{min}，其柱效能最高，该点对应的流速即为最佳流速 $u_{最佳}$。$u_{最佳}$ 和 H_{min} 还可通过对范第姆特方程进行微分后求得，即

$$u_{最佳} = \sqrt{\frac{B}{C}} \tag{16.1.28}$$

于是

$$H_{min} = A + \sqrt{BC} \tag{16.1.29}$$

3. 分离度 R

色谱法是一种分离技术。两组分能否分开，应满足两个条件：一是两组分的色谱峰之间的距离必须足够大；二是两峰必须足够窄，否则彼此会重叠。为描述相邻两峰的分离程度，引入综合指标分离度（也称分辨率）R，定义为相邻两组分色谱峰保留值之差与两个组分色谱峰峰底宽度总和之半的比值。

$$R=\frac{t_{R_2}-t_{R_1}}{\frac{1}{2}(W_1+W_2)}=\frac{2(t_{R_2}-t_{R_1})}{(W_1+W_2)} \qquad (16.1.30)$$

或

$$R=\frac{t'_{R_2}-t'_{R_1}}{\frac{1}{2}(W_1+W_2)}=\frac{2(t'_{R_2}-t'_{R_1})}{(W_1+W_2)} \qquad (16.1.31)$$

R 值越大，意味着相邻两组分分离得越好。当 $R=1$ 时，两峰分离程度可达 98%；当 $R<1$ 时，两峰有部分重叠；当 $R=1.5$ 时，分离程度可达 99.7%。常用 $R=1.5$ 作为相邻两组分完全分开的标志。

分离度概括了色谱过程动力学和热力学特性，它综合考虑了保留值的差值和峰宽对色谱分离的影响。因此，常用分离度作为衡量色谱柱效能的总指标。如前所述，评价衡量柱效能的指标是 $n_{有效}$ 或 $H_{有效}$。$n_{有效}$ 越大，说明组分在柱中进行的分配平衡次数越多，越有利于分离。但各组分能否分离并不完全取决于分配平衡次数的多少，而主要取决于组分在两相中分配系数的差异，因此不能将 $n_{有效}$ 视为能否实现分离的依据，而应以选择性作为能否实现分离的依据。所谓选择性就是难分离物质对的相对保留值 r_{21}。它表示固定相对难分离物质对的选择性保留作用，r_{21} 越大，两组分分离得越好，但 r_{21} 反映不出柱效能的高低；而分离度 R 作为色谱柱的总分离效能指标，可以判断难分离物质在色谱柱中的分离情况，能够反映柱效能和选择性影响的总和。因此可将分离度（R）、柱效能（$n_{有效}$）和选择性（r_{21}）三者联系起来。对于相邻两物质对，由于它们的分配系数差别不大，可合理假设：

$$k_1=k_2=k \qquad W_1=W_2=W$$

所以

$$R=\frac{t'_{R_2}-t'_{R_1}}{W} \qquad W=\frac{t'_{R_2}-t'_{R_1}}{R}$$

代入式（16.1.19）和式（16.1.20）有

$$n_{有效}=16\left(\frac{t'_{R_2}}{W}\right)=16\left(\frac{t'_{R_2}R}{t'_{R_2}-t'_{R_1}}\right)=16R^2\left(\frac{r_{21}}{r_{21}-1}\right)^2 \qquad (16.1.32)$$

$$L=16R^2\left(\frac{r_{21}}{r_{21}-1}\right)^2 H_{有效} \qquad (16.1.33)$$

第二节 气相色谱仪

一、色谱流程

如图 16.2.1 所示，色谱分析所用仪器可分为五个系统。

（1）流动相控制系统。用于控制气体或液体流动相的压力和流量。

（2）进样系统。包括使样品不发生质的变化，快速定量地进入色谱的装置。

（3）分离系统。由色谱柱组成，它是色谱仪的核心部分，用来分离样品中各个组分。

（4）检测系统。样品经色谱柱分离后，依次进入本系统，按时间或浓度或质量的变化，转变成电信号。

（5）计算机控制和采集系统。它包括记录系统和数据处理控制系统，由计算机发出指令控制色谱仪工作参数，采集数据并存储起来，然后处理数据，打印出报告，并记录检测器的信号，从而得到色谱图。

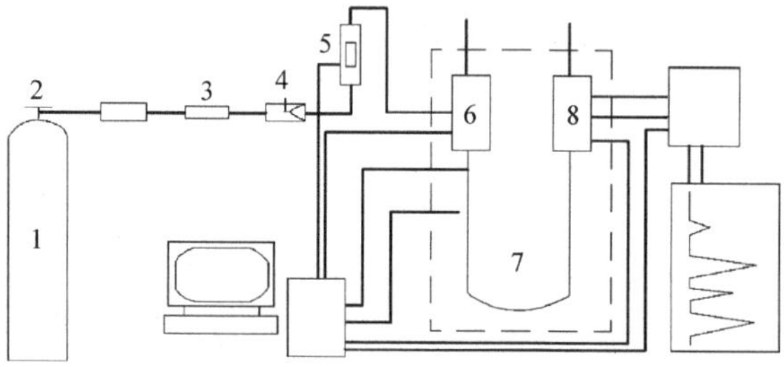

图 16.2.1　色谱分析所用仪器

1. 载气钢瓶；2. 减压阀；3. 净化器；4. 气流调节阀；5. 转子流速计；6. 气化室；7. 色谱柱；8. 检测器

二、载气系统

由高压钢瓶或气体发生器为气相色谱仪提供稳定、纯净的载气和辅助气体。使用高压钢瓶或气体发生器，均各有利弊。使用钢瓶的优点是成本不高，但不方便，不安全。使用氢气发生器可以放在实验室内。纯度较差，空气压缩机以实验室空气为来源，有些空气压缩机还可能将机油带入气体，需要经常更换净化装置。一般说来，氢气使用发生器，而空气、氮气、氦气使用钢瓶。无论何种气源，均要求由气路控制系统精确控制气流量，以此保证分析的重现性。各种流量采用电子压力传感器或电子流量控制器，通过计算机来实现自动控制。

色谱柱内所涂渍的固定液决定了色谱柱性能。目前，用于色谱的固定液已有千余种。固定液一般按化学组成和极性分类。

按固定液的化学组成分为烃类、醇类、腈类、酯类、胺类、聚硅氧烷类等。

分离系统由色谱柱和柱箱组成，其主体为色谱柱。色谱柱是气相色谱仪的核心部分，混合物的分离在这里完成。

对色谱柱箱的要求是：使用温度范围宽，控温精度高，热熔小，升温、降温速度快，保温好。

三、进样系统

进样系统包括进样口（气化室）和样品引入装置（注射器和自动进样器）。液体样品常用手动微量注射器，规格有 1 μL、5 μL、10 μL 等。若进行批量分析可使用自动进样器，由程序控制自动洗针、排气、吸样和进样。要获得良好的分析结果，要求进样系统使样品中各组分不受“歧视”，有效地瞬间气化，稳定而不分解，快速而无记忆效应，定量而不损失地进入色谱分离系统。为满足上述条件，对进样口温度、载气压力和流量、气化室死体积（尽量小）、气化室内壁、隔垫吹扫功能、不同形式的衬管等均有一定的要求。

四、检测系统

检测系统指气相色谱检测器，它是把经色谱柱分离后的各组分按其性质和含量转换为易测量信号（如电阻、电流、电压、离子流、频率、光波等）的装置。这些信号送到数据处理系统并被记录下来才得到色谱图。检测器是色谱仪的重要组成部分。

目前检测器达 50 多种，根据检测原理不同，可将检测器分为浓度型和质量型检测器两种。浓度型检测器测量的是载气中组分浓度的变化，即响应信号与样品中组分的浓度关系，如热导检测器（TCD）、光电离检测器（PID）、红外检测器（IRD）、电子捕获检测器（ECD）等。质量型检测器测量的是单位时间内进入检测器组分量的变化，即响应信号与样品中组分的质量关系，如火焰离子化检测器（FID）、火焰光度检测器（FPD）、氮磷检测器（NPD）、质谱检测器（MSD）。

常用检测器的性能指标见表 16.2.1。

表 16.2.1　常用检测器的性能

检测器	最高操作温度/℃	最低检出限	线性范围	主要用途
火焰离子化检测器（FID）	450	丙烷：<5 pg/s 碳	10^7（±10%）	各种有机化合物的分析，对碳氢化合物的灵敏度高
热导检测器（TCD）	400	丙烷：<400 pg/mL 壬烷：20000（mV · mL）/mg	10^5（±5%）	适用于各种无机气体和有机物的分析，多用于永久气体的分析
电子捕获检测器（ECD）	400	六氯苯：<0.04 pg/s	$>10^4$	适合分析含电负性元素或基团的有机化合物，多用于分析含卤素化合物
微型 ECD	400	六氯苯：<0.008 pg/s	$>5\times10^4$	同 ECD
氮磷检测器（NPD）	400	<0.4 pg/s 氮 <0.2 pg/s 磷	$>10^5$	适合于含氮和含磷化合物的分析
火焰光度检测器（FPD）	250	<20 pg/s 硫 <0.9 pg/s 磷	硫：$>10^5$ 磷：$>10^5$	适合于含硫、含磷和含氮化合物的分析
脉冲 FPD（PFPD）	400	对硫磷：<0.1 pg/s 磷 对硫磷：<1 pg/s 硫 硝基苯：<10 pg/s 氮	磷：10^5 硫：10^3 氮：10^2	同 FPD

五、计算机控制和采集系统

计算机控制和采集系统是指将计算机与色谱仪相结合的色谱工作站。一般一台计算机，加上数据采集板、色谱仪控制板和计算机软件就组成了一个色谱工作站，它可对各类色谱仪器进行控制，对各种检测器输出的数据进行采集和处理，使色谱仪的操作、结果的计算及输出实现完全自动化。

六、温度控制系统

色谱柱的柱箱、气化室和检测器都要加热和控温，因三者要求的温度不同，故需三套不同的温控装置。为保证试样能瞬间气化，通常气化室温度比柱箱温度高 30～70℃，为防止组分在检测室内冷凝，检测器温度与柱箱温度相同或稍高于后者。

第三节　气相色谱柱

分离系统的主体为色谱柱，是气相色谱仪的核心部分，混合物的分离在这里完成。色谱柱是确立监测分析有机污染物方法的关键。色谱柱分填充柱和毛细管柱两大类。填充柱由不锈钢、玻璃或聚四氟乙烯材料制成，内径为 2～4 mm，长度为 1～10 m，U 形或螺旋形，内装固定相。柱容量大，用于定量分析，重复性好，但分离效能低。毛细管柱由石英或玻璃制成，内径为 0.1～0.5 mm、长度为 25～300 m，盘成螺旋状，其固定相是涂在或键合在毛细管柱上。分离效能高，理论塔板数可达 1000 以上，用于复杂混合物分离。但一般情况下，毛细管柱不可以对水溶液直接分离。

在气相色谱分析中，混合物在色谱柱内分离，主要是由于各组分在固定相和流动相间分配系数的差别。气相色谱中常用的载气为永久性气体，各组分与之作用力较小且差别不大。但各组分与固定相作用力差别很大，分配系数的差别主要是组分与固定相作用力的差别。因此，某一多组分混合物中各组分能否完全分离开，主要取决于固定相选择得是否适当，因此选择适当的固定相就成为色谱分析中的关键问题。气相色谱固定相分为两类：用于气固色谱的固体吸附剂及用于气液色谱的液体固定相（包括固定液和载体）。

填充柱是指填充了固定相的色谱柱。根据气相色谱固定相的不同，填充柱可分为气固色谱填充柱和气液色谱填充柱。

一、气固色谱填充柱

固体固定相一般采用固体吸附剂，主要用于分离和分析永久性气体及气态烃类物质。利用固体吸附剂对气体的吸附性能差别，得到满意的分析结果。常用的固体吸附剂主要有强极性的硅、弱极性的氧化铝、非极性的活性炭和具有特殊吸附作用的分子筛，根据它们对各种气体的吸附能力的不同来选择最合适的吸附剂。常见的吸附剂及其一般用途见表 16.3.1。

表 16.3.1　气固色谱常用的几种吸附剂及其性能

吸附剂	主要化学成分	最高使用温度/℃	性质	分离特征
活性炭	C	<300	非极性	永久性气体、低沸点烃类
石墨化炭黑	C	>500	非极性	主要分离气体及烃类
硅胶	$SiO_2 \cdot xH_2O$	<400	氢键型	永久性气体及低级烃
氧化铝	Al_2O_3	<400	弱极性	烃类及有机异构物
分子筛	$x(MO) \cdot y(Al_2O_3) \cdot x(SiO_2) \cdot n(H_2O)$	<400	极性	特别适宜分离永久气体

气固色谱固定相的化学稳定性和热稳定性好，容易操作；由于不存在固定液流失问题，因此可获得较高柱效；特别适合分离分析永久气体、无机气体和低分子碳氢化合物（气态烃

类）。与气液色谱相比，由于可用作气固色谱固定相的吸附剂品种少，吸附剂性能重复性差，故气固色谱的应用范围仍比较局限。

二、气液色谱填充柱

气液色谱填充柱的固定相由固定液和载体构成，是气相色谱中应用广泛的固定相。

1. 载体

载体（也称担体）是一种化学惰性、多孔性的固体颗粒，其作用是提供一个大的惰性表面，以承载固定液，使固定液在其表面展成薄而均匀的液膜。

对载体的要求是：适宜的比表面积；合适的表面能；合适的孔结构；较好的惰性；机械强度高；热稳定性好；形状规则；粒度均匀。

气液色谱中所用载体，分为硅藻土型和非硅藻土型两类，硅藻土类载体是天然硅藻土经煅烧等处理后而获得的具有一定粒度的多孔性颗粒。非硅藻土类载体品种不一，多在特殊情况下使用，如氟载体、玻璃珠等。硅藻土类是目前气相色谱中广泛使用的一种载体，按其制造方法的不同，又可分为红色载体和白色载体两种。

红色载体因含少量氧化铁颗粒呈红色而得名，如201、202、6201、C-22火砖和Chromosorb P型载体等。红色载体的机械强度大，孔穴密集、孔径小（约2 μm），比表面积大（约4 m^2/g），但表面存在吸附活性中心，对极性化合物有较强的吸附性和催化活性，如烃类、醇、胺、酸等极性物质会因吸附而产生严重拖尾。因此，红色载体适用于涂渍非极性固定液，分离非极性和弱极性化合物。

白色载体是天然硅藻土在煅烧时加入少量碳酸钠之类的助熔剂，使氧化铁转变为白色的铁硅酸钠而得名，如101、102、Chromosorb W等型号的载体。白色载体的比表面积小（1 m^2/g），孔径较大（8～9 μm），催化活性小，因此适于涂渍极性固定液，分离极性化合物。

2. 固定液

固定液一般为高沸点的有机化合物，其均匀地涂在载体表面，呈液膜状态。

1）对固定液的要求

热稳定性和化学稳定性好，有较宽的温度范围，对样品有一定的溶解度和选择性，对要分离的各组分应具有合适的分配系数，易于在载体表面分布均匀，黏度低，挥发性小。

2）固定液的分类

固定液种类众多，其组成、性质和用途各不相同。主要依据固定液的极性和化学类型来进行分类。固定液的极性可用相对极性（P）来表示。

相对极性的确定方法如下：规定非极性固定液角鲨烷的极性 $P=0$，强极性固定液 β,β'-氧二丙腈的极性 $P=100$。其他固定液以此为标准通过实验测出它们的相对极性均在 0～100之间。通常将相对极性值分为五级，每20个相对单位为一级，相对极性在0～+1的为非极性固定液（也可用“−1”表示非极性）；+2 为弱极性固定液；+3 为中等极性固定液；+4、+5为强极性固定液。表16.3.2列出了常用的12种固定液。

表 16.3.2　常用固定液的名称、型号、相对极性、最高使用温度、溶剂及分析对象

固定液名称	型号	相对极性	最高使用温度/℃	溶剂	分析对象
角鲨烷	SQ	−1	150	乙醚、甲苯	气态烃、轻馏分液态烃
甲基硅油或 甲基硅橡胶	SE-30 OV-101	+1	350 200	氯仿、甲苯	各种高沸点化合物
苯基（10%） 甲基聚硅氧烷	OV-3	+1	350	丙酮、苯	各种高沸点化合物、对芳香族和极性化合物保留值增大，OV-17+QF-1 可分析含氯农药
苯基（25%） 甲基聚硅氧烷	OV-7	+2	300	丙酮、苯	
苯基（50%） 甲基聚硅氧烷	OV-17	+2	300	丙酮、苯	
苯基（60%） 甲基聚硅氧烷	OV-22	+2	300	丙酮、苯	
三氟丙基（50%） 甲基聚硅氧烷	QF-1 OV-210	+3	250	氯仿、二氯甲烷	含卤化合物、金属螯合物甾类
β-氰乙基（25%） 甲基聚硅氧烷	XE-60	+3	275	氯仿、二氯甲烷	苯酚、酚醚、芳胺、生物碱、甾类
聚乙二醇	PEG-20M	+4	225	丙酮、氯仿	选择性保留分离含 O、N 官能团及 O、N 杂环化合物
聚己二酸二乙二醇酯	DEGA	+4	250	丙酮、氯仿	分离 C_1～C_{24} 脂肪酸甲酯，甲酚异构体
聚丁二酸二乙二醇酯	DEGS	+4	220	丙酮、氯仿	分离饱和及不饱和脂肪酸酯，苯二甲酸酯异构体
1, 2, 3-三 （2-氰乙氧基丙烷）	TCEP	+5	175	氯仿、甲醇	选择性保留低级含 O 化合物，伯、仲胺，不饱和烃、环烷烃等

这 12 种固定液的极性均匀递增，可作为色谱分离的优选固定液。

3）固定液的选择

一般可按“相似相溶”原则来选择固定液，此时分子间的作用力强，选择性高，分离效果好。具体可从以下几个方面进行考虑。

第一，分离非极性物质，一般选用非极性固定液。此时样品中各组分按沸点次序流出，沸点低的先流出，沸点高的后流出。如果非极性混合物中含有极性组分，当沸点相近时，极性组分先出峰。

第二，分离极性物质宜选用极性固定液。样品中各组分按极性由小到大的次序流出。

第三，对于非极性和极性的混合物的分离，一般选用极性固定液。这时非极性组分先流出，极性组分后流出。

第四，能形成氢键的样品，如醇、酚、胺和水等，应选用氢键型固定液，如腈醚和多元醇固定液等，此时各组分将按与固定液形成氢键能力的大小顺序流出。

第五，对于复杂组分，一般首先在不同极性的固定液上进行实验，观察未知物色谱图的分离情况，然后在 12 种常用固定液中，选择合适极性的固定液。

三、毛细管柱

毛细管柱是 1957 年由戈雷（Golay）在填充柱的基础上首先提出的。他用内壁涂渍一层极薄而均匀的固定液膜的毛细管代替填充柱，解决了组分在填充柱中由于受到大小不均匀载体颗粒的阻碍而造成色谱峰扩展，柱效降低的问题。这种色谱柱的固定液涂布在内壁上，中心是空的，故称开管柱，习惯称毛细管柱。由于毛细管柱窄孔、空心、柱长，使其柱效比填充柱要高约两个数量级，具有很高的分辨能力。毛细管柱的应用大大提高了气相色谱法对复杂物质的分离能力，可以解决原来填充柱色谱法不能解决或很难解决的问题，主要用来分离多组分难分离的混合物。

毛细管柱可由不锈钢、玻璃等制成，不锈钢毛细管柱由于惰性差，有一定的催化活性，加上不透明，不易涂渍固定液，现已很少使用。玻璃毛细管柱表面情形较好，表面易观察，因此可长期使用，但易折断，安装较困难。1973 年开始使用石英制作柱子，由于这种色谱柱具有化学惰性、热稳定性及机械强度好并具有弹性，因此它已占主要地位。

毛细管柱通常是内径 0.1～0.5 mm、长 10～50 m。毛细管柱分为开管柱与填充柱两类，由于填充毛细管柱制作困难，很难推广使用，因此通常说的毛细管柱，多指空心毛细管柱。根据柱内固定液涂渍情况不同，开管柱又可分为以下几种。

1. 壁涂开管柱

将固定液直接涂在毛细管内壁上，这是戈雷最早提出的毛细管柱，其特点是柱效高但柱容量低。由于管壁的表面光滑，润湿性差，对表面接触角大的固定液，直接涂渍制柱，重现性差，柱寿命短，现在的壁涂开管柱，其内壁通常都先经过表面处理，以增加表面的润湿性，减小表面接触角，再涂固定液。

2. 多孔层开管柱

在毛细管内壁上涂一层多孔性吸附剂固体微粒，不再涂固定液。其实际上是气固色谱开管柱。这种色谱柱的内壁表面用熔磁石英或伸长的结晶状沉积物等加以增大。

3. 载体涂渍开管柱

先在毛细管内壁上涂覆一层硅藻土载体，然后再在其上涂渍一层固定液。涂覆硅藻土载体的目的是在柱内表面形成微孔层，增大表面积，在液膜厚度不增加的情况下，可提高固定液涂流量，因此可增大进样量，适用于痕量分析。

4. 键合型开管柱

将固定相用化学键合的方法（利用固定液与玻璃柱内壁表面或沉积物活性基团，通过化学反应将固定液牢牢地固定在支持物上）键合到硅胶涂覆的柱表面或经表面处理的毛细管内壁上。经过化学键合，大大提高了柱的热稳定性。

5. 交联毛细管柱

固定液除键合之外，再加入交联引发剂把固定液连接起来，形成网状结构。经过这样的处理，固定液基本上不流失，保证了色谱柱的使用寿命。另外，现在国外商品化的毛细管柱都是用键合或交联技术完成的，这些柱的柱效高，稳定性好。

6. 集束毛细管柱

其是由许多支内径很小的毛细管柱组成的毛细管束。这种柱容量高，分析速度快，适于工业分析。

第四节　气相色谱法在环境分析监测中的应用

一、样品制备

1. 环境样品的采集

1）水样采集

取水样应采用玻璃瓶，使样品充满容器，不留空间，并加盖密封，样品应在水箱中保存，7 日内处理完毕，14 日内分析完。或者用具有翻口橡皮塞的盐水瓶装入 100～300 mL 水样，橡皮塞用聚四氟乙烯塑料薄膜裹后塞紧，尽快运回实验室，当天测定瓶内顶部空气。

2）气样采集

（1）针筒采样。可用 100 mL 全玻璃注射器抽取浓度高的废气 100 mL。如车间生产废气、污染事故现场空气等，用耐油胶帽封注射器口，蔽光保存，尽快送实验室当天分析完毕。

（2）吸附管采样。活性炭吸附管制作：取 120 mm 长、内径 4 mm 玻璃管，洗净烘干，每支装入预先在马弗炉中 300℃下烘 2 h 的活性炭 0.5 g（活性炭 CP，20～50 目），分成 A、B 两段，中间用玻璃棉隔开，A 段约 0.4 g，B 段 0.1 g，两端用玻璃棉塞住，套上胶皮小帽，放干燥器内备用。采样管中填料也可用 200 mg Tenax-GC 代替。采样时将采样管 B 端和采样器进口用乳胶管相连，使 A 端垂直向上，处于采样位置。开启采样泵，以 0.5 L/min 流量采集 5～100 min。采样后，采样管两端套紧胶帽，低温保存，10 天内分析完。该方法适用于采集浓度低的样品，如居民区空气及未污染空气，另外需要长途运输且不能当天测定的样品也可用该法采样。

（3）低温吸附法。将采样管置于冷阱、冷凝浴或半导体制冷器中，空气通过采样管，被测组分即冷凝于采样管内，通常水和 CO_2 等也被冷凝，故一般在采样管前装有烧碱石棉、过氯酸锰等吸除装置。冷阱中常用的冷冻剂有冰盐水（−10℃）、干冰丙酮（−78℃）、液氮（−190℃）。

3）土样采集

将现场的土样装满棕色广口玻璃瓶，尽快运回实验室，当天处理样品，以防土壤活性物质降解苯系物等。

2. 样品处理

1）水样处理

（1）二硫化碳萃取法。取 250 mL 水样置于 500 mL 分液漏斗中，用 5.00 mL 二硫化碳进行萃取。用微量注射器吸取 1～5 μL 萃取液上气相色谱仪测定。

（2）顶空法。将已采样的盐水瓶置于 25～30℃的恒温下平衡 15 min，用玻璃注射器刺过橡皮塞抽取顶空瓶上方气体 1～5 mL，打入气相色谱仪测定。

（3）直接进样法。对于高浓度的废水样可直接用微量注射器抽取 1～5 L 水样上气相色谱仪测定。

2）气体样品处理

（1）直接进样法。将采有气样的针筒连接到色谱仪的气体进样阀上，注入气样，转动进样阀将气样送入色谱仪测定。

（2）热脱附法。加热吸附柱，被吸附的苯系物脱附，将脱附气通过气体进样阀送入色谱仪测定。

（3）CS_2 洗脱法。将已采样的活性炭管中 A 段和 B 段的活性炭分别倒入两个 10 mL 具塞试管中，加入 1.00 mL 已经净化处理过的 CS_2，浸泡 15 min，活性炭中吸附的苯系物被洗脱至 CS_2 中，用微量注射器吸取 1～5 L 洗脱液进入气相色谱仪测定。

3）土样处理

（1）水蒸气蒸馏法。称取一定量土样放在蒸馏烧瓶中，用水蒸气蒸馏法将苯系物从土样中挥发出来，与水蒸气一起冷凝到收集瓶中，再用 CS_2 萃取冷凝液。用微量注射器抽取 1～5 μL 萃取液进行气相色谱仪测定。

（2）顶空气相色谱法。称取一定量土样置于顶空瓶中，加热至适当温度，平衡 15 min，取土壤上方气体进色谱仪测定。

二、定性分析

气相色谱和液相色谱的定性定量分析原理及方法都是相同的，在此一并阐述。

色谱定性分析与定量分析是以色谱图为依据，根据图中色谱峰的保留值与各色谱峰之间相对峰面积的大小来实现的。保留值取决于在两相中的分配系数，它与组分的性质有关，是色谱定性的依据；峰面积大小取决于试样中组分的相对含量，是色谱定量的依据。

色谱定性就是确定色谱图中每个色谱峰代表何种物质。虽然不同的物质具有不同的保留值，但保留值与分子结构的相关规律还不太清楚，还没有建立具有使用价值、能指导色谱定性的保留值分子结构理论，根据保留值定性只是一个相对的方法。另外，多数色谱检测器给出的响应信号，并不是分子结构的特征信号。因此，色谱法只能定性鉴定人们已知的化合物，不能鉴定尚未被人们所了解的新化合物。

近年来，气相色谱与质谱、光谱等联用，这样既充分利用了色谱的高效分离能力，又利用了质谱、光谱的高鉴别能力，加上电子计算机对数据的快速处理及检索，为未知物的定性分析打开了一个广阔的前景。

1. 纯物质对照法

对组成不太复杂的样品，若欲确定色谱图中某一未知色谱峰所代表的组分，可选择一系列与未知组分相接近的标准物质，依次进样，当某一物质与未知组分色谱峰保留值相同时，即可初步确定此未知峰所代表的组分。

理论分析和实验表明，在一定色谱系统和操作条件下，每种物质都有确定的保留值。在同一条件下，比较标准物质和试样各组分保留值，就可以鉴定每个色谱峰代表的是哪种物质。这种方法应用简便，无需其他仪器设备，但由于不同化合物在相同的色谱条件下往往具有近似或甚至完全相同的保留值，因此这种方法的应用有很大的局限性，仅限于当未知物通过其他方面的考虑（如来源、其他定性方法的结果等）已被确定可能为某几个化合物或属于某种类型时做最后的确证，其可靠性不足以鉴定完全未知的物质。

2. 文献值对照法

当没有纯物质时，可利用文献提供的保留数据定性。许多科学工作者经过多年的努力积累了大量有机化合物在不同柱子、不同柱温下的保留数据。文献值对照法就是利用已知物的文献保留值与实验测得的未知物的保留值进行对照来确定被测组分，这些保留值有相对保留值、比保留体积 V、保留指数等，其中保留指数应用最多。这是因为保留指数仅与柱温、固定液性质有关，与色谱条件无关。而且保留指数测得的重现性较好，可达到的精度为±0.03 个指数单位。在使用文献数据时，要注意实验测定时所使用的固定液及柱温应和文献记载的一致。

利用文献保留数据定性，首先仍需要知道未知物属于哪一类，然后再根据类别查找文献中规定分离该类物质所需固定相与柱温条件，测得未知物的保留值，并与文献中的保留值对照。

3. 利用保留值的经验规律定性

1）碳数规律

人们通过大量实验总结出如下规律，即在一定柱温下，同系物的调整保留时间的对数与分子中的碳原子数呈线性关系，即为碳数规律，可表示为

$$\lg t'_{\mathrm{R}} = an + b \tag{16.4.1}$$

式中，n 为碳原子数；a 为直线斜率；b 为截距。

2）沸点规律

另外，同一族具有相同碳原子数的异构体，其比保留体积的对数与其沸点呈线性关系，即为沸点规律，可表示为

$$\lg V_{\mathrm{g}} = a_1 T_{\mathrm{b}} + b_1 \tag{16.4.2}$$

式中，T_{b} 为沸点；a_1 为直线斜率；b_1 为截距。

当已知样品为同一系列，可利用上述两个规律定性。

4. 与其他方法结合的定性分析法

1）利用检测器的选择性响应定性

不同类型的检测器对各种组分的选择性和灵敏度是不相同的，利用这一特点，将两种不同类型的检测器联用，根据色谱峰响应信号的差别，可得到化合物类型或结构信息，对未知物大致分类定性。该法是色谱定性的辅助方法之一。

在气相色谱定性分析中，常采用的检测器组合如下。

（1）氢火焰与热导池检测器联用，前者只对有机物有响应，后者则是通用型检测器，对所有能用气相色谱分析的物质均有响应，因而可鉴别样品中存在的无机化合物和有机化合物。

（2）氢火焰与电子捕获检测器联用，后者只对具有高电负性的组分有较高响应，可用于鉴别含有卤素、氧、氮等电负性强的物质。

（3）氢火焰与火焰光度检测器联用，后者只对含磷、硫的化合物有很高的响应，能鉴别

试样中有机硫、有机磷化合物。

2）与化学方法配合进行定性分析

带有某些官能团的化合物，经一些特殊试剂处理，发生物理变化或化学反应后，其色谱峰将会消失、提前或移后，比较处理前后色谱图的差异，就可初步辨认试样含有哪些官能团。因此在色谱系统中进行的化学反应也是一种辅助定性手段，常用的方法有以下几种。

（1）柱前反应，化合物中的官能团与某些官能团试剂反应，生成相应衍生物，使该组分色谱峰保留值发生变化，比较反应前后的色谱图，能得到化合物的结构信息。例如，含有醇的混合物与明酸反应得到的色谱图与未和酸反应得到的色谱图比较，确认在反应后，醇消失而代之生成了酯。

（2）柱后反应，在色谱柱后装 T 形毛细管分流器，将分离的各组分导入官能团试剂反应管，利用官能团反应对组分定性。

3）联用技术

现代色谱仪备有样品收集系统，可以很方便地收集复杂混合物经色谱柱分离后的各个分离组分，然后采用质谱、红外光谱或核磁共振等仪器进行定性鉴定。其中以色谱质谱联用最有效。色谱分离后的样品进入质谱仪检测，可以得到有关试样元素组成、分子量和分子碎片的结构等信息，是目前解决复杂未知物定性问题的最有效工具之一。

三、定量分析

定量分析的依据是在一定的操作条件下，分析组分 i 的质量（m_i）与检测器的响应信号（峰面积 A_i 或峰高 h_i）成正比：

$$m_i = f_i' A_i \tag{16.4.3}$$

式中，比例常数 f_i' 称为定量校正因子，它是指单位面积（或峰高）所代表的某组分的量，主要由仪器的灵敏度决定。由于 m 的单位可以用质量、物质的量或体积表示，故又有质量校正因子、摩尔校正因子和体积校正因子之分。显然，要想得到准确的定量分析结果，必须做好以下工作：①准确测量峰面积（或峰高）；②得到准确的定量校正因子；③选用合适的定量方法。

1. 峰面积的测量

测量峰面积的方法可分为手工测量和机器自动测量两类。随着电子技术的发展，手工测量峰面积的方法逐渐被数据处理机、色谱工作站等代替。机器测量峰面积既简单又快速准确，但手工处理峰面积的方法仍然是机器处理峰面积的基础。

峰面积的测量直接关系到定量分析的准确度，根据峰形的不同，常用且简单的峰面积测量方法有如下几种。

1）对称峰形面积的测量——高峰乘半峰宽法

根据等腰三角形的计算方法，可以近似认为峰面积等于峰高乘以半峰宽：

$$A = hY_{1/2} \tag{16.4.4}$$

这样测得的峰面积为实际峰面积的 0.94 倍，做相对计算没有影响，如果要求真实面积，应乘以系数 1.065。

2）不对称峰形面积的测量——峰高乘平均峰宽法

对于不对称色谱峰使用峰高乘半峰宽法误差较大，因此采用峰高乘平均峰宽法。平均峰宽是指在峰高 0.15～0.85 处分别测峰宽，然后取其平均值：

$$A = h \times (Y_{0.15} + Y_{0.85}) \times \frac{1}{2} \quad (16.4.5)$$

3）积分仪法

自动积分仪是测量峰面积最方便的工具，速度快，线性范围宽，精度一般可达 0.2%～2%，对小峰或不对称峰也能得出较准确的结果。数字电子积分仪能以数字的形式把峰面积和保留时间打印出来。

2. 定量校正因子

色谱定量分析是基于物质的量与其峰面积的正比关系。但事实证明，同一种物质在不同检测器上有不同的响应值，不同物质在同一检测器上响应值也不同。为了使检测器产生的响应值能真实地反映出物质的含量，就要对响应值进行校正而引入“定量校正因子”。

在一定的操作条件下，进样量（m_i）与响应信号（峰面积 A_i）成正比，见式（16.4.3）。

1）质量校正因子 f_{m}

这是一种最实用的定量校正因子，即

$$f_{\mathrm{m}} = f'_{i(\mathrm{m})} / f'_{\mathrm{s(m)}} = A_{\mathrm{s}} m_i / A_i m_{\mathrm{s}} \quad (16.4.6)$$

式中，下标 i、s 分别代表被测物和标准物质。

2）摩尔校正因子 f_{M}

如果以摩尔数计量，则

$$f_{\mathrm{M}} = f'_{i(\mathrm{M})} / f'_{\mathrm{s(M)}} = A_{\mathrm{s}} m_i M_i / A_i m_{\mathrm{s}} M_{\mathrm{s}} \quad (16.4.7)$$

式中，M_i、M_{s} 分别为被测物质和标准物质的分子量。

3）体积校正因子 f_{V}

如果以体积计量（气体样品），则体积校正因子就是摩尔校正因子，这是因为 1 mol 任何气体在标准状态下其体积都是 22.4 L。对于气体分析，使用摩尔校正因子可得体积分数。

$$f_{\mathrm{V}} = f'_{i(\mathrm{V})} / f'_{\mathrm{s(V)}} = A_{\mathrm{s}} m_i M_i \times 22.4 / (A_i m_{\mathrm{s}} M_{\mathrm{s}} \times 22.4) \quad (16.4.8)$$

4）相对响应值 S'

相对响应值是物质 i 与标准物质的响应值（灵敏度）之比。单位相同时，它与校正因子互为倒数，即

$$S' = 1/f' \quad (16.4.9)$$

3. 定量方法

1）归一化法

归一化法是色谱中常用的一种简便、准确的定量方法。这种方法要求样品中所有组分都出峰，且含量都在相同数量级。当测量参数为峰面积时，计算公式为

$$X_i = \left(\frac{m_i}{\sum m_i} \right) \times 100\% = \left(\frac{f_i A_i}{\sum f_i A_i} \right) \times 100\% \quad (16.4.10)$$

式中，A_i为组分 i 的峰面积；f_i为组分 i 的相对定量校正因子。f_i分别为质量校正因子、摩尔校正因子、体积校正因子时，X_i则相应地为质量分数、摩尔分数和体积分数。

归一化法的优点是不必知道进样量，尤其是进样量小而不能测准时更为方便，仪器及操作条件稍有变动对分析结果影响不大，特别适合多组分的同时测定；不足之处是样品中的组分必须都出峰并产生响应信号，所有组分的f_i值均需测出，否则此法不能应用。

2）内标法

当被分析组分含量很小，不能应用归一化法，或者是被分析样品中并非所有组分都出峰，只要所要求的组分出峰时就可以用内标法。所谓内标法，是将一定量的纯物质作为内标物，加入到准确称取的试样中，根据被测物和内标物的质量及其在色谱图上相应的峰面积比，求出被测组分的含量。内标法是一种常用的定量分析方法。

对内标物的要求：加入的内标物应是样品中不存在的，而且最好是色谱纯或者是已知含量的标准物；内标物的物理和化学性质应尽可能地与被测物相似；内标物加入量所产生的峰面积大致和被测组分峰面积相当；内标物出峰最好在被测物峰的附近，且能很好分离。

方法：准确称取样品，将一定量的内标物加入其中，混合均匀后进样分析。根据样品、内标物的质量及在色谱图上产生的相应峰面积，计算组分含量。计算公式为

$$X_i = (m_i/m_{样}) \times 100\% = (f_i A_i m_s / f_s A_s m_{样}) \times 100\% \tag{16.4.11}$$

一般常以内标物为基准，则$f_s = 1$，此时计算式可简化为

$$X_i = (f_i A_i m_s / A_s m_{样}) \times 100\% \tag{16.4.12}$$

式中，X_i为试样中组分 i 的质量分数；m_s为内标物的质量；A_s为内标物峰面积；$m_{样}$为试样质量；A_i为组分 i 的峰面积；f_i为相对质量校正因子。

内标法的优点是定量准确，测定结果不受操作条件、进样量及不同操作者进样技术的影响；其缺点是选择合适的内标物较困难，每次测定都需准确称量内标物与样品。

3）外标法

外标法实际上是常用的标准曲线法。用待测组分的纯物质配成不同浓度的标样进行色谱分析，获得各种浓度下对应的峰面积（或峰高），作出峰面积（或峰高）与浓度的标准曲线。分析时，在相同色谱条件下，进同样体积分析样品，根据所得峰面积（或峰高），从标准曲线上查出待测组分的浓度。

外标法操作和计算都很简便，不必用校正因子，但要求色谱操作条件稳定，进样重复性好，否则对分析结果影响较大。该方法适用于大批量样品的快速分析。

第十七章　液相色谱分析法

第一节　概　　述

液相色谱法大约在 1903 年出现，但它却是在气相色谱法成熟之后特别是高效液相色谱法（high performance liquid chromatography，HPLC）出现后才兴盛起来的。

高效液相色谱法是一种高效、快速的分离技术。它具有高压、高速、高效、高灵敏度的特点。

高效液相色谱法是在气相色谱法和经典液相色谱法的基础上发展起来的。气相色谱法虽然具有分离能力好、灵敏度高、分析速度快、操作方便等优点，但是受技术条件的限制，沸点太高的物质或热稳定性差的物质都难以应用气相色谱法进行分析。而高效液相色谱法只要求试样能制成溶液，不需要气化，不受试样挥发性的限制，对于高沸点、热稳定性差、分子量大的有机物，原则上都可以用高效液相色谱法来进行分离、分析。因此它非常适用于分离与生物、医学有关的大分子和离子型化合物、不稳定的天然产物及很多高分子化合物。气相色谱和高效液相色谱的区别见表 17.1.1。

表 17.1.1　气相色谱和高效液相色谱的区别

气相色谱	高效液相色谱
只能分析挥发性的物质，适用于 20%的化合物	几乎可以分析各种物质
对热不稳定物质不能使用	可以用于热不稳定物质
用毛细管柱色谱可得到很高的柱效	色谱柱不能很长，柱效不会太高
有很灵敏的检测器（如 ECD）和较灵敏的通用检测器（如 FID 和 TCD）	没有较高灵敏度的通用检测器，但有特殊检测器（如电化学、示差检测器等）
运行和操作容易	运行和操作难一些
仪器制造难度小一些	仪器制造难度大一些
样品不易回收	可定量回收样品

高效液相色谱比经典液相色谱有更高的效率和自动化水平（表 17.1.2）。经典液相色谱中色谱柱只能使用一次，这显然造成人力和物力的极大浪费；作为流动相的溶剂主要靠重力作用来流动，检测和定量是由人工对各个馏分分别进行收集和分析，既耗时又费力。而高效液相色谱的色谱柱是以特殊的方法用小粒径的填料填充而成的，从而使柱效大大高于经典液相色谱，并且可重复使用；在仪器方面，高效液相色谱采用了高压泵输送流动相，使用高压泵可以控制流量，而且可以使溶剂很快地通过难渗透的柱子，使重现性得以改善，分析结果具有更高的准确度和精密度；同时，在色谱柱后连有检测器，可对流出物进行连续检测，为高效液相色谱的连续操作和自动化提供了可能。

表 17.1.2　经典液相色谱和高效液相色谱的区别

经典液相色谱	高效液相色谱	经典液相色谱	高效液相色谱
常压或减压	高压，40～50 MPa	分析速度慢	分析速度快
填料颗粒大	填料颗粒小，2～50 μm	色谱柱只用一次	色谱柱可重复使用
柱效	柱效高，4×10^4～6×10^4塔板/m	不能在线检测	可以在线检测

第二节　高效液相色谱法的基本理论

一、液相色谱的速率方程

速率理论虽然是在研究气液色谱时提出的，但做适当修改后，也适用于液相色谱，其板高方程可写成如下形式：

$$H=\left(\frac{1}{C_\mathrm{e}d_\mathrm{p}}+\frac{D_\mathrm{M}}{C_\mathrm{m}d_\mathrm{p}^2\overline{u}}\right)^{-1}+\frac{C_\mathrm{d}+D_\mathrm{M}}{\overline{u}}+\left(\frac{C_\mathrm{s}\cdot d_\mathrm{f}^2}{D_\mathrm{S}}+\frac{C_\mathrm{sm}\cdot d_\mathrm{p}^2}{D_\mathrm{M}}\right)\cdot\overline{u} \quad (17.2.1)$$

（Ⅰ）　（Ⅱ）　（Ⅲ）　（Ⅳ）（Ⅴ）

式中，C_e、C_m、C_d、C_s、C_sm为有关项的板高系数，当填料一定时均为定值；D_M和D_S分别为组分在流动相和固定相中的扩散系数；d_f为固定相层的厚度。

在式（17.2.1）中的各项意义如下。

Ⅰ项和Ⅲ项分别表示涡流扩散项和分子扩散项。在液相色谱中，由于组分在液体中的扩散系数比在气相中小4～5个数量级，因此在液相色谱中，分子扩散项（Ⅲ项）通常可以忽略不计。

Ⅳ项为固定相传质阻力。该项与气液色谱中固定相传质阻力项相应。

Ⅱ项是在流动区域内流动相的传质阻力。它指出流动相通过同一流路时，在接近固定相表面的流速比在流动中间的要慢一些。

Ⅴ项是在流动相停滞区域内的传质阻力。固定相孔穴中的流动相一般是不移动的。流动相中的溶质分子与固定相进行交换时，必须首先扩散进入滞留区。若固定相的微孔小且深，就会大大减慢传质速率。

以上各种传质阻力都将导致谱峰展宽。

从式（17.2.1）可以看出，在液相色谱法中，可采用减小填料的孔穴深度、粒径，低黏度及低流速流动相，适当提高柱温等方法来降低板高、提高柱效。

二、峰展宽的柱外效应

峰展宽的柱外效应是发生在色谱柱本身以外区域的谱带展宽。柱外包括流动相携带溶质通过管柱的进样系统、检测区域和体系的各种组件的连接管道。由于流动相在管壁邻近处的流速明显地快于管中心区域的流速，从而导致柱外谱带展宽。在气相色谱中，柱外展宽在很大程度上取决于纵向扩散。而在液相色谱中，纵向扩散明显减慢，常常不被人们注意。

当使用小内径柱时，柱外效应变得十分严重。因此，在实际工作中，一般柱外管道的半径降至2～3 mm，或更小。

第三节　高效液相色谱法的主要类型及分离原理

根据分离机制的不同，高效液相色谱法可分为液液分配色谱法、液固吸附色谱法、离子交换色谱法、离子对色谱法、尺寸排阻色谱法等几种主要类型。

一、液液分配色谱法

液液分配色谱的流动相和固定相均为液体，作为固定相的液体是涂在很细的惰性载体上。它能适用于各种类型样品的分离和分析。

液液分配色谱法是根据各组分在两种互不相溶的液体（固定相和流动相）中溶解度不同而实现分离的方法。在液液色谱中，固定相是通过化学键合的方式固定在基质（惰性载体）上。从理论上说，流动相和固定相之间应互不相溶，两者之间有一个明显的分界，即固定液对流动相和样品组分具有不同的作用效果。样品溶于流动相，并在其携带下通过色谱柱，样品组分分子穿过两相界面进入固定液中，进而很快达到分配平衡，由于各组分在两相中溶解度（分配系数）的不同，各组分获得分离，分配系数大的组分保留值大，最后流出色谱柱。不同组分的分配系数不同是液液分配色谱中组分能被分离的根本原因。

液液分配色谱根据固定相和流动相的相对极性，可分为正相分配色谱和反相分配色谱两类。在正相分配色谱中，固定相的极性大于流动相的极性，组分在柱内的洗脱顺序按极性从小到大流出。在反相色谱中，固定相是非极性的，流动相是极性的。组分的洗脱顺序和正相色谱相反，极性大的组分先流出，极性小的组分后流出。

液液分配色谱可用于极性、非极性、水溶性、油溶性、离子型和非离子型等各种类型样品的分离和分析。

在色谱分离过程中由于固定液在流动相中有微量溶解，以及流动相通过色谱柱时的机械冲击，固定液会不断流失而导致保留行为变化、柱效和分离选择性变坏等不良后果。为了更好地解决固定液从载体上流失的问题，将各种不同有机基团通过化学反应共价键合到硅胶（载体）表面的游离羟基上，代替机械涂液的液体固定相，从而产生了化学键合固定相，为色谱分离开辟了广阔的前景，现已成为高效液相色谱法中应用最广泛的一个分支（化学键合相色谱法）。

二、液固吸附色谱法

液固吸附色谱法是指流动相为液体，固定相为固体的色谱方法。吸附剂通常是多孔性的固体颗粒物质，它们的表面存在吸附中心。其是利用组分在吸附剂（固定相）上的吸附能力的不同而获得分离的，因此又称为吸附色谱法。

当流动相通过吸附剂时，在吸附剂表面发生了吸附作用，即溶质分子取代了吸附剂上的溶剂分子。样品各组分的分离取决于组分分子和吸附剂之间作用力的强弱，也取决于组分分子与流动相分子之间作用力的强弱。组分中的基团对吸附剂表面亲和力的大小，决定了它的保留时间的长短。

吸附剂表面与溶质之间的相互作用，包括氢键、静电力和色散力等。硅胶和氧化铝的保留作用主要受与溶质极性功能基团的相互作用控制。因此，溶质分子官能团性质决定了它在液固吸附色谱中的保留顺序，对结构为 RX（X 为官能团）的混合物有：烷基＜卤素（F＜Cl＜Br＜I）＜醚＜硝基化合物＜腈＜叔胺＜酯＜酮＜醛＜醇＜酚＜伯胺＜酰胺＜羧酸＜碳酸。但同系物的出峰将非常接近，表现为很小的分离选择性，甚至出峰重叠，如碳原子数超过 4～6 的脂肪族同系物。

液固吸附色谱法是适用于溶于有机溶剂的非离子型化合物间的分离，尤其是异构体间的分离，以及具有不同极性取代基的化合物间的分离。

一般来说，溶质在浓度低时被吸附剂吸附得较牢固，浓度高时吸附作用相对减弱。因此，高浓度组分色谱峰的中心部分出现较早，而谱峰后面部分由于吸附较牢固而延迟流出，形成拖尾峰。为了得到较好的峰形，应选择较小的进样量。

三、离子交换色谱法

离子交换色谱法（IEC）是各种液相色谱法中最先得到广泛应用的现代液相色谱法，是在 20 世纪 60 年代初期随着氨基酸分析的出现发展起来的。

离子交换色谱以离子交换树脂作为固定相，树脂上具有固定离子基团和可电离的离子基团。其中，能离解出阳离子的树脂称为阳离子交换树脂，能离解出阴离子的树脂称为阴离子交换树脂。当流动相携带组分离子通过固定相时，离子交换树脂上可电离的离子基团与流动相中具有相同电荷的溶质离子进行可逆交换，依据这些离子对交换剂具有不同的亲和力而将它们分离。其离子交换平衡可表示如下：

阳离子交换： $$M^+ + (NaO_8S\text{-树脂}) \rightleftharpoons (MO_8S\text{-树脂}) + Na^+ \tag{17.3.1}$$

阴离子交换： $$X^- + (ClR_4N\text{-树脂}) \rightleftharpoons (XR_4N\text{-树脂}) + Cl^- \tag{17.3.2}$$

从式（17.3.1）可以看到，溶剂中的阳离子 M^+与树脂中的 Na^+交换以后，溶剂中的 M^+进入树脂，而 Na^+进入溶剂里，最终达到平衡。同样，在式（17.3.2）中，溶剂中的阴离子 X^-与树脂中的 Cl^-进行交换，达平衡后，服从下式：

$$K = [—NR_4^+X^-]Cl^-]/[—NR_4^+Cl^-][X^-] \tag{17.3.3}$$

分配系数 K 表示了离子交换过程达到平衡后的组分离子和洗脱液中离子在两相中的分配情况。K 值越大，组分离子与交换剂的作用越强，组分的保留时间也越长。因此，在离子交换色谱中可以通过改变洗脱液中离子种类、浓度及 pH 来改变离子交换的选择性和交换能力。

离子交换色谱法可用于分离测定离子型化合物，原则上凡是在溶剂中能够电离的物质通常都可以用离子交换色谱法来进行分离。它不仅应用于无机离子的分离，如碳、盐类、金属离子混合物和稀土化合物及各种裂变产物；还可用于有机物的分离，如有机酸、同位素、水溶性药物及代谢物。20 世纪 60 年代前后，它已成功地分离了氨基酸、核酸、蛋白质等，在生物化学领域得到了广泛的应用。制备型离子交换色谱已广泛地应用于分离药物与生化物质、合成超细化合物等。

四、离子对色谱法

离子对色谱法是将一种（或多种）与溶质分子电荷相反的离子（称为对离子或反离子）加到流动相或固定相中，使其与溶质离子结合形成离子对化合物，从而控制溶质离子的保留行为。在色谱分离过程中，流动相中待分离的有机离子 X^+（也可以是带负电荷的离子）与固定相或流动相中带相反电荷的对离子 Y^-结合，形成离子对化合物 X^+Y^-，然后在两相间进行分配：

$$X^+_{水相} + Y^-_{水相} \rightleftharpoons X^+Y^-_{有机相}$$

K_{XY}是其平衡常数：

$$K_{XY} = [X^+Y^-]_{有机相}/[X^+]_{水相}[Y^-]_{水相} \tag{17.3.4}$$

根据定义，溶质的分配系数 D_x 为

$$D_x = [X^+Y^-]_{有机相}/[X^+]_{水相} = K_{XY}[Y^-]_{水相} \tag{17.3.5}$$

这表明，分配系数与水相中对离子 Y^-的浓度 $K_{XY}[Y^-]_{水相}$有关。

离子对色谱法根据流动相和固定相的性质可分为正相离子对色谱法和反相离子对色谱法。在反相离子对色谱法中（这是一种更为常用的离子对色谱法），采用非极性的疏水固定相（如十八烷基键合相），含有对离子 Y^-的甲醇-水（或乙腈-水）溶液作为极性流动相。试样离子 X^+进入柱内以后，与对离子 Y^-生成疏水性离子对 X^+Y^-，后者在疏水性固定相表面分配或吸附。此时待分离组分 X^+在两相中的分配系数符合式（17.3.5），其容量因子 k 为

$$k = D_xV_s/V_M = K_{XY}[Y^-]_{水相}/\beta \tag{17.3.6}$$

式中，β为相比，可见保留值随 K_{XY} 和$[Y^-]_{水相}$的增大而增大。平衡常数 K_{XY} 取决于对离子和有机相的性质。对离子的浓度是控制反相离子对色谱溶质保留值的主要因素，可在较大范围内改变分离的选择性。

离子对色谱法特别是反相离子对色谱法解决了以往难分离混合物的分离问题，如酸、碱和离子、非离子的混合物，特别是对一些生化样品如核酸、核苷、儿茶酚胺、生物碱及药物等的分离。另外，还可借助离子对的生成给样品引入紫外吸收或发荧光的基团，以提高检测的灵敏度。

五、尺寸排阻色谱法

溶质分子在多孔填料表面上受到的排斥作用称为排阻。尺寸排阻色谱法（size exclusion chromatography，SEC）固定相是化学惰性的多孔性物质（凝胶）。根据所用流动相的不同，凝胶色谱可分为两类：用水溶液作流动相的称为凝胶过滤色谱；用有机溶剂作流动相的称为凝胶渗透色谱。

尺寸排阻色谱法的分离机理与其他色谱法完全不同。它类似于分子筛的作用，但凝胶的孔径比分子筛要大得多，一般为数纳米到数百纳米。在排阻色谱中，组分和流动相、固定相之间没有力的作用，分离只与凝胶的孔径分布和溶质的流体力学体积或分子大小有关。当被分离混合物随流动相通过凝胶色谱柱时，大于凝胶孔径的组分大分子，因不能渗入孔内而被流动相携带着沿凝胶颗粒间隙最先淋洗出色谱柱；组分的中等体积分子能渗透到某些孔隙，但不能进入另一些更小的孔隙，它们以中等速度淋洗出色谱柱；小体积的组分分子可以进入所有孔隙，因而被最后淋洗出色谱柱，由此实现分子大小不同的组分的分离。分子大小不同，渗透到固定相凝胶颗粒内部的程度和比例不同，被滞留在柱中的程度不同，保留值不同。洗脱次序将取决于分子量的大小，分子量大的先洗脱。分子的形状也同分子量一样，对保留值有重要的作用。例如，利舍平（一种药物）的实际分子量为 608，而实验校正曲线上所表示的却是相应于分子量 410 的洗脱体积，这是由于它有紧密的结构，在溶剂中分子显得小了。

尺寸排阻色谱法被广泛用于测定高聚物的分子量及分子量分布。它具有保留时间短，谱峰窄，易检测，可采用灵敏度较低的检测器、柱寿命长等优点。其缺点是不能分辨分子大小相近的化合物，分子量差别必须大于10%才能分离。

六、高效液相色谱分离类型的选择

高效液相色谱每种分离类型都有其自身的特点和适用范围，没有一种类型可以通用于所有领域，它们往往互相补充。一般情况，选择最有效的分离类型，应考虑样品来源、样品的性质（分子量、化学结构、极性、化学稳定性、溶解度参数等化学性质和物理性质）、分析目的要求、液相色谱分离类型的特点及应用范围、实验室条件（仪器、色谱柱等）等一系列因素。

分子量低、挥发性较高的样品，适用于气相色谱法。标准的液相色谱类型（液-固、液-液、离子交换、离子对色谱、离子色谱等）适用于分离分子量为200～2000的样品，而大于2000的则宜用尺寸排阻色谱法，此时可判定样品中具有高分子量的聚合物、蛋白质等化合物，以及了解分子量的分布情况。因此，在选择时应了解、熟悉各种液相色谱类型的特点。

了解样品在多种溶剂中的溶解情况，可有利于分离类型的选用，如对能溶解于水的样品可采用反相色谱法。若溶于酸性或碱性水溶液，则表示样品为离子型化合物，采用离子交换色谱法、离子对色谱法或离子色谱法为佳。

对非水溶性样品（很多有机物属此类），弄清它们在烃类（戊烷、己烷、异辛烷等）、芳烃（苯、甲苯等）、二氯甲烷或氯仿、甲醇中的溶解度是很有用的。如可溶于烃类（如苯或异辛烷），可选用液-固吸附色谱；如溶于二氯甲烷或氯仿，则多用正相色谱和吸附色谱；如溶于甲醇等，则可用反相色谱。一般用吸附色谱来分离异构体，用液液分配色谱来分离同系物，尺寸排阻色谱可适用于溶于水或非水溶剂、分子大小有差别的样品，选择方法可参考图17.3.1。

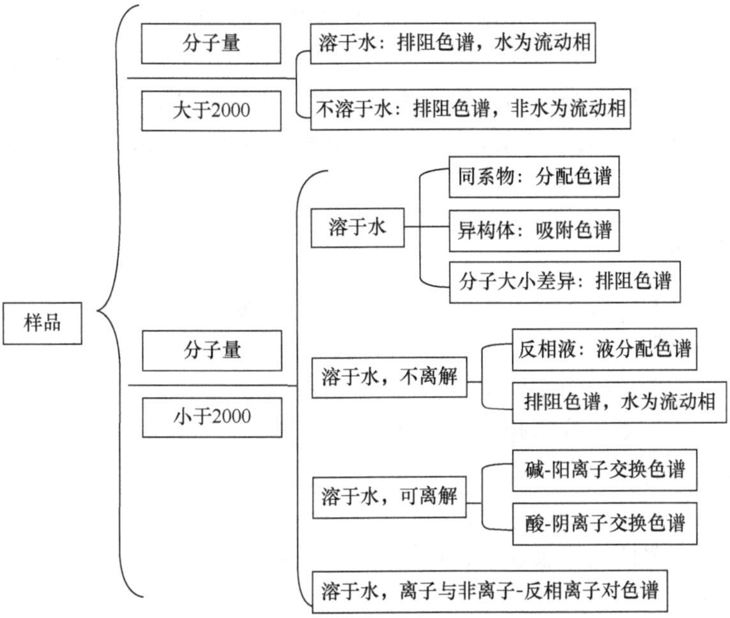

图17.3.1 高效液相色谱分离类型的选择

第四节　高效液相色谱仪

以液体为流动相，采用高压输液泵，高效固定相和高灵敏度检测器等装置的液相色谱仪称为高效液相色谱仪。高效液相色谱仪的种类很多，根据其功能不同，可分为分析型、制备型和专用型。不论何种类型的高效液相色谱仪，其基本组成是类似的，都是由高压输液系统、进样系统、分离系统和检测系统及数据处理系统 5 个部分构成。其工作过程为：高压泵将储液瓶中的溶剂经进样器送入色谱柱中，然后从检测器的出口流出。当待测样品从注射器注入时，流经进样器的流动相将其带入色谱柱中进行分离，然后依次进入检测器，由记录仪将检测器送出的信号记录下来得到色谱图。

一、高压输液系统

高压输液系统是液相色谱中最重要的组件，一般由储液器、高压泵、脱气机、梯度洗脱等装置组成。高压泵是输液系统的核心。

1. 溶剂脱气装置

脱气的目的是消除流动相从高压柱流出到达检测器时（从高压到常压），由气泡释放产生的电噪声干扰。溶剂脱气方式有氦气鼓泡、超声波脱气、真空脱气等。

2. 高压泵

高压输液泵是高效液相色谱仪中最关键的部件，其作用是将流动相在高压下连续不断地送入色谱系统，使样品在色谱柱中完成分离过程。高压泵输送流动相，其压力一般为几兆帕至几十兆帕，高压泵应具备流量稳定、输出压力高、流量范围宽、耐酸碱和缓冲液腐蚀、压力变动小、易于清洗和更换溶剂等特性，并具有梯度洗脱功能。

高压输液泵分为恒压泵和恒流泵两类。恒压泵主要指气动放大泵，在系统中，泵的压力始终保持恒定，但流速随着系统压力的变化而变化，即不能保证在任何时刻的流速都保持不变。恒流泵有往复泵和螺旋柱塞泵，这类泵输出流量恒定。在液相色谱中应用最多的是往复泵。

3. 梯度洗脱装置

高效液相色谱仪的洗脱方式有等度和梯度两种。等度洗脱是洗脱过程中保持流动相组成配比不变；梯度洗脱则是在洗脱过程中连续或阶段性地改变流动相组成。

梯度洗脱在液相色谱中的作用相当于气相色谱中的程序升温，在分离过程中逐渐改变溶剂的组成，使溶剂的强度从分离开始至结束逐渐增强，在复杂混合物分析中，保留时间相差很大的组分在合适的时间内全部洗脱并达到分离，且有良好的峰形。梯度洗脱可使分析时间缩短，使所有峰都处于最佳分离状态，而且峰形比较尖锐。

实现梯度洗脱主要依赖于泵系统，根据溶剂混合时所处的压力，一般分为两种类型，即低压梯度和高压梯度。

低压梯度是溶剂在常压下混合，然后用高压泵将其送至色谱柱系统中。这种方法简单，只需一个泵，经济实用。实现低压梯度的最好方法是，使用时间比例电磁阀，通过微处理机控制溶剂输入电磁阀的开关频率，以控制泵输出的溶剂组成，高压、低压溶剂梯度示意图如图 17.4.1 所示。

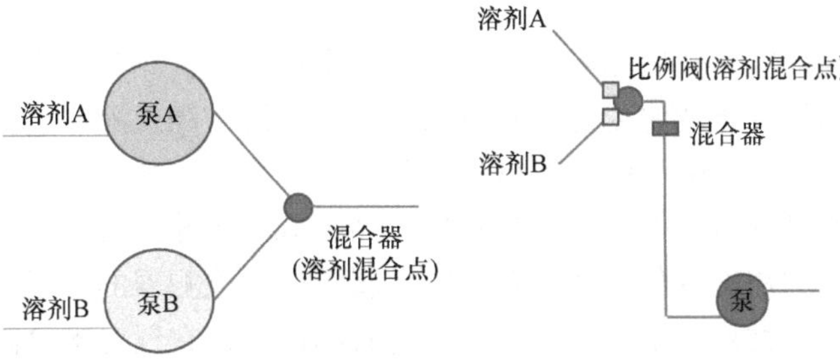

图 17.4.1　高压、低压溶剂梯度示意图

高压梯度一般使用两台高压输液泵，每台泵输送一种溶剂。两台泵输出的溶剂在一个混合室内混合，每台泵的溶剂流量单独控制。

二、进样系统

进样系统是将样品注入色谱柱的装置，包括取样与进样两个功能。在液相色谱中、进样方式有微量注射器进样、阀进样、自动进样器进样等。

1. 微量注射器进样

用 1～100 μL 微量注射器将样品注入专门设计的与色谱柱相连的进样头内。这种进样方式简便快速，可获得比其他进样方式都要高的柱效，缺点是重复性差，只能用于低压系统（压力不能超过 10 MPa，密封垫会泄漏）。

2. 阀进样

六通阀进样是目前最常用的手动进样方式，其结构和工作原理与气相色谱所用六通阀完全相同。进样阀可在高压（35～40 MPa）下直接将样品送入色谱柱，不需要停留，进样量由固定体积的定量管控制，因此进样准确、重现性好，适用于定量分析。

3. 自动进样器进样

自动进样器进样是由计算机自动控制定量阀，按预先编制好的程序进行取样、进样、清洗等一系列操作，可自动完成几十或上百个样品的分析，操作者只需将样品按顺序装入储样装置中。该法实现了全自动化操作，节省人力，适合大批量样品的分析。

三、分离系统

分离系统是色谱仪的心脏，它包括柱管与固定相两部分。柱管通常采用优质不锈钢制作，柱长一般为 10～30 cm、内径 4～5 mm，柱接头的死体积应尽可能小，以减少柱外效应。高效液相色谱柱的获得，主要取决于固定相的性能，但也与柱床结构有关，而柱床结构直接受填充技术的影响。色谱柱的装填方法有干法和湿法两种。粒径大于 20 μm 的固定相，可用干法装填，而粒径小于 20 μm 的固定相，需用湿法装填，湿法也称匀浆法，即以一合适的溶剂

（或混合溶剂）作为分散介质，经超声波处理，使固定相微粒在介质中形成匀浆，然后在高压泵作用下将匀浆压入柱管中。

四、检测系统

检测器是用于连续监测柱后流出物组成和含量变化的装置。其作用是将色谱柱中流出的样品组分含量随时间的变化转化为易于测量的电信号。用于高效液相色谱的检测器应具有灵敏度高、线性范围宽、响应快及死体积小等特点。

液相色谱检测器可分为两类：一类是测量样品和流动相的共有性质，也称总体检测器。它对试样和流动相总的物理或化学性质有响应，属于这类检测器的有示差折光检测器和蒸发光散射检测器等；另一类是测量样品中溶质所特有的性质，它仅对被分离组分的物理或化学特性有响应，属于这类检测器的有紫外检测器、荧光检测器和电化学检测器等。

以下介绍常用的几种检测器。

1. 紫外检测器

紫外检测器在液相色谱中应用最广，它适用于对紫外光（或可见光）有吸收的样品的检测，它噪声低、灵敏度高、结构简单。紫外检测器的工作原理是朗伯-比尔定律，它分为固定波长型、可调波长型和二极管阵列检测器。

固定波长紫外检测器常采用低压汞灯的 254 nm 或 280 nm 谱线，光源所发射其他波长的光经过滤光片被消除。可调波长型检测器采用氘灯和钨灯组合光源，波长在 190～800 nm 范围可调，从而增加了检测器的灵敏度和选择性，扩大了检测器的应用范围。

紫外吸收检测器属于选择性检测器，凡是具有共轭 π 键和孤对电子的物质，如共轭烯烃、芳烃及含有 C═O、C═S、N═O 等基团的化合物，在紫外光区都有吸收，都可用紫外吸收检测器进行测定。如果某些化合物没有吸收，可以通过衍生化法转变成有紫外吸收的物质，以利于紫外检测。

2. 二极管阵列检测器

二极管阵列检测器（PAD）一般被认为是目前液相色谱最有发展、最好的检测器。PAD 的检测原理与紫外吸收检测器相同，只是它采用计算机快速扫描采集数据，可同时检测到所有波长的吸收值，相当于全扫描光谱图，因此可以获得组分的三维谱图，即吸光度随保留时间和波长变化的三维图。PAD 的特点是不需要机械扫描就可瞬时获得全波长光谱，这种检测器不仅可以避免由于波长选择不合适而漏检被测组分，定量处理中所遇到的响应值小的麻烦，而且可快速地定性判别或鉴定不同类型的化合物，还可对未分离组分判断其纯度。

3. 荧光检测器

荧光检测器是利用某些样品具有荧光特性来检测的。许多有机化合物具有天然荧光活性，其中带有芳香基团的化合物具有很强的荧光活性。在一定条件下，荧光强度与物质浓度成正比。荧光检测器是一种选择性强的检测器，它适合于稠环芳烃、甾族化合物、酶、氨基酸、维生素、色素、蛋白质等荧光物质的测定。它灵敏度高，检出限可达 10^{-13}～10^{-12} g/mL，比紫外检测器高出 2～3 个数量级，也可用于梯度淋洗。缺点是适用范围有一定局限性，仅适用于测定发荧光的物质。

图 17.4.2 是荧光检测器的光路图。荧光检测器需要比紫外检测器更强的光源作激发光源。常采用氙灯作光源，它可在 260 nm 发出强烈的连续光谱。经单色器 1 分光后选择特定波长的光线作为激发光，样品池内的样品组分受激发后发出荧光，经单色器 2 分光后由光电倍增管 PM_1 接收。半透半反镜可将 10%左右的激发光反射到光电倍增管 PM_1 上，由 PM 输出的电信号送入 PM 电压控制器以控制光电倍增管的工作电压。当光源变强时降低光电倍增管的工作电压，光源减弱时升高工作电压，这就补偿了光源强度的波动对输出信号的影响。

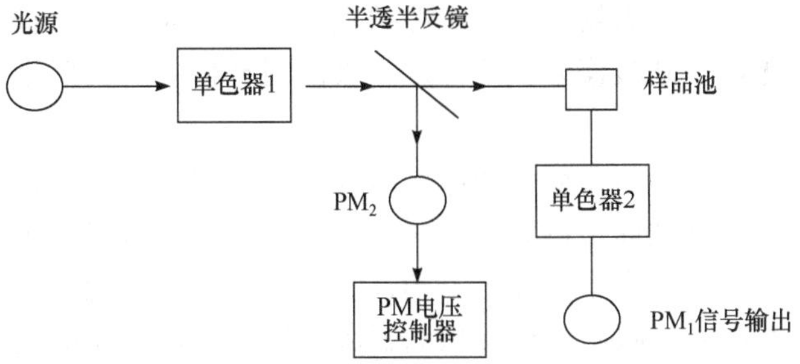

图 17.4.2　荧光检测器的光路图

4. 示差折光检测器

示差折光检测器又称折光指数检测器，其最大的特点是对所有的物质都有响应，只要被测组分与洗脱液的折射率有差别就可以使用。

不同的物质具有不同的折射率，当样品组分随流动相从柱中流出时，它的折射率与纯流动相不同。示差折光检测器是以纯溶剂作参比，连续监测柱后洗脱物折射率的变化，并根据变化的差值确定样品中各组分的量。

示差折光检测器是一种浓度型检测器，按其工作原理可分为偏转式、反射式和干涉式等。现以偏转式为例，它是基于折射率随介质中的成分变化而变化的，若入射角不变，则光束的偏转角是流动相（介质）中成分变化的函数。因此，测量折射角偏转值的大小，便可得到样品的浓度。

几乎所有物质都有各自不同的折射率，因此示差折光检测器是一种通用型检测器。灵敏度可达 10^{-7} g/mL。其主要缺点是对温度变化敏感，并且不能用于梯度洗脱。

第五节　高效液相色谱固定相

高效液相色谱中的固定相主要采用了 3～10 μm 的微粒固定相，使用微粒填料有利于减小涡流扩散，缩短溶质在两相间的传质扩散过程，提高色谱柱的分离效率。不同类型的高效液相色谱，其固定相或柱填料的性质和结构各不相同。

一、液液分配色谱固定相

液液分配色谱的固定相由载体和固定液组成。最常用的载体材料是硅胶，可以将固定液直接涂渍或通过化学反应键合于载体表面，后者称为化学键合固定相，它具有耐溶剂冲洗、不流失、柱效高、寿命长，以及适于梯度洗脱等优点，在现代液相色谱中占有重要地位，是液液分配色谱的理想固定相。

涂渍法常用的固定液只有几种极性不同的物质，如β,β'-氧二丙腈、聚乙二醇、聚酰胺、正十八烷和异三十烷等。极性固定液用于正相色谱法，非极性固定液用于反相色谱法。在化学键合固定相中，硅胶表面键合氰基、氨基和二醇基等极性基团的固定相用于正相色谱法，键合 C_8、C_{16}、C_{18}、C_2 烷基和苯基等非极性基团的固定相用于反相色谱法。

二、液固吸附色谱固定相

液固吸附色谱的固定相多为具有吸附活性的吸附剂，分为极性和非极性两大类。极性固定相主要有硅胶、氧化铝、硅酸镁分子筛等；非极性固定相主要有高分子多孔微球、高强度多孔活性炭微粒等。

液固吸附色谱中吸附剂不与流动相和被测组分发生化学反应，要有高的吸附容量，不溶于流动相等特点，因此硅胶微球是良好的通用吸附剂。硅胶吸附剂表面结构是决定色谱性能的主要因素，其次是它的粒度大小、分布范围，装柱技术对柱效能的影响也很大。由于硅胶微球表面存在不同活性强度的吸附部位，从而引起色谱峰严重的拖尾现象。为此需进行失活处理，降低吸附活性，方法是调节硅胶的含水量。吸附剂的含水量对于分离效率、不可逆吸附、吸附系数等有很大影响，在进行重复性分离时，必须控制吸附剂的含水量。硅胶主要用于分离溶于有机溶剂的极性到弱极性范围的分子型化合物。由于硅胶的吸附活性中心具有一定的几何排列顺序，因此也用来分离某些几何异构体。

三、离子交换色谱固定相

离子交换色谱的固定相为离子交换剂。离子交换剂由基体和带电荷的离子基构成，根据离子基所带电荷的不同，分为阳离子交换剂与阴离子交换剂；根据离子基的酸度和碱度，阳、阴离子交换剂又有强弱之分，如强酸性阳离子交换剂常含有磺酸基（$—SO_3H$），而弱酸性阳离子交换剂则含有羧基（—COOH）或酚羟基（—OH）官能团；强碱性阴离子交换剂常含有烷基胺官能团，如$—N(CH)_3Cl$，而弱碱性阴离子交换剂则含有弱碱性的$—NH_2$ 官能团。根据所用基体不同，离子交换剂又分为两种类型，即以交联聚苯乙烯为基体的离子交换树脂和以硅胶为基体的离子交换硅胶。前者交换容量大，pH 操作范围宽，但柱效低，遇水有溶胀现象，不耐高压；而后者机械强度高，不溶胀，耐压，高效，但交换容量小，pH 范围窄。选择固定相时主要考虑离子基的性质，若样品是酸性化合物，需采用阴离子交换剂；若样品是碱性化合物，则采用阳离子交换剂。

四、排阻色谱固定相

体积排阻色谱的固定相为具有一定孔径分布的多孔性凝胶物质。对固定相的要求是：孔径分布应有确定的范围、能承受高压，吸附性极小等。其中孔径的大小和分布是固定相的最重要参数，它表明可分离组分的分子量范围。固定相根据其化学成分不同分为无机凝胶（如多孔硅胶、多孔玻璃等）和有机凝胶（如交联聚苯乙烯、交联葡聚糖等）两类，前者机械强度高，稳定性好，耐高温高压，但具有一定的吸附性；后者渗透性好、柱效高，在合成过程中，可通过控制交联剂用量，以得到不同交联度的凝胶，用于不同分子量物质的分离。

第六节　高效液相色谱流动相

液相色谱中的流动相，又称冲洗剂、洗脱剂，它有两个作用，一是携带样品前进，二是给样品一个分配相，进而调节选择性，以达到混合物的分离。与气相色谱比较，液相色谱中可供选择的流动相溶剂要多得多，不仅使用纯溶剂，而且还可使用混合溶剂。因此，流动相的性质、组成对柱效能、选择性的影响很大，通过改善溶剂的性质及组成可提高 HPLC 的分离度及分析速度。流动相应满足以下要求。

（1）合适的溶解能力与极性。对于待测样品，流动相溶剂必须有良好的选择性和合适的极性，同时要有一定的溶解能力，且对固定液的溶解度尽可能小。

（2）化学稳定性要好，与固定相和被测组分不发生化学反应。

（3）与检测器相匹配。紫外检测器是液相色谱中使用最广泛的检测器，因此流动相应当在使用的紫外波长下没有吸收或吸收很小。而当使用示差折光检测器时，应选择折射率与样品中组分的折射率有尽可能大的差别的流动相，以提高灵敏度。

（4）溶剂的纯度要高。纯度不高时会导致基线不稳定和产生干扰等。实验中至少应使用分析纯试剂，一般使用色谱纯试剂。

（5）溶剂的流动性要好，黏度要低。若流动相黏度大，则一方面液相传质慢，柱效能低；另一方面柱压降增加，因此应选择低沸点的溶剂。但黏度过低的溶剂又常常会在色谱柱内形成气泡，影响分离。

一、液液分配色谱流动相

液液分配色谱中使用溶剂作为流动相。溶剂洗脱组分的能力与溶剂的极性有关，极性增大，溶剂的洗脱强度也会增大。因此，可以通过组成混合溶剂来改善分离的选择性。液液分配色谱所用流动相的极性必须与固定相有显著不同，这主要是为了避免因固定液溶于流动相而流失。为使组分获得良好的分离，通常希望组分的容量因子保持在 1～10 范围，若组分的容量因子大于 10 或小于 1 时，可通过调节流动相的极性来获取适用的容量因子值。

在正相分配色谱法中，固定相载体上涂渍的是极性固定液，流动相是非极性溶剂。它可用来分离极性较强的水溶性样品，组分中非极性组分先洗脱出来，极性组分后洗脱出来。正相分配色谱法中的流动相主体为己烷、庚烷，可加入小于 20%的极性改性剂，如 1-氯丁烷、异丙烷、二氯甲烷、氯仿、乙酸乙酯、四氢呋喃、乙腈等。

在反相分配色谱法中，固定相载体上涂渍极性较弱或非极性的固定液，而用极性较强的溶剂作流动相。它可用来分离油溶性样品，其洗脱顺序与正相液液色谱相反，即极性组分先被洗脱，非极性组分后被洗脱。反相分配色谱法中的流动相主体为水，可加入一定量的改性剂，如乙二醇、甲醇、异丙醇、丙、乙腈等。

梯度洗脱时，正相色谱通常逐渐增大洗脱剂中极性溶剂的比例；而反相色谱则与之相反，应逐渐增大甲醇和乙腈的比例。反相色谱中溶剂极性越弱，其洗脱能力越强，溶剂强度越高；反之溶剂极性越强，其洗脱能力越弱，溶剂强度越低。水是极性最强的溶剂，也是反相色谱中溶剂强度最弱的溶剂。

二、液固吸附色谱流动相

液相色谱中流动相的作用非常重要，对于特定的分离对象，分离选择性和分离速度主要通过选择合适的流动相来实现。在液固吸附色谱中，流动相的极性强度常用洗脱剂的强度参数 ε^0 表示，ε^0 越大，表示洗脱剂的极性也越大。

在液固吸附色谱中，若使用硅胶、氧化铝等极性固定相，应以 ε^0 值小的弱极性戊烷、己烷、庚烷作流动相的主体，再适当加入二氯甲烷、氯仿、乙酸乙酯等中等极性溶剂，或四氢呋喃、乙腈、甲醇、水等极性溶剂作为改性剂，以调节流动相的洗脱强度，实现样品中不同组分的良好分离。若使用高分子多孔微球等非极性固定相，应以 ε^0 值大的水、甲醇、乙醇等极性溶剂作为流动相的主体，可加入四氢呋喃、乙脂等改性剂，以调节流动相的洗脱强度，实现样品中各组分的良好分离。

在液固吸附色谱中，对复杂混合物的分离，难以用纯溶剂洗脱来实现，此时需要用二元或三元混合溶剂体系来提高分离选择性。二元混合溶剂一般以一种极性强的溶剂和一种极性弱的溶剂按一定比例混合来制得所需的流动相，其洗脱强度随溶剂组成的改变而连续变化。

使用二元混合溶剂的不足之处是由于非极性溶剂（如戊烷）和极性溶剂（甲醇）有时不能以任意比例混合而发生溶剂的分层现象。为此可加入分别能与这两种溶剂混溶的具有中等极性的第三种溶剂（如异丙醇、二氯甲烷、二氯乙烷、乙酸乙酯等），构成三元混合溶剂系统，而使混合溶剂强度发生改变，并可使用梯度洗脱操作。

三、离子交换色谱流动相

离子交换色谱的流动相一般采用盐类的缓冲水溶液。水是一种理想的溶剂，以水溶液为流动相时可以通过改变流动相的 pH、缓冲液的类型、离子强度及加入少量有机溶剂、配位剂等方式来改变交换剂的选择性，使待测组分达到有效分离。在实际分析工作中，通常用钠、钾、铵的柠檬酸盐、磷酸盐、甲酸盐与其相应的酸混合成的酸性缓冲溶液或与氢氧化钠混合成的碱性缓冲溶液作为离子交换色谱的流动相。

四、排阻色谱流动相

体积排阻色谱的流动相与其他类型色谱的不同之处是在体积排阻色谱中，选择流动相的目的不是控制分离，而只是作为待分离样品的运输工具，因而对其要求是黏度低、毒性小，对样品的溶解性好，对固定相能浸润，与所用检测器匹配。常用的流动相有四氢呋喃、甲苯、氯仿和水等。

第七节　液相色谱法在环境分析监测中的应用

液相色谱法现已广泛用于环境监测之中，并且随着新型仪器的研制，液相色谱法已成为环境优先污染物分析的重要手段之一。几种环境样品色谱分析实例如下。

（1）污水试样中氮川乙酸的色谱分析（表 17.7.1 和图 17.7.1）。

表 17.7.1　污水试样中氮川乙酸的色谱分析

固定相	色谱柱	长度/m	外径/in	流动相	检测器	柱压	化合物
SAX, Zipax		1	1/4	0.02 mol/L $Na_2B_4O_7$, pH=9.0	UV(Dupont820 液体色谱仪）	高	见图 17.7.1

注：1 in（英寸）=0.0254 m。

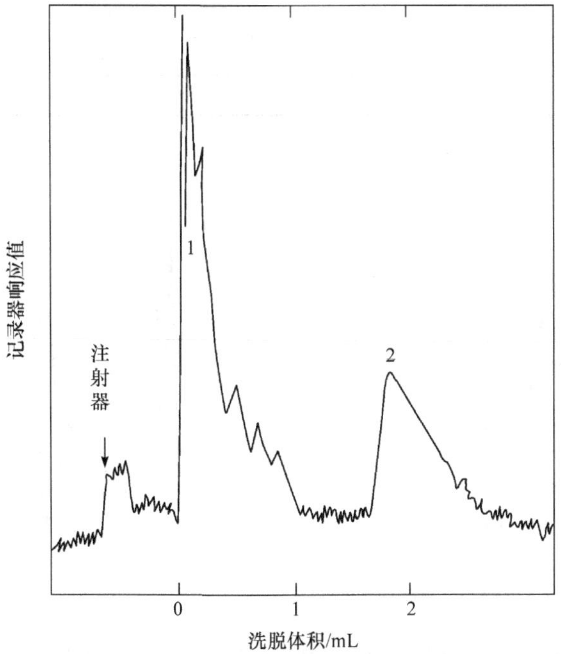

图 17.7.1　污水试样中氮川乙酸的色谱图

1. 未鉴定物质；2. 氮川乙酸（3.0 mg）

（2）污泥中有机酸的高速液相色谱分析（表 17.7.2 和图 17.7.2）。

表 17.7.2　污泥中有机酸的高速液相色谱分析

固定相	色谱柱	长度/m	外径/in	流动相	检测器	化合物
SAX，Zipax		2	2.1	磷酸缓冲盐	UV202（210 nm）	见图 17.7.2

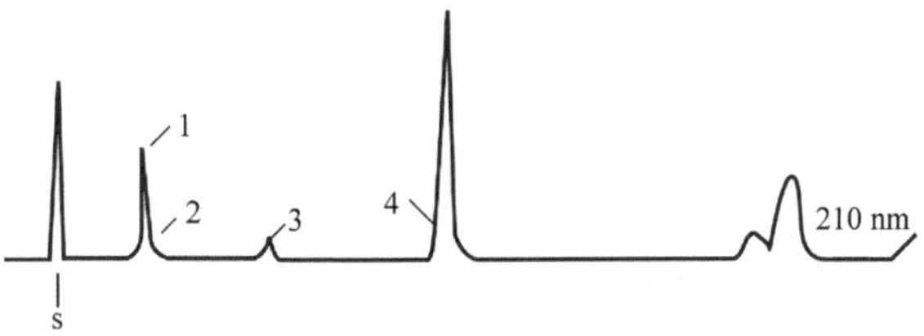

图 17.7.2　污泥中有机酸的色谱图

1. 正丙酸；2. 正丁酸；3. 乙酸；4. 甲酸

（3）锅炉给水中阴离子的测定（表 17.7.3 和图 17.7.3）。

（4）碱土类金属的液相色谱分析（表 17.7.4 和图 17.7.4）。

表 17.7.3　锅炉给水中阴离子的测定

固定相	Chromex 阴离子交换剂
色谱柱	
长度/m	1
外径/in	2.8
流动相	0.005 mol 碳酸钠和 0.004 mol 氢氧化钠的无离子水溶液
流速/（mL/h）	105
检测器	电化学
柱压/MPa	1.378
化合物	见图 17.7.3

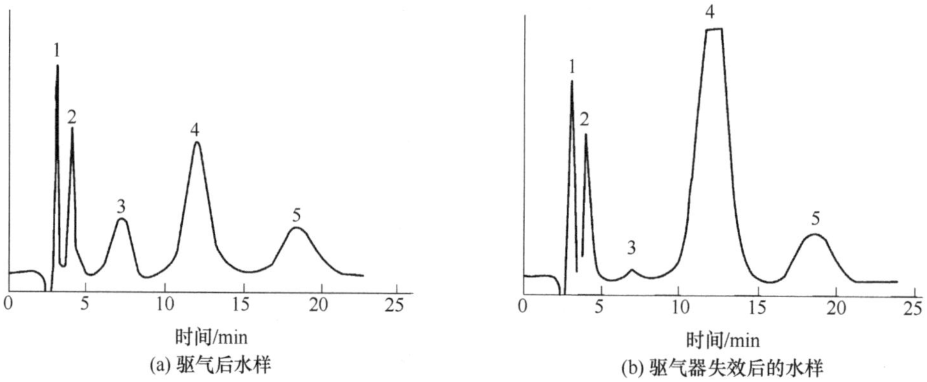

图 17.7.3　锅炉给水中的阴离子色谱图

1. 羟基乙酸根；2. Cl^-；3. SO_3^{2-}；4. SO_4^{2-}；5. PO_4^{3-}

表 17.7.4　碱土类金属 Ca^{2+}、Sr^{2+}、Ba^{2+}、Mg^{2+}（2×10^{-7} mol）的液相色谱分析

固定相	2613 离子交换树脂
色谱柱	
长度/m	0.06
外径/in	9
柱温/℃	40
流动相	2 mol 乙酸铵（pH=9.2）
检测器	库仑计（检测电位：+0.22 V，相应于 Ag-AgI）
化合物	见图 17.7.4

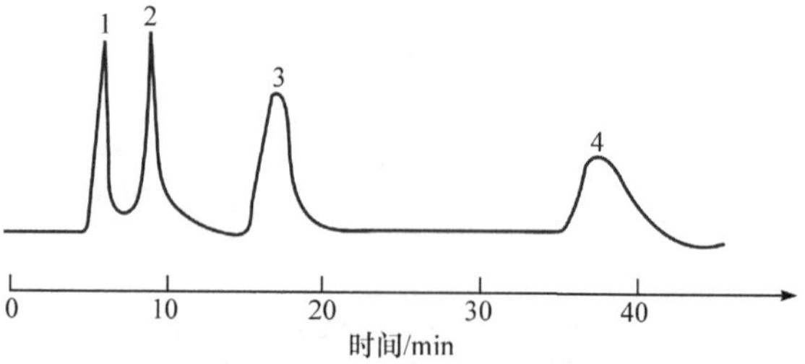

图 17.7.4　碱土类金属色谱图

1. Mg^{2+}；2. Ca^{2+}；3. Sr^{2+}；4. Ba^{2+}

（5）空气中异氰酸酯类的分离（表 17.7.5 和图 17.7.5）。

表 17.7.5　空气中异氰酸酯类的分离

固定相	HC Pellosil
色谱柱	
长度/m	0.6096
外径/cm	0.238125
柱温/℃	环境温度
流动相	M_1（0.8%无水乙醇正己烷溶液）；M_2（8%无水乙醇正己烷溶液）梯度洗脱
流速/（mL/min）	2
检测器	UV（254 nm）
柱压/MPa	20.668693
化合物	见图 17.7.5

（6）三种硝基苯甲酸的分离（表 17.7.6 和图 17.7.6）。

表 17.7.6　三种硝基苯甲酸的分离

固定相	薄膜分子筛（Pellisieve8A）30～40 nm
色谱柱	
长度/m	1
外径/mm	2.1
柱温/℃	22
流动相	四氢呋喃
流速/（mL/min）	1.3
检测器	UV
柱压/MPa	4.1337386
化合物	见图 17.7.6

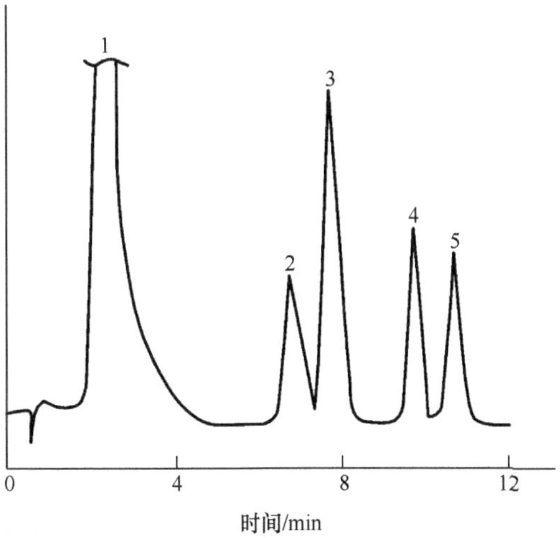

图 17.7.5　空气中异氰酸酯的色谱图

1. 硝基试剂（*N*-4-硝基苯-*N*-正丙基胺）；2. 对硝基酚；3. 甲苯二异氰酸酯；4. 1, 6-亚乙基二异氰酸酯；5. 4, 4′-二苯基甲烷二异氰酸酯

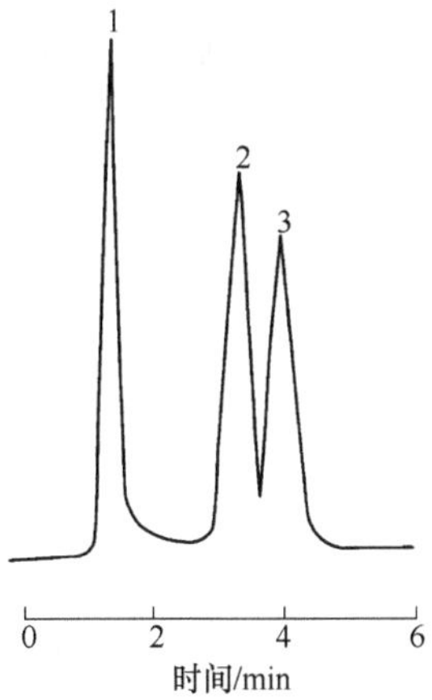

图 17.7.6　三种硝基苯甲酸的色谱图

1. 2, 4, 6-三硝基苯甲酸；2. 3, 5-二硝基苯甲酸；3. 对硝基苯甲酸

第十八章　质谱分析及其联用技术

第一节　概　　述

将化合物分子电离成不同质量的离子，利用电磁学原理，按其质荷比（m/z）的大小依次排列成谱，收集和记录下来，称为质谱。以质量为基础建立起来的分析方法称为质谱法（mass spectrometry，MS）。从 20 世纪 50 年代后期以来，质谱法已经成为鉴定有机物结构的重要方法。随着气相色谱、高效液相色谱等与质谱的成功联用及计算机的飞速发展，质谱法逐渐成为分析、鉴定复杂混合物最有效的工具。质谱法具有以下特点。

（1）是唯一可以确定分子式的方法，而分子式对结构推测至关重要。

（2）灵敏度高。通常只需要微克级甚至更少质量的样品，便可得到质谱图，检出限最低可达 10^{-14} g。

（3）根据各类有机化合物中化学键的断裂规律，质谱图中的碎片离子峰提供了有关有机化合物结构的丰富信息。

目前质谱法已经广泛地应用于石油、化工、地质、环境、食品、公安、农业等行业或部门。

如图 18.1.1 所示，质谱仪一般由真空系统、供电系统、进样系统、离子源、质量分析器和离子检测器等部分组成。

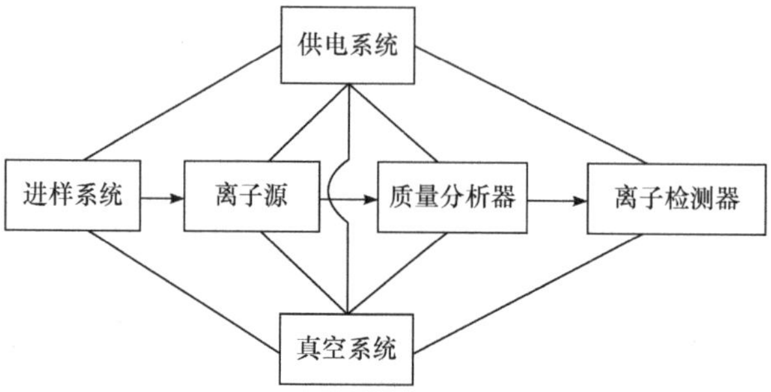

图 18.1.1　质谱仪的构成

质谱是纯物质鉴定最有力的工具，其中包括分子量测定、化学式确定及结构鉴定等。

一、离子源

质谱测量物质必须先将中性待测分子离子化，然后才能测量离子的质荷比，最后得到分子量信息。离子源就是将中性待测分子离子化的部件。常用的离子源有电子电离（electron ionization，EI）离子源、化学电离（chemical ionization，CI）离子源、电喷雾电离（electrospray ionization，ESI）离子源、电感耦合等离子体（inductively coupled plasma，ICP）离子源等。不同离子源的电离效果和应用范围是有区别的，因此，选择质谱检测环境样品前，需要了解质谱的离子源是否符合要求。

根据离子源的电离过程和特点可以将其分为以下几种。

1. 电子电离离子源

EI 离子源使用具有一定能量的电子直接作用于样品分子，使其电离。当电子能量为 50～100 eV 时，大多数分子的电离截面是最大值。有机分子的电离势在 10 eV 左右，当受到大于这一能量的电子轰击时，样品分子获得很大的能量，电离发生后还可能进一步碎裂，产生碎片离子，所以电子轰击电离是一种“硬电离”。

EI 离子源电离效率高，能量分散小，保证了质谱仪的高灵敏度和高分辨率。该离子源适合于所有可以气化进样的待测物，并且 70 eV 电子能量的 EI 离子源电离待测物几乎都有标准的质谱库，可以根据谱库检索对未知物定性。因此，EI 离子源是实验室标准质谱仪器中最常用、最经典的离子源。

下面对 EI 源中分子的电离过程进行详细介绍。

1）分子的电离与 Franck-Condon 原理

在电子电离中，样品分子 M 受到一定能量（如 70 eV）电子的轰击失去一个电子，生成分子离子 M^+。电离速度比振动速度快 2～3 个数量级。在发生电离的过程中，分子内原子核间距来不及发生改变，遵从 Franck-Condon 原理。

若分子离子与中性分子的能量最低点对应的核间距相等或十分接近，电离生成的分子离子处于振动基态的概率最大。这个电离过程需要的能量称为绝热电离能。这一情形可用来描述分子失去杂原子上的一个非成键电子的电离。若分子离子的能量最低点对应的核间距大于中性分子的这一核间距，电离生成的分子离子更多地处于振动激发态。这个过程需要的能量称为分子的垂直电离能。分子失去一个成键电子的电离过程对应于这一情形。

2）电离能和出现能

对于分子 M 的电离过程，反应式（18.1.1）的反应热 IE_{M} 即为该分子的电离能。

$$\mathrm{M} + \mathrm{e}^- \longrightarrow \mathrm{M}^+ + 2\mathrm{e}^- \tag{18.1.1}$$

$$IE_{\mathrm{M}} = \Delta_{\mathrm{f}} H_{\mathrm{M}^+}^{\ominus} - \Delta_{\mathrm{f}} H_{\mathrm{M}}^{\ominus} \tag{18.1.2}$$

式中，$\Delta_{\mathrm{f}} H_{\mathrm{M}^+}^{\ominus}$ 和 $\Delta_{\mathrm{f}} H_{\mathrm{M}}^{\ominus}$ 分别为 M^+ 和 M 的生成热。

对于分子离子 M^+ 的碎裂过程，反应式（18.1.3）所需的最低能量称为临界能：

$$\mathrm{M}^+ \longrightarrow \mathrm{F}^+ + \mathrm{N} \tag{18.1.3}$$

在质谱仪中，为了使反应产生的碎片离子 F^+ 能够被检出，反应的速率必须足够快，这就要求发生分解的 M^+ 的热力学能稍高于反应的临界能。这个能力称为碎片离子 F^+ 的出现能 AE。其超出反应临界能的部分称为非固定能（$E^{\neq}$），它是动能释放的来源。

电离能和出现能可通过多种方法测定。常用的测定方法是光致电离或电子电离质谱法和光电子谱法。

质谱法中，在相关离子电离效率曲线上，离子刚刚出现时所对应的能量，即分子的电离能（或碎片的出现能）。准确度 5～10 meV。

光电子谱法所测定的分子电离能更准确。分子的最高占据轨道上电离出来的电子，其动能为光子的能量与分子的电离能之差。准确度 1～2 meV。

分子结构的改变对电离能有明显的影响。如向脂肪族化合物中引入含杂原子的取代基，可使分子的电离能显著降低。

2. 化学电离离子源

与 EI 离子源不同的是，CI 离子源是一种软电离源，它通过离子-分子反应的过程将待测物离子化，待测物的产物离子更多的是（准）分子离子峰，碎片较少。

CI 离子源通过引入大量的试剂气，使样品分子与电离电子不直接作用。试剂气分子被离子化后与样品分子发生离子-分子反应，使样品实现电离。这个过程碎裂较少，化学电离通常在 1.0 Torr①左右的源压下进行，主要包括正离子模式和负离子模式。

正离子模式 $$GH^+ + M \longrightarrow [M+H]^+ + G \tag{18.1.4}$$

负离子模式 $$[G—H]^- + M \longrightarrow [M—H]^- + G \tag{18.1.5}$$

式中，G 为试剂分子；GH^+和$[G—H]^-$为试剂离子；M 为被分析物。

1）分子和离子的热化学性质

在化学电离中，分子和离子的热化学性质是描述这些离子-分子反应的重要参数。

（1）质子亲和势与气相碱度。

质子转移反应是最常见的化学反应之一，也是化学电离中最重要的反应。分子间的质子转移反应由反应物接受质子的能力决定。分子 M 的质子亲和能可用质子转移反应的$-\Delta H^{\ominus}$和$-\Delta G^{\ominus}$表示，分别称为 M 的质子亲和势（PA）和气相碱度（GB）。

$$M + H^+ \longrightarrow MH^+ \tag{18.1.6}$$

$$PA_{(M)} = -\Delta H^{\ominus} \qquad GB_{(M)} = -\Delta G^{\ominus} \tag{18.1.7}$$

对于多官能团分子而言，质子转移反应可能在各位置上竞争。在这种情况下，确定质子转移发生的位置对于 CI 质谱解析具有重要意义。一个典型的例子是，羧酸及其脂的质子转移优先发生在羟基氧上，酰胺的质子转移也优先发生在羟基氧上。

（2）氢负离子亲和势。

气相正离子的氢负离子亲和势（HIA）定义为下列反应的负焓变：

$$A^+ + H^- \longrightarrow RH \tag{18.1.8}$$

$$HIA_{(R^+)} = -\Delta H \tag{18.1.9}$$

氢负离子亲和势可反映碳正离子的相对稳定性，在化学电离质谱中可用来判断其抽取氢负离子的能力。CH_3^+、CF_3^+等可以从大多数有机化合物中抽取 H^-，而 $C_2H_5^+$抽取 H^-的能力很弱，在 CI 质谱中主要作为质子转移的试剂离子。

① 1 Torr ≈ 133.32 Pa。

（3）电子亲和势。

负离子的重要热力学常数之一是电子亲和势（E_A）。电子亲和势是使负离子失去一个电子所需的最低能量。电子亲和势较大的 O^-、Cl^-、OH^-、CH_3O^-等与大多数有机分子不发生放热的电荷交换反应，而 O_2^-的电子亲和势很低，是常用的电荷交换试剂离子。

（4）气相酸度。

中性分子异裂产生质子和负离子的反应是最常见的反应之一。化合物经这一反应产生质子的能力是其酸性的标度。分子 AH 的酸性越弱，其共轭碱的质子亲和势越大。如弱酸性分子 NH_3、H_2O 和 HO · 对应的共轭碱 NH_2^-、HO^-和 O^{2-} 的质子亲和势较大，可以从许多有机化合物中抽取质子。强酸性分子 HCl、HBr、HI 的共轭碱 Cl^-、Br^-、I^-的质子亲和势较小，它们抽取质子的能力较弱。

（5）结构对热化学性质的影响。

在中心原子上，烷基取代基的增加使分子的质子亲和势增加。这时因为分子质子化后，烷基对中心原子上的电荷起到稳定化作用。

碳正离子的氢负离子亲和势是其稳定性的指标。中心碳原子上的烷基取代基能使电荷有效离域，增加碳正离子的稳定性。分子内氢键对质子亲和势有显著影响，双官能团分子的 PA 比相应的单官能团分子大很多。

2）化学电离中的离子分子反应

仅考虑与样品电离过程有关的反应。

（1）质子转移反应。

在化学电离的各类离子-分子反应中，质子转移反应是最普遍的一类。对于许多常见的质子化试剂，其反应离子产生本身也是一个质子转移反应。

$$A^+ + M \longrightarrow MH^+ + A-H \tag{18.1.10}$$

质子转移反应已经被多种质谱技术独立采用，对挥发性有机物进行质子化检测，后续章节将详细介绍。动力学研究表明，气相质子转移反应几乎以碰撞速率进行。热效应决定了质子转移的速率，放热过程的每一次碰撞都发生反应，热中性和吸热反应效率明显降低。

（2）电荷交换反应。

正离子和中性分子作用可以导致电荷交换反应，产生奇电子的分子离子。负离子与中性分子作用也可发生电荷交换反应。

（3）氢负离子转移反应。

氢负离子转移反应是烃类（尤其是烷烃）化合物的 CI 源中一类常见的反应。

$$A^+ + M \longrightarrow [M-H]^+ + AH \tag{18.1.11}$$

$C_2H_5^+$和 i-$C_3H_7^+$与更高级的直链烷烃和支链烷烃的氢负离子转移反应接近碰撞速率常数。$C_4H_9^+$与正构烷烃几乎不反应。

（4）加合与缔合反应。

最常遇到的加合反应发生在以 NH_3 作试剂气的化学电离中。

$$A^+ + M \longrightarrow [M+A]^+ \tag{18.1.12}$$

采用碱性更强的胺，如乙二胺或二甲胺，有时更有利于形成加合离子。

在化学电离源 0.5～1.0 Torr 压力下，许多化合物可能形成以质子桥联的二聚体甚至高聚体$[nM+H]^+$（$n = 2, 3,\cdots$），尤其是分子中含有 OH、NH_2、CO_2H 等基团时。

（5）特殊反应。

为了特殊的分析目的，在化学电离质谱中，采用特殊的试剂气，会发生一些特殊的反应，如加成反应、缩合反应等。

3）化学电离中的试剂体系

化学电离的试剂体系多种多样，一般来说，有以下几个要求：①分子量小，背景干扰少；②在低质量区产生尽可能少的反应离子，而且这些离子的丰度在一定的压力范围内对源压的微小变化不敏感，以保证谱图的重现性；③样品分子电离后不再与试剂气进一步反应，以免形成加合或簇合离子，这些离子的丰度易随源压和源温变化；④试剂气的高纯态易得。

（1）质子转移试剂。

使用最广泛的化学电离试剂是能产生质子酸 AH^+的反应离子的化合物。典型的有甲烷（$CH_5^+, C_2H_5^+$）、异丁烷（$t\text{-}C_4H_9^+$）、水（H_3O^+）、甲醇（$CH_3OH_2^+$）和氨（NH_4^+）。

（2）电荷交换试剂。

常用的是惰性气体：N_2（N_2^+）、CO（CO^+）、CO_2（CO_2^+）、Ar（Ar^+）、Kr（Kr^+）、Xe（Xe^+）和苯（$C_6H_6^+$）。电荷交换化学电离可以研究分子离子的碎裂反应与能量的关系。

3. 电喷雾电离离子源

ESI 方法的工作原理是：内衬弹性石英管的不锈钢毛细管（内径约 0.1 mm）被加以 3～5 kV 的正电压，与相距约 1 cm 接地的反电极形成强静电场。被分析的样品溶液从毛细管流出时在电场作用和辅助气流的作用下形成高电荷的雾状小液滴，在加热气体的作用下，液滴因溶剂的挥发逐渐缩小，其表面上的电荷密度不断增大。当电荷之间的排斥力足以克服表面张力时，液滴发生裂分，产生带电的更小微滴，这些液滴中溶剂再蒸发，此过程不断重复，直到液滴变得足够小，表面电荷形成的电场足够强，最终把样品离子从液滴中解吸出来，形成的样品离子通过锥孔、聚焦透镜进入质谱仪分析器后被检测。

ESI 所能承受的液体流量通常为 1～20 L/min。向喷雾区引入一股逆向的氮气流可以促进雾状液滴的脱溶剂过程。而在内衬的弹性石英管与金属毛细管之间增加一股同轴的助雾化气流可使液体流量提高到 2 mL/min，这样可使液相色谱与质谱直接联用。

另外，为了提高灵敏度，采用内径更小的毛细管（5～50 μm）可使液体流量降低至 50 μL/min，喷出的液滴直径可由微米级降至纳米级，因而又称为纳级喷雾。纳级喷雾比常规喷雾的电离效率提高了约 2 个数量级，检出限可达 10^{-21} mol/μL。

电喷雾通常要选择合适的溶剂。除了考虑对样品的溶解能力外，溶剂的极性也需考虑。一般来说，极性溶剂（如甲醇、乙腈、丙酮等）更适合于电喷雾。对于水溶液，由于液体表面张力较大，ESI 要求的阈电位也较高。为了避免高压放电，可向喷雾区引入有效的电子清除剂或使离子源加热以降低表面张力。

为了对复杂基质中的样品进行长时间稳定监测，后来又陆续发展出电喷雾解吸电离源（DESI）和电喷雾萃取电离源（EESI）。DESI 的典型装置由 ESI 装置和承载样品表面两部分组成，是 ESI 和解吸附作用的综合体现。EESI 装置主要由电喷雾通道和中性样品通道两部分以一定角度交叉组成，在大气压环境下，EESI 一般通过电喷雾酸性甲醇或水制备初级离子（主要是带电的液滴），带电液滴与从样品通道产生的样品液滴在空间进行碰撞融合，发生液液萃取和电荷转移作用，继而发生去溶作用，从而获得待测物的离子以供后续质谱分析。

4. 电感耦合等离子体离子源

ICP 离子源是将待测物离子化为单原子离子，特别适用于后续接质谱或光谱设备，对待测物的元素进行分析，特别适合金属元素电离分析。

ICP 主体是一个由三层石英套管组成的矩管，矩管上端绕有负载线圈，三层管从里到外分别通载气、辅助气和冷却气，负载线圈由高频电源耦合供电，产生垂直于线圈平面的磁场。如果通过高频装置使氩气电离，则氩离子和电子在电磁场作用下又会与其他氩原子碰撞产生更多的离子和电子，形成涡流。强大的电流产生高温，瞬间形成温度可达 10000 K 的等离子焰炬。样品由载气带入等离子体焰炬会发生蒸发、分解、激发和电离，辅助气用来维持等离子体，需要量大约为 1 L/min，冷却气以切线方向引入外管，产生螺旋形气流，使负载线圈处外管的内壁得到冷却，冷却气流量为 10～15 L/min。

除上述常用的 EI、CI、ESI 和 ICP 离子源外，还有激光电离源、真空紫外光电离源等可以用于化合物的电离。

二、质量分析器

质量分析器是对离子的质荷比进行筛选识别的器件，主要有磁质谱仪、四极杆质谱（QMS）仪、飞行时间质谱（TOFMS）仪、离子阱质谱仪、傅里叶变换离子回旋共振质谱（FT-ICR）仪，以及相关串级质谱仪和新发展的 Orbitrap 质谱仪等。

1. 磁质谱仪

磁质谱仪分为单聚焦和双聚焦两种。单聚焦质谱仪只有一个磁场；双聚焦质谱仪除了磁场外，还有一个静电场。双聚焦质谱仪中静电场和磁场的放置顺序有两种形式：①顺置形式，即静电场在前面，磁场在后面；②反置形式，即磁场在前面，静电场在后面。反置形式除了与顺置形式有相同的功能外，还具有一些独特的功能（可做 MIKE 谱），该构型是最重要的质谱/质谱串联结构之一。

一个质量为 m，电荷价态为 z 的离子经加速电压加速后，获得动能 zeV，并以速度 v 运动，忽略加速前的热运动，则

$$\frac{1}{2}mv^2 = zeV \tag{18.1.13}$$

将该离子垂直射入扇形磁场（磁场强度 B）中，在洛伦兹力作用下做圆周运动（图 18.1.2），所受到的向心力与离心力平衡。所以

$$Bzev = \frac{mv^2}{r} \tag{18.1.14}$$

合并以上两式可得

$$r = \frac{1}{B}\left(\frac{2mV}{ze}\right)^{1/2} \tag{18.1.15}$$

当仪器将离子的运动轨道半径 r 固定后，上式可写为

$$\frac{m}{z}=k\frac{B^2}{V} \tag{18.1.16}$$

这表明，离子的质荷比（m/z）与磁场强度的平方成正比，而与加速电压成反比。若将加速电压固定，扫描磁场可检出样品分子生成的各种 m/z 值的离子。增加磁场强度可使仪器的质量范围增大，降低加速电压也能达到同样的目的，但仪器灵敏度有所下降。

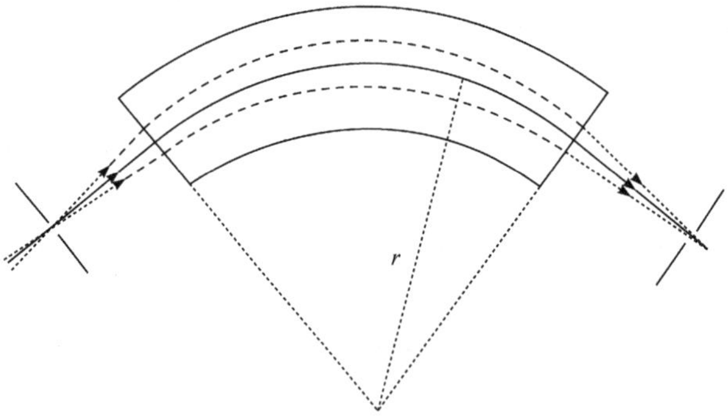

图 18.1.2　离子在扇形磁场中的运动

2. 四极杆质谱仪

QMS 的质量分析器由四根平行电极组成（图 18.1.3）。理想的电极截面是两组对称的双曲线。在一对电极上加电压 $U+V\cos\omega t$，另一对上加电压 $-(U+V\cos\omega t)$，其中 U 是直流电压，$V\cos\omega t$ 是射频电压。以 U/V= 常数，对 V 进行扫描，可使一组不同质量的离子先后进入稳定区而被检测。QMS 可以自身串联，还可以与其他质量分析器串接，形成多级质谱分析仪。

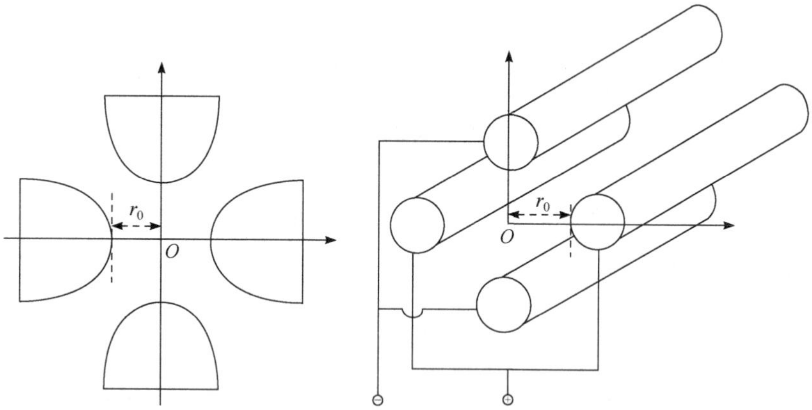

(a) 理想的双曲面电极　　(b) 圆柱形电极

图 18.1.3　四极质量分析器

与 QMS 有些相似的四极离子阱还可以选择并储存离子，可用于气相离子-分子反应研究。它由三个特殊电极组成，可以在阱中使样品电离，也可以使用外部离子源。

QMS 一般质量分辨不高，但皮实耐用，并且目前所有的 EI 离子源的质谱数据库均基于 QMS 的谱图，实验室气相色谱-质谱联用仪配置最普遍的也是 QMS。

3. 飞行时间质谱仪

在飞行时间质谱仪（图 18.1.4）中，离子源中产生的离子经电压 V 加速后获得的速度为

$$v = \sqrt{\frac{2zeV}{m}} \tag{18.1.17}$$

经过长度为 L 的漂移管到达探测器，离子飞行需要的时间：

$$t = \frac{L}{v} = L\sqrt{\frac{m}{2zeV}} \tag{18.1.18}$$

两个质量分别为 m_1、m_2 的离子的飞行时间差为

$$\Delta t = \frac{L(\sqrt{m_1} - \sqrt{m_2})}{\sqrt{2zeV}} \tag{18.1.19}$$

仪器的分辨率可以近似地由时间表示：

$$\frac{m}{\Delta m} \approx \frac{t}{2\Delta t} \tag{18.1.20}$$

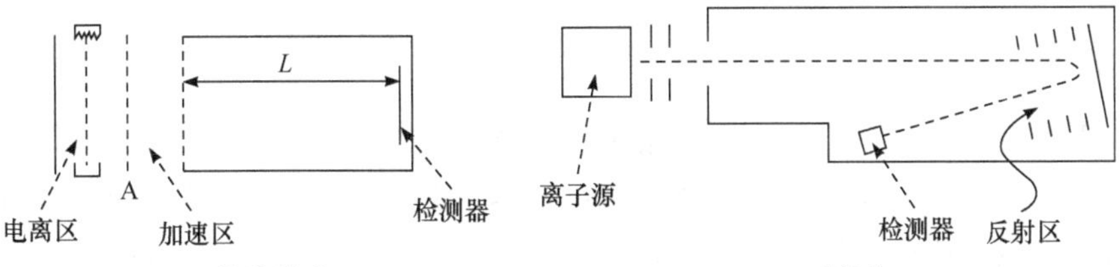

图 18.1.4　飞行时间质谱仪

在 TOFMS 中，质谱峰变宽，从而使分辨率下降的主要因素有离子的起始空间分布、离子的起始动能分布及离子形成时间的分布。

离子的起始空间分布可用空间聚焦方法减少其对分辨率的影响。离子的起始动能分布可使用能量补偿装置（如反射器）减少其对分辨率的影响。配备反射器的 TOFMS 称为反射式 TOFMS，而未配备反射器的仪器称为直线式 TOFMS。影响 TOFMS 分辨率的另一个因素是离子形成时间的分布，可以采用离子延时提取或脉冲引出技术来矫正这一因素。

TOFMS 的分辨率更高，分辨率达到几万的高分辨 TOFMS 可以对质荷比相近的离子进行区分，但因为精度高，环境温度等因素都可能导致飞行管长度变化及电子学器件的输出变化，最终导致质量偏移，因此目前进口的商用 TOFMS，仍需要实时质量校准或每天质量校准。

4. 傅里叶变换离子回旋共振质谱仪

傅里叶变换离子回旋共振是一种超高分辨的质谱，它的分析室是一个置于均匀（超导）磁场中的立体方腔（图 18.1.5）。加在垂直于磁场的捕集电极上的低直流电压形成一个静电场将离子拘禁于室中。通过发射电极向离子加一个射频电场，若射频电压的频率正好与离子回旋的频率相同，离子将共振吸收能量，轨道半径逐步增大，在接收电极上将产生镜像电流，其频率对应离子的质量。

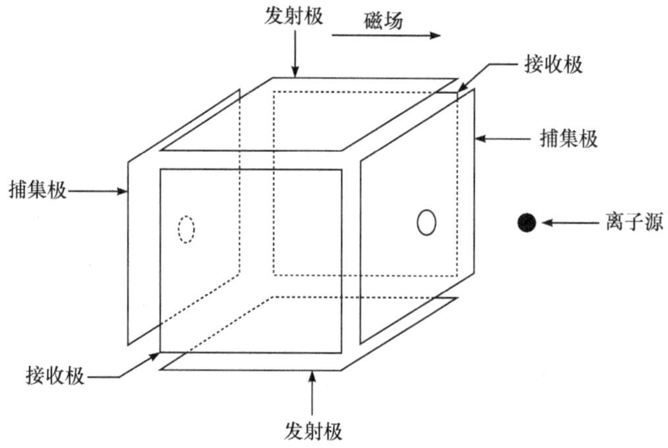

图 18.1.5　傅里叶变换质谱的分析室

在傅里叶变换质谱中，离子产生以后，随即加一个频率范围覆盖了所有感兴趣的离子的脉冲射频。脉冲结束后，所有受激离子诱导的镜像电流在接收电路上形成各自的时阈衰减信号，经过傅里叶变换转变为与质量相关的频阈谱图。

三、进样系统

狭义的质谱进样系统分为直接进样系统和色谱分离进样系统。直接进样系统一般是通过毛细管或阀门控制样品进样流量，气体直接进入离子源。直接进样系统一般连接软电离源质谱，软电离源不至于让待测物产生很多碎片，所以每种物质离子峰相互重叠干扰小，从而可以通过分子离子峰或准分子离子峰的质荷比来判断待测物分子量，通过其信号强度也可以定量分析。

由于同分异构体分子量相同，所以直接进样系统不适合同分异构体分析进样。前面章节提到的色谱柱可以作为质谱的分离进样系统，从而产生色谱与质谱联用技术。通过色谱对混合样品进行预分离后，各种组分在色谱柱出口按时间顺序进入质谱离子源，逐一被离子化和质谱检测，通过质谱数据库检索，即可得到匹配度最高的物质成分。气相色谱柱与质谱联用即为气相色谱-质谱联用技术，液相色谱柱与质谱联用即为液相色谱-质谱联用技术，不同的联用技术的应用场景也有区别。

广义的质谱进样系统还有前处理系统，包括静态/动态顶空取样系统、热解析进样系统、冷阱吸附进样系统、固相萃取系统和固相微萃取系统等。由于实际环境样品中待测物浓度一般较低，这些进样系统是选择色谱或色谱-质谱联用技术必须同时考虑的系统。

第二节　直接分析质谱技术

一、气体检测的直接分析质谱

自 1919 年第一台质谱仪建成以来，立刻展现了它在分析化学领域的巨大优势，得到了广泛的重视，经过百年发展，质谱技术愈加成熟，被普遍用于多个领域中。其中可以应用于气体直接分析检测的质谱主要包括质子转移反应质谱（proton transfer reaction mass spectrometry，PTR-MS）、选择离子流动管质谱（selected-ion flow tube mass spectrometry，

SIFT-MS）、离子分子反应质谱和真空紫外光电离质谱等。下面以 PTR-MS 和 SIFT-MS 作为重点进行介绍。

1. 质子转移反应质谱

PTR-MS 技术是由奥地利 Innsbruck 大学的 Lindinger 等发明的。PTR-MS 技术主要利用 H_3O^+反应离子与有机物分子发生质子转移反应将其离子化，通过质谱检测给出有机物的分子量，并能利用化学反应动力学原理给出有机物浓度信息。由于具有灵敏度高、响应时间短、直接进样、可同时测量多种有机物等优点，已被广泛应用于痕量有机物检测研究的相关领域，包括在大气、食品、医学及公共安全等领域已取得了一定的进展。PTR-MS 技术在奥地利和我国等多个国家已经得到商用化，我国甚至将其应用到走航车上，开展大气有机物走航监测，这些发展对于环境有机物的研究和业务化实时监测能力的提高至关重要。

PTR-MS 技术检测样品主要包括三个过程，反应离子的产生、离子-分子反应和离子的探测，依据这三个过程，PTR-MS 装置可以分为离子源、漂移管和离子探测系统三部分。图 18.2.1 是 PTR-MS 的原理示意图。

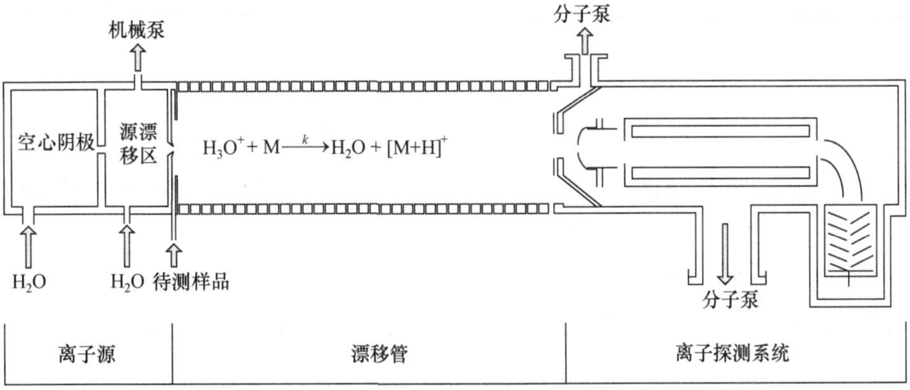

图 18.2.1　PTR-MS 原理示意图

水蒸气分子在电子的轰击下，生成 O^+、OH^+、H_2O^+、H_2^+、H^+等离子。源漂移区充满水蒸气，在这个区域，生成的这些离子与水分子进行离子和分子间的反应，最终产生的离子都是 H_3O^+。反应离子产生通道和反应速率常数如表 18.2.1 所示。

表 18.2.1　电子轰击水蒸气分子的产物离子与 H_2O 分子间的反应和反应速率常数

离子-分子反应	反应速率常数 k/（cm/s）
$O^+ + H_2O \longrightarrow H_2O^+ + O$	2.6×10^{-9}
$H^+ + H_2O \longrightarrow H_2O^+ + H$	8.2×10^{-9}
$H_2^+ + H_2O \longrightarrow H_3O^+ + H$	3.4×10^{-9}
$H_2^+ + H_2O \longrightarrow H_2O^+ + H_2$	3.7×10^{-9}
$OH^+ + H_2O \longrightarrow H_3O^+ + O$	1.3×10^{-9}
$OH^+ + H_2O \longrightarrow H_2O^+ + OH$	1.8×10^{-9}
$O_2H^+ + H_2O \longrightarrow H_3O^+ + OH$	1.8×10^{-9}

离子源产生的 H_3O^+在电场作用下经过小孔注入漂移管，之后在漂移管电场的作用下向下游运动，而且在运动的过程中会与待测样本中的分子发生碰撞。如果待测气体分子 M 的质子亲和势 $PA_{(M)}$大于水分子的质子亲和势（691 kJ/mol），则会发生如式（18.2.1）所示的质子转移反应。

$$H_3O^+ + M \longrightarrow MH^+ + H_2O \tag{18.2.1}$$

根据质子转移反应相关参数可以计算出反应物浓度，进而实现绝对浓度的测量。反应离子与待测物在漂移管中发生质子转移反应，反应离子数密度$[H_3O^+]$随时间变化的关系为

$$\frac{d[H_3O^+]}{dt} = k[H_3O^+][M] \tag{18.2.2}$$

式中，$[H_3O^+]$和$[M]$为漂移管内 H_3O^+和待测物 M 的数密度；t 为反应时间；k 为反应速率常数。对上式积分可得

$$[H_3O^+] = [H_3O^+]_0 \exp(-k[M]t) \tag{18.2.3}$$

式中，$[H_3O^+]_0$ 为未加待测物时反应母离子 H_3O^+的离子数密度。漂移管末端产物离子 MH^+的数密度可以表示为

$$\begin{aligned}[MH^+] &= [H_3O^+]_0 - [H_3O^+]_0 \exp(-k[M]t) \\ &= [H_3O^+]_0[1-\exp(-k[M]t)]\end{aligned} \tag{18.2.4}$$

而在典型实验条件下，$k[M]t \ll 1$，根据麦克斯林展开式可将上式中 $\exp(-k[M]t)$展开为

$$\exp(-k[M]t) \approx 1 - k[M]t \tag{18.2.5}$$

在检测痕量有机物时，对 H_3O^+的消耗量与 H_3O^+总量相比很小，因此$[H_3O^+]$可以看作是一个常量，即$[H_3O^+]_0$。综上，漂移管末端的产物离子数密度$[MH^+]$可以表示为

$$[MH^+] = [H_3O^+][M]kt \tag{18.2.6}$$

由此可得

$$[M] = \frac{[MH^+]}{[H_3O^+]kt} \tag{18.2.7}$$

通过上式可以看出，检测产物离子$[MH^+]$和反应离子$[H_3O^+]$的信号强度，再结合反应参数 k 和 t，即可计算出待测物数密度$[M]$，从而得到待测物的体积比浓度。

在 VOCs 检测过程中，漂移管中具有相同数密度而质量不同的离子，质谱检测到的离子信号强度可能不一样。引起这种差别的可能原因有以下几种：①离子光学透镜对不同离子的聚焦能力不一样；②四极杆滤质器对不同类型离子的透过率不一样；③倍增器对不同类型离子信号强度放大倍数存在差别等。我们将以上差别统一到离子相对透过率参数 τ 中。

考虑到不同仪器对各种类型离子的探测效率不同，漂移管末端$[MH^+]$和反应离子$[H_3O^+]$数密度与质谱信号强度之间的比值应为

$$\frac{[MH^+]\times\tau'_{MH^+}}{[H_3O^+]\times\tau'_{H_3O^+}} = \frac{I_{MH^+}}{I_{H_3O^+}} \tag{18.2.8}$$

式中，$I_{H_3O^+}$、I_{MH^+} 分别为质谱探测到的反应离子和产物离子信号强度；$\tau'_{H_3O^+}$、τ'_{MH^+} 分别为

初始离子和产物离子的绝对透过率。精确测量某一离子的绝对透过率比较困难，但是从式（18.2.9）可以看出，只需要知道初始离子和产物离子 MH^+的相对透过率 τ'_{MH^+} 即可。

$$\tau_{MH^+} = \frac{\tau'_{MH^+}}{\tau'_{H_3O^+}} \tag{18.2.9}$$

根据电荷守恒定律可知，漂移管中 MH^+的增加量和 H_3O^+的减少量相等。由于不同类型离子的传输、探测效率不同，导致质谱给出的产物离子信号强度增加量 ΔI_{MH^+} 与反应离子信号强度减少量 $\Delta I_{H_3O^+}$ 是不一样的。因此，产物离子 MH^+的相对透过率 τ_{MH^+} 可以表示为

$$\tau_{MH^+} = \frac{\Delta I_{MH^+}}{\Delta I_{H_3O^+}} \tag{18.2.10}$$

考虑相对离子透过率后，待测物质数密度为

$$[M] = \frac{I_{MH^+}}{I_{H_3O^+}} \frac{1}{kt\tau_{MH^+}} \tag{18.2.11}$$

将待测物数密度换算成分压浓度$[M]_{ppb}$可由下式表示：

$$[M]_{ppb} = \frac{I_{MH^+}}{I_{H_3O^+}} \frac{1}{kt\tau_{MH^+}} \frac{10^9}{[N]} \tag{18.2.12}$$

式中，[N]为漂移管内载气的分子数密度，实验过程中漂移管内的压力可以通过真空计准确测量。因此，漂移管内载气的分子数密度[N]可以表示为

$$[N] = 6.02 \times 10^{23} \frac{P}{RI} \tag{18.2.13}$$

综上，待测物分压浓度可以表示为

$$[M]_{ppb} = \frac{1}{6.02} \times 10^{-14} \frac{I_{MH^+}}{I_{H_3O^+}} \frac{RT}{Pkt\tau_{MH^+}} \tag{18.2.14}$$

漂移管内的气体全部来自外部待测气体，因此有机物 M 的分压浓度$[M]_{ppb}$在进入漂移管前后基本维持不变，也就是说，PTR-MS 测得的 M 的分压浓度就是外部待测气体浓度。

2. 选择离子流动管质谱

SIFT-MS 是 1976 年由 Smith 研究组在流动管质谱装置的基础上发展而来的（图 18.2.2），是一种可以实时定量检测气体中痕量有机物的技术。该技术主要包括离子源（含四极杆）、流动管和探测系统。在离子源中通过等离子体电离可以产生反应离子，源内四极杆可以选择特定质核比的反应离子进入流动管中与待测样品分子反应，而把离子源的其他离子阻挡住。SIFT-MS 一般选择正离子 H_3O^+、NO^+和 O_2^+作为反应离子。反应离子在氦载气的带动下进入流动管，与直接进入其中的待测物进行反应，产物离子在电场作用下进入探测系统，得到离子质荷比和信号强度。当使用 H_3O^+作为反应离子时，也可以使用与 PTR-MS 中类似的方法，直接通过计算获得待测物的浓度。

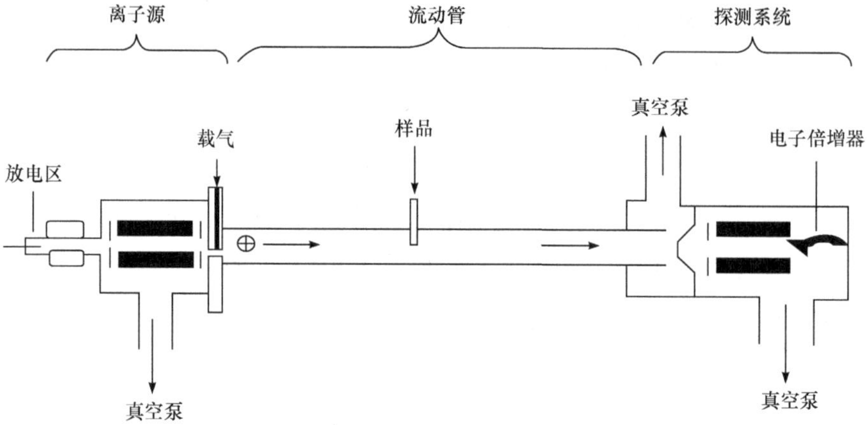

图 18.2.2　SIFT-MS 示意图

1995 年，Smith 等将 SIFT-MS 应用于实时在线监测大气中痕量有机物。待测样品分子与不同的反应离子通过不同的反应渠道反应最终得到不同的产物离子，有助于定性和定量分析各种待测样品。在流动管里，通过让待测样品与多种种类的反应离子间发生反应，使 SIFT-MS 能够迅速检测多种种类和状态的待测样品，实时在线分析在不同介质中的多种 VOCs。

二、液体检测的直接分析质谱

对于液体中的物质，部分质谱也可以实现直接检测，如电喷雾电离-质谱（ESI-MS）和电感耦合等离子体-质谱（ICP-MS）。

1. 电喷雾电离-质谱

电喷雾现象可追溯到一个多世纪以前，但从学术研究到使用电喷雾作为离子化方法要追溯到 19 世纪 70 年代，不过直到 1984 年才实现了 ESI 装置与质谱仪的联用。检测中，液体样本可以直接进入 ESI 离子源中电离检测。

ESI-MS 可以分析非挥发性的、极性的、热不稳定的化合物。其优点是：①样品分子在带电的液滴中受库仑排斥进入气相，没有经受外部能量的激发，不会发生裂解，故 ESI-MS 没有碎片峰，称为无碎片质谱。②ESI-MS 谱峰的积分强度正比于样品在溶液中的浓度。③通过碰撞诱导裂解可以产生碎片从而提供分子离子的结构信息。ESI-MS 的缺点是优先检测在溶液中呈离子状态的物质。

ESI-MS 既可以分析大分子，又可以分析小分子。对于分子质量在 1000 Da 以下的小分子，会产生$[M+H]^+$或$[M-H]^-$。选择相应的正离子或负离子形式进行检测，就可得到物质的分子质量。而分子质量高达 20000 Da 的大分子在 ESI-MS 中生成一系列多电荷离子。通过数据处理可以得到样品的分子质量，准确度优于±0.01%。

这些离子的质核比（m/z）以“表观”质量数出现在质谱图上，其与分子质量的关系是

$$\frac{\mathrm{M}+n\mathrm{H}}{n}=\frac{m}{z} \tag{18.2.15}$$

ESI 的这种特征可以有效地扩大质谱仪的质量范围。质量范围为 1000～2400 u 的质谱仪，用 ESI 可以测得数百万道尔顿分子质量的蛋白质。

2. 电感耦合等离子体-质谱

ICP-MS 也可以实现液体样本的直接进样检测，仪器由样品引入系统、等离子体离子源系统、离子聚焦和传输系统、质量分析器系统和离子检测系统组成。

样品经预处理后，采用电感耦合等离子体-质谱进行检测，根据元素的质谱图或特征离子进行定性，内标法定量。样品由载气带入雾化系统进行雾化后，以气溶胶形式进入等离子体的轴向通道，在高温和惰性气体中被充分蒸发、离解、原子化和电离，转化成带电荷的正离子，通过钢或镍取样锥收集的离子，在低真空约 133.322 Pa 压力下形成分子束，再通过 1～2 mm 直径的截取板进入质谱分析器，经滤质器质量分离后，到达离子探测器，根据探测器的计数与浓度的比例关系，可测出元素的含量或同位素比值。

该仪器检出限可达 ng/mL 或更低，基体效应小、谱线简单，能同时测定许多元素动态线性范围宽，能快速测定同位素比值。在地质学方面，用于检测地下水中微量、痕量和超痕量的金属元素。

三、固体检测的直接分析质谱

该类质谱仪可以直接检测难挥发或高温挥发的固体。对于金属等难挥发固体，可以采用电喷雾解吸电离-质谱（DESI-MS）及激光消融电喷雾电离-质谱（LAESI-MS）技术。

1. 电喷雾解吸电离-质谱

DESI-MS 电离源兼有 ESI 和其他解吸电离（DI）技术的特点，样品离子化是通过向样品喷射由 ESI 产生的带电雾实现的。2004 年美国普渡大学的 Cooks 研究组首先使用 DESI 技术进行了各种质谱分析的研究。经过多年发展，已经出现了基于该项技术的商用仪器。

检测过程中，将样品置于绝缘材料上，所用的喷雾溶剂先被加以一定的电压，并从雾化器的内套管中喷出，雾化器外套管喷出的高速氮气（线速度可达 350 m/s）迅速将溶剂雾化并使其加速，令带电的液滴撞击到样品表面。样品在被高速液滴撞击后发生溅射进入气相；同时由于氮气的吹扫和干燥作用，含有样品的带电液滴发生去溶剂化，并沿大气压下的离子传输管迁移，进入质谱前端的毛细管，然后被质谱仪的检测器检测。

目前有关 DESI 的应用研究非常活跃，包括药物分析、代谢物分析、爆炸物检测、聚合物表征和肽及蛋白质分析等多个领域。有关 DESI 与多种质谱检测器联用的技术也有很多，如解吸电喷雾电离-离子迁移-飞行时间质谱（DESI-IMS-TOF-MS）、解吸电喷雾电离-轨道阱质谱（DESI-orbitrap）、解吸电喷雾电离-傅里叶变换离子回旋共振质谱（DESI-FT-ICR-MS）。DESI-MS 的优势在于：首先，DESI-MS 是大气压环境下的一种表面分析技术，对于普通表面上的物质无需处理即可进行质谱分析，这在很大程度上拓展了质谱的应用领域；其次，DESI 是一种温和的离子化技术，用它得到的质谱谱图与使用 ESI 得到的谱图十分接近；此外，该技术还可以应用于界面化学的研究，并可对产物直接进行分析。综上，该技术因为其快速、微量、常压、能对固体表面进行分析等多个特点引起了广泛的关注。

2. 激光消融电喷雾电离-质谱

LAESI-MS 是通过激光将固体样品气化并通过电喷雾电离的质谱技术。该技术由 Vertes 等于 2007 年提出，并应用于生物分子的检测和成像。

检测过程中，激光照射在样品表面将其消融，产生的样品蒸气与电喷雾产生的带电液滴发生萃取融合，再进一步电离。尽管样品解吸附方式和装置结构有区别，但是该技术的电离过程也是融合萃取的过程，这与 DESI 技术是一致的。

LAESI-MS 技术适用于固体样品的快速检测，已有研究主要针对各种生物组织和细胞进行原位、在线检测分析和成像。例如，Vertes 等利用该技术对单个细胞中的代谢物进行了原位在线检测，结果表明该方法对研究细胞的分化、病变及受外源物的干扰的反应具有很好的潜力。在最新的研究中，他们已经实现了原生环境下微生物生长、代谢及抗生素抑制过程的分子成像。2014 年的一项研究中，Deimler 等也将 LAESI-MS 技术用于法医学检测，这一研究对吸毒者头发中残留的毒品进行了分析，能够检出头发中的吗啡、可卡因，可卡因的含量低至 10 ng/mg。

第三节　色谱-质谱联用技术

对于含有同分异构体等特别复杂的样品，直接分析质谱的定性和定量都是困难的。色谱技术广泛应用于多组分混合物的分离和分析，特别适合有机化合物的定量分析，但定性较困难。将色谱和质谱技术进行联用，对混合物中微量或痕量组分，甚至同分异构体的定性和定量分析具有重要意义。这种将两种或多种方法结合起来的技术称为联用技术，它吸收了各种技术的特长，弥补了彼此的不足，并及时利用各有关学科及技术的最新成就，是极富生命力的一个分析领域。色谱仪与质谱仪的联用技术，发挥了色谱仪的高分离能力和质谱的准确测定分子量和结构解析的能力，可以说是目前将两种分析仪器联用中组合效果最好的仪器，其技术不断进步，在各个行业得到了广泛的应用。

质谱联用技术主要有气相色谱-质谱（GC-MS）、液相色谱-质谱（LC-MS）、串联质谱（MS-MS）及毛细管电泳-质谱（CZE-MS）等。联用的关键是解决与质谱的接口及相关信息的高速获取和储存问题。就色谱仪和质谱仪而言，两者除工作气压以外，其他性能十分匹配，可以将色谱仪作为质谱仪的前分离装置，质谱仪作为色谱仪的检测器而实现联用。

一、气相色谱-质谱联用

GC-MS 是两种气相分析方法的结合，对 MS 而言，GC 是它的进样系统；对 GC 而言，MS 是它的检测器。

由于质谱是对气相中的离子进行分析的，因此 GC 与 MS 的联机困难较小，主要是解决压力上的差异。色谱是常压操作，而质谱是高真空操作，焦点在色谱出口与质谱离子源的连接。由于毛细管柱载气流量小，采用高速抽气泵时，二者就可直接连接。组分被分离后依次进入离子源并电离，载气（氦）被抽走。图 18.3.1 为 GC-MS 联用仪的气路系统。

质谱仪的采样速度应比毛细管柱出色谱峰的速度要快。质谱作为气相色谱的检测器，可同时得到质谱图和总离子流图（色谱图），因此既可进行定性，又可进行定量分析。

GC-MS 可直接用于混合物的分析，可承担如致癌物的分析、食品分析、工业污水分析、农药残留量的分析、中草药成分的分析、塑料中多溴联苯和多溴联苯醚的分析、橡胶中多环芳烃的分析等许多色谱法难以进行的分析课题。但 GC-MS 只适用于分析易气化的样品。

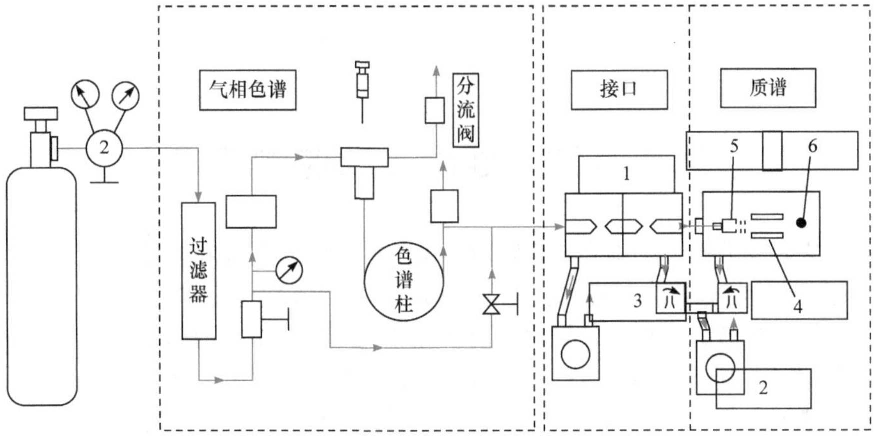

图 18.3.1　GC-MS 联用仪的气路系统

1. 喷射分离器；2. 机械泵；3. 扩散泵；4. 四极质量分析器；5. 离子源；6. 电子倍增器

二、液相色谱-质谱联用

液相色谱的应用不受沸点的限制，能对热稳定性差的样品进行分离和定量分析，但定性能力较弱。为此，发展了 LC-MS 联用仪，用于对高极性、热不稳定、难挥发的大分子（如蛋白质、核酸、聚糖、金属有机物等）的分析。由于 LC 分离要使用大量的流动相，因此要有效地除去流动相中大量的溶剂而不损失样品，同时使 LC 分离出来的物质电离，这是 LC-MS 联用的技术难题。LC 流动相组成复杂且极性较强，因此液相色谱与质谱的联机较 GC-MS 困难大。液相流动相的流量按分子数目计要比气相色谱的载气高几个数量级，因而液相色谱与质谱的联机必须通过“接口”完成。

“接口”的作用为将溶剂及样品气化；分离去除大量的溶剂分子；完成对样品分子的电离；在样品分子已电离的情况下最好能进行碰撞诱导断裂。LC-MS 中的“接口”（同时具有电离功能）方式主要有电喷雾电离及大气压化学电离。

LC-MS 联用仪是分析分子量大、极性强的生物样品不可缺少的分析仪器，如肽和蛋白质的分子量的测定，并在临床医学、环保、化工、中草药等研究领域得到了广泛的应用。

第十九章　连续自动监测技术

环境中污染物的分布、类别和浓度随时间、空间、气象条件和区域污染物排放等因素的变化而不断迁移变化，连续自动监测技术能实时、高精度和快速获取污染物时间和空间变化，不仅能分析污染物扩散、迁移变化规律，而且能实现环境污染物的溯源和科学管控。随着科学技术快速发展，尤其是材料、传感器、电子、自动控制、遥感、光学和通信技术发展，多污染物高精度快速识别、连续自动监测、远程控制与传输和大数据处理技术日渐完善，污染物的连续自动监测成为可能与必然。

20 世纪 70 年代，环境监测技术进入自动化、计算机化，发达国家相继建立全国性的自动化监测网络，这个阶段称为自动监测阶段。美国于 1962 年开始在全国六个主要城市建立大气污染连续自动监测系统，对一氧化碳、氮氧化物、二氧化硫、总氧化剂、总烃等进行连续监测。从 60 年代末到 70 年代初，日本、荷兰、德意志联邦共和国、英国等相继建立起大气污染连续自动监测系统。20 世纪 80 年代后自动监测技术得到进一步加强和完善，应用自动监测网络系统和遥感技术进行大范围、大面积的空气和水域污染状况监测、预测、预报与预警，同时还在部分城市开展了噪声监测。

我国自 20 世纪 80 年代开始建立空气污染连续自动监测站，90 年代开始建立地表水连续自动监测站。随着雾霾污染问题凸显，我国加快建立空气污染连续自动监测站，截至 2019 年，我国在 338 个地级及以上城市，建立了 1436 个国家城市环境空气质量监测点位，92 个区域（农村）空气质量监测点位，16 个背景空气质量监测点位。目前，我国建立了国家地表水水质自动监测实时数据发布系统，通过在线监测系统实时动态公布地表水水质情况。截至 2018 年 7 月，在 2050 个国家地表水断面水站中，1770 个断面实现自动监测并全国联网。我国还开展了地面和空间遥感监测、移动源污染和城市噪声等自动监测工作。随着“互联网+”迅速发展，自动监测仪器研制和生产也快速发展。

第一节　自动监测系统的构成与关键技术

一、监测系统的构成

1. 概述

自动监测系统是以自动监测仪器为核心的自动“测控”系统，由一个中心站和若干个子站（子站数量根据当地情况而定），以及安装的在线式环境监测设备所构成。系统软件将由中心站软件和子站软件两大部分组成，二者有机结合，协调整个监测系统的运行，完成对各种监测仪器的数据采集和远程通信控制及数据处理，并形成报告。自动监测系统分为环境空气质量自动监测系统、水环境质量自动监测系统、污染源（空气污染和水污染等）自动监测系统和环境噪声污染自动监测系统，以实现对环境空气和水与排放尾气与废水的实时在线监控。

环境空气质量标准中将环境空气污染物监测项目分为基本项目和其他项目，基本项目包括：二氧化硫（SO_2）、氮氧化物（$NO\text{-}NO_2\text{-}NO_x$）、可吸入颗粒物（$PM_{10}$）、细颗粒物（$PM_{2.5}$）、一氧化碳（CO）、臭氧（$O_3$）、气象五参数（温度、湿度、气压、风向、风速）、能见度。其他项目包括：总悬浮颗粒物（TSP）、铅（Pb）、苯并[a]芘（B[a]P）。根据各项污染物对人体健康、生态、环境的影响，将 6 种基本空气污染物浓度简化成单一的概念性指数值形式，定量描述空气质量状况，以便进行空气质量评价。故环境空气监测子站，目前全国范围内要求监测 6 项基本污染物，由国务院环境保护行政主管部门或者省级人民政府根据实际情况确定是否监测其他污染物。

随着管控需求日益严格，空气质量自动监测系统从目前的常规六参数向 H_2S、NH_3、苯系物等特征污染物，HC、NMHC（非甲烷总烃）、VOCs 等综合性有机污染物，超细颗粒物（PM_1）等细颗粒物参数发展。

烟气排放连续监测系统（continuous emission monitoring system，CEMS）连续监测固定污染源颗粒物和（或）气态污染物排放浓度及排放量所需要的全部设备。CEMS 由颗粒物监测单元和（或）气态污染物 SO_2 和（或）NO_x 监测单元、烟气参数监测单元、数据采集与处理单元组成。系统测量烟气中颗粒物浓度、气态污染物 SO_2 和（或）NO_x 浓度、烟气参数（温度、压力、流速或流量、湿度、含氧量等），同时计算烟气中污染物排放速率和排放量，显示（可支持打印）和记录各种数据和参数，形成相关图表，并通过数据、图文等方式传输至管理部门。

环境水质自动监测项目有：五参数（水温、pH、溶解氧、电导率和浊度）、氨氮、高锰酸盐指数（I_{Mn}）、总氮、总磷、总有机碳、叶绿素 a、藻密度、VOCs、生物毒性、粪大肠菌群和重金属等。

水污染源监测系统常用监测项目有：COD、高锰酸盐指数、TOC、氨氮、总氮、总磷。一般还有：氟化物、氯化物、硝酸盐、亚硝酸盐、氰化物、硫酸盐、磷酸盐、活性氯、TOD、BOD、油类、酚、叶绿素 a、金属离子（如六价铬）等。

国家环境空气质量监测网主要监测项目有：二氧化硫（SO_2）、氮氧化物（$NO\text{-}NO_2\text{-}NO_x$）、可吸入颗粒物（$PM_{10}$）、一氧化碳（CO）、臭氧（$O_3$）、细颗粒物（$PM_{2.5}$）、总悬浮颗粒物（TSP）、铅（Pb）、氟化物（F）、苯并[a]芘（B[a]P）、有毒有害有机物、气象五参数（温度、湿度、气压、风向、风速）、能见度等。

2. 自动监测系统的构成

自动监测系统的结构主要包括样品采集和传输装置、预处理设备、分析仪器、数据采集和传输设备及其他辅助设备等。依据自动监测系统测量方式、原理和功能的不同，系统由上述全部或部分结构组成。

自动监控技术涵盖多个学科门类，其内涵随着科技发展而不断变化。应用于环境监测的自动监测技术主要有：自动化监测仪表及辅助技术、可编程控制器、计算机自动控制、远程传输、大型数据库、统计分析及预测预报、基于网络技术及多媒体技术的发布系统。利用这些技术可以构建一个较为完整的环境自动监测系统。以环境监测数据的生命周期划分，这些技术大体上可以分为四个部分：数据发生技术、数据加工技术、数据发布技术、数据存储技术。

一般来说，自动监测系统主要由监测子站、中心计算机室、质量保证实验室和系统支持实验室组成。

监测子站主要是由采样装置、监测分析仪、校准设备、气象仪器、数据传输设备、子站计算机或数据采集仪及站房环境条件保证设施（空调、除湿设备、稳压电源等）等组成。其主要任务是对环境和污染物监控指数进行连续自动监测；采集、处理和存储监测数据；按中心计算机指令定时或随时向中心计算机传输监测数据和设备工作状态信息。

中心计算机室的主要任务：通过有线或无线通信设备收集各子站的监测数据和设备工作状态信息，并对所收取的监测数据进行判别、检查和存储；对采集的监测数据进行统计处理、分析；对监测子站的监测仪器进行远程诊断和校准。

质量保证实验室的主要任务：对系统所用监测设备进行标定、校准和审核；对检修后的仪器设备进行校准和主要技术指标的运行考核；制定和落实系统有关监测质量控制的措施。

系统支持实验室的主要任务：根据仪器设备的运行要求，对系统仪器设备进行日常保养、维护；及时对发生故障的仪器设备进行检修、更换。

二、传感器技术

自动监测技术涵盖了实现整个自动监测过程的技术整体，包括了自动控制技术、传感器技术、模拟与数字信号转换技术、信息编码与传输、数据库管理、信息平台发布等。随着各种高新技术在检测领域的运用，它不断被赋予各种新的内容和组织形式。

传感器技术是实现测试与自动控制的重要环节。在测试系统中，被作为一次仪表定位，其主要特征是能准确传递和检测出某一形态的信息，并将其转换成另一形态的信息。传感器是能够感受规定的被测量并按一定规律转换成可用输出信号的器件或装置的总称。传感器种类及品种繁多，原理也各式各样。通常被测量的是非电物理量，输出信号一般为电量。当今世界正面临一场新的技术革命，这场革命的主要基础是信息技术，而传感器技术被认为是信息技术三大支柱之一。随着现代科学发展，传感技术作为一种与现代科学密切相关的新兴学科也得到迅速的发展，并且在工业自动化测量和检测技术、航天技术军事工程、医疗诊断等领域被越来越广泛地利用，同时对各学科发展还有促进作用。

随着科学技术的迅猛发展及相关条件的日趋成熟，传感器技术逐渐受到了更多的关注。当今传感器技术的研究与发展，特别是基于光电通信和生物学原理的新型传感器技术的发展，已成为推动国家乃至世界信息化产业进步的重要标志与动力。

由于传感器具有频率响应、阶跃响应等动态特性及诸如漂移、重复性、精确度、灵敏度、分辨率、线性度等静态特性，因此外界因素的改变与动荡必然会造成传感器自身特性的不稳定，从而给其实际应用造成较大的影响。这就要求我们针对传感器的工作原理和结构，在不同场合对传感器规定相应的基本要求，以最大程度优化其性能参数与指标，如高灵敏度、抗干扰的稳定性、线性、容易调节、高精度、无迟滞性、工作寿命长、可重复性、抗老化、高响应速率、抗环境影响、互换性、低成本、宽测量范围、小尺寸、质量轻和高强度等。

同时，根据对国内外传感器技术的研究现状分析及对传感器各性能参数的理想化要求，现代传感器技术的发展趋势可以从四个方面分析与概括：一是开发新材料、新工艺和新型传感器；二是实现传感器的多功能、高精度、集成化和智能化；三是实现传感技术硬件系统与元器件的微小型化；四是通过传感器与其他学科的交叉整合，实现无线网络化。

三、基于朗伯-比尔定律的差分吸收光谱技术

差分吸收光谱技术（differential optical absorption spectroscopy，DOAS）是一种光谱监测

技术，其基本原理就是利用空气中的气体分子的窄带吸收特性来鉴别气体成分，并根据窄带吸收强度来推演出微量气体的浓度。凭借其低廉且简单的设备装置和出色的监测能力，DOAS技术在大气监测领域内已经在国外被广泛应用。其分类可根据有无光源分为主动 DOAS 和被动 DOAS，根据光程长短分为长光程 DOAS 和短光程 DOAS。

DOAS 最早由德国 Heidelberg 大学环境物理研究所的 Platt 提出，其专门用于城市、地下通道、工业矿区的有害气体监测。该方法具有原理和结构简单、响应速度快、精度高等优点。随着应用范围的不断扩大，DOAS 也已经在烟气排放监测领域得到广泛应用。其基本原理是以被测气体在紫外和可见光波段的差分吸收光谱特征为基础，通过差分吸收光谱强度来反演气体的浓度。2001 年，瑞典的科学家率先研发出 mini-DOAS 设备，其便携性和简易操作的性质使得该技术被迅速应用到污染气体监测中。DOAS 刚开始多用于火山喷发气体的测量，随着技术的发展，该技术现在被应用到发电厂、造纸厂等污染源排放集中的地方。

第二节 常规水质连续自动监测仪器

地表水水质自动监测系统建设主要包括：站址选择、站房建设、水站各个单元和数据平台的建设。地表水水质自动监测系统是一套以在线自动分析仪器为核心，运用现代传感器技术、自动测量技术、自动控制技术、计算机应用技术及相关的专用分析软件和通信网络所组成的一个综合性的在线自动监测系统，可统计、处理监测数据。实施水质自动监测，可以实现水质的实时连续监测和远程监控，达到及时掌握主要流域重点断面水体的水质情况、预警预报重大流域性水质污染事故、解决跨行政区域的水污染事故纠纷、监督总量控制制度落实情况、排放达标情况等目的。

地表水水质监测项目包括常规指标、综合指标和单项污染指标。综合指标是反映有机物污染状况的指标。单项污染指标则根据监测断面所在水域水质状况而确定。根据不同水体情况，则需要针对一种或几种指标来进行测定，相关指标及不同水体需检测的指标分类列于表 19.2.1 和表 19.2.2。

表 19.2.1 水质检测项目指标分类

监测指标	监测项目
常规指标	水温、pH、电导率、浊度、溶解氧（DO）
综合指标	化学需氧量、高锰酸盐指数（I_{Mn}） 总有机碳、紫外吸收值（UVA）
单项污染指标	总氮、总磷、氨氮、氯化物、氟化物、油类

表 19.2.2 不同水体自动监测必测项目和选测项目

水体	必测项目	选测项目
河流	五项常规指标、高锰酸盐指数、氨氮、总磷、总氮	挥发酚、挥发有机物、油类、重金属、粪大肠菌群、流量、流速、流向、水位等
湖、水库	五项常规指标、高锰酸盐指数、氨氮、总磷、总氮、叶绿素 a	挥发酚、挥发有机物、油类、重金属、粪大肠菌群、藻类密度、水位等

在传统水质的检测中，主要通过人工的方式进行，往往从水质采样到检测的过程中需要消耗大量的时间，并且检测结果往往还会存在准确性不足的问题，一些检测项目方法、最低检出限如表 19.2.3 所示。

表 19.2.3 地表水环境质量标准基本项目分析方法

序号	项目	分析方法	最低检出限/(mg/L)	方法来源
1	水温	温度计法		GB 13195—1991
2	pH	玻璃电极法		HJ 1147—2020
3	溶解氧	碘量法	0.2	GB 7489—1987
4	高锰酸盐指数		0.5	GB 11892—1989
5	化学需氧量	重铬酸盐法	4	HJ 828—2017
6	五日生化需氧量	稀释与接种法	0.5	HJ 505—2009
7	氨氮	纳氏试剂比色法	0.025	HJ 535—2009
8	总磷	钼酸铵分光光度法	0.01	HJ 670—2013
9	总氮	碱性过硫酸钾消解紫外分光光度法	0.05	HJ 636—2012
10	挥发酚	蒸馏后 4-氨基安替比林分光光度法	0.01	HJ 503—2009
11	石油类	红外分光光度法	0.06	HJ 637—2018

通过使用自动监测的技术就能够有效改变以上问题，在现场就能够对水质实施检验，没有样品的运输过程，提高了监测效率。同时结合传感技术，能够实现对相邻水质的连续性监测，从而实现对水质的实时监测目的，便于发现水质问题并及时解决。例如，五项常规指标的测定不需要复杂的操作程序，已广泛应用的五项常规指标自动监测仪将五种检测仪安装在同一机箱内，使用方便、便于维护，图 19.2.1 为水质五项常规指标自动监测站示意图。

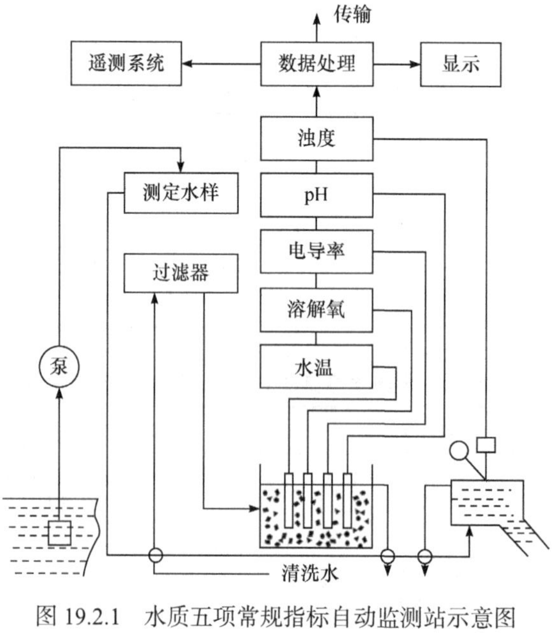

图 19.2.1 水质五项常规指标自动监测站示意图

本节主要介绍常规水质监测仪监测方法、原理及应用，主要包括常规水质五参数、水量及叶绿素 a 自动监测。

一、常规水质五参数的概念

常规水质五参数是指评价水质的五种参数，包括水温、pH、溶解氧、电导率和浊度。

水质五参数在线监测仪通常由参数信息测量传感器及数据采集仪两部分组成，仪器测量原理、安装方式及相关功能随各生产厂家不同而略有差异。与经典的化学分析、实验室仪器分析相比，在线监测具有分析速度快、操作简单、自动化程度高、节省试剂与人力、可进行连续监测等优点。

常规五参数的测量原理分别为：水温为温度传感器法（platinum RTD）、pH 为玻璃或锑电极法、溶解氧为金/银膜电极法（Galvanic）、电导率为电极法（交流阻抗法）、浊度为光学法（透射原理或红外散射原理）。

二、常规水质五参数在线监测仪测量原理

1. 水温——温度传感器法

温度传感器热电偶测温基本原理：热电偶是一种感温元件，是一次仪表。它直接测量温度，并把温度信号转化成热电动势信号，通过电气仪表（二次仪表）转换成被测介质的温度。热电偶测温的基本原理是将两种不同材料的导体或半导体组成一个闭合回路，当两端存在温度梯度时，回路中就会有电流通过，此时两端之间便产生电动势，这种现象称为塞贝克效应，也就是热电效应。

2. pH——玻璃或锑电极法

玻璃电极法测定水样的 pH 是以饱和甘汞电极为参比的，以玻璃电极为指示电极，与被测水样组成工作电极，再用 pH 计测量工作电动势，由 pH 计直接读取 pH。玻璃电极法测 pH 准确、快速，受水体色度、浊度、胶体物质、氧化剂、还原剂及盐度等因素的干扰少。

金属锑电极是一种氧化还原电极，当金属锑表面与被测溶液接触后，表面被氧化生成三氧化二锑，金属锑与氧化物之间的电位差取决于三氧化二锑的浓度，而三氧化二锑的浓度与溶液中的氢离子浓度有关，因此可以通过测量锑-三氧化二锑之间的电位差来测量溶液的 pH，其化学反应如下：

$$4Sb + 3O_2 \rightleftharpoons 2Sb_2O_3 \tag{19.2.1}$$

$$Sb_2O_3 + 6H^+ \rightleftharpoons 2Sb^{3+} + 3H_2O \tag{19.2.2}$$

从以上化学反应中可知，要能连续测量溶液的 pH，应随时对与被测溶液接触的金属锑电极表面的污垢和氧化物进行清洗，以保持金属锑电极的新鲜表面，满足纯锑表面与被测溶液接触，从而再形成一层新的三氧化二锑薄面，如此周而复始，以保持溶液 pH 的测量精度及可靠性。

3. 溶解氧——金/银膜电极法

膜电极法溶解氧传感器是由金电极（阴极）和银电极（阳极）及氯化钾或氢氧化钾电解

液组成的，氧通过膜扩散进入电解液并与金电极和银电极构成测量回路。当给溶解氧分析仪电极加上 0.6～0.8 V 的极化电压时，氧通过膜扩散，阴极释放电子，阳极接受电子，产生电流，电极反应为

阴极：
$$O_2 + 2H_2O + 4e^- \longrightarrow 4OH^- \tag{19.2.3}$$

阳极：
$$4Ag + 4Cl^- \longrightarrow 4AgCl\downarrow + 4e^- \tag{19.2.4}$$

根据法拉第定律：当电极结构固定时，在一定温度下，扩散电流的大小只与样品氧浓度呈正比例线性关系，只要测得电流值大小，便可知待测试样中氧的浓度。

4. 电导率——电极法（交流阻抗法）

电导率仪电极法测量原理：由于电导是电阻的倒数，因此当两个电极插入溶液中时，可以测出两电极间的电阻 R，根据欧姆定律，温度一定时，这个电阻值与电极的间距 L（cm）成正比，与电极的截面积 A（cm^2）成反比，即 $R=\rho L/A$。

由于电极面积 A 和间距 L 是固定不变的，故 L/A 是一常数，称为电导池常数（以 Q 表示）。

比例常数 ρ 称为电阻率。其倒数 $1/\rho$ 称为电导率，以 K 表示。

$$S = 1/R = 1/\rho Q \tag{19.2.5}$$

式中，S 为电导度，反映导电能力的强弱。所以，$K=QS$ 或 $K=Q/R$。

当已知电导池常数，并测出电阻后，即可求出电导率。

5. 浊度——光学法

浊度仪发出光线，使之穿过一段样品，并从与入射光呈 90°的方向上检测有多少光被水中的颗粒物所散射。这种散射光测量方法称为散射法。

三、水量在线监测

水量在线监测技术是针对目前水资源取水过程存在的各种计量准确问题，将采用智能水表、电磁流量计、超声波流量计等各种智能计量仪表，结合计算机、网络通信和传感开发的集成技术。目前，水量在线监测流量计主要有超声波流量计和电磁流量计。电磁流量计由于水头损失比较大，流量传感器内必须保持满管流等要求，使用较少。超声波流量计主要有：超声波时差式流量计、超声波多普勒流量计、超声波明渠流量计、超声波非满管流量计等，目前在线监测最常用的是超声波明渠流量计。

1. 电磁流量计

1）测量基本原理

当导体在磁场中做切割磁力线运动时，在导体中会产生感应电势，感应电势的大小与导体在磁场中的有效长度及导体在磁场中做垂直于磁场方向运动的速度成正比。同理，导电流体在磁场中做垂直方向流动而切割磁力线时，也会在管道两边的电极上产生感应电势。感应电势的方向由右手定则判定，感应电势的大小由下式确定：

$$E_x = BDv \tag{19.2.6}$$

式中，E_x 为感应电势，V；B 为磁感应强度，T；D 为管道内径，m；v 为液体的平均流速，m/s。

然而体积流量 q_V 等于流体的流速 v 与管道截面积 $\pi D^2/4$ 的乘积，将式（19.2.6）代入该式得

$$q_V = (\pi D/4B) \times E_x \tag{19.2.7}$$

由上式可知，在管道直径 D 已定且保持磁感应强度 B 不变时，被测体积流量与感应电势呈线性关系。若在管道两侧各插入一根电极，就可引入感应电势 E_x，测量此电势的大小，就可求得体积流量。

根据法拉第电磁感应原理，在与测量管轴线和磁力线相垂直的管壁上安装一对检测电极，当导电液体沿测量管轴线运动时，导电液体切割磁力线产生感应电势，此感应电势由两个检测电极检出，数值大小与流速成正比，其值为

$$E = BVDK \tag{19.2.8}$$

式中，E 为感应电势；B 为磁感应强度；V 为导电液体平均流速；D 为电极间距（测量管内直径）；K 为与磁场分布及轴向长度有关的系数。

传感器将感应电势 E 作为流量信号，传送到转换器，经放大、变换滤波等信号处理后，用带背光的点阵式液晶显示瞬时流量和累积流量。转换器有 4～20 mA 输出、报警输出及频率输出，并设有 RS-485 等通信接口，支持 HART（highway addressable remote transducer）和 MODBUS 通信协议。

根据法拉第电磁感应定律，在磁感应强度为 B 的均匀磁场中，垂直于磁场方向放一个内径为 D 的不导磁管道，当导电液体在管道中以流速 v 流动时，导电流体就切割磁力线。如果在管道截面上垂直于磁场的直径两端安装一对电极，则可以证明：只要管道内流速分布为轴对称分布，两电极之间产生感生电动势：

$$e = kBDv \tag{19.2.9}$$

式中，v 为管道截面上的平均流速；k 为仪表常数。由此可得管道的体积流量为

$$q_V = \pi eD/4KB \tag{19.2.10}$$

由上式可见，体积流量 q_V 与感应电动势 e 和测量管内径 D 成正比，与磁场的磁感应强度 B 成反比，与其他物理参数无关。这就是电磁流量计的测量原理。

需要说明的是，要使上式严格成立，必须使电磁流量计测量条件满足下列假定：①磁场是均匀分布的恒定磁场；②被测流体的流速轴对称分布；③被测液体是非磁性的；④被测液体的电导率均匀且各向同性。

2）电磁流量计的优缺点

电磁流量计在测量流体流量时，具有很多优势，目前在各行业中被广泛应用，其具有以下优势。

（1）测量管内无阻碍流动部件，无压损，直管段要求相对较低。

（2）测量精度高，稳定性强，抗振动干扰能力强。

（3）测量不受流体密度、黏度、温度、压力和电导率变化的影响。

（4）具有多种电极和衬里选择，抗介质腐蚀能力强。

当然电磁流量计也有着其独有的局限性，具体如下。

（1）测量介质必需具有一定的电导率（一般大于 5 μS/cm），同时测量始动流速也有一定的要求（一般大于 0.5 m/s）。

（2）测量介质的温度受限于衬里材质，对于高温介质的测量效果不佳。

（3）无法测量气体、蒸气等介质。

（4）测量电极长时间工作，可能会出现结垢情况，需清洁后才可测量。

（5）对于高黏稠介质和固液两相介质的测量，需采用高频励磁方式，低频低磁精度差。

（6）由于传感器结构原理的限制，大口径产品成本过高，导致产品口径增大，价格直线上升。

（7）由于其原理限制，仪表传感器线圈需通电产生磁场，估期功耗相对较高，不太适合电池供电。

2. 超声波流量计

通常超声波流量计的测量系统由传感器（换能器）和变送器（流量显示累积系统）两部分组成。传感器为铸铁酸铅压电元件，利用压电效应，通过传感器发射并接收声波。介质流动时，对声波产生影响，通过检测产生的影响情况，计算出流量大小。

按照传感器的安装方式，常见的超声波流量计可分为插入式、外夹式和便携式 3 种类型。插入式超声流量计采用陶瓷传感器，使用专用钻孔装置进行不停产安装，一般为单声道测量。外夹式超声流量计采用专用耦合剂安装，安装时不损坏管路，能够完成固定和移动测量。便携式超声波流量计便携使用，内置可充电锂电池，配接磁性传感器，适合移动测量，常用来进行流量标定。

1）基本测量原理

超声波流量计的传感器有 2 只，在工作时，2 只传感器互相发射、接收超声波信号。通过数字处理技术及时差探测法，测量出流体流速对超声波信号传输时间产生的影响，如图 19.2.2 所示。

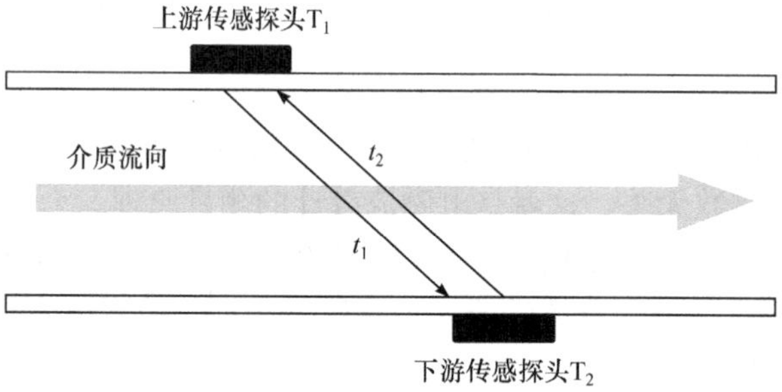

图 19.2.2　超声波流量计测量基本原理图

将上游传感器探头 T_1 发射的超声波信号被下游传感器探头 T_2 接收的时间记为 t_1，将下游传感器探头 T_2 发射的超声波信号被上游传感器探头 T_1 接收的时间记为 t_2。当管线介质静止时，$t_2-t_1=0$。当管线介质流动时，流体流速对超声波信号的传输产生影响，导致上游到下游的超声波信号传输速度加快，下游到上游的超声波信号传输速度减慢，即 $t_2-t_1=\Delta t$。通过两个信号之间的时间差计算并得到流体流速，再乘以管线横截面积，即计算得出流体的体积流量。

流体流速的基本计算公式为

$$v=(k\cdot\Delta t)/s \tag{19.2.11}$$

式中，v 为流速；k 为标定系数；Δt 为上下游传感器信号接收的时间差；s 为测量得出的超声波穿过流体的平均时间。

2）超声波流量计的优缺点

超声波流量计是一种非接触式仪表，它既可以测量大管径的介质流量，又可以用于不易接触和观察的介质的测量。它的测量准确度很高，几乎不受被测介质的各种参数的干扰，尤其可以解决其他仪表不能测量强腐蚀性、非导电性、放射性及易燃易爆介质的流量的问题。

缺点主要是可测流体的温度范围受超声波换能铝及换能器与管道之间的耦合材料耐温程度的限制，以及由高温下被测流体传声速度的原始数据不全，只能用于测量 200℃以下的流体。另外，超声波流量计的测量线路比一般流量计复杂。这是因为一般工业计量中液体的流速常常是每秒几米，而声波在液体中的传播速度为 1500 m/s 左右，被测流体流速（流量）变化带给声速的变化量最大也是 10^{-3} 数量级。若要求测量流速的准确度为 1%，则对声速的测量准确度需为 10^{-6}～10^{-5} 数量级，因此必须有完善的测量线路才能实现，这也正是超声波流量计只有在集成电路技术迅速发展的前提下才能得到实际应用的原因。

四、叶绿素 a 在线荧光分析法

传统的叶绿素 a 含量的监测方法主要有：计数法、黑白瓶法、高效液相色谱法、^{14}C 法、分光光度法等。以上几种方法各有优缺点，但都存在取样困难、测量周期长等缺点。目前用于海洋监测的叶绿素传感器多采用荧光分析法，利用叶绿素的荧光特性，通过测量的荧光读数间接跟踪水体营养化程度的变化，此方法可以实时连续地测量叶绿素的浓度。

海水中浮游植物都含有大量的基本色素，这些基本色素在接收光能后由基态变成激发态，一个色素分子在激发态时高能电子振动会引起邻近色素分子中某个电子共振，此时就会发射激发能进行传递，第二个分子又以这样的方式激发另外一个分子，每个色素分子逐次将能量传递给相邻分子，最终将吸收的能量传递给叶绿素 a，处于激发态的叶绿素 a 通过光化学反应，以热能的形式散失和向外辐射荧光的方式进行去活化，因此浮游植物监测中的活体荧光基本上来自叶绿素 a。根据叶绿素 a 的这种荧光特性，利用光电检测技术，用叶绿素 a 荧光的最大激发波长 460 nm 的光源激发水体中的叶绿素 a，使其发射荧光，通过检测到的荧光强度就可以得到叶绿素 a 的浓度。

叶绿素在线监测仪测量基本原理是基于被检测物质发射出的荧光光谱。基于以高能量的激发光谱激发水中的荧光物质；测量激发光谱减少之后的再发射光的能量。此时光的强度很低，此仪器采用高灵敏度的光电倍增管作为检测器，因此可以检测到 ppb 级低浓度的物质。根据被测物质，用于激发的光可以是紫外光，也可以是可见光。氙灯产生的光既有紫外光，又有可见光。利用具有高度选择性的滤光器可产生有效的紫外光或是可见光的激发光。

荧光分析法是根据物质的荧光谱线的位置及其强度进行物质鉴定和含量测定的仪器方法，溶剂、温度、溶液 pH 和荧光熄灭剂等对荧光分析法有一定的影响。

第三节 污水处理过程中常用的监测仪器

上一节主要介绍了常规水质监测项目的监测方法、原理及优缺点，主要包括水质常规五参数、水量及叶绿素 a 项目；同时也提到针对水体水质情况不同，需要监测的水质项目也会有所相应的变化，本节主要针对污水处理过程中需要监测的水质项目的自动监测方法、原理及优缺点，水质项目主要包括 COD、高锰酸盐指数、总有机碳、氨氮、阴阳离子、重金属、总氮、总磷。

一、COD 在线监测技术

COD 在线自动监测仪是一种全智能化仪器，综合运用了流动注射技术、现代传感技术、电化学技术、自动测量技术、计算机应用技术、自动控制技术及现代光机电技术等。该仪器一般包括四部分，即进样系统、反应系统、检测系统和控制系统。自 1996 年我国第一批具有自主研发产权的 COD 在线自动监测仪通过国家生态环境保护部（原环保总局）认证以来，COD 在线自动监测仪在污水监测领域发挥了重要作用。

根据不同的标准，可将 COD 在线自动监测仪进行不同的分类。如根据所用氧化剂的不同，可分为重铬酸钾法（COD_{Cr}）、臭氧法、羟基自由基法及高锰酸钾指数法；根据工作原理的不同，可分为化学法、电化学法、光谱法及生物法等；根据检测手段的不同，可分为氧化还原滴定法、电位滴定法、恒电流库仑法、光度滴定法、分光光度法、紫外分光光度法及电流法等。在实际污水监测中，应用较多的有以下几种。

1. 紫外分光光度法（UV 法）

基于水样中大部分有机物对波长在 254 nm 的紫外光有较强吸收，通过测定水样中有机物的紫外吸光度，再利用朗伯-比尔定律换算得到所测水样 COD 值，由此来使用紫外-可见分光光度计来测定水中大部分有机物的浓度。UV 法检测 COD 原理见图 19.3.1。

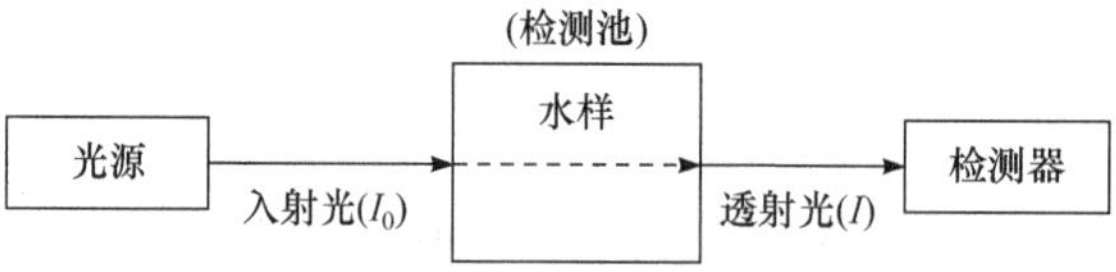

图 19.3.1　UV 法检测 COD 原理图

该方法操作简便，无需进行预处理，并且测量精度高、速度快，但是该方法不适用于监测醇类、糖类含量高的水质，监测范围有限，一般污水难以达到该方法所需要求，并且仅能监测水样变化不大的水样。

2. 重铬酸钾消解法

利用重铬酸钾中 Cr^{6+}在酸性条件下的强氧化性来氧化水样中的有机物，计算其氧化过程中所转移的电子，通过换算得到其最终耗氧量。

采用重铬酸钾消解-氧化还原滴定法测定水样 COD 值。其操作方法为：在反应室的水样中加入过量的重铬酸钾标准溶液，再用浓硫酸酸化。以银盐为催化剂，在一定条件下消解后，再以试亚铁灵为指示剂用硫酸亚铁铵滴定剩余的 Cr，最终确定水样的 COD 值。

重铬酸钾快速消解分光光度计在消解过程中，将传统的开放式回流消解改为恒温密闭加压消解，可避免低沸点有机物损失，提高氧化效率。同时也可极大地抑制氯离子对测试结果的影响，提高测试结果的准确度。同时，该仪器利用氧化还原反应电位的突跃判定终点，可避免水样中色度、浊度、悬浮物等对测试结果的影响，也可进一步增强抗氯离子干扰的能力。

该方法所需技术发展较为成熟，监测过程接近国标法，数据可靠并且测量范围广，但是测量所需要的时间较长、设备复杂、试剂消耗量大，并且不适宜监测氯离子含量高或者呈碱性的废水。

3. 羟基自由基（臭氧）氧化-电化学测量法

羟基自由基氧化-电化学测量法是通过电极传感器测量系统，在一定电压下，使电极表面产生大量 · OH，因 · OH 氧化还原电位极高（达 2.8 V），水中几乎所有有机物都可被其氧化，其反应方程式见式（19.3.1）和式（19.3.2）。

$$H_2O \longrightarrow \cdot OH + H^+ + e^- \tag{19.3.1}$$

$$\cdot OH + R \longrightarrow CO_2 + H_2O + H^+ + e^- \tag{19.3.2}$$

其中，R 为有机物，臭氧氧化-电化学法原理与羟基自由基氧化大致一样，只是将电解水产生自由基改为电解氧气产生臭氧，然而臭氧的氧化还原电位较低，此方法只用于部分有机物的检测。· OH 或臭氧氧化水中有机物时，电极表面会产生电流，通过探测此电流的强度，以及电流与 COD 的比例换算关系即可在线不断测量到水中 COD 的准确值，此为恒电位-电流测定法。

4. COD 在线自动监测仪及实例

利用臭氧氧化原理在线测定 COD。预先采用一个臭氧探头测定溶解臭氧的浓度，之后使水样和溶解有臭氧的稀释水一同进入反应室。臭氧直接氧化水样中的有机物。然后，第二个臭氧探头测定反应室内残余的臭氧浓度。测定过程中：用泵控制水样和稀释水的比例使臭氧保持恒定的低水平消耗量，而反应室内的残余臭氧则保持恒定较高的浓度；通过水样和稀释水混合比的标定计算水样的 COD 值，每天可自动校准一次，该仪器的主要优点是测量速度快、无二次污染，但其结构相对复杂，操作维护不便。

该方法与国标法之间具有良好的线性关系，测量周期短，适用于污染源和城市污水监测，并且该方法所需要的仪器结构简单，日常运行稳定可靠，无需日常维护；但是所得到的结果不可直接使用，需与国标法对比校正，同时该方法对于水质要求较为严格，所需监测水质酸碱度应为中性。

二、高锰酸盐指数在线监测技术

高锰酸盐指数是指在酸性或碱性介质中，以高锰酸钾为氧化剂处理水样时所消耗的量，以氧的浓度（mg/L）来表示。一般适用于地表水、饮用水、生活污水测定。

高锰酸钾指数不能作为理论需氧量或总有机物含量的指标，因为在规定的条件下，许多有机物只能部分地被氧化，易挥发的有机物不包含在测定值之中。以高锰酸钾溶液为氧化剂测得的化学耗氧量，以前称为锰法化学耗氧量（COD_{Mn}）。我国新的环境水质标准中，已把该值改称为高锰酸盐指数，而仅将酸性重铬酸钾法测得的值称为化学需氧量。国际标准化组织（ISO）建议高锰酸钾法仅限于测定地表水、饮用水和生活污水，不适用于测定工业废水。

目前常采用国标《水质　高锰酸盐指数的测定》（GB/T 11892—1989）中的滴定法测定高锰酸盐指数，但该滴定法存在耗时长、操作不方便、分析人员的劳动强度大等缺点。随着水质自动监测站在我国多数江河流域的建立，水质远程在线实时监测成为未来的发展方向。

近年来，有关高锰酸盐指数在线监测的研究较为热门，主要集中在实验仪器设备的改进、实验条件的优化等方面。

1. 高锰酸盐氧化-化学滴定改进法

水样进入仪器的反应室后，加入过量高锰酸盐标液，用浓硫酸酸化后，在 100℃下回流（改进方法：采用直接加热消解、节能加热消解或微波消解法）一定的时间（15～120 min），反应结束后，氧化还原滴定法测定剩余的高价态锰离子。滴定法测定高锰酸盐指数具有仪器简便、成本低、方法应用范围广等优点。但是，在实际分析测定时往往出现各种各样的问题，如反应条件难控制、操作较烦琐、实验效率低等。

本方法将试样在酸性介质中加热至沸腾，以硫酸银作为氧化催化剂，用硫酸汞络合氯及过量的重铬酸钾。还原性物质将 Cr^{VI}还原至 Cr^{III}。在反应过程中用比色法测定绿色的 Cr^{III}，从而得到 COD 值。

2. 紫外分光光度法

紫外分光光度法是利用待测物质对紫外光的吸收特点的实验方法，目前在化学和材料科学领域得到了广泛的应用，而由于高锰酸钾本身具有紫红色的特征色，因此用紫外分光光度法测定水样中高锰酸盐指数变得可行。在酸性条件下，通过向水样中加入定量且过量的高锰酸钾，使水样中的还原性物质被充分氧化，然后用紫外-可见分光光度仪测定过量高锰酸钾的吸光度，得到高锰酸盐吸光度标准曲线，由曲线求得待测样品的高锰酸盐指数。

目前有两种分光光度式高锰酸盐指数自动监测仪，一种是程序式高锰酸盐指数自动监测仪，另一种是流动注射式高锰酸盐指数自动监测仪（图 19.3.2）。前者是一种将高锰酸盐指数标准测定方法的操作过程程序化和自动化，用分光光度法确定滴定终点，自动计算高锰酸盐指数值的仪器，但是其缺点比较明显，即测定速度慢，实际用量大；后者是将水样和高锰酸钾溶液注入流通式毛细管，反应后，进入测量池测定吸光度，并换算成高锰酸盐指数的仪器。

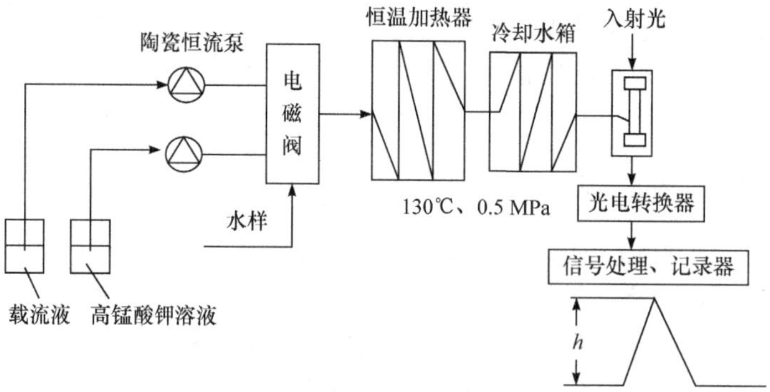

图 19.3.2　流动注射式高锰酸盐指数自动监测仪工作原理

3. 高锰酸盐氧化-电位滴定法

电位滴定法是通过检测滴定时电位的突变来判断滴定终点的一种方法，电位滴定法在滴定终点的前后，溶液中待测离子的浓度可发生连续 n 个数量级的变化，且待测离子这几个数量级的变化会引起电位的突跃，因此计算被测离子的含量还是通过计算消耗滴定剂的量来完成的。

电位滴定法的优点就在于只需要检测跳变，不需要测量电极电位值，在滴定的短时间内温度、液体接界电位等都不会发生很大的变化，因此这些因素的影响并不重要，所有以电位突变来判断滴定终点的方法的准确度均优于直接利用电位来进行测量的方法。与使用指示剂的滴定法相比，其优势在于不用担心待测溶液有颜色或浑浊。

电位滴定式高锰酸盐指数自动监测仪与程序式高锰酸盐指数自动监测仪测定程序相同，只是前者通过电极系统电位的变化指示滴定终点。

三、总有机碳在线监测技术

目前，水中 TOC 的监测都使用仪器法进行测定，如采用直接燃烧氧化-非分散红外法和 $K_2S_2O_8$ 氧化-非分散红外法的总有机碳监测仪等。自 1962 年开发了有机物燃烧氧化分解后用非分散红外气体分析仪连续测定方法以来，TOC 分析仪得到飞跃发展，它能在高温催化氧化的状态下或 $K_2S_2O_8$ 存在的条件下氧化分解所有的有机物。高温催化氧化方法的氧化温度一般在 980℃。这一方法已列入许多国家的标准方法中，如美国在 1967 年就在美国材料与试验协会（ASTM）试验法 D-2579—2007 中法定采用，美国 EPA 方法规定用燃烧-非分散红外法（NDIR）测定水中 TOC，现在美国测定水中有机物综合指标的测定仪器主要以测定 TOC 为主；日本是在 1970 年开始讨论 TOC 的测定方法，1971 年新修改的 JIS 方法中就作为参考方法列入 JISK0101 中；我国也在 1991 年正式将非分散红外法作为地表水和饮用水中 TOC 测定的国标方法。

1. 紫外线氧化法

使用 UV 灯照射待测水样，水会分解成羟基和氢基，羟基和氧化物结合会生成 CO_2 和水，然后检测新生成的 CO_2 即可计算出总有机碳含量。在使用紫外线氧化法时，通过添加二氧化钛、过硫酸盐等可以提高其氧化能力。紫外线氧化法的优点是氧化效率高，保养简单，缺点是 UV 灯管需要定期更换。

2. 燃烧氧化法

燃烧氧化-非分散红外吸收法的优势是只需一次性转化，流程简单、重现性好、灵敏度高，缺点是探测器需频繁校准，体积大及预热时间长，必须使用酸、催化剂和载气。

TOC 分析仪主要由以下几个部分构成：进样口、无机碳反应器、有机碳氧化反应器（或是总碳氧化反应器）、气液分离器、非分光红外 CO_2 分析器、数据处理部分。

燃烧氧化-非分散红外吸收法原理，按测定 TOC 值的不同，又可分为差减法和直接法两种。

1）差减法测定 TOC 值的方法原理

水样分别被注入高温燃烧管（900℃）和低温反应管（150℃）中。经高温燃烧管的水样受高温催化氧化，使有机化合物和无机碳酸盐均转化成二氧化碳。经反应管的水样受酸化而使无机碳酸盐分解成二氧化碳，其所生成的二氧化碳依次导入非分散红外检测器，从而分别测得水中的总碳（TC）和无机碳（IC）。总碳与无机碳的差值即为总有机碳。

2）直接法测定 TOC 值的方法原理

将水样酸化后曝气，使各种碳酸盐分解生成二氧化碳而驱除后，再注入高温燃烧管中，可直接测定总有机碳。但由于在曝气过程中会造成水样中挥发性有机物的损失而产生测定误差，因此其测定结果只是不可吹出的有机碳值。

3. 超临界水氧化法

超临界水氧化（supercritical water oxidation，SCWO）技术原先被用于处理大体积废水、污泥和被污染过的土壤。GE 公司是首家将这种技术运用于商业实验室 TOC 分析仪的公司，当温度和压力高于水的临界点（375℃和 3200 psi）时，有机废物迅速被水中的氧化剂彻底氧化。超临界水的特性均可以使有机碳极高效、快速地氧化为二氧化碳，即便存在使用非超临界氧化方式时会造成负干扰的氯化物及其他无机物也无妨。而且使用 SCWO 技术的 TOC 分析仪对维护和校准的要求也不高。超临界水氧化法的优点在于氧化完全迅速，可以耐受高盐分化合物；缺点是不能检测低 TOC 浓度的水样。

4. 电导率检测法

TOC 电导率检测法能够测量液态的 CO_2。业界采用的主要有两种电导率检测法：一种是直接电导率法，另一种是薄膜电导率检测法（又称选择性电导率法）。采用两种电导率法的 TOC 分析仪校验结果都很稳定，检测精度高。这两种方法最主要的区别在于：直接电导率法比较容易受杂酸性、卤化有机物等的干扰；而薄膜电导率检测技术抗干扰性更佳。

薄膜电导率检测法是 GE TOC 分析仪使用较多的检测方法，TOC 分析仪使用的膜能防止杂离子通过，确保检测的只是 CO_2 的含量，从而使 TOC 的读数更为精确。

四、氨氮在线监测技术

氨氮在线自动监测作为一种实时监测手段已在我国水质自动监测系统中得到广泛应用。随着国产品牌实力的不断增强，国产仪器的设计理念、技术水平、材料等各方面都有了很大的提升。其中最常见的为纳氏试剂分光光度法、水杨酸分光光度法及氨气敏电极法的水质氨氮在线监测仪。电极法具有不需要对水样进行预处理和测量范围宽、受干扰少等优点，具有广泛的适用性。

氨氮在线监测常用纳氏试剂分光光度法和氨气敏电极法。

1. 纳氏试剂分光光度法

纳氏试剂分光光度法的原理为：利用碘化汞和碘化钾的碱性溶液与氨反应生成淡红棕色胶态化合物，此颜色在较宽的波长内具有强烈吸收，通过测定其吸光度，测定氨氮的含量，即

$$c = kA + b \tag{19.3.3}$$

式中，c 为水样的浓度；k 为标准曲线的斜率；A 为吸光度；b 为标准曲线的截距。

氨氮在线监测仪具体操作包含以下两大步骤。

（1）进行仪器标定。仪器在设定阶段要进行标准曲线斜率和截距的计算，即用已知浓度的氨氮标准溶液和蒸馏水分别代替水样进行测定，由仪器自动求解出标准曲线的斜率和截距，并将结果作为常数保存以备实际测定时使用。该过程包括低量程空白标定、高量程空白标定、低量程标准溶液标定（一级）和高量程标准溶液标定（二级），空白标定是测量空白（截距），一级标定是测量低量程的斜率 k，二级标定是测量高量程的斜率 k'。对标准曲线斜率和截距的计算，仪器每天可自动执行一次，保证所测水样氨氮浓度值的准确度。

（2）进行水样氨氮值测定。由水样直接测定，仪器通过水样的吸光度，由式（19.3.3）

自动计算出水样的氨氮浓度。该方法最低监测质量浓度为 0.025 mg/L，测定上限为 2.0 mg/L，适用于各种水样中氨氮的测定。

2. 氨气敏电极法

氨气敏电极为一复合电极，以 pH 玻璃电极为指示电极，银-氯化银电极为参比电极（图 19.3.3）。采用氨气敏复合电极，在碱性条件下，样品中的氨氮变成氨气，水中的氨气通过电极膜后对电极内液体 pH 的变化进行测量，以标准电流信号输出，pH 的变化量正比于氨氮的浓度。

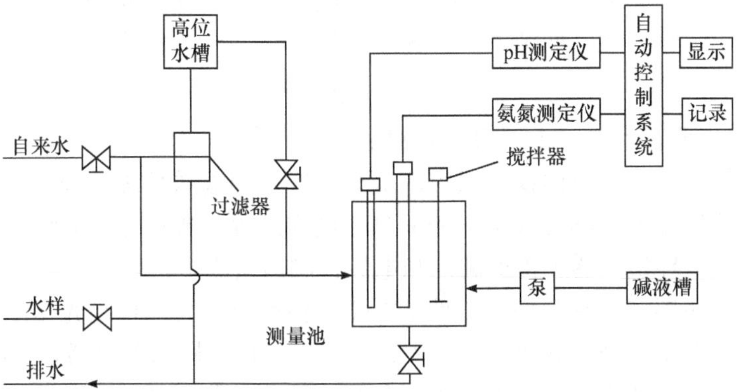

图 19.3.3 氨气敏电极式氨氮自动监测仪工作原理

水样中加入氢氧化钠（NaOH）溶液，充分混合均匀，使水样 pH＞12，这时所有的铵离子（NH_4^+）都转换成氨气（NH_3）。此外，加入络合剂（如 EDTA）调节样品，防止生成钙盐沉淀。游离态的 NH_3 透过一层半透膜，进入离子电极的内部，参与化学反应，改变电极内部电解液的 pH，pH 的变化量与 NH_3 的浓度呈线性关系，由电极测定出来，再换算成氨氮浓度。

可能会产生的干扰一般有：①挥发性胺产生正干扰；汞和银因与氨络合力强而有干扰；高浓度离子影响测定。②色度和浊度对测定没有影响，水样不必进行蒸馏。③标准溶液和水样的温度应相同，含有溶解物质的总浓度也要大致相同。该方法测量范围宽、受干扰少，不需要对水样进行预处理，但是电极的寿命和再现性尚存在一些问题，如电极属于易耗品，需定期更换，并且电极易受污染。

五、离子色谱在线监测水中阴、阳离子技术

在离子交换树脂上分离离子，实质上取决于样品离子、移动相、离子交换官能团三者之间的关联。离子 A 和离子 B 进行交换，对价离子用反应式（19.3.4）表示，对有不同价数电荷的离子用反应式（19.3.5）描述离子交换平衡：

$$A_s + B_r，\ A_r + B_s \tag{19.3.4}$$

$$bA_s +，\ bA_r + aB_s \tag{19.3.5}$$

式中，下标 s 代表溶液相，r 代表树脂相；b 和 a 代表电荷数。平衡常数（也称选择性系数）表示如下：

$$K_{B}^{A} = A_r B_s / B_r A_s \qquad (19.3.6)$$

$$K_{B}^{A} = A_r^b B_s^a / B_r^a A_s^b \qquad (19.3.7)$$

对已交换的离子 A，质量分配系数 D_g 为

$$D_g = A_r / A_s \qquad (19.3.8)$$

体积分配系数 D_v 为：$D_v = D_g \times p$。式中，p 为树脂床层的密度，单位为克（干树脂）/毫升（树脂床层体积）。

色谱中常用的容量因子 K 与分配系数有关，离子 A 的容量因子是柱中树脂相中的量（不是浓度）被溶液相中的量除。根据上述定义，再结合式（19.3.8）得

$$T = 1/f \qquad (19.3.9)$$

式（19.3.9）表明，容量因子可根据分配系数来计算。

离子色谱仪结构：离子色谱仪一般由四部分组成，即输送系统、分离系统、检测系统和数据处理系统。输送系统由淋洗液槽、输液泵、进样阀等组成；分离系统主要是指色谱柱；检测系统（如果是电导检测器）由抑制柱和电导检测器组成。

离子色谱的检测器主要有两种：一种是电化学检测器；另一种是光化学检测器。电化学检测器包括电导、直流安培、脉冲安培和积分安培；光化学检测器包括紫外-可见和荧光。电导检测器是离子色谱仪的主要检测器，主要分为抑制型和非抑制型（也称为单柱型）两种。抑制器能够显著提高电导检测器的灵敏度和选择性，其发展经历了四个阶段，从最早的树脂填充的抑制器到纤维膜抑制器、平板微膜抑制器和先进的只加水的高抑制容量的电解和微膜结合的自动连续工作的抑制器。

六、重金属在线监测技术

传统的重金属检测方法主要有原子分光光度法、溶出伏安法、色谱法和各种联用检测方法等。这些方法虽然能以较高灵敏度对各种环境样品中的重金属离子进行有效分析，但大多需要大型仪器，分析方法成本高，样品需要经过消解，分析时间长，难以用于重金属的现场快速检测。我国重金属在线监测技术发展起步相对较晚，除六价铬外，其他重金属在线监测产品相对较少。

1. 比色法重金属在线监测技术

重金属在线监测仪比色法原理：某些重金属可以与特定化学物质发生化学反应生成有色物质，可通过分光光度法进行定量分析。该方法原理简单，不需要特殊设备，一般分光光度计即可满足需求。

重金属在线监测仪可监测总镍、总镉、总铜、总铬、总铅、总砷、总锌、六价铬、铜离子、镍离子、锰离子等。

该方法针对单一监测因子，定量性好；分析仪结构简单，操作便捷；仪器抗干扰能力强，性价比高。一般一台仪器只能测定一种离子，无法同时测定多种离子，目前比色法原理的水质重金属监测仪检出限一般为 10 μg/L，易受其他重金属离子的干扰，使用试剂存在二次污染、灵敏度低等缺点。表 19.3.1 列出不同重金属离子的检测方法。

表 19.3.1　不同重金属离子的检测方法

序号	监测离子	检测方法
1	六价铬	二苯碳酰二肼分光光度法（GB/T 7467—1987）
2	锰	甲醛肟分光光度法（HJ/T 344—2007）、高碘酸钾分光光度法（GB/T 11906—1989）
3	铜	2,9 二甲基-1,10-菲啰啉分光光度法（HJ 486—2009） 二乙基二硫代氨基甲酸钠分光光度法（HJ 485—2009）
4	镍	丁二酮肟分光光度法（HJ 485—2009）
5	铬	高锰酸钾氧化-二苯碳酰二肼分光光度法或硫酸亚铁铵滴定法（浓度大于 1 mg/L 时）（GB/T 7466—1987）
6	铁	邻菲啰啉分光光度法（HJ/T 345—2007）
7	镉	双硫腙分光光度法（GB/T 7471—1987）、极谱法（《水和废水监测分析方法》第四版）
8	砷	二乙基二硫代氨基甲酸银分光光度法（GB/T 7485—1987）、极谱法（《水和废水监测分析方法》第四版）
9	铅	双硫腙分光光度法、极谱法（《水和废水监测分析方法》第四版）
10	锌	双硫腙分光光度法、极谱法（《水和废水监测分析方法》第四版）部分重金属在线监测仪分析方法一览表

2. 生物化学传感器法

生物传感器利用生物识别物质与待测物质结合，通过信号转换器转变为可输出的光、电等信号。它可分为酶传感器、免疫传感器、组织传感器、微生物传感器。化学传感器是通过化学反应以选择性方式对特定的待分析物质产生响应，从而对分析物质进行定性或定量测定的装置。化学传感器有电化学传感器、光纤传感器、荧光传感器等。汤琳等研究出一种新型葡萄糖氧化酶传感器，可测定环境中 Hg^{2+}的含量，Kim 等首先以聚苯醚为原料，研制了可检测 Pb^{2+}的扩增荧光传感器。

化学传感器法中的光纤传感器响应快、灵敏度高，能应用于其他传感器无法深入的恶劣环境中，发展前景可观。

3. 阳极溶出伏安法

阳极溶出伏安法具体原理见电化学章节，对于给定电解质溶液与电极，每种重金属都有特定的还原或溶出反应电压，氧化过程中将产生氧化电流，记录下电压-电流曲线（伏安曲线），该曲线呈峰形，在线监测系统通过识别氧化发生的电势值来识别金属种类，并通过氧化电势的差异来实现同时测量多种金属的目的；其次，其峰值电流与溶液中被测离子的浓度成正比，这正是溶出伏安法进行定量分析的依据。

阳极溶出伏安法通常采用汞和汞膜电极。阳极溶出伏安法是一种灵敏度很高、用于痕量组分的电化学分析法。

近年来，重金属污染事件时有报道，鉴于重金属污染的严重危害性，对生物体、食品及各种环境介质中痕量重金属的快速检测显得尤为重要。目前各种快速检测方法发展迅速，在重金属快速检测与筛查方面发挥了很大的作用，但还需进一步改进和完善。

七、总氮、总磷在线监测技术

总氮、总磷在线监测仪器的测定原理是，将水样中的含氮（含磷）化合物氧化分解成 NO_2 或者 NO、NO_3^-，并用化学发光分析法或紫外分光光度法测定其浓度。目前，根据氧化分解和测定方法的不同，总氮、总磷在线监测方法可以分为：过硫酸盐消解-光度法、密闭燃烧氧化-化学发光分析法、过硫酸盐消解-光度法和紫外线照射-钼催化加热消解/流动注射（FIA）分光光度法。

1. 过硫酸盐消解-光度法（国家标准方法）

1）仪器测定原理

测量总氮的国家标准方法是《水质　总氮的测定　碱性过硫酸钾消解紫外分光光度法》（HJ 636—2012）。此标准规定了碱性过硫酸钾在 120～124℃下消解、通过紫外分光光度测定水中总氮的方法。该方法适用于地面水、地下水的测定。

在 60℃以上的水溶液中，过硫酸钾可分解产生硫酸氢钾和原子态氧，硫酸氢钾在溶液中离解而产生氢离子，故在氢氧化钠的碱性介质中可促使分解过程趋于完全。分解出的原子态氧在 120～124℃条件下，可使水样中含氮化合物的氮元素转化为硝酸盐。并且在此过程中有机物同时被氧化分解。可用紫外分光光度法于波长 220 nm 和 275 nm 处，分别测出吸光度 A_{220} 及 A_{275}，按下式求出校正吸光度 A。

$$A = A_{220} - 2A_{275} \tag{19.3.10}$$

式中，A_{275} 为浊度补偿。再按 A 值查校准曲线并计算总氮含量。

2）仪器工作过程

在线监测总氮的方法就是碱性过硫酸钾消解紫外分光光度法。其主要过程是：在样品中加入过硫酸钾溶液，在 120℃条件下，加热 30 min 消解，将氮转变成 NO_3^-，然后将样品放入酸性溶液中，测量 220 nm 的紫外吸收值并与标准值比较，计算出总氮的含量。并且测量波长与式（19.3.10）相一致，所以此方法完全符合国家标准方法。

此外，由于试样中或多或少地含有有机物和悬浮物质，为了扣除这些干扰因素，利用双波长法对试样进行浊度补偿，测量干扰物质在 275 nm 光波下的吸收（NO_3^- 在 275 nm 附近吸收极低），代入式（19.3.10），最后计算总氮含量。

2. 密闭燃烧氧化-化学发光分析法

将水样导入反应混合槽后，通过载气将水样加入放有催化剂的反应管（干式热分解炉，约 850℃）中进行氧化反应，将含氮化合物转化成 NO 后，使其与臭氧反应，通过测定由反应过程中产生的准稳态 NO_2 转变为稳态 NO_2 产生的化学发光（半导体化学发光检测器），经换算得到总氮的含量。

3. 过硫酸盐消解-光度法

将适量水样，加入过硫酸钾溶液，于 120℃下加热消解 30 min，将水样中的含磷化合物全部转化为磷酸盐，冷却后，加入钼-锑溶液和抗坏血酸溶液，生成蓝色络合物，于 700 nm 处测定吸光度，经换算得到总磷的含量。

4. 紫外线照射-钼催化加热消解/FIA 分光光度法

采用流动注射进样法连续进样，水样在紫外线照射下，以钼作催化剂加热消解，消解产生的磷钼酸盐在锑盐或钒盐存在下发生显色反应，反应产物可直接进行光度测定，经换算即可得到总磷的浓度值。

过硫酸盐消解-光度法是在线总氮和总磷仪的主选方法，是各国的法定方法。基于密闭燃烧氧化-化学发光分析法的在线总氮仪和基于紫外线照射-钼催化加热消解/FIA 分光光度法的在线总磷仪主要限于日本。前者是日本工业规格协会（JIS）认可的方法之一。

从分析性能上讲，目前的在线总氮、总磷仪已能满足污染源和地表水自动监测的需要，但灵敏度尚难以满足评价一类、二类地表水（标准值分别为 0.04 mg/L 和 0.002 mg/L）水质的需求。另外，采用化学发光法、FIA 分光光度法的仪器的分析周期一般更短一些（10～30 min），其他方法一般为 30～60 min。

从仪器结构上讲，采用化学发光法或 FIA 分光光度法的在线总氮、总磷仪的结构更简单一些。

第四节　大气污染物在线监测仪器

由于自动监测方法较手工监测方法具有可靠性高、抗干扰能力强、维护保养简单方便、可长期连续自动监测等优点，随着其监测方法、仪器设备的日趋成熟，已成为我国国家环境空气质量监测站采用的主要技术。2000 年以后自动监测的方法开始逐步取代手工监测。2001 年，47 个环境保护重点城市首先采用“24 h 连续监测方法”，开展城市环境质量日报和预报工作。2007 年，国家环境保护总局发布了《环境空气质量监测规范》，规定了环境空气质量监测网的设计和监测点位设置要求、环境空气质量手工监测和自动监测的方法与技术要求，以及环境空气质量监测数据的管理和处理要求，同时要求国家环境空气质量监测网中的空气质量评价点、空气质量背景点上的环境空气质量监测应优先选用自动监测方法，并按《环境空气气态污染物（SO_2、NO_2、O_3、CO）连续自动监测系统安装验收技术规范》所规定的方法和技术要求进行。2010 年，113 个环境保护重点城市的 661 个监测点位全部实现了空气质量自动监测。2011 年，为了探索新的环境空气质量评价办法，建立健全我国环境空气质量监测、采样、分析、数据处理和发布网络框架，及时掌握大气污染物特征及趋势，环境保护部在全国 26 个城市开展环境空气质量评价试点工作，并发布了《城市环境空气质量评价办法（试行）》，规定自动监测项目拓展为 SO_2、NO_2、NO_x、CO、CO_2、O_3、PM_{10}、$PM_{2.5}$8 项。2012 年，环境保护部发布了《环境空气质量标准》（GB 3095—2012），正式将 $PM_{2.5}$ 纳入空气质量必测项目，并规定了手工和自动监测的参考方法。同年 4 月，环境保护部调整了国家环境空气质量监测网组成名单。调整后的监测网络由 338 个地级以上城市的 1436 个监测点位组成，覆盖我国全部地级以上城市。形成了当前的城市空气质量监测网。2013 年 1 月 1 日“全国城市空气质量实时发布平台”启用，实现了京津冀、长三角、珠三角等重点区域及直辖市、省城省会城市等共 74 个城市，建成并正式 496 个监测点位的 SO_2、NO_2、O_3、CO、PM_{10} 和 $PM_{2.5}$ 等 6 项基本项目的实时在线监测、数据传输和发布。2015 年 1 月 1 日起，该平台完整覆盖城市空气质量在线监测和数据监控网，即实现了 1436 个监测点位 6 项基本项目的实时在线监测、数据传输和发布。

国家城市站环境质量监测系统监测仪器设备配置及性能指标必须符合法律法规规定及环境保护部相关标准、规范的要求。

颗粒物连续自动监测系统由采样头、采样管、采样泵和仪器主机组成，配备温度、湿度、压力检测器，其中 β 射线颗粒物监测仪器应包括动态加热系统，振荡天平法颗粒物监测仪器应包括滤膜动态测量系统。

气态污染物点式连续监测系统由采样装置、分析仪器、数据采集和传输设备、校准设备组成。开放光程连续监测系统由开放的测量光路、校准单元、分析仪器、数据采集和传输设备组成。

一、氮氧化物（NO_x）在线监测技术

NO_x 在线监测方法主要有化学发光法和定位电解法。化学发光法是一种灵敏度非常高的分析方法，对 NO 的测定可达到 10^{-3} μmol/mol 级，选择性也较好。该法的反应速率非常快，可以认为是瞬时反应，适用于连续测定。但是，其他大气污染物对此法干扰也较大，限制了其在排放源中的应用。常用定位电解法连续监测排放源排放 NO_x 废气，此技术也可用于连续监测 SO_2、NO、NO_2、CO、O_2、Cl_2、HCN、NH_3 和 HCl 等。

1. 化学发光法

化学发光法 NO_x 分析仪的原理是以稳定不变的流量通过带滤膜的管路进入分析仪的反应室，并在反应室与过量的抽样混合。气样中的 NO 分子与 O_3 的化学发光法应产生激发态的 NO_2^*，激发态的 NO_2^* 分子再返回基态过程中会发出一定能量的光，发光强度与气样中的 NO 浓度成正比。

化学发光反应如下：

激发反应
$$NO + O_3 \longrightarrow NO_2^* + O_2 \tag{19.4.1}$$

化学反应
$$NO + O_3 \longrightarrow NO_2 + O_2 \tag{19.4.2}$$

发光反应
$$NO_2^* \longrightarrow NO_2 + h\nu \tag{19.4.3}$$

猝灭反应
$$NO_2^* + MN \longrightarrow NO_2 + M \tag{19.4.4}$$

式中，NO_2^* 为处于激发态的二氧化氮；h 为普朗克常量；ν为发射光子的频率。

NO 与 O_3 化学发光反应的发光强度可表示为

$$I = K[NO][O_3]/[M] \tag{19.4.5}$$

式中，I 为发光强度；[NO]、$[O_3]$分别为 NO 和 O_3 的浓度；[M]为参与反应的第三种物质浓度，该反应用空气；K 为与化学发光反应温度有关的常数。

如果 O_3 过量，M 恒定时，则发光强度 I 与[NO]成正比，由测光强度可求出 NO 浓度。由于 NO_x 的发光反应是指其中的 NO 与 O_3 的反应，要测定其中的 NO_2 时，则首先需要将 NO_2 定量转化成 NO。大多数商品分析仪含有将 NO_2 催化还原成 NO 的转化炉。

$$NO_2 \xrightarrow{\text{热催化}} NO + 1/2O_2 \tag{19.4.6}$$

NO_x 分析仪在转换炉中用活性炭或者钼作催化剂，使 NO_2 在较低的温度下发生分解。产

生的 NO 再与 O_3 反应，并测量化学发光，进而得到 NO + NO_2（NO_x）总读数。测定结果可由在线监测仪器直接显示 NO、NO_2 和 NO_x 的浓度值。

化学发光法灵敏度非常高，对 NO 的测定可达到 10^{-3} μmol/mol 级。且此反应在较宽的浓度范围（0～10^4 μmol/mol），存在良好的线性关系，同时选择性较好。因为在室温下可产生的化学发光反应极少，从而避免了干扰；针对第三组分引起猝灭反应，由于测定空气样品占控制地位的猝灭剂分子 O_2、NO_2、CO_2 等相对浓度可认为是不变的，因此这种负干扰可认为是不变的定值，可通过仪器和数据校正避免这类系统误差。

在环境空气质量监测中，虽然 NO_x、SO_2、CO、O_3 等项目连续自动监测分析仪方法原理不同，但这些项目的监测仪器都是在监测站中统一接入总采样管获取气体，并经过仪器的计算机菜单，进行仪器工作状态设置和运行状态检查，各项目仪器的操作方法及步骤基本一致，具体可以参考相应的标准和规范。

2. 定位电解法（适用于固定源烟气）

传感器应用了以下两项基本技术。

（1）扩散层（典型的是选择性渗透膜）允许目标污染物分子扩散到电解液中。

（2）气体在工作电极发生氧化反应。在对电极发生还原反应，产生的电流通过外电路成为传感器的输出信号。利用渗透膜，防止传感器电化学池中电解液流出和蒸发，也能利用它的选择性减少干扰组分的影响。因此，应当选择对 SO_2 渗透性好，但对干扰组分渗透性小的高分子膜，如聚乙烯膜、聚氯乙烯膜、聚四氟乙烯树脂膜等。工作电极是产生电解电流的电极，可采用铂电极、金电极、钯电极、铱电极等。对电极与工作电极构成电路的标准电极，从银或银化合物电极、镍或镍化合物电极、铅或铅化合物电极中选用对电极，使其与工作电极组成最佳的电极对。

图 19.4.1 表明了典型的 NO_2 传感器的工作情况：①样品气体进入传感器室的上面；②目标气体通过选择性渗透膜，扩散到电解液并到达工作电极；③在工作电极发生氧化反应；④电荷转移到对电极；⑤在对电极发生还原反应；⑥由于电阻两端的电压降，易于测量与污染物浓度相关的电流。

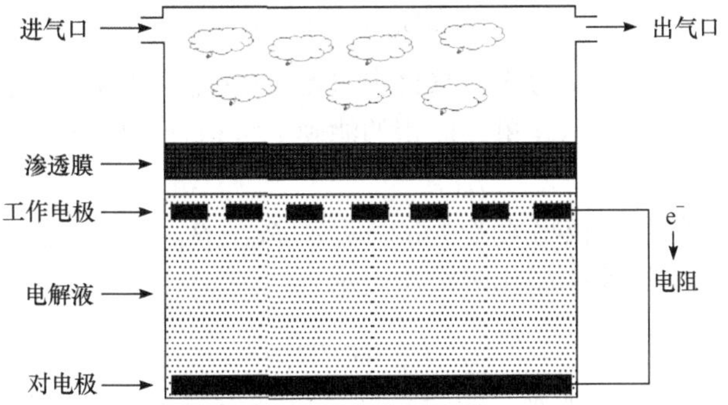

图 19.4.1 定位电解法测定 NO_2 浓度电化学传感器的工作原理图

烟气样品进入电化学传感器，NO 和 NO_2 透过透气性薄膜进入电解池，在电解液中扩散并被吸收，被吸收的 NO 和 NO_2 在一定的氧化电位下进行电解，根据电解电流得到 NO 和 NO_2 的浓度。

传感器在使用中应注意：①保持电化学池恒温或温度补偿；②在样品气体进入分析仪之

前，必须对样品气体进行适当的调节以除去颗粒物和水分；③进入传感器气体的温度控制在5～40℃；④避免过高的相对湿度引起水气在渗透膜冷凝，以及在相对湿度<15%的条件下长时间使用而降低传感器的使用寿命；⑤定期用清洁空气对传感器进行恢复性清洗；⑥样品气体保持与用校准气体校准传感器时基本一致的流量进入传感器；⑦注意观察仪器性能何时开始出现退化；⑧一旦传感器被污染将需要再恢复或更换传感器。

就像用电池时一样，电化学传感器池中的电解液最终会被消耗，因而不得不更换电化学传感器。在环境空气中 NO_2 电化学传感器的预期寿命为 2 年，当安装在 CEMS 中 24 h 连续运行时，可能要求 3～6 个月甚至更短的时间内更换，因此对传感器的正确维护显得十分重要。

由于方法利用化学反应原理，因此不适用于含有其他活性较强的干扰组分的试样，如含有 HF 组分的测定。

二、碳组分在线监测技术

大气气溶胶碳质组分中的有机碳（OC）和元素碳（EC），是大气细粒子的重要组成部分，对大气环境及人体健康具有非常重要的意义。在大气气溶胶碳质组分的研究中，准确测定 OC、EC 的浓度，对研究大气化学反应和污染物的源解析具有重要意义，成为当今环境监测领域的热点。OC、EC 在线监测方法主要有：热分解法、光学法、热分解-光学分析法等。

1. 热分解法

热分解法主要依据 OC 和 EC 热学性质的不同对两者进行区分，但无法解决 OC 高温碳化导致分割点不准确的问题。

2. 光学法

光学法主要利用光学原理测定吸光性碳质气溶胶即 EC（通常把光学法测量的 EC 称为 BC）的含量，主要有光吸收法和光散射法。

（1）光吸收法测量的是沉积膜上的吸光率，认为单位面积膜上 BC 的沉积量 m_{BC} 与光学衰减量（ATN）呈线性关系：

$$A = \ln(I_0/I) = \sigma \cdot m_{BC} \tag{19.4.7}$$

式中，I_0 为透过滤膜前的光强；I 为透过滤膜后的光强；m_{BC} 为单位面积采样膜上 BC 的质量；σ 为 BC 的质量衰减系数，表示在单位面积的滤膜上沉积有单位质量 BC 时的衰减，其单位为 m^2/g，最低检出限 4 ng/m^3。

（2）光散射法测量的是颗粒物的光学散射系数 R_{sp}，R_{sp} 是大气能见度一种很好的表征，单位 mol/m。光的衰减可以用朗伯-比尔定律表示：

$$I = I_0 e^{-\sigma_{ext}} \tag{19.4.8}$$

式中，I_0 为初始光强；I 为通过距离 x 后的光强；σ_{ext} 为表示衰减的参数，即消光系数。

消光系数越大，意味着光衰减得越快。此仪器认为相对于气体分子和颗粒物对光的散射，光的吸收作用可以忽略不计；相对于颗粒物的散射作用，气体分子的瑞利散射可以忽略不计。光学法粗略地认为：相对于 EC 的光吸收，气溶胶其他成分对可见光的吸收可忽略不计，所以光学法测量的实际上是 EC 和具有吸光性的 OC 的总和。无论是光学吸收法还是光学散射法测量的都不是 BC 的质量浓度，因此需要一个校正系数进行折算。

3. 热分解-光学分析法

热学法中 OC 的碳化产物具有吸光性，在热学法的基础上使用光学方法对这部分裂解碳进行校正，这种热学分解+光学校正的方法即为目前最为成熟的热分解-光学分析法。

它基于以下两个假设：第一，由 OC 碳化生成的 EC（pyrolytically generated EC，PEC）先于颗粒物中原有的 EC（native EC，NEC）氧化分解；第二，PEC 在分析过程中的吸光系数始终等同于 NEC。然而研究表明，PEC 的吸光系数在分析过程中会发生一定的变化，且在大多数情况下和 NEC 的吸光系数并不相等；有氧加热时，PEC 和 NEC 的氧化分解过程并非各自独立，而是交错进行的。因此，热分解-光学分析法仍具有一定误差。尽管如此，其对 OC 碳化做了较好的修正，目前应用最为广泛。

TR20N9 型大气细颗粒物 OC/EC 在线分析仪主要原理如图 19.4.2 所示。

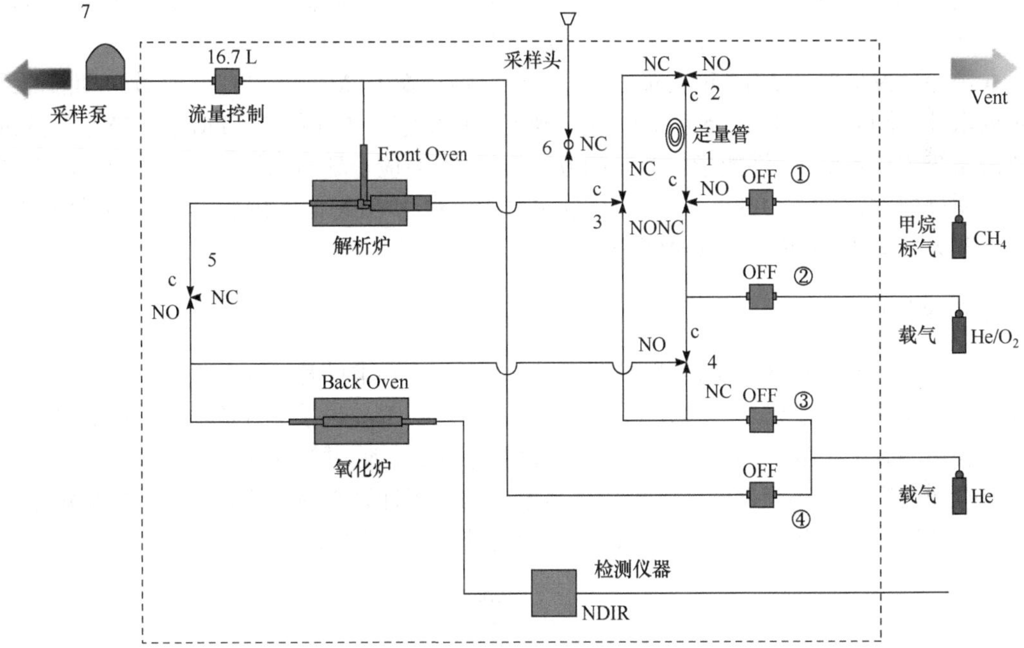

图 19.4.2　TR20N9 工作原理图

基于热光分析技术，热分解-光学分析法具有测量精度高、可靠性高、适用范围广等特点。

样品在石英膜上并在氦气（He）的非氧化环境中逐级升温，致使 OC 被加热挥发（该过程中也有部分 OC 被碳化（PC）；逐步升温到 120℃（OC_1）、250℃（OC_2）、45℃（OC_3）和 550℃（OC_4）。此后样品又在氦气/氧气混合气（He/O_2）环境中逐级升温，该过程中 EC 被氧化分解为气态氧化物。这两个步骤中所产生的分解产物都随着通过分析室的载气（同时也是环境气及反应气，即 He 或 He/O_2）经过二氧化锰（MnO_2）氧化炉被转化为 CO_2 后由离子火焰法（FID）或非红外色散法（NDIR）定量检验。整个过程中都有一束激光照在石英膜上，这样在 OC 碳化时该激光的透射光的强度会逐渐减弱，而在 He 切换成 He/O_2 同时加温时，随着 PC 和 EC 的氧化分解，该激光的透射光会逐渐增强。当透射光的强度恢复到起始强度时，这一时刻就定义为 OC/EC 分割点，即该时刻之前检测到的碳量就定义为起始时的 OC[如果有无机碳酸盐（CC）存在时，则是 OC + CC]，分析过程中，监测波长 660 nm 激光透射滤膜的光强。从开始测定 EC 到透射光强达到最初光强过程的碳量计为热解碳（OPC）,其后检测到的碳量则对应于起始 EC。IMPROVE 协议定义 OC 为 $OC_1 + OC_2 + OC_3 + OC_4 + OPC$，EC 为 $EC_1 + EC_2 + EC_3 - OPC$。

OC 和 EC 质量浓度按以下公式计算：

$$c = (c' \times n)/V \tag{19.4.9}$$

式中，c 为整个样品碳浓度，$\mu g/m^3$；c'为 1.5 cm^2 样品测得碳浓度，$\mu g/cm^2$；n 为整个样品有效面积（55.42 cm^2）；V 为采样标准状态下的体积，m^3。

三、大气颗粒物在线监测技术

美国 EPA 从 1999 年开始进行 $PM_{2.5}$ 监测。1999～2008 年使用联邦参比法作为标准方法监测 $PM_{2.5}$ 数据。2008 年 7 月 24 日起，EPA 开始批准使用联邦等效方法监测 $PM_{2.5}$，方法包括 β 射线法、振荡天平法、光浊度法、光散射法等。

我国环境保护部在 2013 年发布了《环境空气颗粒物（PM_{10} 和 $PM_{2.5}$）连续自动监测系统技术要求及检测方法》（HJ 653—2013），规范了环境空气中颗粒物（PM_{10} 和 $PM_{2.5}$）连续自动监测系统的技术要求、性能指标和监测方法。该标准对应于环境保护部在 2012 年发布的《环境空气质量标准》（GB 3095—2012），规定对于颗粒物（PM_{10} 和 $PM_{2.5}$）的在线监测方法为微量振荡天平法（TEOM）和 β 射线法。

1. 微量振荡天平法

微量振荡天平法是在质量传感器内使用一个振荡空心锥形管，在其振荡端安装可更换的滤膜，振荡频率取决于锥形管特征和其质量（图 19.4.3）。当采样气流通过滤膜，其中的颗粒物沉积在滤膜上，滤膜的质量变化导致振荡频率变化，通过振荡频率变化计算出沉积在滤膜上颗粒物的质量，再根据流量、现场环境温度和气压计算出该时段颗粒物的质量浓度。因此，可以认为微量振荡天平法是一种直接质量测量法——称量法。

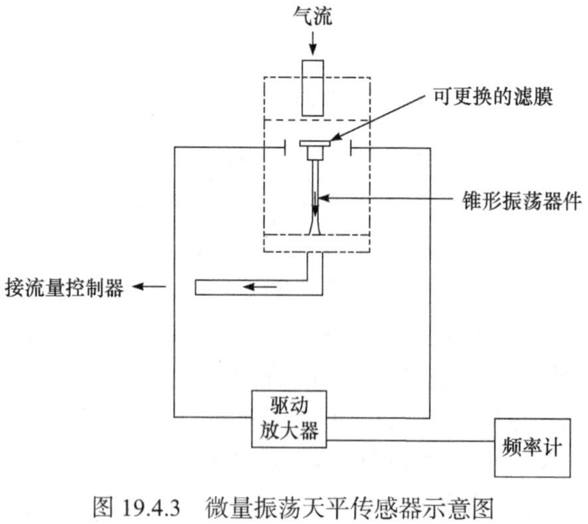

图 19.4.3　微量振荡天平传感器示意图

目前，微量振荡天平法监测环境空气颗粒物的结果较为准确，可以提供分钟数据等高精度的实时数据，但对监测人员的仪器维护及操作能力有较高要求，且受温湿度影响较大。可用于空气质量监测网络、特殊研究和超级站观测点、污染整治项目、室内空气及工业卫生测量等。

2. β 射线法

β 射线法监测空气中的颗粒物浓度，其原理是计算颗粒物对射线强度衰减的影响值，实现空气颗粒物的自动检测。β 射线法颗粒物监测仪由 PM_{10} 采样头、$PM_{2.5}$ 切割器、样品动态加热系统、采样泵和仪器主机组成。流量为 1 m^3/h 的环境空气样品经过 PM_{10} 采样头和 $PM_{2.5}$ 切割器后成为符合技术要求的颗粒物样品气体。在样品动态加热系统中，样品气体的相对湿度被调整到 35%以下，气流进入仪器主机后，颗粒物被收集在可以自动更换的滤膜上。在仪器中，滤膜的两侧分别设置了 β 射线源和 β 射线检测器。β 射线穿过滤膜时颗粒物的存在使其发生散射，导致 β 射线不同程度的衰减，因此 β 射线检测器的输出信号能直接反映采集样品前后的滤膜上颗粒物的质量变化，仪器通过分析 β 射线检测器的信号变化得到一定时段内采集的颗粒物质量数值，结合同时段内采集的气流体积，最终报告出采样时段的颗粒物浓度。配置膜动态测量系统（FDMS）后，仪器能准确测量在这个过程中挥发掉的颗粒物，使最终报告数据得到有效补偿，理论上其接近于真实值。β 射线法还可以分为步进式和连续式，步进式仪器一般每 1 h 给出 1 个数据，而连续式仪器可以进行连续测量。β 射线在线监测空气颗粒物具有技术操作和后期维护简便的优势，但 β 射线法易受抽取空气样品影响（如颗粒物中存在放射性元素等），从而影响监测结果的准确性。

TEOM 法与 β 射线法在线监测仪器测量值具有很好的相关性，TEOM 法在线监测仪测量值较 β 射线法在线监测仪的测量值偏低 15%左右；TEOM-FDMS 联用法测量值略高于 TEOM 法，与手工监测方法结果较接近。

β 射线法在线监测仪较 TEMO 在线监测仪结构简单，运维量少，市场价位低，可满足一般测量需求。在较好的运行维护技术支撑和有效管理措施条件下，要得到较准确的在线监测数据，可选择 TEOM-FDMS 联用法在线监测。

四、SO_2 在线监测技术

目前，二氧化硫的检测方法主要包括分光光度法、滴定分析法、电化学检测法、极谱法、物理或化学吸收法、化学发光法、流动注射法和离子色谱法等。虽然这些方法对二氧化硫具有一定的灵敏度和选择性，但不少方法不可避免地存在成本高、操作费时、过程烦琐等缺点。荧光分析法具有检出限低、灵敏度高、快速、仪器简单等优点，将其用于二氧化硫的实时监测，可以发展可靠、快捷、高灵敏度的分析方法，实现溶液乃至大气中二氧化硫的准确、快速、高效检测。用于连续或间歇自动测定空气中的监测仪器以紫外脉冲荧光监测仪应用最为广泛，其他还有电导式监测仪、库仑滴定式监测仪及比色式监测仪。

紫外脉冲荧光法在线监测 SO_2 的监测原理是用脉冲化的紫外光（190～230 nm）激发 SO_2 分子，处于激发态的 SO_2，分子返回基态时放出荧光（240～420 nm），所放出的荧光强度与 SO_2 的浓度呈线性关系，从而测出 SO_2 的浓度。即

$$SO_2 + h\nu \longrightarrow SO_2\cdot \qquad (19.4.10)$$

$$SO_2\cdot \longrightarrow SO_2 + h\nu \qquad (19.4.11)$$

当 SO_2 浓度较低，吸收光程很短时，发射的荧光强度和 SO_2 浓度成正比，用光电倍增管及电子测量系统测量荧光强度，并与标准气样发射的荧光强度比较，即可得知空气中 SO_2 的浓度。

利用荧光法原理测定二氧化硫的主要干扰物质为水分及芳香烃类有机物，水分的影响一方面是由于二氧化硫可溶于水所造成的损失；另一方面是由于二氧化硫遇水产生荧光猝灭所造成的负误差。可采用半透膜气相渗透除水法或反应室加热法除去水的干扰。某些芳香烃类有机物在 190～230 nm 紫外光的激发下也发射荧光，造成正误差。可采用装有特殊吸附剂的过滤器预先除去。

紫外脉冲荧光 SO_2 监测仪由荧光计和气路系统两部分组成。

（1）荧光计。如图 19.4.4 所示，荧光计脉冲紫外光源发射脉冲紫外光经激发光滤光片（光谱中心 220 nm）进入反应室，SO_2 分子在此被激发产生荧光，经发射光滤光片（光谱中心 330 nm）投射到光电倍增管上，经信号处理，仪器直接显示浓度读数 ppm。

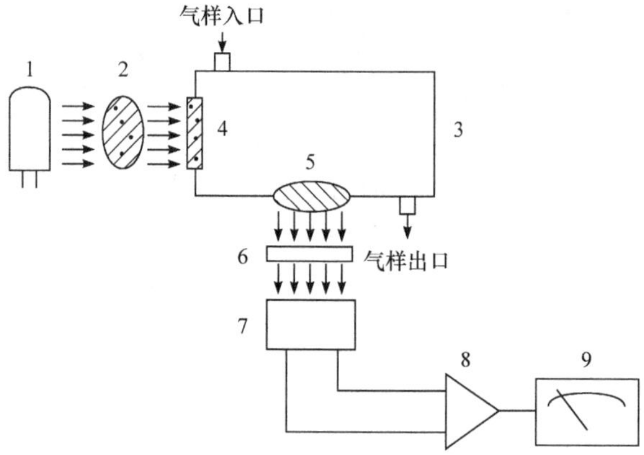

图 19.4.4　紫外脉冲荧光 SO_2 自动监测仪的工作原理

1. 紫外脉冲光源；2, 5. 透镜；3. 反应室；4. 激发光滤光片；6. 发射光滤光片；7. 光电倍增管；8. 放大器；9. 指示表

（2）气路系统。如图 19.4.5 所示，大气试样经除尘过滤器后通过采样阀进入仪器，首先进入渗透膜除水器内管，在此水分以气态除去，干燥的样品经除烃器除去烃类到达荧光反应室，反应后的干燥气体经渗透膜除水器外管，由泵排出仪器。

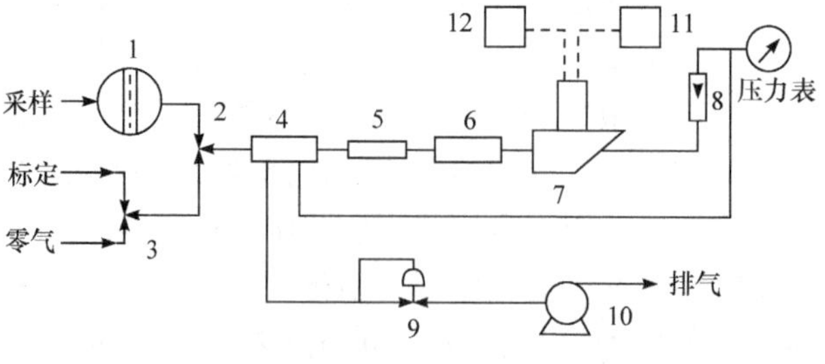

图 19.4.5　紫外脉冲荧光 SO_2 自动监测仪气路系统

1. 除尘过滤器；2. 采样电磁阀；3. 零气/标定电磁阀；4. 渗透膜除湿器；5. 毛细管；6. 除烃器；7. 反应室；8. 流量计；9. 调节阀；10. 抽气泵；11. 电源；12. 信号处理及显示系统

该仪器操作简便。开启电源预热 30 min，待稳定后通入零气，调节零点，然后通入 SO_2 标准气，调节指示标准气浓度值，继之通入零气清洗气路，待仪器指零后即可采样测定。该

仪器可连接气体采样管路进行现场连续测定，也可连接样品储器进行单个样品测定。连续测定样品气流的流速为 1.5 L/min，其最低检测浓度可达 1 ppb。

五、CO 在线监测技术

CO 在通常情况下是无色、无味、有毒、可燃的气体，空气中 CO 气体主要来源于工业不完全燃烧废气排放、机动车尾气排放及有机物、家用煤气等不完全燃烧排放。当人吸入一定含量的 CO 后会产生不同程度的中毒现象。此外，在一定条件下 CO 在大气环境中会发生光化学反应，这表明 CO 是一种间接性温室气体。环境中 CO 给人们的生产生活带来诸多隐患，故对 CO 气体排放在线监测是非常有必要的。目前，烟气排放中传统 CO 测量方法大多基于非分散红外原理，以非色散红外吸收法 CO 监测仪和非色散相关红外吸收法 CO 监测仪应用最广泛。

1. 非色散红外吸收法

仪器测定原理基于 CO 对红外光具有选择性的吸收（吸收峰在 4.5 μm 附近），在一定浓度范围内，其吸光度与 CO 浓度之间的关系符合朗伯-比尔定律，故可根据吸光度测定 CO 的浓度。

由于 CO_2 的吸收峰在 4.3 μm 附近，水蒸气在 3 μm 和 6 μm 附近，而且空气中 CO_2 和水蒸气的浓度远大于 CO 浓度，故干扰 CO 的测定。用窄带光学滤光片或气体滤波室将红外辐射限制在 CO 吸收的窄带光范围内，可消除 CO_2 和水蒸气的干扰。还可用从样品中除湿的方法消除水蒸气的影响。

非色散红外吸收法 CO 自动监测仪的工作原理如图 19.4.6 所示。从红外光源经平面反射镜发射出能量相等的两束平行光，被同步电机 M 带动的切光片交替切断。然后，一路通过滤波室（内充 CO_2 和水蒸气，用以消除干扰光）、参比室（内充不吸收红外光的气体，如氮气）射入检测室，这束光称为参比光束，其 CO 特征吸收波长的光强度不变。另一束光称为测量光束，通过滤波室、测量室射入检测室。由于测量室内有气样通过，则气样中的 CO 吸收了特征波长的红外光，故射入检测室的光束强度减弱，且 CO 含量越高，光强减弱越多。检测室用一金属薄膜（厚 5～10 μm）分隔为上、下两室，均充等浓度 CO 气体，在金属薄膜一侧

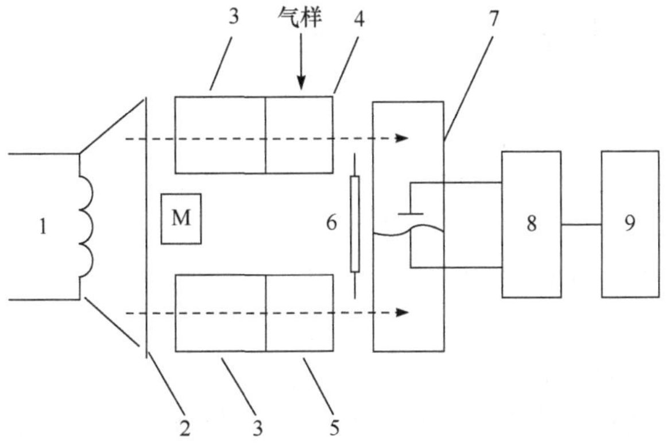

图 19.4.6　非色散红外吸收法 CO 自动监测仪的工作原理

1. 红外线光源；2. 切光片；3. 滤波室；4. 测量室；5. 参比室；6. 调零挡板；7. 检测室；8. 放大及信号处理系统；9. 指示表及记录仪

还固定一圆形金属片，距薄膜 0.05～0.08 mm，二者组成一个电容器，并在两极间加有稳定的直流电压，这种检测器称为电容检测器或薄膜微音器。由于射入检测室的参比光束强度大于测量光束强度，两室中气体的温度产生差异，导致下室中的气体膨胀压力大于上室，使金属薄膜偏向固定金属片一方，从而改变了电容器两极间的距离，也就改变了电容量，由其变化值即可得出气样中 CO 的浓度值。采用电子技术将电容量变化转变成电流变化，经放大及信号处理后，由指示表和记录仪显示和记录测量结果。仪器连续运转中，需定期通入纯氮气进行零点校准和通入 CO 标准气进行量程校准。

2. 相关红外吸收法

相关红外吸收法 CO 自动监测仪的原理是非分散红外吸收法的一种改进方法，采用了气体过滤器相关技术，基本原理是基于在有其他干扰气体存在下，比较样品气中被测气体红外吸收光谱的精细结构。仪器的结构原理如图 19.4.7 所示。仪器中装有一个可转动的气体过滤器转轮，此轮一半充入纯 CO，另一半充入纯 N_2，当红外线通过 CO 一侧时，相当于参比光束，通过 N_2 一侧时，相当于样品光束，转轮后设有一多次反射光程吸收池（池长 40 cm，反射 32 次，光程长 12.8 m）以保证有足够的灵敏度，气体过滤器转轮按一定频率旋转，此时对吸收池来说，从时间上分割为交替的样品光束和参比光束，可以获得一交变信号，而对干扰气体来讲，样品光束和参比光束是相同的，可相互抵消。该法的灵敏度好，设备简单，由于采用了固态监测器，避免了非色散红外法微量电容监测器易受振动的影响，使仪器运行可靠。

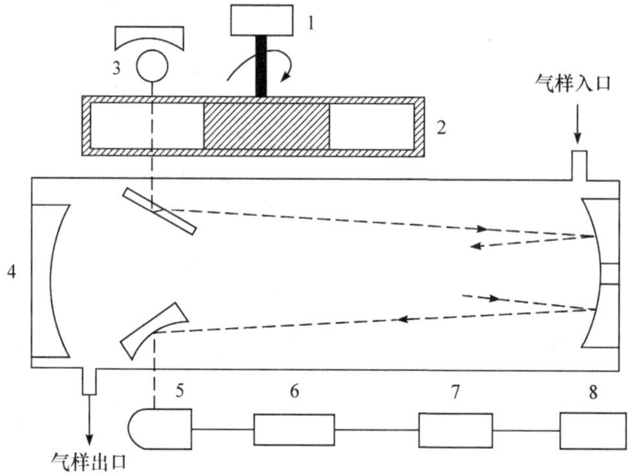

图 19.4.7　非相关红外吸收法 CO 自动监测仪的工作原理

1. 马达；2. 气体滤波相关轮；3. 红外光谱；4. 多次反射光程吸收气室；
5. 红外检测器；6. 前置放大器；7. 电子信息处理系统；8. 显示及记录仪

目前，烟气排放中传统 CO 测量方法大多基于非分散红外原理或电化学原理，测量易受背景气体交叉干扰、漂移较大。近年来，基于光学非接触式原理的气体在线监测技术发展非常快速，已经被欧洲环境保护署和美国环境保护署认可并且作为技术标准，光学和光谱学测量技术已发展成在线监测的重要方向。基于可调谐半导体激光吸收光谱（TDLAS）技术的在线监测具有测量准确性好、响应速度快和可靠性高等优点，成为当前气体实时在线监测的代表技术之一。TDLAS 技术是测量 CO 中非常好的一种方法，目前国内在使用 2.3 μm、1567 nm 附近谱线测量 CO 方面均有研究。通过对比现场应用情况发现，采用 TDLAS 原理的激光气体分析仪现场测量 CO 主要应用于工业过程领域，在环保烟气排放领域对 CO 气体含量监测与分析的研究和应用并不多。随着气体监测技术的成熟和 TDLAS 技术的逐步发展，CO 气体在线监测应用将会越来越广泛。

3. 可调谐半导体激光吸收光谱法 CO 监测仪

TDLAS 技术根据半导体激光器可调谐性，以获取被测气体特征吸收谱线的相关光谱信息。通过选择合适的吸收谱线，避免背景气体对 CO 测量造成交叉干扰。半导体激光器发出所需特定波长的窄带激光束，根据经过被测气体时，激光强度的衰减量与被测气体浓度具有一定的函数关系，从而实现对被测气体的定量分析。

六、臭氧在线监测技术

我国目前测定臭氧的标准方法主要有《环境空气 臭氧的测定 靛蓝二磺酸钠分光光度法》（HJ 504—2009）和《环境空气 臭氧的测定 紫外光度法》（HJ 590—2010）两种手工分析方法，自动监测方法主要有紫外吸收法和差分吸收光谱法。

1. 紫外吸收法

紫外吸收法是根据臭氧分子在低压水银灯光谱 253.7 nm 处具有强吸收峰来测定的，吸收系数为 30000 L/（cmol · cm）（1 atm，273 K），这种方法的优点是可以实现连续监测、简单方便、灵敏度高。

在同等条件下，不含臭氧的高纯氮气对 200～300 nm 波段的紫外光几乎没有吸收，因此可分别测量入射强度相同的紫外光束穿过高纯气和臭氧气体后的两个光强强度值并计算获得臭氧浓度。

2. 差分吸收光谱法

由于臭氧在常温常压下就可自行分解，且不便于储存与运输，没有相应标准气；光源发光的不稳定性和在大气中一般存在各种散射，而臭氧在紫外波段具有很强的吸收带，这些吸收带主要是由随波长慢变吸收宽带和随波长快变吸收窄带组成，采用差分吸收光谱便可分离出随波长快速变化的窄带吸收进行臭氧浓度的反演，因为窄带吸收主要是由臭氧分子特征吸收造成的。

差分吸收光谱法具有紫外吸收法的优点，也是非接触测量法的一种，能够实时在线监测臭氧浓度，拥有极低的检出限。通常是短光程直接式测量，所应用到的氘灯、氙灯等具有连续紫外发射的光源，寿命长、强度高，引入高分辨率光谱仪使得测量方便简捷。

七、VOCs 在线监测技术

目前实验室常用的 VOCs 的监测方法主要包括气相色谱法、液相色谱法和气质联机法等，其中气相色谱-质谱法是测量 VOCs 的主要手段，该技术在精确测量 VOCs 方面一直发挥着重要作用。

实验室手工法分析测量 VOCs 的结果受到样品的采集、运输和实验分析等各个环节的影响，相对于“现场采样—实验室分析”的手工监测，自动监测具有时效性强、数据量大、代表性较好、较节省人力、仪器较复杂等特点。近年来，VOCs 的在线监测技术迅速发展，如在线气相色谱技术、质子转移反应质谱技术、飞行时间质谱技术、傅里叶变换红外光谱技术、激光光谱技术等。

大气 VOCs 连续监测系统可以连续自动测量 90 余种 VOCs，测量对象涵盖了烃类、卤代烃和含氧挥发性有机物等，具有响应时间快、灵敏度高等特点，适用于光化学烟雾监测、城市空气复合污染成因研究等。大气挥发性有机物连续监测系统是采用低温富集浓缩技术，目前我国大气 VOCs 在线自动监测领域中用得最广泛的是富集-热脱附-气相色谱法，全面满足制冷温度要求，结合气相色谱-质谱法检测大气挥发性有机化合物 VOCs 的一体化在线测量设备。

1. 气相色谱法

在线气相色谱法是气相色谱法的衍生，是以气体作流动相的一类色谱分析方法。由于气体的黏度低，物质在气相中平衡快，因此用气体作流动相可以用较长的分离柱，在较高的流速下进行分离，从而大大提高分离能力。配用自动采样系统和高灵敏的气相检测器，可实现在线实时检测，有效改善了实验室监测数据的滞后性，减少了样品采集、储存、运输过程中产生的误差，成为目前环境空气中挥发性有机物监测的首选。

样品气体被定量抽入富集部件，其中 VOCs 分子被选择性富集固定在此处，采样完毕后，加热此部件使 VOCs 分子脱附并气化，由惰性气体将它们载入气相色谱柱中分离，最终陆续进入检测器检测。在线气相气谱法是一种分离技术，实际工作中要分析检测的气体往往是复杂空气中的多组分混合物。对含有未知组分的样品，首先必须将其分离，然后才能对有关组分进行进一步分析。针对大气中低浓度 VOCs 的在线分析，普遍采用预浓缩、热脱附方法加以实现。一旦确定采样方法和分离条件，并加上成熟的检测器，就可用来对气体混合组分进行定性定量分析。在线气相色谱与实验室气相色谱的主要区别在于自动采样系统和数据采集传输系统，增加在线实时监测和数据处理传输功能。

样品分析基本分为采样（预浓缩）、进样分析（富集和解析）、色谱分离、检测和数据处理等过程。

1）采样（预浓缩）

通过采样泵抽空气（或样气）对采样管进行吹扫清洗之后，侧泵关闭，在采样活塞（微注射器）或恒流泵作用下，样气被吸入捕集阱（一个精细的含有多孔物质的管）中，经由预浓缩管被富集。预浓缩管可由载气清洗以便去除氧和水等对分析结果不利的杂质。需要时也可以通入已知精确含量的标准组分参照气体。采样时在吸附段的后面测量样品气体经过限流孔后的体积。采样结束后，继电器切换，将样品气流导向排空。

2）进样分析（富集和解析）

气动阀由“采样”位置切换到“进样”位置，将采样管接入与采样气路相反的载气回路中。同时，加热捕集阱解析化合物。解析温度在 380℃下持续 240 s。样品随载气进入分析柱。

3）色谱分离

分析柱在柱箱内，捕集阱加热解析的同时，柱箱开始程序升温（进样步骤）。样品组分在柱中以特征速率洗脱（取决于它们的沸点和它们与柱固定相的相互作用）。一般来说，化合物的保留时间随分子量或沸点的增加而增加。当分离时间结束后，分离柱（预处理柱）开始被载气反吹以去除滞留物，而已通过分离柱（预处理柱）的样气继续通过分析柱分离直到进入检测器。

4）检测和数据处理

在色谱柱末端，检测器产生与样品组分从柱中洗脱的浓度成正比的电信号。电信号经过数字化处理后传输至CPU板的微处理器进一步处理数据。所有参数（包括数据结果、色谱图、积分报告等）输出至软件显示和再处理。

检测器是色谱分析仪检测系统中最核心的部件。检测器的作用是把经过色谱分离后的各组分转换成易于测量的电信号。检测器的性能直接影响分析结果的准确度。对检测器的要求是准确、及时、连续地反映出色谱流出物的浓度或质量变化。大气污染物含量甚微，选用高灵敏检测器是首要的。气相色谱分析仪检测器主要使用以下几类：①氢火焰离子化检测器（FID）；②光离子化检测器（PID）；③热导检测器（TCD）；④电子捕获检测器（ECD）；⑤火焰光度检测器（FPD）。

2. 气相色谱-质谱法

与GC法相比，GC-MS法除了具有高分离能力和准确的定性鉴定能力外，可以对未知样进行分析，还能够检测尚未分离的色谱峰，且鉴别度高、灵敏度高，数据可靠。环境空气或标准气体以恒定流速进入采样系统，双通道采样。使用复叠制冷超低温富集浓缩技术，压缩机制冷方式，对VOCs进行富集，结合GC-MS检测大气VOCs。采用双通道采样，通过热解析经双色谱柱分离后分别进入FID和MS进行检测，得到VOCs各组分的浓度。该分析方法结合了GC对混合物的高选择性和MS对纯化合物的高鉴别度的优点，实际检测中既可有效地分离化合物，又可准确鉴定化合物的结构。在一般应用中可省去其他色谱检测器，因此，GC-MS正逐步成为检测痕量物质的重要手段。但是该方法对样品前处理要求较高，要避免样品损失和相互污染。

3. 高效液相色谱法

随着自动化技术的发展，高效液相色谱与社会各行各业的联系也日益密切，在环境空气检测领域也渐渐取得了长足的发展。高效液相色谱测定技术就是自动化控制技术与环境有机物测定技术联合发展的成果，这种测定技术能够实现测定工作的自动化与高效能运作。

高效液相色谱与气相色谱的最主要区别在于流动相不同，液相色谱是以具有不同极性的混合溶剂或缓冲液等作流动相。

高效液相色谱法的灵敏度高且选择性好，不受样品挥发性和热稳定性的限制，对空气中醛酮类化合物检测效果较好。其对试样的要求也更为简便，挥发性已经不能成为制约其测定工作开展的关键因素。在测定部分，其采用紫外检验、荧光检验等多种方法进行，让测定工作的工作范围有了很大的扩大。

4. 飞行时间质谱法

飞行时间质谱是利用质荷比不同的离子在同样动能和同样距离的条件下，运动速度不同的原理，通过质谱仪对飞行时间的监测来检测物质的方法。

其主要优势在于可检测的分子量范围大，扫描速度快，仪器结构简单。

八、大气阴、阳离子在线监测技术

离子色谱（IC）是高效液相色谱的一个分支，是常用的大气阴阳离子监测方法，是分析无机阴离子的首推和首选方法。自 1975 年商品化的离子色谱仪问世以来，离子色谱从最初的常见无机阴离子的分析已经发展到多种无机和有机阴阳离子的分析。近年来，离子色谱仪的一项重大突破是淋洗液在线发生器的研制成功和商品化，使得不用化学试剂而只用水的离子色谱（RFIC）成为可能。迄今，能够在线产生的淋洗液有六种：LiOH、NaOH、KOH、K_2CO_3、$KHCO_3/K_2CO_3$ 及甲基磺酸（MSA）。

1. 离子色谱法

离子色谱法检测原理：大多数电离物质在溶液中会发生电离，产生电导，通过对电导的检测，就可以对它的电离程度进行分析。由于在稀溶液中大多数电离物质都会完全电离，因此可以通过测定电导值来检测被测物质的含量。所以，离子色谱通用检测器主要以电导检测器为基础。

大气颗粒物的传统分析方法是通过滤膜采集颗粒物，然后送至实验室称量、溶解、提取并使用离子色谱进行分析。该方法具有颗粒物采样误差大、样品存储易损失、费时费力、不能反映大气颗粒物中水溶性组分的高频变化规律等缺点，而离子色谱在线监测系统气溶胶及气体组分在线离子色谱监测仪很好地解决了以上问题。单个监测周期最短耗时 15 min，一般采样周期为 1 h。一次更换溶液，可持续工作 10～50 d，而且目前最新的“只加水”技术操作简单方便，免维护，自动化程度高，省时省力。

在线气溶胶和气体离子监测仪（AIM）用于实时监测大气气溶胶（颗粒物）及气体中的阴、阳离子的含量，由 IC 和自动样品采集（URG）两部分组成。IC 提供离子组分的分离效果和精确定量结果，URG 提供气溶胶和气体的分离采集。溶蚀器是 URG 的核心部件，提供了卓越的气体吸收效率，对含量高达 550 ppb（约 1570 μg/m^3）的二氧化硫（SO_2）的吸收效率超过 99.8%。AIM 对气溶胶和气体中离子组分的检出限可达 0.05 μg/m^3，甚至更低。综上所述，AIM 是集气体样品采集、分析为一体的全自动化空气监测系统。具体体现在以下几个方面。

（1）快速、方便。对 7 种常见阴离子（F^-、Cl^-、Br^-、NO_2^-、NO_3^-、SO_4^{2-}、PO_4^{3-}）和六种常见阳离子（Li^+、Na^+、NH_4^+、K^+、Mg^{2+}、Ca^{2+}）的平均分析时间已分别小于 10 min。用高效快速分离柱对上述 7 种最重要的常见阴、离子的分离只需 3 min。利用可靠的取样定量装置，避免了淋洗液与空气接触，减少基线漂移。

（2）灵敏度高。离子色谱分析的浓度范围为 μg/L～mg/L。直接进样 50 μL，对常见阴离子的检出限小于 10 μg/L。

与 ICP-MS 法相比，柱后衍生反应是一个成本较低和简单的提高检测灵敏度的方法。

（3）选择性好。IC 法分析无机和有机阴、阳离子的选择性主要由选择适当的分离和检测系统来达到。与 HPLC 相比，IC 中固定相对选择性的影响较大。柱后衍生方法的发展提高了对金属离子、多价阴离子和硫酸盐等的检测选择性。由于 IC 的选择性，对样品前处理的要求简单，一般只做稀释和过滤。

（4）可同时分析多种离子化合物。与光度法、原子吸收法相比，IC 的主要优点是同时检测样品中的多种成分。只需很短的时间就可得到阴、阳离子及样品组成的全部信息。但这种同时检测的能力受样品中不同成分之间的巨大浓度差的限制。

（5）分离柱的稳定性好、容量高。分离柱的稳定性取决于柱填料的类型。与 HPLC 中所用的硅胶填料不同，IC 中苯乙烯/二乙烯基苯聚合物是用得最广的填料。这种树脂的高 pH 稳定性允许用强酸或强碱作淋洗液，有利于扩大应用范围。新型的高交联度树脂在有机溶剂中稳定，因此可用有机溶剂清洗柱子以除去有机污染物。高的 pH 稳定性和有机溶剂可匹配性及高的柱容量，简化了样品前处理手续。溶解、稀释和过滤是 IC 中样品前处理的主要内容。

2. 电感耦合等离子体法

电感耦合等离子体检测仪是用于测定超痕量元素和同位素比值的仪器。由等离子体发生器、雾化室、炬管、四极质谱仪和一个快速通道电子倍增管（离子探测器或收集器）组成。

其工作原理是：雾化器将溶液样品送入等离子体光源，在高温下气化，离解出离子化气体，通过铜或镍取样锥收集的离子，在低真空约 130 Pa 压力下形成分子束，再通过 1～2 mm 直径的截取板进入四极质谱分析器，经滤质器质量分离后，到达离子探测器，根据探测器的计数与浓度的比例关系，可测出元素的含量或同位素比值。其具有很低的检出限（达 ng/mL 或更低）、基体效应小、谱线简单、能同时测定许多元素、动态线性范围宽及能快速测定同位素比值的优点。在地质学中，用于测定岩石、矿石、矿物、包裹体，地下水中微量、痕量和超痕量的金属元素，某些卤族元素、非金属元素及元素的同位素比值。

九、大气重金属在线监测技术

采用 β 射线吸收法和 X 射线荧光技术（XRF）对大气中重金属元素进行在线监测，实现了颗粒物浓度和其中重金属浓度的同时测量。重金属在线监测仪可广泛用于工业污染区、居民区、背景站等环境空气质量监测场所中 TSP、PM_{10}、$PM_{2.5}$ 浓度及其中的铅、汞、铬、镉、砷等多种重金属污染物的在线监测。

XRF 仪器由激发源（X 射线管）和探测系统构成。X 射线管产生入射 X 射线（一次射线），激发被测样品。样品中的每一种元素会放射出二次 X 射线，并且不同的元素所放出的二次射线具有特定的能量特性。探测系统测量这些放射出来的二次射线的能量及数量。利用 X 射线荧光原理，理论上可以测量元素周期表中的每一种元素。在实际应用中，有效的元素测量范围为 11 号元素钠（Na）到 92 号元素铀（U）。

仪器采用精密恒流采样系统进行采样，精确控制采集的空气体积，同时通过滤膜富集空气中的颗粒物，利用 β 射线吸收法检测富集在滤膜上的颗粒物含量，得出空气中颗粒物浓度 c_1，单位 $\mu g/m^3$；利用 X 射线荧光技术检测颗粒物中的元素含量，得出空气中元素浓度 c_2，单位 ng/m^3；将空气中的颗粒物浓度和元素浓度的测量结果相结合，可以得到颗粒物中元素的质量浓度 $c_3 = (c_2/c_1) \times 10^3$（单位 ppm）及颗粒物中元素的百分含量 $P = (c_2/c_1) \times 10^{-3} \times 100\%$。

大气重金属分析仪原理图如图 19.4.8 所示。大气重金属在线监测仪的监测因子主要包括 Pb（铅）、Cd（镉）、Hg（汞）、As（砷）、Cr（铬）、Cu（铜）、Zn（锌）、Ni（镍）、Ba（钡）、Fe（铁）、Ag（银）、Se（硒）、Br（溴）、Te（碲）、Sb（锑）、Sn（锡）、Ti（钛）、Co（钴）、Mn（锰）、Pd（钯）、Tl（铊）、Sc（钪）、Mo（钼）、V（钒）、Ca（钙）、K（钾）、Ga（镓）、Cs（铯）、Al（铝）、Si（硅）等 30 种元素。

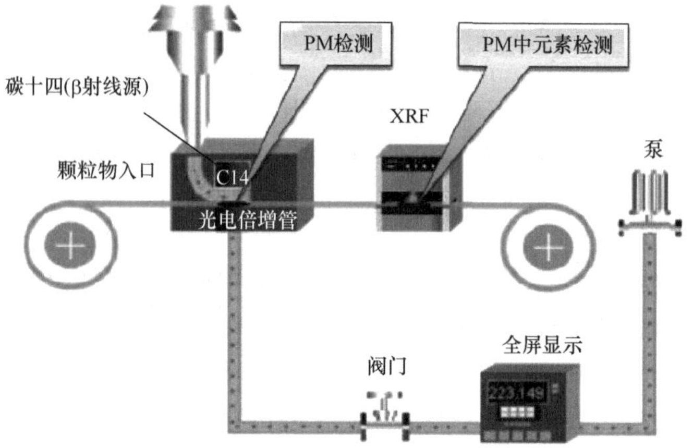

图 19.4.8　大气重金属分析仪原理图

第五节　走航监测质谱技术

走航监测质谱是一种将实时在线质谱装载于车辆等移动工具上，通过计算机将测量信号和仪器地理位置信息整合输出为图像结果，进行空气中 VOCs 实时在线测量的新技术。该技术具有高时空分辨率、灵活机动等特点，主要应用于大气中 VOCs 的溯源工作，协助环保部门进行空气污染定责。

一、在线质谱

鉴于走航监测质谱的时空分辨率要求，通常采用实时在线质谱作为 VOCs 监测工具。质子转移反应质谱（PTR-MS）因灵敏度高、无需富集而直接进样、自定量测量等优点，而被中国科学院合肥物质科学研究院科研人员创新开发成走航检测质谱，并得到广泛应用。下面对该技术进行详细介绍。

PTR-MS 由三部分组成，主要包括离子源、漂移管和离子探测系统。工作时，首先水蒸气被引入离子源，经辉光放电产生 H_3O^+，H_3O^+在电场作用下进入漂移管，待测 VOCs 经采样管直接进入漂移管，如果其质子亲和势（PA）大于水的 PA 值，将发生如式（19.5.1）所示的质子转移反应，从离子 H_3O^+上夺取 H^+而被电离，最终在电场作用下进入离子探测系统。由于走航监测质谱使用正在振动的平台中，环境较为恶劣，因此，离子探测系统选用皮实耐用的四极杆质谱检测系统更加可靠易用。

$$H_3O^+ + VOC \longrightarrow H_2O + VOCH^+ \tag{19.5.1}$$

如式（19.5.2）所示，根据质子转移反应中的反应速率常数和反应时间可以计算出反应物的浓度，实现绝对浓度测量，其中 k 表示反应速率常数，t 代表反应时间。同时仪器进样管路装有铂丝催化装置，可以通过启动该装置测得仪器背景值。走航监测时，软件可以直接减去仪器背景值，实时获取空气中 VOCs 的实际浓度值。

$$[VOC] = (1/kt) \cdot ([VOCH^+]/[H_3O^+]) \tag{19.5.2}$$

PTR-MS 技术具有以下特点：检测速度快，响应时间可达毫秒；检测下限低，可达 pptv 以下；能够自定量测量，无需定标；软电离，可以获得简洁的质谱，便于物质识别；可以实现多物种同时监测。

二、全二维气相色谱

全二维气相色谱（comprehensive two-dimensional gas chromatography，GC×GC）是 20 世纪 90 年代逐渐发展起来的一种多维色谱技术，它是用一个调制器将含有不同固定相又相互独立的两根色谱柱串联起来，从第一根柱流出的每个组分都要经过调制器聚焦，再脉冲进样到第二根柱继续分离，从而实现不同沸点和不同极性组分的正交分离。与常规的一维（单柱）GC 相比，GC×GC 具有峰容量大、分辨率高、灵敏度高、族分离、瓦片效应等特点，对复杂样品的全组分分析及简单样品的快速分析具有极强的优势。GC×GC 分离过程中，由于第二根柱的分离必须在调制器脉冲周期内完成，速度非常快，因此要求检测器的响应速度非常快。传统的四极杆质谱扫描速度较慢，不能满足快速分析需求，而 TOFMS 理论上每秒能产生大于 100 张的全谱图，同时能够完整地保留质谱数据，具有高采集速率、高灵敏度、高分辨率、高精度等特点，是 GC×GC 最理想的检测器。结合 GC×GC-TOFMS 技术，可大幅度提高气质联用技术的定性分析能力，表现为检测组分数量显著增多及对复杂基质抗干扰能力增强，对于开展环境大气、水体、土壤等基质中的多种类、低浓度、难以检测的复杂 VOCs 非靶向筛查具有重要的意义。

环境空气中 VOCs 由于浓度普遍较低且具有较强的活性，直接测量通常无法实现准确分析，需预先进行浓缩处理。目前常见的环境空气 VOCs 在线预浓缩技术包括低温吸附剂吸附浓缩技术和超低温空管富集浓缩技术，其中后者原理上采用低于−160℃的深冷环境直接对 VOCs 进行富集浓缩，无需使用吸附剂，避免了吸附剂对组分的干扰，同时对低碳组分（C_2～C_3 碳数组分）捕集效率更高。结合在线预浓缩技术与 GC×GC-TOFMS 技术，可实现对环境空气中复杂 VOCs 在线监测与全成分精细分析。

环境水体中 VOCs 通常组分复杂、污染溯源困难，且需要进行全成分分析，以获得足够的污染物质信息。分析前需要将 VOCs 从水中脱附出来再进样，在线脱附可采用吹扫捕集、固相微萃取等方法；结合在线采水样、在线脱附与进样、GC 中脱附-TOFMS 检测与自动定性分析等模块，可实现水体中复杂 VOCs 的在线全成分检测分析，提高异常污染预警预报水平及快速应急控制能力。

三、移动车载系统

质谱属于精密仪器，对运行环境要求极高，研发之初只用于实验室定点检测研究。因此，用于搭载走航监测质谱的车辆需要做相应改装。

改装后的车辆需搭载全球卫星定位系统（GPS）模块、发电机或电池组、不间断电源（UPS）。GPS 模块可以实时传输车载系统的位置信息，确定所测 VOCs 的空间分布及来源位置。发电机或电池组在走航过程中为质谱仪供电，通过发电机或电池组到 UPS，UPS 到质谱仪的连接方式，用于稳定电压并在意外断电时持续供电，防止意外断电对质谱仪器造成损坏和丢失监测数据。

四、GIS 系统软件

走航监测质谱带有一套地理信息系统软件（GIS），通过计算机可以把 VOCs 走航结果展示在地图上，该系统以高德地图为基础。质谱数据采集软件可以将采集到的计数数据直接转换成浓度数据，并且保存到 MySQL 数据库中，同时从 GPS 中获取经纬度，同样保存到 MySQL 数据库中。通过浏览器访问 WEB 服务器即可获取 MySQL 中 VOCs 浓度数据和经纬度数据，同时将获取的 GPS 信息在高德地图上显示出来。如图 19.5.1 所示，每组 VOCs 的信息用一个圆柱表示，柱子的高度表示总挥发性有机化合物（TVOCs）的浓度，圆柱颜色的深浅表示相对浓度的高低，圆柱的位置由 GPS 获取的经纬度确定。圆柱的轨迹表示车载质谱的移动轨迹，圆柱的疏密表示数据的多少，与走航系统移动的快慢及单质量采集的时间设置相关。通过该系统可以直观地看到 VOCs 在空间和时间上的分布规律，结合风向和地理位置信息即可分析 VOCs 的污染来源。

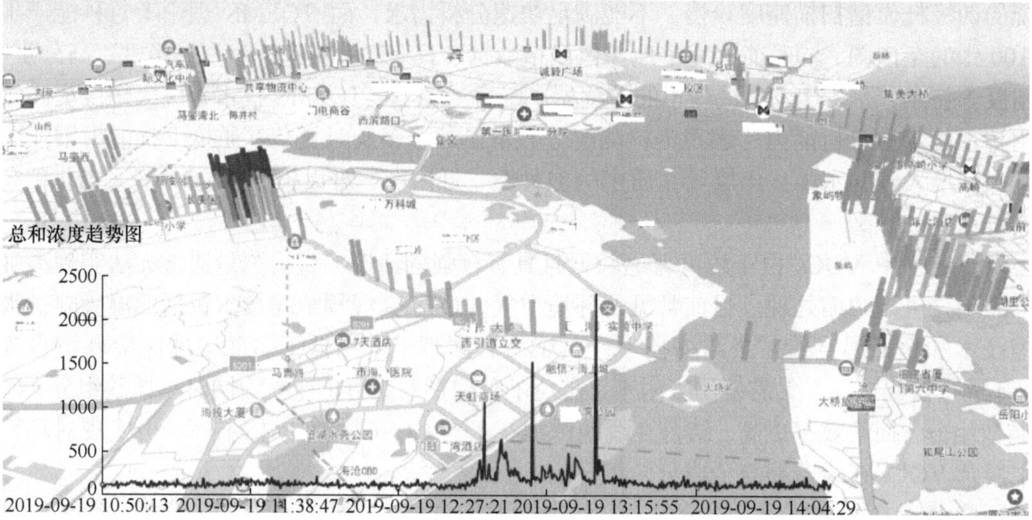

图 19.5.1　走航过程中的 TVOCs 时空分布图

五、走航监测质谱 VOCs 溯源应用实例

下面将以实例展示走航监测质谱仪的日常 VOCs 污染溯源工作过程。

接居民投诉，某区域经常有难闻气味，引起恐慌，当地环保部门使用走航监测质谱仪对该区域进行排查，走航线路如图 19.5.2（a）所示，由图中“起点”位置开始走航，按照箭头方向行至“终点”位置结束，风向为东风，天气晴，质谱扫描范围设置为 20～121（m/z），单质量数扫描时间为 300 ms，质量扫描间隔为 100 ms，车载平台的平均速度是 15 km/h。图中虚线方框内为一污水处理厂。

TVOCs 分布如图 19.5.2（b）所示，经“起点”走航至污水厂西边外围道路时发现 TVOCs 浓度升高，棒图开始变为红色，结合风向初步判断污染源为该污水厂，于是经“污水处理厂入口”进入工厂内部，在工厂内部走航时发现 TVOCs 出现持续性高值，且主要成分为酮类（2-丁酮），占比高达 67.46%，还有少量的烃类和苯系物。最终判定该厂为污染来源。

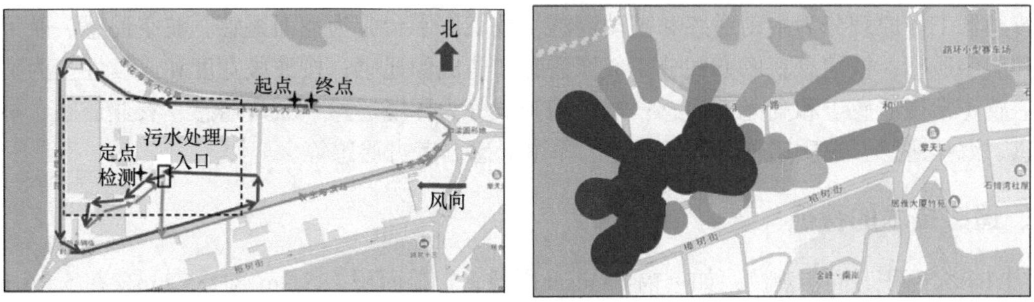

(a)　　(b)

图 19.5.2　走航线路图（a）和 TVOCs 分布图（b）

第六节　遥感监测技术

一、遥感技术基础

遥感（remote sensing）是一种远离目标，在不与目标对象直接接触的情况下，通过各种不同平台上装载的传感器获取目标物的电磁波特征信息，然后对所获取的信息进行提取、判定、加工处理及应用分析的综合性技术。遥感技术的主要组成部分为各种不同高度的平台和各种类型传感器。

二、遥感技术的基本原理

地球上所有物质作为其固有特性，都能够反射、吸收及辐射电磁波。物质对电磁波固有的波长特性为光谱特征（spectral characteristics）。所有物体因物质种类及物质组成或环境条件不同，而具有吸收、反射或辐射不同波长电磁波的能力和特性。在同一光谱区间，不同种类物体反应特征不同，同一物体在不同光谱区间的反应也有明显差别。即使是同一物体，在不同时间和地点，因太阳光照射角度不同，反射和吸收的光谱特征也各不相同。雪、湿地、小麦、沙漠的光谱反射率曲线存在很大差异，很容易区分开，如图 19.6.1 所示。

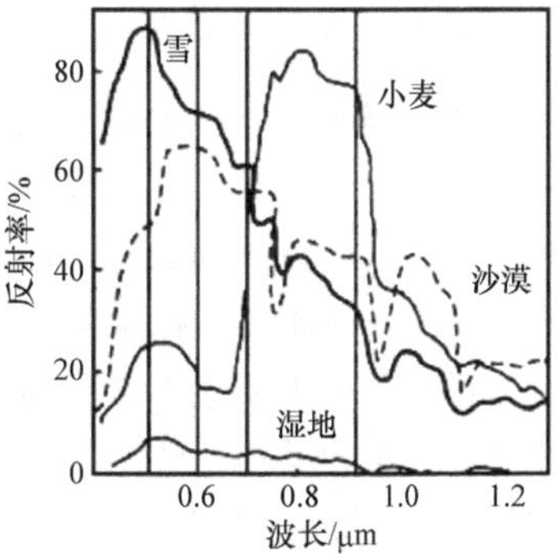

图 19.6.1　雪、沙漠、湿地、小麦反射光谱曲线图

遥感技术利用这一特性探测目标对象反射、发射和辐射的电磁波，获取目标信息，完成远距离识别物体。广义上理解，遥感泛指一切无接触的远距离探测，包括对电磁场、力场、机械波（声波、地震波）等的探测。实际工作中，重力、磁力、声波、地震波等的探测被划为物探（物理探测）的范畴。因而，只有电磁波探测属于遥感的范畴。狭义的遥感特指通过利用各种对电磁波敏感的传感器，在远离目标和非接触目标物体条件下探测目标地物，获取其反射、辐射或发射的电磁波信息，进行处理、分析与应用的一门科学和技术。

三、遥感技术的分类

遥感按工作的电磁谱段分为可见光遥感、红外遥感、多谱段遥感、紫外遥感、微波遥感；

按传感器工作原理分为主动遥感和被动遥感；按工作平台分为地面遥感、航空遥感、航天遥感和航宇遥感；按信息获取方式分为成像遥感和非成像遥感；按波段宽度和连续性分为宽波段遥感（常规遥感）和高光谱遥感；按应用领域分为环境遥感、城市遥感、农业遥感、林业遥感、海洋遥感、地质遥感、气象遥感、军事遥感、考古遥感等。

四、遥感技术的特征

（1）大面积、同步观测：如一幅 Landsat 图像，覆盖面积 185 km × 185 km，在 5～6 min 完成扫描，实现对地大面积同步观测。可进行大面积资源和环境调查，且不受地形阻隔等限制。

（2）多源性：多平台、多时相、多波段数据相结合观测。

（3）时效性、动态监测、快速更新监控范围数据。可在短时间内对同一地区进行重复监测，探查地物的动态变化。卫星设计重复间隔越来越短，更新快。因此，遥感技术在天气预报、火灾和水灾监测及军事行动等领域的应用展示其具有很好的时效性。

（4）综合性和可比性。遥感数据所得地物电磁波特性数据反映自然、人文信息，客观记录地面实际状况，数据综合性很强。不同卫星传感器获得的同一地区的数据及同一传感器在不同时间获得的同一地区的数据，均具有可比性。

（5）经济性。从投入费用与获取效益看，遥感比传统方法节省人力、物力、财力和时间，具有很高的经济效益和社会效益。

（6）局限性。信息提取方法不能满足遥感快速发展的要求；数据的挖掘技术不完善，使得大量的遥感数据无法有效利用；环境污染监测结果精度有待提高。

五、遥感技术应用

1. 水环境遥感监测

水环境遥感监测主要有两个方向，第一指应用地面、航空、航天等遥感平台对河流、湖泊、水库和海洋等各种水体的面积、温度、深浅及其变化进行监测，为资源调查、生态环境评估等提供最新准确数据。因水体光谱特征非常明显，多数遥感数据可以进行简单识别和面积测量。利用遥感数据中的红外波段可以测量水体表面温度特征。

第二指利用上述多平台遥感传感器针对各种水体环境污染情况进行监测，通过传感器监测污染水体的反射、辐射、吸收特征及其变化，结合全球定位系统和同步实验室相关水样污染物的分析测验数据，建立反演数学模型，进行模型检验、调整、验证，再应用遥感数据进行大面积、多时段甚至实时监测，实现快速准确确定水污染状况。常用遥感传感器有红外扫描仪、多光谱扫描仪、微波系统和激光雷达等。水体污染监测常用于海水面石油污染、水中悬浮物含量、污水排放、热污染、各种藻类如叶绿素浓度反演等，也可监测、追踪突发性水污染事故的污染源、污染浓度和范围。

针对物理性污染，污染物的存在会改变水体对电磁波的反射特性，以及污染物质本身的热辐射特性，传感器可以探测漂浮在水面和悬浮于水体中的物质及某些溶解于水的化合物。红外遥感可测量水温并作出大面积水体等温线图。紫外摄影可侦察水表面的油膜。卫星遥感技术可追踪海上大面积油膜移动的方向。针对化学性污染物则可利用其荧光特性来探测，但对于无色且溶于水的污染物的监测还存在难度。

2. 大气环境遥感监测

遥感技术可用于常规气象要素监测，如测量大气垂直温度剖面、大气垂直湿度剖面、降水量及频度、云覆盖率（云量和云层厚度）和长波辐射、风（风速和风向）、地球辐射收支的测量等。也可对臭氧层、大气气溶胶和温室气体如CO_2、甲烷（CH_4）、温度等进行监测；还可以对大气主要污染物、大气热污染源及突发性大气污染事故如沙尘暴等进行监测。可在短时间内获知大范围的大气污染源的分布、污染源周边扩散条件、污染物扩散影响范围，结合地面同步监测数据，分析污染物浓度的梯度变化。也可以评估全球性大气污染状况和一个国家、一个城市的大气污染程度及其对生态环境的影响。

监测方法分被动式和主动式两种。被动式遥感监测主要依靠接收大气自身所发射的红外光波或微波等辐射而实现对大气成分的探测；主动式遥感监测是指由遥感探测仪器发出波束、次波束与大气物质相互作用而产生回波，通过检测这种回波而实现对大气成分的探测。由于主动式大气探测仪器既要发射波束，又要接收回波，通常将这种方式称为雷达工作方式。

监测大气污染物常用的遥感仪器有气体滤光分析器、红外干涉仪、傅里叶变换干涉仪、可见光辐射偏振仪和激光雷达等。气体滤光分析器是用选择性滤光器使样品池里的气体能吸收一定波长的光波，用来研究大气中污染物对光谱吸收作用，以分辨气体的光谱。红外干涉仪可以分辨一氧化碳、一氧化二氮、二氧化氮、氨和碳酸等污染物组分。变换干涉仪可用于测定二氧化硫、二氧化氮、一氧化二氮和氨等。

测量大气中的悬浮颗粒物一般应用可见光辐射偏振仪和激光雷达。可见光辐射偏振仪可从太阳辐射能的偏振反射中测出颗粒物的物理特性，如颗粒大小、形状和组成及垂直分层分布和空间浓度变化。激光探测大气污染是向大气中发射一定波长的光束，从接收的回波中获知大气物理量的分布规律。能同时测定各种污染物，以及空间分布状况，但灵敏度较低。激光测量技术已应用于测量大气中尘埃、烟雾、烟尘等悬浮颗粒，并已在航天飞船上应用。

利用卫星遥感数据估算大气颗粒物质量浓度已成为近年来的新趋势，如MODIS卫星数据能够监测区域甚至全球尺度的颗粒物大气污染，气溶胶光学厚度与大气颗粒物浓度之间存在一定的相关关系。气溶胶光学厚度代表垂直方向上消光系数的积分，与垂直方向气溶胶颗粒总浓度相关；地面颗粒物质量浓度代表地面气溶胶颗粒浓度，容易受大气条件影响。因此，两者之间的相关性受季节或天气条件影响较大，最好分季节或天气条件分别建立颗粒物浓度与气溶胶光学厚度之间的相关模型，或者结合地面温度和相对湿度来改进模型精度。

目前已有多种气溶胶反演算法。对海洋上空气溶胶的反演因海洋背景单一而简单，方法已经成熟，如利用改进的甚高分辨率辐射计（AVHRR）反演海洋上空气溶胶光学厚度。陆地上空气溶胶光学厚度卫星遥感反演相对复杂，主要包括暗像元法、结构函数法、深蓝算法、偏振算法和多角度算法等。主要依据传感器接收到气溶胶引起的表观反射率变化进行计算。此外，利用反演的气溶胶等遥感数据与地面实测及模拟数据相结合，形成各种模型和算法，进行大气气溶胶颗粒物浓度的估算及时间、空间变化特征、污染物溯源及污染等级评价，遥感已经作为非常有效的技术，为大气污染防治提供科学依据和技术支撑。

3. 生态环境遥感监测

生态环境遥感监测主要调查、监测和评价土地沙漠化、植被变化、湿地环境、城市生态环境等，多利用遥感技术监测生态环境中的植被覆盖度、叶面积指数、生物量、生产力、土壤水分、坡度、人类活动程度等参数，通过模型或者参数集成，进行生态环境的现状评价或变化监测。

除此之外，通过遥感手段对工业、农业生产、生活中的固体废弃物的堆放情况、堆放点的分布、面积、数量进行监测，以及利用遥感手段监测国家重大工程如三峡工程、南水北调工程、青藏铁路、上海浦东开发区等的建设及运行对周边区域生态环境要素如土壤、植被等的影响，并对这些影响进行评估。

第二十章　突发环境事件应急监测

第一节　突发环境事件的特征与危害

一、突发环境事件的含义

突发环境事件是指由于污染物排放或自然灾害、生产安全事故等因素，导致污染物或放射性物质等有毒有害物质进入大气、水体、土壤等环境介质，突然造成或可能造成环境质量下降，危及公众身体健康和财产安全，或造成生态环境破坏，或造成重大社会影响，需要采取紧急措施予以应对的事件，主要包括大气污染、水体污染、土壤污染等突发性环境污染事件和辐射污染事件。

二、突发环境事件的分类

一般来说，突发环境事件无特定的污染排放途径和排放方式，可能导致水体污染事件、大气污染事件、土壤污染事件、噪声和振动危害事件、放射性污染事件及生物多样性的破坏等；从污染源性质来看，可以划分为固定源污染事件和流动源污染事件；按照突发环境事件的严重性和紧急程度，根据《国家突发环境事件应急预案》（2014 年），又可分为特别重大环境事件（Ⅰ级）、重大环境事件（Ⅱ级）、较大环境事件（Ⅲ级）和一般环境事件（Ⅳ级）四个等级；究其发生原因，大概可以划分为工业生产废物的非法排放、工业生产的安全事故、运输工具的破损、危险化学品仓储设施的破坏、废弃物场地或废弃工业设施的污染、泄洪等含大量耗氧污水的突然集中排放。

三、突发环境事件的特征

根据以往各类突发环境事件案例的分析，其主要具有以下几个特征。

1. *形式多样*

突发环境事件可来自放射性物质、有毒化学品生产、石化加工等众多行业领域。就某一类环境事件而言，产生方式包括生产、储存、运输、使用中的意外泄漏和处置不当等较多因素，表现形式多种多样。

2. *暴发突然*

突发环境事件不同于一般的环境污染，此类事件的发生有很强的偶然性与意外性，往往突然发生，污染物排放途径和排放方式不定，在瞬间或极短时间内就能造成危害。

3. *危害严重*

突发环境事件由于发生突然，污染物在较短时间内大量泄漏且污染形式复杂，往往出人意料，难以监控，故破坏力极强、污染影响范围广、作用时间较长、社会公共影响较大。

4. 处理困难

由于突发性环境事件的突发性、危害的严重性，因此很难在短期内得到有效控制，加之污染面大，给处理处置带来较大困难。

5. 规律性

突发环境事件虽有难以预料的一面，但也有其规律性的一面，即污染源集中处多为突发事故的发生源，工艺落后、制度不健全、管理不善、防范不足常常是事件发生的直接原因。

四、突发环境事件的危害

1. 威胁生命与健康

突发环境事件的重要危害之一是对事发现场人员的生命威胁，另外是对人体健康的威胁，不仅对事发现场的人员造成严重危害，而且有可能对未直接暴露在事故现场的人们的身体健康造成严重影响，一些重大事件都有人员伤亡的记载。

2. 造成经济损失

突发环境事件常常会在一定时间内，对受影响地区的工业、农业、服务业等社会经济生活产生严重影响，造成较大的经济损失。不仅直接经济损失巨大，而且就污染后的长期整治和恢复而言，既需要大量的直接投资，又要弥补为数不少的间接损失。

3. 影响社会安定

突发环境事件发生后，将对污染区及污染区附近的居民造成心理影响与心理压力，影响人们的正常生活和生产秩序，事故造成的经济损失和人员伤亡可能引起污染纠纷，造成某种混乱，危害社会治安，带来社会问题。

4. 破坏生态环境

突发环境事件在短时间内排放或泄漏大量的有毒有害物质，这往往会造成一定区域内动植物数量、种类的减少，甚至造成生物物种的变异和生态环境的长期失衡，致使其短期内难以恢复，破坏生态环境。

第二节　突发环境事件处置方法

突发环境事件发生时往往产生大量有毒有害的化学物质，严重影响生态环境，现以典型污染事故案例的具体处置措施来说明不同污染事故类型的处置方法。

一、突发水污染事件处置方法

2014 年，汉江武汉段水质异常事件具有典型性、代表性，在采取应急对策方面也取得了一定的经验。

1. 事件经过及影响

2014 年 4 月 22 日汉江武汉段氨氮陡然超标，造成武汉市部分区域大面积停水 24 h，引发市民购水恐慌，30 余万人饮水受影响，造成极大的社会影响。

2. 原因分析

汉江是湖北省境内长江最大的支流，汉江和长江汇合于湖北武汉，两条大江大河沿线布局着大量的饮用水源地，关乎 2000 多万人的饮水安全。由于上游排放积累渍水、季节性降雨将部分农业面源污染物带入汉江、汉江水流下泄不畅造成污染物滞留等，汉江武汉段氨氮浓度陡然上升，对生产、生活用水安全造成严重威胁。

3. 应急处置措施

首先，汉江沿线上下游环境监测、监察部门联动，查清污染范围、污染程度、污染原因，成立综合治理指挥部，统一领导、统一调度、协调联动，对汉江流域水质进行连续监测，及时掌握水质情况，为决策提供准确、可靠的数据。

其次，自来水厂采取紧急措施，在停水后增加处理工艺，及时恢复供水，加大市场瓶装水供应，稳定价格，将对人民生产、生活用水的影响降到最低。

最后，实时发布信息，消除恐慌。事件发生后，位于武汉东西湖的白鹤嘴水厂、余氏墩水厂先后紧急停产，进而引发了扎堆购买超市瓶装水的现象。当时湖北省环境保护厅对整个阶段内水质监测情况在第一时间内向公众公布，直至供水恢复正常。

二、突发大气污染事件处置方法

2019 年，江苏省响水县陈家港镇化工园区江苏天嘉宜化工有限公司爆炸事件是一起典型的突发大气污染事件，所采取的应急处理措施具有一定的借鉴意义。

1. 事件经过及影响

2019 年 3 月 21 日 14 时 48 分许，江苏盐城市响水县陈家港镇江苏天嘉宜化工有限公司化学储罐发生爆炸事故，造成 78 人死亡，波及周边 16 家企业。爆炸发生后，造成园区短时间内空气中苯严重超标，3000 多名职工、近千名群众被紧急疏散。

2. 原因分析

江苏天嘉宜化工有限公司于 2007 年 4 月成立，占地面积约 220 亩[①]，主要生产化学原料和化学制品，经营范围包括间羟基苯甲酸、苯甲醚等，化学储罐爆炸造成 8 个着火点，其中最主要的着火点为两个 1500 m^3 苯罐和一个 1500 m^3 甲醇罐，对周边 16 家企业也造成了不同程度的破坏。

3. 应急处置措施

一是成立处置应急领导小组，明确各部门责任。

① 1 亩 ≈666.67 m^2。

二是开展应急监测，阐明事故下游空气质量变化情况，及时组织群众疏散和救治。

三是控制污染源，防止发生二次事故。

四是对现场空气质量加密监测，及时做好信息公开和舆论引导，保障群众恢复生产、生活。

五是深入现场、全面排查，调查事故原因。

六是持续跟踪，及时做好事故现场处置。

三、突发土壤污染事件处置方法

2009 年，国内不同地区相继发生土壤重金属超标事件。河南省济源市主动采取措施，发现了境内存在儿童血铅超标现象。该事件虽非突发环境事件，但采取的应急处理措施值得借鉴。

1. 事件经过

2009 年，当时河南省环境保护厅在已开展的全省土壤污染状况调查工作基础上，发现济源市部分区域土壤含铅量超标，继而发现部分儿童血铅超标，立即联合地方政府全面排查涉重金属企业，排查儿童血铅发生原因。

2. 原因分析

济源市是我国重要的有色金属生产基地，境内大小涉重金属企业共 35 家，其生产工艺基本代表了我国有色金属冶炼的最高水平。但与水体不同，土壤自净能力较差，重金属通过粉尘等形式一旦进入土壤，很难消解。经数十年的不断累积，导致污染集中暴发。

3. 应急处置措施

一是全面排查境内涉重金属企业，当地政府为保障人民群众的人身健康，毅然关闭 32 家涉重金属企业。

二是在重金属含量超标的区域，采取土地置换等形式，改变土地利用途径，逐步进行土壤恢复。

三是对重金属企业周边的居民采取集中搬迁的形式，远离污染源。

第三节　突发环境事件应急监测

一、突发环境事件应急监测的含义

突发环境事件应急监测是指针对可能或已发生的突发环境事件，由环境管理部门组织的为发现和查明环境污染情况（污染物种类、污染范围和污染程度等）而进行的由环境监测机构完成的环境监测，其超出正常监测工作程序，包括定点监测和动态监测。

突发环境事件应急监测要求环境监测人员在事故现场，采用便携、快速的监测仪器和设备，以阐明环境质量状况及其变化趋势为出发点，在尽可能短的时间内对污染物的种类、来源、去向及潜在的次生危害作出正确的判断，在事前预警、事中监测、事后恢复的各个过程中起着重要的作用，是事件应急处置和善后处理始终依赖的基础工作，也成为环境监测机构的一项紧迫任务和重大课题。只有通过应急监测，才能为事故处理决策部门快速、准确地提供现场资料动态信息，为有效控制污染范围、缩短事故持续时间提供最有力的技术支持。

二、突发环境事件应急监测的基本要求

由于突发环境事件形式多样，发生突然、危害严重，为尽快采取有效措施，遏制事态扩大，降低次生危害发生的风险，就必须做好应急监测工作，其基本要求主要有以下几点。

1. 及时性

突发环境事件危害严重，社会影响较大，对事件处置的分秒延误都可能酿成更大的生态灾难，导致社会不安定事件的发生，这就要求应急监测人员提早介入、及时开展工作，及时出具监测数据，及时为事件处置的正确决策提供科学依据。

2. 准确性

现场应急监测任务的紧迫性，要求在事故的开始阶段，准确报出定性监测结果，准确查明造成事件的污染物种类；同时，要进行精确的定量监测，确定在不同源强、不同气象条件下、不同环境介质中污染物的浓度分布情况，为污染事件的准确分级提供直接的证据。

3. 代表性

由于事发突然、现场复杂，应急监测人员不可能在整个事件影响区域广泛布点，这就要求在现场选取最少、最具代表性的监测点位，既能准确表征事故特征，又能为事故处置进程赢得时间。

三、突发环境事件应急监测的作用和目的

应急监测在突发环境事件中的基础和特殊地位直接决定了应急处置的成功概率。

1. 事故特征表征

由应急监测迅速获得污染事故的初步分析结果，可掌握污染物的种类、排放量、存在形态和排放浓度，结合气象条件、地理地质条件、水文水利条件等，预测其向周边环境扩散的区域和范围、扩散速度、有无复合型污染、污染物削减或降解速度及污染物的理化特性（含残留毒性、挥发性）等。

2. 为应急处置提供技术依据

由于突发环境事件事发突然、后果严重，可根据现场初步分析结果迅速、合理地制订应急处置措施，确保应急反应的有效性，降低事故的危害程度。

3. 跟踪事态发展

由于在特定的时间或空间，随着现场形势的变化，相应的应急处置措施就要进行相应的修正。因此，连续、实时的应急监测对于判断事故对影响区域环境的延续性影响、事件处置措施的改进尤其重要。

4. 为事件评价和事后恢复提供信息

通过对应急监测数据的分析，可以掌握污染事故的类型、等级等信息，为污染事件的后评估提供重要的参考资料，并且可以为特定的突发环境事件事后恢复计划制订和修订持续提供翔实、充分的信息与数据。

第四节　应急监测方案的制订

应急监测方案是指在突发环境事件发生后，需要采取应急监测，查明环境污染情况和污染范围，由环境监测部门编制的有目的、有计划用于指导监测工作有序开展的实施方案，是应急监测工作的重要环节，是对监测过程和方法做出的详细规定的指导大纲。

一、应急监测方案的类型与目的

1. 应急监测方案的类型

根据事件情况和环境污染状况，应急监测方案主要内容和基本框架侧重点有所不同。应急监测方案有不同的类型，若按时间和进度划分，主要有三种类型：①初步监测方案；②总体监测方案；③后续监测方案。

2. 应急监测方案的目的

应急监测方案需要达到三个基本目的：①指导样品采集人员安全、迅速采集有代表性的样品；②指导分析测试人员快速、准确开展监测，判断污染物的种类和浓度；③指导综合技术人员快速、准确地分析判断污染范围、影响程度和污染物扩散情况，编制报告，并及时上报。

二、应急监测方案的基本框架

应急监测方案基本框架按初步监测方案、总体监测方案及后续监测方案分别介绍，三种方案实施的条件和侧重点不同，方案框架保持整体一致性，但也存在差异。应急监测方案框架及要素流程图见图 20.4.1。

1. 初步监测方案

初步监测方案是在突发环境事件发生后，由于监测部门对事故的基本信息不完全了解，又要在第一时间向事故处理部门提供急需了解环境污染信息，快速做出应急监测响应，编制较为简单明了的监测方案。初步监测方案从结构上来讲较为简单，易于操作执行。

初步监测方案通常包括前言、监测内容、监测数据报送三个方面的内容，是完成总体方案的基本依据（以“××危化品运输车翻车事件应急监测方案”为例，见附录 1）。

1）前言

前言中应表述事故发生的时间、地点、起因，同时应预判可能被污染的环境要素如大气、地表水、地下水、土壤，对污染因子进行初步推断。

2）监测内容

编制初步监测方案时有可能无法确定污染因子的种类，只能初步判别，当污染物扩散速

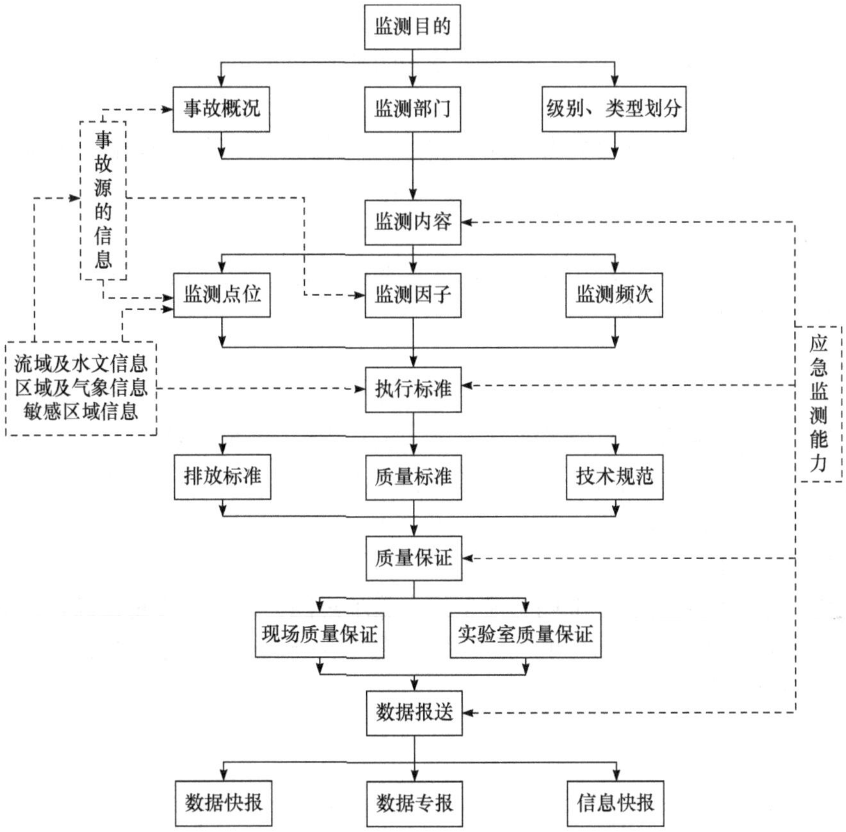

图 20.4.1　应急监测方案框架及要素流程图

度快，不易控制时，实施监测越快越好。因此，初步监测方案重点体现在快，在最短的时间内取得第一手监测数据。初步监测方案的内容应包括：监测断面（点位）、监测因子、监测方法和监测频次。初步监测方案的监测断面（点位）布设应重视对事故源、控制点和敏感点的布设。事故点的监测便于迅速确定污染物的种类和浓度，敏感点周围监测便于相关部门采取有效的防范措施。监测因子应选择造成污染的主要化合物，如事先不知道污染物的品种，则根据事故现象判断确定一个大致的污染物类型，在初步监测中采取定性监测确定污染物种类。选择方法时应选择快速现场定性和定量方法。监测频次不宜过多。

3）数据报告

初步方案的数据报告以监测数据报告单为主，报送方式可先电话报告再出具监测结果报告单（以“××水库‘水华’应急监测结果报告单”为例，见附录 2）。

2. 总体监测方案

总体方案是为全面开展应急监测制订的较为完整的方案，在初步方案的基础上进行完善，应包括监测目的、监测内容（因子及频次）、执行标准、质量保证（分析方法、质保措施）及数据报送的要求等内容（以“××河跨界纠纷的应急监测方案”为例，见附录 3）。

1）监测目的

在监测目的内容中应该包含三个方面：应急监测事件的起因和主要污染物及受体；开展应急监测工作的部门；开展本次应急监测工作所需要达到的效果。

2）监测内容

详细说明应急监测内容，主要包括应急监测的断面（点位）、监测因子及监测频次等。

3）执行标准

应急监测执行的标准应包括样品、采集保存的技术规范、国家制定的污染物排放综合标准、地方标准、环境质量标准及各类污染控制标准。

4）质量保证

在应急监测方案中对各个环节都应采取质量保证措施，包括现场监测采样、实验室分析、运输及对数据三级审核的确认。

5）数据报送

方案中对数据报送的形式和内容提出要求，既要注意数据报送的迅速与准确，又要注重数据的保密性，避免引起不必要的恐慌。方案中应注明监测数据的具体报送时间和报送形式，还应确认监测数据接收部门的唯一性。在数据报送中为了节省时间，可采取互联网、卫星电话等形式进行第一时间报送。

6）监测点位示意图

在方案中应绘制监测清晰、准确、简单的点位示意图，能够直观地反映出污染源及监测点位的位置，还要准确标注出点位的实际位置，内容要全面，对于水质监测河流流向和空气监测时的风向都应标明。

3. 后续监测方案

后续监测方案主要是指在通过一段时间的应急监测后，污染物浓度整体呈下降趋势，总体污染情况已趋于好转并能稳定在标准范围内，应急监测已终止，需要结合实际情况开展后续监测而编制的监测方案。后续监测方案是在总体监测方案的基础上进行编制的，因此后续监测方案的框架基本上延续总体监测方案的框架。

后续监测方案的监测内容主要侧重于受到污染的环境介质污染变化趋势监测，以防止可能残留的污染物对事发地周边的敏感点的影响。后续监测方案也可以针对环保部门对水体、土壤等采取的治理措施起到的效果和环境影响评价而编制，后续监测的重点应在确定环境质量的恢复情况和对污染物可能在中长期产生的危害的预防性监测。

三、编制应急监测方案的基本要素

应急监测方案的基本要素包括事件污染源信息、水文信息、气象信息、敏感区域信息（自然信息及社会经济信息）、监测项目的选择、监测范围的确定、监测频次的确定、监测方法及污染状况评价标准的选择等。

1. 事件污染源信息

包括事故发生（污染源）的地点、时间、名称及污染物理化特性、排放方式、排放量等。

2. 泄漏的污染物受体信息

主要包括流域及水文信息、区域气象信息、敏感区域信息等。

3. 监测项目的选择

选择监测项目需考虑四个因素：①主要监测项目一定要包含特征污染物，同时要开展对二次污染物的监测；②监测项目的数量不应过多，所监测项目与事故的发生和发展要有相关联系；③尽量选择对敏感点、敏感群体产生影响的监测项目；④在不能确定污染物种类时，可以选择一大类污染物进行定性监测，确定特征污染物。

4. 监测范围的确定

确定监测范围时应结合区域地理、气象及敏感点的信息考虑污染物的扩散情况，需要注意以下几点：①根据污染物扩散到的环境介质，按照技术规范相关要求进行监测断面（点位）的布设；②结合气象信息、水文信息、地理信息等环境条件进行监测断面（点位）的布设；③结合事故发生区域敏感点的具体情况布设监测断面（点位）；④对于水质监测应布设对照断面、控制断面、削减断面和敏感点断面；⑤对于空气监测除对照监测点外，主要监测下风向居民点；⑥在事故初期为了解污染物扩散情况、危害程度和范围，可采取加密布设监测断面（点位）。

5. 监测频次的确定

监测频次的确定应考虑以下因素：①事故进行的初、中期监测频次要密一些，后期监测频次可以少一些；②结合区域地理及气象、水文信息，污染团到达的区域或空间的监测频次要密一些，未到达和已经经过的区域可以少一些；③敏感点周围监测频次要密一些，非敏感点监测频次可以少一些；④根据监测能力来确定有效的监测频次；⑤监测频次能够满足监测到的数据能准确反映污染物的变化趋势的要求。

6. 污染状况评价标准的选择

污染状况评价标准主要有：①生态环境部现行的环境质量标准，如《地表水环境质量标准》《土壤环境质量标准》等；②卫生部或其他部委相关标准，如《生活饮用水卫生标准》；③WHO、美国、英国、日本等组织和国家的环境质量标准，多用于水、空气中的有机物、土壤中的有机物和重金属的评价，这些物质在我国现行的各类标准中缺乏相关要求。

选择污染状况评价标准的原则主要是：①优先使用生态环境部的标准，其次是其他部委的标准；②优先使用国内的标准，再使用国外的标准；③确定事故源、敏感点的功能区，选取适合的评价标准类别；④敏感点执行标准类别要严格一点，非敏感点执行标准要结合地区的实际情况进行确定；⑤选用国外标准时，应根据国内实际情况和历史情况，考虑标准的适用性。

7. 选择监测方法的原则

①根据污染状况选择现场监测方法和实验室监测方法，优先选择标准中规定的方法；②优先选择国家或行业标准分析方法，也可以选择等效方法或参照使用 ISO 分析方法及其他国际公认的分析方法；③实验室监测方法可以选择经过验证的新方法，其精密度、灵敏度和准确度不得低于常规方法；④现场监测方法可选择定性半定量的快速分析方法，但该方法在日常工作中应经过与国家标准方法比对验证，以保证其准确性；⑤同等情况下应优先选择分析周期较短的分析方法。

8. 注意事项

（1）根据应急监测工作经验，建立不同类型的应急监测方案模板。编制应急监测方案时可套用模板，根据实际情况补充相关内容，根据需要对模板结构进行补充调整。

（2）方案编制人员要有应急监测方案和现场的经验，对要素的收集要快速、准确、重点明确。

（3）监测内容需要调整时要和应急指挥组进行沟通，方案内容要灵活，根据不同应急事故不同阶段的特点随时进行调整。

（4）方案主要编制人不应过多，以免影响方案的连续性，必要时应征求应急监测专家组的意见，方案需要三级审核，审核人员应有应急监测工作及实验室分析经验。

第五节　样品采集与管理

突发环境事件应急监测的样品采集与管理是指在发生突发环境事件的紧急状况下，为发现和查明污染情况（种类、浓度、范围、程度等）进行应急监测，在监测时无法采用小型、便携、简易、快速的检测仪器设备进行现场直接测试时，需要把样品送回实验室（包括车载实验室临时检测场所等）分析测试的样品采集与管理工作全过程。

一、点位布设

采样断面（点）布设是应急监测方案的重要组成部分，其完整性和代表性是影响监测结果的重要因素，采样断面（点）布设不完整，监测结果就不能充分反映事件的影响范围及发展态势，采样断面（点）布设若没有代表性，则达不到应急监测的目的。因此，在进行突发事件应急监测时，合理、科学地布设监测点位成为应急监测的关键环节之一。

采样断面（点）的设置一般以突发环境事件发生地及其附近区域为主，同时必须注重周围环境敏感点，重点关注对饮用水水源地、人群活动区域的空气、农田土壤等区域的影响，并合理设置监测点位，以掌握污染发生地状况、反映事故发生区域环境的污染程度和范围。

对被突发环境事件所污染的地表水、地下水、大气和土壤应设置对照断面（点）、控制断面（点），对地表水和地下水还应设置削减断面，尽可能以最少的断面（点）获取足够的有代表性的所需信息，同时需考虑采样的可行性和便捷性。

二、样品的采集

环境应急监测的采样设备和采样方法是采样质量保证与质量控制的重要环节，如果忽视这一环节，尽管采样断面（点）等的设计很合理，但采样的整体质量也将难以把握。采样设备和采样方法应根据采样设计、样品分析的要求进行准备和选择。

在进行具体采样工作之前，要根据突发环境事件应急监测方案初步制订采样计划，内容包括：布点原则、监测项目、监测频次、采样方法、采样时间、采样地点、采样数量、采样体积、样品保存方法、样品标签、现场测定项目、采样质量控制、采样人员及分工、采样器材、采样容器的清洗、安全防护设备、必要的简易快速检测器材、运输工具和条件等，要按照制订好的采样计划，准备好现场记录表格、采样器具、装样容器、运输工具等。一般情况下，应急监测现场采样要采平行双样，一份供现场快速测定，一份供实验室测定。

同时，现场采样记录是突发环境事件应急监测的第一手资料，必须如实记录并在现场完成，内容全面，至少应包括以下信息：事故发生的时间和地点，污染事故单位名称、联系方式，现场示意图，监测实施方案（包括监测项目、采样点位、监测频次、采样时间等），事故发生现场描述及事故发生的原因，必要的水文气象参数（如水温、流向、流量、气温、气压、风向、风速等），可能存在的污染物名称、流失量及影响范围（程度）。

三、样品的管理

样品管理的目的是保证样品的采集、保存、运输、接收、分析、处置工作有序进行，确保样品在传递过程中始终处于受控状态。

1. 样品的标志

样品标志要完整，至少应包含样品编号、采样地点、监测项目、采样时间、采样人等信息，要对有毒有害、易燃易爆样品应用特别标志加以注明，并且样品的编号要有唯一性。

2. 样品的保存

除现场测定项目外，对需送实验室进行分析的样品，应选择合适的存放容器和样品保存方法进行存放和保存。对易燃易爆及有毒有害的应急样品，必须分类存放，保证安全。样品储存间应放置冷藏柜，测试前留样样品的存放需分区设置，应有防水、防盗和保密措施。样品管理员负责保持样品储存间清洁、通风、无腐蚀的环境，并对储存环境条件加以维持和监控。

3. 样品的运输和交接

对需送实验室进行分析的样品，立即送实验室进行分析，尽可能缩短运输时间，避免样品在保存和运输过程中发生变化。对易挥发的化合物或高温不稳定的化合物，注意降温保存运输。样品交实验室时，双方应有交接手续，双方核对样品编号、样品名称、样品性状、样品数量、保存剂加入情况、采样日期、送样日期等信息确认无误后在送样单或接样单上签字。对有毒有害、易燃易爆或性状不明的应急监测样品，送样人员在送实验室时应告知接样人员或实验室人员样品的危险性，同时接样人员也要向实验室人员说明样品的危险性，实验室分析人员在分析时应注意安全。

4. 样品的处置

样品分析完后，其处置工作也极为严谨。应急监测样品应留样，直至事故处理完毕。含有剧毒或大量有毒、有害化合物的样品，特别是污染源样品，不应随意处置，应做无害化处理或送有资质的处理单位进行无害化处理。

四、采样安全及注意事项

进入突发环境事件现场的应急监测人员，必须注意自身的安全防护，对事故现场不熟悉、不能确认现场安全或不按规定佩戴必需的防护设备（如防护服、防毒呼吸器等），未经现场指挥/警戒人员许可，不应进入事故现场进行采样监测。

1. 采样安全防护设备

各地应根据当地的具体情况，配备必要的现场监测人员安全防护设备，常用的有：①测爆仪，一氧化碳、硫化氢、氯化氢、氯气、氨等现场测定仪等；②防护服、防护手套、胶靴等防酸碱、防有机物渗透的各类防护用品；③各类防毒面具、防毒呼吸器（带氧气呼吸器）及常用的解毒药品；④防爆应急灯、醒目安全帽、带明显标志的小背心（色彩鲜艳且有荧光反射物）、救生衣、防护安全带（绳）、呼救器等。

2. 采样安全注意事项

采样和现场监测安全事项主要有：①应急监测至少两人同行；②进入事故现场进行采样监测应经现场指挥/警戒人员许可，在确认安全的情况下，按规定佩戴必需的防护设备（如防护服、防毒呼吸器等）；③进入易燃易爆事故现场的应急监测车辆应有防火、防爆安全装置，应使用防爆的现场应急监测仪器设备（包括附件如电源等）进行现场监测，或在确认安全的情况下使用现场应急监测仪器设备进行现场监测；④进入水体或登高采样时，应穿戴救生衣或佩戴防护安全带（绳），当采用水下整装呼吸装置或其他潜水器具时，则应经常检查和维护这些器具的可靠性；⑤当采样人员进入有毒气体环境中时，要使用气体防毒面具、呼吸苏醒器具和其他安全设备，在进入封闭空间之前，要测量氧气的浓度和可能存在的有毒蒸气和毒气；⑥在水中或者靠近水使用电动采样设备时防触电等危险。

第六节 样品的分析

一、应急监测技术方法简介及发展趋势

随着经济、社会的发展和突发环境事件应急监测要求的逐步提高，应急监测技术也逐步改进。环境事件的突发性决定了环境现场应急监测必须迅速、有效，这就要求配置的应急监测设备应具有较高的灵敏度、准确性和精密度。几十年来，现场监测仪器已由最早期的检测管和检测箱到如今的便携式应急监测仪器，为现场检测技术与方法的进步提供了可靠的物质保障。根据监测技术的原理及形式不同，可大致将其分为以下几类。

1. 试纸法

试纸法较为经典，是将经化学试剂浸泡过的化学试纸浸入被测溶液中，经显色反应后，与标准比色板比较，进行定量分析。例如，溴化汞试纸检测灵敏度可达 0.2 mg/L。试纸法原理简单，操作快速、测定范围宽，但由于试纸上所吸附的化学试剂稳定性较差，测定误差较大，是一种半定量的方法。

2. 侦检片法

侦检片法与试纸法原理相同，均为化学显色法。与试纸法相比，其包装形式不同，稳定性有所改善。测定水样时，分别滴加受污水样和空白水样，比较二者颜色变化快慢情况，可做半定量分析。

3. 检测管法

检测管法与试纸法原理类似（图 20.6.1），是将化学试剂以一定的形式封于不同密封方式的玻璃管或塑料管中。测定水样时，利用真空或毛细管吸附等作用，吸入水样后，化学试剂与水样中的化学物质反应、显色后，即可与标准色板比较，确定污染物浓度。根据密封形式的不同，检测管法又可分显色反应型、直接检测型、吸附检测型等。

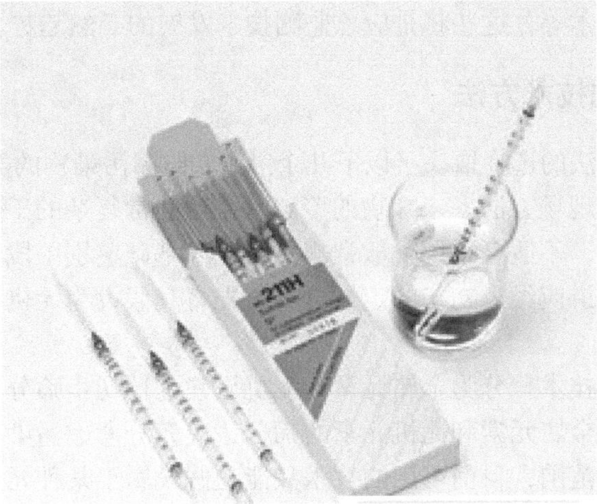

图 20.6.1　水质快速检测管

4. 传感器法

传感器法一般采用一个或多个传感器（主要是电化学传感器）集成在仪器里面（图 20.6.2），仪器结构简单，体积较小，可根据不同的传感器同时测定不同的气体（如氧气、一氧化碳、硫化氢、氯气等）。

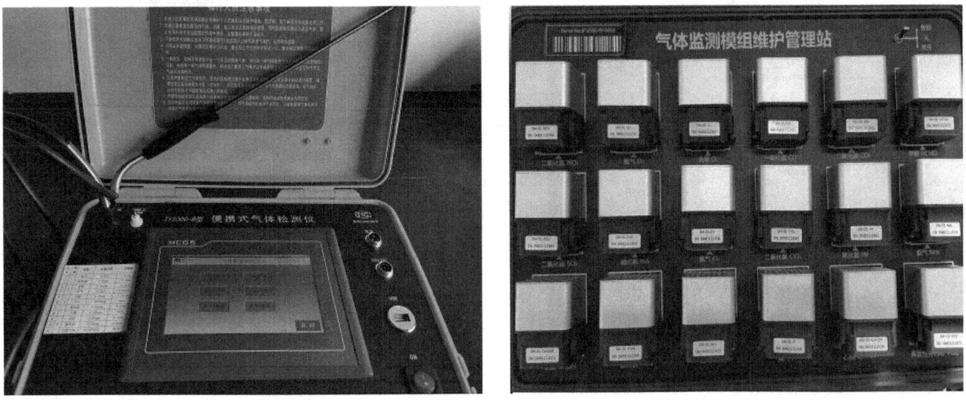

图 20.6.2　便携式气体检测仪和内置传感器

5. 便携式仪器法

随着化学分析仪器小型化的大力发展，体积小、质量轻、分析速度快、性能指标达到或接近实验室台式分析仪器的便携/移动式应急监测仪器逐渐被推出。其操作简单、试剂用量少、可多组分同时/连续测定，灵敏度高。

常见的便携式仪器法有比色法，它利用化学反应显色原理，以便携式分光光度计进行定量测定；还有配置氢火焰检测器、电子捕获检测器、光离子化检测器等的便携/移动式气相色谱，其已使用多年；便携式气相色谱-质谱联用仪也可以很好地解决未知污染物的定性难题，利用顶空等技术可以实现对水体污染物质的直接定性与定量分析。

随着信息化程度的不断提高及环境保护新形势的发展，我们逐步把现代信息技术应用到环境污染事故的应急监测中，从而提升了应急监测的现代化水平，如数据库技术、GIS、GPS、通信技术及信息管理技术等，这些将是应急监测技术发展的必然趋势。

二、便携式仪器监测技术方法

便携式应急监测方法的选择取决于以下几个因素：监测污染物的类型、监测数据的用途、监测方法情况、是否有现场方法。未知物的鉴定是一项非常复杂的工作，环境污染事故中的未知物的鉴别需要快速，不适合采用一般常规分析化学基础鉴别手段和方案，如官能团法、特征显色法等。一般来讲应经过初步的定性分类，先将其假设为无机和有机两大类，再分别进行鉴别。

（1）无机类的鉴定技术。分为金属元素和无机元素进行初步筛分，不同介质使用的筛分技术也不一样。水质中金属元素和无机元素的筛分，应充分考虑污染事故发生源所能提供的一切信息，缩小定性的范围，目前可用的技术只能是假设属于某种元素或化合物，从而使用特定的分析方法进行筛选。土壤和固体的金属物质与无机元素的鉴别现场可以利用便携 X 荧光进行快速初步分析。

（2）有机物的鉴定技术。目前环境分析中常用的有机污染物鉴别方法有质谱法和傅里叶红外光谱法。便携气相色谱-质谱和傅里叶红外光谱的结合基本能够满足大部分有机气体未知物的现场鉴别分析（图 20.6.3 和图 20.6.4）。

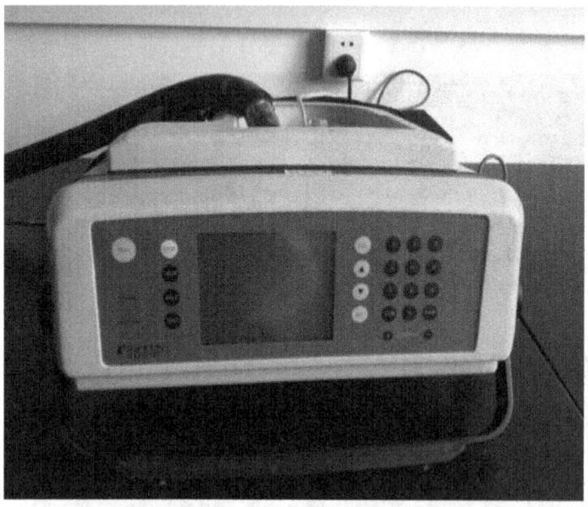

图 20.6.3　便携式气相色谱-质谱联用仪

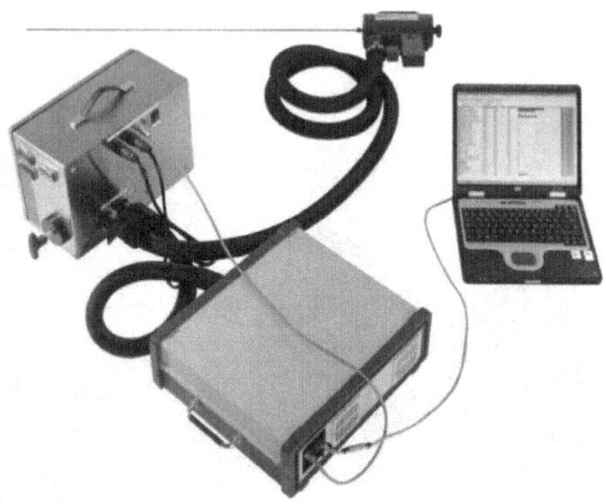

图 20.6.4　便携式傅里叶红外气体测定仪

当已经可以判断污染物的种类时，即可用针对性的分析技术进行现场快速监测。目前常见的污染物分析方法主要可从便携式分光光度法、传感器法、便携式气相色谱法、便携式气相色谱-质谱法、便携式傅里叶红外光谱法、便携式阳极溶出法、检测管法中选择，其定量准确度要优于其他快速方法。

三、连续在线监测技术方法

连续在线监测技术是指一种可实时采样，并对特定项目实时分析及数据上传的监测技术。该技术实现了对环境要素实时监测，可保证监测数据的及时性和连续性，在应急监测中得到了广泛的应用。最主要的是水质连续在线监测和大气在线监测。

1. 水质连续在线监测

连续在线监测技术主要运用于水质自动监测站和移动式水质监测车（船）（图 20.6.5），由采样单元、分析单元、监测站房（车、船）和数据传输单元等组成。监测单元可以根据实际需求灵活配置，比较常见的监测单元有水温、pH、溶解氧、电导率、浊度、氨氮、化学需氧量、高锰酸盐指数、总磷、挥发酚、氰化物、金属类等。

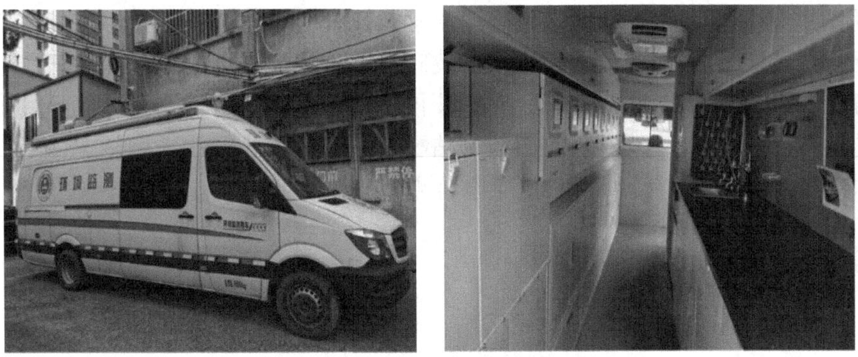

图 20.6.5 移动式水质自动监测车及内景

水质自动监测站一般固定设置在地表水监测断面或排污单位外排口，用于地表水断面考核和企业排污实时监测。移动式水质监测车（船）的功能和水质自动监测站基本相似，但其可根据监测需要随时调整点位的布设，也称为“移动水站”。

2. 大气在线监测

大气在线监测技术广泛运用于环境空气质量监测站，监测站主要由采样装置、分析仪器、校准单元、数据采集和传输设备等组成。常见的监测项目有 SO_2、NO_2、O_3、CO、PM_{10}、$PM_{2.5}$ 等，可根据实际需求配置。大气在线监测技术同样也可运用于移动式大气监测车，可对特定区域的目标气体进行实时走行监测。

上述介绍的连续在线监测技术的应用对应急监测中预警预报、污染源排查、污染源扩散范围及扩散趋势评估起到了很大的帮助作用，是应急监测技术发展的必然趋势。

附　录

附录1　××危化品运输车翻车事件应急监测方案

××年××月××日 10 时 28 分，我站接到厅应急信访处通知，××高速往××方向××公里处一辆装有化学品的罐车在公路运输过程中意外翻车，泄漏的化学品进入邻近的农田，并渗入××河，在该水域下游 10 公里是饮用水源取水口，我站立即赶赴现场开展应急监测。

接报后，我站立即启动《××站应急监测预案》。12 时 15 分，我站技术人员携带监测仪器设备赶到现场，初步了解现场情况为：一辆装有二甲苯的运输车在高速上翻车，泄漏进入邻近农田的液态二甲苯部分渗入××河，在该水域下游 10 公里是饮用水源取水口。目前二甲苯渗入××河的情况已得到控制，未发现农田植物枯萎或水中死鱼现象。

根据本次事件现场勘查情况，制订应急监测方案如下。

一、监测内容

1. 监测断面设置

监测断面布设在事故地下游 8 公里（饮用水源地取水口上游 2 公里）1 个监测断面。

2. 监测项目

通过询问肇事车辆驾驶员，结合现场调查，确定用三种监测模式相结合的形式进行分析：用移动式水质自动监测车在岸边分析 pH、氨氮、COD；无人机采集河中间水样分析挥发性有机物定性，对生物毒性、pH、氨氮、COD 进行定性和半定量分析，同时送样至实验室开展挥发性有机物定性分析和定量分析。

3. 监测方法

现场分析均采用便携式仪器快速分析，实验室分析方法见附表 1.1。

附表 1.1　实验室分析方法及仪器

监测项目类别	监测分析方法	监测分析仪器名称、生产厂家	备注
挥发性有机物	吹扫捕集-气相色谱质谱法（GB/T 5750.8—2006）	气相色谱-质谱仪 Agilent 7890A	

4. 监测频次

移动式水质自动监测车实时连续监测；无人机每 4 小时采样 1 次并进行实时分析。

二、报告编制与报送

应急监测结果应以监测快报的形式报送应急指挥组，审核后上报省厅应急信访处。

根据事态发展及情况变化，本方案将及时调整完善。

××监测站

××年××月××日

附录 2　××水库“水华”应急监测结果报告单

××月××日上午，××监测站分别对××流域 1#、2#、3#、4#断面（附监测点位示意图：附图 2.1）进行人工采样分析，监测结果见附表 2.1。

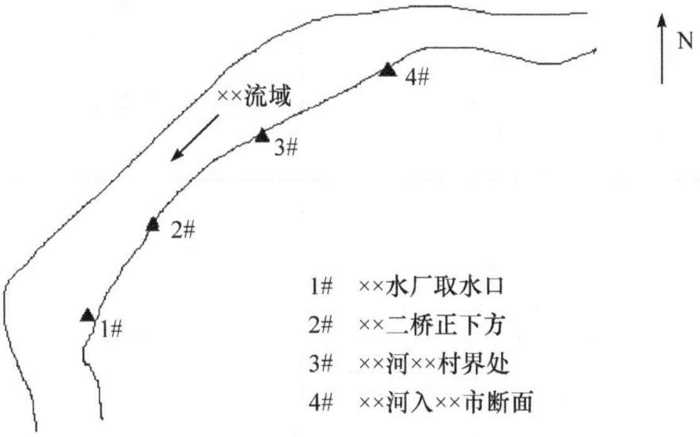

附图 2.1　监测点位示意图

附表 2.1　监测结果一览表

监测项目	监测点位			
	1#	2#	3#	4#
pH	9.23	9.26	9.37	8.51
高锰酸盐指数/（mg/L）	8.74	7.31	6.41	4.71
氨氮浓度/（mg/L）	0.65	0.52	0.71	0.66
总磷浓度/（mg/L）	0.326	0.215	0.173	0.127

附表 2.1 监测结果表明，从上游 4#至下游 1#四个点位的 pH、高锰酸盐指数、总磷浓度依次升高，氨氮浓度趋势变化不明显。

××监测站

××年××月××日××时××分报出

附录 3　××河跨界纠纷的应急监测方案

一、监测目的

根据《省环保厅关于××河跨界污染纠纷及应急对策的报告》（以下简称“对策报告”）中

提出的将××河积水抽排汉江措施，我站和排江沿线各监测站将启动应急监测，确保抽排期间汉江集中式饮用水源地水质安全，以及为合理科学地采取抽排提供实际决策依据。

二、监测内容

1. 监测点位（断面）及频次

监测点位（断面）设置拟从三个层面布设，一是排江沿线各集中式饮用水源地；二是排江沿线各跨界断面；三是××河流域（X 市段）。具体见附表 3.1。

附表 3.1　各点位编号与监测频次

<table>
<tr><th>点位编号</th><th>点位名称</th><th>监测频次</th><th>备注</th></tr>
<tr><td>对照断面</td><td>排江口上游 500 m</td><td>每隔 6 小时人工监测一次</td><td rowspan="11">汉江段</td></tr>
<tr><td>控制断面</td><td>排江口下游 5 km</td><td rowspan="2">水质自动监测车 24 小时连续监测</td></tr>
<tr><td>01#</td><td>X 市三水厂</td></tr>
<tr><td>02#</td><td>H 市城区二水厂</td><td rowspan="5">每隔 6 小时人工监测一次</td></tr>
<tr><td>03#</td><td>H 市城区三水厂</td></tr>
<tr><td>04#</td><td>G 市三水厂</td></tr>
<tr><td>05#</td><td>W 市一水厂</td></tr>
<tr><td>06#</td><td>W 市二水厂</td></tr>
<tr><td>07#</td><td>a 水质自动监测站</td><td rowspan="4">24 小时连续自动监测</td></tr>
<tr><td>08#</td><td>b 水质自动监测站</td></tr>
<tr><td>09#</td><td>c 自动监测站</td></tr>
<tr><td>10#</td><td>排江口</td><td rowspan="5">××河段</td></tr>
<tr><td>11#</td><td>××河三江桥</td><td rowspan="3">每隔 6 小时人工监测一次</td></tr>
<tr><td>12#</td><td>××河杨家桥</td></tr>
<tr><td>13#</td><td>××河节制闸（跨界断面）</td></tr>
<tr><td>14#</td><td>d 水质自动监测站</td><td>24 小时连续自动监测</td></tr>
</table>

2. 监测项目

氨氮浓度、化学需氧量、总磷浓度。

三、执行标准

（1）水质采样与分析按照《突发环境事件应急监测技术规范》（HJ 589—2010）及《地表水和污水监测技术规范》（HJ/T 91—2002）进行监测。

（2）汉江水质最终执行《地表水环境质量标准》（GB 3838—2002）中规定的Ⅱ类标准限值。

（3）××河水质最终执行《地表水环境质量标准》（GB 3838—2002）中规定的Ⅳ类标准限值。

四、质量保证

（1）每个采样点位应 GPS 定位，做详细、如实的现场采样记录，并绘制采样点位布置示意图，同时拍摄现场照片或录像。

（2）在现场采样后加保护剂后送至实验室分析。

（3）保证样品在采集、运输过程中无沾污、无破损、无错码，并做好样品交接工作。

（4）自动监测每个样品至少连续平行测定两次，并分析空白，实验室分析空白，外控样并做 10%的平行样和加标样，实验室分析按照常规质控手段执行，数据三级审核后方可报送。

五、数据报送

（1）省监测站负责水质自动监测车和各水质自动监测站的监测数据汇总，各相关地市监测站负责各辖区流域内集中式水源地取水口（监测断面）的水质应急监测及监测数据上报工作，具体数据报送流程见附图 3.1。

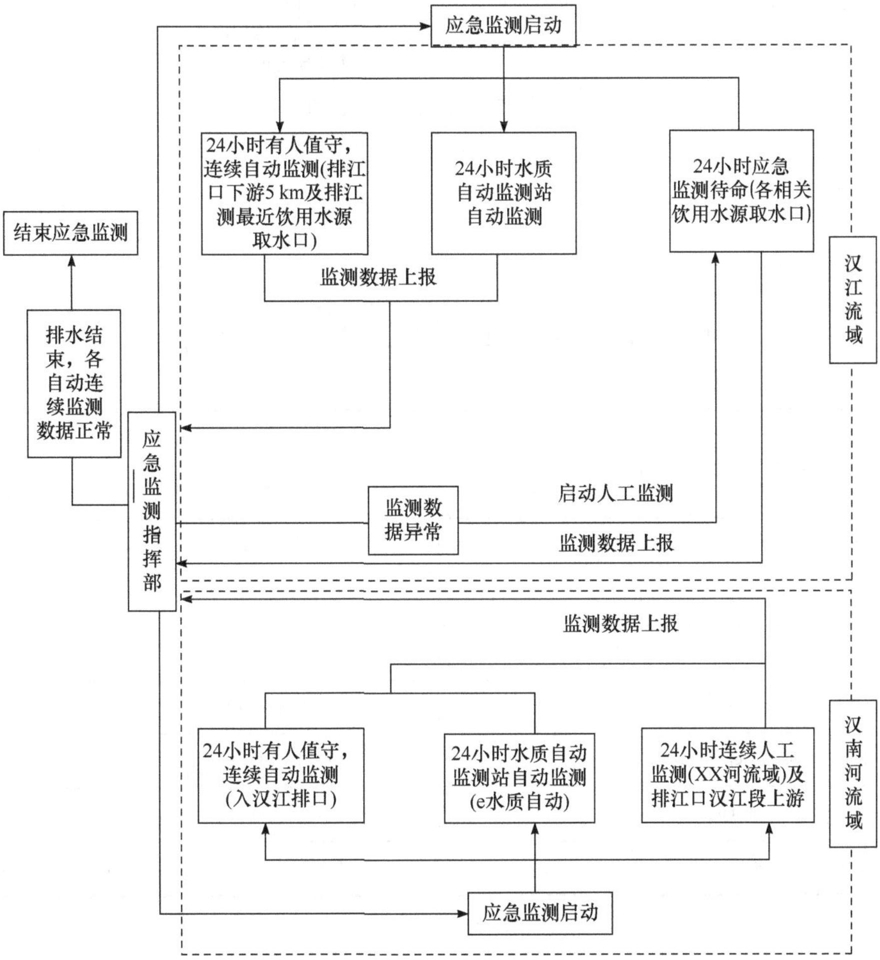

附图 3.1　数据报送流程图

（2）数据出来后第一时间统一发送至××邮箱，并由省监测站汇总和形成应急监测快报，报送至应急指挥组。

（3）未经应急指挥组批准，任何个人和组织无权私自对外公布监测数据。

六、监测点位示意图

监测点位示意图见附图 3.2。

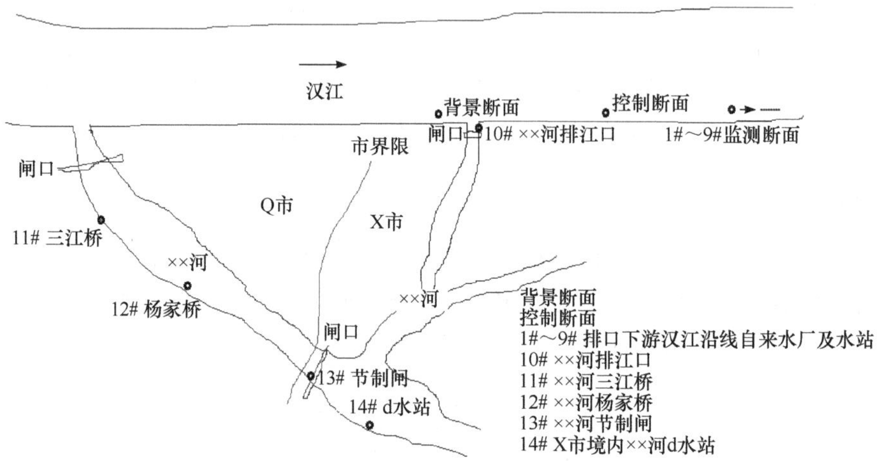

附图 3.2　监测点位示意图

××省监测站

××年××月××日

附录 4　国际单位制（SI）基本单位

量		单位	
名称	符号	名称	符号
长度(length)	*l*	米(metre)	m
质量(mass)	*m*	千克(kilogram)	kg
时间(time)	*t*	秒(second)	s
电流(electric current)	*I*	安[培](ampere)	A
热力学温度(thermodynamic temperature)	*T*	开[尔文](Kelvin)	K
物质的量(amount of substance)	*n*	摩[尔](mole)	mol
发光强度(luminous intensity)	I_v	坎[德拉](candela)	cd

附录 5　环境分析监测中常用的量和法定计量单位（GB）

量的名称	量的符号	量的定义	单位名称	单位符号
原子量	A_r	元素的平均原子质量与核素 ^{12}C 原子质量的 1/12 之比	—	1
分子量	M_r	物质的分子或特定单元的平均质量与核素 ^{12}C 原子质量的 1/12 之比	—	1
分子或其他基本单元数	N	分子或其他基本单元在系统中的数目	—	1
物质的量	n，(v)		摩[尔]	mol
摩尔质量	M	质量除以物质的量 $M = m/n$	千克每摩[尔] 克每摩[尔]	kg/mol g/mol
摩尔体积	V_m	体积除以物质的量 $V_m = V/m$	立方米每摩[尔] 升每摩[尔]	m^3/mol L/mol
密度，质量密度，体积质量	ρ	质量除以体积 $\rho = m/V$	千克每立方米 克每立方厘米	kg/m^3 g/cm^3
相对密度	d	$d = \rho_1/\rho_2$	—	1
B 的质量浓度	ρ_B	B 的质量除以混合物的体积 $\rho_B = m_B/V$	千克每升 克每毫升 毫克每升 微克每升	kg/L g/mL mg/L μg/L
B 的浓度，B 的物质的量浓度	c_B	B 的物质的量除以混合物的体积 $c_B = n_B/V$	摩[尔]每立方米 摩[尔]每升 毫摩[尔]每升	mol/m^3 mol/L mmol/L
溶质 B 的质量摩尔浓度	b_B，m_B	溶液中溶质 B 的物质的量除以溶剂的质量 $b_B = n_B/V_A$	摩[尔]每千克 摩[尔]每克 毫摩[尔]每克	mol/kg mol/g mmol/g
B 的质量分数	w_B	B 的质量与混合物的质量比 $w_B = m_B/m$	— 微克每克 纳克每克	1 % μg/g ng/g
B 的体积分数	φ_B	$\varphi_B = \frac{x_B V^*_{m,B}}{\sum_A x_A V^*_{m,A}}$ 式中，$V_{m,A}$ 是纯物质 A 在相同温度和压力时的摩尔体积，而∑代表在全部物质范围求和	— 微升每升 纳升每升	1 % μL/L nL/L
B 的摩尔分数	x_B，(y_B)	B 的物质的量与混合物的物质的量之比 $x_B = n_B/n$	—	1

续表

量的名称	量的符号	量的定义	单位名称	单位符号
溶质 B 的摩尔比	r_B	溶质 B 的物质的量与溶剂的物质的量之比 $r_B = n_B/n_A$	—	1
B 的化学计量数	ν_B	出现在化学反应方程式 $0 = \sum \nu_B$，B 中的数字或简分数。式中的符号 B 包含在反应中的分子、原子或离子	—	1
离子强度	I	溶液的离子强度定义为 $I = \frac{1}{2}\sum Z_i^2 m_i$ 式中，$\sum$代表在质量摩尔浓度 m_i 的全部离子范围求和	摩[尔]每千克	mol/kg
阿伏伽德罗常量 摩尔气体常量	L，(N_A) R	分子数除以物质的量 $L = N/n$ 在理想气体状态方程中的比例常数 $\rho V_m = RT$	每摩[尔] 焦[耳]每摩每开[尔文]	mol^{-1} J/(mol · K)
分子质量	m		千克 原子质量单位	kg u
长度 宽度 高度 厚度 半径 直径 程长、距离	$l,(L)$ b h $\delta, (d, t)$ r, R d, D S		米 分米 厘米 毫米 微米 纳米	m dm cm mm μm nm
面积	$A, (s)$		平方米 平方分米 平方厘米	m^2 dm^2 cm^2
体积	V		立方米 立方分米，升 立方厘米，毫升 立方毫米	m^3 dm^3, L cm^3, mL mm^3, μL
时间	t		秒 分 [小]时 日(天)	s min h d
质量	m		千克(公斤) 克 原子质量单位	kg g u

续表

量的名称	量的符号	量的定义	单位名称	单位符号
压力	p	$p = F/A$	帕[斯卡] 千帕[斯卡]	Pa kPa
热力学温度 摄氏温度	T t, θ	$t = T - T_0$ 按约定 $T_0 = 273.15$ K	开[尔文] 摄氏度	K ℃
电位,(电势) 电位差，电压 电动势	V, φ $U,(V)$ E	是一个标量,在静电学中,$E = -\mathrm{grad}V$,E 为电场强度 $U = \varphi_1 - \varphi_2$ $E = W/Q$	伏[特]	V

附录 6　弱酸、弱碱在水中的离解常数（25℃，$I = 0$）

弱酸或弱碱	分子式	K_a 或 K_b	pK_a 或 pK_b
砷酸	H_3AsO_4	$6.3\times10^{-3}(K_{a1})$	2.20
		$1.0\times10^{-7}(K_{a2})$	7.00
		$3.2\times10^{-12}(K_{a3})$	11.50
亚砷酸	$HAsO_2$	6.0×10^{-10}	9.22
硼酸	H_3BO_3	5.8×10^{-10}	9.24
焦硼酸	$H_2B_4O_7$	$1\times10^{-4}(K_{a1})$	4.0
		$1\times10^{-9}(K_{a2})$	9.0
碳酸	$H_2CO_3(CO_2+H_2O)$①	$4.2\times10^{-7}(K_{a1})$	6.38
		$5.6\times10^{-11}(K_{a2})$	10.25
氢氰酸	HCN	6.2×10^{-10}	9.21
铬酸	H_2CrO_4	$1.8\times10^{-1}(K_{a1})$	0.74
		$3.2\times10^{-7}(K_{a2})$	6.50
氢氟酸	HF	6.6×10^{-4}	3.18
亚硝酸	HNO_2	5.1×10^{-4}	3.29
过氧化氢	H_2O_2	1.8×10^{-12}	11.75
磷酸	H_3PO_4	$7.6\times10^{-3}(K_{a1})$	2.12
		$6.3\times10^{-8}(K_{a2})$	7.20
		$4.4\times10^{-13}(K_{a3})$	12.36
焦磷酸	$H_4P_2O_7$	$3.0\times10^{-2}(K_{a1})$	1.52
		$4.4\times10^{-3}(K_{a2})$	2.36
		$2.5\times10^{-7}(K_{a3})$	6.60
		$5.6\times10^{-10}(K_{a4})$	9.25

续表

弱酸或弱碱	分子式	K_a 或 K_b	pK_a 或 pK_b
亚磷酸	H_3PO_3	$5.0\times10^{-2}(K_{a1})$	1.30
		$2.5\times10^{-7}(K_{a2})$	6.60
氢硫酸	H_2S	$1.3\times10^{-7}(K_{a1})$	6.88
		$7.1\times10^{-15}(K_{a2})$	14.15
硫酸	H_2SO_4	$1.0\times10^{-2}(K_{a2})$	2.00
亚硫酸	$H_2SO_3(SO_2+H_2O)$	$1.3\times10^{-2}(K_{a1})$	1.90
		$6.3\times10^{-8}(K_{a2})$	7.20
偏硅酸	H_2SiO_3	$1.7\times10^{-10}(K_{a1})$	9.77
		$1.6\times10^{-12}(K_{a2})$	11.8
甲酸	HCOOH	1.8×10^{-4}	3.74
乙酸	CH_3COOH	1.8×10^{-5}	4.74
一氯乙酸	$CH_2ClCOOH$	1.4×10^{-3}	2.86
二氯乙酸	$CHCl_2COOH$	5.0×10^{-2}	1.30
三氯乙酸	CCl_3COOH	0.23	0.64
氨基乙酸盐	$^{+}NH_3CH_2COOH$	$4.5\times10^{-3}(K_{a1})$	2.35
	$^{+}NH_3CH_2COO^{-}$	$2.5\times10^{-10}(K_{a2})$	9.60
抗坏血酸	$C_6H_8O_6$	$5.0\times10^{-5}(K_{a1})$	4.30
		$1.5\times10^{-10}(K_{a2})$	9.82
乳酸	$CH_3CHOHCOOH$	1.4×10^{-4}	3.86
苯甲酸	C_6H_5COOH	6.2×10^{-5}	4.21
草酸	$H_2C_2O_4$	$5.9\times10^{-2}(K_{a1})$	1.22
		$6.4\times10^{-5}(K_{a2})$	4.19
α-酒石酸	CH(OH)COOH	$9.1\times10^{-4}(K_{a1})$	3.04
	| CH(OH)COOH	$4.3\times10^{-5}(K_{a2})$	4.37
苯酚	C_6H_5OH	1.1×10^{-10}	9.95
乙二胺四乙酸	H_6-$EDTA^{2+}$	$0.13(K_{a1})$	0.9
	H_5-$EDTA^{+}$	$3\times10^{-2}(K_{a2})$	1.6
	H_4-EDTA	$1\times10^{-2}(K_{a3})$	2.0
	H_3-$EDTA^{-}$	$2.1\times10^{-3}(K_{a4})$	2.67
	H_2-$EDTA^{2-}$	$6.9\times10^{-7}(K_{a5})$	6.16
	H-$EDTA^{3-}$	$5.5\times10^{-11}(K_{a6})$	10.26
氨水	NH_3	1.8×10^{-5}	4.74
联氨	H_2NNH_2	$3.0\times10^{-4}(K_{b1})$	5.52
		$7.6\times10^{-15}(K_{b2})$	14.12

续表

弱酸或弱碱	分子式	K_a 或 K_b	pK_a 或 pK_b
羟胺	NH_2OH	9.1×10^{-9}	8.04
甲胺	CH_3NH_2	4.2×10^{-4}	3.38
乙胺	$C_2H_5NH_2$	5.6×10^{-4}	3.25
二甲胺	$(CH_3)_2NH$	1.2×10^{-4}	3.93
二乙胺	$(C_2H_5)_2NH$	1.3×10^{-3}	2.89
乙醇胺	$HOCH_2CH_2NH_2$	3.2×10^{-5}	4.50
三乙醇胺	$(HOCH_2CH_2)_3N$	5.8×10^{-7}	6.24
六次甲基四胺	$(CH_2)_6N_4$	1.4×10^{-9}	8.85
乙二胺	$H_2NCH_2CH_2NH_2$	$8.5\times10^{-5}(K_{b1})$	4.07
		$7.1\times10^{-5}(K_{b2})$	7.15
吡啶	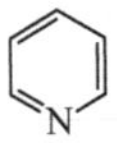	1.7×10^{-9}	8.77

① 如不计水合 CO_2，H_2CO_3 的 $pK_{a1} = 3.76$。

附录 7　金属络合物的稳定常数

金属离子	离子强度	n	$\lg\beta_n$
		氨络合物	
Ag^+	0.1	1, 2	3.40, 7.40
Cd^{2+}	0.1	1, 2, 3, 4, 5, 6	2.60, 4.65, 6.04, 6.92, 6.6, 4.9
Co^{2+}	0.1	1, 2, 3, 4, 5, 6	2.05, 3.62, 4.61, 5.31, 5.43, 4.75
Cu^{2+}	0.2	1, 2, 3, 4	4.13, 7.61, 10.48, 12.59
Ni^{2+}	0.1	1, 2, 3, 4, 5, 6	2.75, 4.95, 6.64, 7.79, 8.50, 8.49
Zn^{2+}	0.1	1, 2, 3, 4	2.27, 4.61, 7.01, 9.06
		氟络合物	
Al^{3+}	0.53	1, 2, 3, 4, 5, 6	6.1, 11.15, 15.0, 17.7, 19.4, 19.7
Fe^{3+}	0.5	1, 2, 3	5.2, 9.2, 11.9
Th^{4+}	0.5	1, 2, 3	7.7, 13.5, 18.0
TiO^{2+}	3	1, 2, 3, 4	5.4, 9.8, 13.7, 17.4
Sn^{4+}	①	6	25
Zr^{4+}	2	1, 2, 3	8.8, 16.1, 21.9
		氯络合物	
Ag^+	0.2	1, 2, 3, 4	2.9, 4.7, 5.0, 5.9
Hg^{2+}	0.5	1, 2, 3, 4	6.7, 13.2, 14.1, 15.1
		碘络合物	
Cd^{2+}	①	1, 2, 3, 4	2.4, 3.4, 5.0, 6.15
Hg^{2+}	0.5	1, 2, 3, 4	12.9, 23.8, 27.6, 29.8

续表

金属离子	离子强度	n	$\lg\beta_n$
		氰络合物	
Ag^+	0～0.3	1, 2, 3, 4	—, 21.1, 21.8, 20.7
Cd^{2+}	3	1, 2, 3, 4	5.5, 10.6, 15.3, 18.9
Cu^+	0	1, 2, 3, 4	—, 24.0, 28.6, 30.3
Fe^{2+}	0	6	35.4
Fe^{3+}	0	6	43.6
Hg^{2+}	0.1	1, 2, 3, 4	18.0, 34.7, 38.5, 41.5
Ni^{2+}	0.1	4	31.3
Zn^{2+}	0.1	4	16.7
		硫氰酸络合物	
Fe^{3+}	①	1, 2, 3, 4, 5	2.3, 4.2, 5.6, 6.4, 6.4
Hg^{2+}	1	1, 2, 3, 4	—, 16.1, 19.0, 20.9
		柠檬酸络合物	
Al^{3+}	0.5	1	20.0
Cu^{2+}	0.5	1	18
Fe^{3+}	0.5	1	25
Ni^{2+}	0.5	1	14.3
Pb^{2+}	0.5	1	12.3
Zn^{2+}	0.5	1	11.4
		磺基水杨酸络合物	
Al^{3+}	0.1	1, 2, 3	12.9, 22.9, 29.0
Fe^{3+}	3	1, 2, 3	14.4, 25.2, 32.2
		乙酰丙酮络合物	
Al^{3+}	0.1	1, 2, 3	8.1, 15.7, 21.2
Cu^{2+}	0.1	1, 2	7.8, 14.3
Fe^{3+}	0.1	1, 2, 3	9.3, 17.9, 25.1
		邻二氮菲络合物	
Ag^+	0.1	1, 2	5.02, 12.07
Cd^{2+}	0.1	1, 2, 3	6.4, 11.6, 15.8
Co^{2+}	0.1	1, 2, 3	7.0, 13.7, 20.1
Cu^{2+}	0.1	1, 2, 3	9.1, 15.8, 21.0
Fe^{2+}	0.1	1, 2, 3	5.9, 11.1, 21.3
Hg^{2+}	0.1	1, 2, 3	—, 19.65, 23.35
Ni^{2+}	0.1	1, 2, 3	8.8, 17.1, 24.8
Zn^{2+}	0.1	1, 2, 3	6.4, 12.15, 17.0
		乙二胺络合物	
Ag^+	0.1	1, 2	4.7, 7.7
Cd^{2+}	0.1	1, 2	5.47, 10.02
Cu^{2+}	0.1	1, 2	10.55, 19.60
Co^{2+}	0.1	1, 2, 3	5.89, 10.72, 13.82
Hg^{2+}	0.1	2	23.42
Ni^{2+}	0.1	1, 2, 3	7.66, 14.06, 18.59
Zn^{2+}	0.1	1, 2, 3	5.71, 10.37, 12.08

① 离子强度不定。

附录 8　微溶化合物的溶度积（18～25℃，$I=0$）

微溶化合物	K_{sp}	pK_{sp}	微溶化合物	K_{sp}	pK_{sp}
Ag_3AsO_4	1×10^{-22}	22.0	$Co_3(PO_4)_2$	2×10^{-35}	34.7
AgBr	5.0×10^{-13}	12.30	$Cr(OH)_3$	6×10^{-31}	30.2
Ag_2CO_3	8.1×10^{-17}	11.09	CuBr	5.2×10^{-9}	8.28
AgCl	1.8×10^{-10}	9.75	CuCl	1.2×10^{-3}	2.92
Ag_2CrO_4	1.1×10^{-12}	11.71	CuCN	3.2×10^{-20}	19.49
AgCN	1.2×10^{-16}	15.92	CuI	1.1×10^{-12}	11.96
AgOH	2.0×10^{-8}	7.71	CuOH	1×10^{-14}	14.0
AgI	8.3×10^{-17}	16.03	Cu_2S	2×10^{-48}	47.7
$Ag_2C_2O_4$	3.5×10^{-11}	10.46	CuSCN	4.8×10^{-11}	10.32
Ag_3PO_4	1.4×10^{-16}	15.84	$CuCO_3$	1.4×10^{-10}	9.86
Ag_2SO_4	1.4×10^{-5}	4.84	$Cu(OH)_2$	2.2×10^{-20}	19.66
Ag_2S	2×10^{-49}	48.7	CuS	6×10^{-36}	35.2
AgSCN	1.0×10^{-12}	12.00	$FeCO_3$	3.2×10^{-11}	10.50
$Al(OH)_3$ 无定形	1.3×10^{-33}	32.89	$Fe(OH)_2$	8×10^{-16}	15.1
$As_2S_3$①	2.1×10^{-22}	21.68	FeS	6×10^{-18}	17.2
$BaCO_3$	5.1×10^{-9}	8.29	$Fe(OH)_3$	4×10^{-38}	37.4
$BaCrO_4$	1.6×10^{-10}	9.93	$FePO_4$	1.3×10^{-22}	21.89
BaF_2	1×10^{-6}	6.0	$Hg_2Br_2$③	5.8×10^{-23}	22.24
$BaC_2O_4\cdot H_2O$	2.3×10^{-8}	7.64	Hg_2CO_3	8.9×10^{-17}	16.05
$BaSO_4$	1.1×10^{-10}	9.96	Hg_2Cl_2	1.3×10^{-18}	17.88
$Bi(OH)_3$	4×10^{-31}	30.4	$Hg_2(OH)_2$	2×10^{-24}	23.7
BiOOH②	4×10^{-10}	9.4	Hg_2I_2	4.5×10^{-29}	28.35
BiI_3	8.1×10^{-19}	18.09	Hg_2SO_4	7.4×10^{-7}	6.13
BiOCl	1.8×10^{-31}	30.75	Hg_2S	1×10^{-47}	47.0
$BiPO_4$	1.3×10^{-22}	22.89	$Hg(OH)_2$	3.0×10^{-26}	25.52
Bi_2S_3	1×10^{-97}	97.0	HgS(红色)	4×10^{-53}	52.4
$CaCO_3$	2.9×10^{-9}	8.54	HgS(黑色)	2×10^{-52}	51.7
CaF_2	2.7×10^{-11}	10.57	$MgNH_4PO_4$	2×10^{-13}	12.7
$CaC_2O_4\cdot H_2O$	2.0×10^{-9}	8.70	$MgCO_3$	3.5×10^{-3}	2.46
$Ca_3(PO_4)_2$	2.0×10^{-29}	28.70	MgF_2	6.4×10^{-9}	8.19
$CaSO_4$	9.1×10^{-6}	5.04	$Mg(OH)_2$	1.8×10^{-11}	10.74
$CaWO_4$	8.7×10^{-9}	8.06	$MnCO_3$	1.8×10^{-11}	10.74
$CdCO_3$	5.2×10^{-12}	11.28	$Mn(OH)_2$	1.9×10^{-13}	12.72
$Cd_2[Fe(CN)_6]$	3.2×10^{-17}	16.49	MnS(无定形)	2×10^{-10}	9.7
$Cd(OH)_2$(新析出)	2.5×10^{-14}	13.60	MnS(晶形)	2×10^{-13}	12.7
$CdC_2O_4\cdot 3H_2O$	9.1×10^{-8}	7.04	$NiCO_3$	6.6×10^{-9}	8.18
CdS	8×10^{-27}	26.1	$Ni(OH)_2$(新析出)	2×10^{-15}	14.7
$CoCO_3$	1.4×10^{-13}	12.84	$Ni_3(PO_4)_2$	5×10^{-31}	30.3
$Co_2[Fe(CN)_6]$	1.8×10^{-15}	14.74	α-NiS	3×10^{-19}	18.5
$Co(OH)_2$(新析出)	2×10^{-15}	14.7	β-NiS	1×10^{-24}	24.0
$Co(OH)_2$	2×10^{-44}	43.7	γ-NiS	2×10^{-26}	25.7
$Co[Hg(SCN)_4]$	1.5×10^{-8}	7.82	$PbCrO_4$	2.8×10^{-13}	12.55
α-CoS	4×10^{-21}	20.4	$PbCl_2$	1.6×10^{-5}	4.79
β-CoS	2×10^{-25}	24.7	PbClF	2.4×10^{-9}	8.62

续表

微溶化合物	K_{sp}	pK_{sp}	微溶化合物	K_{sp}	pK_{sp}
PbF_2	2.7×10^{-8}	7.57	SnS_2	2×10^{-27}	26.7
$Pb(OH)_2$	1.2×10^{-15}	14.93	$SrCO_3$	1.1×10^{-10}	9.96
PbI_2	7.1×10^{-9}	8.15	$SrCrO_4$	2.2×10^{-5}	4.65
$PbMoO_4$	1×10^{-13}	13.0	SrF_2	2.4×10^{-9}	8.61
$Pb_3(PO_4)_2$	8.0×10^{-43}	42.10	$SrC_2O_4\cdot H_2O$	1.6×10^{-7}	6.80
$PbSO_4$	1.6×10^{-8}	7.79	$Sr_3(PO_4)_2$	4.1×10^{-28}	27.39
PbS	8×10^{-28}	27.9	$SrSO_4$	3.2×10^{-7}	6.49
$Pb(OH)_4$	3×10^{-66}	65.5	$Ti(OH)_3$	1×10^{-40}	40.0
$PbCO_3$	7.4×10^{-14}	13.13	$TiO(OH)_2$ ④	1×10^{-29}	29.0
$Sb(OH)_3$	4×10^{-42}	41.4	$ZnCO_3$	1.4×10^{-11}	10.84
Sb_2S_3	2×10^{-93}	92.8	$Zn_2[Fe(CN)_6]$	4.1×10^{-16}	15.39
$Sn(OH)_2$	1.4×10^{-28}	27.85	$Zn(OH)_2$	1.2×10^{-17}	16.92
SnS	1×10^{-25}	25.0	$Zn_3(PO_4)_2$	9.1×10^{-33}	32.04
$Sn(OH)_4$	1×10^{-56}	56.0	ZnS	1.2×10^{-22}	21.7

① 为下列平衡的平衡常数：$As_2S_3 + 4H_2O \rightleftharpoons 2HAsO_2 + 3H_2S$；

② BiOOH，$K_{sp} = [BiO^+][OH^-]$；

③ $(Hg_2)_mX_n$，$K_{sp} = [Hg_2^{2+}]^m[X^{-2m/n}]^n$；

④ $TiO(OH)_2$，$K_{sp} = [TiO^{2+}][OH^-]^2$。

附录 9　标准电极电位（18～25℃）

半反应	$\varphi^\ominus$/V	半反应	$\varphi^\ominus$/V
$F_2(\text{气}) + 2H^+ + 2e^- = 2HF$	3.06	$ClO_3^- + 6H^+ + 5e^- = 1/2\,Cl_2 + 3H_2O$	1.47
$O_3 + 2H^+ + 2e^- = O_2 + H_2O$	2.07	$PbO_2(\text{固}) + 4H^+ + 2e^- = Pb^{2+} + 2H_2O$	1.455
$S_2O_8^{2-} + 2e^- = 2SO_4^{2-}$	2.01	$HIO + H^+ + e^- = 1/2\,I_2 + H_2O$	1.45
$H_2O_2 + 2H^+ + 2e^- = 2H_2O$	1.77	$ClO_3^- + 6H^+ + 6e^- = Cl^- + 3H_2O$	1.45
$MnO_4^- + 4H^+ + 3e^- = MnO_2(\text{固}) + 2H_2O$	1.695	$BrO_3^- + 6H^+ + 6e^- = Br^- + 3H_2O$	1.44
$PbO_2(\text{固}) + SO_4^{2-} + 4H^+ + 2e^- = PbSO_4(\text{固}) + 2H_2O$	1.685	$Au(\text{Ⅲ}) + 2e^- = Au(\text{Ⅰ})$	1.41
$HClO_2 + 2H^+ + 2e^- = HClO + H_2O$	1.64	$Cl_2(\text{气}) + 2e^- = 2Cl^-$	1.3595
$HClO + H^+ + e^- = 1/2\,Cl_2 + H_2O$	1.63	$ClO_4^- + 8H^+ + 7e^- = 1/2\,Cl_2 + 4H_2O$	1.34
$Ce^{4+} + e^- = Ce^{3+}$	1.61	$Cr_2O_7^{2-} + 14H^+ + 6e^- = 2Cr^{3+} + 7H_2O$	1.33
$H_5IO_6 + H^+ + 2e^- = IO_3^- + 3H_2O$	1.60	$MnO_2(\text{固}) + 4H^+ + 2e^- = Mn^{2+} + 2H_2O$	1.23
$HBrO + H^+ + e^- = 1/2\,Br_2 + H_2O$	1.59	$O_2(\text{气}) + 4H^+ + 4e^- = 2H_2O$	1.229
$BrO_3^- + 6H^+ + 5e^- = 1/2\,Br_2 + 3H_2O$	1.52	$IO_3^- + 6H^+ + 5e^- = 1/2\,I_2 + 3H_2O$	1.20
$MnO_4^- + 8H^+ + 5e^- = Mn^{2+} + 4H_2O$	1.51	$ClO_4^- + 2H^+ + 2e^- = ClO_3^- + H_2O$	1.19
$Au(\text{Ⅲ}) + 3e^- = Au$	1.50	$Br_2(\text{水}) + 2e^- = 2Br^-$	1.087
$HClO + H^+ + 2e^- = Cl^- + H_2O$	1.49	$NO_2 + H^+ + e^- = HNO_2$	1.07

续表

半反应	$\varphi^{\ominus}$/V	半反应	$\varphi^{\ominus}$/V
$Br_3^- + 2e^- = 3Br^-$	1.05	$HAsO_2 + 3H^+ + 3e^- = As + 2H_2O$	0.248
$HNO_2 + H^+ + e^- = NO$(气)$ + H_2O$	1.00	$AgCl$(固)$ + e^- = Ag + Cl^-$	0.2223
$VO_2^+ + 2H^+ + e^- = VO^{2+} + H_2O$	1.00	$SbO^+ + 2H^+ + 3e^- = Sb + H_2O$	0.212
$HIO + H^+ + 2e^- = I^- + H_2O$	0.99	$SO_4^{2-} + 4H^+ + 2e^- = SO_2$(水)$ + 2H_2O$	0.17
$NO_3^- + 3H^+ + 2e^- = HNO_2 + H_2O$	0.94	$Cu^{2+} + e^- = Cu^+$	0.159
$ClO^- + H_2O + 2e^- = Cl^- + 2OH^-$	0.89	$Sn^{4+} + 2e^- = Sn^{2+}$	0.154
$H_2O_2 + 2e^- = 2OH^-$	0.88	$S + 2H^+ + 2e^- = H_2S$(气)	0.141
$Cu^{2+} + I^- + e^- = CuI$(固)	0.86	$Hg_2Br_2 + 2e^- = 2Hg + 2Br^-$	0.1395
$Hg^{2+} + 2e^- = Hg$	0.845	$TiO^{2+} + 2H^+ + e^- = Ti^{3+} + H_2O$	0.1
$NO_3^- + 2H^+ + e^- = NO_2 + H_2O$	0.80	$S_4O_6^{2-} + 2e^- = 2S_2O_3^{2-}$	0.08
$Ag^+ + e^- = Ag$	0.7995	$AgBr$(固)$ + e^- = Ag + Br^-$	0.071
$Hg^{2+} + 2e^- = Hg$	0.793	$2H^+ + 2e^- = H_2$	0.000
$Fe^{3+} + e^- = Fe^{2+}$	0.771	$O_2 + H_2O + 2e^- = HO_2^- + OH^-$	−0.067
$BrO^- + H_2O + 2e^- = Br^- + 2OH^-$	0.76	$TiOCl^+ + 2H^+ + 3Cl^- + e^- = TiCl_4^- + H_2O$	−0.09
O_2(气)$ + 2H^+ + 2e^- = H_2O_2$	0.683	$Pb^{2+} + 2e^- = Pb$	−0.126
$AsO_2^- + 2H_2O + 3e^- = As + 4OH^-$	0.68	$Sn^{2+} + 2e^- = Sn$	−0.136
$2HgCl_2 + 2e^- = Hg_2Cl_2$(固)$ + 2Cl^-$	0.63	AgI(固)$ + e^- = Ag + I^-$	−0.152
Hg_2SO_4(固)$ + 2e^- = 2Hg + SO_4^{2-}$	0.6151	$Ni^{2+} + 2e^- = Ni$	−0.246
$MnO_4^- + 2H_2O + 3e^- = MnO_2$(固)$ + 4OH^-$	0.588	$H_3PO_4 + 2H^+ + 2e^- = H_3PO_3 + H_2O$	−0.276
$MnO_4^- + e^- = MnO_4^{2-}$	0.564	$Co^{2+} + 2e^- = Co$	−0.277
$H_3AsO_4 + 2H^+ + 2e^- = HAsO_2 + 2H_2O$	0.559	$Tl^+ + e^- = Tl$	−0.3360
$I_3^- + 2e^- = 3I^-$	0.545	$In^{3+} + 3e^- = In$	−0.345
I_2(固)$ + 2e^- = 2I^-$	0.5345	$PbSO_4$(固)$ + 2e^- = Pb + SO_4^{2-}$	−0.3553
Mo(Ⅵ) + e^- = Mo(Ⅴ)	0.53	$SeO_3^{2-} + 3H_2O + 4e^- = Se + 6OH^-$	−0.366
$Cu^+ + e^- = Cu$	0.52	$As + 3H^+ + 3e^- = AsH_3$	−0.38
$4SO_2$(水)$ + 4H^+ + 6e^- = S_4O_6^{2-} + 2H_2O$	0.51	$Se + 2H^+ + 2e^- = H_2Se$	−0.40
$HgCl_4^{2-} + 2e^- = Hg + 4Cl^-$	0.48	$Cd^{2+} + 2e^- = Cd$	−0.403
$2SO_2$(水)$ + 2H^+ + 4e^- = S_2O_3^{2-} + H_2O$	0.40	$Cr^{3+} + e^- = Cr^{2+}$	−0.41
$[Fe(CN)_6]^{3-} + e^- = [Fe(CN)_6]^{4-}$	0.36	$Fe^{2+} + 2e^- = Fe$	−0.440
$Cu^{2+} + 2e^- = Cu$	0.337	$S + 2e^- = S^{2-}$	−0.43
$VO^{2+} + 2H^+ + e^- = V^{3+} + H_2O$	0.337	$2CO_2 + 2H^+ + 2e^- = H_2C_2O_4$	−0.49
$BiO^+ + 2H^+ + 3e^- = Bi + H_2O$	0.32	$H_3PO_3 + 2H^+ + 2e^- = H_3PO_2 + H_2O$	−0.50
Hg_2Cl_2(固)$ + 2e^- = 2Hg + 2Cl^-$	0.2676	$Sb + 3H^+ + 3e^- = SbH_3$	−0.51

续表

半反应	$\varphi^{\ominus}$/V	半反应	$\varphi^{\ominus}$/V
$HPbO_2^- + H_2O + 2e^- \rightleftharpoons Pb + 3OH^-$	−0.54	$CNO^- + H_2O + 2e^- \rightleftharpoons CN^- + 2OH^-$	−0.97
$Ga^{3+} + 3e^- \rightleftharpoons Ga$	−0.56	$Mn^{2+} + 2e^- \rightleftharpoons Mn$	−1.182
$TeO_3^{2-} + 3H_2O + 4e^- \rightleftharpoons Te + 6OH^-$	−0.57	$ZnO_2^- + 2H_2O + 2e^- \rightleftharpoons Zn + 4OH^-$	−1.216
$2SO_3^{2-} + 3H_2O + 4e^- \rightleftharpoons S_2O_3^{2-} + 6OH^-$	−0.58	$Al^{3+} + 3e^- \rightleftharpoons Al$	−1.66
$SO_3^{2-} + 3H_2O + 4e^- \rightleftharpoons S + 6OH^-$	−0.66	$H_2AlO_3^- + H_2O + 3e^- \rightleftharpoons Al + 4OH^-$	−2.35
$AsO_4^{3-} + 2H_2O + 2e^- \rightleftharpoons AsO_2^- + 4OH^-$	−0.67	$Mg^{2+} + 2e^- \rightleftharpoons Mg$	−2.37
Ag_2S (固) $+ 2e^- \rightleftharpoons 2Ag + S^{2-}$	−0.69	$Na^+ + e^- \rightleftharpoons Na$	−2.714
$Zn^{2+} + 2e^- \rightleftharpoons Zn$	−0.763	$Ca^{2+} + 2e^- \rightleftharpoons Ca$	−2.87
$2H_2O + 2e^- \rightleftharpoons H_2 + 2OH^-$	−0.828	$Sr^{2+} + 2e^- \rightleftharpoons Sr$	−2.89
$Cr^{2+} + 2e^- \rightleftharpoons Cr$	−0.91	$Ba^{2+} + 2e^- \rightleftharpoons Ba$	−2.90
$HSnO_2^- + H_2O + 2e^- \rightleftharpoons Sn + 3OH^-$	−0.91	$K^+ + e^- \rightleftharpoons K$	−2.925
$Se + 2e^- \rightleftharpoons Se^{2-}$	−0.92	$Li^+ + e^- \rightleftharpoons Li$	−3.042
$[Sn(OH)_6]^{2-} + 2e^- \rightleftharpoons HSnO_2^- + H_2O + 3OH^-$	−0.93		

附录 10　某些氧化还原半反应的条件电极电位（$\varphi^{\ominus'}$）

半反应	$\varphi^{\ominus'}$/V	介质
$Ag(Ⅱ) + e^- \rightleftharpoons Ag^+$	1.927	4 mol/L HNO_3
$Ce(Ⅳ) + e^- \rightleftharpoons Ce(Ⅲ)$	1.74	1 mol/L $HClO_4$
	1.44	0.5 mol/L H_2SO_4
	1.28	1 mol/L HCl
$Co^{3+} + e^- \rightleftharpoons Co^{2+}$	1.84	3 mol/L HNO_3
$[Co(乙二胺)_3]^{2+} + e^- \rightleftharpoons [Co(乙二胺)_3]^+$	−0.2	0.1 mol/L KNO_3 + 0.1 mol/L 乙二胺
$Cr(Ⅲ) + e^- \rightleftharpoons Cr(Ⅱ)$	−0.40	5 mol/L HCl
$Cr_2O_7^{2-} + 14H^+ + 6e^- \rightleftharpoons 2Cr^{3+} + 7H_2O$	1.08	3 mol/L HCl
	1.15	4 mol/L H_2SO_4
	1.025	1 mol/L $HClO_4$
$CrO_4^{2-} + 2H_2O + 3e^- \rightleftharpoons CrO_2^- + 4OH^-$	−0.12	1 mol/L NaOH
$Fe(Ⅲ) + e^- \rightleftharpoons Fe^{2+}$	0.767	1 mol/L $HClO_4$
	0.71	0.5 mol/L HCl
	0.68	1 mol/L H_2SO_4
	0.68	1 mol/L HCl

续表

半反应	$\varphi^{\ominus'}$/V	介质
	0.46	2 mol/L H_3PO_4
	0.51	1 mol/L HCl + 0.25 mol/L H_3PO_4
$Fe(EDTA)^- + e^- = Fe(EDTA)^{2-}$	0.12	0.1 mol/L EDTA, pH = 4～6
$[Fe(CN)_6]^{3-} + e^- = [Fe(CN)_6]^{4-}$	0.56	0.1 mol/L HCl
$FeO_4^{2-} + 2H_2O + 3e^- = FeO_2^- + 4OH^-$	0.55	10 mol/L NaOH
$I_3^- + 2e^- = 3I^-$	0.5446	0.5 mol/L H_2SO_4
I_2(水) + $2e^- = 2I^-$	0.6276	0.5 mol/L H_2SO_4
$MnO_4^- + 8H^+ + 5e^- = Mn^{2+} + 4H_2O$	1.45	1 mol/L $HClO_4$
$SnCl_6^{2-} + 2e^- = SnCl_4^{2-} + 2Cl^-$	0.14	1 mol/L HCl
Sb(Ⅴ) + $2e^-$ = Sb(Ⅲ)	0.75	3.5 mol/L HCl
$[Sb(OH)_6]^- + 2e^- = SbO_2^- + 2OH^- + 2H_2O$	−0.428	3 mol/L NaOH
$SbO_2^- + 2H_2O + 3e^- = Sb + 4OH^-$	−0.675	10 mol/L KOH
Ti(Ⅳ) + e^- = Ti(Ⅲ)	−0.01	0.2 mol/L H_2SO_4
	0.12	2 mol/L H_2SO_4
	−0.04	1 mol/L HCl
	−0.05	1 mol/L H_3PO_4
Pb(Ⅱ) + $2e^-$ = Pb	−0.32	1 mol/L NaAc